BIOGRAPHIE

NOUVELLE

DES CONTEMPORAINS.

DE L'IMPRIMERIE DE PLASSAN, RUE DE VAUGIRARD, N° 15,
DERRIÈRE L'ODÉON.

BIOGRAPHIE NOUVELLE

DES

CONTEMPORAINS,

OU

DICTIONNAIRE

HISTORIQUE ET RAISONNÉ

DE TOUS LES HOMMES QUI, DEPUIS LA RÉVOLUTION
FRANÇAISE, ONT ACQUIS DE LA CÉLÉBRITÉ

PAR LEURS ACTIONS, LEURS ÉCRITS, LEURS ERREURS OU LEURS CRIMES,

SOIT EN FRANCE, SOIT DANS LES PAYS ÉTRANGERS;

Précédée d'un Tableau par ordre chronologique des époques célèbres et des événemens remarquables, tant en France qu'à l'étranger, depuis 1787 jusqu'à ce jour, et d'une Table alphabétique des assemblées législatives, à partir de l'assemblée constituante jusqu'aux dernières chambres des pairs et des députés.

PAR MM. A. V. ARNAULT, ANCIEN MEMBRE DE L'INSTITUT; A. JAY;
E. JOUY, DE L'ACADÉMIE FRANÇAISE; J. NORVINS, ET AUTRES
HOMMES DE LETTRES, MAGISTRATS ET MILITAIRES.

ORNÉE DE 240 PORTRAITS AU BURIN,

D'APRÈS LES PLUS CÉLÈBRES ARTISTES.

TOME TROISIÈME.
BI—BY

A. PÉTER,
Directeur de pensionnat.

PARIS,

A LA LIBRAIRIE HISTORIQUE, RUE SAINT-HONORÉ, N° 125,
HÔTEL D'ALIGRE, OU RUE BAILLEUL, N° 12.

1821.

BIOGRAPHIE
NOUVELLE
DES CONTEMPORAINS.

BIA

BIAGIOLI (GIOSAPHAT), grammairien et littérateur italien, était professeur de littérature grecque et latine à l'université d'Urbin, en 1798, lorsque l'Italie fut envahie par l'armée austro-russe. M. Biagioli, qui s'était montré partisan de la liberté, vint chercher un asile en France, et fut nommé professeur de langue et de littérature italiennes à l'un des colléges de Paris, connus alors sous le nom de *prytanées*. Depuis lors, M. Biagioli, l'un des maîtres italiens qui, dans cette capitale, ont montré le plus de talent pour l'enseignement de leur langue, a fait successivement plusieurs cours de littérature que les gens de lettres et les gens du monde ont suivis avec un égal empressement. Les principaux ouvrages qu'il a publiés sont : 1° *Lettere del cardinale Bentivoglio*, 1808, in-12. Cette édition, corrigée avec soin, est enrichie de notes grammaticales et philologiques qui expliquent les passages les plus difficiles; 2° *Grammaire raisonnée de la langue italienne, à l'usage des Français, suivie d'un Traité de la poésie italienne*, 1809, in-8°. Les exemples cités par l'auteur sont tous puisés dans le Dante, Pétrarque, Boccace et les autres classiques. Cette grammaire, qui reçut l'approbation de l'institut de France, est à sa quatrième édition. 3° L'auteur en a donné un *Abrégé*, 1818, in-12; 4° *Grammatica ragionata della lingua francese, all'uso degl'Italiani*, 1812, in-8°; ouvrage élémentaire bien accueilli des Italiens, à qui il facilite l'usage de notre langue. 5° *Traduction française des fables de Phèdre, nouvellement découvertes*, 1812, in-8°; 6° *Tesoretto della lingua Toscana, etc.*, 1816. C'est une comédie italienne de Firenzuola, poète du 16me siècle, intitulée : *la Trinunzia* (le triple Mariage), accompagnée de Notes grammaticales, analytiques et littéraires, et suivie d'un choix de locutions toscanes, consacrées par les auteurs classiques. 7° Une belle édition de *la Divina Commedia di Dante Allighieri*, 1818, 3 vol. in-8°. Cette édition, remarquable par la pureté du texte, est enrichie d'un bon *Commentaire* historique et littéraire en italien, pour l'éclaircissement de tous les passages qui présentent des difficultés. 8° M. Biagioli prépare un *Commentaire sur Pétrarque*, dans le genre de celui qu'il a donné sur le Dante; 9° enfin, il travaille depuis plusieurs années à un *Nouveau Dictionnaire français-italien et italien-français*.

BIANCHI (LE BARON), feld-maréchal-lieutenant autrichien, né à Vienne, d'une famille originaire d'Italie. Il entra de bonne heure dans la carrière des armes, et parvint rapidement aux grades supérieurs. Après avoir fait la guerre en Italie, il fit la campagne de 1813, en Allemagne. Il commandait alors un corps dans la Bohême, et obtint, à l'affaire de Culm, des succès qu'il dut surtout au peu d'accord des généraux français. Vandamme, qui s'était hâté imprudemment de livrer la bataille, fut forcé de se rendre avec 12,000 hommes. Bianchi, ayant rejoint la grande-armée, se distingua à la bataille de Leipsick. Après l'affaire de Bar-sur-Aube, au succès de laquelle il eut une part assez importante, il se dirigea sur Lyon pour se réunir au général comte de Bubhna, qui, par ses hésitations, faisait peu de progrès sur le Rhône. Après la jonction de ces deux corps d'armée, le général Bianchi fit lever le siége de Genève, que les généraux français Desaix et Marchand avaient repris, et il sauva ainsi cette ville du châtiment que lui réservait Napoléon, qui ne lui pardonnait pas d'avoir accordé le passage à l'armée autrichienne. Le général Bianchi remporta en outre différens avantages sur le maréchal Augereau, à la suite desquels il entra dans Lyon, quelques jours avant la capitulation de Paris. Dans cette circonstance, la conduite des troupes du général Bianchi lui attira des reproches; mais il est juste de dire qu'il répara autant qu'il était en son pouvoir les maux qui lui furent connus. A l'époque du débarquement de Napoléon en 1815, il avait le commandement d'un corps d'armée en Italie. Attaqué brusquement par Murat, roi de Naples, il fut obligé de se retirer; mais ayant reçu des renforts, il se dirigea à marches forcées sur Florence et Foligno, afin de couper la retraite aux troupes napolitaines. Il arriva à Foligno le 28 avril, avant même que son ennemi fût parvenu au-delà de Pesaro; il lui prit toute son artillerie, et le força de se retirer dans les montagnes. A son entrée dans le royaume de Naples, le général Bianchi publia, comme commandant en chef de l'armée autrichienne, quelques proclamations, dans l'une desquelles ce général, que son mérite devait rendre juste et modéré, parle avec le plus profond mépris d'un prince qui avait dû toute son élévation à son brillant courage et aux talens du grand capitaine. Dans une autre proclamation, le général Bianchi engage les Napolitains à être fidèles à leur ancien roi, Ferdinand IV, et il prend avec

M^r. Bichat.

Fremy del. et Sculp.

eux des engagemens qui ne furent point violés, du moins en ce qui dépendait de lui. Naples lui dut un service plus important encore, celui de la garantir du pillage, par la précaution qu'il eut de faire précéder l'armée d'une division de cavalerie légère, qui maintint la populace étrangère à toute opinion politique, et qui était prête à se porter à tous les excès. Peu de temps après l'arrivée du général Bianchi, Ferdinand IV rentra dans sa capitale, et, plein d'une reconnaissance méritée envers le général autrichien, pour les services importans qu'il en avait reçus, il lui en témoigna toute sa gratitude, dans une lettre autographe qu'il accompagna de la grand'croix de l'ordre de Saint-Ferdinand, et du titre de duc de Casa-Lanza, nom du lieu où l'armée napolitaine avait capitulé. Le roi joignit à ce titre des propriétés immenses qu'il exempta de toute imposition. La guerre actuelle de l'Autriche contre le royaume de Naples attache d'autant plus d'intérêt à ces souvenirs, qu'on est plus indécis sur les moyens de reconnaissance qui seront à la disposition du même roi Ferdinand, pour payer les services des généraux autrichiens contre ses sujets. Dans le mois d'août 1815, le général Bianchi vint avec son armée dans le midi de la France, et il y resta jusque dans le mois de novembre suivant. En 1816, il a été nommé gouverneur de la Galicie.

BIANCHI (François), est un des compositeurs italiens les plus distingués de l'époque actuelle. Il a fait jouer avec succès plusieurs opéras de sa composition, sur divers théâtres de l'Europe. Voici la liste des principaux : 1° *le Triomphe de la paix*, en 1782; 2° *Briséis*, en 1784; 3° *la Villageoise enlevée*, en 1785; 4° *le Déserteur;* 5° *Mézence;* 6° *Zémire;* 7° *Alexandre aux Indes;* 8° *l'Orphelin de la Chine;* 9° *le Hollandais à Venise*, en 1794; 10° *l'Extravagant*, en 1795; et 11° *Sémiramis*, opéra *seria*, qui fut bien accueilli à Paris, en 1811, sur le théâtre de l'*Opera-Buffa*. La *Villageoise enlevée* (la Villanella rapita), a aussi obtenu le plus grand succès à toutes les reprises qui en ont été faites dans cette ville : remarquons cependant que le bel air *mi perdo! si, mi perdo*, celui des morceaux les plus applaudis, est de Paesiello.

BICHAT (Marie-François-Xavier), l'un des plus beaux génies contemporains. La science médicale lui doit des découvertes importantes : il ne vécut pas trente années, et dans un aussi court espace de temps, il prépara la révolution qui s'est opérée récemment dans la physiologie. Bichat est digne de la plus haute estime. Dévoué à l'humanité, il lui consacra son génie, et il donna à la société l'exemple de toutes les vertus privées. Il naquit le 11 novembre 1771, à Toissey, département de l'Ain. Son père, médecin recommandable, lui fit faire ses études à Nantua et au séminaire de Lyon; il le fit entrer ensuite à l'hôpital de cette dernière ville, et le mit sous la direction de Marc-Antoine Petit. Bichat, à peine âgé de 20 ans, fut distingué par ce célèbre chirurgien, qui lui donna des soins particuliers. Le maître et l'élève ne furent séparés que par les troubles civils, dont la seconde ville de France fut la victime en 1793. Bichat se rendit à Paris, et quoique sans recommandations et sans amis, il continua ses études médicales et anatomiques, s'attachant particulièrement aux cours de l'illustre Dessault. Un jour de leçon, une circonstance imprévue force Bichat d'émettre devant le professeur quelques réflexions qui lui appartiennent en propre. Leur justesse, leur profondeur, étonnent Dessault : le génie du maître devine celui de l'élève. Bichat cesse dès lors d'être isolé. Le célèbre professeur lui offre sa maison, et Bichat devient son fils adoptif; il l'aide dans toutes ses recherches, et le seconde dans toutes ses opérations. En 1795, une mort subite enlève le professeur. Bichat consacre ses premiers travaux à honorer la mémoire de son bienfaiteur : il publie, à la fin du quatrième volume du *Journal de Chirurgie de Dessault*, l'éloge historique de ce savant, dont il réunit en un corps les doctrines, les idées éparses dans divers traités imprimés ou manuscrits, et compose avec autant de méthode que de talent, un excellent ouvrage qu'il publie sous ce titre : *OEuvres chirurgicales de Dessault* (Paris, 1797, 2 vol. in-8°). Ne se séparant point de la famille qui vient de faire une si grande perte, il devient l'ami et l'appui du fils et de la veuve de l'homme qui lui avait servi de père. La direction que Petit et Dessault avaient donnée à ses é-

tudes, ne fut cependant pas celle qui devait préparer ses plus beaux succès. Après avoir fait quelques modifications heureuses à des instrumens de chirurgie, quelques découvertes intéressantes dans cette science, et quelques observations qui sont comme des étincelles de son génie (on les trouve consignées dans le *Recueil de la Société médicale d'émulation*, 1796), c'est à la physiologie qu'il s'attacha particulièrement, et c'est à elle qu'il dut sa gloire. Avant lui, déjà le métaphysicien Barthez et l'observateur Bordeu avaient renversé cette doctrine des lois physiques et chimiques, établie par Boerhaave; une philosophie forte de vérité commençait à remplacer ces théories algébriques et routinières, filles des systèmes, de l'inertie ou de l'ignorance. Bichat, avec une connaissance parfaite de l'anatomie, avec une patience à toute épreuve, riche d'ailleurs d'un nombre prodigieux d'observations et d'expériences, seconda puissamment le mouvement de son siècle, et finit par élever sur les ruines des doctrines erronées des *iatro-mathématiciens* qui l'avaient précédé, le système philosophique et si bien établi du *Vitalisme*. Les nombreux travaux qui le conduisirent à compléter son système, sont exclusivement du ressort de l'histoire de la médecine, et non de l'histoire en général : nous n'indiquerons ici que les résultats. Les observations de Bichat se portèrent successivement sur les membranes, sur leurs différentes espèces, sur les humeurs qui lubrifient les articulations, et sur la symétrie de certains organes. Elles étaient le fruit des travaux les plus longs, des dissections les plus fatigantes, des expériences les plus minutieuses. Il ne sortait pas des hôpitaux, opérait journellement une foule de cadavres dont la maladie avait lésé les organes, et cherchait dans les entrailles mêmes des animaux vivans les secrets de la vie prête à s'échapper. C'est ainsi qu'il prépara ses trois grands et importans ouvrages : son *Traité des Membranes* (1800, in-8°, Paris); ses *Recherches physiologiques sur la vie et la mort* (1800, in-8°); et son *Anatomie générale, appliquée à la physiologie et à la médecine* (4 vol., Paris, 1801). Quelques Mémoires publiés depuis l'hiver de 1797, époque où son professorat commença, avaient précédé ces trois ouvrages, et avaient annoncé le sage réformateur de la physiologie. Dans ces productions, qu'il faut compter parmi les plus belles qu'ait vues paraître le commencement du 19ᵐᵉ siècle, Bichat s'est montré créateur. A son génie seul appartient cette doctrine ingénieuse et simple des propriétés vitales, qui décompose la vie, et en explique sans efforts tous les phénomènes, par la distinction si naturelle d'une vie intérieure et d'une vie animale. Il mit dans l'art de combiner les expériences une sagacité dont aucun anatomiste n'avait encore offert d'exemple. Il indiqua les grands ressorts de la machine humaine, puis en analysa les derniers rouages avec la plus minutieuse exactitude. Ce grand homme n'avait que 28 ans, et déjà il s'était placé à la tête des plus fameux anatomistes de l'Europe. « Dans six ans, disait le hollandais » Sandifort, il aura surpassé notre » Boerhaave. » Cet éloge, arraché au patriotisme, échappant, malgré une espèce de restriction, à la conviction la plus intime, est bien flatteur pour Bichat qui vivait encore, qui avait des rivaux, et qui ne pouvait pas être apprécié dans toute l'étendue de son mérite. Il venait de faire paraître les deux premiers volumes d'un *Traité d'Anatomie descriptive* (complété depuis par MM. Roux et Buisson), et il s'occupait d'une classification générale des maladies, quand une mort prématurée le ravit aux sciences et à l'amitié, le 22 juillet 1802. Une fièvre putride maligne, suite d'une chute légère et qu'on n'avait pas crue dangereuse, l'enleva en peu de jours. La veuve de son ancien maître recueillit ses derniers soupirs. Les praticiens les plus distingués, et six ou sept cents élèves, accompagnèrent le char funèbre de l'homme qui avait tant de fois interrogé la mort. Un monument fut élevé à l'Hôtel-Dieu, en l'honneur de Bichat et de Dessault, son immortel ami. M. Hersent, dans un tableau exposé au *salon de 1818*, a représenté les derniers momens de Bichat. On a justement admiré cette composition touchante et si digne du talent de l'artiste; et on regrette vivement qu'elle n'ait point été multipliée, et en quelque sorte rendue populaire, par la gravure. Auteur d'un grand nombre de belles découvertes, ayant préparé plusieurs de celles même qui ont été faites après sa mort, créateur de vastes et ingénieux systèmes, sage observateur et profond philosophe dans sa manière d'envisager la science de la médecine et celle de l'anatomie, Bichat est sans aucun doute l'un des hommes que la France moderne doit le plus s'honorer d'avoir produits. Les praticiens, les élèves, toutes les personnes studieuses qui désireront juger Bichat dans ses hautes conceptions, le suivre dans ses travaux et dans toute sa vie privée, qui voudront bien connaître cet homme d'un si grand mérite, et par conséquent l'aimer, devront avoir recours à l'excellente *Notice historique,* publiée par M. Buisson, l'un de ses élèves, à la tête du troisième volume de l'*Anatomie descriptive.*

BIELECK (N.), l'une des nombreuses victimes de la politique. Homme paisible et père de famille, il occupait la place de professeur à l'école d'artillerie de Vienne, lorsque la conspiration de Hebenstreit éclata. On l'impliqua dans cette affaire. Même en supposant qu'il y ait pris la part indirecte qui lui fut attribuée, le traitement qu'on lui fit subir est horrible. Il fut déclaré déchu de noblesse, exposé trois jours comme un malfaiteur, et condamné à rester *cent* ans enfermé dans la forteresse d'Olmutz, où il entra le 8 janvier 1798, et où il est encore aujourd'hui.

BIELKE (LE BARON DE), issu d'une des plus anciennes familles de la Suède qui a donné des reines à ce pays, allié à la maison royale de Wasa, n'est guère connu que par sa fin tragique. Le 17 mars 1792, ayant appris dès le matin l'issue de la funeste entreprise d'ANKARSTROEM (*voyez* ce nom), il prit de l'arsenic à forte dose, et expira dans les plus cruels tourmens, vers les six heures du soir. Ses derniers momens furent affreux. Le chef de la police et ses agens entourèrent son lit de mort, et mirent en œuvre tous leurs moyens, même les plus violens, pour lui arracher des aveux et les noms de quelques complices. Leurs efforts furent vains. On lui envoya enfin un prêtre élevé avec lui au collége, et son ami dans sa jeunesse. Les vives instances de cet homme, animé par l'espoir d'un évêché qu'on lui avait promis pour prix de ses soins, et qu'il obtint en effet, n'eurent aucun succès. « Je » ne sais rien, disait Bielke : j'ai » pris du poison, et le plus violent » que j'aie pu me procurer, parce » que j'ai craint d'être arrêté com- » me l'ont déjà été tant d'autres » de mes amis, et d'être torturé » jusqu'à la mort. Mes sentimens » sont si connus, ma haine contre » le despote s'est si fortement pro- » noncée, que j'avais tout à re- » douter. Je suis vieux (il avait » soixante et quelques années), » d'une constitution faible; j'ai » craint surtout que la violence » des tourmens ne m'arrachât des » paroles indiscrètes ou menson- » gères, et ne me fît compromet- » tre des hommes innocens. » Le prêtre redoublant d'efforts, lui représentant sans cesse les cieux ouverts s'il rendait hommage à la vérité, et les flammes éternelles prêtes à l'envelopper s'il s'obstinait à ne rien révéler, Bielke lui

dit d'une voix ferme : « Eh! lais-
» sez-moi donc mourir en paix;
» croyez-vous me persuader qu'on
» ne puisse être bien venu dans
» l'autre monde qu'à force d'infa-
» mies commises dans celui-ci? »
Ce furent ses dernières paroles.
Son cadavre, livré aux outrages
des agens de la police, fut enfin
traîné sur la claie, sans jugement
préalable, jusqu'au lieu de supplice des criminels, ainsi que celui du nommé Oerner, bourgeois
de Stockholm, qui, à la même
époque, s'était étranglé dans sa
prison. Bielke avait eu très-jeune le titre de secrétaire du roi,
mais n'en avait exercé aucune
fonction. Ce titre banal en Suède se donne à qui veut le prendre et à qui n'en trouve point
d'autre. Quelques biographes ont
dit qu'employé comme secrétaire
intime dans le cabinet du roi,
Bielke trahissait les secrets de l'é-
tat. Le fait est qu'il n'a jamais
approché de la personne du monarque, ni paru à la cour. Il habitait une terre en Sudermanie,
et ne venait à Stockholm que
pendant la tenue des diètes. Il se
faisait distinguer alors parmi les
représentans de la nation par une
éloquence énergique, et par un
travail assidu dans les différens
comités dont il fut souvent le rapporteur. Sa fille a épousé un officier distingué de l'armée suédoise.

BIENCOURT (le marquis de).
Député en 1789, par la noblesse du
Guéret, aux états-généraux, il fut
un des premiers de son ordre qui
se réunirent au tiers-état. On doit
regretter qu'ayant donné, dans
cette circonstance à la fois si solennelle et si importante, des marques d'un esprit éclairé et d'un
cœur patriote, le marquis de Biencourt se soit ensuite perdu dans
l'obscurité de la vie privée. Il
n'en est pas moins digne de figurer dans un ouvrage dont le but
est de conserver à la postérité le
nom et les actions des hommes
qui ont consacré nos libertés politiques, en renonçant aux avantages qu'ils tenaient de leur naissance, et en s'affranchissant de ridicules préjugés.

BIENVENUE (N.), vice-président du tribunal civil de Saint-
Brieux, membre de la chambre
des représentans pendant les *cent
jours*, en 1815. M. Bienvenue a
été destitué pour avoir fait partie
de cette chambre, et n'a pas même obtenu la pension de retraite,
à laquelle il avait droit comme
ancien magistrat.

BIERKANDER (Claude), pas-
teur suédois, s'occupa toute sa
vie d'observations sur les insectes. On lui doit plusieurs expériences nouvelles et des remarques intéressantes sur la végétation. Le premier, il ouvrit la route aux découvertes des modernes
sur la transpiration des plantes.
Il examina, au milieu des neiges
du climat qu'il habitait, l'effet du
froid sur les arbres, sur les ar-
brisseaux et sur les fleurs, et a-
jouta à ce gracieux système une
horloge de Flore, qui marque,
par l'épanouissement d'une plante nouvelle, chaque division du
jour et de la nuit. Ce savant a
donné dans les *Mémoires de l'a-
cadémie de Stockholm*, plusieurs
dissertations fort intéressantes.
Né en 1735, Bierkander mourut

en 1795 à Gresback, en Westrogothie.

BIÈVRE (N. MARÉCHAL, MARQUIS DE), littérateur, né à Paris vers 1747. C'était un homme remarquable par son esprit, et il en eut beaucoup plus que de bon sens : on ne saurait le nier, quand on songe à la prodigieuse quantité de quolibets et de calembourgs sortis de sa plume. Que ces misérables jeux de mots échappent dans la gaieté de la conversation, cela peut se pardonner même à un homme sensé; mais un homme sensé prendra-t-il jamais la plume pour écrire ces plates bouffonneries? Un homme sensé se creusera-t-il la tête pour trouver un moyen de dénaturer tellement le sens des mots que la saine raison n'y puisse rien comprendre? Telle a été cependant l'occupation du marquis de Bièvre, quand il a froidement tracé sur le papier ces trois ou quatre ouvrages, si abondans en calembourgs, que malgré la fécondité de ses nombreux imitateurs, la somme entière des leurs n'y fait pas contre-poids. Le marquis de Bièvre en sottise a fait école; s'il eût vécu jusqu'à l'âge de raison, il en eût été honteux sans doute, ainsi que de sa renommée. Il approchait de cette heureuse époque, quand il donna la comédie du *Séducteur,* ouvrage qui n'est pas à beaucoup près exempt de défauts, mais dans lequel on trouve souvent l'empreinte du talent. Le style en est quelquefois maniéré, c'est le vice du temps; le comique y est fondé sur une satire assez froide de la philosophie, c'est encore le vice du temps.

Mais on rencontre souvent aussi dans le *Séducteur* des vers gracieux, des traits touchans et naturels; il y a des scènes bien faites, des situations attachantes; et le mérite en appartient à l'auteur, qui aurait pourtant pu tirer un meilleur parti d'un sujet où les traits les plus heureux de *Clarisse,* de *la Nouvelle Héloïse,* et même des *Liaisons dangereuses,* venaient se fondre tout naturellement. Le *Séducteur,* quoi qu'il en soit, obtint assez de succès pour avoir excité l'attention et l'humeur de La Harpe. *Les Réputations,* autre comédie du marquis de Bièvre, ne furent pas accueillies de même à beaucoup près. La disgrâce qu'elles éprouvèrent, l'empêcha sans doute de livrer au théâtre d'autres ouvrages sérieux qu'il avait en portefeuille, et qui se sont probablement perdus par suite de son émigration. Le marquis de Bièvre était petit-fils de Georges MARÉCHAL, premier chirurgien de Louis XIV. Il fut quelque temps mousquetaire ; son caractère aimable et enjoué lui obtint de grands succès dans la plus haute société, où il plaisait moins pourtant par son esprit que par l'abus qu'il en faisait. Nous ne rivaliserons pas avec les biographes qui ont recueilli tous ses calembourgs, et lui en ont même prêté, à l'exemple de la *Biographie universelle,* qui, par parenthèse, le fait mourir à *Spa,* pour lui faire dire, *je pars de ce pas.* Nous dirons seulement que dans ses nombreux jeux de mots, on trouve quelques bons mots. Le marquis de Bièvre mourut en émigration à Anspach, vers 1792. Ses ouvrages raisonnables ou non, sont : 1° *Lettre écrite à M*ᵐᵉ *la comtesse Tation* (contestation), par le sieur de *Bois-Flotté*, étudiant en *droit-fil*, 1770, in-8°. On rencontre deux ou trois calembourgs dans chaque phrase de cet ouvrage burlesque. 2° *Lettre sur cette question : Quel est le moment où Orosmane est le plus malheureux ? Est-ce celui où il se croit trahi par sa maîtresse ? est-ce celui où, après l'avoir poignardée, il apprend qu'elle est innocente ?* Cette dissertation, publiée séparément, a aussi été insérée dans le cours de littérature de La Harpe, après l'analyse de la tragédie de Voltaire, qu'elle a pour objet. 3° *Vercingentorix*, tragédie en un acte, 1770, in-8°. Cette pièce est toute écrite en jeux de mots et en calembourgs, témoin ces deux vers. Ce sont les premiers de la pièce :

<small>Dans ces lieux (à l'anglaise) où le sort nous amène,
Je viens de vos malheurs rompre le cours (la reine).</small>

4° *Almanach des Calembourgs*, 1771, in-18 ; c'est le recueil des calembourgs que de Bièvre avait mis en vogue. 5° *Les Amours de l'ange-Lure* (l'engelure), et de *la fée-Lure* (la fêlure), 1772, in-32. Ce recueil de sottises est devenu fort rare, ce qui prouve que les sots ne le sont pas. 6° *Le Séducteur*, comédie en cinq actes et en vers, 1783, in-8°. Cette pièce, qu'on attribua à Dorat, réussit parfaitement, tandis que *Les Brames*, tragédie de La Harpe, éprouvaient un sort tout contraire. Le marquis de Bièvre disait à cette occasion, dans son style favori : « Quand *le Séduc-*»*teur* réussit, *les Brames* (bras »me) tombent. » Quelques enthousiastes crurent pouvoir mettre *le Séducteur* en parallèle avec le chef-d'œuvre de Gresset. Vous vous trompez, dit un plaisant qui n'était pas de cet avis : *Le Séducteur* est aussi éloigné du bon que du *Méchant*. 7° *Les Réputations*, comédie en cinq actes et en vers, laquelle n'obtint aucun succès, et ne fut jouée qu'une seule fois (le 23 janvier 1788). En 1800, M. Deville a publié, sous le titre de *Biévriana* (in-18), la collection des calembourgs du marquis. Ce petit recueil a été réimprimé plusieurs fois ; enfin la manie du même a été mise en scène sur l'ancien théâtre des Troubadours, dans un vaudeville intitulé *M. de Bièvre, ou l'Abus de l'Esprit*. Le titre seul de cette pièce en annonçait le but, qui était d'empêcher cette misérable manie de s'impatroniser dans la conversation. Si la pièce a réussi, ce n'est pas du moins sous ce rapport.

BIGARRÉ (Auguste - Julien, comte), lieutenant général, commandeur de la légion-d'honneur, etc., est né vers 1775, à Belle-Ile en mer, département du Morbihan. Il se rendit à Saint-Domingue, et entra, en 1791, dans l'artillerie de la marine. De retour en France, il servit à l'armée de l'Ouest, comme sous-lieutenant dans le 9ᵐᵉ régiment de ligne. Lieutenant en 1795, et capitaine en 1796, il fit, au commencement de 1797, partie de l'expédition d'Irlande, commandée par le général Hoche, et donna des preuves de la plus rare intrépidité, dans le combat que soutint le vaisseau *les Droits de l'Homme*, sur lequel il était monté. Le capitaine Bigarré fit ensuite les campagnes de Sambre-et-Meuse, de l'Allemagne, de l'Helvétie et du Rhin. Le 2 mars 1799, il s'empara avec 2 chasseurs d'une pièce de canon. Le 7 septembre de la même année, il enleva un poste ennemi, sur les bords du lac de Lucerne, et eut dans cette expédition la mâchoire cassée d'un coup de feu. Le 3 décembre 1800, à la fameuse bataille d'Hohenlinden, où il fut de nouveau blessé, il s'empara d'une pièce de canon et d'un obusier. A Hambach, il contribua, malgré un feu de mitraille des mieux servis, à sauver le pont embrasé de la Trancer. Au commencement de 1802, il entra dans la garde des consuls, et fut enfin nommé, au commencement de 1804, major du 4me régiment de ligne. C'est en cette qualité, qu'à la bataille d'Austerlitz il eut le commandement de ce régiment, dont Joseph Bonaparte était alors colonel. Décoré de la croix d'officier de la légion-d'honneur, après cette affaire, il passa, en 1806, au service du royaume de Naples, comme aide-de-camp du roi Joseph. Il avait été nommé colonel d'un régiment napolitain, lorsque l'empereur Napoléon plaça son frère sur le trône d'Espagne. Le colonel Bigarré suivit ce prince en qualité d'aide-de-camp, et eut aussitôt le commandement de l'infanterie de la garde, avec le grade de général de brigade. Ses services ne tardèrent pas à le faire élever au rang de général de division, et à le faire nommer commandeur de l'ordre royal d'Espagne. A la fin de 1812, il fut envoyé auprès de Napoléon, pour l'engager, dit-on, à évacuer l'Espagne. Ce mouvement fut exécuté en 1813; le général Bigarré fut alors employé à la grande-armée, dans la jeune garde, comme général de brigade, et il ne tarda point à reprendre le commandement d'une division. Après la campagne de 1814, dans laquelle il avait donné de nouvelles preuves de ses talens et de sa valeur, il fut nommé commandant du département d'Ile-et-Vilaine. Dans la même année il reçut la croix de Saint-Louis et celle de commandeur de la légion-d'honneur. Après les événemens du 20 mars, il obtint le commandement supérieur de la 13me division militaire, puis fut nommé député à la chambre des représentans par le collége électoral du département d'Ile-et-Vilaine. Le commencement des troubles excités par les royalistes dans les départemens composant cette division, engagea le général Bigarré à organiser par arrondissement des colonnes mobiles chargées de faire exécuter les ordres du gouvernement. Bientôt des soulèvemens favorisés par l'Angleterre le contraignirent à employer quelques mesures de rigueur; et après avoir fait suspendre l'exercice des lois constitutionnelles, il marcha en personne sur les insurgés qui s'étaient emparés de la ville de Redon, dans le département d'Ile-et-Vilaine. Il les battit, ainsi qu'à

Bignon, député.

Pontivi; et il était parvenu à rétablir l'ordre avec assez de succès et de sécurité pour pouvoir annoncer au président de la chambre qu'il ne tarderait point à être de retour à Paris. La funeste bataille de Waterloo parvint rapidement en Bretagne; et soit par ressentiment, soit qu'ils voulussent donner des preuves éclatantes de leur dévouement, les chefs royalistes formèrent de nouveaux rassemblemens à Aurai, sous le commandement de M. d'Andigné. Le général Bigarré marcha contre eux, et il y eut un engagement assez vif, dans lequel le général fut blessé. Cet engagement fut le dernier. Après la seconde restauration, le général Bigarré a cessé d'être employé.

BIGNON (Louis-Édouard), né en 1771 à la Meilleraye, département de la Seine-Inférieure, élevé à Paris au collège de Lisieux, quittait les bancs de l'école au moment de la prise de la Bastille. Ardent ami des principes proclamés en 1789 et consacrés par la charte, mais ennemi en tout temps des mesures violentes, et proscrit, à ce titre, en 1793, il trouva un honorable asile dans les rangs de l'armée. Après cinq ans de service militaire, étant entré dans la carrière diplomatique, il s'est trouvé jeté au milieu de tous les grands événemens qui ont changé la face de l'Europe. Nommé secrétaire de légation, en 1797, près la confédération helvétique, en 1799, près la république cisalpine, il a assisté à la dissolution de ces deux états. Après avoir été pareillement secrétaire de légation près la cour de Prusse, en 1800 et 1801, il résida comme chargé d'affaires près cette même cour en 1802 et 1803. Dans ces deux dernières années, M. Bignon fut comblé de marques de bienveillance par la famille royale de Prusse, ce qui rendit plus pénibles pour lui les fonctions qu'il a eues à remplir à Berlin dans des temps ultérieurs. De 1803 à 1806, M. Bignon a été accrédité à Cassel comme ministre plénipotentiaire auprès de l'électeur de Hesse. Dans le cinquième livre de son écrit sur *les Proscriptions,* M. Bignon raconte que c'est à un ministre de cet électeur qu'appartient la première idée d'une ligue des princes allemands de second ordre, laquelle devait être mise sous la protection de la France et de la Russie, idée dont l'empereur Napoléon a fait sortir la confédération du Rhin, à la tête de laquelle il s'est placé comme unique protecteur. On voit aussi, dans le même ouvrage, que, la veille de la bataille d'Iéna, le ministre de France offrait encore à l'électeur de conclure avec lui une convention de neutralité; que ce prince s'y refusa, et ne changea d'avis qu'après la bataille; mais il n'était plus temps. Aussitôt après l'entrée des troupes françaises à Berlin, M. Bignon fut nommé commissaire impérial près les autorités prussiennes. Chargé ensuite de l'administration générale des domaines et finances des pays occupés, il exerça cette fonction jusqu'à l'évacuation du territoire prussien à la fin de 1808. Le principal mérite, dans une telle mission, était d'adoucir par des procédés et des ménagemens l'exigence du vainqueur. M. Bignon était particulièrement appelé à ce rôle par son caractère personnel et par ses relations antérieures avec les principaux habitans. Des témoignages de reconnaissance lui ont été donnés par eux long-temps après qu'il avait quitté le pays, et qu'il ne pouvait plus ni nuire ni être utile. En 1809, il était ministre plénipotentiaire auprès du grand-duc de Bade, quand un décret, daté de Schœnbrunn, le nomma administrateur-général de l'Autriche, comme il l'avait été de la Prusse. La modération de sa conduite à Vienne fut la même qu'à Berlin. Bientôt après, il fut envoyé à Varsovie, où il est resté près de trois ans. C'était une mission délicate et de confiance. Au lieu de publier l'histoire de sa mission, il s'est confié sur ce point à la mémoire des Polonais dont il a été l'ami dans le temps de leurs espérances, et qui sont restés ses amis dans le temps des communes adversités. A l'ouverture de la campagne de 1812, M. Bignon, destiné à diriger l'administration des provinces polonaises qu'occuperait l'armée, fut nommé commissaire impérial près le gouvernement provisoire établi à Vilna. Il avait été remplacé à Varsovie par M. de Pradt. Dans la retraite de Moscow, cet ambassadeur fut rappelé, et M. Bignon fut de nouveau accrédité auprès du gouvernement polonais, avec le titre d'envoyé extraordinaire et ministre plénipotentiaire. Le décret de nomination lui conférait tous les pouvoirs dont l'ambassadeur était revêtu. Ainsi M. Bignon avait été le prédécesseur de M. de Pradt, et il fut son successeur, double circonstance qu'on ne doit pas oublier en lisant le récit de la fameuse ambassade. A peine M. Bignon eut-il repris la direction des affaires de France en Pologne, qu'au lieu de favoriser le mouvement rétrograde de l'armée autrichienne, il fit tous ses efforts pour l'arrêter. De concert avec le brave et loyal prince Poniatowski, il tira de l'alliance encore subsistante de l'Autriche tous les avantages que comportaient les circonstances. S'il n'obtint pas que le prince de Schwarzenberg, et ensuite le général Frimont qui lui succéda, fissent tout ce qu'ils auraient pu faire, du moins il parvint à ralentir leur retraite, et à retarder de près de quatre mois l'évacuation du territoire polonais. C'est à Cracovie, où il se trouvait encore dans les premiers jours de mai, que lui parvint la nouvelle de la victoire de Lutzen; en sorte qu'une poignée de Polonais, s'appuyant de la présence bien qu'inactive des Autrichiens, avait tenu en échec jusqu'à ce moment un corps d'armée russe assez considérable. On ne saurait s'empêcher de rappeler ici le dévouement que les Polonais montrèrent en cette conjoncture. En partant de Varsovie, leur armée était réduite à des cadres formant environ 6 à 7,000 hommes. Trois mois après, elle était de 20,000 hommes à Cracovie. La jeunesse polonaise passait à travers les bataillons russes pour venir rejoindre le prince

Poniatowski. La retraite de ce corps se fit à travers les états autrichiens, et M. Bignon rejoignit l'armée française à Dresde. Après la rupture de l'armistice que suivit bientôt la perte de la bataille de Leipsick, M. Bignon, qui avait été laissé dans Dresde avec les autres membres du corps diplomatique accrédités auprès du roi de Saxe, s'y trouva enfermé pendant le siége : il n'en sortit qu'après la capitulation. Cette capitulation ayant été violée, il fut arrêté en chemin par un aide-de-camp du prince de Schwarzenberg. Sur ses réclamations d'autant plus légitimes que, pendant le siége de Dresde, il avait fait obtenir des passe-ports à plusieurs ministres étrangers qui s'y trouvaient encore, et notamment aux ministres de plusieurs états dont la défection était déjà connue, le prince de Schwarzenberg envoya un de ses aides-de-camp pour le remettre aux avant-postes français à Strasbourg. Arrivé à Paris le 7 décembre 1813, il annonça la défection de Murat à Napoléon, qui ne voulut pas y croire. Telle a été la carrière de M. Bignon à l'extérieur. Agent politique, il s'est concilié la bienveillance et l'affection des pays où il a eu des devoirs pacifiques à remplir. Administrateur, il a forcé l'estime là où il a eu à remplir des devoirs rigoureux : partout il a laissé d'honorables souvenirs. A son retour en France, M. Bignon s'était retiré à la campagne. Dans les *cent jours*, Napoléon le nomma sous-secrétaire-d'état au ministère des affaires étrangères, conjointement avec M. Otto. Le département de la Seine-Inférieure le choisit pour membre de la chambre des représentans. Chargé un moment du portefeuille des affaires étrangères, il signa, en cette qualité, la convention du 3 juillet, qui eût été un bienfait inappréciable pour la France, si elle eût été exécutée. En 1817, M. Bignon a été élu député par le département de l'Eure. La première fois qu'il parut à la tribune, il exprima ses vœux pour le rapport des lois d'exception et le prompt départ des troupes étrangères. Ce fut lui qui fit entendre dans la chambre les premières paroles pour le rappel des proscrits. « Que les étrangers sortent, » dit-il, que les Français rentrent, » et la paix régnera bientôt dans » tous les cœurs… » Dans la session de 1818, une phrase d'une opinion qu'il fit imprimer au sujet d'une pétition pour les bannis l'a exposé aux invectives et aux calomnies du parti anti-libéral. Il disait, dans cette opinion, qu'indépendamment de toutes les raisons qu'il venait d'alléguer, il existait encore, en faveur des Français malheureux dont il plaidait la cause, d'autres argumens d'un grand poids dont peu de personnes avaient connaissance. Interpellé, six semaines après, par un ministre sur le sens de ces paroles, il répondit que l'explication ne serait d'aucune utilité dans le moment pour l'intérêt des proscrits, et qu'elle serait contraire à l'intérêt du gouvernement lui-même. On croit généralement que M. Bignon voulait parler de circonstances particulières qui se rattachent à la convention du 3 juillet 1815. On a depuis, dans divers écrits, indiqué quelques-unes de ces circonstances auxquelles on suppose qu'il a voulu faire allusion : il n'a ni approuvé ni démenti ces conjectures. Dans la session de 1819, il a prononcé un discours sur la liberté individuelle, un autre sur la liberté de la presse, et enfin un sur la loi des élections. En 1820, il a été nommé député par les départemens de la Vendée et du Haut-Rhin. M. Bignon a publié les ouvrages suivans : en 1799, un Mémoire intitulé : *du Système suivi par le directoire-exécutif relativement à la république cisalpine;* en 1814, *Exposé comparatif de l'état financier, militaire, politique et moral de la France et des principales puissances de l'Europe;* en 1818, *Coup d'œil sur les démêlés des cours de Bavière et de Bade;* en 1820, des *Proscriptions;* en 1821, *du Congrès de Troppau.* Les services de M. Bignon, ses ouvrages, ses discours parlementaires lui assignent un rang élevé parmi les diplomates, les écrivains et les orateurs les plus distingués de l'Europe; ses compatriotes ont le droit d'ajouter, et parmi ses plus grands citoyens. M. Bignon est du petit nombre de ceux que la patrie peut présenter avec une égale confiance à ses amis et à ses ennemis.

BIGONNET (JEAN-ADRIEN). Membre du conseil des cinq-cents depuis 1798, ce fut M. Bigonnet qui, au 18 brumaire an 8 (1799), apostropha ainsi le général Bonaparte lorsqu'il se présenta dans la salle des séances : *Téméraire! que faites-vous! vous violez le sanctuaire des lois!* Ce mouvement ne fut point le résultat d'une véhémence passagère, mais bien la conséquence de ses principes politiques. Il s'était opposé au rétablissement des impôts abolis par la révolution, et s'était montré plus fidèle à une république en ruine, que ceux-mêmes qui en avaient bâti le fragile édifice. Le *Moniteur* n'imprima pas le discours qu'il prononça contre les perfidies de cabinets et les jeux si cruels de la fourberie diplomatique : il le fit lui-même imprimer séparément. Ce discours, écouté avec impatience par l'assemblée, fut reproduit, trois jours après, sous des formes nouvelles. Son auteur proposa d'exciter le patriotisme des Français, en créant un *Code de mérite et de récompense.* La motion de M. Bigonnet fut renvoyée à une commission, qui ne daigna pas s'en occuper. Peu de temps avant le 18 brumaire, il demandait encore la liberté de la presse. Sa conduite dans la fameuse séance qui détruisit la république et prépara l'empire, le fit rejeter dans l'obscurité, et il y vécut pendant tout le règne de Napoléon. En 1815, ce prince, qui sentait le besoin de chercher dans le parti populaire un appui qui manquait à son trône, nomma M. Bigonnet maire de Mâcon, à la demande des habitans de cette ville. Député à la chambre des représentans, M. Bigonnet s'opposa à la proclamation explicite de Napoléon II, prouvant, par ce nouveau trait de courage, qu'il marchait sur une ligne droite, et ne se prêtait ni aux temps ni aux circonstances.

BIGOT DE PRÉAMENEU (Fé-
lix-Julien-Jean, comte), né vers
1750 dans la province de Bretagne, était, avant la révolution,
avocat au parlement de Paris. En
1790, il fut nommé juge du 4ᵐᵉ
arrondissement de cette ville, et,
en 1791, envoyé en qualité de
commissaire du roi à Usez, pour
apaiser les troubles excités contre les protestans. Nommé député à l'assemblée législative par le
département de la Seine, il se
montra alors, comme il s'est montré depuis, également ennemi de
l'anarchie et du despotisme. Le 7
janvier 1792, il émit cette opinion, qui lui attira les huées des
tribunes, que la nation n'était pas
seulement représentée par l'assemblée, mais qu'elle l'était encore par le roi. M. Bigot de Préameneu fit ensuite décréter l'organisation des jurés, et vota, quelques jours après, pour l'incom-
patibilité de ces fonctions avec
celles de législateur. Il se prononça contre un décret du département de la Seine, relatif aux prêtres insermentés, et fit accorder
un dernier délai d'un mois aux
émigrés pour rentrer en France.
Il fut nommé président de l'assemblée le 19 avril 1792, et en
cette qualité il prononça un discours en réponse à celui de Louis
XVI, lorsque ce prince vint annoncer qu'il déclarait la guerre
au roi de Bohême et de Hongrie.
Le 25 du même mois, M. Bigot
de Préameneu parla en faveur des
prêtres insermentés, contre lesquels Thuriot proposait une loi
très-sévère. Après la journée du
20 juin, il signala les rassemblemens armés, et obtint un décret
contre eux. Mais M. Bigot de
Préameneu, voyant les dangers
s'accroître de jour en jour, ne
s'occupa plus que de cacher son
existence, préférant néanmoins
exposer ses jours à quitter le
sol de la patrie. La révolution
du 18 brumaire amena dans le
gouvernement un changement
que toute la France regarda comme favorable. M. Bigot alors reparut sur la scène politique. Il
fut d'abord commissaire du gouvernement près le tribunal de cassation, et bientôt après conseiller-
d'état. Il présida, en septembre
1802, la section de législation, et
fit ensuite partie, avec MM. Por-
talis, Tronchet et Malleville, de
la commission chargée de rédiger
un projet de code civil. En mai
1804, il fut nommé candidat au
sénat-conservateur. L'année suivante, dans un voyage qu'il fit à
Naples, il eut occasion d'observer une éruption du mont Vésu-
ve, sur laquelle il envoya des détails intéressans à l'archi-chancelier de l'empire. De retour en
France, il parut souvent à la tribune du corps-législatif pour y
défendre des projets de loi, ayant
pour objet différentes dispositions
des codes de procédures civile et
criminelle. A la mort de M. Por-
talis, il fut nommé, au commencement de 1808, au ministère des
cultes. Sa prudence et sa modération lui concilièrent l'estime de
toutes les sectes religieuses. Il
conserva ce ministère jusqu'en
1814. A la fin du mois de mars
de cette année, M. Bigot de Préameneu se retira en Bretagne, et
fut compris dans la mesure du
gouvernement provisoire, dont

le but était d'expulser des places les fonctionnaires qui avaient suivi l'impératrice Marie-Louise à Blois. Considéré, en conséquence, comme démissionnaire, ainsi que tous ceux qui avaient quitté la capitale à la même époque, M. Bigot de Préameneu ne tarda cependant point à revenir à Paris, où il vécut dans la retraite jusqu'au 20 mars 1815. Napoléon lui rendit sa place de conseiller-d'état et le titre de directeur-général des cultes. Le 2 juin suivant, M. Bigot de Préameneu fut nommé membre de la chambre des pairs; il fit partie de la députation qui présenta à Napoléon l'adresse de cette chambre, adresse qui, par les principes de liberté qu'elle renfermait, fut regardée à cette époque comme la véritable expression de l'opinion publique. A la séance du 26 du même mois, il s'opposa à l'adoption du projet de loi sur les mesures à prendre pour la sûreté générale, attendu que toutes les dispositions de ce projet étaient renfermées dans le code pénal. Quelques jours après, il fut membre de la commission chargée de rédiger un rapport sur l'adresse que la chambre des représentans avait décidé, dans sa séance du 30 juin, de présenter au peuple français et à l'armée. Après le retour du roi, M. Bigot de Préameneu cessa de faire partie de la chambre des pairs. Aujourd'hui il vit retiré, et trouve, dans les sciences qu'il cultive, un bonheur qu'il ne pouvait rencontrer dans le tourbillon des affaires. Après la mort de Baudin des Ardennes, il était entré à l'institut, dont il a été président en 1804. En 1816, le gouvernement l'a nommé membre de l'académie française; il était cependant digne d'y entrer par le choix de ses collègues.

BIGOT DE MOROGUES (Sébastien), petit-fils du chef d'escadre de Morogues, auteur de l'ouvrage intitulé *Traité de tactique navale*. Né à Orléans, en 1777, M. Bigot de Morogues étudia la minéralogie à l'École des mines; ayant eu des succès dans cette science, il fit différens voyages en Bretagne, dont il donna la relation dans le *Journal des Mines*. Il a publié, en 1812, *Mémoire historique et physique sur les chutes de pierres tombées sur la surface de la terre à différentes époques*, vol. in-8°. On a encore de lui une notice très-détaillée sur la Sologne, qu'il a insérée dans la *Bibliothéque des sciences médicales d'Orléans*, ainsi que plusieurs articles dans la *Biographie universelle*.

BIGOT DE SAINTE-CROIX. *Voyez* SAINTE-CROIX.

BILDERBECK (Louis-François, baron de), maréchal de voyage du prince de Nassau-Saarbruck, né le 30 juillet 1764, à Wissembourg en Alsace. On a de lui plusieurs ouvrages en allemand, dont les principaux sont : *Le nouveau Paris, ou la Malice de trois femmes*, nouvelle, vol. in-8°, Gotha, 1786; *Cyane, ou les Jeux du destin*, roman grec, vol. in-8°, Neuwied, 1790; *la Jeunesse de Lenzheim*, roman, 2 vol. in-8°, Heidelberg, 1792; *Alexandre*, roman historique, 2 vol. in-8°, Offenbach, 1799. M. Bilderbeck a encore donné la traduction en français de divers ouvrages allemands : *Tableau de l'Angleterre et de l'Italie*, par Archenholz, 3 vol. in-8°, Gotha, 1788; *Maurice*, roman de Schultz, 2 vol. in-8°, Lausane, 1789; *Théodore, ou le petit Savoyard*, vol. in-12, Paris, 1796. Il existe en outre de M. Bilderbeck plusieurs pièces de théâtre qui ont paru en 2 vol. in-8°, Leipsick, 1801 et 1806. Il a inséré dans les *Cahiers de lecture* différens morceaux de littérature et quelques pièces de poésie.

BILDERDYK (Guillaume), d'Amsterdam. Sa passion pour l'étude, et ses succès dans ses classes, firent préjuger favorablement de ses talens. Reçu docteur en droit à Leyde, il se distingua dans l'étude des langues anciennes et modernes, et montra beaucoup de goût pour la poésie. Il commença à se faire connaître, en 1776, par une pièce de vers qui remporta le prix proposé par la société poétique de Leyde, sous ce titre : *De l'Influence de la poésie sur l'art de gouverner un état*. L'année suivante, son poëme, *le Véritable amour de la patrie*, et une ode sur le même sujet, lui firent encore obtenir le premier et le troisième prix proposés par la société poétique. Ces productions établirent la réputation de Bilderdyk. Après avoir donné la romance d'*Elius*, où l'on remarqua un grand nombre de beautés d'images et de style, il fit paraître, en 1779, la traduction de l'*OEdipe* de Sophocle, traduction qui obtint beaucoup de succès. Peu de temps après, il donna une collection de pièces fugitives, intitu-

T. III.

lée *Mes Loisirs*, parmi lesquelles on distingue plusieurs morceaux écrits en vers *blancs* et en vers *mesurés*, c'est-à-dire d'après le rhythme des anciens, et qui sont ce qu'il y a de mieux en ce genre dans la langue hollandaise. On cite surtout sa traduction de l'*Anexomènes* d'Apulée, et cependant l'auteur lui-même désapprouve cette manière de versifier dans cette langue plus propre à la rime. On reproche d'ailleurs à Bilderdyk d'avoir inséré dans son ouvrage plusieurs traductions d'anciens poëtes, sans indiquer les noms d'aucun des auteurs. En 1780, il fit paraître un mémoire sur cette question proposée par la société de Leyde : *La poésie et l'éloquence ont-elles des rapports avec la philosophie, et quels sont les avantages que retirent de celle-ci l'une et l'autre?* Ce mémoire, auquel l'auteur a ajouté, en 1783, des commentaires estimés, lui fit obtenir le premier prix. En 1785, il publia, sous le titre des *Fleurs*, un volume de poésies fugitives, presque toutes dans le genre anacréontique : elles ne furent pas moins bien accueillies que ses autres productions. La même année, il fit paraître le poëme des *Gueux*, par Onnozwier Van Haren, qu'il avait entrepris de refondre, parce qu'il n'en trouvait les vers ni assez corrects ni assez élégants. Il fut aidé dans son travail par le fameux Reinvis-Feyth. Cet ouvrage, quoique inférieur à l'original sous plusieurs rapports, a été favorablement reçu. En 1787, Bilderdyk donna la traduction de *Tyrtée*, et en 1788, celle de *Salomon*. En 1789, il publia, sous le titre de *la Mort d'OEdipe*, une traduction, qui eut un grand succès, celle de l'*OEdipe à Colone* de Sophocle. Le dévouement connu de Bilderdyk pour la maison d'Orange, l'obligea de quitter son pays en 1795, lors de l'entrée du général Pichegru dans la Hollande. Il se retira en Allemagne, et de là en Angleterre, où il fit des cours de poésie dans la langue française, comme étant la plus généralement connue. A son retour dans sa patrie, en 1799, il publia deux volumes in-8° de *Poésies diverses*, parmi lesquelles on distingue une imitation du conte de Voltaire : *La fée Urgèle, ou ce qui plaît aux Dames*; un poëme didactique qui a pour titre : *Connaissance des Etoiles*; enfin la traduction de six poëmes d'Ossian, laquelle a sur les traductions française, italienne et allemande, l'avantage d'être faite d'après l'original. Il fit paraître, en 1803, une traduction, ou plutôt une imitation de *l'Homme des champs* de Delille, et quatre volumes de *Poésies fugitives*, dont les journaux hollandais firent l'éloge; quatre autres volumes de *Mélanges*, en 1804; le *Fingal* d'Ossian en 1805, et en 1806 deux volumes de *Nouveaux Mélanges*. En 1807, Bilderdyk publia, par souscription, *les Maladies des Savans*, poëme didactique attaqué pour le sujet, mais dont le style a été beaucoup loué. En 1808, deux volumes de poésies, *les Feuilles d'automne;* trois volumes de *tragédies*, qui, malgré quelques beautés de détail, ne sont plus jouées sur le théâtre hollandais; un volume in-8° de *Poésies érotiques et fugitives*, sous le titre d'*Odelde*, et composées de 1784 à 1794, pour célébrer les charmes de la personne qu'il a depuis épousée; un poëme sur le désastre de Leyde; une traduction des *Hymnes de Callimaque;* et enfin une imitation de l'*Essai sur l'Homme*, par Pope. Pendant l'année 1809, il a publié l'*Arrivée du roi au trône*, vol. in-8°; *Poésies éparses*, 2 vol. in-8°, dans lesquelles on trouve la traduction d'une ode de Pindare, d'une idylle de Théocrite, de l'héroïde de Sapho à Phaon, de plusieurs odes d'Horace, etc. Bilderdyk a fait imprimer, en 1811, deux volumes de poésies, sous le titre de *Fleurs d'hiver*. On y remarque ses *Adieux*, dans lesquels il fait un récit touchant des événemens de sa vie. En 1813, il a donné, sous le voile de l'anonyme, deux ouvrages en prose, dont le premier, sous le titre de *Relation curieuse d'un Voyage aérostatique et de la Découverte d'une nouvelle planète*, tomba bientôt dans l'oubli. Le second, qui est un *Traité de géologie*, eut un sort plus heureux. Les événemens arrivés à la fin de la même année excitèrent la verve de Bilderdik, et il donna, en 1814, avec son épouse, Catherine Wilhelmine-Bilderdyk, un volume de poésies, intitulé : *Délivrance de la Hollande*. La même année vit paraître deux autres volumes de poésies, parmi lesquelles on distingue, comme un des meilleurs ouvrages de l'auteur, le poëme sur *le Mariage*. Après le débarquement de Napoléon en France, dans le mois de mars 1815, il publia une ode intitulée : *Appel aux armes*. Quelque temps après, il a fait imprimer à Leyde un recueil de *Poésies nationales*. En 1816, Bilderdyk a donné un poëme nouveau intitulé, *les Animaux*, 1 vol. in-8°. Il existe encore de lui un *Traité sur le genre des noms substantifs*, et un autre sur la *botanique*, que M. Mirbel, membre de l'institut de France, a traduit. La fortune a été rarement favorable à Bilderdyk; et malgré le mérite de ses nombreuses productions, elles ne lui ont pas toujours fourni des moyens suffisans pour vivre dans une honorable aisance. L'avénement de Louis Bonaparte au trône de Hollande adoucit pendant quelque temps son infortune. Ce prince, qui estimait ses talens, l'avait choisi pour son maître de langue hollandaise; il le nomma membre de l'institut qu'il venait de former, et lui accorda une pension dont le paiement cessa à l'abdication du prince. A la fin de 1813, Bilderdyk avait été nommé auditeur militaire au conseil d'Amsterdam; mais il donna bientôt sa démission de cette place, ainsi que de celle de membre de l'institut des Pays-Bas. Bilderdyk passe pour un homme très-instruit, et pour un des premiers poètes de la Hollande. Les ouvrages qu'il a transportés d'une langue étrangère dans sa langue maternelle, sont plutôt des imitations que des traductions, par la liberté qu'il prend d'ajouter ou de retrancher à son auteur, ce qui lui réussit quelquefois. On doit lui reprocher d'être généralement injuste, lorsqu'il juge les plus célèbres écrivains français, les Buffon, les Montesquieu, etc., et même les poètes qu'il traduit ou qu'il imite, entre autres Delille. Cette même injustice s'étend à des poètes qui nous sont étrangers; et Pope, qu'il a imité, n'est pas à l'abri de sa sévérité. Bilderdyk s'est donné un grand ridicule dans la prétention qu'il a de descendre de l'ancienne famille des comtes de Teysterband, nom sous lequel il a eu l'inconcevable faiblesse de publier un ouvrage de jurisprudence, écrit en latin.

BILDERDYK (Catherine-Wilhelmine), femme du précédent. Outre les morceaux de poésies qu'elle a insérés dans le poëme intitulé : *Délivrance de la Hollande*, dont il a été parlé ci-dessus, on a encore de cette dame deux des pièces qui forment les trois volumes de tragédies, publiés par son mari. Elles ont pour titre : *Elfride*, et *Iphigénie en Aulide*. En 1809, Mme Bilderdyk a donné un poëme, intitulé : l'*Inondation*, composé au sujet de celle qui dévasta une partie de la Hollande à cette époque. Son poëme sur *la Bataille de Waterloo*, lui mérita le premier prix au concours qui fut ouvert par la société littéraire de Gand. Les poésies de Mme Bilderdyk réunissent assez souvent l'élégance à la force.

BILGUER (Jean-Ulric de), naquit, le 1er mai 1720, à Coire en Suisse, et mourut le 6 avril 1796. Après avoir suivi à Strasbourg les cours d'anatomie du docteur Varquin, il vint perfectionner ses études dans les écoles de Paris, et il y puisa les élémens des connaissances qui en firent un savant distingué en chirurgie. S'étant fixé en Prusse, il fut, peu de temps après, nommé chirurgien en chef des armées; il rendit de grands services dans la guerre de *sept ans,* par le zèle qu'il déploya dans l'exercice de son art, et par son humanité envers les soldats blessés. Bilguer était peu partisan du système de l'amputation, qu'il avait étudié avec une attention toute particulière. Il fit souvent une heureuse application, dans les hôpitaux militaires qui lui étaient confiés, des moyens qu'il avait inventés pour suppléer à cette opération. Lorsque l'académie de Paris proposa, en 1754, la question sur les amputations, il fut d'avis que, dans le plus grand nombre de cas, il était possible de conserver les membres blessés; et il ne cessa d'engager les chirurgiens allemands à adopter un système si conforme aux vœux de l'humanité, et qui est si digne des méditations de tous les praticiens. Les talens, l'instruction et la philanthropie de Bilguer, furent récompensés par des lettres de noblesse que lui envoya l'empereur d'Allemagne. Bilguer, au-dessus d'une ambition vulgaire, les reçut avec reconnaissance, mais n'en fit jamais usage. Il voulait être utile sans faste, et tous ses ouvrages tendent au soulagement de ses semblables. Le plus remarquable, et celui pour lequel il avait le plus de prédilection, est sa thèse inaugurale, qui lui fit obtenir le diplôme de docteur : *Dissertatio inauguralis medico-chirurgica de membrorum amputatione rarissimè administrandâ aut quasi abrogandâ,* Berlin, 1761, in-4°. Cet ouvrage, traduit dans presque toutes les langues, l'a été deux fois en français, par Tissot et par J. Goulin. Bilguer a encore donné, en allemand, Glogaw, Leipsick, 1763, in-8°, différentes *Instructions sur la pratique de la chirurgie dans les hôpitaux des armées;* et un *Avis au public sur l'Hypocondrie* (il y a une deuxième édition, Copenhague, 1767); enfin des *Mémoires sur les fièvres malignes, sur les Blessures à la tête, et sur l'Hypocondrie.* Bilguer, estimé du grand Frédéric et du sage Joseph II, était docteur de la faculté de Halle, membre de l'académie des Curieux de la nature, et de plusieurs autres sociétés savantes.

BILIOTTI (François-Victor-Julien-Joachim de), né à Sarrians, département de Vaucluse, le 16 janvier 1780, d'une famille noble, originaire de Florence, qu'elle quitta lors de l'élévation des Médicis et des troubles dont l'Italie fut le théâtre au 15ᵐᵉ siècle. Les ancêtres de M. de Biliotti fournirent dix gonfaloniers de justice à la république de Florence, et placèrent leurs armes sur les monnaies de l'état. Son grand-père, Joseph-Joachim, marquis de Biliotti, chevalier de Saint-Louis, fut la dernière victime du tribunal révolutionnaire d'Orange. Il périt sur l'échafaud, le 17 thermidor an 2 (29 juillet 1794), et, le lendemain même, le tribunal qui l'avait condamné fut suspendu. M. de Biliotti, qui s'était livré dès sa jeunesse aux affaires administratives, fut nommé membre du collége électoral de son département, et devint bientôt, en 1811, auditeur au conseil d'état. Attaché à l'administration des ponts et chaussées, il fut chargé des 3ᵐᵉ et 4ᵐᵉ arrondissemens comprenant les départemens du Rhin et de la Belgique. Dans le courant de cette année, il épousa une nièce du cardinal Maury. Envoyé à la grande-armée avec le portefeuille du conseil d'état, il la suivit jusqu'à Moscow, et partagea ses fatigues et ses dangers pendant la retraite. Il vit de très-près les batailles de la Moskowa et de Bautzen; le général Duroc, duc de Frioul, fut tué d'un coup de canon, à une petite distance de l'endroit où il se trouvait. Il fut nommé intendant de Leignitz, capitale de la Silésie, le 28 mai 1813. Après les malheurs de l'armée française, il fut envoyé à Lyon, avec M. le comte Chaptal, pour faire partie d'une des commissions extraordinaires établies dans chaque division militaire. Un décret de l'empereur Napoléon, du 2 janvier 1814, le créa baron de l'empire. Les événemens de 1814 ayant entraîné la destruction du gouvernement impérial, M. de Biliotti ne fut pas compris dans la nouvelle organisation du conseil-d'état, et se retira dans ses propriétés. Après le 20 mars 1815, nommé sous-préfet d'Avignon, il eut le courage d'accepter cet emploi dans ces momens orageux; et, de concert avec M. Puy, maire d'Avignon, de cet homme de bien dont la postérité conservera le souvenir, il fut assez heureux pour comprimer les passions et prévenir les désordres. Nul n'aurait pu prévoir les vexations et les crimes sans nombre qui, quelques jours plus tard, désolèrent le département, au nom de Dieu et du roi : M. de Biliotti ne fut point oublié; excepté l'assassinat, aucun des actes qui ont fait de l'année 1815 une des plus fatales époques de la révolution, ne lui a été épargné. Il ne s'occupe plus aujourd'hui que d'opérations agricoles. Il est au nombre des membres correspondans du conseil d'agriculture pour le département de Vaucluse. On doit à ses sollicitations et aux efforts de son père, le marquis de Biliotti, lorsque ce dernier était membre du conseil-général du département, le beau pont de l'Ouvèze, entre Orange et Carpentras. M. de Biliotti est un des éligibles du département de Vaucluse qui offrent le plus d'espérance et de garantie aux amis de la prospérité nationale et du gouvernement constitutionnel.

BILLARD (Jean-Pierre), de la société royale de médecine et de l'académie d'Arras, naquit en 1726, et mourut en 1790. Ce médecin, plein d'érudition, a écrit, en latin, les ouvrages suivans, dont l'impression, excepté celle des deux derniers, est due aux soins de son fils, qui suit avec succès la carrière dans laquelle son père s'était fait une réputation distinguée : 1° *Histoire, Analyse et Propriétés des eaux minérales de Répes près de Vesoul;* 2° plusieurs *Dissertations*, notamment *sur une fausse grossesse extraordinaire* et *sur un dégât aux ovaires;* 3° *Traité des différentes espèces de Fièvres;* 4° *sur les maladies du Bas-ventre;* 5° *sur les maladies de la Poitrine;* 6° *sur les maladies des Enfans et des Vieillards;* 7° *Pratique médicale;* 8° *Dissertations sur la nature, les propriétés et le choix des médicamens anti-septiques;* 9° *Commentaire sur le* 64me *aphorisme d'Hippocrate* (3me section) *relatif aux propriétés du lait, employé dans les différentes maladies.*

BILLAUD-VARENNES (N.). Après avoir joué un rôle d'une horrible importance sur la scène politique, et avoir passé environ vingt ans dans les déserts de Synamary, Billaud-Varennes est mort depuis deux ans environ au Port-au-Prince, île de Saint-Domingue, où il vivait d'une pension que le président Péthion lui avait accordée. Fils d'un avocat de la Rochelle, Billaud-Varennes entra d'abord dans la congrégation de l'*Oratoire de Jésus,* et fut longtemps préfet des études, au collége de Juilly, où il eut pour confrère le révérend père Fouché, et l'honnête E. L. B. Bailly, dit de Juilly, qui furent depuis ses collègues à la convention. Billaud n'avait pas toujours détesté les rois. En 1783, époque où la découverte de Montgolfier occupait toutes les têtes, ses écoliers ayant fabriqué une montgolfière en papier, le P. Billaud y attacha cette inscription :

Les boules de savon ne sont plus de notre âge.
En changeant de ballon, nous changeons de plaisirs.
S'il portait à Louis notre plus tendre hommage,
Le vent le soufflerait au gré de nos désirs.

Sous l'habit ecclésiastique, Billaud-Varennes cachait des goûts un peu profanes : il aimait le théâtre avec passion, et tout en surveillant sa classe, il faisait des tragédies. Cela fut découvert, et le scandale qui en résulta le détermina à quitter une société trop rigide. Il avait alors à peine 25 ans. Se destinant au barreau, il vint à Paris pour y faire son droit. Il y épousa une fille naturelle de M. de Verdun, fermier-général. Jusque-là, Billaud-Varennes n'avait donné lieu, en aucune manière, de prévoir ce qu'il serait par la suite; il ne s'était montré que paisible et raisonnable. La révolution éclata, il embrassa la cause populaire avec fureur. C'est par des écrits qu'il signala d'abord ses opinions. En 1790 il publia plusieurs pamphlets dans les principes du temps : *Plus de ministres... Le Dernier coup porté aux préjugés... Le Peintre politique,* etc. *Le Despotisme des ministres en France,* ouvrage en 3 vol. in-8°, parut vers la même époque : l'auteur y réunit tous les actes despotiques dont les ministres français se sont rendus coupables depuis l'existence de la monarchie. Ce livre qui demanderait à être présenté sous un point de vue plus philosophique, et à être rédigé avec moins de véhémence, offre d'ailleurs de grandes leçons, et pourrait devenir utile. En 1791, Billaud-Varennes n'avait encore exercé aucune fonction. A cette époque il défendit, dans une brochure intitulée l'*Acéphalocratie,* le système du gouvernement fédératif : un an après il avait changé d'avis. Commissaire de la commune de Paris, il en conçut et en

Billaud Varennes.

dirigea les plus atroces opérations. C'est alors que pendant les massacres de septembre, un pied dans le sang, un autre appuyé sur un cadavre, il encourageait les assassins en leur promettant des récompenses. Envoyé en mission, il y fut l'un des plus ardens apôtres du républicanisme. A Chalons-sur-Saône, il trouva quelque résistance, et dénonça cette ville comme incivique; mais un décret de l'assemblée législative vengea de cette calomnie les habitans de Chalons. Député à la convention, il proposa de substituer les arbitres aux juges, et vota la peine de mort contre quiconque amènerait l'ennemi sur le sol français. Il s'éleva contre Louvet, éloquent accusateur de Robespierre. Les ministres Roland et Lacoste furent tour à tour en butte à ses homicides déclamations. Dans le procès du roi, il figure en première ligne, non des juges, mais des ennemis de ce prince : il s'oppose à ce que Louis XVI se choisisse des conseils, il veut qu'il soit jugé sans désemparer, et par des apostrophes imprévues il parvient quelquefois à entraîner l'assemblée. Après le déplorable événement du 21 janvier, il semble se reposer un moment, ou du moins agir avec moins de violence. Il se plaint des intrigues de Rolland, il veut que le peuple soit instruit de toutes les démarches du gouvernement. Il redoute la tyrannie que le tribunal révolutionnaire peut exercer. Après avoir de nouveau dénoncé les ministres, il part pour remplir sa mission dans le département d'Ile-et-Vilaine. De là, il expose sans ménagement l'état du pays qu'il parcourt, et demande en vain des secours à la convention. Toujours écrivant, toujours accusant, il s'irrite contre ce qu'il appelle la pusillanimité du pouvoir-exécutif. Dans la même missive il attaque Lanjuinais, dénonce Custines, s'emporte contre Houchard, combat Barrère, et accuse en masse tous les administrateurs d'Ile-et-Vilaine. De retour à la convention, il réunit toutes ses forces contre la Gironde. Dans tout le reste de sa vie politique, on le voit combattre à la tête des révolutionnaires, et proposer contre les opprimés les plus horribles mesures. Envoyé une seconde fois en mission dans les départemens du Nord et du Pas-de-Calais, il apporte sur ce point de la France la terreur qui marchait à sa suite. La convention le vit de nouveau siéger sur ses bancs pour y accuser les ministres Clavier et Lebrun. « Il faut, dit-il, que le tri-
» bunal révolutionnaire s'occupe,
» toute affaire cessante, de les ju-
» ger, et qu'ils périssent avant
» huit jours. » Nommé président de la convention, il impose silence aux Girondins accusés, qui voulaient parler pour leur défense. Il organise le gouvernement révolutionnaire, conception terrible et profonde, qui méditée et mise en œuvre par un génie infernal, excite un étonnement mêlé d'horreur. Tels sont les sentimens qu'il est impossible de ne pas éprouver en lisant le *Code révolutionnaire* proposé par Billaud-Varennes, le 18 brumaire de l'an 2 (18 octobre 1793), et le rapport dans lequel il en développe

les bases. Depuis cette époque désastreuse il est incessamment l'organe de tant de dénonciations et d'accusations qu'il est difficile d'en conserver à l'histoire le souvenir déplorable. Cette homme funeste trouvait souvent dans son audace des mouvemens d'une haute éloquence. Le 8 thermidor, lorsque Robespierre fut attaqué, il l'écrasa de sa parole. Vainement accusé lui-même par Lecointre de Versailles, il se soutint encore à la convention, lorsque ses ennemis y dominèrent. Cependant, une accusation portée contre lui, contre Collot, Barrère et Vadier, l'atteignit enfin. Déporté dans les forêts de la Guyanne, sa fougueuse énergie dut le dévorer lui-même, et venger tant de victimes qu'un supplice plus court n'eût pas satisfaites. Ce qu'il y a de plus remarquable dans sa destinée, c'est qu'après avoir dans son pays substitué la terreur à la liberté, son dernier asile a été le berceau d'une république naissante; c'est que, grâce à la générosité d'un peuple ami de l'ordre et des lois, celui qui éleva tant d'échafauds est mort paisible sous la protection de l'humanité et de la liberté. On sera peut-être surpris de ne pas trouver ici une longue énumération de crimes particuliers: l'histoire du temps n'en reproche guère à Billaud-Varennes; mais elle constate qu'il n'est pas un crime public auquel il n'ait participé, pas une loi révolutionnaire qu'il n'ait provoquée ou souscrite, et pas un massacre ou un assassinat politique dont il n'ait été complice. Il existe de lui une tragédie non imprimée, intitulée *Polycrate*: elle est en cinq actes et mêlée de chœurs. Les sentimens et les opinions qu'on y voit dominer portent à croire que lorsqu'il la composa, Billaud-Varennes n'était plus de la congrégation de l'oratoire de Jésus.

BILLECOQ (JEAN-BAPTISTE-LOUIS-JOSEPH), né à Paris, le 31 janvier 1765. Avocat avant 1789, M. Billecoq s'est acquis une réputation méritée par sa modération à toutes les époques, et par un talent distingué, soit au barreau, soit dans la littérature. Il fut nommé suppléant à l'assemblée législative, mais il n'y a jamais siégé. Dans le procès de Georges Cadoudal, M. Billecoq défendit le marquis de Rivière, accusé d'attentat à la vie du premier consul. Dans l'affaire des enfans du maréchal Lannes, duc de Montebello, il plaida contre M. Berryer en faveur des enfans de la duchesse. M. Billecoq a composé plusieurs traductions et autres ouvrages, dont nous citerons les principaux. 1° *Conjuration de Catilina*, traduite de Salluste; 2° *Traduction de la Pharsale par Brébeuf*, avec la vie des deux poètes et des réflexions sur leurs ouvrages. C'est la meilleure édition de Lucain et de Brébeuf. 3° *Traductions des voyages de J. Le Long dans l'Amérique septentrionale; du capitaine Meares à la côte nord-ouest de l'Amérique; du père Andrada et de Bogle au Thibet; du lieutenant Temberlacke chez les sauvages du nord de l'Amérique; du Voyage de Néarque par le docteur Vincent*. 4° *Traduction* avec Lamare et

Benoît, *du Cultivateur anglais,* 18 vol. in-8°. 5° Quelques brochures politiques, parmi lesquelles on a distingué celle qui est intitulée: *Un Français à sa grâce lord Wellington, sur sa lettre du 23 septembre dernier à lord Castlereagh.* Cette lettre, écrite à l'occasion de la spoliation du musée, est d'une plume vraiment française. M. Billecoq a composé aussi quelques poésies latines qui ne sont dépourvues ni d'élégance ni de goût.

BILLEMAZ (François), né à Belley, département de l'Ain. Il fut d'abord greffier de la sénéchaussée de Lyon, et ensuite juge de paix dans la même ville, où il mourut le 5 décembre 1793. Billemaz a publié, 1° *Discours de l'âne du F∴ Naboth,* 1787, in-8°. C'est une facétie très-peu piquante contre la société des francs-maçons. 2° Une comédie non représentée, intitulée *Le grand Bailliage de Lyon,* 1788. Dans cette pièce, on met en scène d'une manière burlesque des magistrats lyonnais qui s'étaient montrés ridicules. 3° Un *Mémoire* curieux dans une affaire qu'il avait contre un de ses confrères nommé Étienne Gord, 1788. Billemaz était un homme singulier, qui visait à l'originalité. S'il avait quelque instruction, il manquait de goût.

BILLIARD (Auguste), né en 1788, chevalier de la légion-d'honneur. Étant chef de bureau au ministère de l'intérieur, il concourut, en 1813, à l'organisation des gardes nationales sédentaires. Sous-préfet d'Yvetot en 1814, et immédiatement après à Lannion, département des Côtes-du-Nord, il fut révoqué au retour de Napoléon de l'île d'Elbe. Peu de temps après, M. Billiard remplit les fonctions de secrétaire-général du gouvernement de la Loire, sous les ordres du général Lamarque. Chargé de l'administration civile des 12me, 13me et 22me divisions militaires, il prit part aux conférences qui eurent lieu avec les chefs vendéens pour la pacification de cette époque, et à la rédaction des articles supplémentaires du traité que le duc d'Otrante avait proposé. S'étant rendu en 1816 à l'île de Bourbon, quatre ans après, il fut nommé premier candidat pour la députation que cette colonie doit avoir à Paris.

BILLINGTON (Madame), célèbre cantatrice, a fait long-temps les délices de l'Angleterre. Sa voix pure et sonore commence à perdre aujourd'hui de son timbre et de son étendue. Mme Billington, d'origine allemande, est cependant regardée par les Anglais comme appartenant à leur gloire nationale : c'est ainsi qu'ils se sont approprié plusieurs virtuoses, entre autres le célèbre Handel. L'amour contribua à former le talent de Mme Billington. Son père, M. Weichsel, assez bon musicien, lui donna pour maître Jacques Billington, musicien de Drury-lane. Billington fut sensible aux charmes de son écolière. Une passion mutuelle s'alluma bientôt; on sut la cacher à tous les yeux, et un mariage secret en fut la suite. Mme Billington, après avoir débuté à Dublin et à Londres, vint à Paris, où Sacchini lui donna des leçons. Elle retourna ensuite à Londres, et depuis ce temps elle marcha de succès en succès. L'Italie même qu'elle parcourut, rendit hommage à cette cantatrice, qui égalait alors les plus célèbres virtuoses de Milan, de Rome et de Naples. Son voyage fut une espèce de triomphe. Partout la meilleure compagnie s'empressait de l'accueillir et de la fêter. Au milieu de ce triomphe, elle perdit son mari par suite d'une apoplexie foudroyante. Quelques années après, elle se remaria à un officier français, nommé Félessent. Mme Catalani, aussi célèbre, présente la même particularité. En 1801, elle reparut à Covent-garden, où le public l'accueillit de nouveau avec enthousiasme. Également employée et également applaudie dans l'opéra italien et dans l'opéra anglais, on la retrouve encore dans tous les concerts remarquables de Londres. Sa fortune est considérable. Moins bonne actrice que bonne cantatrice, douée d'une voix flexible, elle charme plus par la mélodieuse pureté des sons, que sa rivale Mme Catalani par l'incroyable étendue de sa voix.

BINET (RÉNÉ), professeur de l'ancienne Université, dont il fut deux fois recteur, fut nommé par l'empereur proviseur du lycée Bonaparte, et mourut à Paris, en 1812, dans un âge avancé. Si longue qu'ait été la vie d'un professeur, quand il n'a été que cela, son histoire est bien courte. Elle peut se réduire à cette phrase : « Il a professé pendant soixante » ans. » Indépendamment des services que Binet a rendus dans la carrière de l'enseignement, il a droit à l'estime par ses traductions de Virgile et d'Horace. Ce ne sont pas les meilleures qu'on puisse faire, mais ce sont encore les meilleures qu'on ait faites en prose. Au reste, on ne peut se dissimuler qu'entreprendre de traduire en prose les poètes, c'est s'imposer une tâche bien difficile. La forme que les vers de Virgile et d'Horace donnent à leurs idées peut-elle être traduite autrement qu'en vers ; et peut-on appeler traduction de Virgile ou d'Horace une version, si fidèle qu'elle soit, lorsqu'elle est dépourvue de rhythme et d'harmonie ? Ceux qui pensent que les vers ne peuvent être traduits qu'en vers, et Voltaire était de ce nombre, ne voient dans les ouvrages de Binet que d'exactes explications des textes latins.

BING (J. B.), israélite, l'un de ceux qui, par la sagesse de leurs idées religieuses, la hauteur de leurs vues et toutes les qualités d'un esprit distingué, prouvèrent que leur secte, si long-temps persécutée, était digne du bienfait de la régénération. Bing naquit à Metz, en 1759. Il passa une grande partie de sa jeunesse à étudier la langue hébraïque et la théologie juive. On n'en était déjà plus au temps où les accusations absurdes de meurtres d'enfans, d'empoisonnemens de fontaines, etc., etc., pesaient sur la race malheureuse des enfans d'Israël. Spinosa, ce génie audacieux qu'on paraît être convenu d'appeler le roi des athées, bien qu'il ait démontré algébriquement l'existence de Dieu dès la seconde page de son système, et le philosophe

Mendelsohn, avaient démontré que si Dieu repoussa et maudit la nation juive, il ne la déshérita cependant pas entièrement. Bing publia à Berlin une traduction du fameux Phédon, qui fit une sensation assez grande. Quelque temps après, M. Aubert-Dubayet attaqua, dans une diatribe virulente, les juifs de Metz. Bing les défendit avec courage et non sans succès. Mirabeau, dans sa *Monarchie prussienne*, rappelle et loue la brochure apologétique du jeune israélite. L'académie de Metz, devançant alors les vœux de l'assemblée constituante, proposa pour sujet de concours : *Déterminer les moyens d'opérer la régénération sociale et politique des juifs*. Trois ouvrages furent couronnés : on remarqua particulièrement celui de M. Grégoire, alors curé d'Imbermesnil, qui inséra dans son discours plusieurs traductions de poésies hébraïques, par Bing, dont il était l'ami. Cet israélite éclairé mérita l'estime de ses concitoyens et l'amitié du général La Fayette, qui se trouvait à Metz avec une armée. Il devint conseiller municipal; mais obligé de pourvoir à l'existence d'une famille nombreuse, il vint à Paris. C'est dans cette ville qu'il se lia avec Dupont de Nemours et d'autres hommes distingués, dont l'amitié honore son caractère. Un de ses fils est lieutenant d'artillerie, et l'autre, traducteur d'un bon ouvrage allemand, intitulé l'*Ami des jeunes Demoiselles*, est avoué à Metz. Bing mourut jeune encore. Des événemens funestes vinrent arracher à sa famille le modique héritage qu'il lui laissait; et elle ne conserva pour tout bien que le souvenir des vertus de son chef, et la considération dont il a su l'entourer, pendant le cours d'une vie utile et irréprochable.

BINGHAM (GEORGE), né en 1715, à Melcomb-Bingham, de parens attachés à la noblesse d'Angleterre. Théologien instruit, mais un peu fanatique, il fut recteur de l'université de Pimpern, où il mourut, en 1800. On a de lui : *Traité de Millénium, ou Opinion des Millénaires*, ouvrage mis au jour en 1792, sans désignation d'auteur; *Défense de la doctrine et de la liturgie de l'Église anglicane*, à l'occasion de l'*Apologie de Théophile Lindsay*, 1774; *Dissertationes apocalypticæ*, où l'auteur avance que l'*Apocalypse* est le fruit des méditations de saint Jean l'évangéliste; que Mahomet, et non pas le saint-père, est l'antechrist ; que c'est Constantinople, et non pas la capitale des états romains, qui est la Babylone désignée par les prophéties; et que les élus n'ont pas encore commencé à jouir des béatitudes terrestres qui leur sont promises pour mille ans, mais qu'un jour elles doivent leur être infailliblement accordées. Pérégrinus Bingham, fils de George, a fait imprimer, en 1804 (2 vol. in-8°), les œuvres de son père, sous le titre de *Dissertations, Essais et Sermons*.

BINGLEY (GUILLAUME), orphelin dès son enfance, étudia sans maître l'histoire naturelle. Destiné à la jurisprudence, il préféra l'état ecclésiastique, et fit quelques voyages dans l'intérieur de l'Angleterre. Il y a quelques années que l'on ne voyait à Londres que voyages, *tours* et relations en vers et en prose : pour se conformer au goût dominant, M. Bingley publia son *Tour dans la principauté de Galles* (1800, 2 vol. in-8°). Cet ouvrage dut son succès à la mode romantique qui régnait à Londres. Dès ce moment, il ne s'occupa plus que d'histoire naturelle et de biographie. Compilateur élégant, il a rassemblé dans plusieurs *Traités* assez bien faits des connaissances éparses, mais il n'a fait faire aucun pas à la science. Son ouvrage le plus curieux est sa *Biographie animale, ou Anecdotes sur le mode d'existence, les mœurs et les habitudes des animaux.* Elle a eu quatre éditions, et les honneurs de la traduction en allemand et en italien. Elle a subi d'ailleurs les critiques prodiguées aux ouvrages qui réussissent. Les auteurs de la *Biographie étrangère* prétendent que la *Biographie animale* a été traduite en français : sans doute ils auront pris les *Animaux célèbres* de M. Jauffret, pour la traduction de l'ouvrage de l'auteur anglais : c'est une erreur. M. Bingley a encore donné : *Économie d'une vie chrétienne*, et *Élémens de l'histoire naturelle des animaux.* Les critiques anglais ont reproché de grandes omissions au *Dictionnaire biographique des compositeurs de musique, pendant les trois derniers siècles*, publié par M. Bingley. Cet auteur offre plusieurs exemples de ce que l'application et le goût peuvent produire sans le secours de l'invention et du génie.

BINS (John), Anglais, fut un zélé partisan de la révolution française, et eut de violens démêlés avec Edmond Burke. Président de la société de correspondance de Londres, il fit adopter, en 1795, une adresse à la nation française ; il publia aussi des remontrances au roi, dans l'intention d'obtenir une réforme parlementaire, le renvoi des ministres et une prompte paix. Les ministres ne pouvaient pas perdre de vue un homme si dangereux. L'affaire des Irlandais-unis, qui survint quelque temps après, fournit au ministère l'occasion de l'y impliquer ; mais M. Bins fut absous par le jury. Depuis ce temps, on l'a perdu de vue.

BION (Jean-Marie), jurisconsulte à Loudun, fut député aux états-généraux, et trois ans après, député à la convention par le département de la Vienne. Il vota pour la détention et le bannissement de Louis XVI. L'esprit de modération de ce député l'a signalé constamment à l'estime publique, car il fut modéré quand il était dangereux de l'être. Les crimes de la Montagne et les intrigues de la faction royaliste furent également l'objet de ses poursuites. Il attaqua les auteurs de la journée du 31 mai, avec le même sentiment de justice qui lui fit demander l'arrestation de Richer Serisy avant le 13 vendémiaire. Appelé au conseil des cinq-cents, il en fut nommé secrétaire le 19 avril 1796. Le 23, il demanda amnistie pour toutes les personnes mises hors de la loi. En 1798, il cessa de faire partie du corps-législatif ; et depuis cette époque, M. Bion paraît être resté étranger aux affaires politiques.

BIOT (JEAN-BAPTISTE), membre de l'institut et de la légion-d'honneur, est l'un des physiciens célèbres de cette époque. Né à Paris, en 1774, il étudia avec succès au collége de Louis-le-Grand, et entra au service dans l'artillerie. Mais renonçant bientôt à la carrière des armes pour parcourir celle des sciences, il revint à Paris, et fut admis à l'école Polytechnique, où il termina ses études de la manière la plus brillante. Il obtint une chaire de professeur à Beauvais, et la remplit avec distinction. De retour à Paris, en 1800, il professa la physique au collége de France. Le talent qu'il y déploya, et les ouvrages qu'il publia sur les mathématiques et sur l'astronomie, et aussi la protection de M. de La Place, le firent recevoir, dès 1802, à l'institut, dans la classe des sciences. Lorsqu'en 1804, Napoléon fut porté à l'empire, M. Biot, de concert avec M. Camus, s'opposa à ce que l'institut émit un vœu à ce sujet, se fondant sur ce que l'institut n'était pas un corps politique. On leva en effet la séance, mais dès le lendemain même l'institut revint sur sa première décision. En 1806, nommé membre du bureau des longitudes, M. Biot fut envoyé en Espagne, avec le secrétaire de ce bureau (*voy.* ARAGO), pour continuer l'opération géodésique destinée à prolonger la méridienne de France ; mission dont aussitôt son retour il rendit compte à l'institut. Le 30 août 1814, M. Biot fut nommé chevalier de la légion-d'honneur. En 1815, après le retour de Napoléon, il vota contre l'acte additionnel aux constitutions de l'empire. Vers le même temps, il devint membre associé de la société royale de Londres. En 1817, il fit aux Orcades ou Orkney, un voyage ayant pour objet des observations astronomiques de la plus haute importance : il fut secondé dans cette entreprise par plusieurs savans écossais, qui, animés du double amour des sciences et de la patrie, s'empressèrent de l'accompagner dans ces îles dépendantes de l'Écosse depuis le 13me siècle. Voici la note des ouvrages publiés par M. Biot : 1° *Analyse du Traité de mécanique céleste de P. S. La Place*, 1801, in-8°. C'est un abrégé méthodique de l'ouvrage le plus savant et le plus étendu que nous ayons sur l'astronomie. 2° *Traité analytique des courbes et des surfaces du second degré*, 1802, in-8°. Cet ouvrage important, réimprimé en 1805, sous le titre d'*Essai de géométrie analytique appliquée aux courbes et aux surfaces du second ordre*, est déjà à sa 6me édition. 3° *Essai sur l'histoire des sciences pendant la révolution française*, 1803, in-8°; 4° *Relation d'un voyage fait dans le département de l'Orne, pour constater la réalité d'un météore observé à l'Aigle*, 1803, in-4°, avec fig. Le rapport de M. Biot est parvenu à persuader les personnes qui ne pouvaient croire qu'il tombât des pierres de l'atmosphère. Quelques-uns de ces aréolites qu'il a rapportés à Paris, ont donné à l'analyse les mêmes produits que les autres pierres météorologiques tombées précédemment, à diverses époques. 5° *Traité élémentaire d'astronomie physique*, 1805, 2 vol. in-8°, et 1811, 5 vol. in-8°. On a ajouté à cet ouvrage un *Traité d'astronomie nautique*, par M. de Rossel. 6° *Recherches sur les réfractions ordinaires qui ont lieu près de l'horizon*, 1810, in-4°; 7° *Tables barométriques portatives*, 1811, in-8°; 8° *Éloge de Montaigne*, 1812, in-8°. L'académie française a accordé une mention honorable à ce discours. 9° *Recherches expérimentales et mathématiques sur les mouvemens des molécules de la lumière autour de leur centre de gravité*, 1814, in-4°. 10° *Traité de physique expérimentale et mathématique*, 4 vol. in-8°, 1816. Cet ouvrage important, dont l'auteur a donné, en 1818, un *Abrégé élémentaire*, en deux volumes, n'a pas peu contribué à accroître sa réputation. En effet, les découvertes et les progrès de la physique y sont présentés sous le jour le plus intéressant. 11° Un grand nombre d'*Articles* dans les *Mémoires de la société d'Arcueil*, fondée par M. Berthollet, pour l'encouragement des sciences (*voyez* BERTHOLLET). 12° Des *Mémoires* pleins d'intérêt, insérés dans la collection de l'institut. 13° M. Biot a été choisi, en 1816, pour rédiger la partie des sciences mathématiques dans le *Journal des Savans*; 14° il a travaillé aux tomes XI et XII du *Cours complet d'agriculture théorique et pratique;* 15° il a fourni des *Notes* pour la traduction de la *Physique mécanique* de Fischer; 16° il a fait les *Articles de physique* pour la nouvelle édition du *Dictionnaire d'histoire naturelle;* 17° il a rédigé, pour la *Biographie universelle*, les articles de *Descartes, Franklin, Galilée*, et d'autres physiciens célèbres; 18° enfin, M. Biot a fait insérer un grand nombre d'articles curieux dans le *Mercure*, dans le *Moniteur*, et dans d'autres journaux et ouvrages périodiques.

BIOZARD (N.), né en Franche-Comté, de canonnier devenu colonel, fit toutes les campagnes glorieuses de la révolution, eut une jambe emportée, et fut nommé officier de la légion-d'honneur. En 1814 il était sous-directeur de l'arsenal de Toulouse.

BIRCH (SAMUEL), homme diversement célèbre; auteur de quelques poésies élégantes; excellent pâtissier, et en possession de vendre des friandises à la meilleure société de Londres; lieutenant-colonel-commandant du 1er régiment de volontaires royaux de cette ville; alderman fameux, et partisan dévoué de Pitt. Toutes ces qualifications si opposées lui ont fait une réputation qui ne ressemble pas mal à ces idoles de l'Inde, qui ont dix-huit têtes et vingt bras. Birch, né en 1757, est fils d'un pâtissier, dont la boutique est la plus belle du Cornhill, et même de toute la Cité. Il apprit en même temps la pâtisserie et l'art poétique : quelques *opéras comiques*, pleins d'une grosse mais franche gaieté, le firent d'abord connaître. Il dut à l'*Abbaye d'Ambresbury*, joli poëme, où la manière de Scott et celle de Moore sont habilement fondues, un rang plus honorable et une renommée plus flatteuse. La politique vint l'arracher à ces douces occupations. Il fut bientôt membre du conseil commun, député aux communes, alderman et shériff. Il soutint avec une grande énergie de paroles, les projets du ministère; mais quand l'Angleterre se vit menacée d'une invasion, il ne songea plus qu'aux intérêts de sa patrie, et il provoqua le premier la formation des milices bourgeoises. Remarquons en passant la singularité de ces Anglais ministériels, qui ne croient pas devoir appeler les baïonnettes ennemies comme auxiliaires dans leurs combats parlementaires. M. Birch a fait imprimer, outre ses poésies, quelques discours politiques, et un volume de pensées, intitulé : *Consilia*.

BIRON (ARMAND-LOUIS DE GONTAUT, d'abord DUC DE LAUZUN, ensuite DUC DE), était bien digne de ces deux noms, que la gloire et l'amour ont consacrés dans notre histoire. Une belle figure, beaucoup d'esprit et d'instruction, une grâce et une affabilité particulières, une grande générosité et une valeur à toute épreuve, tant d'avantages réunis à celui d'une naissance illustre, que l'on prisait tant alors, assurèrent au duc de Lauzun les plus brillans succès à la cour et à la ville. Marié de bonne heure, suivant l'usage des grandes maisons, à une femme qu'on lui donna et qu'il ne put aimer, il entreprit de longs voyages pour se soustraire à une chaine qui lui parut trop pesante. Le jeune Lauzun se crut encore garçon, quand il fut loin de sa femme; l'Angleterre, la Pologne et la Russie, qu'il parcourut successivement, furent témoins de son indépendance conjugale, et conservent au moins le souvenir des qualités aimables, de la galanterie chevaleresque et de tous les moyens de plaire qui peuvent lui servir d'excuse. Il paya cher les frais de cette gloire frivole; et s'il mit fin à beaucoup d'aventures, il mit fin aussi à sa fortune. Enfin, en 1777, le duc de Lauzun se trouva réduit à prendre un parti très-philosophique. Fatigué d'expédiens, et privé par son mariage de l'espoir d'avoir des héritiers, il abandonna au prince de Guémenée toute sa fortune pour une rente viagère de 80,000 francs. Mais le prince fit banqueroute, et le revenu du duc fut réduit de plus de moitié. A cette époque, en 1778, la guerre d'Amérique appela le duc de Lauzun sous les drapeaux de l'indépendance, et attacha son nom à celui de La Fayette. Cette diversion, qui fut grande dans les intérêts de la cour, le fut également dans le caractère de M. de Lauzun. Son âme ardente, généreuse, son esprit rapide et élevé, se passionnèrent bientôt pour cette religion primitive que le nouveau monde rendait à l'ancien, et il se dévoua tout entier à la liberté, dont sa bravoure illustrait et affermissait la cause en Amérique. Cinq ans après son retour en France, en 1788, à l'aurore de la révolution, mourut son oncle le maréchal de Biron, colonel du régiment des gardes-françaises. Le duc de Lauzun prit alors le titre de duc de Biron, que son père, encore vivant, ne voulut point porter, parce qu'il vivait loin du monde. Ici commencent les erreurs de la *Biographie universelle* : les unes sont innocentes, c'est affaire d'ignorance; les autres sont calomnieuses, c'est affaire de parti. Nous soumettons aux contemporains, qui ont de la mémoire et de la conscience, la réfutation des assertions mensongères des auteurs de cet ouvrage. Il est faux que *l'amour de l'armée désignait le duc de Biron pour successeur de son respectable oncle dans le beau poste de colonel du régiment des gardes, et que les mauvaises impressions que le dérangement de ses affaires avait données, l'emportèrent sur l'intérêt général qu'il inspirait.* D'abord à cette époque, l'armée, qui n'était pas encore dans la nation, et qui n'avait pas fait la guerre d'Amérique avec le duc de Lauzun, ne *désignait* ni lui ni personne. Ensuite il était d'usage, et presque de droit, que le colonel du régiment du roi, qui, comme celui des gardes, était toujours un officier-général, passât, en cas de vacance, au commandement de celui des gardes-fançaises. Ainsi le duc de Lauzun, qui venait d'être nommé maréchal-de-camp, et qui était colonel propriétaire d'un régiment de hussards de son nom, ne fut point blessé de voir le duc du Châtelet, vieux lieutenant-général, colonel du régiment du roi, remplacer le maréchal de Biron à celui des gardes-françaises. Voici pour l'ignorance; passons à la calomnie. Les auteurs de la *Biographie universel-*

le concluent ainsi : par ressentiment de ce passe-droit, que méritait peut-être son attachement inconsidéré pour le trop fameux duc d'Orléans, ou dans des espérances de fortune plus blâmables encore, il est pénible d'être forcé de dire que le noble et généreux duc de Lauzun ternit son premier nom, etc., etc..... Les *procédures du Châtelet l'accusèrent d'avoir paru à côté de ce prince* (du duc d'Orléans), *au milieu des assassins, dans la nuit des 5 et 6 octobre 1789.* Les auteurs de la *Biographie nouvelle des Contemporains* réfutent ainsi ces louanges perfides, et ces odieuses assertions. Le passe-droit eût été pour le duc du Châtelet, si le duc de Lauzun avait eu le commandement du régiment des gardes-françaises. Celui-ci ne pouvait avoir de ressentiment contre la cour, pour n'avoir pas obtenu ce qui ne lui appartenait pas; et la nomination du duc du Châtelet ne pouvait par conséquent avoir aucune influence sur la conduite politique du duc de Biron, soit dans l'assemblée constituante, dont il était membre, soit dans l'armée. Quant à l'attachement du duc de Biron pour le duc d'Orléans, il ne pouvait être *inconsidéré* en 1788, année qui a précédé celle où le duc d'Orléans a *été trop fameux*. La liaison du duc d'Orléans et du duc de Lauzun datait de leur entrée dans le monde. Ils étaient du même âge; et une similitude de goûts, d'habitudes et d'opinions rendit cette liaison familière. A la révolution elle devint plus intime par la position du prince; et il est vrai de dire que le duc de Lauzun est presque le seul de ses amis particuliers qui ne se soit pas éloigné de lui à cette époque. C'est peut-être à cette intimité, qui durait depuis vingt ans, que font allusion *ces espérances de fortune plus blâmables encore,* que la *Biographie universelle* suppose *au noble et généreux* duc de Lauzun. Il est également faux que le duc de Biron ait été impliqué dans la procédure des 5 et 6 octobre. Le Châtelet lui-même, malgré la partialité qu'il manifesta dans cette affaire, ne trouva pas de prétexte pour l'inculper, et ne sollicita pas de décret contre lui. Mais il est vrai que dans la discussion qui eut lieu dans l'assemblée nationale, sur cette procédure, le duc de Biron défendit avec chaleur le duc d'Orléans, son ami, et s'efforça de prouver la fausseté des imputations faites à ce prince. Cette même année, le duc de Biron fut nommé commandant en Corse, où il avait servi en 1769, sous les ordres du maréchal de Vaux; mais il se réserva de demander l'agrément de l'assemblée, dont il était membre. Celle-ci, qui crut voir dans cette nomination le dessein d'éloigner de son sein les officiers-généraux qui siégeaient au côté gauche, prit une décision qui défendait aux députés d'accepter aucune place du gouvernement. Cette théorie ne paraît pas héréditaire dans les assemblées qui ont suivi la première. A la fin de juin 1791, le duc de Biron fut envoyé comme commissaire de l'assemblée constituante, dans les départemens du Nord, pour faire prêter aux troupes le serment prescrit par elle, au moment de la fuite du roi et de son arrestation à Varennes. Il revint ensuite reprendre sa place à l'assemblée, où il continua de siéger jusqu'au 30 septembre 1791, époque de sa dissolution. Il se rendit alors à Valenciennes, où il prit le commandement du département du Nord, sous le maréchal de Rochambeau. Au mois de janvier 1792, le duc de Biron partit avec MM. de Talleyrand et de Chauvelin pour Londres, où ils étaient chargés d'une mission diplomatique. M. de Chauvelin était le seul qui fût revêtu d'un caractère officiel, parce que MM. de Biron et de Talleyrand, ayant été membres de l'assemblée constituante, n'étaient point susceptibles d'occuper des emplois à la nomination du roi. Peu après l'arrivée du duc de Biron à Londres, il y fut arrêté à la requête d'un émigré très-connu, qui avait acheté des billets, souscrits quinze ans auparavant par le duc de Lauzun. C'était toujours une manière de faire la guerre aux constitutionnels. Cette arrestation n'aurait pu avoir lieu, si le duc de Biron avait eu un caractère politique publiquement établi. Cependant, comme en fait il avait une mission, le gouvernement anglais le fit relâcher sous la condition qu'il quitterait immédiatement l'Angleterre, et il revint à Valenciennes dans les premiers mois de 1792. A la fin d'avril, il commanda l'expédition destinée à s'emparer de Mons; cette expédition fut terminée par le malheureux combat de Quiévrain. Il est faux, comme le dit encore la *Biographie universelle*, à qui les détails précédens paraissent être inconnus, il est faux que le *duc de Biron ait failli être massacré à Lille, avec Théobald Dillon, après une défaite dont les soldats révoltés les accusaient.* Au contraire, ce revers ne diminua pas la confiance des troupes dans le duc de Biron, dont la loyauté ne fut jamais soupçonnée par les soldats. Il continua de commander en second sous le maréchal de Rochambeau, et ensuite sous le maréchal Luckner, à l'armée du Nord. Au mois de juillet, il fut envoyé à Strasbourg pour prendre le commandement de l'armée du Rhin, qu'il quitta pour celui de l'armée du Var, où il remplaça le général Anselme. Dans l'été de 1793, il fut envoyé à l'armée de l'Ouest, où il reprit Saumur, et fit évacuer Parthenay par les Vendéens. Mais bientôt on l'accusa d'avoir fait arrêter le général Rossignol, dont le lieutenant-général Canuel était alors aide-de-camp; on demanda l'examen de sa conduite, et il fut rappelé. Le 10 juillet, il donna sa démission, se rendit à Paris, y fut arrêté et enfermé à Sainte-Pélagie, puis transféré à l'Abbaye, d'où il écrivit à la convention nationale pour être jugé sans délai. Ce désir ne fut que trop exaucé : traduit à la Conciergerie, il comparut, le 31 décembre 1793, devant le tribunal révolutionnaire, qui le condamna à mort sans désemparer. Le duc de Biron reçut son arrêt avec un calme stoïque. Mais de retour à la prison, cette philosophie reprit, un moment avant celui de perdre la vie, le caractère de l'insouciance épicurienne qui avait accompagné ses belles années. Il demanda des huîtres et du vin blanc. L'exécuteur entra pendant qu'il faisait ce dernier repas : *Mon ami,* lui dit Biron, *je suis à vous : mais laissez-moi finir mes huîtres, je ne vous ferai pas attendre longtemps. Vous devez avoir besoin de forces, au métier que vous faites ; vous allez boire un verre de vin avec moi.* Biron remplit le verre de l'exécuteur, celui du guichetier et le sien, but avec eux, et se rendit sur la place de l'exécution, où il subit la mort avec ce courage qui a illustré presque toutes les victimes de cette affreuse époque. Les infidélités, les injustices et les calomnies dont l'infortuné duc de Biron a été l'objet dans certaines Biographies, ont leur origine naturelle dans la haine que les émigrés et tous les privilégiés, dont depuis quelque temps ces ouvrages se sont faits les interprètes et les panégyristes, n'ont cessé de porter à ceux qui avaient embrassé la cause de la liberté, surtout quand ceux-ci, étant nobles, leur paraissaient des renégats; comme si la noblesse était la religion du pays, et l'indépendance du pays une apostasie. Tous les ennemis de la révolution, à sa première époque, ont constamment accusé d'ambition, ou d'avidité, ou de trahison, ceux qui suivirent alors les bannières nationales. Il est douloureux d'observer que de telles assertions émanées originairement des émigrés, ont été répétées postérieurement en France par les partisans eux-mêmes du système républicain, qui forçaient l'opinion publique à confondre les constitutionnels de 1789 avec les aristocrates. Cette injustice, si remarquable sous le gouvernement impérial, l'est bien plus encore sous le gouvernement royal constitutionnel dont nous jouissons ; aucun de ces gouvernemens ne s'est occupé à réhabiliter les constitutionnels, et à les faire absoudre des calomnies de toute nature, dont nous avons, au nom de la justice, de la liberté et de l'honneur national, entrepris le redressement et la réfutation. Le duc de Biron, dont la mémoire est encore inquiétée par les héritiers des maximes contre-révolutionnaires, n'avait aucune animosité personnelle contre la cour; mais dévoué à la liberté pour laquelle il avait glorieusement combattu en Amérique, il en embrassa chaudement et sincèrement la cause en France, et fit, aux principes qui l'ont fondée malgré trente années de résistance, tous les sacrifices personnels que l'on demanderait vainement à présent à ses détracteurs.

BIROTEAU (Jean-Baptiste), né à Perpignan (Pyrénées-Orientales). Officier municipal de cette ville, dès le commencement de la révolution, il fut ensuite administrateur du département, jusqu'en 1792, qu'il devint membre de la convention nationale. L'un des commissaires nommés par cette assemblée pour prendre connaissance des papiers de la commune de Paris, il dit, dans son rapport, « qu'on avait déjà reconnu l'innocence d'une foule de victimes massacrées les 2 et 3 septembre, et que les membres de la commune et ceux du comité de surveillance, auteurs de ces attentats, devaient être punis. » Il demanda que le décret rendu pour la destitution du général Montesquiou fût annulé, et vota l'impression d'une pétition faite à l'assemblée par des patriotes qui allaient volontairement rejoindre les drapeaux de l'armée républicaine. Il appuya aussi la motion de Buzot, pour la formation d'une garde départementale. Il fut envoyé, en novembre de la même année, en mission dans le département d'Eure-et-Loir, où plusieurs émeutes s'étaient élevées à l'occasion des grains, et manqua de perdre la vie en remplissant ses fonctions. Dans le compte qu'il rendit il ne dissimula point les excès auxquels on avait porté le peuple, à l'occasion de la suppression du traitement des prêtres. Lors de la mise en jugement du roi, le 3 décembre 1792, il déclara que, long-temps avant le 10 août, il avait décidé dans son cœur que Louis XVI avait mérité la mort ; mais lorsqu'il dut voter sur le sort de ce prince, il demanda l'appel au peuple et le sursis, ne se prononçant pour la mort que dans le cas où l'arrêt ne devrait recevoir d'exécution qu'à la paix, et après l'expulsion de tous les membres de la famille royale. Le 19 février suivant, il parla de nouveau sur les massacres de septembre, et demanda pour la seconde fois la mise en accusation de ceux qui les avaient provoqués. Il s'éleva sans succès, dans la séance du 9 mars, contre le projet de Carrier pour l'établissement d'un tribunal révolutionnaire; il ne put obtenir que l'on discutât cette proposition. Le 1ᵉʳ avril, au milieu des discussions orageuses qui avaient lieu entre les députés de la Gironde et ceux de la Montagne, il déclara, dans une séance du comité de défense générale, où l'on s'occupait des moyens de sauver la patrie, que Fabre d'Églantine, ami de Danton, avait indirectement proposé le rétablissement de la monarchie. Le 15 du même mois, Biroteau fut l'un des députés du parti des Girondins, dont trente-cinq sections de Paris demandèrent l'expulsion; il fut accusé, le 25 mai, par Barère, d'avoir cherché, dans sa correspondance, à jeter de la défaveur sur les députés envoyés en mission. Le 28, en pleine séance, Biroteau reprocha à Robespierre son hypocrisie; mais trois jours après, la chute des Girondins mit Biroteau dans la dépendance de ses ennemis, et il fut arrêté. Ayant échappé à la surveillance du gendarme qui le gardait, il se rendit à Lyon, et y répandit les premiers germes de l'insurrection qui éclata bientôt contre la convention nationale. Accusé, le 28 juillet, d'être chef d'un comité insurrectionnel pour le soulèvement des départemens, il fut déclaré traître à la patrie. Lors du siége de Lyon, perdant toute la fermeté que jusqu'alors il avait montrée, il se cacha dans les environs de Bordeaux; mais il ne put long-temps se soustraire aux recherches que l'on faisait de sa personne. Par suite d'un décret portant peine de mort contre quiconque donnerait asile à un proscrit, Biroteau fut livré à Tallien, traduit à la commission militaire de Bordeaux, et exécuté le 24 octobre 1793. L'année suivante, le 17 décembre, la convention nationale accorda des secours à sa veuve.

BISCHOFSWERDER (N. DE), général, ambassadeur et ministre, dont il est souvent question dans les *Mémoires de Mirabeau sur la cour de Prusse*, est représenté, dans cet ouvrage, comme l'un des chefs de la secte des illuminés. Ce fut ce général qui influa le plus sur les déterminations du congrès de Systhove, où il assista comme ministre plénipotentiaire du roi de Prusse. Ce fut également lui qui, de concert avec lord Elgin, prépara l'entrevue du roi de Prusse et de l'empereur à Pilnitz. Le général Bischofswerder accompagna son souverain, en qualité d'aide-de-camp, dans la campagne de 1792 contre la France; fut ambassadeur à Francfort, et continua jusqu'à sa mort, arrivée au mois d'octobre 1803, à prendre une part active dans toutes les affaires du cabinet de Berlin. Le général Bischofswerder a joui constamment d'une grande faveur à la cour, et d'un grand ascendant sur l'esprit de Frédéric-Guillaume, à qui il avait montré une amitié et un dévouement sans bornes, lorsque ce monarque n'était encore que prince royal, et ne jouissait d'aucun crédit. Le général Bischofswerder avait beaucoup d'esprit et d'adresse; il était bon et généreux. On ne peut lui reprocher qu'un goût excessif pour la table et les femmes, et la manie de croire aux rêveries des illuminés, de qui il prétendait tenir une panacée merveilleuse, dont il faisait usage, et dont il était le zélé propagateur.

BISSON (Louis-Charles), naquit à Geffosses, arrondissement de Coutances, département de la Manche, le 10 octobre 1742 : son père était laboureur. Le jeune Bisson, ayant fait d'excellentes études, et s'étant destiné à l'état ecclésiastique, fut nommé, à 27 ans, à la cure de Saint-Lonet-sur-l'Ozon, arrondissement de Saint-Lô, et la conserva jusqu'à l'époque de la révolution, c'est-à-dire pendant plus de vingt ans. Il prêta, avec empressement et conviction, le serment exigé par l'assemblée constituante, et devint premier vicaire de l'évêque de Coutances. A la suppression du culte, il fut mis pendant dix mois dans une maison d'arrêt, pour avoir refusé de se dessaisir de ses lettres de prêtrise. En 1799, nommé évêque de Bayeux, il prit possession le 20 octobre de cette même année, et publia sa première lettre pastorale. Membre du concile national de 1801, il donna, comme ses collègues, sa démission de l'évêché de Bayeux, entre les mains du cardinal Caprara, légat *à latere*. De retour à Bayeux, il y vécut en simple particulier, partageant son temps entre les devoirs de son état et la littérature. Il mourut le 28 février 1820. L'abbé Bisson a publié les ouvrages suivans : *Almanach de Coutances*, pendant six années à commencer de 1770. On y trouve des recherches curieuses sur les antiquités civiles et ecclésiastiques de ce diocèse. *Lettres pastorales et Mandemens*, étant évêque de Bayeux. *Préservatif contre la séduction*, Bayeux, an 10. Dans cet écrit, il repousse avec modération les calomnies et les injures dont les prêtres insermentés du diocèse de Bayeux accablaient les prêtres soumis. *Avis aux personnes pieuses* dans les circonstances présentes, in-12, an 10. Ce petit écrit a pour but de calmer les scrupules de quelques personnes sur la validité des sacremens administrés par les prêtres assermentés. *Méditations sur les vérités fondamentales de la religion chrétienne*, 1 vol. in-12, Caen, 1807. Ce livre, publié sous le voile de l'anonyme, eut beaucoup de succès. *Instructions sur le jubilé*, in-18, Caen, 1802; *Annuaire du Calvados* pour l'an 12 (1803 et 1804), in-18, Caen. *Mémoire sur les changemens que la mer a apportés sur le littoral du département du Calvados*. Cet ouvrage, qui a remporté le prix proposé par l'académie des belles-lettres de Caen, se trouve inséré en partie dans le second volume des Mémoires de cette société savante, publié en 1816. L'abbé Bisson a laissé en manuscrits : 1° *Éloge historique du général Dagobert*, né à Saint-Lô, et mort en Espagne; 2° *Pensées chrétiennes* pour tous les jours de l'année; 3° *Histoire ecclésiastique du diocèse de Bayeux, pendant la révolution;* 4° *Dictionnaire biographique des trois départemens de la Manche, du Calvados et de l'Orne*, formant à peu près l'ancienne Basse-Nor-

mandie. Cet intéressant ouvrage, fruit des recherches de sa vie entière, se compose de plus de six cents auteurs normands inédits. Il serait bien à désirer que ce monument, élevé par cet excellent citoyen aux littérateurs de sa province, fût donné au public. Beaucoup d'articles de cet ouvrage lui ont été fournis par son ami, M. Pluquet, libraire à Paris, neveu du célèbre abbé de ce nom.

BISSON (P. F. J. G.), naquit en 1767. Élevé dans les camps, il joignit au courage de nos plus intrépides soldats, les talens de nos meilleurs généraux. Il fit les campagnes d'Allemagne, d'Italie, de Prusse et de Pologne, et termina sa carrière à Mantoue, en 1811; il avait été nommé successivement, par l'empereur Napoléon, général de division, comte de l'empire, gouverneur de Brunswick, de la Navarre, du Frioul et de Goritz. Le général Bisson a laissé un souvenir durable d'actions vraiment héroïques, parmi lesquelles nous croyons devoir rappeler les deux suivantes, comme de nobles monumens de notre gloire nationale : 6,000 hommes, avec 7 pièces de canon, s'avançaient pour se rendre maîtres du *Catelet*, petite ville sur la Sambre, confiée au commandement du général Bisson, qui n'avait sous ses ordres que 60 grenadiers et 50 dragons. Sans être intimidé par des forces si supérieures aux siennes, il fit d'abord couper le pont, disposa son infanterie en tirailleurs sur le côté gauche de la rivière, qui offrait principalement deux gués d'un accès facile, forma trois pelotons avec sa cavalerie sur la rive opposée; et rentré ensuite dans la place, il y demeura seul, avec deux tambours, auxquels il ordonna de battre tantôt sur un point, tantôt sur un autre. L'ennemi, trompé par les apparences, et s'imaginant que la ville était défendue par une garnison nombreuse, se détermina à en faire le siége d'une manière régulière. Pendant ce temps-là, la brigade du général Legrand vint au secours des assiégés, et, par ce stratagème, le Catelet, précieux par sa position, resta au pouvoir de notre armée. Le second trait n'est pas moins remarquable. Lors de la bataille de Meissenheim, à la tête de 417 fantassins, le général Bisson soutint le choc de 1,200 hommes de cavalerie et de 3,000 d'infanterie. Voyant enfin qu'il avait perdu les deux tiers de son monde, il se précipita seul, à cheval, dans les rangs ennemis, fit mordre la poussière ou prendre la fuite à tout ce qui lui résistait, passa la Naw à la nage, arriva à Kirn après avoir pris possession des défilés voisins, et parvint, avec ce qui lui restait de ses deux bataillons, à s'opposer à la marche de l'ennemi. Le général Bisson était un homme d'une force et d'une stature prodigieuses. Il avait de plus, avec l'Hercule des anciens, cette autre ressemblance d'être doué d'un appétit dévorant. Ce qu'il mangeait en un jour aurait largement alimenté plusieurs personnes. Son nécessaire leur eût suffi pour un excès; et cependant il était sobre relativement à sa constitution; le vin, dont il faisait une incroyable consommation, n'a jamais altéré sa raison. L'empereur, qui connaissait les besoins particuliers du général Bisson, y pourvoyait en campagne par un traitement supplémentaire, sur lequel le général n'a jamais fait d'économie. Ces faits, qu'un physiologiste ne dédaignera pas, méritaient peut-être d'être recueillis dans notre ouvrage, dont le but est de faire connaître les hommes sous tous les rapports qui les singularisent.

BISSY (JACQUES-FRANÇOIS) exerça d'abord la profession d'avocat. En 1792, le département de la Mayenne le nomma député à la convention nationale; lors du jugement du roi, il s'exprima en ces termes : « Je vote pour la » mort, mais avec sursis, jusqu'au » moment où les puissances étran- » gères voudraient envahir le ter- » ritoire de la république; et dans » le cas où elles feraient la paix, je » vote pour qu'on examine alors » s'il n'y a pas lieu à commuer la » peine; mon opinion est indivisi- » ble. » Il fut appelé aux cinq-cents au commencement de 1795; fit, le 6 avril, un long tableau des attentats dont les patriotes étaient journellement victimes, et provoqua à ce sujet des mesures répressives. Il sortit du conseil en 1798, et y rentra par une nouvelle élection. Après le 18 brumaire an 8 (9 novembre 1799), il passa au tribunal d'appel d'Angers; et après y avoir rempli pendant plusieurs années les fonctions de juge, il quitta entièrement la carrière de la magistrature.

BISSY (LE COMTE DE). *Voyez* THIARD DE BISSY.

BITAUBE (PAUL-JÉRÉMIE), littérateur français, naquit à Kœnigsberg en Prusse, le 24 novembre 1732, d'une de ces familles françaises protestantes, que la révocation de l'édit de Nantes força d'abandonner leur patrie pour porter leur industrie et leurs lumières à l'étranger : résultat à jamais déplorable de cet acte dicté par l'intolérance et le despotisme. Dès que le jeune Bitaubé eut fini ses études, son père, qui était commerçant, lui laissa le choix d'embrasser la même profession, ou d'entrer dans l'état ecclésiastique. Une vocation bien prononcée pour les lettres porta Bitaubé à préférer l'exercice de la chaire, qui lui promettait des succès conformes à son goût. En étudiant la Bible, qui sert toujours de texte aux sermons des prédicateurs protestans, il sentit renaître le penchant que ses études lui avaient inspiré pour les auteurs grecs, et principalement pour les poëmes d'*Homère*, auxquels il trouvait beaucoup de ressemblance avec les livres saints, par le style tour à tour simple, sublime et métaphorique. Il entreprit alors une traduction libre de l'*Iliade* (Berlin, 1762, in-8°), qui n'était qu'une imitation abrégée d'*Homère*. Ce travail, quelque imparfait qu'il fût, devint une bonne recommandation pour Bitaubé auprès de Frédéric-le-Grand, qui le nomma membre de l'académie de Berlin, et l'autorisa bientôt après à aller passer quelque temps en France, pour mettre la dernière main à sa traduction. En 1764, Bitaubé donna la *Traduction complète de l'Iliade*, 2 vol. in-8°, dont la seconde édition ne parut qu'en 1780, après qu'il eut séjourné plusieurs années à Paris. Il s'occupa dès lors à traduire l'*Odyssée*, qu'il publia en 1785, 3 vol., in-8°. Le mérite de ces deux traductions, bien supérieures à celles qui les avaient précédées, valut à l'auteur le titre d'associé étranger à l'académie des inscriptions et belles-lettres. Cette distinction, si flatteuse pour un homme de lettres, augmentant encore l'affection que Bitaubé avait toujours eue pour la patrie de ses ancêtres, le porta à se fixer dans cette France, objet de tous ses vœux, et pour laquelle il avait entrepris ses ouvrages, dans l'espérance qu'un jour ils lui tiendraient lieu de lettres de naturalisation. Il vint s'établir à Paris, quelque temps avant la révolution. Au commencement de 1794, il fut emprisonné avec sa femme; mais la liberté leur fut bientôt rendue, par suite des événemens du 9 thermidor an 2 (27 juillet 1794). L'année suivante, lors de la formation de l'institut, Bitaubé fut nommé membre de la classe de la littérature et des beauxarts; il passa de cette classe dans celle d'histoire et de littérature ancienne; et en qualité de président, il rendit compte des travaux de cette société. Il fut ensuite décoré de l'ordre de la légion-d'honneur, et jouissait en paix d'une considération et d'un bonheur mérités, lorsque la perte de sa femme accabla sa vieillesse, et abrégea ses jours. Il mourut le 22 novembre 1808, dans sa 76ᵐᵉ année. Homme vertueux, il eut pour amis les académiciens les plus estimables, entre autres Thomas, et Ducis, qui lui adressa une épître en vers. Indépendamment des ouvrages que nous avons cités, on doit encore à Bitaubé, 1° *Joseph*, poëme en neuf chants, 1767, in-8°, si l'on peut appeler poëme un ouvrage en prose. Joseph eut beaucoup de succès et un grand nombre d'éditions; celle de 1786 contient des augmentations importantes. 2° *Guillaume de Nassau*, 1773. Ce poëme, également en prose, sur la fondation des Provinces-Unies, et reproduit par l'auteur en 1797, sous le titre des *Bataves*, est un ouvrage qui, sans être dénué de mérite, ne saurait soutenir le parallèle avec le *Télémaque* de Fénélon, auquel un critique, l'*abbé Sabbatier*, l'a osé comparer. 3° *Herman et Dorothée*, 1802. Cette traduction en prose d'un poëme allemand de Goethe, fut le dernier ouvrage de Bitaubé, qui avait alors 72 ans; et peut-être faut-il attribuer à son grand âge la faiblesse d'une telle version, et particulièrement l'hérésie littéraire qui lui fit mettre cette monstruosité poétique à côté des poëmes d'*Homère*. 4° *Examen de la profession de foi du vicaire Savoyard*, 1763, in-8°. C'est une réfutation de la déclaration déiste que J. J. Rousseau a faite dans son *Émile*. 5° *De l'Influence des Belles-Lettres sur la philosophie*, Berlin, 1767, in-8°; 6° *Éloge de Corneille*, 1769, in-8°. Ces trois derniers ouvrages n'ont pas été insérés dans la collection de ses œuvres, publiée à Paris en 1804, 9 vol. in-8°. On prétend qu'à la vente des livres de Bitaubé, après sa mort, quelques *manuscrits* é- crits par lui-même ont été donnés pour la modique somme de *quinze francs.*

BITAUBÉ (MADAME), femme du précédent, a partagé la détention de son mari. Le récit de sa captivité, que l'on trouve écrit par elle-même dans les Mémoires du temps, est un des morceaux d'histoire les plus naïfs et les plus touchans que cette époque ait laissés.

BIZANNET (N.). Simple soldat, il passa par tous les grades, et parvint à celui de général, n'ayant d'autres titres que son courage. En 1793, commandant de Monaco, il sut défendre cette place, et fut nommé général de brigade. Chargé, après le 9 thermidor, du commandement de Toulon, il se prononça avec beaucoup de force contre les révolutionnaires, conduite que la convention approuva. On perd ensuite de vue le général Bizannet jusqu'en 1813, que l'empereur le chargea de la défense de Berg-op-Zoom. Il s'y couvrit d'honneur. Dans la nuit du 8 au 9 mars 1814, les Anglais, conduits par des habitans, avaient pénétré dans la ville par quatre points différens, et s'y étaient établis. Le courage et l'intelligence de la garnison suppléèrent au nombre. Après douze heures du combat le plus opiniâtre, tous les Anglais furent tués ou pris. Leur perte, en cette occasion, excéda 4,000 hommes. Trois généraux avaient dirigé l'attaque. Deux y périrent, le troisième fut fait prisonnier. Le nombre des hommes dont le général Bizannet avait pu disposer, n'excédait pas 2,700 : il est vrai que les marins de la garde impériale en faisaient partie. En mai 1815, ce général commandait la ville de Marseille.

BIZET (N.), auteur d'ouvrages peu connus et peu dignes de l'être. Quand Chénier publia son énergique satire des *Nouveaux saints,* ce fut M. *Bizet* qui, aidé de *M. René Perrin* (deux des plus obscurs pygmées du Parnasse), osa tenter de réfuter, dans une brochure intitulée : les *Nouveaux athées,* les vers de l'illustre disciple de Voltaire. On avait déjà de M. Bizet diverses moitiés d'ouvrages, entre autres : *le Tombeau,* traduction d'une production posthume d'Anne Radcliffe (1799, 2 vol. in-12), de moitié avec M. *L. Chaussier; Gilles tout seul,* vaudeville (1799), de moitié avec M. *Fulsonot; le Pacha, ou les Coups du hasard et de la fortune* (1799, 2 vol. in-12), de moitié avec M. *L. Chaussier;* etc.

BLACAS (LE COMTE DE), né en 1770 à Aulps en Provence, d'une famille pauvre, dont les parchemins attestent l'ancienneté et la noblesse. A l'exemple d'une foule de jeunes officiers, déplacés par la révolution, il alla servir sous les drapeaux vendéens. Contraint, par les suites de la guerre, de chercher un refuge chez l'étranger, il se dirigea vers l'Italie, où MONSIEUR, aujourd'hui roi, s'était retiré. Honoré de la confiance du prince, il se rendit à Saint-Pétersbourg, afin d'obtenir de l'empereur un asile pour la famille royale. Mais en 1800, Paul Ier fit signifier aux Bourbons de quitter ses états. Ce fut à cette époque

que M. de Blacas suivit Monsieur à Londres. Après la mort de M. le comte d'Avaray, il le remplaça dans les fonctions de ministre. En 1814, le roi le nomma ministre de sa maison, secrétaire-d'état, et peu de temps après grand-maître de la garde-robe et intendant-général des bâtimens de la couronne. M. de Blacas jouissait alors de la confiance intime, entière et exclusive du roi, et, pendant cette année, il avait en France toute l'importance d'un premier ministre. Au retour de Napoléon, M. de Blacas suivit le roi à Gand. A la rentrée de S. M., il fut créé pair de France, et envoyé en ambassade extraordinaire à Naples. On lui attribue la négociation du mariage de M. le duc de Berri avec la princesse Caroline de Naples. Nommé ensuite à l'ambassade de Rome, il remplaça M. de Pressigny, évêque de Saint-Malo, et eut, dit-on, tout l'honneur du fameux concordat de 1815. M. de Blacas a assisté d'une manière invisible au congrès de Laybach, en 1821.

BLACK (Joseph), célèbre chimiste anglais. Fourcroy le surnomma le *Nestor de la Révolution chimique*. Black, aveuglé par les préventions nationales, ne rendit pas aux savans français la justice que ceux-ci lui rendaient. Il garda un silence dédaigneux sur le compte de plusieurs chimistes du plus grand mérite qui étaient nés dans un pays ennemi du sien, et s'opposa avec une violence insensée à l'introduction de plusieurs théories nouvelles, par cela seul qu'elles venaient de l'autre bord de la mer. Froid, réservé, et d'un caractère peu facile, il ne fut pas toujours exempt de dispositions envieuses et jalouses; mais après avoir signalé les faiblesses de l'homme, on doit louer le mérite du savant. Les découvertes de Black ont été très-utiles à la science; c'est à lui qu'appartient la théorie de la formation du fluide aériforme, connu sous le nom d'*air fixe* (gaz acide carbonique), et cette autre doctrine de la chaleur latente, qui ont préparé la révolution opérée par Lavoisier, Priestley, et plusieurs autres chimistes modernes. Les premières notions que nous ayons eues sur les carbonates sont dues à Black. Il fut excellent professeur, et sut tenir une place très-distinguée parmi les propagateurs de la véritable chimie. Ayant succédé à Cullen, médecin célèbre, son maître, il rendit ses leçons plus populaires. Né à Bordeaux, en 1728, de parens écossais, Black alla très-jeune en Écosse, où il étudia sous Cullen. Reçu docteur en médecine à Édimbourg, en 1754, il prononça à cette occasion une dissertation excellente, *de Humore acido à cibis orto, et de Magnesiâ albâ* (de l'humeur acide qui provient des alimens, et de la magnésie blanche). C'est en approfondissant le même sujet qu'il démontra, quelque temps après, l'existence de l'air fixe. Nommé, en 1756, professeur de l'école de médecine à Glasgow, et, en 1765, professeur de chimie à Édimbourg, il fut membre des sociétés philosophiques de Londres et d'Édimbourg : dans le recueil intitulé *Transactions*, on trouve plusieurs Mémoires de lui, entre autres; *Mémoire sur l'effet de l'Ébullition, qui dispose l'eau à se congeler plus promptement*, et une *Analyse de quelques sources chaudes en Islande*; il fut aussi, sur la demande de Lavoisier, l'un des huit membres étrangers de l'académie des sciences de Paris. Black mourut en 1799, à 71 ans. En 1803, on publia ses *Leçons de chimie,* qui n'étaient déjà plus au niveau de la science, et que précède une Notice sur sa vie, très-exacte et très-bien faite, par le docteur Robinson.

BLACKLOCK (Thomas), poëte, naquit en Écosse dans le bourg d'Annan, comté de Dumfries. Blacklock fut privé, par la petite vérole, de l'usage de la vue, six mois après sa naissance. Il dut son éducation à l'amour paternel et à l'amitié de quelques enfans, que sa douceur et sa malheureuse situation avaient attachés à lui. Son père, qui était maçon, lui lisait chaque jour des passages de différens poètes anglais. Ses jeunes camarades, à mesure qu'ils apprenaient le latin, venaient lui communiquer les leçons qu'ils avaient reçues, et Blacklock écoutait avec avidité ces lectures, dont il profitait insensiblement. Bientôt il essaya lui-même de faire des vers; et à 12 ans, l'enfant aveugle était poète. Il exprima, dans une pièce de vers très-touchante, la douleur qu'il ressentit de la perte de son père et de l'isolement dans lequel il allait se trouver, étant à peine âgé de 19 ans. Un savant médecin d'Édimbourg, nommé Stephenson, eut compassion du poète, l'emmena avec lui dans la capitale de l'Écosse, le fit entrer à l'université d'Édimbourg, et lui procura des relations avec plusieurs personnes distinguées, entre autres David Hume. En 1745, Blacklock publia un recueil de poésies, où l'on remarqua de la sensibilité, de la facilité et de l'élégance. Passionné pour la musique, un vers qui n'était point harmonieux était pour lui comme un son faux. Il soutint même, dans une dissertation imprimée, que la musique était la première langue dont les hommes avaient fait usage. L'extrême susceptibilité qu'il montrait à l'égard des vers et de la musique, qui est le partage de toute personne bien organisée, ne le rendit cependant pas extrêmement sévère pour lui-même, car ses poésies manquent de correction. Souvent il les improvisait, et alors les personnes qui écrivaient sous sa dictée avaient de la peine à le suivre. La poésie était pour lui un délassement, et ne l'empêcha pas d'exercer de la manière la plus honorable et jusqu'à la fin de sa vie le ministère évangélique. Il tint aussi pendant quelque temps une espèce de pensionnat à Édimbourg, où il mourut en 1791, à 70 ans. Ses poëmes, qui resteront au nombre des bons ouvrages, ont été réimprimés trois fois : la dernière édition (Londres, 1756) est précédée d'une notice curieuse sur la vie de l'auteur, par M. Spence, notice qu'une biographie a copiée dans ses détails les moins importans. Parmi quelques ouvrages de Blacklock, assez peu remarquables, nous citerons seulement la

Ballade heroïque, intitulée *Graham*, où Valter Scott a pu trouver l'exemple du genre qu'il a adopté; quelques livres ascétiques, et des *Remarques sur la nature et l'étendue de la liberté*. Dans cet ouvrage, Blacklock n'exprime pas des idées bien justes sur cette liberté, que son infirmité lui permettait de méconnaître. Privé de la vue, cet infortuné dépendait de tout le monde, et la dépendance exclut la liberté.

BLACKWELL (Barthélemy), l'un des chefs du parti insurrectionnel, dit des *Irlandais-unis*, qui depuis quelques années a constamment, mais sans succès, tenté de reconquérir l'indépendance irlandaise. Blackwell est regardé par quelques-uns de ses compatriotes comme le vil instrument d'une puissance étrangère, et par d'autres, comme la noble victime de son dévouement à cette contrée, où il a reçu la naissance, et que sa situation semble condamner à une éternelle dépendance. Né en Irlande, il vint fort jeune en France, et fut pourvu d'une bourse, fondée par sa famille à l'université de Paris; maître de ses actions, il se fit naturaliser français. En 1786, il était sous-lieutenant de cavalerie; au commencement de la révolution, il servait comme capitaine dans les hussards-braconniers. Étant passé dans le 21ᵐᵉ régiment de chasseurs à cheval, il devint chef d'escadron. En juillet 1798, le ministère de la marine l'envoya à Dunkerque, où il s'embarqua pour une expédition secrète. Le mauvais temps jeta son vaisseau sur les côtes de Norwège, six semaines après le départ. Blackwell se rendit à Hambourg, et fut arrêté dans cette ville sur la demande de l'agent anglais; ce qui prouverait que l'entreprise, les moyens et le but, étaient connus du gouvernement britannique. Pendant une année entière il resta dans les cachots de Hambourg; conduit en Angleterre, il fut mis en jugement comme traître à S. M. Britannique, dont il était né le sujet. Le gouvernement français intervint, fit valoir la naturalisation de Blackwell, réclama vivement, et lui sauva la vie, mais sans pouvoir faire cesser sa captivité. Ce fut long-temps après que Blackwell rentra en France, où il vit aujourd'hui d'une pension du gouvernement. Le *Martyrologe de la politique* serait un triste et honteux ouvrage.

BLAD (Claude-Antoine-Auguste), était employé dans l'administration de la marine à Brest, quand il fut nommé député à la convention. Il y vota la mort du roi *avec sursis, jusqu'au moment où tous les princes de la famille royale auraient évacué le territoire de la république*. Il était compté parmi les fédéralistes, et le fut ensuite parmi les soixante-treize députés qui protestèrent contre les journées des 31 mai, 1 et 2 juin. Il fut incarcéré pendant quatorze mois avec ses collègues, et après le 9 thermidor, il revint siéger à l'assemblée, où il appuya l'adresse des habitans de Brest, relative aux crimes de Verteuil, ex-accusateur public du tribunal révolutionnaire. Membre du comité de salut public le 3 juin, il eut le malheur de partager la mission de Tallien dans l'Ouest. Le 15 vendémiaire an 5, M. Blad passa au conseil des cinq-cents, et s'y fit remarquer par les plus honorables opinions contre l'arbitraire du gouvernement directorial. En 1798, M. Blad est rentré dans la vie privée.

BLAGDON (N.), un de ceux qui exploitent aujourd'hui avec le plus de succès la littérature anglaise, non par amour pour les lettres, mais comme une branche lucrative de commerce. M. Blagdon ne manque pas de talent pour la critique; il écrit avec facilité, mais il écrit trop. Toutes les circonstances, n'eussent-elles qu'un intérêt fugitif, font éclore une production de M. Blagdon. Que Nelson meure, ou que sa Grâce le duc de Wellington parte ou revienne, M. Bladgon écrit. Cependant un des ouvrages les plus utiles qu'il ait publiés, a pour titre: *Les Fleurs de la littérature.* Il paraît tous les ans, et contient une revue exacte et bien faite, quelques extraits bien choisis, et une critique spirituelle des productions de l'année; cette espèce d'*Annuaire de la littérature et des théâtres* manque à la littérature française. Il nous est impossible de donner la liste des ouvrages dont M. Blagdon est auteur ou éditeur; elle serait trop longue, et ne présenterait qu'un intérêt purement bibliographique.

BLAIR (Hugues), né à Édimbourg le 7 avril 1718. Prédicateur et célèbre critique, il a été nommé le *La Harpe de l'Angleterre;* mais la justesse de ce surnom pourrait être contestée. On dirait plus justement qu'il est le *Massillon de l'Écosse,* car ce pays lui doit la restauration de l'éloquence de la chaire. Critique, il s'est moins occupé d'apprécier les productions littéraires d'après les règles établies, que de pénétrer par une investigation métaphysique les sources des jouissances de l'esprit. Sous ce rapport, il se rapprocherait plutôt de *Marmontel* que de *La Harpe;* mais s'il fallait lui assigner un rang comme auteur d'un *Cours de littérature,* ce devrait être parmi les philosophes qui ont cherché à reconnaître les sources de l'intelligence humaine, parmi les Condillac, les Locke et les Mallebranche. Prédicateur, ce n'est qu'en France que Blair a trouvé des maîtres ou des rivaux. Son premier essai littéraire fut comme celui de Burke, *un Traité du beau.* Cet ouvrage d'un jeune maître ès-arts à l'université d'Édimbourg, fixa l'attention de ses professeurs et de ses condisciples. C'était alors une des plus savantes universités de l'Europe. Maclaurin, ami de Newton, y enseignait la physique et la géométrie transcendante. On y étudiait avec un zèle qui tenait de la passion, la médecine, l'astronomie, les lettres, la philosophie. Les brillans exemples de Thompson, Arbuthnot, Hume, etc., enflammaient cette jeunesse studieuse. Blair, distingué parmi ses rivaux, se livre avec enthousiasme à l'étude et à la pratique de l'éloquence de la chaire. Il avait à vaincre les plus grands obstacles, les préjugés, la superstition, l'habitude. Les prédicateurs écossais, toujours acteurs dans les guerres civiles, avaient fait de la chaire chrétienne une tribune à la fois populaire et fanatique. La violence et l'exagération leur étaient nécessaires pour frapper l'esprit du peuple; un langage conforme à son ignorance et à ses goûts, c'est-à-dire trivial, mystique et bizarre, était devenu presque le seul talent du prédicateur. Blair, plein de courage, lutta contre l'erreur et le mauvais goût, et triompha. Son éloquence persuasive, toujours simple et noble, l'emporta bientôt sur la sombre et dure improvisation des presbytériens; il fut regardé comme le premier prédicateur de son pays; et quelques années après, en 1777, l'Angleterre confirma ce titre. Les sermons de Blair, imprimés à Londres, eurent un succès prodigieux. Avant leur impression, Johnson, si sévère en littérature, triompha d'un seul mot de l'ignorance du libraire, qui refusait de les imprimer: « Ce sont des chefs-d'œu-» vre, car la simple approbation » ne suffit pas pour les louer. » Le libraire les fit imprimer : deux éditions se succédèrent en peu de temps, et le dernier volume de ces sermons fut vendu 2,000 livres sterling. Bientôt le nom du docteur Blair fut le nom à la mode, comme les noms de Swift et de Sterne l'avaient été. Traduits (deux fois) en français (par *Froissart*, Lausane, 1791, et par *l'abbé de Tressan*, Paris, 1805, in-8°), en hollandais, en allemand, en italien, et en esclavon, ces sermons sont composés avec art : le style en est pur; mais il manque en général de concision, d'énergie et de chaleur. Le caractère du talent de Blair est la douceur, l'onction, et non l'impétueux entraînement de Bossuet. Georges III apprécia le prédicateur écossais, et lui accorda, en 1780, une pension de 200 livres sterling, qui ne tarda point à être portée à 300 livres; elle lui fut conservée jusqu'à sa mort. Ministre à Collesie en 1752, quelque temps après ministre à Édimbourg, il parvint successivement jusqu'aux plus hautes dignités de l'église anglicane. Ce fut comme docteur et professeur à l'université de St-André qu'il entreprit son fameux *Cours de littérature*, le premier ouvrage de ce genre publié en Écosse. Il est composé de leçons qu'il avait faites à l'université d'Édimbourg : le public, qui suivait ces leçons avec un grand empressement, témoigna le désir de les voir imprimées; aussitôt parurent des versions défigurées de l'ouvrage de Blair, qui, pour arrêter la publication des copies infidèles, fit imprimer son travail. Le libraire, cette fois, en donna 1,500 livres sterling ; et le succès prouva qu'en se montrant juste envers l'auteur, il avait bien entendu l'intérêt de sa réputation et celui de son commerce. Comme les *sermons*, le *cours* fut traduit dans toutes les langues de l'Europe. A la médiocre traduction française de Cantwel a succédé la traduction exacte et élégante de Prévost, 1808, 4 vol. in-8°. On retrouve dans ce cours la finesse de vues, la délicatesse de style, et les autres belles qualités de l'auteur original. On y trouve aussi un exemple remarquable d'une critique sévère sans être minuticuse, et sage sans être timide. Une dissertation trop peu connue en France, c'est celle qu'il a faite sur les *Poëmes d'Ossian* (1763). Il ne se déclare pas, comme M. Suard l'avance, le partisan du barde écossais, et ne soutient pas l'authenticité des poëmes; au contraire, il la révoque en doute, et accuse Macpherson d'imposture. Cependant, juste appréciateur du génie, il fait remarquer les beautés sauvages et mélancoliques de l'ouvrage, et surtout les images hardies et souvent sublimes qui brillent principalement dans ce genre de composition. Blair passa, dans l'opulence et la paix, une vie qu'il partagea entre l'étude et la société. Kaims, Smith, Ferguson, Hume, Robertson, étaient ses amis. Sa correspondance nombreuse et choisie l'instruisait de tous les progrès et de toutes les curiosités de la littérature des autres nations. Il prêcha jusque dans l'âge le plus avancé, et ne cessa d'attirer, par son talent toujours remarquable, une foule avide d'entendre *les derniers accens d'une voix presque éteinte, mais encore touchante.* Il mourut dans sa 82ᵐᵉ année, en 1800. Il ne faut pas le confondre avec *Jean Blair*, autre Écossais, à qui l'on doit les *Tables chronologiques* qui portent son nom. Celui-ci est mort en 1782.

BLAKE (N.), général, d'une famille distinguée d'Irlande. Dès son enfance, il avait été destiné à la profession des armes; pendant les premières années de la révolution française, il se fit remarquer dans la guerre de l'Espagne contre la France. En 1808, lorsqu'une partie de la grande-armée française entra en Espagne, il commandait une division d'insurgés, qui fut entièrement défaite à Espinosa. En 1809, il eut le commandement général des troupes réparties dans l'Arragon, la Catalogne et la Navarre. Il fut vaincu à Belchite par le général Suchet. Ces revers dans une lutte contre l'ennemi qu'on désespérait de vaincre, et qu'on se promettait seulement de fatiguer, ne détruisirent pas la réputation du général Blake; ils ne l'empêchèrent pas d'obtenir, peu de temps après, le commandement en chef de l'armée du centre, et, vers la même époque, le titre de membre du conseil de régence. A la bataille d'Albuera, il combattit sous les ordres du général anglais. Réduit à capituler à Valence, qu'il avait été chargé de défendre contre le maréchal Suchet, et prisonnier de guerre, ainsi que la garnison, il fut emmené en France, où il resta jusqu'à l'abdication de Napoléon, en 1814. Le général Blake a été nommé directeur-général du génie, par Ferdinand VII.

BLANC (Antoine), dit LE BLANC DE GUILLET, né à Marseille, le 2 mars 1730. Après avoir fait ses études à Avignon, il entra dans la congrégation de l'Oratoire; il y professa, pendant dix ans, ce qu'on appelait alors les humanités, ainsi que la rhétorique, et ensuite il se rendit à Paris. Il commença par travailler au *Conservateur* de cette époque, ouvrage périodique qui jouissait de quelque estime. Il y fit insérer des fragmens d'un poëme sur la conquête de la Hollande par Louis XIV. En 1761, il publia les *Mémoires du comte de Guines*, roman qui fut assez favorablement accueilli. En 1763, il donna au théâtre *Manco-Capac*; cette tragédie est conduite sans art, et elle est remplie de vers durs, parmi lesquels on a cité celui-ci :

Crois-tu de ce forfait, Manco-Capac capable ?

Cependant ce n'est pas une pièce dépourvue de tout intérêt; on y trouve des pensées hardies, et l'auteur s'y élève avec force contre le despotisme. Thomas aimait surtout le caractère du fier Huescar, et il nommait Blanc le *poète-citoyen*. La cour fut plus sévère, et Manco-Capac y excita beaucoup de rumeur. *Les Druides*, joués en 1772, furent bientôt défendus, à la demande de l'archevêque de Paris. Cette dernière tragédie avait eu douze représentations : elle est pleine de bizarreries, et encore moins conforme aux règles généralement admises que Manco-Capac; mais elle renferme plusieurs morceaux d'une versification brillante. Cet auteur fréquentait peu le théâtre, et les plans de ses pièces sont faibles. On assure qu'il était dans l'habitude de faire par heure un certain nombre de vers, que d'ailleurs il ne corrigeait pas; en général son style est énergique, mais plein de négligence et de rudesse. Il était de la société des Économistes, et l'on devait à sa verve les couplets qu'on y chantait les jours de réunion. En 1788, dénué de ressources, il crut que ses principes ne lui permettaient pas d'accepter une pension que le ministre lui offrit. Les premières années de la révolution n'améliorèrent pas son sort; mais, en 1795, il reçut de la convention un secours de 2,000 livres, et, quelque temps après, il fut nommé professeur de langues anciennes dans une des écoles centrales de Paris. En 1798, il devint membre de l'institut. Il a peu joui de ces avantages; une maladie de poitrine a terminé ses jours le 2 juillet 1799. Outre les ouvrages déjà cités, ce poète a laissé : 1° une comédie en trois actes et en vers, l'*Heureux Événement*; 2° une ode latine sur *le rétablissement de la Bibliothéque de Saint-Victor*, in-4°, 1765; 3° *Albert I*^{er}, ou *Adeline*, comédie héroïque en trois actes et en vers de dix syllabes (cette pièce, que l'auteur paraît avoir faite dans le dessein de se réconcilier avec la cour, ne fut pas représentée). 4° *Le Lit de Justice*, in-8°, 1774; 5° *Discours en vers sur la nécessité du dramatique et du pathétique, en tout genre de poésie*, in-8°, 1783; 6° *Virginie*, tragédie non représentée, 1786; 7° le poème de *Lucrèce*, traduit en vers, 2 vol. in-8°, 1788 et 1791 (les notes et le discours préliminaire font tout le mérite de cette traduction). 8° *Le Clergé dévoilé, ou les États-Généraux de 1303*, tragédie, 1791; 9° *Tarquin, ou la Royauté abolie*, tragédie jouée en 1794; 10° enfin, *Traduction en vers du commencement de l'Anti-Lucrèce*, morceau imprimé dans *le Mercure*. Les ouvrages suivans sont restés manuscrits : *le Philosophe à l'épreuve*, comédie en trois actes et en vers de dix syllabes; *Raymond VI, ou les Albigeois; Marseille rendue; Vaodice, reine des Icènes; Zarine, reine des Scythes;* traduction du *Philoctète* de Sophocle; *Pénélope,* tragédie en cinq actes; *Alexandre,* opéra; la traduction en vers des *Géorgiques* et des *Bucoliques* de Virgile; une traduction des *Académiques* de Cicéron; une *Grammaire grecque,* en vers techniques; des vers latins *sur la Translation des cendres de Santeuil;* plusieurs discours latins; des poésies fugitives; enfin deux poëmes commencés, dont l'un est intitulé *Zamès,* et l'autre *la Ligue, ou la Henriade.*

BLANC (François-Joseph), né à Vitry. Au commencement de la révolution il fut administrateur du département de la Marne, et ensuite député à la convention. Il vota, dans le procès de Louis XVI, contre l'appel au peuple, et demanda la détention et le sursis. Avant la journée du 13 vendémiaire il donna sa démission, mais elle ne fut point acceptée: il entra avec les deux tiers conventionnels au conseil des anciens. M. Blanc fut maire de Vitry depuis 1805 jusqu'à la première abdication, en 1814; il obtint ensuite une sous-préfecture.

BLANC (Joseph-Marie), avocat, nommé par le roi chevalier de la légion-d'honneur; il a été secrétaire de M. le comte d'Albon, maire de Lyon en 1814. Les auteurs de la *Biographie des Hommes vivans,* dans un article assez étendu, le louent à leur manière, et lui font jouer un certain rôle dans les événemens de 1814 et de 1815; mais dans le *Supplément,* placé à la suite du tome III. ils semblent rétracter tout ce qu'ils avaient dit à ce sujet. M. Blanc est auteur de plusieurs pamphlets, et entre autres, des *Questions à M. le colonel Fabvier,* Lyon, 1818, in-8°. On assure qu'il n'a pas été étranger à la rédaction du *Mémoire justificatif,* en réponse à la brochure du même, intitulée: *Lyon en 1817,* qui parut peu de temps après. M. Blanc a encore publié le *Manuel des chasseurs, ou Code de la chasse,* Paris, 1820, in-8°.

BLANC DE SERVAL (N.). Avant la révolution, il était entièrement inconnu; elle excita en lui le plus grand enthousiasme, malgré son âge, et des infirmités assez graves qui semblaient devoir le rendre inaccessible aux vives impressions de la jeunesse. Il écrivit d'abord dans les journaux, sous le nom de *Leblanc,* et fut ensuite membre de la convention, après le 31 mai: il siégea du côté de la Montagne. En messidor an 3 (juillet 1795), il dénonça les assassinats commis dans le Midi par des hommes qui se disaient royalistes. Cependant son collègue Chambon, un de ceux qu'on soupçonnait le plus de ne pas ignorer ces crimes, les nia formellement. Vingt ans plus tard, les mêmes excès ont eu lieu dans les mêmes départemens, et on ne les a pas niés avec moins d'assurance; mais, aux deux époques, ils étaient trop avérés, pour que de semblables expédiens n'ajoutassent pas encore à l'impression qu'ils devaient faire. Après le 13 vendémiaire, M. Blanc de Serval renouvela cette accusation; et Chambon, vivement interpellé, fut réduit au silence. Après l'établissement des deux conseils, il ne prit plus de part aux affaires publiques.

BLANC DE VOLX (J.), né à Lyon, fut directeur-général des douanes du royaume de Naples sous le roi Joachim. On a de M. Blanc de Volx deux comédies en vers, *le Français à Madrid,* en trois actes, et *le Corrupteur,* en cinq. Il a fait aussi différens ouvrages estimés, sur des questions relatives au commerce ou à la politique : *Des causes des Révolutions et de leurs effets,* 2 vol. in-8°, 1800; *Coup d'œil politique sur l'Europe à la fin du 18me siècle,* 3 vol. in-8°, 1800; *du Commerce de l'Inde, comparé dans ses effets avantageux ou nuisibles, et de la nécessité de se confier à une compagnie,* in-4°, 1802; *État commercial de la France au commencement du 19me siècle,* 3 vol. in-8°, 1803.

BLANC-GILLY (N.). Il fut administrateur du département des Bouches-du-Rhône avant de faire partie de l'assemblée législative, où il vota avec le côté droit. Il ne parut pas à la tribune, mais il fut membre du comité de commerce. Après la journée du 10 août, le nombre et la gravité des plaintes portées contre lui l'obligèrent à s'éloigner. On lui attribuait plusieurs démarches qualifiées de contre-révolutionnaires, et on l'accusait particulièrement d'avoir livré au roi des lettres adressées par des jacobins de Marseille à ceux de Paris : il était d'ailleurs le seul député positivement inculpé par les papiers saisis dans l'armoire de fer. On a de M. Blanc-Gilly quelques ouvrages : *Éloge du capitaine Cook,* in-8°, 1787; *Plan de la révolution concernant les finances, ou Découverte consolante de l'impôt unique du toisé,* in-8°, 1789; enfin, *Observations importantes sur les troubles de Saint-Domingue,* in-8°, 1791.

BLANC-PASCAL, une des nombreuses victimes que les auteurs de la *Biographie des Hommes vivans* ont sacrifiées à leurs opinions politiques. Avocat au parlement de Toulouse, en 1781, M. Blanc-Pascal ne fut pas, comme on l'avance dans cet ouvrage, rayé de la liste des avocats; il remplit, au contraire, honorablement les devoirs de cette profession près de la sénéchaussée de Nîmes, qui le nomma électeur. Officier municipal de cette ville, en 1791, il devint bientôt après accusateur public du département du Gard, et fut réélu en 1792. Quand les douze sections de Nîmes, en permanence, levèrent, contre la convention nationale et la commune de Paris, l'étendard de l'insurrection, M. Blanc-Pascal, qui présidait l'une des sections, et qui fut presque aussitôt membre du comité de salut public de la même ville, fut décrété d'accusation, mis hors la loi, porté sur la liste des émigrés, et dépouillé de ses biens; il ne put rentrer à Nîmes qu'après le 9 thermidor. Malgré le fameux rapport de Courtois sur *la conjuration du Midi,* à laquelle M. Blanc-Pascal avait pris part, il fut rayé de la liste des émigrés en 1795. Élu pour la troisième fois accusateur public, il fut destitué après le 18 fructidor, comme tous les administrateurs du département du Gard. Accusé de conspiration en faveur de la royauté, mais disculpé après une longue plaidoirie et l'audition de quatre-vingts témoins, il rentra à Nîmes en 1799, et reprit l'exercice de sa profession d'avocat jusqu'en 1815. Vers la fin du mois de mai de cette année, quand un pacte fédératif, à l'effet de protéger les citoyens et les propriétés, fut signé à Nîmes par plus de 3,000 personnes, et déposé à l'Hôtel-de-Ville, M. Blanc-Pascal fut élu président du comité par 2,965 habitans des plus considérés, protestans et catholiques. Un arrêté du préfet vint bientôt dissoudre cette fédération, qui n'avait pas même été assemblée. M. Blanc-Pascal fut en butte à une violente persécution. On dévasta sa maison de campagne, on pilla, on incendia ses propriétés, et il ne put échapper aux massacres qu'en se hâtant de fuir. Sa famille n'est rentrée à Nîmes qu'en 1816, et lui-même a été forcé de rester à Paris jusqu'en 1819. Catholique tolérant, ami de l'ordre et d'une sage liberté, tels furent ses titres à la persécution.

BLANCARD (Pierre), auteur du *Manuel du commerce des Indes-Orientales et de la Chine*, etc. (Paris, 1805; carte hydrographique par M. Lapie). Cet ouvrage, dédié à l'empereur Napoléon, est l'un des meilleurs qui traitent de ces matières. Membre du conseil d'agriculture, arts et commerce de Marseille, M. Blancard a passé la plus grande partie de sa vie à voyager dans l'Orient et à parcourir les factoreries, les établissemens et les comptoirs des Européens dans cette partie du globe.

BLANCHARD (Claude), chevalier de Saint-Louis, décoré de l'ordre de Cincinnatus, naquit à Angers le 16 mai 1742. Nommé commissaire des guerres en 1768, il fit les campagnes de Corse cette même année et l'année suivante. Commissaire principal en 1780, il partit pour l'Amérique avec le général Rochambeau. En 1788 et en 1789, il remplissait à Arras les fonctions de commissaire ordonnateur; s'étant acquis l'estime des habitans, il fut nommé commandant de la garde nationale, puis député à l'assemblée législative, dont il fut un des membres les plus laborieux. Blanchard, qui était grand-juge militaire depuis le 1er octobre 1791, fut destitué dans les momens les plus orageux de la lutte des partis; mais après la chute de Robespierre, il obtint sa réintégration. Il fut un des adjoints du ministre de la guerre Beurnonville, et ensuite commissaire ordonnateur en chef à l'armée de Sambre-et-Meuse, à celle de l'intérieur, et dans la 1re division militaire de la Hollande. Enfin il vint occuper cette même place à l'hôtel des Invalides jusqu'à sa mort, arrivée le 11 mai 1803. On peut remarquer, à la louange de Blanchard, que, malgré les places importantes qu'il a remplies pendant un assez grand nombre d'années, et qui ont été lucratives pour tant d'autres, il n'a laissé à sa famille qu'une fortune médiocre.

BLANCHARD (Nicolas ou François), fameux aéronaute, fils d'un tourneur, naquit aux Andelys près de Rouen. Il avait pensé de tout temps que l'homme pouvait naviguer dans l'air comme sur l'eau, mais la mécanique ne lui avait fourni à cet effet que des moyens insuffisans. Il n'avait pas encore pu quitter la terre, quand Montgolfier inventa le ballon aérostatique. Le moteur de la machine enfin trouvé, Blanchard se crut appelé à la diriger. Il y adapta en conséquence deux ailes, qui, se mouvant à peu près de la même manière que les rames d'un bateau, semblaient devoir produire le même résultat. Le 2 mars 1784, au moment où le ballon de Blanchard allait s'élever avec cet appareil, un jeune élève de l'École militaire, âgé de 15 ans (c'était Bonaparte), s'étant jeté dans la nacelle malgré la garde qui voulait l'en empêcher, rompit une des ailes, ce qui ne permit pas d'exécuter l'expérience. Blanchard fit depuis plusieurs ascensions, sans pouvoir parvenir au but qu'il se proposait, la direction des aérostats. Il fit néanmoins une découverte très-utile pour les aéronautes, c'est l'invention des *parachutes*, invention que M. Garnerin a depuis si habilement perfectionnée, et si hardiment employée. Parmi le grand nombre d'ascensions (on le porte à 70) qu'il fit jusqu'au commencement de ce siècle, époque de sa mort, nous citerons celle qu'il exécuta, en 1785, avec le docteur anglais Jeffries, pour traverser la Manche de Douvres à Calais, ce qui lui valut le surnom de *Don Quichotte de la Manche.*

BLANCHARD (Madame), femme du précédent, et comme lui aéronaute célèbre, naquit vers 1774. Après avoir fait de la même manière et fort heureusement plusieurs voyages de plus long cours, elle périt misérablement, le 6 juillet 1819, dans un ballon lumineux et à artifice qui s'était élevé d'un jardin public de Paris. Cet aérostat ayant pris feu dans les airs, l'infortunée qui le montait tomba à demi brûlée et expirante sur une maison de la rue de Provence.

BLANCHARD (Jean-Baptiste), né à Tourteron (Ardennes), en 1731, fut un des hommes les plus lettrés de cette contrée, à qui la France doit plus de bons militaires que de savans, de poètes et d'artistes. Il était professeur de rhétorique chez les jésuites. Le *Temple des Muses*, ouvrage qu'il publia vers 1780, est un recueil assez médiocre de fables françaises, accompagnées d'observations et de notes grammaticales. C'est Blanchard qui a donné l'exemple à cette foule de compilateurs pour la jeunesse, qui ont dépouillé l'histoire pour en former des recueils d'anecdotes, sous le titre de *Beautés* de l'histoire, et n'ont laissé échapper que les *beautés* de style. Son *École des Mœurs*, d'abord en trois volumes, puis en six, est une compilation d'actions héroïques et de belles pensées. Il mourut le 15 juin 1797.

BLANCHARD (l'abbé Pierre-Louis), théologien, né en Normandie vers l'année 1762, est sans aucun doute le plus grand controversiste qu'ait vu naître ce siècle. Pourquoi M. l'abbé Blanchard n'est-il pas venu au monde cinq cents ans plus tôt? Il eût fait trembler les conclaves, et mis en feu l'univers chrétien. Aujourd'hui ses triomphes sont obscurs, et sa gloire ne passe pas l'enceinte de quelques séminaires. Les nombreux ouvrages qu'il a publiés sur les affaires de l'église ne sont point assez connus; on ne sait malheureusement pas combien M. Blanchard est fort et éloquent dans ses discussions avec deux ou trois évêques anglais; on ne se fait point une idée de l'immense érudition qu'il a employée à combattre le concordat, ni de la fine et sanglante ironie qu'il a répandue dans ses *très-humbles Remontrances de plusieurs prêtres constitutionnels aux évêques concordataires de France*. M. l'abbé Blanchard fit ses études à Paris, devint bachelier de Sorbonne et curé de la paroisse Saint-Hyppolite. Il refusa de prêter le serment que l'assemblée constituante exigeait du clergé, et se rendit en Angleterre, où il n'a cessé d'écrire en faveur de son église affligée. Après la mort de Pie VI, il publia, sous le titre de *Précis historique de la vie et du pontificat de Pie VI*, un panégyrique complet de ce pape, qui, par son invincible opiniâtreté à défendre les vieilles usurpations de la tiare, avait entretenu dans l'Europe entière, à la fin du siècle surnommé celui de la *philosophie*, les discordes religieuses. En 1802, M. l'abbé Blanchard se mit, simple abbé qu'il était, à la tête des évêques qui s'opposaient au concordat, et fit imprimer à ce sujet une *Controverse pacifique*, dont Pie VII approuva le premier volume. Mais le second, qui parut en 1803, ne reçut point la même sanction; et le troisième, publié en 1806, et spécialement dirigé contre le sacre de l'empereur Napoléon, fut à la fois pour le monde politique et religieux un nouveau sujet de scandale. M. l'abbé Blanchard continua de s'élever, du fond de sa retraite en Angleterre, contre tout ce qui se passait sur le continent. Cependant quelques évêques catholiques anglais, qui n'avaient pas plus d'occupation que M. l'abbé Blanchard, et qui n'avaient pas l'humeur moins guerroyante, trouvèrent le temps de lire ses ouvrages, où ils remarquèrent des propositions peu conformes à leur orthodoxie; car l'orthodoxie change avec les latitudes. Ils attaquèrent l'abbé controversiste, qui répondit : ils le censurèrent, il répliqua ; et les brochures se succédèrent *incognito* avec une admirable rapidité. Ennemi mortel du concordat, M. l'abbé Blanchard, au milieu des luttes particulières, trouvait encore moyen de lancer quelques traits contre le colosse importun; nous ne citerons pas tous les ouvrages que sa plume inévitable mit au jour à ce sujet. En 1814, il revint en France; et déjà les presses de cette nation, depuis long-temps si heureusement étrangères aux discussions théologiques, allaient gémir sous les *Nouvelles Controverses pacifiques*, quand le retour de Napoléon, en 1815, fit repartir M. l'abbé Blanchard pour l'Angleterre, où il publia un petit ouvrage plein d'exagération, et digne en tout des œuvres précédentes de son auteur, sous le titre *de la France en 1814 et 1815*. M. l'abbé Blanchard augmenta la somme de ses travaux bénévoles, en travaillant à la feuille anglaise l'*Ambigu*, dont le journaliste Pelletier est éditeur; et parvint de cette manière, sans frais et sans être obligé de colporter ses manuscrits, à défendre *les bonnes doctrines*, à prouver la *non-propriété* des *biens nationaux*, etc., etc. M. l'abbé Blanchard prépare sans doute dans le silence quelque ouvrage digne de son nom, de son but, et qui, par un éclatant succès, couronnera ses efforts trop long-temps infructueux.

BLANCHARD (Pierre), libraire de Paris et littérateur. Il existe de lui une infinité d'ouvrages qui ne sont pas dépourvus de grâce, et ont presque tous un but utile. Nous ne citerons que les principaux : ceux sur l'éducation ont été plusieurs fois réimprimés. *Félix et Pauline*, 2 vol. in-8°; *Rose, ou la Bergère des bords du Morin*, 2 vol. in-12, 1797; *Laurence de Sainte-Beuve*, vol. in-12, 1798; le *Buffon de la Jeunesse, ou Abrégé d'histoire naturelle*, 4 vol. in-12, 1801 à 1809; *la Mythologie de la Jeunesse*, 1801 et 1812, 2 vol. in-12; *le Trésor des Enfans*, 1802 à 1812, 4 vol. in-12; *le Plutarque de la Jeunesse*, 4 vol. in-12; *Vies des Hommes célèbres de toutes les nations*, 2 vol. in-12, 1805; la *Découverte de l'Amérique*, de Campe, 3 vol. in-12, 1804 et 1808; *le Voyageur de la Jeunesse*, 6 vol. in-12, 1804 à 1813; *Délassemens de l'Enfance*, ouvrage périodique, 1806 et 1807, réimprimé en 1810, 6 vol. in-18; *Abrégé des Antiquités romaines*, in-12, 1810. M. Blanchard a travaillé à la *Nouvelle Bibliothéque des Romans*. Ses ouvrages sont estimés par le choix des matières et l'intention morale qui les a dictés. Bien que négligé, et par-là même souvent incorrect, son style se distingue par la clarté.

BLANCHELANDE (Philibert-François-Rouxel de), gouverneur de Saint-Domingue, naquit à Dijon en 1735. Son père, fils naturel du maréchal Rouxel de Médavy, mourut des suites de ses blessures, en 1740, avec le grade de lieutenant-colonel. Resté orphelin, sans appui et sans fortune, Philibert de Blanchelande trouva des ressources en lui-même. A l'âge de 12 ans, il s'engagea dans un régiment d'artillerie; plus tard il passa dans les grenadiers de France, où sa bonne conduite et son courage lui firent obtenir le grade de major. En 1779, le régiment d'Auxerrois, dans lequel il servait, s'embarqua pour la Martinique; à son arrivée, il y fut fait lieutenant-colonel. Bientôt il eut occasion de se distinguer; chargé de la défense de l'île Saint-Vincent, et n'ayant avec lui que 750 hommes, il repoussa 4,000 Anglais qui l'attaquaient, et les contraignit à se rembarquer : il fut fait brigadier hors de rang. Ayant contribué à la prise de l'île de Tabago, il en fut nommé gouverneur en 1781. Il ne tarda pas à quitter ce commandement pour celui de la Dominique, qu'il conserva jusqu'à son retour en France, à l'époque de la révolution. Ne prenant aucune part aux événemens, et vivant retiré dans le village de Chaussin en Franche-Comté, il devait espérer quelque repos; mais le commandement de la Dominique lui fut rendu, sans qu'il le demandât. C'était dans le temps où une politique juste et naturelle, mais impatiente dans sa générosité, rendait la liberté aux noirs, et leur assurait inopinément la jouissance de tous les droits politiques : le gouverneur arriva dans l'île au milieu de la fermentation produite par ce décret. Ses efforts ne purent rétablir la bonne intelligence entre les propriétaires et les hommes de couleur, soit qu'il manquât d'habileté dans un temps si difficile, soit que déjà les obstacles à la conciliation fussent devenus tout-à-fait insurmontables, il aurait été massacré s'il n'eût pris la fuite. Réfugié au Cap, il écrivit à l'assemblée nationale pour l'engager à suspendre l'exécution d'un décret dont la seule nouvelle excitait les troubles les plus alarmans. Tout annonce que cette démarche était inspirée par le désir du bien général; mais ce n'est pas ainsi qu'elle fut interprétée : les partisans du subit affranchissement des noirs la présentèrent comme un effet de l'intrigue, et n'y virent que des scrupules trop conformes à l'intérêt exclusif des colons. Brissot, en particulier, dénonça Blanchelande comme l'auteur ou l'instigateur de la révolte de l'île, et comme un ennemi des lois constitutionnelles. Un autre représentant appuya cette dénonciation du 4 décembre 1792; et déjà, le 9 novembre, Leremberg avait parlé dans le même sens. Néanmoins le gouverneur ne fut pas déposé à cette époque. Mais après la journée du 10 août, on l'arrêta, on le conduisit en France, et il resta dans les prisons de l'Abbaye, jusqu'à ce que Garnier (de Saintes) eût proposé de le mettre en jugement. Il parut devant le tribunal révolutionnaire, le 11 avril 1793, et il eut pour défenseur Tronçon-Ducoudray. Le président lui ayant demandé s'il n'avait aucune observation à faire, il répondit avec fermeté : « Je jure devant Dieu que je vais » voir tout à l'heure, que je ne » suis coupable d'aucun des faits » qu'on m'impute. » Il semblait ainsi attendre avec calme sa condamnation; et lorsqu'on prononça la confiscation de ses biens au profit de la république, il ajouta : « Elle n'aura rien, car je n'ai rien. » Dans ce moment-là sa voix s'affaiblit, et son courage parut épuisé; mais il reprit de l'assurance en marchant au supplice. Là une foule égarée le fatigua de ses vociférations; on avait fait accroire au peuple que Blanchelande avait livré les colonies au pillage et aux flammes, dans le dessein d'y faire périr tous les Français. Blanchelande avait eu pour aide-de-camp son propre fils, âgé de 20 ans; ce jeune homme, d'une belle figure, annonçait de grands talens : il périt avec son père, dont l'affreux tribunal le déclara complice.

BLANCHON (N.). D'abord homme de loi à Confolens, ensuite administrateur du département de la Charente. M. Blanchon fut nommé, par le département, député à l'assemblée législative, au mois de septembre 1791. Pendant toute la session, il ne parla que deux fois : l'une pour faire différer le départ des troupes qu'on se proposait d'envoyer dans les colonies; et l'autre, pour donner connaissance à l'assemblée des renseignemens qu'il s'était procurés sur le véritable motif des réfugiés brabançons dans les villes de Lille et de Douai. Commissaire des guerres en 1792, puis chef de la 2me division du ministère de la guerre, M. Blanchon fut envoyé, en 1798, en qualité de commissaire-ordonnateur à l'armée de Sambre-et-Meuse; il était encore employé en cette qualité après la première restauration.

BLAND (Théodoric), patriote américain, étudia la médecine à la Virginie où il était né, et d'où sa famille était originaire. La guerre de l'indépendance fit des soldats de tous les citoyens. Bland quitta sa profession pour celle des armes, et se signala en plusieurs circonstances. Ce fut lui qui, en 1779, défendit les *barraques d'Albemarle*, poste difficile et dangereux. Élu membre du congrès en 1780, il y siégea jusqu'à la dissolution de cette assemblée, et à son retour, fut porté à la législature. Lorsqu'on proposa une constitution nouvelle, il s'opposa vivement à sa ratification, vota contre elle; mais une fois sanctionnée, il en devint l'un des plus zélés défenseurs Cette soumission à la loi, parce qu'elle est loi, est un des grands caractères auxquels on peut reconnaître une nation forte et libre. Bland, élu représentant de son district, se rendit au congrès; il mourut le 1er juin 1790, âgé de 49 ans. Les biographies précédentes ont à peine donné place à un ou deux défenseurs des libertés américaines : plus justes et plus heureux, nous nous sommes attachés à recueillir ces noms honorables, et à multiplier pour le bien de la société européenne les exemples de ce patriotisme, dont Washington et La Fayette ont illustré le nouveau monde.

BLANDIN DE VALLIÈRE, était conseiller à la cour d'appel de Bourges, lorsqu'il fut nommé, en mai 1815, par le département de la Nièvre, membre de la chambre des représentans. Il fit partie de la députation chargée par le collége électoral de ce département de présenter une adresse à Napoléon.

BLANGINI (Joseph-Marc-Marie-Félix), musicien et compositeur, est né à Turin le 19 novembre 1784. Dès l'âge de 12 ans, il tenait l'orgue de la cathédrale de cette ville, et ne tarda pas à exceller dans l'accompagnement. Arrivé à Paris en 1799, il donna des leçons de chant et de composition, et composa bientôt lui-même. En 1802, à peine âgé de 18 ans, il fut chargé de terminer *la Fausse Duègne*, opéra-comique en trois actes, laissé imparfait par la mort prématurée de Della Maria, son auteur. M. Blangini remplit cette tâche difficile avec autant de hardiesse que de talent. Encouragé par le succès, il composa seul plusieurs opéras comiques qui ne sont point restés au théâtre. En 1806, il avait déjà fait jouer à l'académie impériale de musique *Nephtali*, opéra en trois actes, qui eut un succès d'autant plus flatteur, que l'auteur n'avait encore que 22 ans. Il composait en même temps un grand nombre de *Romances françaises*, d'*Ariettes italiennes*, de *Symphonies* et de *Pièces fugitives*, où l'on remarque une mélodie douce et facile, et une harmonie légère et bien ordonnée. M. Blangini s'est fait une grande réputation par ses *Nocturnes*, productions gracieuses et sentimentales, qu'il chante et accompagne avec autant de goût que d'expression, dans les plus brillans concerts de la capitale. En 1805, il avait été nommé maître de chapelle du roi de Bavière, après avoir fait exécuter à Munich un opéra de sa composition; et l'année suivante, il devint directeur de la musique et des concerts de la princesse Borghèse. En 1809, le roi de Westphalie le nomma directeur-général de la musique de la chapelle, du théâtre et de la chambre. Pendant son séjour à Cassel, il a composé quatre opéras français, plusieurs messes, et quelques autres ouvrages d'église. En 1814, il retourna à Munich, où il composa, par ordre de la cour, l'opéra de *Dario in Dacia*, qui obtint un brillant succès. Revenu à Paris en 1815, il y a repris ses travaux de composition et d'enseignement. En 1818, il a été nommé surintendant honoraire de la chapelle du roi, et professeur de l'école royale de musique. Il est encore auteur de plusieurs opéras, savoir : *Isaac, ou le Sacrifice d'Abraham; Encore un tour du Calife*, représenté à Munich; *le Naufrage comique; l'Amour philosophe; la fée Urgèle; la Princesse de Cachemire; la Sourde-Muette; la comtesse de Lamarck; les Fêtes lacédémoniennes; Inès de Castro*, et *les Femmes vengées* de Sedaine, dont il refit la musique, en 1808. M. Blangini a fait jouer, avec succès, au théâtre Feydeau, au mois d'avril 1821, *le jeune Oncle*, opéra comique en un acte, paroles de M. Fontenilles.

BLANGY (LE COMTE DE), député par le département de l'Eure à la chambre de 1815. En décembre de la même année, la commission nommée pour l'examen de la loi relative au recouvrement provisoire des premiers douzièmes des contributions, le chargea de faire un rapport; le 11 du même mois, après avoir proposé quelques légers amendemens, il conclut à l'adoption du projet. Le 22, il réclama des mesures en faveur du clergé, et insista pour que les ecclésiastiques mariés fussent privés de leurs pensions. La proposition de M. le comte de Blangy donna lieu à des débats orageux; mais la première partie eut un plein succès. La chambre décida que les biens nationaux non-vendus seraient rendus aux prêtres.

BLANKEN (JEAN), naquit à Bergambacht (Hollande), le 15 novembre 1755. Sa famille s'était distinguée dans les travaux du *waterstaat* (ce qui correspond en France à *l'administration des ponts et chaussées*). Elle voulut que le jeune Blanken suivît la même carrière, et elle lui fit donner une éducation analogue. A 20 ans Blanken était premier inspecteur des îles de Voorne, Gœdereode et Over-flackee. Il mérita, par ses talens, que le gouvernement le nommât à l'inspection générale du waterstaat. Il fut successivement décoré de l'ordre du Lion-Belgique, membre de la première classe de l'institut des Pays-Bas, et lieutenant-colonel d'artillerie. Les nombreux et importans services qu'il a rendus à son pays par *sa Machine à vapeur à double effet; ses Bassins à caréner; ses Digues; ses Ecluses à inondation,* et les *Batteries* qu'il a établies sur presque toutes les côtes de la Hollande, en ont fait un homme justement recommandable, et lui assurent une place distinguée parmi ceux qui ont bien servi leur patrie.

BLANKENBURG (CHRISTIAN-FRÉDÉRIC DE), écrivain allemand, bon traducteur, habile métaphysicien et critique estimé; il naquit à Colberg en Poméranie, le 24 janvier 1744. Entré au service de Prusse à quatorze ans, Blankenburg servit avec distinction dans la guerre de *sept ans,* et après vingt-un ans de services, demanda et obtint sa retraite. Il resta à Leipsick jusqu'à sa mort, arrivée le 4 mai 1796. Il a publié plusieurs traductions élégantes, entre autres la traduction du quatrième volume de la *Monarchie prussienne* de Mirabeau, celle des *Vies des poètes anglais* de Johnson, celle de l'*Histoire de la Grèce,* par John Gillies (auteur de premier ordre, dont ni la *Biographie universelle,* ni M. Barbier lui-même, n'ont dit un mot). Il a composé aussi plusieurs ouvrages remarquables par la finesse des vues et la pureté du style. Son *Essai sur le roman* (Leipsick et Liegnitz, 1774), sans avoir ni l'originalité, ni la profondeur, ni l'élégance piquante de Mme de Staël, est jugé comme offrant la poétique du genre. Blankenburg a donné un *Supplément à la théorie des beaux-arts* de Sulzer (Leipsick, 1786, 1787, 1792 et 1794). Moins érudit et moins rigoureux que cet écrivain, il a développé des vues saines, et présenté quelques aperçus utiles. Malgré son talent à la fois solide et agréable, Blankenburg est peu connu dans son propre pays, où la métaphysique est populaire, et où Fichte, Wolff, Kant, se partagent presque exclusivement l'empire des esprits et des âmes.

BLANMONT (ISIDORE, BARON DE), natif de Gisors. Soldat avant la révolution, il fut nommé, en 1792, capitaine dans un bataillon du département de l'Eure. Envoyé dans la Vendée, il y obtint le grade d'adjudant-général, et se distingua dans cette guerre, et plus tard en Suisse, par des actions de la plus grande bravoure. Il avait été blessé dans presque tous les engagemens. Après avoir été employé en Corse comme chef d'état-major de la 23me division militaire, il passa à l'armée d'Allemagne, prit part à la conquête de la Poméranie suédoise, et fut envoyé à Paris pour y porter l'épée et le sceptre de Charles XII. Nommé colonel du 105me régiment, il fit la campagne de 1809 en Autriche, et montra le plus grand courage à la bataille de Ratisbonne, où 15,000 Autrichiens furent obligés de mettre bas les armes. Il se distingua pareillement pendant la campagne de Russie. A cette époque, il commandait une brigade de la division Partouneaux; il fut grièvement blessé à Borisow, et fait prisonnier au passage de la Bérésina. De retour en France, par suite de l'abdication de l'empereur Napoléon, il reçut du roi la croix de Saint-Louis, et eut le commandement d'Abbeville. Nommé lieutenant-général par S. M. à son passage dans cete ville, après l'événement du 20 mars, le baron Blanmont n'hésita point à prendre du service comme maréchal-de-camp, lorsqu'il vit la France menacée par la coalition européenne. Député à la chambre des représentans par l'arrondissement d'Andelys, il fut envoyé à l'armée en qualité de commissaire. Il commande aujourd'hui, en qualité de maréchal-de-camp, la 21ᵐᵉ division militaire. Ce brave militaire, qui n'a dû son élévation qu'à son seul mérite, est toujours resté fidèle à l'honneur et à la patrie. Il est commandant de la légion-d'honneur, chevalier de l'ordre de Bade, etc.

BLANQUART-BAILLEUL (Henri-Joseph), né le 27 avril 1758, à Boulogne-sur-Mer. Avant la révolution, il était avocat dans cette ville, et procureur du roi au bailliage de Calais. M. Blanquart-Bailleul a su se concilier la faveur des gouvernemens divers depuis trente ans : c'est un de ces esprits supérieurs qui, pour trouver peu d'obstacles dans la carrière, y marchent de sang-froid, examinent jour par jour les fonctions publiques qui sont à leur convenance, et jugent très-bien que dans tous les systèmes il y a des chefs à satisfaire, et des postes à conserver. On l'a vu successivement commissaire du roi, procureur de district, président d'administration départementale, maire de Boulogne, membre du conseil général du département du Pas-de-Calais, député au corps-législatif après le 18 brumaire, baron sous l'empire, chevalier de la légion-d'honneur, décoré de l'ordre de la Réunion, député en 1809, membre de la commission des finances, et questeur pendant plusieurs années. Riche et comblé d'honneurs, M. Blanquart-Bailleul n'en sentit que mieux que la restauration ne devait pas détruire une si belle fortune, et borner une si brillante carrière; il se hâta de donner son adhésion à la déchéance de l'empereur, et fut membre de la chambre en 1814; il y demanda l'ordre du jour sur une plainte du général Excelmans, relative à une violation de domicile, et défendit vivement le général Dupont, ministre de la guerre, lorsque celui fut accusé de prévarication relativement à un marché de fournitures. En 1815, au commencement de mars, lorsque Napoléon s'approchait de la capitale, dans un moment d'enthousiasme il s'écria à la tribune nationale : « Non, il n'est aucun » de nous qui n'aimât mieux mille » fois mourir que de subir encore » une fois le joug de cet usurpateur, » et il proposa de compter la campagne que les élèves des facultés feraient contre lui, non seulement comme un temps d'études, mais même comme une année de plus, parce que rien n'est plus propre pour former un juriste, un médecin ou un professeur, que le maniement des armes. Les *cent jours* furent une exception à la constance de M. Blanquart-Bailleul, en même temps que la seule interruption de ses travaux; et sous ce nouveau règne de Napoléon, il se retira et vécut paisiblement dans son pays. En septembre 1815, il fut membre de la chambre nommée à tort *introuvable*: il y demanda l'initiative pour M. de Sesmaisons contre M. de Bouville, dans le développement de la proposition d'une enquête contre ceux qui avaient favorisé l'évasion de M. le comte de Lavalette. Toujours de l'opinion des agens du pouvoir, dans la session de 1816, il vota avec les ministres pour le projet de loi sur les élections, et pour le projet contre la liberté individuelle. Il fut nommé sans retard procureur-général près la cour royale de Douay. Lorsque dans la discussion du projet de loi sur la liberté de la presse, durant la session suivante, on eut décidé que le dépôt ne pouvait être considéré comme une publication, ce qui n'était pas l'avis de M. Blanquart-Bailleul, il demanda que du moins ce dépôt donnât lieu à l'action civile. Quand la loi sur le recrutement fut présentée, il vota avec le ministère, et rejeta l'exemption moyennant une certaine somme. Il combattit M. de Chauvelin, qui soutenait que le droit de pétition, exercé tel qu'il l'était, devenait tout-à-fait illusoire. M. Dupont (de l'Eure) réclamant l'abrogation de la loi du 9 novembre 1815, Blanquart-Bailleul fut encore de l'avis des ministres, et prétendit que cette loi était nécessaire pour le repos de la France. Il voulut qu'on rappelât à la question M. Bignon, qui, en parlant sur le *budget*, s'était permis quelques réflexions favorables aux *bannis*. Dans la session de 1818, il combattit la proposition de M. Dumeylet, relative au droit de pétition; s'opposant particulièrement à l'analyse de l'objet des pétitions et à ce qu'elles fussent recommandées par des membres de la chambre. Ce discours donna lieu à de violens murmures. « Il » ne dépend, disait M. Blanquart-» Bailleul, que d'un député, en-» traîné par l'esprit de parti, de » faire naître le scandale. Deman-» der des explications à un minis-» tre, c'est faire passer le gouver-» nement dans les chambres; lais-» sons aller le cours des choses, il » est inutile que le public soit in-» formé par un article spécial du » droit qu'aurait la chambre de » recommander une pétition. La » charte veut qu'il y ait des péti-» tions, mais non des pétitionnai-» res. » M. Blanquart-Bailleul s'opposa ensuite à la demande de M. Manuel, qui insistait pour qu'il y eût une discussion publique sur l'abrogation du droit d'aubaine. Dans la session de 1819, il demanda le rappel à l'ordre de M. de Corcelles, qui avait appelé par son nom M. le ministre Pasquier. Lors de la proposition de M. Benjamin-Constant pour la régularisation des scrutins, il déclara que les *libéraux* voulaient ralentir les délibérations de la chambre, et répandre sur le calme de la France le soufre et le bitume......, et il se tut pour ne pas dire des choses effroyables..... La nouvelle loi sur les élections lui fournit l'occasion de manifester son amour pour les saines doctrines; il combattit l'amendement de M. Delaunay (de l'Orne), tendant à conserver une sorte d'égalité dans les élections, et vota pour l'adoption pure et simple de la loi. M. Blanquart-Bailleul est membre de la chambre de 1820.

BLANVAL (Arthaud). Il se livrait au commerce dans la ville de Clermont (Puy-de-Dôme), lorsque la révolution éclata. Approbateur enthousiaste des principes nouveaux, son exagération fut la principale cause de sa nomination à la convention nationale, au mois de septembre 1792. Dans le déplorable procès du roi, il vota la mort sans appel et sans sursis. Lors de la formation du corps-législatif, il passa au conseil des anciens, dont il fut nommé secrétaire en 1798. Après la session de cette année, il fut envoyé comme commissaire du directoire-exécutif dans son département, où, depuis la révolution du 18 brumaire, il s'est exclusivement livré au commerce.

BLANVILLAIN, né à Orléans, vers 1758. Il alla à Rome, s'y livra à une étude approfondie de la langue italienne, et s'en appropria tellement le génie, qu'il parvint à faire oublier qu'il était étranger. En janvier 1793, les événemens politiques dont Bassevil-le, envoyé extraordinaire de la république française près le saint-siége, fut la victime, le forcèrent, ainsi que ses compatriotes, de prendre subitement la fuite. De retour en France, et après le rétablissement de l'université, il occupa successivement plusieurs chaires, et fut enfin nommé principal du collége de Pontoise. En 1814, il obtint une chaire d'humanités à Orléans. M. Blanvillain a traduit en italien le roman de Bernardin de Saint-Pierre, *Paul et Virginie;* et en français, le *Voyage de Scrofani dans la Grèce :* ces traductions, qui justifient les éloges donnés à M. Blanvillain, n'ont en rien altéré les beautés et le mérite des deux ouvrages originaux, et plus particulièrement celles du roman de Paul et Virginie. On lui doit encore : *Morale d'un Adorateur, ou l'Art d'être heureux,* in-8°, 1796; *Psyché et Cupidon,* épisode d'Apulée, in-8°, 1797, en italien, réimprimé en 1799, in-12. *Jupiter et Léda,* chant improvisé de F. Gianni (traduction française), 1800, in-12, édition réimprimée en 1812. *Atala* de M. de Châteaubriant, en italien, 1801, in-18; *Pariseum, ou Tableau de Paris,* en l'an 12, 1804 et 1807, in-12; *Epitome rerum gestarum à Napoleone magno, ad usum studiosæ juventutis,* 1811, in-12.

BLAREAU (N.). Nommé par le département de Jemmapes, en mars 1797, au conseil des anciens, M. Blareau fut élu secrétaire en novembre suivant. Il fit partie du nouveau corps-législatif après la révolution du 18 brumaire. La session terminée, il a disparu des assemblées législatives, où d'ailleurs il s'était peu fait remarquer.

BLASI (N.), jurisconsulte italien, habitait Palerme. Sa haine pour l'oppression le porta à prendre une part importante dans la conspiration qui devait éclater contre le gouvernement napolitain le vendredi saint de l'année 1795. Trahis peu de temps avant l'exécution de leur projet, les conjurés furent arrêtés et jugés avec une extrême rigueur. Blasi fut décapité le 24 mai suivant; sept de ceux qui avaient pris le plus de part au complot furent pendus, et les autres envoyés aux galères.

BLASIUS (Frédéric), ex-chef d'orchestre du théâtre Feydeau, doit le rang distingué qu'il tient parmi les artistes de la capitale, à son talent d'exécution sur la flûte, le violon, le basson et la clarinette, ainsi qu'à ses excellentes méthodes pour ces deux derniers instrumens, qu'il a données au public en 1796. *Ses Concerto, ses Sonates, ses Fanfares*, et l'harmonie qu'il a composée pour *Il Matrimonio segreto*, et différentes autres pièces lyriques, sont d'un musicien distingué. Il est aussi auteur de plusieurs opéras comiques, dont le succès ne s'est pas soutenu.

BLAU (Félix-Antoine), né en 1754, mort le 23 décembre 1798, était un théologien aussi instruit que tolérant. Il a publié, en langue allemande, 1° *Histoire critique de l'infaillibilité ecclésiastique*, in-8°, Francfort-sur-le-Mein, 1791; 2° *Essai sur le développement moral de l'Homme*, ibidem, 1795; 3° *Critique des ordonnances relatives à la religion, rendues en France depuis la révolution, fondée sur les principes du droit politique et ecclésiastique*, idem, Strasbourg, 1797. En 1793, à l'époque des troubles civils qui agitèrent le territoire français, Blau était à Mayence; il y embrassa avec chaleur la cause de l'indépendance; après avoir été long-temps incarcéré, pour son opinion, dans le château de Kœnigstein, il recouvra enfin la liberté, et fut appelé, en qualité de juge, au tribunal criminel du département du Mont-Tonnerre, qui fait aujourd'hui partie des états de la Prusse.

BLAUX (L.), député à la convention nationale, était administrateur du département de la Moselle, lorsqu'en septembre 1792 il fut appelé à siéger dans cette assemblée. Dans le procès de Louis XVI, il vota contre l'appel au peuple, pour la détention du monarque pendant la guerre, pour son bannissement à la paix, et enfin pour le sursis. Se rangeant ensuite du parti de la Gironde contre celui de la Montagne, M. Blaux signa la protestation du 6 juin 1793, contre les journées des 31 mai, 1ᵉʳ et 2 juin. Il fit en conséquence partie des *soixante-treize* députés qui furent mis en arrestation pendant quatorze mois, et ne rentrèrent dans le sein de l'assemblée qu'après les événemens du 9 thermidor an 2 (27 juillet 1794). L'année suivante, en avril 1795, se trouvant en mission à Amiens, il faillit être victime d'une insurrection occasionée par la pénurie des subsistances. Enlevé du conseil général de la commune, il fut traîné par les cheveux, foulé aux pieds, et aurait été pendu, si la force armée ne fût parvenue à dissiper l'attroupement. La session étant finie, M. Blaux entra au conseil des anciens, au mois de septembre de la même année, et s'y fit remarquer par différentes motions. Il attaqua particulièrement une résolution du conseil des cinq-cents, qui autorisait les juges de paix à nommer leurs greffiers. Sorti du conseil des anciens en 1798, M. Blaux n'a plus reparu dans les assemblées législatives.

BLAVET (Jean-Louis), fils d'un musicien compositeur, qui excellait à jouer de la flûte, naquit à Besançon, le 6 juillet 1719. Amené à Paris par son père, il y fit de bonnes études, et entra dans l'ordre des bénédictins. Regrettant bientôt sa liberté, le jeune Blavet parvint à se faire séculariser; mais il prit le titre d'abbé, et porta l'habit ecclésiastique. Bibliothécaire du prince de Conti, il devint, par la protection de ce prince, l'un des censeurs royaux. Dans la plupart des écrits de l'abbé Blavet, on retrouve les principes des économistes, dont il avait adopté les opinions, en se liant avec Quesnay et Beaudeau, chefs de cette secte. Les principaux ouvrages de l'abbé Blavet, sont : 1° *Essai sur l'agriculture moderne*, 1755, in-12. Dans cet écrit, l'abbé Blavet eut l'abbé Nolin pour coopérateur. 2° La traduction de plusieurs ouvrages anglais, tels que la *Théorie des sentimens moraux* d'Adam Smith, professeur de philosophie à Glascow, 1775 et 1797, 2 vol. in-12. Ce traité, déjà traduit par Eidous, l'a été de nouveau par Mme Condorcet, en 1798. 3° *Mémoires historiques et politiques de la Grande-Bretagne et de l'Irlande*, sous les règnes de Charles II, Jacques II, Guillaume III, et Marie, pour servir de suite et d'éclaircissemens aux histoires d'Angleterre de Hume, Smolett et Barrow, traduits de l'anglais du chevalier Jean Dalrymple, 1776 et 1782, 2 vol. in-8°. Cet ouvrage piquant contient une foule d'anecdotes curieuses sur les personnages importans de l'une des époques les plus remarquables de l'histoire d'Angleterre; mais il est à propos de lire aussi la réfutation de mistriss Macaulay, et surtout celle du célèbre Charles Fox. 4° *Recherches sur la nature et les causes de la richesse des nations*, traduites de l'anglais de Smith. Cette traduction, insérée d'abord dans le *Journal d'agriculture* des années 1779 et 1780, fut imprimée séparément en 1781, 6 vol. in-12, et en 1800, 4 vol. in-8°. L'abbé Blavet prétendit que l'auteur du poëme des *Mois*, l'infortuné Roucher (*voyez* ce nom), avait tronqué sa traduction pour se l'approprier. Quoi qu'il en soit de ce plagiat réel ou supposé, les traductions de Blavet et de Roucher sont bien inférieures à celle que M. le comte Garnier, pair de France, a publiée plus récemment. L'abbé Blavet mourut presque nonagénaire, un peu avant 1810.

BLAVIER (N.), ingénieur des mines, s'est fait connaître par plusieurs écrits utiles sur les poids et mesures, et particulièrement sur le nouveau système métrique et sur le calcul décimal. Voici les titres de ses ouvrages : 1° *le Nouveau Barême, ou Nouveaux Comptes faits en livres, sous et deniers, et en francs, centimes et millimes*, 1798, in-8°; 2° *Barême des Transactions entre particuliers, pendant la dépréciation du papier-monnaie*, 1798, in-8°; 3° *Barême des Mesures de capacité*, 1799, in-8°; 4° *Barême des Mesures de longueur et de durée*, 1799, in-8°; 5° *Barême des Mesures de solidité*, 1799, in-8°; 6° *Barême des Mesures de surface, agraires ou autres*, 1799, in-8°; 7° *Petit Barême décimal des Monnaies*, 1799, in-8°; 8° *Arithmétique décimale*, 1799, in-8°; 9° M. Blavier avait aussi publié, de concert avec M. Goguillot, le *Tarif général de toutes les contributions* décrétées par l'assemblée nationale, 1791, in-8°.

BLEISWICK (Pierre Van), né à Delft, en 1724. Il fit ses études à Leyde, et en 1745 il y fut nommé docteur en philosophie. Après avoir été conseiller pensionnaire de Delft, il eut, en 1772, le titre de grand pensionnaire des étatsgénéraux. Mais il perdit cette place en 1787, au commencement des troubles de la Hollande; on fut d'autant plus surpris de la faiblesse qu'il montra dans cette circonstance, qu'on avait eu jusqu'alors une haute opinion de son mérite et de son activité dans les affaires. Van Bleiswick publia à Leyde, en 1745, sous le titre *de Aggeribus*, in-4°, une dissertation pleine d'intérêt; Esdré a donné, en 1778, une traduction hollandaise de cet ouvrage. Il mourut à La Haye, en 1790.

BLIG (Guillaume), contre-amiral anglais. Il portait l'arbre à pain d'O-Taïti aux Indes occidentales, sur le vaisseau *le Bounty* qu'il commandait, lorsque l'équipage, excité par le contre-maître Fletcher-Christian, se révolta contre Blig, et l'abandonna sur un bateau presque sans provisions, avec dix-huit de ses compagnons d'infortune. Après avoir souffert tout ce qu'on peut éprouver dans cette position et sans périr, ils eurent le bonheur d'arriver à Batavia; de là Blig passa en Angleterre. En 1792, il fit un autre voyage, dans lequel il découvrit au nord de Saint-Esprit de Quiros un grand nombre d'îles, auxquelles il donna le nom de sir Joseph Banks. En 1808, il fut nommé gouverneur de la province de la Nouvelle-Galles, dans la Nouvelle-Hollande. Son caractère violent, et la détresse de la colonie, lui firent prendre des mesures dont la sévérité excita un mécontentement général. Le lieutenant-colonel Johnston réunit contre lui les militaires, et le força, en 1808, à quitter ses fonctions. Alors Blig passa en Angleterre; son antagoniste s'y rendit aussi en 1811, et le contre-amiral fut cassé. Il a fait imprimer, en 1792, son *Voyage dans la mer du Sud sur le vaisseau le Bounty*, 1 vol. in-4°; il y a inséré la relation qu'à son retour il avait déjà publiée de la révolte du Bounty : la traduction française de ce voyage a été faite par Soulès. On a aussi du contreamiral Blig, outre trois mémoires imprimés dans les *Transactions de la société des arts*, sur les plantes qu'il devait transporter aux Indes, une *Réponse à de certaines assertions contenues dans l'appendice d'un pamphlet intitulé : Minute des actes de la cour martiale tenue à Portsmouth, le 12 août 1792, pour juger les dix personnes accusées de rébellion sur le vaisseau de S. M. le Bounty*, in-4°, 1794. Cet appendix a été rédigé par Édouard Christian, frère de Fletcher Christian. En 1817, un vaisseau anglais, passant à la vue d'une des îles de la mer du Sud, apprit que les révoltés de l'équipage du Bounty s'y étaient fixés. Dans leurs rixes avec les insulaires, Christian avait péri : une réconciliation ayant eu lieu, les Anglais avaient pris des femmes dans l'île. A l'arrivée du vaisseau anglais, il ne restait plus qu'un seul des matelots du Bounty, mais leurs enfans étaient en grand nombre.

BLIN (N.), médecin à Nantes. En 1789, il fut nommé député aux état-généraux par le tiers-état de cette ville. Le 9 novembre de la même année, il demanda que les ministres ne pussent être choisis parmi les membres de l'assemblée. Cette motion inattendue déconcerta plus d'un ambitieux, et déjoua bien des intrigues. Quand on s'occupa des troubles qui avaient éclaté dans les colonies, il déclara qu'il devait être permis aux noirs de se choisir eux-mêmes une constitution. En 1790, il s'éleva contre une proposition de l'abbé Maury, tendante à créer un impôt sur le luxe. Peu de temps après il démontra l'inutilité des moines et des communautés, et insista vivement pour leur suppression. En 1791, il se prononça de nouveau en faveur de la liberté des hommes de couleur. Il a coopéré à la rédaction de divers journaux, notamment à l'*Ami des Patriotes*, avec Regnault de Saint-Jean-d'Angely et Duquesnoy, de l'assemblée constituante. Après avoir publié quelques ouvrages sur les colonies, il cessa de prendre part aux affaires publiques, et rentra dans ses foyers où il exerçait encore, en 1820, la profession de médecin.

BLIN (JOSEPH). Il était directeur de la poste aux lettres de Rennes, lorsque, en 1798, le département d'Ile-et-Vilaine le nomma député au conseil des cinq-cents. Ses principes s'accordaient mal avec ceux du directoire; son zèle sincère, mais inconsidéré, n'eut pour effet que d'avancer la chute des institutions républicaines. Au commencement de 1799, lorsqu'il fut question de déterminer les sessions électorales, il demanda et obtint l'ordre du jour, ce qui fut une source de divisions funestes dans les deux conseils. Des mesures pour le maintien de la constitution de l'an 3 venaient d'être proposées par Lucien Bonaparte; non-seulement M. Blin demanda qu'on retranchât du serment civique le mot *anarchie*, mais il voulait, à cause de l'imminence du péril, qu'on déclarât la patrie en danger. C'eût été renouveler les prétextes, et peut-être ramener les excès des temps les plus critiques; un grand nombre de députés s'y opposèrent vivement, et ces discussions amenèrent la journée du 18 brumaire. Compté parmi ceux dont cette journée déconcertait les desseins, il ne fit point partie du corps-législatif formé sous l'influence du gouvernement consulaire, et reprit, à Rennes, la direction des postes. En 1815, il fut président de la fédération formée par les départemens de l'ancienne Bretagne, et il en rédigea l'acte d'association. Les habitans de ces départemens étaient disposés à l'adopter : ils jugeaient que depuis peu on avait trop abusé des circonstances, et ils craignaient les suites de prétentions offensantes qu'on avait annoncées avec plus de hauteur que de discrétion. Les fédérés promettaient « de s'opposer à tout désor- » dre intérieur et à l'invasion de » l'étranger; de se consacrer à la » propagation des principes libé- » raux, de combattre l'imposture, » d'éclairer ceux qui seraient dans » l'erreur, de soutenir l'esprit pu- » blic, de maintenir la tranquilli- » té, d'employer toute leur in- » fluence et tout leur crédit pour » retenir chacun dans ses devoirs » envers la patrie, de protéger » contre tout péril les villes et les » villages, de déjouer les complots » contre la liberté, contre la cons- » titution et le chef de l'état; enfin, » de se prêter assistance les uns » aux autres, selon les événe- » mens. » Après le retour du roi, M. Blin perdit la direction des postes de Rennes, et fut mis en surveillance.

BLIN DE SAINMORE (Adrien-Michel-Hyacinthe), né à Paris, le 15 février 1733. Il fit ses études au collége du Cardinal Lemoine; après les avoir terminées, il chercha dans la retraite et dans des occupations littéraires l'oubli des malheurs que ses parens avaient éprouvés, par suite du désastreux système de Law. Cependant il paraît que la perte de leur fortune avait fait sur son esprit une impression profonde. On prétendit même que son talent manquait de cette confiance qui seule peut tout animer, confiance que la réflexion donne rarement, et sans laquelle on n'obtient que les succès réservés au goût, à l'esprit, à la finesse, c'est-à-dire de faibles succès. Dès l'année 1752, il publia un poëme intitulé la *Mort de l'amiral Bing*; et le fit suivre successivement de plusieurs héroïdes, genre d'ouvrage que faisait aimer à cette époque l'*Héloïse à Abeilard* de Colardeau. Blin de Sainmore réussit dans ces dernières compositions; il avait un style pur, du naturel, de la sensibilité, et l'on remarqua *Sapho à Phaon*; *Biblis à Caunus*; *Gabrielle d'Estrées à Henri IV*; *Calas à sa femme et à ses enfans*; enfin *la Duchesse de La Vallière*. En 1774, on réunit ces différentes héroïdes en un volume, qui renferme en outre une *Épitre à Racine*. En 1769, il fit paraître un recueil composé avec goût, l'*Élite des Poésies fugitives*, 3 vol. in-12; Luneau de Boisgermain publia depuis le quatrième. En 1773, Blin de Sainmore donna la tragédie d'*Orphanis*, qui fut reçue favorablement : l'abbé Geoffroy en fit un grand éloge. Mais la sagesse du plan et quelques beautés de détails ne suffisent pas pour soutenir long-temps une tragédie; l'auteur reproduisit cet ouvrage, en 1803, sans beaucoup d'effet. Il donna, en 1774, *la Requête des filles de Salency à la reine;* et en 1775, un drame en trois actes et en vers, intitulé *Joachim, ou le Triomphe de la piété filiale.* De 1798 à 1799, il publia, en deux volumes in-4°, l'*Histoire de Russie, depuis l'an 862 jusqu'au règne de Paul 1er*, représentée par figures, gravées par David. Quelque temps après il fit imprimer l'*Éloge historique de G. L. Phelippeaux d'Herbault*, archevêque de Bourges, et des notices estimées sur Charost, Molé, etc. Blin de Sainmore est auteur de différentes traductions de psaumes et odes d'Horace, de Sapho; idylles de Bion, de Gesner, etc. Il a adressé des *Épitres* à Voltaire, au duc de Richelieu, au cardinal de Bernis, au comte et à la comtesse du Nord, à Mlle Raucourt, célèbre comédienne, etc. On lui attribue les *Commentaires sur Racine*, qui ont été publiés sous le nom de Luneau de Boisgermain. Enfin, il a laissé inédits un *Traité sur la poésie ancienne et moderne; Isimberge, ou le Divorce de Philippe-Auguste*, tragédie en cinq actes et en vers, reçue en 1786, à la comédie française; et la traduction en vers français, de l'*Œdipe-roi* de Sophocle. Censeur royal en 1776, il obtint une pension sur la *Gazette de France*. En 1779, il concourut à la fondation de la société philanthropique qui bientôt compta le roi au nombre de ses souscripteurs. Blin de Sainmore contribua au succès et à la célébrité de cette société, par des lettres intéressantes qu'il faisait insérer dans le *Journal de Paris*, et qui obtinrent le suffrage de Louis XVI. En 1786, ce prince accorda à l'auteur la décoration de l'ordre de Saint-Michel, et le nomma garde des archives, secrétaire et historiographe des ordres du Saint-Esprit et de Saint-Michel. Privé de ces places par la révolution, Blin de Sainmore éprouvait les atteintes de la misère lorsqu'il reçut un présent de 2,000 écus, de la grande-duchesse de Russie, avec laquelle il avait été en correspondance pendant quatorze années. En 1800, le premier consul le nomma conservateur de la bibliothèque de l'Arsenal. Blin de Sainmore se préparait à publier une édition complète de ses écrits, en 4 volumes in-8°, lorsqu'il mourut, le 26 septembre 1807.

BLOCH (MARC-ÉLIÉZER), naquit à Anspach, en 1723, de parens juifs fort pauvres. Bloch à 19 ans était sans instruction, sans fortune, sans état, et ne parlait que l'hébreu. Un chirurgien juif de Hambourg, à qui il inspira de la compassion, lui donna les premiers élémens de son art. Bloch apprit la langue allemande dans quelques grammaires, et le latin, d'un pauvre Bohémien catholique. Une Biographie, en avouant la misère et la profonde ignorance de Bloch, prétend qu'il entra chez le chirurgien comme instituteur: c'est une erreur; car, comme nous venons de le dire, ce fut au contraire le chirurgien qui lui fournit les moyens de subsister et d'acquérir de l'instruction. Il en profita, étudia l'histoire naturelle, se fit recevoir docteur en médecine, et alla à Berlin exercer cette profession. Tiré en quelque sorte du néant par l'humanité d'un homme de bien, Bloch devint l'un des plus savans naturalistes de son pays. L'*Histoire naturelle des Poissons, particulièrement de ceux des états prussiens* (Berlin, 1781, 1782, in-4°); l'*Histoire naturelle des Poissons étrangers* (Berlin, 1784); et l'*Histoire naturelle des Poissons d'Allemagne* (ibid., 1785, non terminée), sont comptés parmi les meilleurs ouvrages sur ces matières. On estime aussi son *Traité sur la génération des vers intestins et sur les moyens de les détruire.* Cet ouvrage a remporté le prix proposé par la société royale de Danemark (Berlin, 1782, grand in-4°). Son *Ichtyologie*, publiée par souscription (Berlin, 1785, 12 vol., grand in-4°), a été traduite en français par Laveaux, 12 vol. grand in-f°, et cette traduction, réimprimée en 1795. L'édition allemande, faite aux frais de plusieurs princes et des plus riches amateurs de l'Allemagne, est un monument précieux pour la science, et l'un des plus magnifiques ouvrages publiés sur l'histoire naturelle. Bloch mourut dans l'opulence, à l'âge de 76 ans, le 6 août 1799.

BLONDEAU (JACQUES, BARON), maréchal-de-camp, né à Château-Neuf (Côte-d'Or), s'enrôla volontairement, en 1788, dans le 6ᵐᵉ régiment de dragons, et entra, en 1791, comme lieutenant de grenadiers dans le 2ᵐᵉ bataillon de son département. Il a servi dans les armées du Nord, des Alpes, d'Italie et d'Espagne, où il a successivement passé par les grades de capitaine, de chef de bataillon, d'adjudant-général, et enfin de général. Le baron Blondeau a soutenu les principes de la révolution avec constance, et toujours dans la seule vue du bien public. Étranger à toutes les intrigues, il se fit autant remarquer par sa franchise que par sa bravoure, et ne dut qu'à ses talens et à son dévouement à sa patrie le commandement de plusieurs postes importans. Il défendit la convention nationale dans la journée du 13 vendémiaire, puis il passa à l'armée d'Italie. Blessé à Rivoli, il le fut encore dans le combat du 6 germinal an 7. Sa conduite, à la tête de 2,400 hommes, composant l'avant-garde de la division du général Victor, lui mérita un sabre d'honneur. Blessé de nouveau à la bataille de la Trébia, il fut forcé de quitter momentanément l'armée : il était à Paris au 18 brumaire an 7. De retour à l'armée d'Italie, il remplit les fonctions de chef d'état-major de la division du général Suchet. Il fit la campagne de l'an 8 dans la Ligurie, et passa ensuite en qualité de chef d'état-major de la division de réserve, à l'armée d'observation du Midi, commandée par le général Murat. C'est en 1808 qu'il fut nommé général de brigade. Il se distingua à la bataille d'Occana, et plus particulièrement encore pendant la journée de Talavera de la Reina. Le commandement de Tolède lui était confié : par ses excellentes dispositions et par sa fermeté il repoussa avec succès plusieurs assauts des Espagnols, commandés par Denegas; il avait également empêché la révolte des habitans. Lorsque l'armée affaiblie rentra en France, il ne montra pas moins de valeur et de prudence, et rendit inutiles les attaques répétées du général Mina. Le baron Blondeau a commandé successivement les places de Mantoue, de Brescia, de Coni, d'Alexandrie, de Saint-Jean-Pié-de-Port, ainsi que les villes de Livourne, de Madrid, de Tolède : de telles fonctions attestent l'estime et la confiance de ses chefs, et il en fut toujours digne. Le général Blondeau, maintenant en non activité, vit retiré dans sa famille.

BLONDEL (JACQUES), membre de la convention, demanda que Louis XVI fût gardé en otage, et que l'invasion seule des troupes étrangères provoquât la peine de mort. M. Blondel était député des Ardennes; il entra au conseil des cinq-cents, en sortit en 1797, et quitta sans retour la scène politique, où il avait paru sans éclat.

BLONDEL (JEAN-JACQUES), homme de loi, ancien bibliothécaire du duc de Penthièvre, a fait paraître en deux volumes in-8° (Paris, 1803) un ouvrage sous le titre de *Mémoires du parlement de Paris*.

BLONDEL D'AUBERS (N.), ancien conseiller au parlement de Paris; en 1810, conseiller de la cour d'appel de cette ville, et aujourd'hui conseiller à la cour de cassation. Député par le département du Pas-de-Calais à cette fameuse chambre de 1815, qui laissera de si douloureux souvenirs dans tous les cœurs dévoués à la patrie, M. Blondel parla dans les discussions les plus importantes, et présenta, en haine des idées libérales, et par respect pour la majorité de la chambre, une foule d'argumens très-forts, sinon très-justes, en faveur de la tutelle où la nation allait être mise. Il fut membre de plusieurs commissions, entre autres de celle qui avait été chargée d'examiner la proposition de M. Hyde de Neuville, ayant pour objet la suspension des tribunaux et la création des cours prevôtales. Les cours prevôtales furent créées; et pour récompenser sans doute M. Blondel d'Aubers de son zèle et de ses excellens principes, on le nomma aux fonctions qu'il exerce maintenant.

BLONDIN (JEAN-NOEL), grammairien, ci-devant secrétaire interprète à la bibliothèque du roi, est né à Paris en 1753. Il était, avant la révolution, membre de la congrégation des Feuillans, et professeur de théologie. Il s'est depuis livré exclusivement à la composition de livres élémentaires pour la langue latine et pour les langues vivantes, et à l'enseignement de ces diverses langues. Sur le dernier point surtout, ce grammairien zélé a rendu de grands services à l'instruction publique, particulièrement pour la langue française, par les cours nombreux et gratuits qu'il a faits dans les salles du Louvre et de l'Oratoire, à l'époque de la cessation des études. Les principaux ouvrages que M. Blondin a publiés, sont : 1° *Grammaire française simplifiée*, 1808, in-8°, sixième édition; 2° *Nouvelle Grammaire pour enseigner le français* aux *Anglais*, 1788, in-8°, 1797, in-16, cinquième édition; 3° *Précis de la langue anglaise*, 1790 et 1800, in-8°; 4° *Plan d'instruction pour les langues française, anglaise, latine et italienne*, 1789, in-8°; 5° *Précis de la langue italienne*, 1791 et 1800, in-8°; 6° *Tableau synoptique des langues française, italienne et anglaise*, 1805, in-8°; 7° *Grammaire polyglotte*, française, latine, italienne, espagnole, portugaise et anglaise, 1811, in-8°; 8° *Mode d'enseignement simplifié*, 1815, in-8°. La *Grammaire française* de M. Blondin lui valut, en 1796, un des prix décernés aux livres élémentaires les plus utiles.

BLONS (L. A. DE). Une petite aventure héroï-comique a rendu ce nom fameux. Un ex-seigneur de Darnac en Limousin, M. de Blons, scandalisé de ce qu'on offrait le pain bénit au maire avant de le lui offrir respectueusement à lui-même, se présente à l'église le 2 novembre 1814, jour de la Toussaint. Au moment propice, il s'écrie avec force : *Sacristain! apporte!* Le sacristain n'apportant pas, l'ex-seigneur de Darnac entre en fureur. Quoique notre tâche nous oblige à retracer les moindres circonstances quand elles peuvent servir à peindre une époque, nous nous abstiendrons cependant de dire quelles furent les suites de cette scène scandaleuse. Des plaintes portées à la chambre des députés avaient été renvoyées par la chambre à la connaissance du chancelier; mais les événemens du 20 mars 1815 firent suspendre cette affaire, que d'autres événemens auraient fait entièrement oublier, si, *sacristain apporte!* n'avait obtenu les honneurs du lazzi.

BLOOMFIELD (ROBERT), cordonnier et poète. Le grand nombre d'hommes supérieurs qui s'élancent des dernières classes de la société dans la carrière ouverte au génie et au mérite, est le caractère particulier des nations libres : les noms de *Burns* et de *Bloomfield*, de *Leuliette* et de *Prévost*, sont chers à tous ceux qui voient sans dédain et sans envie les *simples annales du pauvre* (the short and simple Annals of the poor. GRAY) s'honorer de noms devenus fameux. Bloomfield est un des phénomènes littéraires de ce siècle. De l'atelier de l'artisan, il s'élève à la hauteur de Thompson. Bloomfield était né poète comme Pascal était né géomètre. Quelques journaux, quelques pièces de vers insérées dans un recueil périodique, éveillèrent son génie. En 1800, un poëme didactique, en vers hexamètres et rimés, composé par un apprenti cordonnier, vient étonner l'Angleterre. Ce poëme, ou plutôt ces nouvelles géorgiques, partagées en quatre chants, comme les saisons, et intitulées *le Garçon de Ferme*, offraient dans leur plan des difficultés en apparence insurmontables : ce n'étaient plus ces champs si poétiques de l'Italie, peuplés de Dryades et de Sylvains; ni ces brillans tableaux d'une nature enchanteresse; ni ces sujets inspirateurs du génie des Virgile, des Thompson, des Saint-Lambert; ni enfin ces détails peut-être non moins gracieux du jardinage et de la vie champêtre, offerts par Vanière, Delille, Rosset : c'étaient les travaux pénibles et grossiers de la ferme, l'année laborieuse du mercenaire, qu'il fallait revêtir d'images nobles, embellir de couleurs poétiques. Bloomfield le tenta et réussit. La nature rustique apparut aux yeux de la société distinguée de Londres dans toute son heureuse naïveté. L'ouvrage et l'auteur furent accueillis avec enthousiasme. On loua de toutes parts le cordonnier poëte; six éditions du *Garçon de Ferme* se succédèrent en peu de temps. Chacun voulut avoir le portrait de l'auteur, gravé par Ridley, d'après Drummond, et les ducs d'York et de Grafton se déclarèrent ses protecteurs : pour couronner littérairement ce prodigieux succès, une traduction en vers latins, par M. Clubbe, parut à Londres en 1805. Bloomfield, né à Honington, comté de Suffolck, était le dernier des six enfans d'un tailleur. Un vieux préjugé, que l'on fait descendre de la Scandinavie, rend l'état de tailleur le plus méprisé de tous les états du peuple en Angleterre. Bloomfield apprit à lire de sa mère, qui, pour son bonheur, était maîtresse d'école ; il entra, à l'âge de 11 ans, comme garçon de ferme chez un laboureur des environs; mais il préféra par la suite travailler comme apprenti chez son frère aîné, cordonnier. Son premier essai fut une jolie romance intitulée *la Laitière, ou le 1ᵉʳ de Mai*. Cette romance fut insérée dans *la Revue périodique*, et son auteur continua de faire des vers. Il fit successivement paraître *le Garçon de Ferme*; les *Contes et Chants rustiques* (1802, in-8°); *Bonnes nouvelles apportées de la Ferme* (1806, in-8°); les *Bords de la Wye*, et les *OEuvres complètes de Bloomfield* (2 vol. in-18). Son frère Nathaniel BLOOMFIELD, tailleur à Londres, essaya aussi de se faire poète ; mais il prouva la vérité de cet axiome, que *les poètes ne se font pas*. Son *Essai sur la guerre et ses autres poésies* (1802) n'eurent aucun succès. M. Étienne Allard a traduit en français *le Garçon de Ferme*, sous le titre de *Valet du Fermier*. Cette traduction n'est pas heureuse; et Bloomfield, comme la plupart des poètes modernes étrangers, est encore inconnu en France.

BLOSSEVILLE (LE MARQUIS DE), fut élu par le collége électoral du département de l'Eure à la fameuse chambre de 1815, où il siégea au côté droit. Dans le courant de décembre, il fit partie de la commission nommée pour examiner le projet de loi relatif au recouvrement provisoire des premiers douzièmes des contributions de 1816, à effectuer d'après les rôles de 1815. En janvier suivant, il fut membre de la commission du budget, et attaché à la section chargée de l'examen des comptes des ministres des finances, de la marine et des affaires étrangères. Dans un comité secret du 13 mars 1816, M. de Blosseville fit une proposition tendante à inculper le gouvernement des *cent jours* pour la vente de cinq millions cinq cent mille fr. d'inscriptions sur le grand livre appartenant à la caisse d'amortissement. Le nom de M. de Blosseville est surtout célèbre par le procès de Wilfrid Regnault. En 1815, ce dernier, sous le poids d'une prévention d'assassinat, était en jugement, défendu par M° Odillon-Barrot, l'un de nos premiers avocats. M. le marquis de Blosseville, au moment où le jury allait prononcer sur le sort de l'accusé, le dénonça dans le *Journal des Débats* comme complice des massacres des 2 et 3 septembre. Condamné à la peine de mort, Wilfrid Regnault se pourvut en cassation, et attaqua, immédiatement après, devant le tribunal de police correctionnelle, M. de Blosseville comme calomniateur. M. de Blosseville fut condamné. Il appela de ce jugement, qui fut cassé : l'annuler était plus facile que de le faire oublier. Des discussions publiques auxquelles ces différens procès donnèrent lieu, et auxquelles M. Benjamin Constant prit une noble part, il résulta cependant une incertitude assez puissante sur le fait de l'assassinat imputé à Wilfrid Regnault, dont le pourvoi avait été rejeté, pour que la clémence royale commuât la peine en vingt années d'emprisonnement. Depuis ce temps, M. de Blosseville a été perdu de vue.

BLUCHER, prince de Wahlstadt, feld-maréchal prussien, naquit en 1742 à Rostock, ville sur la mer Baltique, dans le duché de Mecklenbourg - Schwerin. D'abord porte-étendard d'un régiment de hussards suédois, il passa ensuite, pendant la guerre de *sept ans*, au service de Prusse. Devenu capitaine en peu d'années, et toutefois ne se trouvant pas suffisamment récompensé, il demanda, dans un moment d'humeur, à se retirer. Frédéric-le-Grand, qui se connaissait en hommes, le prit au mot, et lui accorda son congé en ces termes : « Le » capitaine Blücher a la permis- » sion de quitter le service, et » peut aller au diable s'il le juge à » propos. » Quinze ans après la mort de ce monarque, Frédéric-Guillaume, selon le constant usage des princes à leur avénement au trône, s'empressa de rappeler l'homme que son prédécesseur avait renvoyé. Lorsqu'en 1792 la guerre éclata entre la France et la Prusse, Blücher était colonel, et fut nommé général-major en 1793. C'est donc à 51 ans, à l'âge où communément une grande réputation militaire touche à son apogée, et rarement se survit à elle-même, que, par son grade, le général Blücher sort de la foule, dans laquelle jusqu'alors il était resté confondu. De ce moment sans doute son génie va prendre un essor d'autant plus rapide qu'il aura été plus lent à se développer. Un précis succinct de ses travaux suffira pour faire juger jusqu'à quel point il resta au-dessous de la renommée précaire à laquelle il était parvenu. La première fois que Blücher parut en évidence sur le champ de bataille, ce fut en 1794, au premier combat de Kayserslautern. Les troupes sous ses ordres concoururent au succès de cette journée; mais ce général fit de si mauvaises dispositions à la fin de l'action, sur le point où il commandait, qu'une brigade française, coupée entièrement de l'armée, et cernée de tous côtés, parvint cependant à se dégager, en se faisant jour au milieu des postes ennemis. Quelques mois après, au second combat de Kayserslautern, les Français furent vainqueurs, parce que Blücher, s'étant laissé tourner, fut le premier contraint à la retraite. Dans l'intervalle de paix de 1795 à 1806, l'ancienneté le fit porter au grade de lieutenant-général. Le 14 octobre 1806, quand le prince d'Hohenlohe avec la moitié de l'armée prussienne était attaqué à Iéna par l'empereur Napoléon, Blücher commandait la cavalerie de l'autre moitié, qui, sous les ordres du roi et du duc de Brunswick, livrait bataille, à Auerstadt, au maréchal Davoust. Cette cavalerie, placée à la gauche de l'armée, commença par charger vivement la droite des Français; mais bientôt contrainte d'abandonner l'attaque par le feu meurtrier de leurs carrés d'infanterie, et néanmoins sans être poursuivie, sans aucun motif apparent, elle se retira précipitamment hors ligne, et pendant plusieurs heures ne prit plus aucune part au combat. Dès cet instant, la victoire fut décidée; car la gauche des Prussiens se trouvant alors à découvert, la droite de l'armée française la tourna sans obstacle, et l'obligea à une prompte retraite. Deux jours après, Blücher, avec 6,000 hommes, échappa à la division française du général Klein, en affirmant contre la vérité qu'un armistice était conclu entre les deux armées. Ce subterfuge, qu'il appela *ruse de guerre*, lui ouvrit une issue, mais ne retarda sa chute que pour la rendre plus éclatante et plus honteuse. Ayant recueilli dans sa retraite divers corps de troupes errans au hasard, depuis le 14 octobre, il chercha à gagner l'Oder. La marche des Français déjoua toutes ses manœuvres. Le 6 novembre, attaqué et forcé dans la même journée derrière les remparts de Lubeck par les maréchaux Soult et Bernadotte, il se retira vers Schwartau, où le lendemain il fut atteint par la cavalerie du prince Murat. Le corps de Blücher comptait environ 20,000 hommes, dont 4,000 cavaliers, et 25 pièces de canon. Posté sur un terrain ouvert, cerné seulement par de la cavalerie, il lui était certes possible de se faire jour; mais à la première sommation, Blücher capitula, et défila prisonnier de guerre avec toutes ses troupes. L'histoire militaire des temps modernes ne présente point un second exemple d'une telle masse de combattans mettant bas les armes sans coup férir en rase campagne. Illustre armée française, quelque inouïs qu'aient été tes revers, de semblables taches ne déshonorent point tes annales! Peu de mois après, Blücher fut échangé contre le général Victor, aujourd'hui duc de Bellune, qui, se rendant au siège de Dantzick, s'était laissé prendre dans sa voiture par un partisan prussien. Il venait de recevoir un nouveau commandement quand le traité de Tilsitt mit fin à la guerre. Au commencement de 1813, la Prusse était entrée dans la coalition contre la France, et le centre de l'armée alliée avait été mis sous les ordres de Blücher. Soit hasard, soit, plus vraisemblablement, par suite de la parfaite connaissance qu'il avait des talens du général prussien, l'empereur Napoléon dirigea constamment ses combinaisons contre le point où il commandait. Le 2 mai à Lutzen, les 20 et 21 à Bautzen et Wurtschen, la défaite du centre de l'ennemi provoqua celle de l'armée entière. Pendant la suspension d'armes conclue le 5 juin, les alliés ayant triplé leurs moyens d'agression par le recrutement et l'accession de l'Autriche à la coalition, Blücher prit le commandement en chef de l'armée *russo-prussienne*, dite de *Silésie*, forte de 120,000 hommes. D'après les termes précis de l'armistice, aucune des armées belligérantes ne devait entrer, avant le 17 août, sur le territoire neutre désigné à cet effet. Néanmoins ce général, qui pensait sans doute qu'une convention n'est valable qu'autant qu'on est forcé de la maintenir, se mit en marche dès le 12. Mais vainement il voulut surprendre nos troupes dans leurs cantonnemens, elles se concentrèrent en bon ordre et sans être entamées. Le 26 août, il fut attaqué sur la Katzbach par le maréchal Macdonald, commandant un corps de 80,000 hommes, au moment où il marchait lui-même pour attaquer les Français, qui furent battus : on en verra plus bas la cause. Depuis ce jour, Blücher refusa le combat toutes les fois que Napoléon le lui présenta, et n'eut point d'engagement sérieux jusqu'aux journées de Leipsick, auxquelles il participa sans incidens remarquables. En 1814, lors de l'invasion de la France, Blücher fut le premier battu des généraux ennemis. Surpris à Brienne, il perdit la bataille, parce qu'il négligea de faire occuper le château, clef de la position. Trois jours après, ayant fait sa jonction à la Rothière avec la grande-armée *austro-russe*, et secondé par le prince de Schwartzenberg, il y soutint, avec 112,000 combattans, le choc de 36,000 hommes, que commandait Napoléon. Satisfait d'avoir gagné le champ de bataille, le général prussien laissa retirer l'armée française sans l'inquiéter : il pouvait l'écraser au passage des défilés qu'elle devait traverser pour gagner Troyes. Séparé de nouveau de la grande-armée alliée, et marchant sur Paris par les bords de la Marne à la tête de 88,000 hommes, Blücher, atteint par 25,000 Français, guidés par l'empereur Napoléon, trouva le secret, inconnu jusqu'à lui, de laisser, après quatre combats successifs, la supériorité numérique à son adversaire. Aussi perdit-il dans les journées de Champ-Aubert, Montmirail, Château-Thierry et Vauxchamps, 32,000 hommes et 67 pièces de canon. Un mois après, acculé à l'Aisne, il n'échappa à une destruction totale que par la faiblesse du gouverneur de Soissons, qui ne sut pas défendre cette ville pendant quarante-huit heures. Ayant rallié à lui les corps de Bulow, Woronzow et Wintzingerode, il prit position sur les hauteurs de Laon avec plus de 90,000 hommes. Attaqué deux jours de suite par Napoléon avec 36,000, il se maintint avec succès ; mais aussi inhabile qu'à la Rothière, il ne profita point de sa fortune. Loin de poursuivre à outrance son ennemi, affaibli d'un tiers, il demeura dans une stupide immobilité, laissant détruire sous ses yeux le corps du comte de Saint-Priest, qui, s'il l'avait soutenu, n'aurait pu être forcé dans Reims. Au 30 mars, sous Paris, Blücher formait la droite des alliés, et ce fut sur ce point que les troupes françaises furent le moins vivement poussées. En 1815, le retour de Napoléon en France ayant renoué la coalition européenne, Blücher prit le commandement de l'armée prussienne rassemblée en Belgique, et fut battu à Fleurus le 16 juin. Jeté par terre dans une charge de cuirassiers français, foulé aux pieds des chevaux, il ne dut son salut qu'à l'obscurité de la nuit, qui empêcha qu'on ne le reconnût. Le lendemain, sur l'invitation du général Wellington, il se dirigea vers Bruxelles, pour s'appuyer à l'armée anglaise. Le 18, laissant seulement 30,000 hommes pour masquer son mouvement au maréchal Grouchy qui le suivait, et, contre toute probabilité, n'étant point inquiété dans cette marche de flanc très-dangereuse, il se porta sur Waterloo. A cinq heures du soir, le général Bulow, avec la première colonne prussienne, forte de 30,000 hommes, débouchant à l'improviste sur l'extrême droite des Français, leur arracha la victoire au moment où les Anglais étaient enfoncés. Blücher, arrivé pendant la nuit sur le champ de bataille, n'eut plus qu'à poursuivre l'armée battue. Parvenu devant Paris sur la rive droite de la Seine, le général prussien se sépara de l'armée anglaise en passant sur la rive gauche de ce fleuve par le pont du Pec près de Saint-Germain, qui lui fut livré. Si les intrigans, qui, à cette époque, trafiquaient de la France, n'eussent paralysé l'armée française concentrée autour de la capitale, ce général aurait payé bien cher sa témérité ; car nos troupes, maîtresses des ponts de Neuilly et de Chatou, en une heure pouvaient couper sa retraite en s'emparant de son seul point de passage. Le combat de Versailles indiqua suffisamment quel eût été alors le sort des Prussiens, si, au lieu d'un engagement partiel, l'action avait été générale. Ici se termine la carrière militaire du général Blücher. Historiens fidèles, nous avons rapporté avec une scrupuleuse impartialité toutes les actions de guerre où il a figuré en sous-ordre, ou comme commandant en chef ; et de compte fait, on voit que la seule bataille qui lui fasse quelque honneur est celle de la Katzbach. Nous ne lui reprocherons pas, comme l'*auteur du Tableau de la campagne d'automne en* 1813, de l'avoir gagnée contre les règles de la tactique : selon nous, toute loyale manière de vaincre est bonne ; mais nous pensons que le maréchal Macdonald fut ce jour-là le plus utile auxiliaire de son adversaire. En effet, s'enfoncer étourdiment dans un cul-de-sac formé par deux rivières débordées, où l'on ne peut se déployer, sans autre communication qu'un gué difficile et un défilé, c'est une faute si extraordinaire qu'il n'était pas possible au maréchal d'échapper à une défaite, quel qu'eût été son adversaire. Ainsi l'échafaudage de cette haute réputation militaire qui, pendant un an ou deux, occupa toutes les trompettes de la renommée, repose sur une bataille gagnée contre un ennemi trop imprudent, et numériquement inférieur. Cette victoire est-elle une compensation suffisante de tant de défaites fameuses? Contraints de nous restreindre dans les bornes d'une simple notice, nous n'avons pu donner aux faits que nous avons rapportés le développement qu'aurait comporté une histoire critique, mais nous en avons dit assez pour qu'on puisse sciemment mettre au rang des réputations usurpées celles du feldmaréchal Blücher. Quelques écrivains anglais, et même quelques écrivains français (qui certes ne sont pas militaires), ont publié divers ouvrages sur ce général, où, ne pouvant toutefois dissimuler la nullité trop évidente de leur héros, ils ont fait honneur au général Gneisenau, son chef d'état-major, de ce qu'ils voulaient à tout prix appeler des *hauts faits*. Certes, cet officier a dû être peu flatté d'un tel hommage, et nous doutons que l'assertion de ces écrivains maladroits soit vraie. Le général Blücher, mort en 1819, à la suite d'une longue maladie, portait une haine brutale aux Français; aussi fut-il un des membres les plus zélés du *Tugend-Bund*, ou société des *Amis de la vertu*: association tout hostile contre la France, protégée en 1813 comme patriotique, persécutée aujourd'hui comme constitutionnelle. Après la paix de 1814, ce général accompagna en Angleterre les souverains de Russie et de Prusse. La bouffonnerie anglaise de sa réception à l'université d'Oxford n'est pas le trait le moins singulier de sa vie. Mais quand des têtes couronnées s'honorent du bonnet de docteur en droit, il siérait mal de trouver grotesque cette coiffure sur la tête d'un vieux hussard. Lorsqu'au mois de juillet 1815, la convention de Paris eut mis cette ville et la France jusqu'à la Loire au pouvoir des alliés, Blücher, au mépris des traités les plus formels, n'apporta plus de bornes à ses prétentions ni à ses excès. Le pont d'Iéna, qu'il tenta de détruire sous prétexte que son nom était injurieux pour les Prussiens; la garde nationale, qu'il voulait faire prisonnière de guerre, parce qu'une partie avait combattu les troupes ennemies; les énormes contributions qu'il leva dans la Normandie et la Bretagne, en contravention à un traité spécial; les vexations inouïes dont il accabla ces malheureuses provinces, même après la paix; le grand nombre de citoyens français qu'il arracha arbitrairement à leurs familles pour en peupler les forteresses prussiennes, attestent la déloyauté et l'inhumanité de ce farouche partisan, qui ne sut pas plus se faire estimer de ses ennemis qu'il n'avait su les vaincre. Les Prussiens même ne lui accordent, comme général, qu'un mérite très-subalterne. « En vain, » dit un journaliste de Berlin, l'a-» t-on comparé à Ziehten, chef » des hussards sous Frédéric-le-» Grand. Ziehten était prudent; il » embrassait les plans les plus vas-» tes, il les exécutait avec une in-» concevable rapidité. Blücher n'a » rien de tout cela. Il est assez ha-» bile pour la petite guerre; il fond » sur l'ennemi, et, ordinairement » repoussé, rallie ses troupes, se » met en embuscade, attaque de » nouveau, et par de nouvelles » surprises, fatigue plus qu'il ne » nuit. Grand joueur, il porte à » la guerre l'esprit de la table de » jeu; il est minutieux, il s'isole, » il ne se bat jamais d'ensemble » avec le reste des troupes. C'est » Blücher qui a causé la dévasta-» tion de Lubeck et du Mecklen-» bourg. Il est brave, mais sans » lumières; et comme général, » infiniment au-dessous de son » siècle. »

BLUM (JOACHIM-CHRISTIAN), né le 17 novembre 1739, à Rathenau dans la Marche de Brandebourg. Après avoir étudié sous Ramler et sous Alexandre Baumgarten, il quitta la théologie et la jurispruce, pour se livrer entièrement à la philosophie et à la littérature. Dirigé par des maîtres habiles, dont il s'était concilié l'amitié, il obtint beaucoup de succès et de considération. On pensait qu'il pourrait parvenir à une haute célébrité; mais d'une santé faible, et connaissant d'ailleurs le prix d'une vie paisible et des vertus domestiques, il aima mieux se retirer dans le lieu de sa naissance, et y partager son temps entre sa famille, l'étude et la promenade. Ses compatriotes, ayant peine à se figurer qu'avec d'assez grands moyens on dut adopter une manière de vivre aussi tranquille, le surnommaient *le fainéant*. Mais il prouva bientôt qu'il avait su occuper utilement ses loisirs. En 1765, il publia, en un volume in-8°, des *Poésies lyriques*, où l'on remarque des images riantes, un heureux choix d'idées, et un style pur qui n'est pas dénué d'élégance et de chaleur. En 1774, il fit paraître à Berlin, en deux parties in-8°, ses *Promenades*, dont on fit à Leipsick une seconde édition en 1775, et depuis, en 1785, une troisième considérablement augmentée. C'est en 1775 qu'il fit imprimer, dans cette même ville, un drame historique en cinq actes, intitulé *la Délivrance de Rathenau* : cette pièce avait été jouée à Berlin avec le plus grand succès. Vers 1780 et 1782, Blum publia, en deux parties, in-8°, son *Dictionnaire des proverbes allemands*, dans lequel, en expliquant les expressions et proverbes populaires, il combat les préjugés qui s'y rattachent. Cet ouvrage, et celui des *Promenades*, ont été dictés par une douce philosophie. Les mêmes principes ont inspiré l'auteur dans ses *Nouvelles Promenades* (in-8°). On trouve dans ce livre, rempli d'une morale qui n'a rien d'austère, les aperçus les plus ingénieux. Les *Poésies nouvelles*, imprimées en 1789 à Zullichau, en un volume in-8°, ne parurent pas inférieures à celles qui avaient été publiées vingt-quatre ans auparavant. Outre des *Idylles* et des

Épigrammes, Blum a fait aussi un poëme descriptif, *les Collines de Rathenau :* on l'a imprimé séparément. Dès l'année 1776, on avait réuni, dans un même recueil, ses dernières productions et ses poésies lyriques. Après trente années d'une vie calme, Blum mourut à l'âge de 51 ans, le 28 août 1790, dans la ville même où il était né. Il fut généralement regretté ; il jouissait d'une grande estime à la cour de Berlin, et surtout dans l'esprit du roi Frédéric-Guillaume II, et de la princesse Amélie. Ses ouvrages l'ont placé dans son pays au rang des auteurs classiques; mais quel que soit leur mérite, ils n'ont ni la vigueur ni le génie des écrivains du premier ordre.

BLUMAUER (Aloys), poète satirique allemand, naquit, le 21 décembre 1755, à Steyer dans la Haute-Autriche. Il entra dans l'ordre des jésuites en 1772; mais cet ordre ayant été aboli, Blumauer se livra à l'enseignement, fut nommé censeur des livres à Vienne, sous la surveillance du fameux docteur baron Van Swieten; et enfin se fit libraire. La première édition de ses *Poésies* fut publiée à Vienne, en 1782, in-8°, et souvent réimprimée. On y remarque un talent facile pour saisir les ridicules, et pour les peindre d'une manière aussi plaisante qu'originale. Les morceaux de cette collection qui ont obtenu le plus de succès, ont pour titres : *L'Imprimerie*; *Adresse au Diable*; *Éloge de l'Ane*. A l'exemple de Scarron, Blumauer fit aussi une *Énéide travestie*, qui parut à Vienne, 1784 à 1788, 5 vol. in-8°. L'auteur y fronde avec esprit les abus de la religion, et en particulier, les ridicules de la cour de Rome. Cette facétie, qui a été réimprimée plusieurs fois, jouit d'une grande vogue chez les Allemands; elle a même été traduite en russe par Ossipof; Pétersbourg, 1791 à 1793. Elle n'est pourtant pas exempte d'incorrection, de mauvais goût, et même de trivialité, défauts presque toujours inhérens au genre burlesque. On sait d'ailleurs que le quatrième volume, où ces défauts se font sentir d'une manière encore plus choquante, a eu pour auteur K. W. F. Schaber. On avait aussi imprimé, sous le nom de Blumauer, un poëme épique qui a pour titre *les Titans*, 1790, in-8°. Mais M. F. X. Stiehl est le véritable auteur de cet ouvrage satirique. On a lieu de croire que l'*Hercule travesti*, poëme en six chants, 1794, in-8°, a été mal à propos attribué à Blumauer, dont il ne rappelle en rien le talent et le genre d'esprit. On doit encore à cet auteur des *Poésies franches-maçonnes*, et une tragédie assez estimée, ayant pour titre : *Erwine de Sternheim*. La collection de ses Œuvres a été publiée par M. Muller, à Leipsick, en 1801, 8 vol. in-8°. Blumauer mourut de la phthisie pulmonaire, en 1798, dans sa 44ᵐᵉ année.

BLUMENBACH (Jean-Frédéric), naturaliste distingué, né dans le duché de Gotha, en Saxe, le 11 mai 1752. Agrégé maître en philosophie, et docteur en médecine, il fut appelé, en 1776, aux fonctions de professeur extraordinaire et d'inspecteur du cabinet d'histoire naturelle de l'université de Gœttingue, où il avait fait ses études. En 1778, il obtint une chaire de professeur ordinaire; et en 1788, il reçut du roi d'Angleterre le titre de conseiller de cour. M. Blumenbach a publié un grand nombre d'ouvrages dans les langues allemande, latine et anglaise, ouvrages pour la plupart traduits en français. Nous citerons les principaux : *Dissertatio de generis humani varietate nativâ*, Gœttingue, 1775, in-4°, et 1795, in-8°, avec augmentations, corrections et gravures. *Prolusio anatomica de Sinubus frontalibus*, ibid., 1799, in-4°; *Manuel d'histoire naturelle* (en allemand), 2 vol. in-4°, *ibid.*, 1779 et 1790 (huit éditions, la dernière de 1807). *Bibliothéque médicale*, 3 vol. (chacun de quatre cahiers) in-8°, 1793 et 1795; *Ostéologie du corps humain*, ibid., in-8°, 1796; *Institutiones physiologicæ*, avec gravures, *ibid.*, in-8° (il en existe une traduction française par Pugnet). *Decades collectionis suœ craniorum diversarum Gentium illustratœ*, ibid., 1790 et 1800 (huit cahiers in-4°, dix gravures dans chacun). Le 20 février 1800, la classe de physique et de mathématiques de l'institut de France lui a donné, dans son rapport, les éloges les plus flatteurs.

BLUTEL (N.), était juge-de-paix à Rouen, lorsqu'en septembre 1792, il fut nommé par le département de la Seine-Inférieure, député à la convention nationale, où il vota, dans le procès du roi, pour l'appel au peuple, la détention, le sursis et le bannissement à la paix. Vers la fin de 1794, il fut envoyé, en qualité de commissaire de la convention, dans les ports de Bordeaux, Rochefort et Bayonne; il instruisit l'assemblée des actes arbitraires commis envers les habitans de ces villes par plusieurs de ses collègues, et accusait ceux-ci d'avoir dit que «l'ar- »bre de la liberté ne pouvait pren- »dre racine que dans dix pieds de »sang humain.» Après le 13 vendémiaire an 4, Blutel demanda la destitution des employés de la convention qui, pendant cette journée mémorable, ne s'étaient pas trouvés à leur poste. Membre du conseil des cinq-cents à l'époque où lord Malmesbury vint en France pour négocier la paix, il proposa une loi contre l'importation des produits des manufactures anglaises. En février 1797, il fit un rapport sur l'organisation des douanes, et donna bientôt après sa démission des fonctions législatives, démission qu'il motiva sur des affaires de famille. Blutel a été directeur des douanes à Rouen, puis à Anvers. Il est mort dans cette dernière ville, laissant la réputation d'un homme juste et modéré, et d'un administrateur intègre.

BO (JEAN-BAPTISTE), exerçait la profession de médecin, lorsqu'il fut élu procureur-syndic du district de Mur-de-Barrez. Le département de l'Aveyron le nomma, en 1791, député à l'assemblée législative, d'où il passa l'année suivante à la convention nationale. Dans le procès du roi, il vota la mort et l'exécution dans les vingt-quatre heures. Chargé, en 1793, de missions en Corse et dans la Vendée, il fut incarcéré pendant son séjour à Marseille, dont les sections, après les événemens du 31 mai, s'étaient mises en insurrection contre le gouvernement révolutionnaire, et ne dut la liberté, et peut-être la vie, qu'à l'arrivée du général Cartaux, commandant des troupes envoyées contre les insurgés du Midi. De retour à la convention, il s'en absenta, peu de temps après, pour réorganiser les corps administratifs dans les départemens des Ardennes, de l'Aube et de la Marne. Étant à Aurillac, département du Cantal, on lui tira un coup de fusil qui ne l'atteignit point. En mission à Nantes, il fit arrêter, quelque temps avant le 9 thermidor an 2, les membres du comité révolutionnaire de cette ville, et les fit conduire à Paris. Bô fut enfin dénoncé comme terroriste; et Génissieux, dans un rapport à ce sujet, le signala comme coupable des plus grandes atrocités révolutionnaires. On lui reprocha d'avoir forcé le tribunal du Lot à délibérer à *huis clos* et en l'absence des jurés; d'avoir fait contribuer les propriétaires, en les menaçant, en cas de refus, de les faire accuser de correspondances avec les ennemis de la république, au moyen de lettres supposées écrites de Coblentz ou de Worms. On lui imputa encore d'avoir dit à une jeune personne qui lui demandait la grâce de son oncle : «Je »prendrai sa tête et te laisserai le »tronc.» Enfin on prétendit qu'étant à Reims, il aurait soutenu cette sanguinaire proposition : «Qu'en révolution, il ne fallait »connaître ni parens ni amis, et »que le fils pouvait égorger son »père, si celui-ci n'était pas à la »hauteur des circonstances.» Bô repoussa avec énergie ces imputations, et fut défendu par ses collègues Aubanel et Lofficial; ils rappelèrent que l'arrestation des membres du comité révolutionnaire, exécuteurs des ordres de Carrier, était due à ses soins, et déclarèrent que les faits qui lui étaient imputés ne leur paraissaient pas ou *assez graves* ou suffisamment prouvés. Pénières, Tallien, Defermont et Legendre, n'en réclamèrent pas moins vivement son arrestation, et ils en obtinrent le décret, le 8 août 1795. Cette détention fut de peu de durée; il fut compris dans l'amnistie du 25 octobre suivant (4 brumaire). Nommé chef de bureau au ministère de la police, sous Merlin, il perdit cette place après le 18 brumaire an 8. Plusieurs versions existent sur le sort de ce député : une Biographie prétend qu'il se retira à Fontainebleau, où il exerça la médecine, et où, en 1811, un an avant sa mort, il publia la *Topographie médicale de la ville de Fontainebleau;* d'autres Biographies assurent qu'il vivait à Paris étranger aux affaires publiques, lorsque la loi contre les *conventionnels votans* le força de s'expatrier.

BOBBE (N. de), jeune Bavarois. Envoyé en Angleterre pour y étudier le shanscrit, il s'y est occupé de recherches sur cette langue, dans ses rapports avec le latin et le grec. Il travaille aujourd'hui à un parallèle de la langue des brames avec ces deux langues, écrit en anglais. On lui reproche des systèmes faux, et des rapprochemens plus hardis que justes. Les savans qui s'occupent de quelque partie inconnue, sont comme les voyageurs qui découvrent des régions lointaines : tout est pour eux *Eldorado*, et leurs conjectures peuvent être aussi bien soupçonnées de faiblesse que leurs théories de fausseté. De Bobbe a traduit en latin plusieurs morceaux shanscrits, et s'est si fidèlement attaché à rendre le texte, que la traduction est presque inintelligible. On y lit souvent *Dominus quod*, *mens qui*, et de pareils solécismes que l'auteur prétend justifier, en disant que tel est en shanscrit le genre de ces mots. C'est un des exemples du danger de l'esprit de système, ou de l'inconvénient de produire avant d'avoir acquis assez d'instruction et d'expérience pour ne présenter que des idées avouées par la raison et le goût.

BOCAGE ou BOCCAGE (Marie-Anne-Lepage, mariée à Fiquet du), femme d'esprit qui voulut avoir du génie. Elle était belle. Adorée, préconisée, idolâtrée pendant toute sa vie, elle est presque oubliée après sa mort. « L'en- » cens, disait-elle, est une substan- » ce salutaire; on m'en nourrit, et » ma santé s'en trouve à merveil- » le. » En effet, cette dame, qui à 36 ans se fit poète, vit à ses pieds tous les hommes de lettres de France et d'Italie : les louanges de Voltaire, les madrigaux de Fontenelle, les douceurs de La Condamine, semblaient s'unir pour lui rendre hommage, aux sonnets inévitables des *Arcadici*, aux éloges des cardinaux, et à l'enthousiasme de Sa Sainteté elle-même. Mme du Bocage était louée avec une sorte d'emphase par le cardinal Passionei et par le pape Benoît XIV, tous deux octogénaires : *Et homo factus sum*, s'écria le saint-père, en lui donnant trois fois sa bénédiction. *Formâ Venus, Arte Minerva*, était la devise que l'admiration lui avait consacrée. Le musée de Londres plaça son buste parmi ses grands hommes. Voltaire lui écrivait en italien *qu'elle devait être couronnée au Capitole, et qu'elle était digne de triompher au milieu des hérétiques comme au milieu des catholiques romains;* lui-même, à Ferney, avait placé sur sa tête, qu'ornaient les rubans à la mode, une couronne de laurier : *c'est le seul ornement*, ajoutait-il, *qui manque à votre coiffure*. Osons le dire cependant, les rubans et les fontanges convenaient mieux que toute autre parure à la tête de cette femme, dont le talent est plein de prétention, d'affectation et de manière. Le seul homme peut-être qui l'ait justement, quoique sévèrement appréciée, Lebrun, le *Pindare français*, vit son jugement sur Mme du Bocage ratifié par ses contemporains, jugement que confirmera la postérité. Il avait reproché à l'idole du moment d'avoir *chargé son petit Pégase de fleurs et de colifichets sans goût*; et la critique impartiale, de concert avec lui, relègue Mme du Bocage au troisième ou quatrième rang de notre Parnasse. Cette dame naquit à Rouen, le 22 octobre 1710; elle épousa un receveur des tailles de Dieppe, qu'elle perdit de bonne heure. Ayant cultivé la poésie, elle ne se hasarda cependant à publier ses productions qu'à l'âge où la beauté s'enfuit, et où l'esprit est la plus puissante séduction qui reste aux femmes. Un premier prix de poésie, remporté à l'académie de Rouen, commença la réputation littéraire de Mme du Bocage. C'était la première fois que cette académie décernait un prix, et sans doute elle ne crut pas devoir commencer sous les auspices de la sévérité. Encouragée par ce succès, Mme du Bocage entreprit de plus hardis travaux. Elle voulut traduire Milton (*le Paradis perdu*, en six chants, 1748); Gessner (*la Mort d'Abel*); le Camoens (*la Colombiade*, poëme épique); et Pope (*le Temple de la Renommée*). Malgré l'appui que son talent devait trouver dans les talens supérieurs de ces auteurs célèbres, elle ne réussit qu'à les rendre jolis, parés, et même un peu ridicules. Milton, si remarquable par son énergie, est devenu sous la plume de son aimable traducteur, un poète mignard et gracieux. Cependant quelques vers agréablement tournés, des descriptions fraîches, des détails délicats, s'y font remarquer. Aussi malheureuse dans son imitation de Gessner, elle fit perdre à cet auteur son naturel, sa sensibilité, sa grâce, c'est-à-dire tout son charme. On attribua la traduction du *Temple de la Renommée*, de Pope, à Linant et à du Resnel, qu'elle voyait souvent; mais cette traduction n'est pas supérieure à ses autres ouvrages, et rien ne prouve que Mme du Bocage ait emprunté la plume de ces écrivains. Dans *la Colombiade*, elle mit bien plus en évidence encore les bornes de son talent. Une grande carrière s'ouvrait : l'ambition et le génie des conquérans, leur superstition et leur barbarie; les mœurs simples des peuples primitifs, leur confiance, leur bonne foi, leur courage, quel vaste champ pour l'imagination et l'art d'émouvoir! La grandeur de l'événement en faisait un poëme européen, et le traducteur pouvait devenir créateur lui-même. Mme du Bocage ne présenta qu'une esquisse tracée d'une main faible. Quelques vers heureux, quelques tirades bien écrites, s'y font remarquer; mais l'on y cherche en vain un plan arrêté, des caractères, des situations, et cette chaleur qui donne la vie. Nous ne ferons que citer cette malheureuse tragédie des *Amazones*, dont la chute rappela celle de *Genseric*, par Mme Deshoulières. Des *Mélanges en vers et en prose*, traduits de l'anglais, *quelques Traductions de l'italien*, des *Voyages en Hollande, en Angleterre et en Italie*, sont plus utiles et bien plus intéressans que les productions poétiques de Mme du Bocage; mais si on y trouve en général un style élégant et pur, et quelques pensées fines et neuves, dans les *Voyages*, particulièrement, on trouve aussi un peu trop de madrigaux et d'éloges adressés à l'auteur par des contemporains prodigues de louanges; cela ressemble à un de ces *Album*, que la politesse allemande fait offrir au premier venu, et où chacun s'empresse d'inscrire une pensée flatteuse pour le possesseur. Mme du Bocage est morte à 92 ans, en 1802. Elle avait reçu quelques années auparavant, de l'auteur des *Lettres à Émilie*, des vers galans et moins recherchés qu'il n'avait coutume de les faire :

Lorsque vers son déclin le soleil nous éclaire,
L'éclat de ses rayons n'en est point affaibli.
On est vieux à vingt ans, si l'on cesse de plaire,
Et qui plaît à cent ans, meurt sans avoir vieilli.

Ces éloges étaient un tribut que Demoustier se plaisait à payer au sexe, au talent, à l'âge, et surtout à l'âme sensible et bienfaisante de Mme du Bocage. On peut s'étonner que la vie de cette dame ait échappé jusqu'à ce jour aux contemporains et aux ciseaux des faiseurs d'*Ana* : on y trouve plus de bons mots, de saillies aimables, qu'il n'en faudrait pour faire la fortune d'un de ces recueils. Nous ne rapporterons qu'un seul trait : Mme du Bocage disait à la jeune d'Arcé, Italienne pleine de talens et éclatante de beauté : *Je vous reconnais pour la divinité de Rome. — Madame,* reprit la spirituelle Italienne, *Rome n'a jamais pris ses dieux que chez les étrangers.* Les OEuvres complètes de Mme du Bocage ont été plusieurs fois réimprimées (1749, in-8°; Lyon, 1762, 1764, 1770, 3 vol. in-8°).

BOCCHERINI (LUIGI), compositeur, dont un enthousiaste a dit : *Si Dieu voulait parler aux hommes, il se servirait de la musique d'Haydn; s'il voulait entendre un musicien, ce serait le virtuose Boccherini qu'il choisirait.* Puppo, violon célèbre, l'a ainsi caractérisé : *Le tendre Boccherini est la femme de l'énergique Haydn.* Singulières, mais du moins franches expressions de ces *dilettanti,* qui rendent une espèce de culte aux grands compositeurs. Une suavité noble, originale et pathétique, se fait remarquer dans les compositions de Boccherini; les savans y trouvent une profonde harmonie et un art inimitable. L'emploi que lui seul a fait de deux violoncelles dans les *Quintetti,* leur a donné un caractère de douceur et de grâce, qui les a fait comparer, par un amateur passionné, à la musique des Anges. Il a précédé de quelques années Haydn, avec qui il fut en relations d'amitié, et auquel il donna des conseils. Né à Lucques, le 14 janvier 1740, il fit, sous les yeux de son père, ses premières études musicales, alla se perfectionner à Rome, annonça de bonne heure son talent, acquit en peu de temps une réputation brillante, passa à Madrid où sa gloire naissante l'avait devancé, fut bien accueilli du roi, et se fixa en Espagne, où il s'attacha à l'académie royale, sous la condition de composer annuellement neuf morceaux. Ce sont ces compositions qui, gravées depuis, et répandues en France, ont fait les délices des amateurs. Il a travaillé pour le violon, le violoncelle, et le forté-piano. C'est à Paris qu'il a publié sa première œuvre. Son *Stabat mater* est digne d'être mis à côté de ceux de Pergolèse, de Durante et d'Haydn. Il mourut à Madrid en 1806, à l'âge de 76 ans, laissant, pour justifier et conserver sa renommée, 58 œuvres de musique.

BOCKMANN (CHARLES-GUILLAUME), né en 1773, dans la principauté de Bade, entra d'abord dans les troupes du margrave en qualité de lieutenant; mais il ne tarda pas à quitter la carrière des armes pour se livrer exclusivement aux sciences physiques et mathématiques. Le 15 décembre 1802, il succéda à son père qu'il venait de perdre, et qui occupait la chaire de mathématiques et de physique au gymnase de Carlsruhe. En 1806, il fut nommé par le grand-duc conseiller de cour. En 1815, il fit un rapport sur les bruits qu'on prétendait entendre dans différentes villes du Nord, et qu'on attribuait ridiculement à des combats livrés sous terre. Dans son rapport, sur les prix décennaux, l'institut de France s'exprime en ces termes : « M. » Bockmann va jusqu'à avancer » qu'outre les deux rayons déjà » remarqués par Herschel dans les » spectres solaires, il y a une troi- » sième sorte de rayons auxquels » appartient la propriété de désoxy- » géner, et qu'ils suivent un ordre » inverse, augmentant de force du » côté du violet, et s'étendant au- » delà et hors des spectres solaires, » comme les rayons échauffans du » côté opposé; mais ces expérien- » ces sont encore contestées par » d'habiles physiciens. » On cite, parmi les ouvrages qu'il a publiés, 1° *Expériences physico-chimiques sur le Phosphore renfermé dans les diverses espèces de gaz*, avec une *Préface de J. Hilderbrand*, 1800, in-8°, fig., Erlangen; 2° *Observations sur la puissance calorifique des rayons du soleil, et sur la composition des verres colorés, pour observer cet astre.*

BOCOUS ou **BOCCUCI** (Joseph), littérateur et auteur dramatique espagnol, est né à Barcelonne, en 1775. Après avoir fait ses études à Murcie et à Bologne, il enseigna l'histoire ancienne dans cette dernière ville. Nommé maître-ès-arts dès l'âge de 17 ans, en 1792, il alla étudier l'éloquence et la littérature italiennes à Milan et à Padoue. Il fut un des rédacteurs du *Journal encyclopédique* (italien) et de la *Gazette littéraire*. Ces travaux, et plus particulièrement des poésies distinguées, le firent admettre au nombre des membres de plusieurs académies d'Italie. Revenu en Espagne, il reprenait l'étude des mathématiques pour suivre la carrière militaire, lorsque la république française déclara la guerre à l'Espagne. Il prit sur-le-champ du service, et fit, sous le commandement des généraux Ricardos, La-Union et Urrutia, les campagnes de 1793 et 1794, où il fut blessé plusieurs fois. A la paix, il renonça à la profession des armes, et se rendit à Madrid pour s'occuper exclusivement des lettres. Il composa et fit jouer quelques comédies sur les théâtres de cette ville. Ayant fait ensuite différens voyages dans la France méridionale et dans toute l'Italie, il recueillit beaucoup d'observations curieuses, dont il promet la publication. En 1808, lors de la nouvelle guerre avec l'Espagne, M. Bocous, qui était à Florence, y fut arrêté, comme tous les Espagnols qui se trouvaient dans l'empire français, et fut envoyé à Dijon, où l'enseignement des langues devint pour lui une ressource. En 1813, le préfet de la Côte-d'Or le fit autoriser à venir habiter Paris, où il cultive la littérature. Les ouvrages de M. Bocous sont : 1° *Raccolta di varie poesie*, 1792, in-12; 2° six *Comédies espagnoles*, publiées à Madrid, de 1797 à 1799, sous un nom emprunté ; 3° *David et Micol*, drame lyrique italien, 1798; 4° *Los Genios opuestos*, comédie, 1799; 5° *El Incognito*, 1804; 6° *Amélie et Clotilde*, 1813, 4 vol. in-12. Ce roman, bien écrit en français, offre de l'imagination et de l'intérêt, bien que les situations y soient souvent trop sombres. 7° *Le Passé et le Présent*, 1814, in-8°; 8° *Que n'avions-nous pas à craindre?* 1815, in-8°; 9° *le Talisman de la France, ou le Bouquet de Marie-Thérèse*, 1815, in-8°. Ces trois dernières brochures sont des ouvrages de circonstance. 10° M. Bocous a fourni à la *Biographie universelle* un assez grand nombre d'*articles* sur des personnages espagnols et portugais. 11° Enfin, on lui attribue le *Supplément au Dictionnaire historique* de l'abbé Feller, 1819, 4 vol. in-8°, ainsi que le *Précis historique de la révolution française*, placé à la tête du premier volume de ce supplément.

BODARD (PIERRE-HENRI-HIPPOLYTE), docteur en médecine de l'université impériale de Pise, en Toscane, médecin légal du tribunal de première instance du département de la Seine; du cercle médical; de la société médico-philanthropique; des sociétés de médecine pratique de Paris, Évreux, Bordeaux, Aix, Montpellier, Livourne; de l'ordre académique des *indefessi* d'Alexandrie; de l'académie des *géorgophiles* de Florence; professeur de botanique médicale comparée, est auteur des ouvrages suivans : 1° *des Engorgemens des glandes*, vulgairement connus sous le nom de *scrofules*, *écrouelles*, ou *humeurs froides*, moyens de combattre avec succès ce terrible fléau de l'enfance, lorsque le mal est attaqué dans son principe; troisième édition, Paris, 1 vol. in-8°. Cet ouvrage est utile aux pères et mères de famille, et à toutes les personnes chargées de l'éducation de la jeunesse. 2° *Cours de Botanique médicale comparée, ou exposé des substances végétales exotiques comparées aux plantes indigènes*; ouvrage d'une haute utilité, et que doivent consulter les botanistes, les chimistes, les pharmaciens et les médecins. L'auteur s'efforce de démontrer dans cet ouvrage qu'il est possible d'exercer la médecine sans le secours de la plus grande partie des productions étrangères. Paris, 2 vol. in-8°; 3° *Mémoire sur la véronique cymbalaire*, nouvelle espèce découverte par l'auteur aux environs de Pise, 1 vol. in-8°; 4° *Dissertation sur les plantes hypocarpogées*, nom qu'il substitue au nom linnéen *hypogée*, pour désigner celles qui ont la faculté d'introduire leurs fruits sous terre pour y mûrir, 1 vol. in-12; 5° *Examen du manuel de Toxicologie, ou Doctrine des poisons et de leurs antidotes*, par Joseph Frank : moyens proposés par le docteur Bodard de composer une toxicologie plus complète, 1805.

6° *Explication d'un phénomène observé chez une femme à l'hôpital de Sainte-Claire de Pise*, déposé à l'institut en l'an 2; 7° *Voyage géologique, minéralogique et botanique au Montamiata, dans le Siennois*, traduit de l'italien, avec notes du traducteur, 2 vol. in-8°, avec fig., Lyon, 1802; 8° *Mémoire sur la médecine expectante et active du docteur Voulonne*, traduit du français en langue toscane par le docteur Bodard, avec des notes du traducteur, 1 vol. in-12, Florence, 1801: 9° *Mémoire sur la véritable camomille noble* (anthemis nobilis). Voyez *Dictionnaire des Sciences médicales*, article *Anthemis nobilis*, par le docteur Chaumeton. Les ouvrages du docteur Bodard ont tous pour objet l'utilité publique, et plusieurs particulièrement l'intérêt de la classe indigente. Son *Cours de botanique médicale comparée* le place parmi les professeurs les plus distingués.

BODARD DE TEZAY (NICOLAS-MARIE-FÉLIX), né, en 1758, à Bayeux, département du Calvados. Après avoir donné quelques pièces sur les petits théâtres de Paris, et publié quelques opuscules en vers et en prose, il renonça à la carrière littéraire pour entrer dans la carrière diplomatique. Chef de bureau dans l'administration des revenus nationaux, dont M. Laumond, son ami, étoit directeur, il le suivit lorsque ce fonctionnaire fut nommé consul général à Smyrne, et devint ensuite lui-même commissaire des relations commerciales à Gênes. Il remplaça, en 1799, Faypoult, ambassadeur à Naples; mais, peu de temps après, il fut forcé de quitter cette ville par suite de la retraite de l'armée française. Parmi les productions de M. Bodard de Tezay, nous citerons son *Ode sur l'électricité*, couronnée par l'académie de Caen; *le Ballon, ou la Physicomanie*, comédie; *Ottonsko, ou le Proscrit polonais*, drame; *Spinette et Marine*, opéra, etc.

BODE (JEAN-ELERT), astronome allemand, a reçu des éloges mérités de la plupart des astronomes étrangers, et a été l'ami intime de Lalande. Né à Hambourg, le 10 janvier 1747, dès sa plus tendre jeunesse, il étudia les sciences exactes, et à 19 ans il prédit une éclipse de soleil. Encouragé par les savans ses compatriotes, et associé par Lalande à ses travaux, il fit de très-rapides progrès, et fut reçu, en 1772, astronome de l'académie de Berlin. Dix ans après, on l'y admit en qualité de membre. Lorsque, en 1798, il se réunit aux plus fameux astronomes allemands qui, d'après les conseils de Lalande, s'étaient rassemblés à Gotha, dont l'observatoire est si convenable aux travaux astronomiques, le roi de Prusse augmenta de 1,200 francs la pension qu'il lui avait précédemment accordée. Bode a donné un grand nombre d'ouvrages, dont la plupart sont précieux pour la science. Il publie encore aujourd'hui l'*Annuaire astronomique*, ouvrage important dont l'académie de Berlin s'était d'abord chargée, qu'elle abandonna, et que Bode continua depuis. Dans le grand nombre d'ouvrages que cet homme laborieux a produits, nous nous bornerons à citer l'édition des *Dialogues de Fontenelle sur la pluralité des mondes*, qu'il a accompagnée de notes très-savantes; son *Atlas cœlestis*, qui contient 17,240 étoiles. (Berlin, 1801, grand in-f°.); son *Introduction à la connaissance du ciel étoilé* (huit éditions); ses *Élémens des sciences astronomiques* (1793, quatre éditions); *De la nouvelle et huitième planète du système solaire découverte entre Mars et Jupiter* (Berlin, 1802). Il a publié en outre un grand nombre de Dissertations estimées, sur l'astronomie et sur l'histoire de cette science. Dans des temps moins éclairés, au milieu de richesses scientifiques moins considérables, une partie des talens de Bode eût peut-être suffi pour l'élever au rang des plus grands astronomes, et pour placer son nom parmi ceux qui méritent une célébrité durable.

BODE (Christophe-Auguste), savant allemand. Il avait appris l'arabe, le syriaque, le chaldéen, le persan, le samaritain, l'éthiopien, l'hébreu rabbinique, l'arménien, le turc et le copte. Cependant cette érudition a été peu utile aux lettres. Les savans eux-mêmes avouent qu'il est impossible de l'entendre, et se plaignent de ce qu'il écrivait syriaque en latin, et hébreu en allemand. D'un autre côté, les Arméniens et les Arabes qui ont lu ce qu'il a écrit dans leurs langues, prétendent ne l'avoir pas bien compris. Les critiques trouvent peu exacte l'analogie qu'il a établie entre l'idiome de Berlin et celui d'Ispahan. Ce qui lui a mérité le plus de réputation, c'est son ouvrage de critique sacrée, intitulé : *Pseudo-Critica, Millio-Bengeliana*, ouvrage où il attaque Mill et Bengel, deux commentateurs de la *Bible*, fort estimés dans les universités d'Allemagne et de Hollande. Bode naquit en 1722, à Wernigerode; il étudia successivement à Kloster-Bergen, Halle, Leipsick, et Helmstadt. Il ouvrit ensuite des cours publics, qui furent très-suivis par les jeunes ecclésiastiques allemands, et devint professeur extraordinaire des langues orientales à l'université d'Helmstadt. Les ouvrages qu'il publia successivement sur les différentes langues orientales, lui attirèrent de nombreuses critiques. Il mourut d'une apoplexie foudroyante, le 7 mars 1796.

BODENSCHATZ (Jean-Christophe-George), naquit à Rof, le 25 mars 1717, et mourut le 4 octobre 1797. Orientaliste distingué, ses études et ses travaux exclusivement consacrés aux antiquités hébraïques, feraient penser qu'il appartiendrait à la nation israélite, et son ouvrage, intitulé : *Constitution ecclésiastique des Juifs modernes* (Erlangen et Cobourg, 1748 et 1749, 4 parties in-f°., 3o planches), trahit à presque toutes les pages sa prédilection pour le peuple hébreu. Les érudits allemands prétendent que Bodenschatz a jeté un grand jour sur les obscurités des livres saints, et vantent beaucoup son *Explication du Nouveau-Testament, d'après les antiquités judaïques* (Hanovre, 1756). Nous ne prononcerons pas sur des matières où nous reconnaissons notre incompétence. Nous rapporterons cependant, comme un simple objet de curiosité, qu'il avait construit en relief *le Tabernacle de Moïse*, et *le Temple de Salomon*. Ces deux modèles furent déposés, après sa mort, l'un à Bayreuth, et l'autre à Nuremberg.

BODIN (Pierre-Joseph-François), membre de la convention. Son vote, dans le procès de Louis XVI, fait honneur à son humanité et à son courage, et ce n'est pas sans un étonnement mêlé de satisfaction, qu'on le trouve fidèlement rapporté dans un ouvrage qui n'est pas aussi exact à reproduire ce qui peut honorer nos contemporains. « On n'est pas grand par de » grandes exécutions, dit-il à ses » collègues; mais par de grands » actes de modération. On n'est » pas grand par la haine et par la » vengeance, mais par la pruden- » ce et la raison. Un holocauste de » sang humain ne peut fonder la » liberté. Ainsi je vote pour la ré- » clusion, etc. » M. Bodin était chirurgien à Limeray, et maire de la ville de Gournay, depuis 1789, lorsqu'il fut nommé, en 1792, député à la convention nationale par le département d'Indre-et-Loire. Le reste de la vie politique de cet honorable citoyen fut marqué du même caractère de sagesse et de modération. Il parla plusieurs fois en faveur des détenus, et fit dispenser du service de la garde nationale les ouvriers indigens. On aime mieux voir dans ce dernier acte une mesure philanthropique qu'un moyen de détruire la république, en écartant du service, comme le dit une biographie, les dernières classes du peuple. Membre du conseil des cinq-cents, il fut ensuite juge à Poitiers, et il est encore aujourd'hui président à la cour royale de cette ville. On lui doit un *Essai sur les Accouchemens* (1797), qui n'a eu que peu de succès.

BODIN (Jean-François), receveur particulier de l'arrondissement de Saumur, a publié sur cette ville des *Recherches historiques* (1812, in-8°) fort curieuses et bien écrites.

BODIN (Joseph), a donné, en 1798, in-8°, un ouvrage de circonstance, intitulé *Situation présente de l'Angleterre, considérée relativement à la descente projetée par les Français*.

BODIN (Laurent), né en 1762, à Saint-Paterne, dans le Maine, exerce dans sa ville natale la profession de médecin. Il a publié plusieurs ouvrages utiles, entre autres *le Médecin des goutteux* (1799, in-12); la *Biographie analytique de médecine* (1799, in-12, périodique, 1 cahier par mois). Il est inventeur des pilules toniques et stomachiques qui portent son nom. Il fut un des adversaires du système du docteur Gall, et publia à cette occasion, en 1813, une brochure qui fit peu de sensation.

BODIN (Jean-François), né à Angers en 1776, étudia d'abord l'architecture; mais la révolution l'obligea d'abandonner cette carrière, pour laquelle il avait une vocation réelle. Administrateur du district de Saint-Florent en 1792, puis payeur de l'armée de l'Ouest, il parvint toujours à sauver sa caisse dans plusieurs déroutes qu'éprouva cette armée : pour l'en récompenser, le gouvernement voulut le nommer payeur-général du département de la Vendée, mais il refusa une place qu'il ne pouvait remplir qu'au détriment d'un père de famille respectable qui l'occupait, et que l'on voulait destituer pour cause d'opinion. Pendant plus de vingt ans, M. Bodin exerça avec honneur et désintéressement différens emplois de l'administration française. Il était receveur particulier des finances à Saumur en 1815, et coopéra au licenciement de l'armée de la Loire, en y faisant les fonctions de payeur; les caisses du payeur et du receveur-général du département de Maine-et-Loire étaient alors au pouvoir de la coalition des puissances étrangères qui avaient envahi la France. Livré à ses seules ressources, et ne pouvant percevoir les contributions des communes occupées, il ne craignit pas de compromettre sa fortune pour assurer la tranquillité de son pays, et non-seulement il parvint à payer la division cantonnée dans le département de Maine-et-Loire, mais il obtint encore, sur son crédit personnel, une somme assez considérable qu'il envoya au trésor; tant de dévouement ne pouvait à cette époque rester sans récompense; il fut persécuté, et donna volontairement sa démission en 1816. Retiré à la campagne, et livré à l'agriculture, l'estime de ses concitoyens le suivit dans sa retraite; dès lors l'opinion publique le désigna pour la représentation nationale, et malgré les manœuvres ministérielles et les calomnies d'un parti, il fut élu député, en 1820, à une majorité considérable. Pendant les vingt-cinq ans qu'il passa dans les fonctions publiques, il ne cessa pas de cultiver les arts. En 1796, l'institut national ouvrit un concours pour un monument à élever aux armées françaises; M. Bodin envoya un projet d'arc triomphal qu'il plaçait à l'endroit même où l'on a posé les fondemens de celui de l'Étoile. Ce projet, d'une extrême magnificence, fut jugé trop dispendieux; mais il valut à son auteur une lettre de félicitation de M. Dufourny, antérieurement secrétaire perpétuel de l'académie d'architecture, et depuis membre de l'institut. En 1812 et 1814, M. Bodin publia la première partie de ses *Recherches historiques* sur l'Anjou. Le plan de cet ouvrage est une heureuse innovation dans la science nouvelle de la statistique : l'auteur a classé ses monumens suivant l'ordre chronologique, en sorte que la description des monumens et le récit des faits sont habilement rapprochés, et se prêtent une autorité mutuelle. Des détails curieux sur les mœurs, le costume, le langage des habitans de cette province dans différens siècles, des portraits fortement tracés, des pièces historiques, et des réflexions pleines de philosophie, répandent sur cet ouvrage beaucoup de variété, et le rendent intéressant pour toutes les classes de lecteurs. M. Bodin a tiré l'histoire locale de l'ornière où l'avait laissée la pesante érudition des Bénédictins, et l'a rendue instructive et amusante pour les gens du monde, tout en la mettant à portée des classes inférieures du pays qu'elle concerne : si dans une nouvelle édition il en retranche les détails trop minutieux, son livre pourra être considéré comme un modèle du genre.

BODMANN (François-Joseph), né le 3 mai 1754, à Auerach, en Franconie. Après avoir professé le droit à l'université de Mayence, et avoir rempli les fonctions de conseiller de l'électeur à la cour de justice, il fut, en 1788, nommé conseiller effectif de la cour et du gouvernement. Peu de temps après, il obtint la chaire de professeur de législation, science qu'il enseigna en français, à l'école centrale du département du Mont-Tonnerre, après la réunion de son pays à la France. L'histoire et la législation du moyen âge lui sont redevables de recherches utiles répandues dans un grand nombre d'ouvrages, dont nous ne citerons que les principaux : 1° *Diss. inaug. critica, de litterarum obligatione Theophili, visiones legitimæ*, 4 vol., Wurtzbourg, 1774; 2° *Codex epistolaris Rudolphi primi Rom. regis epistolas anecdotas continens, ex codice manuscripto, etc., cum tabulâ æri incisâ*, in-8°, Leipsick, 1806. Cet ouvrage, dont l'institut a fait l'éloge en 1810, est un supplément à l'édition des *Lettres de Rodolphe*, que donna en 1772 Martin Gerbert, abbé de Saint-Blaise. 3° *Explication théorique et pratique des principes d'après lesquels on doit estimer, répartir et restituer les dommages occasionés par la guerre*, in-8°, Francfort, 1797; 4° *Recherches sur la situation précise du champ de bataille de Conrad II, roi des Romains, et sur la raison qui a valu à ce prince le surnom de Salien*, in-8°, Nuremberg, 1800; 5° *Un mot sur la charte de Schwandern, de 1243, et sur l'époque où l'on a commencé à se servir dans les chancelleries du papier de chiffons*, ibid., 1805. M. Bodmann a encore inséré un grand nombre de dissertations savantes sur la législation criminelle et féodale, dans différens journaux allemands, particulièrement dans le *Magasin pour la jurisprudence*.

BODONI (Jean-Baptiste), célèbre imprimeur italien, naquit à Saluces, le 16 février 1740. Son père, qui exerçait dans cette ville la profession d'imprimeur, lui fit faire de bonnes études, et apprendre le dessin et la sculpture. Dès l'âge de 18 ans, Bodoni alla se perfectionner dans la typographie à l'imprimerie de la propagande de Rome, dont le surintendant l'engagea à étudier les langues orientales. La direction de l'imprimerie royale de Parme ne tarda pas à être donnée au jeune Bodoni, et, par ses soins, elle rivalisa bientôt avec les plus célèbres imprimeries de l'Europe. La grande quantité de bonnes éditions qu'il a publiées, dans l'espace d'un demi-siècle, aurait suffi pour le faire classer parmi les imprimeurs les plus instruits, si de nombreux chefs-d'œuvre aussi remarquables par la variété et la perfection des caractères que par la beauté et l'exactitude de l'impression, ne lui avaient assigné un des premiers rangs parmi les plus habiles typographes modernes, tels que les *Didot* et les *Ibarra*. Les longs et intéressans travaux de Bodoni furent récompensés par les décorations des ordres de la Réunion et des Deux-Siciles, par une médaille constatant son inscription sur la liste des gentilshommes de Parme, et par le titre d'imprimeur du roi d'Espagne. Il mourut à Parme, le 30 novembre 1813, dans sa 64me année.

BODSON (Joseph), graveur, est né à Paris, le 3 mars 1768. Ami ardent de la liberté, il prit une part active à la révolution dès son origine, et fut successivement membre du conseil-général de la commune de Paris, au 10 août 1792, et de la commune provisoire; électeur en 1792, 1793 et 1794, membre très-influent du club électoral, commissaire du pouvoir exécutif dans les départemens, juge suppléant à Paris, et administrateur de police. Il remplit ces diverses fonctions avec zèle et désintéressement. Désigné par le sort, suivant l'usage du conseil-général de la commune, pour garder la famille royale au Temple, en qualité de commissaire, il fut dénoncé par un de ses collègues, pour être resté, contre la consigne précise, découvert devant le roi et la reine. Aussi cette princesse, en reconnaissance de l'intérêt qu'il prenait à leur sort, portait la bonté jusqu'à substituer un fauteuil rembourré à la chaise de paille destinée aux autres commissaires. Dans le temps que la convention nationale jugeait le roi, ce prince qui se trouvait, avec plusieurs des commissaires de la commune, dans une salle attenante à celle des séances, ayant entendu M. Bodson dire à un de ses collègues qu'il était encore à jeun et qu'il aurait de la peine à attendre la fin de la séance, tira de sa poche un morceau de pain, et le lui fit accepter. M. Bodson se trouva encore de garde au Temple pendant les trois derniers jours de l'existence du roi. Lorsque le ministre de la justice eut donné lecture à cet infortuné monarque du jugement de la convention, et pendant que les commissaires de cette assemblée et ceux de la commune conféraient avec le ministre sur les moyens de faire communiquer le roi avec sa famille, ce prince appela M. Bodson par son nom : « Vous m'avez paru vive- » ment ému lors de la lecture de » ma condamnation, lui dit-il, et » j'en ai été touché. Je meurs in- » nocent, et j'attends de vous un » service; c'est de remettre à M. » de Malesherbes mille écus en » or qu'il m'avait forcé d'accepter. » Les voici, ne compromettez pas » ce zélé défenseur. » Ces paroles, entendues par les commissaires qui survinrent en ce moment, paraissent avoir contribué à la damnation du vertueux Lamoignon de Malesherbes. Quelque temps après, M. Bodson ayant fait refuser un certificat de civisme à un protégé de Billaut-Varennes, désigné pour être secrétaire du comité de salut public, ce député se vengea de son refus, en le faisant impliquer dans la conspiration d'Hébert, et détenir pendant cinq mois aux Madelonettes, d'où M. Bodson sortit peu de jours avant le 9 thermidor an 2 (27 juillet 1794). Il fut arrêté de nouveau dans la même année, pour quelques opinions et divers écrits politiques, et n'obtint sa liberté qu'à l'époque du 13 vendémiaire an 4 (5 octobre 1795). Quoique étranger, depuis ce temps, à toute fonction publique, en mai 1796, il fut compris dans la conspiration de Babeuf, dont il partageait les opinions démocratiques, et avec qui il s'était lié dans la prison des Madelonettes. Parvenu à s'échapper dans le cours de cette procédure, qui dura un an, il fut néanmoins acquitté le 25 mai 1797, bien que contumace, et quoique le ministère public eût mis beaucoup de zèle à incriminer ses lettres saisies chez Babeuf. Depuis lors, M. Bodson ne s'est plus occupé que des arts.

BOECKH (CHRISTIAN-GODEFROI), né, le 8 avril 1732, à Memmingen (royaume de Bavière), s'est particulièrement consacré à l'instruction publique. Il était diacre à Nordlingen. On a de lui : 1° *Des principales difficultés de la discipline des écoles*, in-4°, Nordlingen, 1766; 2° *Journal hebdomadaire pour améliorer l'éducation de la jeunesse*, 4 vol. in-8°, Stuttgard, 1771 et 1772; 3° *Gazette des Enfans*, Nuremberg, 1780 à 1783, 14 petits volumes. Bœckh a été le principal rédacteur de la *Bibliothéque universelle pour l'éducation publique et particulière*, qui a paru de 1774 à 1786, à Nordlingen, en 11 vol. in-8°. Il avait encore fait des recherches sur l'Histoire littéraire de l'Allemagne, et il fit paraître un journal sur l'ancienne littérature allemande, conjointement avec F. D. Grœted, 2 vol. in-8°, 1791. Bœckh mourut le 31 janvier 1792.

BOEHM (ANDRÉ), naquit le 17 novembre 1720, à Darmstadt, dans la principauté de Hesse. Après avoir étudié sous Wolf, mathématicien et physicien recommandable, dont il suivit toujours fidèlement les principes, il devint membre du conseil privé du landgrave, et obtint ensuite une chaire de physique et de mathématique à Giessen. On a de lui : *Logica, ordine scientifico in usum auditorum conscripta*, in-8°, 1749, 1762 et 1769, Francfort; *Metaphysica*, in-8°, 1763, Giessen, et 1767, ibid. (édition revue et augmentée); *Magasin pour les ingénieurs et les artilleurs*, 12 vol. in-8°, 1777 et 1785, Giessen (ouvrage justement estimé); *Nouvelle Bibliothéque militaire*, 4 vol., 1789 et 1790, Marbourg : elle a été composée de concert avec F. K. Schleicher. Bœhm a aussi fourni un grand nombre d'articles au *Dictionnaire encyclopédique* de Francfort. Ce savant mourut le 6 juillet 1790.

BOEHMER (PHILIPPE-ADOLPHE), naquit à Halle en Westphalie, en 1717. Il fut conseiller aulique du roi de Prusse, et professeur de médecine et d'anatomie à l'université de Halle. On a de lui : 1° deux *dissertations*, l'une intitulée : *Situs uteri gravidi ac fœtis, ac sedes placentæ in utero*, in-4°, Halle, 1736; et l'autre contenant l'éloge du forceps anglais; 2° *De polyphago et allotriophago Wittembergensi*, Wittemberg, 1737; 3° *Institutiones osteologiæ, cum iconibus anatomicis*, in-8°, Halle, 1751; 4° *Observationum a-*

natomicarum rariorum fasciculus primus, notabilia circà uterum humanum continens, cum figuris ad vivum expressis, in-f°, ibid, 1752; 5° *Observationum anatomicarum fasciculus alter*, ibid., 1756; 6° *De cancro aperto et occulto*, in-4°, ibid., 1761; 7° *De uracho humano*, ibid., 1763; 8° *Anatome ovi humani, trimestri abortu elisi, figuris illustrata*, ibid., 1763; 9° *De notione malignitatis morbis adscriptæ*, in-4°, ibid., 1772. Il mourut en 1789, à l'âge de 72 ans, ayant parcouru la carrière des sciences d'une manière aussi utile qu'honorable.

BOEHMER (GEORGE-LOUIS), naquit le 18 février 1715, à Halle en Westphalie, où il fit ses études. En 1740, il reçut le titre de professeur de droit à Gottingue, devint conseiller de cour et doyen de la faculté. Il a publié entre autres ouvrages : *Principia juris canonici*, in-8°, Gœttingue, 1762 (quatre éditions, la dernière de 1785); *Principia juris feudalis*, ibid., 1765 (cinq éditions, la dernière de 1795); *Observationes juris feudalis*, ibid., 1764 et 1784; *Observationes juris canonici*, ibid., 1767; *Electa juris civilis*, tom. 1ᵉʳ, 1767; tom. 2ᵐᵉ, 1777; tom. 3ᵐᵉ, 1778; *Electa juris feudalis*, 2 vol. in-4°, Lemgow, 1795. La jurisprudence doit beaucoup aux recherches de Boehmer. Il mourut le 17 août 1797.

BOEHMER (GEORGE-RODOLPHE), naquit en 1728. S'étant distingué dans ses études, il obtint bientôt, à l'université de Wittemberg, une chaire de botanique et d'anatomie, sciences qu'il avait étudiées sous Ludwig, célèbre professeur allemand. Boehmer est auteur de plusieurs ouvrages sur la physique végétale et sur la botanique. Fort instruit et excellent observateur, il a donné à presque tous ses ouvrages le cachet d'un talent remarquable, d'un esprit juste ou d'un goût pur. On cite plus particulièrement : 1° *Flora Lipsiæ indigena*, in-8°, 1750 (la Flore des environs de Leipsick), d'après la méthode de Ludwig, et contenant des observations de Gleditsch inconnues jusqu'alors. 2° *Bibliotheca scriptorum historiæ naturalis, œconomiæ, aliarumque artium ac scientiarum ad illam pertinentium, realis systematica*, Leipsick, 9 vol. in-8°. C'est une espèce de table bibliographique de tous les livres imprimés, soit en allemand, soit dans toute autre langue, sur l'histoire naturelle, l'économie rurale, les arts et les sciences qui y ont quelque rapport, et dans laquelle on indique les ouvrages les plus remarquables et les plus utiles à consulter. 3° *Technische geschichte der pflanzen*, in-8°, 1794, Leipsick. Histoire technique des plantes qu'on emploie dans les métiers, les arts et les manufactures, ou qu'on pourrait y employer. 4° *De plantis in cultorum memoriam nominatis*. Dissertation sur les principes à suivre pour nommer les plantes. Boehmer, qui mourut en 1803, avait mérité que M. Jacquin lui dédiât, en 1763, un genre de plantes de la famille des *orties*, désigné sous le nom de *Boehmeria*.

BOEHMER (GEORGES-GUILLAUME), né le 7 février 1761. Professeur à l'université de Gœttingue, il obtint, en 1788, une chaire au gymnase de Worms; en 1791 il entreprit un journal qui se fit remarquer par l'esprit d'indépendance dans lequel il était rédigé. Lorsque les armées françaises firent la conquête des provinces du Bas-Rhin, le général en chef Custines s'attacha M. Boehmer comme secrétaire particulier. Quelque temps après, étant tombé au pouvoir des Prussiens, M. Boehmer fut conduit à la forteresse d'Ehrenbreitstein, et de là au Pétersberg, dans les environs d'Erfurt, où il resta détenu jusqu'en 1795 qu'il partit pour Paris. Le 14 octobre de cette année, il se présenta à la convention nationale, et la félicita de la réunion de la Belgique à la république française, en sollicitant un décret qui réunirait également les pays de la rive gauche du Rhin où les émigrés avaient trouvé un asile. Il se fit connaître comme étant le premier qui dans son pays s'était déclaré le partisan des Français, ce qui lui avait attiré, ajouta-t-il, de nombreuses persécutions. L'assemblée l'accueillit avec distinction, et lui fit les honneurs de la séance. Quelque temps après, en 1796, M. Boehmer présenta au corps-législatif un *Mémoire* dans lequel il démontrait la nécessité d'étendre les limites du territoire français jusqu'au Rhin. Il avait publié, de 1783 à 1788, différens ouvrages en langue allemande sur la théologie, la philosophie et la politique.

BOERY (LE CHEVALIER), président, avant la révolution, à l'électorat de Châteauroux. Il fut député, en 1789, aux états-généraux, par le bailliage du Berri. Quoique très-modéré dans ses opinions, il attaqua cependant avec énergie un de ses collègues, qui, à la tribune des jacobins, en 1791, avait proposé de cesser de reconnaître l'autorité du roi; il demanda même, toutefois sans succès, que l'auteur de la proposition fût puni. Après les troubles révolutionnaires, il siégea successivement au conseil des cinq-cents et au corps-législatif. En 1804, il fut nommé membre de la légion-d'honneur, et directeur des droits-réunis du département de l'Indre. En mai 1815, électeur du même département, il fut chargé, dans le mois de juin suivant, comme président de la députation de son collége, de présenter une adresse à Napoléon.

BOGNE DE FAYE (LE CHEVALIER), né en 1778, à Clamecy, département de la Nièvre, fut envoyé à Londres en 1798, comme premier secrétaire de la commission pour les prisonniers de guerre. Cette mission prit bientôt un caractère diplomatique, et, à l'arrivée de M. le comte Otto, des négociations eurent lieu pour un armistice, et furent suivies d'autres négociations pour la paix, que couronnèrent les préliminaires de Londres (1er octobre 1801), et le traité d'Amiens. Les combinaisons politiques du cabinet des Tuileries s'étant, peu après, dirigées vers l'Allemagne, l'alliance de la Bavière avec la France fut un des événemens qui ouvrirent une nouvelle carrière de gloire au chef du gouvernement français. M. le comte Otto, qui négocia cette alliance comme ministre, et que

M. Bogne de Faye avait accompagné en qualité de secrétaire de légation, ne laissa pas ignorer au gouvernement que ce dernier avait eu une assez grande part au succès des négociations entamées en Bavière. Diverses autres négociations d'une moins haute importance suivirent celle qui établit cette alliance. Les guerres de 1805, de 1807 et de 1809, aux opérations desquelles, particulièrement, pour la première et la dernière, la Bavière servit chaque fois comme de base, donnèrent une grande activité aux travaux de la légation de France dans ce pays. Elle devint, à ces époques, et de l'ordre de l'empereur Napoléon, le centre où aboutissait la correspondance politique la plus étendue, et d'où s'expédiaient les ordres que l'empereur avait à transmettre de toutes parts. M. Bogne de Faye reçut dans ces diverses circonstances, et comme récompense de ses services, la croix de la légion-d'honneur, et bientôt celle d'officier; il fut fait chevalier de la Couronne-de-Fer, chevalier et commandeur de la Couronne-de-Bavière. Un décret impérial le nomma également auditeur de première classe au conseil-d'état. Après la guerre de 1809, il fut accrédité pendant près de trois ans comme chargé d'affaires à la cour de Munich; et il remplit plusieurs autres missions diplomatiques jusqu'à son retour en France en janvier 1814. Pendant le séjour qu'il y fit, il fut appelé à cette époque à faire partie de la garde nationale parisienne, comme chef de bataillon, et ensuite comme adjudant commandant. Envoyé à Vienne, cette même année, en qualité de secrétaire de légation, il fut nommé par le roi, en janvier 1815, ministre près la cour de Hesse-Darmstadt, et commandeur de l'ordre de la légion-d'honneur. Il a cessé d'être employé depuis la fin de 1815. Retiré depuis lors dans ses foyers, il reçut, en 1818, la marque de confiance la plus honorable de la part de ses concitoyens. Ils l'appelèrent, quoiqu'à peine éligible par son âge, pour les représenter à la chambre des députés. M. Bogne de Faye y défendit avec zèle la cause de la liberté. Dans la discussion sur le droit de pétition, en janvier 1819, il appuya la proposition de M. Dumeylet, avec un amendement favorable; il fit observer que « le » despotisme, loin d'admettre le » droit de pétition, repousse jus- » qu'à la plainte. Sous un tel gou- » vernement, ajouta-t-il, on voit » les mécontens se grossir jus- » qu'au moment où une disgrâce » éclatante, un terrible châtiment, » viennent dissiper la tempête. Par » le fait, le droit de pétition n'est » pas général, il est borné aux seuls » gouvernemens représentatifs; » c'est lui qui, semblable à ces » instrumens protecteurs dont le » génie arme l'homme contre la » foudre, épuise, pour ainsi dire, » goutte à goutte la nuée où se » seraient formés les nuages révo- » lutionnaires. » L'orateur, se plaignant ensuite de ce qu'on n'avait pas accordé aux pétitions présentées une attention assez sérieuse, déclara que les mêmes abus qu'elles avaient dénoncés subsistaient encore, que les coupables étaient restés impunis, et qu'il était indispensable de surveiller rigoureusement la conduite de ces agens secondaires, que l'éloignement de l'autorité enhardissait. M. Bogne de Faye s'inscrivit contre la résolution des pairs tendant à modifier la loi des élections, et il insista sur la nécessité de rendre les ministres responsables. Dans le cours de la discussion sur la liberté de la presse, il proposa plusieurs amendemens en faveur des écrivains. Il voulait qu'on accordât aux jurés le droit de déclarer l'accusé coupable au premier ou au deuxième chef d'accusation; afin que les juges ayant égard aux circonstances atténuantes, pussent appliquer depuis la moitié de la peine jusqu'au maximum pour le deuxième. Il détermina aussi les dommages-intérêts que pourrait demander la partie plaignante : tous ces amendemens furent rejetés. Dans la séance du 25 juin 1819, il fut un des dix-huit membres qui s'élevèrent contre l'ordre du jour proposé par la commission sur plusieurs pétitions où l'on demandait le rappel des bannis. Lorsque la discussion sur le budget fut ouverte, il s'attacha à prouver que les voies et moyens donneraient un excédant de recettes sur les dépenses, et demanda que cet excédant fût consacré à éteindre la dette flottante. Il prit part à la discussion qui eut lieu sur la proposition de M. Barthélemy, pair de France, et à celle qui s'engagea sur la liberté de la presse, dans la session de 1819. Au mois de mars 1820, après avoir repoussé, avec ses collègues du côté gauche, la loi suspensive de la liberté individuelle, qui leur était imposée par la majorité, il appuya de tout son pouvoir les amendemens que proposait la commission pour atténuer la rigueur de cette loi, et en présenta un lui-même, dont l'objet était non-seulement d'empêcher que les *nouveaux suspects* ne fussent confondus dans les prisons avec les criminels, mais encore de leur faire accorder une rétribution jusqu'à leur mise en jugement. Il prit aussi part à la discussion des budgets de 1819 et 1820, et à celle du règlement des comptes de 1819. Enfin, dans la séance du 13 juillet 1820, M. Sappey ayant fait un rapport au nom de la commission des pétitions, concernant la dénonciation d'une circulaire de l'évêque de Meaux, relative aux biens *usurpés* de l'église (c'est-à-dire *nationaux*), et à une recherche inquisitoriale sur les divers fonctionnaires publics et principaux habitans de son diocèse, M. Bogne de Faye prononça une opinion assez étendue, pour combattre les prétentions de ce prélat, qui demandait compte des *biens de l'église usurpés*, et des *biens de l'église non vendus qu'on pourrait recouvrer*. « D'après nos lois, » dit-il, le clergé a cessé depuis » long-temps de faire corps dans » l'état, et il ne peut y rien posséder. Les fonctions de ses mem» bres sont rétribuées comme tou» tes les fonctions publiques. S'il » existe des biens de l'église non » vendus, ils appartiennent de droit » au domaine de l'état. Le clergé » a-t-il été chargé par l'adminis» tration de ce domaine d'en faire

» la recherche? ce n'est pas vrai-
» semblable. C'est donc dans un
» autre intérêt que la circulaire re-
» commande cette recherche; et
» c'est dans le même intérêt et
» dans les mêmes vues qu'elle s'in-
» forme également des biens de
» l'église *usurpés.* » Il fit ensuite
une citation tirée du discours prononcé le 5 juin 1819 à la chambre
des députés, par M. le garde-des-
sceaux, qui défendait la loi de recrutement, citation parfaitement
applicable à la circulaire de l'évêque de Meaux. « Toute attaque
» *contre les libertés consacrées,*
» *contre les intérêts garantis,* avait
» dit le ministre de la justice, est
» à nos yeux une tentative révolu-
» tionnaire; et l'auteur de cette at-
» taque, quel qu'il soit, nous le
» regardons comme un *instrument*
» *de révolution.* » M. Bogne de
Faye ajouta : « Alors je ne sais si
» ce même ministre et ses collè-
» gues avaient bien présente à la
» mémoire cette sorte d'anathè-
» me, lorsqu'ils vous ont proposé
» à deux reprises, et de deux ma-
» nières différentes, d'*attaquer les*
» *intérêts garantis,*' après avoir
» suspendu ou détruit peut-être
» les *libertés consacrées.* Dans ce
» cas, ils n'ont pas craint de se li-
» vrer à une *tentative révolution-*
» *naire,* et de devenir eux-mê-
» mes des *instrumens de révolu-*
» *tion.* »

BOHAN (ALAIN), membre de
l'assemblée législative, puis de la
convention, où il fut député par le
département du Finistère. Dans le
procès de Louis XVI, il vota la
mort, après avoir demandé l'appel au peuple, et se déclara ensuite pour le sursis. Compris dans
le nombre des girondins, il fit partie des conventionnels contre lesquels fut organisé le 31 mai, et
signa la protestation du 6 juin contre cette journée. Arrêté avec
soixante-douze de son parti, il
dut, ainsi qu'eux, son salut à la
chute de Robespierre. Bohan entra ensuite au conseil des cinq-
cents, où il ne parla qu'une fois
sur les domaines congéables. Sorti
à la fin de la session, en 1798, il
rentra presque aussitôt, par suite
d'une élection nouvelle. Depuis le
18 brumaire, il est resté inconnu.

BOICHOT (JEAN), naquit, en
1738, à Châlons-sur-Saône. Il fit
connaître dès sa jeunesse sa passion pour les beaux-arts, et particulièrement pour la sculpture.
Il alla se perfectionner en Italie
par l'étude des modèles antiques. De retour en France, il mérita bientôt le titre de statuaire du
roi, et celui de membre de l'académie de peinture et de sculpture.
Plus tard, il devint correspondant
de l'institut. Parmi les ouvrages
de Boichot, presque tous remarquables par l'alliance du *grandiose*
avec la grâce, par le goût et une
grande pureté, on cite le groupe
colossal de *Saint-Michel,* la statue également colossale de l'*Her-*
cule assis, autrefois placée sous le
portique du Panthéon français, la
statue de *Saint-Roch,* les bas-reliefs des *Fleuves* de l'arc de triomphe du Carrousel; enfin les *Des-*
sins des estampes qui ornent plusieurs traductions de M. Gail, lesquels sont dignes de l'ancienne et
célèbre école de Florence. Boichot mourut, le 9 décembre 1814,
regretté de tous les amis des arts,
comme de toutes les personnes

qui le connurent dans les relations de la vie privée.

BOIELDIEU (Adrien), célèbre musicien-compositeur, est né à Rouen, le 16 décembre 1775. Il prit des leçons, dès l'âge de 7 ans, de l'organiste de la cathédrale, et parvint en deux ans à improviser sur l'orgue. S'étant rendu à Paris en 1795, il s'y fit d'abord connaître par son talent sur le clavecin, et par un grand nombre de *Romances* qui eurent beaucoup de succès, telles que : *S'il est vrai que d'être deux; le Ménestrel*, etc. Nommé professeur de piano au conservatoire, il fit de bons élèves. Il partit, en 1803, pour Saint-Pétersbourg, où il reçut un accueil digne de sa réputation. L'empereur Alexandre le nomma maître de sa chapelle. M. Boïeldieu fit, dans cette capitale, pour le théâtre de *l'Hermitage*, plusieurs opéras comiques, dont voici les titres : 1° *Aline; reine de Golconde;* 2° *Abderkan;* 3° *les Voitures versées, ou Comme à Paris;* 4° *la Jeune Femme colère;* 5° *les Chœurs d'Athalie;* 6° *Télémaque,* grand opéra en trois actes, qui passe pour le chef-d'œuvre de l'auteur, et qui obtint le plus brillant succès. La plupart de ces opéras ont été joués en France, et n'y ont pas été moins bien accueillis. De retour à Paris, en 1811, avec un congé, M. Boïeldieu, que les circonstances politiques empêchèrent de repartir, a travaillé constamment pour l'Opéra-Comique. Voici la liste des principaux ouvrages qu'il a composés en France : 1° *La Famille suisse,* en 1797; 2° *Zoraime et Zulnar;* 3° *les Méprises espagnoles;* 4° *Montbreuil et Merville;* 5° *la Dot de Suzette,* en 1798; 6° *Beniowski;* 7° *le Calife de Bagdad;* 8° *Ma tante Aurore,* en 1800; 9° *les deux Paravents;* 10° *Rien de trop,* en 1811; 11° *Jean de Paris,* en 1812; 12° *le Nouveau Seigneur de village,* en 1813; 13° en société avec MM. Catel, Cherubini et Nicolo, *Bayard à Mézières;* 14° avec son élève, Mme Gail, *Angela,* en 1815; 15° *la Fête du village voisin,* en 1816; 16° *le petit Chaperon rouge,* en 1819; 17° enfin, en société avec MM. Berton, Cherubini, Kreutzer et Paër, *Blanche de Provence, ou la Cour des Fées,* grand opéra allégorique en trois actes, joué sur le théâtre de la cour et à l'académie royale de musique, au mois de mai 1821, à l'occasion du baptême du duc de Bordeaux. Une mélodie douce et naturelle, des accompagnemens simples, mais agréables, une gaieté expressive et une grande variété dans l'imagination, caractérisent le talent de M. Boïeldieu. Au mois de juin 1816, il avait été nommé membre du jury examinateur des productions musicales composées pour le grand Opéra. Il s'est marié à Mlle Clotilde, l'une des premières danseuses de ce théâtre.

BOILEAU (Jacques), né en 1752, homme de loi. Nommé juge de paix au commencement de la révolution, il offrit, en 1791, à l'assemblée nationale, une somme de 300 francs sur le traitement qu'il recevait, afin, disait-il, de procurer aux habitans des campagnes de l'arrondissement d'Avalon, des abonnemens aux différens *Journaux patriotiques*, comme un moyen assuré de propager les lumières. Nommé, en septembre 1792, député du département de l'Yonne à la convention nationale, il fut du nombre des membres qui, dans le procès du roi, votèrent la mort sans appel ni sursis. De retour d'une mission à l'armée du Nord, il porta une dénonciation contre la commune de Paris et contre Marat, et demanda que lorsque ce *monstre*, c'est ainsi qu'il osa le nommer, aurait paru à la tribune, elle fût sur le champ purifiée. De ce moment il se prononça, et chaque fois avec une véhémence nouvelle, contre le parti dominant, celui de la *Montagne*, qu'il invoqua en vain lorsqu'il se vit compris dans le nombre des députés *girondins* décrétés d'accusation après le 31 mai 1793. Traduit au tribunal révolutionnaire et condamné à mort, il fut exécuté avec vingt de ses collègues, le 31 octobre suivant. Il était âgé de 41 ans.

BOILEAU, frère du précédent, exerçait, en 1798, les fonctions de juge de paix à Avalon. Il quitta cette place, lors de sa nomination au conseil des cinq-cents, où il siégea jusqu'au 18 brumaire an 8. Il fit partie du corps législatif organisé après cette époque; peu marquant dans cette assemblée, il en sortit sans qu'on s'aperçût de sa disparition.

BOILEAU (MARIE-LOUIS-JOSEPH DE). On a de lui : 1° *Entretiens critiques, philosophiques et historiques sur les procès*, in-12, 1805, réimprimé en 1805; 2° *Histoire du droit français*, in-12, 1806; 3° *Code des faillites*, in-12, 1806; 4° *Histoire ancienne et moderne des départemens belgiques*, 2 vol. in-12, 1807; 5° *L'Opinion*, poëme, in-12, 1808; 6° une Héroïde intitulée : *La Femme stellionataire à ses enfans*, in-8°, 1809; 7° *Épître à* ÉTIENNE *et à* NICOLAS BOILEAU, in-12, 1808; 8° *Épître à l'amitié*, in-8°, 1811; 9° *Contrainte par corps, Abus à réformer, Appel à S. M. Louis XVIII et au corps législatif*, in-8°, 1814.

BOILLY (N.), mal à propos oublié dans toutes les Biographies, est un de nos peintres de genre les plus agréables et les plus féconds. Il est né vers 1768. Ses compositions faciles et originales l'ont bientôt fait remarquer, et ses petits tableaux, qui sont en fort grand nombre, ont toujours été vendus à un prix élevé. S'il a droit à des éloges, il n'est pas non plus à l'abri des reproches. Il y a quelque monotonie dans le caractère de ses figures, et quelquefois de l'affectation dans sa couleur; il a abusé pendant quelque temps de son talent à traiter la soie et les étoffes, et ressemblait alors à ces Terburg et à ces Backuysen, dont le talent véritable, esclave de l'un des genres particuliers à l'école flamande, semble disparaître quand il n'y a pas dans le tableau une robe à couleur chatoyante, ou une voile de vaisseau à traiter. Ces défauts de sa jeunesse ne se reproduisent pas dans les ouvrages de son âge mûr : *L'Arrivée de la Diligence; le Départ des Conscrits*, tableaux remarquables par la vérité de l'exécution et par celle de la composition, en sont surtout exempts. Une des idées les plus heureuses qu'ait eues ce peintre, c'est d'avoir représenté, en 1797, l'intérieur de l'atelier de M. Isabey, cadre dans lequel il fait entrer les portraits en pied des artistes les plus distingués de l'époque.

BOIN (Antoine), médecin de Bourges, à qui certains biographes donnent cet éloge singulier, que *ses écrits, comme ses opinions, se distinguent également par l'élégance, la pureté, la sûreté,* est né le 19 janvier 1769. Il fut employé pendant dix ans à l'armée du Nord et à celle de Hollande. En 1801, il devint membre du jury médical, du conseil des hospices, du conseil-général et du collége électoral du département du Cher. En 1815, il reçut des mains de M. le duc d'Angoulême la croix de la légion-d'honneur. Au retour de Napoléon, il cessa ses fonctions, travailla, dit-on, avec beaucoup de zèle, au renversement du trône impérial, et siégea, en 1815, à la fameuse chambre introuvable. Il est juste d'ajouter qu'il y faisait partie de la minorité. Il soutint le droit de pétition dans toute son étendue, parla en faveur du projet de loi contre les cris séditieux, et fit imprimer son opinion au sujet de la loi d'amnistie, qu'il adoptait sans amendement. Il fut réélu en 1816. Comme médecin du corps politique, on peut lui reprocher l'usage de quelques remèdes violens, et entre autres, du fatal amendement, à la fin de la session dernière, duquel est résultée la nouvelle loi des élections et la chambre actuelle. Docteur en médecine, on lui doit quelques bons ouvrages: *Dissertation sur la chaleur vitale* (Paris, 1802); *Coup d'œil sur le magnétisme* (Bourges, 1814); *Mémoire sur la maladie qui régna, en 1809, sur les Espagnols prisonniers de guerre à Bourges* (Paris, 1815). *Pour un médecin de province,* dit encore un historien du temps présent, M. Boin n'est pas à dédaigner. Toutefois nous n'assurons pas que la place d'inspecteur-général des eaux minérales de France, aux appointemens de 12,000 francs, créée, en 1820, pour le docteur Boin, ait été la récompense de ses travaux en médecine.

BOINDELOT (de), le premier gentilhomme de la Bretagne qui ait donné à la noblesse l'exemple de l'attachement au nouvel ordre des choses, en prêtant le serment d'obéissance et de fidélité à la constitution. En 1790, il fit une adresse à l'assemblée nationale, et lui offrit un don civique comme une nouvelle garantie de son patriotisme.

BOINVILLE (de). Quoique noble et appartenant à une des familles les plus riches et les plus anciennes de Strasbourg, il fut un des zélés défenseurs de la liberté. Il quitta, en 1789, une place honorable et lucrative, qu'il occupait dans cette ville, pour se réunir aux défenseurs de la patrie. Attaché d'abord au général de La Fayette, en qualité d'aide-de-camp, il passa ensuite en Angleterre, le 8 octobre 1791, pour y remplir une mission auprès du feu duc d'Orléans. A l'époque où M. de La Fayette quitta le commandement de la garde nationale parisienne, il partit pour l'Amérique, où il attendit que les circonstances lui permissent de rentrer dans sa patrie. L'empereur Napoléon accepta ses services, et l'employa à la grande armée dans les administrations militaires. Il fit la campagne de Russie, et périt dans la malheureuse retraite de Moscow. Boinville, marié à une Anglaise très-distinguée par son esprit et toutes ses qualités, a laissé deux frères : l'un, encore vivant, a été chef de division au ministère de la guerre ; l'autre, major de division dans la garde nationale, fut tué en duel à la suite d'une querelle de parti qu'il avait eue étant de service.

BOINVILLIERS (J. E. J. F.), né à Versailles en 1766, fit de bonnes études au collége de cette ville, et les termina à Paris. A l'âge de 20 ans, il ouvrit un cours de littérature. Il a rempli pendant quelque temps, à Paris, une place de sous-chef dans les bureaux de la guerre; mais l'édifice de l'instruction publique ayant été rétabli sur de nouvelles bases, il concourut pour une chaire de belles-lettres, à l'âge de 29 ans. Élève de l'école normale pour le département de Paris, et déjà connu par quelques morceaux de philologie, il fut nommé professeur à l'école centrale de l'Oise, où il remplit avec distinction la chaire de belles-lettres, et suppléa le professeur de grammaire générale, jusqu'au moment où les premiers lycées remplacèrent les écoles centrales. Depuis trois ans, il était associé de l'institut national (section de grammaire), lorsque le gouvernement l'appela à Rouen pour organiser et diriger les études du lycée de cette ville.

Il passa de là à Orléans, où il remplit les mêmes fonctions pendant environ six ans. A la formation des académies, il fut nommé inspecteur de celle de Douai, puis chargé de visiter les établissemens d'instruction publique des départemens du Nord et du Pas-de-Calais. Pendant son séjour à Douai, il a rempli les fonctions de secrétaire-général de la société d'agriculture du Nord. En 1816, on l'a mis à la retraite sans qu'il l'ait demandé, et dans un âge où il pouvait encore rendre des services. M. Boinvilliers est correspondant de l'institut royal de France, et membre d'un grand nombre d'académies et de sociétés savantes. Il a composé beaucoup d'ouvrages, parmi lesquels il s'en trouve plusieurs qui se recommandent par leur utilité.

BOIRON (N.), exerçait, à Saint-Chamond, département de Rhône-et-Loire, l'état de tonnelier, quand la révolution éclata. Ses compatriotes le nommèrent officier municipal, et, quelques temps après, député suppléant à la convention. Il n'y prit séance qu'après le jugement de Louis XVI. La Montagne triomphait. Il eut le courage de se ranger du côté de la Gironde. Il échappa à plusieurs accusations, et retourna dans sa commune, où il rentra dans l'heureuse obscurité de sa profession.

BOIROT (ANTOINE), avocat à Clermont, était membre du corps législatif, lorsque les alliés rétablirent en France l'ancienne dynastie. Il fut, le 28 juin 1814, rapporteur de la commission chargée de l'examen des pouvoirs des députés étrangers. Il parla, quelque temps après, en faveur du projet pour la restitution à faire aux émigrés de leurs biens non vendus; et devint, en 1815, c'est-à-dire fort peu de temps après avoir fait cette dernière motion, membre de la chambre des représentans, pour le département du Puy-de-Dôme.

BOIROT-DE-LA-COUR (Jacques), fut successivement directeur de la poste à Clermont, jurisconsulte à Mont-Luçon, et juge de paix au tribunal de cette dernière ville. En 1791, le département du Puy-de-Dôme le nomma député à l'assemblée législative. En 1792, il demanda et obtint que le ministre Delessart rendît compte de sa correspondance, relativement aux affaires d'Espagne. En l'an 5 (1797), il fut élu membre du conseil des anciens, et nommé l'un des secrétaires, le 18 juillet. Il s'éleva contre la résolution prise concernant les créanciers de la dette publique avant 1790, et cessa ses fonctions après la journée du 18 fructidor an 5.

BOIS-BÉRENGER (C. H. Tardieu de Malessi, marquise de), née à Paris, peut être présentée comme un modèle d'amour filial. Mariée à M. de Bois-Bérenger, émigré, elle parut improuver sa conduite en demandant le divorce; mais cet acte de soumission aux lois nouvelles, n'empêcha point qu'elle ne fût arrêtée comme suspecte, détenue dans la maison d'arrêt du Luxembourg, et accusée avec son père, sa mère et sa jeune sœur, détenus comme elle, d'avoir participé à un prétendu complot tramé dans l'intérieur de cette maison. Comme sa famille seule avait reçu l'acte d'accusation qui la traduisait au tribunal révolutionnaire, la marquise de Bois-Bérenger se crut oubliée, et ainsi séparée de sa famille. Elle en exprima avec désespoir ses regrets, et demanda la fatale faveur de partager leur sort. Bientôt elle n'eut plus rien à désirer. Condamnée à mort, elle alla au supplice avec des transports de joie, n'étant occupée que de soutenir le courage de ses parens. Elle s'était elle-même coupé les cheveux et parée comme pour aller à une fête. « Consolez-vous, ma bonne » mère, disait-elle, vous n'avez » plus rien à regretter, nous mour- » rons ensemble ; toute votre fa- » mille vous accompagne. » Cette jeune femme, remarquable par ses vertus et par sa beauté, fut exécutée, avec sa famille, le 26 messidor an 2.

BOISGELIN (Jean de Dieu-Raymond de Lucé), cardinal, issu d'une ancienne famille de Bretagne, naquit à Rennes, le 27 février 1732. Il fit d'excellentes études, et embrassa l'état ecclésiastique. D'abord grand-vicaire de Pontoise, puis, en 1765, évêque de Lavaur, il fut nommé archevêque d'Aix, en 1770. Les édits du chancelier Maupeou avaient produit une grande agitation dans la Provence. L'archevêque de Boisgelin calma les esprits, et s'efforça de concilier les intérêts divers. Nommé président de l'assemblée, qu'on substitua aux anciens états de Provence, il détermina la construction d'un canal, fit faire un pont pour la ville de Lavaur, où il avait été évêque, et établit à Lambesc, pour les jeunes personnes nobles sans fortune, une maison d'éducation, qui subsiste encore. Lors des premières élections pour l'assemblée nationale, quand le peuple d'Aix soulevé pilla les greniers de réserve de cette ville, et l'exposa ainsi à la disette, M. de Boisgelin rendit de très-grands services, et l'on dut beaucoup à sa prudence et à sa générosité. Ce digne prélat, après avoir apaisé l'émeute, rassembla les marchands intimidés; et pour les décider à continuer l'approvisionnement, il mit à leur disposition 100,000 francs de ses propres deniers. Il joignit à cette sollicitude paternelle, les soins plus directs de son ministère; ses exhortations apprirent aux curés de la ville à le seconder pour le rétablissement de l'ordre. Ils décidèrent le peuple à rapporter, dans le dépôt public, tous les grains qu'il avait enlevés. M. de Boisgelin aimait et cultivait les lettres. En 1765, il prononça l'oraison funèbre du Dauphin, fils de Louis XV; mais elle ne fut pas imprimée. Celle du roi de Pologne, Stanislas, fut imprimée, en 1766, in-8°, et celle de la Dauphine, en 1769, in-4°. Il faut y joindre le discours qu'il prononça dans la cathédrale à l'occasion du sacre de Louis XVI, en 1774; deux fois des applaudissemens involontaires et nombreux interrompirent l'orateur. En 1776, il remplaça l'abbé de Voisenon à l'académie française. En 1787, il fut membre de l'assemblée des notables. En 1789, il siégea aux états-généraux, où la sénéchaussée d'Aix l'avait nommé député du clergé. Il y vota la séparation des trois ordres, et s'efforça de justifier ensuite les prétentions du clergé dissident; il proposa l'abolition de toute redevance féodale; insista pour que l'impôt fût consenti annuellement par les députés, et appuya la proposition de Mirabeau, tendante à ce que dans la promulgation des lois on suivît cette formule : *Par la grâce de Dieu et la loi constitutionnelle*. Il rédigea une proposition relative aux comptes que doivent rendre les agens publics; son opinion était que l'emprunt décrété sur les biens du clergé devait être hypothéqué. Enfin il soutint les droits de propriété de cet ordre, et prétendit qu'il était de l'intérêt général d'en conserver les biens; mais qu'il convenait d'y porter sans retard quelque réforme, et d'en améliorer la répartition. Cette opinion ne l'empêcha pas d'être nommé président, le 23 novembre 1789. En 1790, il voulait que le roi conservât le droit de paix et de guerre, contenu dans de justes bornes. A l'occasion de l'entretien des ministres du culte, il opina pour le maintien des dîmes; mais il offrit un don gratuit de 400 millions au nom du clergé. Il avait combattu la motion qui laissait à la disposition de l'assemblée tous les biens de l'église pour garantie de la valeur des assignats; il s'était élevé contre le projet d'émettre un papier-monnaie; et lorsqu'on discuta la constitution civile du clergé, il proposa de convoquer un concile général. C'est à ce sujet qu'il publia l'écrit intitulé : *Exposition des principes des évêques de l'assemblée*. Après la session de l'assemblée constituante, et remplacé par un évêque *constitutionnel*, M. de Boisgelin se retira en Angleterre. Il y publia le *Psalmiste, ou Traduction des Psaumes en vers français, précédé d'un discours sur la poésie sacrée;* le produit de cet ouvrage fut destiné à subvenir aux besoins de quelques familles d'émigrés. Rentré en France, en 1801, après avoir signé le concordat, il prononça, dans la cathédrale de Paris, un discours sur le rétablissement du culte catholique. Il ne tarda pas à être nommé archevêque de Tours, puis cardinal et candidat au sénat conservateur; mais il approchait du terme de sa vie : il avait 72 ans lorsqu'il mourut à Angervilliers, près Paris. L'évêque de Versailles fit son oraison funèbre, le 12 septembre 1804, vingt-un jours après son décès. M. le cardinal de Bausset, son ancien grand-vicaire, a publié une notice historique de sa vie. Lalande avait parlé de M. de Boisgelin dans des termes fort différens; il avait placé, on ne sait pourquoi, ce cardinal orthodoxe dans son *Dictionnaire des Athées*, attribué à Sylvain Maréchal. Outre les ouvrages dont on a fait mention, M. de Boisgelin a laissé une traduction des *Héroïdes d'Ovide*, in-8°, 1786; des observations manuscrites sur *Montesquieu;* enfin des *Mémoires pour le clergé de France, au sujet de la prestation de foi et hommage,* in-8°, Paris, 1785.

BOISGELIN (Le marquis Bruno de), neveu du précédent, était capitaine avant la révolution; il émigra, en 1792, et se rendit à l'armée des princes. Au retour du roi, en 1814, il fut confirmé dans la charge de maître de la garde-robe, et envoyé à Toulon en qualité de commissaire extraordinaire dans la 8me division militaire. Au 20 mars 1815, il refusa toute espèce de service dans la garde nationale, dont il commandait la cavalerie. Au second retour du roi, il fut nommé pair de France. En 1818, il combattit le projet de loi sur le recrutement de l'armée, disant que la nomination des places dans l'administration et dans l'ordre judiciaire, étant attribuée au roi par la charte, si la même clause n'avait pas été spécifiée pour l'armée, c'était uniquement parce que nul n'avait imaginé que ce droit fût contestable. Il ajouta que si l'on accordait des grades militaires à l'ancienneté, il en résulterait un véritable désordre et des entraves dans la marche des affaires; que le souverain perdrait son influence, et qu'en affaiblissant ainsi l'autorité royale, on mettrait en question la stabilité du gouvernement. Il prétendit encore que l'armée, instrument passif, était un de ces grands moyens d'action que le roi seul avait le droit de faire agir, moyens avec lesquels il assure la tranquillité publique, et qui ne produiraient hors de ses mains que trouble et confusion. Plus tard, il vota l'adoption du projet de loi sur la liberté de la presse, mais avec un amendement qu'il proposa dans un long discours très-bien écrit, et qui fut rejeté : cette opinion a été imprimée. M. de Boisgelin passe généralement pour avoir voté contre les lois d'exception.

BOISGELIN (le comte Alexandre-Bruno de), frère du précédent, lieutenant des gardes-du-corps. En 1815, il commandait la 10me. légion de la garde nationale de Paris. Ainsi que son frère le marquis de Boisgelin, il refusa de remplir ces fonctions durant les *cent jours*, et les reprit après la rentrée du roi. Nommé, en 1815, à la chambre des députés par le collége électoral du département de la Seine, il écrivit aux gardes nationaux de la légion qu'il commandait : « que les électeurs du » département, en le choisissant » pour député, avaient voulu *récompenser en lui la garde nationale*, des sacrifices qu'elle a- » vait faits, et de son dévouement » qui plus d'une fois avait sauvé » la capitale. » M. de Boisgelin fit partie de la majorité de la chambre de 1815. Réélu en 1820, par le département d'Ile-et-Vilaine, il a pris place dans la 2me section du côté droit.

BOISGELIN DE KERDU (Louis de), chevalier de Malte. Il avait servi en France, dans le régiment du Roi. La prise de Malte, en 1798, lui fit chercher un refuge en Angleterre, où il se fixa. Il en a même adopté la langue dans ses principaux ouvrages, que l'importance des événemens sur lesquels il écrivit fait lire avec intérêt. Ce sont : 1° *Malte ancienne et moderne, contenant une description complète et exacte de l'état actuel des îles de Malte et de Gozzo*, etc., en anglais, 3 vol. in-4°, Londres, 1806; M.A. Fortia (de Piles) en a donné une édition française, en trois volumes in-8°, 1815. Le premier volume contient des détails intéressans sur l'île de Malte, sur ses productions et sur le caractère de ses habitans. Le second renferme l'histoire des chevaliers de Malte, depuis la fondation de l'ordre jusqu'en 1800. L'expédition du général Bonaparte s'y trouve comprise. 2° *Voyages en Danemark et en Suède*. 2 vol. in-4°, 1810, en anglais; 3° *Voyage de deux Français dans le Nord de l'Europe*, composé en commun avec M. Fortia de Piles, 5 vol. in-8°; 4° une plaisanterie intitulée : *Correspondance de Caillot Duval*, in-8°.

BOISGÉRARD (Marie-Anne-François, Barbuat de), fils d'un ancien officier au régiment de Champagne, naquit à Tonnerre, département de l'Yonne, le 8 juillet 1767. Son père, qui le destinait à la carrière qu'il avait honorablement parcourue lui-même, le plaça de bonne heure dans une école militaire. En 1791, à l'âge de 24 ans, il fut breveté capitaine du génie. En septembre 1792, à l'époque où les Français se rendirent maîtres de Spire, il se signala sous les murs de cette ville. En octobre, même année, il se trouva à la prise de Mayence, contribua à sa défense lorsque l'armée française fut contrainte de s'y renfermer; et en 1793, il suivit la garnison qui évacua la place, pour aller combattre dans la Vendée. Quelque temps après, il fut employé à l'armée du Nord, et se fit remarquer aux affaires de Charleroi et de Landrecies. Devant le Quesnoy, il fut atteint d'un coup de feu. Au siége de Valenciennes, le général Marescot lui confia l'attaque de la citadelle; et lors du blocus de Maestricht, il eut le commandement des troupes qui avaient ordre de se porter sur le fort Saint-Pierre. Il chercha à le faire sauter au moyen de globes de compression, placés dans la caverne sur laquelle il était construit; mais le succès ne répondant pas à son attente, il fit de nouvelles dispositions qui eussent infailliblement réussi, si les assiégés ne s'étaient hâtés de se rendre. Il fut chargé des travaux de la reconstruction de Kehl et de la tête de pont de Huningue; ce fut à cette occasion qu'il imagina les ponts-radeaux, pour faciliter les communications. Il passa, en qualité de général de brigade et de commandant en chef du génie, à l'armée qui devait faire une descente en Angleterre. En 1799, il se rendit auprès du général en chef Championnet, et fut blessé mortellement à la bataille de Capoue, à l'instant où le traité de paix venait d'être signé.

BOISGÉRARD (N.), père du précédent, était maire de la ville de Tonnerre en 1812; il a laissé plusieurs manuscrits; parmi ceux que nous allons citer, les deux premiers renferment des faits extrêmement curieux : 1° *Précis des entretiens entre les généraux Desaix et Boisgérard;* 2° *Journal d'un voyage à Genève;* 3° *Mémoires sur le génie militaire, sur les travaux du génie, sur les ingénieurs-géographes;* 4° *Exposé sommaire sur la nature des différens pays situés sur la rive droite du Rhin, de Bâle à Coblentz, etc.;* 5° *Journaux d'attaque devant la citadelle de Valenciennes; du siége de Maëstricht; du fort Saint-Pierre;* 6° *Mémoires sur la nécessité d'établir des places de sûreté, sur les travaux des lignes de la Queich, sur le fort de Kehl, sur les ponts-radeaux,* etc.

BOISGUY (LE BARON PICQUET DU), fameux chef de *Chouans.* Dès 1791, M. du Boisguy parvint à faire insurger des paysans bretons; mais ce fut en 1794 qu'il devint plus particulièrement fameux en se mettant à la tête des *Chouans* de Fougères. On connaît les exploits des paysans ou bandes de cette époque : le pillage des caisses de l'état, des voitures publiques, le massacre des républicains désarmés, furent les premiers exploits de ces prétendus défenseurs du trône et de l'autel. Au mois d'août de cette année, M. du Boisguy renonça au rôle de chef indépendant, et se mit sous le commandement de M. de Puysaye, dont le courage et les talens lui paraissaient bien supérieurs à ceux qu'il pouvait déployer lui-même, et il devint maréchal-de-camp lorsque son chef se rendit à Londres, au mois d'octobre. Le nouveau grade de M. du Boisguy redoubla son courage et son zèle, et lui fit refuser d'adhérer à la pacification de la *Mabilais.* Il donna, aux hommes de sa bande, le titre de *chasseurs du roi,* et se prépara à prendre Fougères par famine. M. de Puysaye étant de retour en Bretagne, M. du Boisguy se réunit encore à lui; leurs forces s'augmentèrent de quelques recrues parmi les émigrés qui avaient quitté l'Angleterre, et le 9 avril, ces chefs attaquèrent sans succès les républicains. Le 5 mai suivant, M. du Boisguy se jeta, mal accompagné, dans la forêt de Fougères : les républicains y étaient. L'un d'eux atteignit et démonta M. du Boisguy, qui eut le bonheur d'éviter un coup de pistolet, et le chagrin de voir celui qui l'avait tiré passer son sabre à travers du corps de l'aide-de-camp qui l'accompagnait. Ce républicain, qui croyait avoir tué le général du Boisguy, en reçut le prix à Fougères même. Ces détails ne sont point suspects ; ils sont tirés d'une Biographie que nous avons trop souvent l'occasion de démentir, et à laquelle nous allons encore emprunter non moins fidèlement un autre trait également remarquable : « Dans » une rencontre, le général du » Boisguy fut poursuivi par un ser- » gent-major républicain ; son che- » val refusant de sauter un fossé, il » l'abandonna, et courut à pied ; le » sergent se mit sur ses traces, et, » pendant trois quarts d'heure, il » fut à chaque instant près de l'at- » teindre. En vain, pour ralentir sa » poursuite, M. du Boisguy lui » jeta successivement son habit, » son écharpe, et même sa croix » de Saint-Louis ; sans l'appari- » tion de quelques paysans armés, » il n'aurait pu lui échapper. » Le général, poursuivi par le sergent, avait encore un moyen d'échapper à son ennemi, c'était de l'attendre, de lui faire face, et de le combattre. Il est probable que M. du Boisguy n'y songea pas. Après la pacification du général Hoche, M. du Boisguy vint habiter alternativement Paris et Senlis ; mais à la fin de 1813, la marche des événemens lui fit penser que son zèle pourrait s'exercer très-utilement cette fois, et il se rendit de nouveau dans les provinces de l'Ouest pour y soulever les habitans. Il entra dans l'organisation royaliste, et allait prendre les armes : la restauration vint l'arrêter dans ses projets. Il partit pour Rennes, où il distribua des secours accordés à ses compagnons. La présence de M. du Boisguy dans cette ville rappela des souvenirs qui ne lui concilièrent pas l'amour de tous les habitans, et il en acquit bientôt la preuve. Nous allons encore citer les propres expressions des biographes qui nous servent d'autorité : « M. » Bonnaire, préfet du départe- » ment, ainsi que les généraux » Frère et Bigarré, ne cessèrent » de représenter à M. le général » du Boisguy, qu'un plus long sé- » jour à Rennes serait dangereux » pour la tranquillité publique ; » qu'il fallait beaucoup de ména- » gemens pour calmer les esprits. » M. du Boisguy partit aussitôt pour Paris, avec l'intention de porter ses plaintes au ministre de la guerre. Sur ces entrefaites, Napoléon revint. M. du Boisguy tomba malade. Arrêté et déposé à la prison dite de la Force, M. du Boisguy y resta prisonnier jusqu'à la seconde restauration. En 1816, il fut employé en qualité de maréchal-de-camp, à Mézières, dans le département des Ardennes, sous le ministère de M. Clarke, duc de Feltre.

BOISJOLIN (Jacques-François-Marie-Vielh de). né à Alençon, en 1763, s'était fait connaître de bonne heure par des poésies fugitives qui annonçaient un homme de talent. Le poëme intitulé : *Les*

Fleurs, un fragment sur *la Pêche*, imité de Thompson, et une traduction de *la Forêt de Windsor* de Pope, lui avaient acquis déjà une certaine réputation quand la révolution éclata. Quoiqu'il n'ait pas pris une part très-active à cette révolution, il semble qu'elle ait absorbé l'emploi de toutes ses facultés. Il n'a publié depuis cette époque qu'un petit nombre de pièces; elles sont de peu d'étendue. En 1799, c'est l'année où il a été le plus fécond, après douze ans de silence, il a composé un *Hymne à la souveraineté du peuple*, et un *Chant funèbre à l'honneur des ministres français assassinés à Rastadt*. Cet effort fut suivi de douze ans de repos, au bout desquels M. de Boisjolin révéla de nouveau son existence dans *le Mercure*, où il fit imprimer une pièce intitulée : *L'affermissement de la quatrième dynastie, par la naissance du roi de Rome*. Ces divers ouvrages écrits d'un style pénible et maniéré, ne réalisent pas les espérances que les essais de M. de Boisjolin avaient fait concevoir. Le talent de ce versificateur s'applique plus heureusement aux idées d'autrui qu'aux siennes propres. Comme inventeur, M. de Boisjolin n'est pas fécond; il a besoin pour écrire avec succès qu'un autre ait pensé pour lui. Il a remplacé plusieurs fois M. de La Harpe dans la chaire du lycée de Paris; non pas comme professeur, car c'étaient les cahiers mêmes de M. de La Harpe dont il y faisait la lecture. Cette obligeance n'a pas empêché le rhéteur de traiter son vicaire avec quelque sévérité dans son *Cours de littérature*. En 1778, M. de Boisjolin a publié *l'Amour et l'Amitié ermites*, comédie en trois actes, qui n'a pas été admise au théâtre. Il a fourni plusieurs articles à divers recueils périodiques, et particulièrement au *Mercure* et à la *Décade philosophique*. M. de Fontanes, avec lequel il était lié dans sa jeunesse, lui a adressé une épître sur l'*Emploi du temps*, épître qui a fait plus d'honneur à celui qui l'a écrite, que de profit à celui à qui on l'écrivait. M. de Boisjolin a rempli pendant quelque temps les fonctions de chef de division au ministère des relations extérieures. Plusieurs biographies disent qu'il a été consul à l'étranger, sans dire quand, ni où; nous n'avons pu vérifier ce fait. Ce qu'il y a de certain, c'est qu'il a été quelque temps professeur d'histoire à l'école centrale du Panthéon; c'est qu'après la révolution du 18 brumaire, il a siégé au tribunat pendant deux ans, et que depuis il a été nommé sous-préfet à Louviers.

BOISLANDRY (Louis), était négociant à Versailles, lorsqu'en 1789 le tiers-état de la prevôté de Paris le nomma député aux états-généraux. Membre des comités ecclésiastique et de la constitution, il fit en leur nom, le 6 juillet 1790, un rapport où il démontrait la nécessité de forcer les évêques à la résidence dans leurs diocèses. Il combattit, quelque temps après, la proposition de Mirabeau sur une nouvelle émission d'assignats, et demanda que la dette publique fût éteinte au moyen de délégations nationales qui porteraient cinq pour cent d'intérêt.

Au mois de février suivant, il s'opposa à ce qu'on établît des taxes à l'entrée de chaque ville. Il provoqua le prompt examen du projet sur les droits de patentes ; et après la session, en 1792, il publia quelques *Considérations sur le discrédit des assignats.*

BOIS-SAVARY (Chauvin-Jacques-Auguste-Armand-Marie-de-Saint-Martin-de-Sauzaye de), n'est pas né en Espagne, comme une si grande quantité de noms pourrait le faire croire, mais en France, dans le département des Deux-Sèvres. Membre du corps législatif, il vota la déchéance de l'empereur Napoléon, accepta l'acte qui rappelait la famille des Bourbons; et réélu, en 1815, il fit partie de la minorité de la chambre de cette époque; en 1816, président du collège électoral de son département, il ne put exercer ces fonctions pour cause de maladie.

BOISSEL DE MONTVILLE (le baron), nommé pair de France par le roi en récompense des différens ouvrages qu'il a publiés tant sur l'économie politique que sur plusieurs autres parties de sciences. Ces ouvrages sont : une *Description des Atomes;* un *Mémoire de la Législation du cours d'eau;* enfin un *Voyage pittoresque de navigation, exécuté sur une partie du Rhône, depuis Genève jusqu'à Seyssel, afin de tirer par la marine des mâtures que peuvent fournir les mélèzes.*

BOISSET (Joseph), né à Montélimart, département de la Drôme, se montra dès le commencement de la révolution un des partisans les plus déclarés des idées nouvelles. Député par ce département à la convention nationale, il vota la mort du roi, et fut souvent entraîné dans des mesures outrées, que, soit défaut de lumières, soit faiblesse de caractère, il adoptait tantôt en faveur d'un parti, tantôt en faveur d'un autre. A Marseille, on le vit devenir l'instrument passif du tribunal populaire et du comité central; puis, après avoir obéi à leurs directions cruelles, s'échapper de la ville, et les désavouer une fois qu'il ne craignit plus d'être atteint. A Paris, à la société des jacobins, il proposa sérieusement de chasser des sections, *à coups de baton*, les *muscadins* et les *riches.* Dans le mois d'août 1793, il fit exécuter, avec une rigueur qui pouvait être excusable, la levée de la première réquisition. Il se prononça fortement pour la mise en jugement des girondins, et de la reine Marie-Antoinette. En janvier 1794, envoyé en mission à Nîmes, il y fit destituer le maire Courbis, surnommé le *Marat* du Midi. Pour ce dernier fait, la société populaire de cette ville dénonça Boisset aux comités de salut-public et de sûreté-générale, comme oppresseur des patriotes. Il eut la faiblesse de rejeter cet acte vraiment honorable, sur Bertrand et Langlois, agens du pouvoir exécutif, et se réconcilia ainsi avec les comités. Il revint à Paris, et proposa, le 6 thermidor an 2, dans une séance des jacobins, un projet de loi tendant à réprimer les abus de la presse. Après la révolution du 9 thermidor, étant en mission dans le département de l'Ain, il y mit en liberté quelques nobles;

mais pour détruire l'effet des dénonciations portées à ce sujet contre lui, il écrivait qu'il *donnait la chasse* aux prêtres réfractaires des départemens de l'Allier et de Saône-et-Loire. Boisset rentra à la convention dans le mois de pluviôse an 3, et ne tarda pas à être de nouveau envoyé à Lyon. C'était l'époque où la réaction exerçait dans cette ville les vengeances les plus affreuses, et Boisset parut les encourager au lieu de les réprimer. Rappelé par la convention, il s'éleva contre les royalistes et les sections de Paris. Après la session, il fit partie du conseil des anciens; se prononça, le 18 brumaire, contre le parti clichien, et fut nommé secrétaire du conseil, à la fin de l'an 6. Après la révolution du 18 brumaire, il se retira à Montélimart, où il est mort oublié.

BOISSET (N. Ségur de), frère du précédent, émigra en 1791. Entré au service d'Espagne, Ségur de Boisset défendit le fort Lamalgue à Toulon, contre Bonaparte, commandant l'artillerie. Après le 18 brumaire, il profita de l'amnistie accordée aux émigrés; mais bientôt il déplut au chef de l'état, qui le soupçonna de participer à des intrigues politiques: M. de Boisset fut mis et resta longtemps en surveillance dans le département du Gard.

BOISSI (A. Laus de). On a de lui : 1° *Mémoires de M*^*lle* *de Montpensier, corrigés et mis en ordre*, 4 vol. in-12, 1806; 2° *Histoire des amours de Louis XIV*, 5 vol. in-12, 1814. Ce dernier ouvrage, malgré l'inexactitude des faits, présente de l'intérêt et annonce des connaissances littéraires très-étendues. M. Laus de Boissy a encore fait paraître, dans les journaux du temps, quelques poésies fugitives.

BOISSIER (Pierre-Bruno). Nommé par le département du Finistère député suppléant à la convention nationale, il y entra après le procès du roi, et fit rendre des décrets sur les navires de transport, sur l'établissement des écoles de navigation et de canonnage maritime, enfin sur la solde des marins. Il fit partie, après la session de la convention, du conseil des cinq-cents, où il s'éleva contre le message du directoire relatif à l'organisation de la marine. Il fit ensuite déclarer que l'armée de Rhin-et-Moselle avait bien mérité de la patrie, et fit confier à une administration particulière la direction hydraulique des ports. M. Boissier parla encore dans d'autres circonstances, et fut nommé, après sa sortie du corps-législatif, en 1798, commissaire de la marine. En 1815, pendant le règne des *cent jours*, il présida, dit-on, le collége électoral de Nîmes.

BOISSIEU (Jean-Jacques de), naquit à Lyon en 1736. Destiné par ses parens à la carrière de la magistrature, il fit des études analogues à cette profession, et n'étudia le dessin que comme une partie agréable de l'éducation; mais cette étude devint bientôt son occupation principale, et ses parens furent forcés de céder au goût qu'il montrait pour les beaux-arts. Ils le mirent sous la direction de Frontin, peintre d'histoire assez habile, résidant alors à

Lyon. Les progrès de Boissieu furent rapides, et il imita bientôt avec succès le style des grands maîtres de l'école flamande, tels que Carle Dujardin, Van de Velde, Ruisdael, Rembrandt, etc. S'étant rendu à Paris, dans le dessein d'y perfectionner son talent, il se lia d'amitié dans cette ville avec Soufflot, Vernet, Greuse, et autres célèbres artistes. De retour à Lyon, il s'y livra principalement à la gravure : non à ce qu'on appelle le genre brillant et soigné, mais à un genre tout d'inspiration, où dominent le goût et l'esprit. Ce fut vers cette époque que M. le duc de La Rochefoucault, amateur éclairé des sciences et des arts, qui avait été à même d'apprécier les talens de Boissieu, lors du voyage de cet artiste à Paris, l'engagea à l'accompagner en Italie. Ce voyage fut très-avantageux à Boissieu, qui forma une collection précieuse de dessins d'après les chefs-d'œuvre de Raphaël, et des autres grands maîtres de l'école d'Italie. De retour dans sa ville natale, il se livra à la peinture avec une nouvelle ardeur; mais l'emploi journalier des couleurs délayées à l'huile altérant sa santé, déjà très-délicate, il se vit forcé, à son grand regret, de se borner à la gravure et aux compositions du dessin. Cette double partie des arts, encore si riche et si variée, lui mérita en peu de temps une telle réputation, que les amateurs de toute l'Europe, et les souverains même, s'empressèrent d'acquérir ses productions. Les estampes de Boissieu, dont un grand nombre est dans le genre de Rembrandt, sont d'un effet très-piquant, et touchées avec beaucoup de finesse et d'esprit. Ses dessins, à la manière des maîtres flamands, sont bien composés et d'un effet très-pittoresque. La pièce la plus remarquable qu'il ait donnée est *le Charlatan*, d'après Carle Dujardin. Son œuvre complet en gravure monte à 107 pièces. Boissieu mourut à Lyon, le 1ᵉʳ mai 1820, généralement regretté. Son Éloge historique, contenant le catalogue de ses ouvrages, par M. Dugas Montbel, a été imprimé in-8°, à Lyon, en 1820.

BOISSIEU (Pierre-Joseph-Didier), était homme de loi à Saint-Marcellin, et administrateur du département de l'Isère, lorsqu'il fut nommé député suppléant à l'assemblée législative. Membre de la convention nationale, il refusa de voter comme juge dans le procès du roi. « Législateur, dit-il, je vote pour l'appel au peuple, » si la peine est la mort. » Il se prononça ensuite pour la détention et le bannissement à la paix. Peu orateur, menant une vie dissipée, n'ayant pas tout le courage nécessaire à cette époque, Boissieu garda le silence jusqu'après la chute de Robespierre. Alors il contribua à la destruction de l'espèce de culte rendu à Marat ; demanda la suppression du calendrier républicain ; fit rejeter la proposition de forcer les émigrés qui poursuivaient leur radiation à se constituer prisonniers ; enfin dans le courant de brumaire an 4, il s'éleva contre le recensement des citoyens qui avaient défendu la convention au 13 vendémiaire. Après l'établissement de la constitution de l'an 3, Boissieu donna sa démission de membre du conseil des cinq-cents, et rentra dans la vie privée.

BOISSONADE (JEAN-FRANÇOIS), né, le 12 août 1774, à Paris, est connu dans le monde savant comme un des hellénistes français les plus distingués. Nommé secrétaire-général de la préfecture de la Haute-Marne, en 1801, il donna bientôt sa démission de cette place pour se livrer entièrement à la culture des lettres. Il vint à Paris, et fut pendant long-temps rédacteur au *Journal de l'Empire*, chargé spécialement des articles de grammaire française et de littérature grecque et latine. En 1809, il fut nommé professeur adjoint de littérature grecque à l'académie de Paris, et professeur titulaire à la fin de 1812. La même année, il entra à la troisième classe de l'institut, ayant succédé, à l'académie comme à l'institut, au savant Larcher. En 1814, le roi lui accorda la décoration de la légion-d'honneur. M. Boissonnade, nommé membre de l'académie des inscriptions, le 21 mars 1816, a fait paraître un assez grand nombre d'éditions d'ouvrages grecs et latins, et a coopéré à la publication de plusieurs autres. Il a fourni des articles au *Mercure*, au *Magasin encyclopédique*, et à la *Biographie universelle*. Il s'occupe depuis plus de dix ans d'un Dictionnaire de la langue française, où les étymologies ne seront pas oubliées.

BOISSY-D'ANGLAS (FRANÇOIS-ANTOINE, COMTE). Au milieu de tant de noms que l'injustice, la violence, le fanatisme ou l'ambition condamnent à la célébrité, la récompense du biographe est d'avoir, de loin en loin, à retracer une vie glorieuse et sans tache, uniforme dans sa vertu et dans sa dignité, féconde pour les lettres et pour la patrie : telle est la vie de M. Boissy-d'Anglas. Dans le cours d'une longue et terrible révolution, il donna l'exemple de tous les genres de courage, et offrit le modèle de toutes les vertus. Littérateur distingué, orateur tel que le définit Quintilien, habile à bien dire et à bien faire, philosophe digne de l'amitié de Malesherbes, homme d'état citoyen, patriote sans frénésie, ami de l'ordre sans pusillanimité, on le compte encore aujourd'hui, après trente ans de lutte et de combats contre les passions déchaînées sur la France, au premier rang des défenseurs de cette liberté constitutionnelle que la révolution a si douloureusement enfantée. M. Boissy-d'Anglas est né le 8 décembre 1756, à Saint-Jean-Chambre, près d'Annonay, département de l'Ardèche. Inscrit sur la liste des avocats au parlement de Paris, sans avoir jamais exercé cette honorable profession, et maître-d'hôtel ordinaire de MONSIEUR, aujourd'hui Louis XVIII, il s'occupa exclusivement de littérature jusqu'au moment où la révolution éclata. Un style noble, que distinguaient une onction et une pureté rares, fit remarquer ses premiers essais. Les gens de lettres les plus distingués de la capitale étaient alors en correspondance avec lui. Membre des académies de Nîmes, Lyon, la Rochelle, et correspondant de l'aca-

Le Comte Boissi d'Anglas.

Houdon. Fremy del. et Sculp.

démie des inscriptions et belles-lettres, il adressa plusieurs excellens écrits à ces différens corps littéraires. Député, à 33 ans, aux états-généraux, par la sénéchaussée d'Annonay, il fut le premier qui déclara que le tiers-état seul constituait la véritable *assemblée nationale*. Plusieurs ouvrages, qu'il publia vers la même époque, respirent le plus noble amour d'une sage liberté. Cependant, s'il fallait en croire certains biographes, l'auteur de ces mêmes écrits aurait fait l'éloge public des journées du 5 et du 6 octobre. Ce fait est notoirement faux. Une seule fois M. Boissy-d'Anglas a parlé de ces funestes journées, pour leur appliquer les célèbres paroles du chancelier de l'Hôpital : *Excidant illæ dies!* Nommé procureur-général-syndic du département de l'Ardèche, après la séparation de l'assemblée constituante, il fit, avant d'accepter cette place, une profession de foi politique, qui fut imprimée dans le *Moniteur*, et dont il a rigoureusement tenu l'honorable promesse. Son courage, son zèle, sa justice, maintinrent la tranquillité dans l'Ardèche; et pendant son séjour dans ce pays, il composa plusieurs ouvrages, non moins remarquables par l'amour de l'ordre que par l'énergie du patriotisme. Il fut nommé député à la convention nationale. Peu de temps avant de partir pour sa destination, cinq prêtres, arrêtés par une troupe de militaires furieux, eussent été égorgés, si M. Boissy-d'Anglas ne les eût fait arracher aux sabres levés sur eux, et conduire en prison. Mais les soldats irrités ne voulurent pas se laisser enlever leurs victimes. Ils se portèrent en foule vers la prison, dont ils essayèrent de briser les portes. Alors M. Boissy-d'Anglas, se plaçant devant le seuil, et ralliant autour de lui plusieurs bons citoyens, défendit long-temps, et au péril de sa vie, l'accès de cet asile : la lutte dura dix heures consécutives. Grâce à M. Boissy-d'Anglas, le sang de ces prêtres ne fut pas versé, et ils furent remis en liberté la nuit suivante : noble action, que les biographes calomniateurs se sont bien gardés de rapporter. Elle se trouve consignée dans tous les journaux du temps, et dans les *Éphémérides* de MM. Noël et Planche. Ces derniers se sont trompés sur le lieu de la scène, qu'ils placent à Pézenas; c'est à Annonay qu'elle s'est passée. Dans le procès de Louis XVI, M. Boissy-d'Anglas vota l'appel au peuple, la détention et le sursis. Après le 9 thermidor, il saisit toutes les occasions de réparer les nombreuses injustices dont l'autorité s'était souillée, proposa le premier l'abolition des confiscations et la restitution des biens des condamnés, fit un rapport plein d'intérêt sur les fêtes nationales et sur la liberté des cultes, réclama la mise en liberté du célèbre peintre *David*; et en sa qualité de membre du comité de salut public, et chargé de la partie des subsistances, il s'occupa des approvisionnemens de la capitale. Le peuple, à qui le pain manquait, ou à qui l'on faisait croire qu'il allait manquer, se persuada aisément que l'auteur de rapports si nombreux sur les blés et sur les vivres, était le premier auteur de la disette qu'il prévoyait ou dont on le menaçait. Le 1ᵉʳ avril 1795, les portes de la convention furent forcées, et au moment où M. Boissy-d'Anglas lisait un nouveau rapport sur les subsistances, une foule d'individus de tout sexe et de tout âge se précipitant dans la salle, l'interrompent par leurs cris : *Du pain! du pain! La constitution de* 93! Une cloche placée sur le lieu des séances sonna le tocsin, et la foule, ignorant ce qu'elle voulait elle-même, s'écoula. M. Boissy-d'Anglas continua son rapport. Un mois se passa dans le tumulte et dans les troubles. Chaque jour, la générale battait dans les rues. Enfin, la journée de prairial eut lieu. La convention fut investie; des femmes s'y précipitèrent en poussant des cris horribles. En vain le président Vernier cherche-t-il à leur faire entendre quelques paroles raisonnables. André Dumont le remplace et quitte bientôt le fauteuil. La force armée repousse le peuple; le choc est épouvantable, et le peuple l'emporte. Des hommes armés remplissent la salle, et les plus affreuses imprécations retentissent. Alors M. Boissy-d'Anglas se place au fauteuil. Kervélégan tombe à ses pieds, blessé de plusieurs coups de sabre. On égorge Féraud dans les corridors; et sa tête, mise au bout d'une pique, est promenée dans les rues. Vingt fusils sont dirigés sur le président, qui reste immobile et calme. Enfin, une nouvelle troupe armée entre en battant la charge, et rapporte la tête de Féraud, qui est présentée à M. Boissy-d'Anglas.

Devant ces reliques d'une victime, il s'incline avec respect. Cependant la force armée refoule cette multitude, qui s'élance par les fenêtres, par les tribunes, et finit par évacuer la salle. Le lendemain, quand M. Boissy-d'Anglas entra dans la salle, d'unanimes applaudissemens l'accueillirent, et l'un des membres de la convention (Louvet) fut chargé de lui voter des remercîmens, au nom de la patrie. La gigantesque et monstrueuse histoire de ces temps offre peu d'exemples d'un héroïsme aussi calme, aussi ferme, aussi élevé que celui de M. Boissy-d'Anglas, menacé de toutes parts, et ayant devant lui la tête de son collègue assassiné. Après une telle action, les plus beaux discours et les plus beaux succès oratoires disparaissent. M. Boissy-d'Anglas en obtint un grand nombre, dont nous nous contenterons de citer les plus remarquables : tel est son rapport sur la constitution de l'an 3, tel est encore cet éloquent discours (27 août) sur la *situation politique de l'Europe*, discours dont l'assemblée enthousiasmée ordonna l'impression et la traduction dans toutes les langues. En faisant passer à l'ordre du jour sur la proposition de faire arrêter certains députés, et d'examiner leur conduite, il montra cette générosité bienveillante qui est commune à tous les actes de sa vie. Le 2 septembre suivant, il demanda des statues pour les grands hommes qui ont honoré la France. Le 1ᵉʳ octobre 1795, il vota la réunion de la Belgique à la France. Quelque temps après, des doutes s'élevèrent sur le patriotisme de l'homme pour qui ce mot eût dû être créé, s'il n'eût pas existé dans la langue. Son nom se trouvait dans la correspondance interceptée de Lemaître : on semait sur son compte les bruits les plus singuliers. Cependant il entra au conseil des cinq-cents, dont il devint bientôt secrétaire. Il appuya quelque temps après la demande de la femme de Billaud-Varennes et de celle de Collot-d'Herbois, qui réclamaient la mise en liberté de leurs maris. Parmi ses nombreux travaux à cette assemblée, les plus remarquables sont ceux qui ont rapport à la liberté de la presse, qu'il défendit constamment et dans sa plus grande extension. On reconnut l'homme courageux et indépendant, lorsqu'on l'entendit reprocher ouvertement au directoire d'avoir soudoyé les journalistes et corrompu l'opinion publique. On reconnut le philosophe, l'ami de l'humanité, quand il s'éleva avec force contre les jeux et la loterie. « Mercier, dit-il alors (en s'adressant à ce député, qui votait en faveur du rétablissement de cet impôt prélevé sur l'espérance et la cupidité de la misère), » j'en appelle de toi, membre du » conseil des cinq-cents, à toi, au- » teur du Tableau de Paris. » Il combattit avec non moins de courage pour la liberté des cultes, pour les émigrés rentrés, pour les journalistes et la liberté des journaux. Réélu en 1797, il fut compris par le directoire, qu'il avait attaqué sans ménagement, dans la déportation du 18 fructidor an 5 (4 septembre 1797). Mais, ayant eu le bonheur de se soustraire à cette persécution, il passa deux ans loin des orages de la vie politique. Après la révolution du 18 brumaire an 8 (9 novembre 1799), il sortit de ce calme pour remplir les fonctions de tribun, auxquelles il était appelé par le général Bonaparte, devenu premier consul, et fut élu président le 24 novembre 1803. La même année, il devint membre du nouveau consistoire de l'église réformée de Paris, fut nommé sénateur le 17 février 1805, et commandant de la légion-d'honneur. L'année suivante, il complimenta Napoléon sur la paix de Presbourg; et le 6 novembre 1809, il le félicita de nouveau à l'occasion de la paix de Vienne. Le 8 décembre, il fut présenté à l'empereur, par le sénat, comme candidat à une sénatorerie; mais il ne fut point nommé. Au mois de février 1813, lorsque les étrangers faisaient une irruption en France, Napoléon le nomma commissaire extraordinaire dans la 12me division militaire, dont le chef-lieu est la Rochelle, et le chargea de prendre les mesures de salut public qu'il jugerait nécessaires. M. Boissy-d'Anglas s'acquitta avec modération de cette mission importante; et deux mois après, au commencement d'avril, il donna son adhésion aux actes du sénat pour le rétablissement de la maison de Bourbon. Le 4 juin 1814, il fut nommé, par le roi, pair de France; et le mois suivant, il fit partie du comité des pétitions de la chambre. Napoléon, quelque temps après son retour de l'île d'Elbe, lui donna une nouvelle mission pour les départemens méridionaux. Au mois d'avril 1815, M. Boissy-d'Anglas parcourut successivement les départemens de la Gironde, des Landes et des Basses-Pyrénées, puis revint à Paris, après avoir réorganisé les autorités administratives de ces départemens dans le sens de la révolution qui venait de s'opérer. Le 2 juin, il fut nommé, par Napoléon, membre de la chambre des pairs, où il montra constamment autant de sagesse que de modération. Il s'opposa à ce que les lois fussent faites avec précipitation; il empêcha l'abolition du mode de voter par scrutin secret, et obtint que toutes les pétitions adressées à la chambre seraient renvoyées à une commission. Après le désastre de Waterloo, les chambres s'étant déclarées en permanence, le 21 juin, sur la proposition du général La Fayette, M. Boissy-d'Anglas demanda qu'on votât, sans désemparer, sur un message de la chambre des représentans, contenant résolution de déclarer traître à la patrie quiconque tenterait de dissoudre la représentation nationale. Le lendemain 22, après l'abdication de Napoléon, il combattit la proposition du colonel La Bédoyère et de Lucien Bonaparte (*voyez* ces deux noms), tendante à proclamer sur-le-champ empereur le fils de Napoléon, et il fit organiser un gouvernement provisoire. Le 26, il attaqua avec force un projet de résolution présenté par ce gouvernement, et déjà adopté par la chambre des représentans, contenant des mesures de sûreté générale, et il parvint à le faire modifier par de nombreux amendemens. Il présenta ensuite le projet d'une loi complète sur la liberté individuelle. Les seize articles qui le composaient assuraient les moyens de maintenir l'ordre et la tranquillité publique, sans porter atteinte à la liberté des citoyens. Tout excès, toute détention arbitraire, étaient scrupuleusement évités; la situation des détenus était améliorée : nulle rigueur indispensable n'était tolérée contre eux; et ils étaient, dès le principe, ainsi que leurs parens ou défenseurs, informés des causes de l'emprisonnement. Mais ce projet, vraiment philanthropique, fut rejeté en l'absence de M. Boissy-d'Anglas, que le gouvernement provisoire venait de nommer un des commissaires chargés de porter au général Blücher la proposition d'un armistice. Ayant fait partie de la chambre des pairs qui avait siégé pendant les *cent jours*, M. Boissy-d'Anglas fut d'abord éliminé de la chambre convoquée au second retour du roi; mais, le 17 août suivant, il y fut réintégré. Le 21 mars 1816, il a été porté sur la liste des membres de l'académie des inscriptions et belles-lettres. Lors de la discussion du projet de loi relatif à la liberté de la presse, M. Boissy-d'Anglas fut un de ceux qui, dans la séance du 20 janvier 1818, demandèrent l'application du jury aux délits de la presse. Dans la discussion sur le projet de loi relatif à la banque de France, il dit que les intérêts du trésor et ceux de la banque devaient être entièrement séparés, et proposa en conséquence pour amendement, que le ministre des finances ne pût, en aucun cas, exiger de la banque ni prêt, ni escompte, ni emploi de fonds. Le 14 mai, jour fixé par la chambre des pairs pour la discussion du budget, étant arrivé, M. de Châteaubriand fit observer que toute discussion devenait superflue, puisque aucun amendement ne pouvait être introduit dans la loi, la chambre des députés n'étant plus assez nombreuse pour délibérer. M. Boissy-d'Anglas attribua cet inconvénient à ce qu'on n'accordait aucune indemnité aux députés des départemens. Il en résulterait, dit-il, qu'on ne verrait plus dans la chambre des députés que des ministres, des conseillers-d'état, des procureurs-généraux et les plus riches propriétaires. Il ajouta qu'il proposerait, dans la session suivante, d'allouer 18 francs par jour à ceux des députés qui ne recevaient pas du gouvernement un traitement annuel de 12,000 francs. Il combattit la proposition de M. Barthélemi, qui tendait à modifier la loi sur les élections. Dans les premiers jours de février 1819, il appuya la proposition de M. de Lally-Tolendal, tendant à supplier le roi de décerner, à M. le duc de Richelieu, une récompense nationale. M. Boissy-d'Anglas fit un rapport plein d'intérêt sur le droit d'aubaine et de détraction, et, à la suite d'une discussion lumineuse, il fit prononcer l'abolition de ce droit tyrannique. Au mois de mai suivant, dans la discussion du projet de loi relatif à la poursuite et au jugement des crimes commis par la voie de la presse, ou par tout autre moyen de publication, M. Boissy-d'Anglas combattit l'article 2 de ce projet, portant qu'en cas d'offense envers les chambres, les poursuites ne pourront avoir lieu qu'autant qu'elles auront été autorisées par la chambre qui se croira offensée. Mais l'article fut maintenu, malgré les réclamations de M. Doulcet de Pontécoulant, qui partageait l'opinion de M. Boissy-d'Anglas. M. Boissy-d'Anglas n'est pas moins recommandable comme littérateur que comme législateur. Mais de tous ses ouvrages, celui qui le fait connaître le mieux, et qui sans doute lui est le plus cher, est intitulé *Recherches sur la vie, les écrits et les opinions de M. de Malesherbes* (2 vol. et un supplément). Les descendans de M. de Malesherbes sont les seuls Français qui n'aient pas accordé leur approbation à ce travail, où les droits de leur vénérable aïeul à l'admiration des siècles sont prouvés par ses actions et ses ouvrages. Les autres ouvrages de M. le comte Boissy-d'Anglas sont: 1° *A mes concitoyens*, 1790, in-8°; 2° *Observations sur l'ouvrage de Calonne*, intitulé : *de l'état de la France présent et à venir*, 1791, in-8°; 3° *Deux Mots sur une question jugée, ou Lettre de M. de La Galissonnière*, 1791, in-8°; 4° *Quelques Idées sur la liberté, la révolution et le gouvernement républicain*, 1792, in-8°; 5° *Boissy-d'Anglas à G. T. Raynal*, 1792, in-8°; 6° *Essai sur les Fêtes nationales*, an 2, in-8°; 7° *Discours préliminaire au projet de constitution* (de l'an 3), 1795, in-8°; et enfin une notice sur *Florian*, avec lequel l'auteur était lié de la plus tendre amitié, comme l'atteste le recueil des lettres en tête duquel se trouve cette pièce.

BOISTE (PIERRE-CLAUDE-VICTOIRE), littérateur et lexicographe, est né à Paris, en 1765. Il est du petit nombre des hommes qui n'ont cherché la célébrité que dans l'utilité. Il a composé les ouvrages suivans: 1° *Dictionnaire universel de la Langue française*, extrait comparé des dictionnaires anciens et modernes, 1800, in-8°. Cet ouvrage a toujours été en s'améliorant, et a eu cinq éditions successives. La plus nouvelle, celle de 1819, est non-seulement la meilleure, mais c'est peut-être le dictionnaire le plus complet qui ait été fait en aucune langue. L'énumération des matières qu'il renferme peut seule donner une idée des recherches auxquelles l'auteur s'est livré, et des connaissances qu'il possède; il y traite de tout: c'est le dictionnaire des dictionnaires. Il est inconcevable qu'un seul homme ait pu suffire à un travail si étendu! A chaque mot nouveau, inséré dans ce dictionnaire, se trouve le nom de celui qui l'a créé ou employé. On rapporte que dans l'édition de 1803, le nom de *Bonaparte* étant à la suite de l'article SPOLIATEUR, la police manda l'auteur, et lui fit mettre un carton où le nom de *Frédéric-le-Grand* remplaça celui de *Bonaparte*. Si le fait est vrai, la police était encore bien audacieuse de lui substituer le patron qu'il avait choisi. 2° *Grammaire universelle*, pour faire suite au dictionnaire, dont elle forme la seconde partie, 1820, in-8°. 3° *Dictionnaire de Littérature et d'Eloquence*. Cet ouvrage, annoncé par souscription en 1821, doit former la troisième partie du premier dictionnaire. 4° *L'Univers*, poëme en prose et en douze chants, suivi de notes et d'observations sur le système de Newton et la théorie physique de la terre, 1801, in-8°. La 3ᵐᵉ édition a paru sous le titre de *L'Univers délivré, narration épique*, 1805, 2 vol. in-8°. 5° *Dictionnaire de Géographie universelle*, 1806, in-8°, avec un *Atlas* in-4°. C'est une édition plus complète du *Dictionnaire géographique* que Ladvocat avait donné sous le nom de *Vosgien*, et comprenant en outre la *géographie ancienne*.

BOIVIN (JACQUES-DENIS), né à Paris, le 28 septembre 1756, s'enrôla dès l'âge de quinze ans dans le régiment des Dragons du Roi, comme simple soldat. N'ayant pu obtenir aucun avancement, il se retira du service le 26 mars 1779; mais l'amour de la liberté le rendit à l'état militaire. Le 13 juillet 1789, il entra dans la garde nationale parisienne, et ne tarda pas à voir son zèle récompensé. Successivement nommé capitaine, chef de bataillon dans la ligne, adjudant-général, il passa dans la Vendée, sous le général Biron, et fit plusieurs actions d'éclat devant Saumur, Pont-de-Cé, Martigny, Vic et Parthenay. En 1794 (an 2), promu au grade de général de brigade, il fut appelé au commandement de Nantes, où il sut allier à la fermeté la prudence et la modération. En l'an 3, il se rendit à l'armée des côtes de Brest, et rejoignit ensuite celle de Cherbourg. Dans la journée du 13 vendémiaire an 5, il fut du nombre des généraux que le comité de salut public avait mis à la tête des troupes destinées à agir contre l'insurrection des sections de Paris. En l'an 6, après avoir servi à l'armée du Rhin, il fit avec honneur la campagne d'Italie. L'année suivante, sa brigade, devant Schwitz, en Helvétie, s'empara d'un drapeau et de 4 pièces de canon, fit à l'ennemi 1000 prisonniers, et le força d'abandonner ses positions. En l'an 8, à l'époque du 18 brumaire, il agit de concert avec le général en chef Bonaparte. Les campagnes de l'an 9, ainsi que les suivantes, lui fournirent l'occasion de déployer de nouveau ses talens et sa bravoure. En 1813, il demanda et obtint sa retraite.

BOIZOT (Louis-Simon), fils d'Antoine Boizot, peintre, membre de l'académie et dessinateur à la manufacture des Gobelins, avait obtenu, à 19 ans, le premier prix de sculpture. Il eut pour maître Michel-Ange Slotz, sculpteur distingué. Boizot donna des formes gracieuses à ses compositions, mais point assez de variété. Il n'étudia pas suffisamment la nature, ou plutôt il manqua d'inspiration. Boizot eut du talent, et n'eut point de génie. Ses productions, qui intéressent et occupent d'abord agréablement l'attention, perdent insensiblement à l'examen, parce qu'elles sont généralement uniformes dans les poses et l'expression des figures, et incorrectes dans le dessin. L'observateur ainsi trompé devient d'autant plus sévère, que sa première impression n'est pas confirmée. Né en 1743, Boizot fut reçu à l'académie en 1778. La révolution ne l'empêcha point de cultiver son art; il travailla pour différens monumens, et fut attaché en qualité de professeur aux écoles impériales. Il mourut le 10 mars 1809, âgé de 66 ans. La belle statue dorée représentant la *Victoire,* qui couronne la fontaine de la place du Châtelet, est regardée comme son chef-d'œuvre. Il a aussi sculpté les quatre figures de femmes qui ornent ce monument. Le *Méléagre,* son morceau de réception à l'académie, est estimé. On lui doit en outre les statues de *Joubert,* de *Daubenton,* de *Joseph Vernet* et de *Julien,* placées au château de Fontainebleau et au corps-législatif, ainsi que celle de *Racine,* qui décore le vestibule de l'institut. Il a composé les modèles de vingt-cinq panneaux fondus en bronze pour la colonne de la place Vendôme. Ce sculpteur méritait d'être plus connu; s'il fût né il y a quelques siècles à Milan ou à Florence, il eût semblé digne de notre admiration, et l'on eût mieux apprécié, sans toutefois se taire sur ses défauts, l'élégance, la grâce, l'heureuse mollesse qui caractérisent son ciseau. Contemporain d'artistes célèbres, il ne put être en première ligne; et d'ailleurs ne peut-on pas penser que les Français, si riches de talens admirables dans tous les genres, sont *peu curieux,* comme disait autrefois Tacite, *de leur propre gloire et des talens qui leur appartiennent?*

BOLDONI (Cajetan), a professé quelque temps, avec succès, à l'Athénée de Paris. Il était, sous le gouvernement impérial, traducteur du Bulletin des lois, pour les départemens italiens, et secrétaire interprète des langues étrangères à la cour de cassation. Outre sa *Grammaire italienne* (1788), il a publié *la Costituzione francese* (1792), ouvrage qui n'a pas peu contribué à répandre en Italie ces germes de liberté que les baïonnettes du Nord ne parviendront peut-être pas à détruire.

BOLIVAR (Simon), général en chef des indépendans de Vénézuéla, et président de la république de Colombia, naquit d'une famille distinguée, à Caracas, vers l'année 1785. Il fut du petit nombre des habitans des colonies espagnoles auxquels on permettait de passer en Europe. Après avoir fait ses études à Madrid, il se rendit en France. L'agrément de ses manières, et d'autres avantages personnels, lui valurent à Paris des succès de société; mais au milieu des plaisirs, son imagination ardente et forte lui faisait déjà pressentir ce qu'il pourrait entreprendre un jour dans sa patrie : à l'âge de 22 ou 23 ans, il se promettait de la rendre indépendante. Il est des hommes qui ne considèrent pas comme une prérogative, mais comme un moyen, leur naissance ou leurs richesses ; ils n'ont besoin que d'un nouveau sourire de la fortune pour accomplir de grands desseins, ou du moins pour les seconder généreusement, si d'autres ont eu l'honneur des premiers efforts. Durant son séjour à Paris, Bolivar s'occupa surtout à acquérir les connaissances nécessaires au guerrier comme à l'homme d'état, et il forma des liaisons propres à l'affermir dans ses espérances. Il eut aussi pour amis MM. de Humbolt et Bompland ; il voyagea avec eux ; et pour achever de s'instruire, il parcourut l'Angleterre, l'Italie et une partie de l'Allemagne. A son retour à Madrid, Bolivar épousa la fille du marquis d'Ustariz. Peu de temps après, il passa en Amérique, et il s'y trouvait au moment où ses compatriotes, fatigués de l'administration de la métropole, résolurent d'arborer l'étendard de l'indépendance. Bolivar réunissait les avantages les plus propres à le placer un jour à la tête de la révolution de Caracas; mais n'approuvant pas le système adopté par le congrès de Vénézuéla, il ne voulut point se rendre en Angleterre avec don Lopez Mendez pour les intérêts du nouveau gouvernement : il s'éloigna même des affaires, mais sans cesser d'être au nombre des amis de la liberté. Cependant, en 1812, au mois de mars, un tremblement de terre désola toute la province, et détruisit entre autres villes celle de Caracas, ainsi que les munitions et les magasins d'armes qu'on y avait établis. De nouveaux troubles suivirent cette catastrophe qui avait coûté la vie à près de 20,000 personnes, et qui était devenue aussitôt le sujet des déclamations d'un zèle peu désintéressé. Des prêtres, qui se flattaient de ramener à l'ancien ordre de choses un peuple superstitieux, alléguaient le courroux du ciel, et ne manquaient pas de faire observer que le jour du désastre avait été l'anniversaire du jour de l'insurrection. Les esprits cré-

Simon Bolivar
Généralissime des Indépendans.

dules furent déconcertés ou subjugués par ces prédications insidieuses; la division acheva d'affaiblir les indépendans; et le général espagnol Monteverde, qui se hâta de les attaquer dans ces tristes conjonctures, remporta sur eux plusieurs avantages. Le danger de la patrie ne permettait plus à Bolivar de rester dans l'inaction : il se rendit auprès du général Miranda, qui, du temps de Dumouriez, avait combattu dans les rangs de l'armée française, et servait encore dans un autre hémisphère la cause de la liberté; mais ce général éprouva des revers, et se vit réduit à rétrograder jusqu'à Vittoria. Bolivar lui-même ne fut pas heureux dans ses premières tentatives. Il avait obtenu, avec le grade de colonel, le commandement de Puerto-Cabello; mais il fallut évacuer cette ville pour en éviter la ruine : elle se voyait menacée d'une destruction totale par des prisonniers qui avaient réussi à s'emparer de la citadelle munie d'artillerie. La perte d'un poste si important fit une grande impression sur l'armée, sans affaiblir toutefois l'ascendant de Bolivar. On obtint pour lui du congrès de la Nouvelle-Grenade, le commandement d'un corps de 6,000 hommes, avec lesquels, traversant les montagnes de Tunza et de Pamplona, il arriva jusqu'aux limites de la Nouvelle-Grenade, sur les bords de la Tachira. Après avoir défait quelques partis royalistes, il marcha sur Ocana, pour pénétrer de ce côté dans le pays de Vénézuela. Son lieutenant Rivas lui amena des renforts accordés par le congrès de la Nouvelle-Grenade; alors il attaqua l'ennemi à Cucuta, le mit en déroute, et envoya vers Guadalito un détachement conduit par don Nicolas Briceno. Après y avoir fait des levées, ce colonel s'empara de la province de Barinas. En même temps, Bolivar, vainqueur à Grita, occupa le département de Mérida. Cependant Briceno, défait par les royalistes, tomba entre leurs mains avec sept de ses officiers. C'est alors que les Espagnols adoptèrent contre leurs propres colonies ce cruel système de guerre dont ils avaient donné l'exemple en Europe, sous prétexte que tout est permis pour repousser l'agression. Tilcar, gouverneur de Barinas, fit fusiller ces prisonniers, ainsi que plusieurs habitans qui appartenaient aux meilleures familles, mais qui étaient accusés d'intelligence avec les indépendans. Ces assassinats indignèrent Bolivar, qui jusqu'alors avait fait la guerre avec beaucoup de modération; il jura de venger son frère d'armes Briceno; il déclara que tous les royalistes qui tomberaient entre ses mains seraient livrés à la vengeance du soldat. Mais cette prétendue justice, cette justice inexorable, n'était point dans son caractère; et l'on assure qu'il ne réalisa de telles menaces que dans une seule circonstance, où le salut des siens lui parut l'exiger. Son armée se grossissait tous les jours, il crut devoir la partager; il confia l'un de ces deux corps à Rivas; et à la tête de l'autre, il se porta sur Caracas, en traversant le pays de Truxillo et de Barinas. Après divers engagemens, dont l'issue leur avait été favorable, ces deux chefs furent attaqués à Gestaguanes par l'élite des troupes de Monteverde, et le combat fut opiniâtre; mais la cavalerie espagnole passa du côté des indépendans, ce qui décida aussitôt la victoire. Suivi des débris de son armée, Monteverde se réfugia dans Puerto-Cabello. Bolivar poursuit ses avantages, se présente devant Caracas, et cette ville capitule d'après l'avis d'une junte assemblée précipitamment. Bolivar n'impose point de dures conditions; il annonce que nul ne sera inquiété pour ses opinions, et que même ceux qui voudront se retirer pourront emporter ce qu'ils possèdent. Mais tandis que Bolivar entre dans la ville, le gouverneur, abandonnant au ressentiment du vainqueur 1,500 royalistes, s'évade et s'embarque pour la Guayra. Monteverde lui-même affecte, malgré les circonstances, une hauteur bien propre à hâter l'entière défection des colonies; il refuse de ratifier le traité qu'on lui présente, et dit que *ce serait déroger à la dignité de l'Espagne que de traiter avec ces rebelles*. Par une fierté mieux entendue, le général *rebelle* dédaigna de venger cette insulte particulière. Il fut reçu avec enthousiasme à Caracas le 4 août 1813. Dans les provinces de l'est, un autre chef indépendant, Marino, n'avait pas moins de succès, et tout le pays de Vénézuèla, à l'exception de Puerto-Cabello, leva l'étendard de la liberté. Bolivar, ne voyant dans ses derniers succès qu'une facilité de plus pour suivre ses généreux sentimens, fit proposer à Monteverde l'échange des prisonniers. Bien que le nombre n'en fût pas égal, l'orgueil espagnol ne profita point de cette offre. Monteverde, ayant reçu des renforts, aima mieux attaquer les républicains près d'Agua-Caliente; il échoua entièrement; la plupart des siens y périrent, et ce ne fut pas sans peine qu'on le sauva lui-même, et qu'on le transporta grièvement blessé jusqu'à Puerto-Cabello. Bolivar avait espéré que la victoire avancerait le terme des calamités de la guerre; il envoya vers les royalistes un nouveau parlementaire, et il choisit Salvador Garcia, homme vertueux que tous les partis devaient respecter. Mais le nouveau général royaliste, Salomon, avait hérité des maximes impolitiques et de l'humeur farouche de son prédécesseur; il fit mettre aux fers ce prêtre vénérable, et le plongea dans les cachots : on eût dit que les Espagnols s'efforçaient d'aigrir les esprits, et de rendre plus cruelle une guerre dont ils devaient éprouver en dernier résultat les principaux désastres. Puerto-Cabello, vivement attaqué par terre et par mer, ne tarda pas à se rendre ; ce succès fut dû principalement au jeune d'Eluyar, que le général en chef avait chargé des opérations du siége. Il ne put lui-même réduire la citadelle, elle rejeta toute capitulation; et cependant on y éprouvait des maladies, on y manquait de vivres, et l'on n'espérait point de secours. Cette belle résistance décida Bolivar à la tenir seulement investie, et à ne pas risquer un assaut trop meurtrier. Durant ce siége, un bataillon attaqué par un parti de royalistes avait mérité les reproches de Bolivar, qui même avait jugé à propos de le désarmer; peu de temps après, ce bataillon voulant recouvrer son honneur, s'arma de piques, et se précipitant sur les ennemis, leur prit les armes dont il manquait lui-même. Ce fait illustra la journée d'Araure, et en général cette campagne contribua beaucoup à faire triompher la cause des indépendans. Mais peu s'en fallut que celui à qui on devait les succès ne vît alors le terme de son influence. Il avait reçu du congrès de la Nouvelle-Grenade l'ordre de rétablir le gouvernement civil dans la province de Caracas; mais soit qu'il crût cette mesure dangereuse et prématurée, soit que l'attrait du pouvoir suprême le séduisît un moment, il refusa de déposer alors l'espèce de dictature qu'on lui avait confiée quand les circonstances avaient exigé des moyens prompts, ou même rigoureux. Comme dans toutes les républiques naissantes, les habitans de la province de Caracas étaient jaloux d'une liberté qui leur avait coûté de grands sacrifices : ils n'avaient pas vu sans défiance qu'on laissât à Bolivar une autorité dont ses lieutenans se servaient quelquefois d'une manière propre à redoubler les craintes; et bien que le général n'eût pas personnellement abusé de sa puissance, ce refus excita un mécontentement dont il s'aperçut même au milieu de son armée. Il vit alors que le moment était venu de déposer le pouvoir.

Dans une assemblée générale, convoquée le 2 janvier 1814, et composée des premiers fonctionnaires militaires et autres, il voulut renoncer à l'autorité dictatoriale, après avoir rendu un compte scrupuleux de ses opérations, ainsi que des plans qu'il avait cru devoir adopter. Son pouvoir était devenu chancelant; cette démarche le raffermit. Les principaux personnages de Vénézuèla, ceux dont le patriotisme n'avait rien d'équivoque, don Carlos Hurtado de Mendoza, gouverneur de Caracas, don J. Ch. Rodriguez, président de la municipalité, ainsi que l'estimable don Alzuru, tous sentirent combien la république avait encore besoin d'un chef tel que Bolivar, et la dictature lui fut confiée de nouveau. Il devait la conserver jusqu'au moment où la province de Vénézuèla pourrait être réunie à la Nouvelle-Grenade. Cependant le parti royaliste, convaincu des difficultés de cette lutte contre les provinces indépendantes, imagina d'armer contre elles les esclaves qu'elles renfermaient, et envoya secrètement des agens pour organiser ces bandes irrégulières. On y remarqua d'abord le nègre Palomo, voleur et assassin; le nommé Puy, que toute la contrée avait en horreur; enfin des gens tout-à-fait dignes de cette mission, et des instructions qu'elle supposait. Des dépêches interceptées firent connaître à Bolivar ce plan de brigandage, dont toutefois il ne put prévenir entièrement l'exécution. Un pays qui depuis long-temps était le théâtre de la guerre, devait fournir des gens de bonne volonté pour exercer le pillage et la dévastation au nom de la bonne cause; mais l'activité du général indépendant les laissa jouir peu de temps de ce privilége. Le plus sanguinaire de ces chefs, l'exécrable Puy, arrive à Barinas; craignant que les habitans ne prennent parti contre lui, il en fait arrêter et fusiller cinq cents. Soixante-quatorze seulement doivent leur salut à l'apparition subite de Bolivar. Mais quelques jours après, l'agent royaliste tombant une seconde fois sur cette ville infortunée, massacre le reste de ses victimes. Révolté de la conduite odieuse du parti qu'il combattait, Bolivar sortit enfin de son caractère, et ordonna de fusiller, au nombre de 800, les prisonniers qui se trouvaient en son pouvoir. Cette malheureuse exécution causa la perte des insurgés détenus à Puerto-Cabello; jusque-là le gouverneur les avait épargnés; mais à son tour il usa de représailles. Au milieu de ces exécrables désordres, une guerre plus honorable se continue avec ardeur; Bolivar défait, à Vittoria, un des principaux chefs royalistes près du Tuy; Rivas obtient un avantage moins important sur la bande commandée par le mulâtre Rosette; enfin on détruit, à Ospinos, le partisan Yanès, qui périt dans le combat. Néanmoins le commandant Bovès et le partisan Rosette ne se découragèrent point; ayant reçu des renforts considérables, ils reprirent l'offensive. Ils marchèrent sur Caracas, et attaquèrent Bolivar; mais Marino et Montilla le secondèrent si bien qu'il battit complétement les royalistes à Bocachica. Urdaneta et Marino s'étant réunis avec lui le 28 mai, il remporta une nouvelle victoire sur les Espagnols que commandait le vaillant Cagigal. Mais il arriva que ces succès réitérés compromirent la cause des Américains. En poursuivant l'ennemi avec trop d'assurance, leurs généraux se séparèrent, et Bolivar fut attaqué dans une position désavantageuse, au milieu des plaines de Cura, où la cavalerie espagnole pouvait agir librement: après une résistance de plusieurs heures, les indépendans cédèrent le champ de bataille. Cet avantage ranime l'espoir de leurs ennemis: Cagigal, Bovès et Calzadas, réunissant leurs forces, menacent la division de Marino, que l'infériorité des siennes réduit à se renfermer dans Cumana. Ces revers ont les suites les plus funestes; les habitans ne jouissant plus des avantages qui leur ont fait approuver ou tolérer le gouvernement militaire, n'en considèrent que les inconvéniens; ils ne se dissimulent plus tout ce qu'il y a de contraire à la liberté dans la célérité même des opérations, et dans les actes arbitraires qu'elle entraîne inévitablement. Bientôt ils voient avec une secrète indifférence le mauvais succès de ceux qui défendent la liberté, mais qui peut-être deviendront aussi des oppresseurs. L'armée républicaine ne put donc alors réparer ses pertes. Il fallut lever le siége de Puerto-Cabello, et s'embarquer pour Cumana, où Bolivar n'amena que des débris. Les Espagnols rentrèrent dans la Guayra et dans Caracas; et malgré le courage des habitans de Valencia, on les réduisit à signer une capitulation. Les vainqueurs sont accusés de l'avoir violée; on prétend qu'après la reddition de la place, l'éloquent Espejo fut massacré, ainsi que d'autres officiers de la garnison. Peu de temps avant ces jours d'adversité, un officier qui appartenait à une des premières familles de Santa-Fé, avait honoré la cause de l'indépendance par un acte de dévouement digne d'un éternel souvenir. Le jeune Ricante commandait le fort de San-Matteo : on se battait à quelque distance. Un chef royaliste forme tout à coup le projet de s'emparer de ce poste dont la garnison est faible, et il s'y porte à la tête d'un détachement considérable. Ricante, voyant que la résistance serait inutile, renvoie tous ses soldats, qui rejoignent leurs compatriotes sur le champ de bataille. L'ennemi entre dans le fort le croyant évacué; mais le jeune brave met le feu aux poudres, et s'ensevelit avec les Espagnols sous les débris de la place qu'il n'a pu défendre : action sublime, digne des plus beaux caractères de l'histoire! Toutefois les malheurs de Bolivar ne l'ont pas abattu, il reparaît dans la province de Barcelona; mais malgré les forces assez imposantes qu'il a pu réunir, il succombe dans la journée d'Araguita, et il s'embarque pour Carthagène, pour y attendre des jours moins funestes. Cependant Rivas et Bermudez occupaient des positions qui leur permirent de rester dans le pays avec les corps de troupes placés sous leur commandement; bientôt ils virent se rallier à eux, dans Mathurin, plusieurs hommes déterminés à ne pas fléchir sous le joug espagnol, ainsi que ceux qui n'avaient de salut à espérer que dans le triomphe d'une cause embrassée avec une ardeur trop publique. Moralès et Bovès firent d'abord de vaines tentatives pour les réduire; mais leurs forces s'augmentant chaque jour, ils les vainquirent à Urica, le 5 décembre, et s'emparèrent de Mathurin. Rivas fut pris et fusillé; mais Bermudez se réfugia dans l'île de Margarita, dont il ne sortit qu'à l'arrivée du général espagnol Morillo. Lorsque l'expédition, commandée par ce chef célèbre, s'approcha de Carthagène dans le dessein d'en faire le siége, Bolivar quitta cette ville, et se rendit à Tunja, où se tenait alors le congrès de la Nouvelle-Grenade. Ayant pris le commandement de quelques troupes, il s'empara de Santa-Fé de Bogota; mais il échoua devant Santa-Martha, par l'effet de la jalousie de D. M. Castillo, gouverneur de Carthagène. Indigné de n'avoir point reçu les renforts que le congrès lui avait destinés, Bolivar songeait à entrer dans Carthagène les armes à la main, lorsque Morillo commença le siége de cette place importante. Bolivar, n'écoutant plus ses propres ressentimens, réunit ses troupes à la garnison, et s'embarqua pour la Jamaïque, dont il espérait ramener des forces capables d'opérer la levée du siége; mais le défaut d'argent multiplia les difficultés, et le secours ne put arriver qu'après la reddition de la place. Elle avait beaucoup souffert ; les vainqueurs eux-mêmes furent émus en voyant l'état où l'avaient réduite la famine et les maladies. Ainsi l'espoir des indépendans paraissait détruit; et déjà en Europe, ceux qui ne veulent absolument rien de libre sous le soleil, trouvaient fort, étrange que les Américains eussent formé le projet d'avoir une patrie. Elle leur fut rendue cependant : leurs plus beaux succès avaient été l'occasion de leurs revers les plus pénibles; et, à leur tour, les Espagnols trouvèrent dans leur prospérité même le principe de leur ruine. Ils auraient cru leur triomphe incomplet s'ils n'avaient pas humilié les vaincus; mais cette arrogance lassa les colons qui étaient restés dans leur parti. Encouragés par ces nouveaux amis, les républicains infatigables, ceux qui ne s'étaient pas soumis après la journée d'Urica, formèrent des corps de guérillas sous les ordres de Monagas, de Zaraza, et de quelques autres chefs. En peu de temps ils se montrèrent redoutables; leurs incursions toujours imprévues, et la rapidité de leur marche, les fit nommer les *Tartares d'Amérique*. La guerre se rallumait; le général Arismendi, plusieurs fois victorieux, prenait possession de l'île de Margarita; et Bolivar, trop habile pour ne pas mettre à profit de semblables circonstances, se hâta de terminer les préparatifs d'une expédition dont plusieurs particuliers firent les frais. De ce nombre était Brion, qui jouissait d'une fortune considérable, et dont on connaissait déjà le dévouement;

il eut le commandement des deux vaisseaux de guerre et des treize bâtimens de transport qui composaient les forces maritimes de l'expédition. Vers la fin de mars 1816, Bolivar, qui venait de recevoir deux bataillons de noirs, envoyés comme auxiliaires du Port-au-Prince par le président Péthion, mit à la voile avec sa petite armée; il fit perdre à une croisière espagnole deux vaisseaux dans un combat où Brion fut blessé; il débarqua dans l'île Margarita, et les Espagnols n'y conservèrent que le fort de Pampatar. Quelques corps de guérillas se joignirent à lui à Carupano, que les royalistes furent forcés d'évacuer; alors il se dirigea sur Occumare, où, après avoir relâché à Choroni, il laissa son avant-garde sous les ordres de Mac-Gregor, qui s'empara de Maraçay et de la Cabrera. Le moment paraissait décisif; Bolivar répandit dans la province de Caracas cette sorte de manifeste, pour expliquer ses intentions, et pour ranimer le patriotisme de ceux qu'il venait secourir. « Une » armée pourvue d'artillerie, dit- » il, de munitions, d'armes de tou- » te espèce, s'avance sous mes or- » dres pour vous délivrer. Bientôt » vos tyrans seront détruits ou » expulsés; bientôt je vous rendrai » vos droits, votre pays et la paix. » *La guerre à mort*, faite contre » nous par nos ennemis, cesse de » notre côté. Nous pardonnons à » ceux qui se soumettront, quand » même ils seraient Espagnols; et » ceux qui serviront la cause de » Vénézuela seront regardés com- » me nos amis, et employés sui-

» vant leur mérite et leur habile-
» té. Les troupes appartenant à
» l'ennemi, qui voudront se join-
» dre à nous, jouiront de toutes
» les récompenses que le pays peut
» répandre sur ses bienfaiteurs.
» Nul Espagnol ne sera mis à mort,
» à moins que ce ne soit dans le
» combat. Nul Américain ne souf-
» frira la moindre injure pour s'ê-
» tre mis du parti du roi, ou pour
» avoir commis des actes d'hosti-
» lité contre ses concitoyens. Cet-
» te malheureuse portion de nos
» frères, qui a gémi dans l'escla-
» vage, est maintenant reconnue
» libre : la nature, la justice et la
» politique demandent l'émanci-
» pation des esclaves. Désormais
» il n'y aura plus qu'une classe de
» peuple dans Vénézuèla; tous se-
» ront citoyens. Après avoir pris
» la capitale, nous convoquerons
» la représentation nationale en
» congrès général, afin de réta-
» blir le gouvernement républi-
» cain. Tandis que nous marche-
» rons sur Caracas, le général
» Marino, à la tête d'un corps
» nombreux, attaquera Cumana,
» etc. » Cette proclamation, si
propre d'ailleurs à exciter l'enthousiasme, eut surtout pour effet d'alarmer la cupidité. En vain
le général avait donné l'exemple,
en affranchissant ses nègres, et
en les rangeant comme volontaires sous les drapeaux de la liberté; les principaux habitans, plus
occupés de la crainte de perdre
les leurs que du désir de se venger des Espagnols, devinrent les
ennemis de leur propre cause, a-
fin de conserver leurs riches plantations. Cette opposition eut les
suites les plus fatales. Bolivar, qui,
se croyant sûr de la coopération
des habitans, s'était affaibli en
laissant Mac-Gregor dans une autre province, ne put soutenir l'attaque des Espagnols sous les ordres de Moralès, et fut forcé de se
retirer en désordre : il avait fait
une résistance opiniâtre qui lui a-
vait coûté ses meilleurs officiers.
Les deux bataillons venus d'Haïti
protégèrent vaillamment la retraite de leurs compagnons d'armes;
mais les Américains, échappés au
fer espagnol, trouvèrent la mort
où ils cherchaient un asile, et furent poignardés impitoyablement
par ceux mêmes qu'ils avaient
prétendu défendre. De son côté,
Mac-Gregor ne pouvait résister
seul aux Espagnols victorieux; il
fut obligé de se retirer à Barcelona : il parvint à y entrer malgré les troupes légères qui le har-
celaient. La blessure qu'il avait
reçue dans une de ces rencontres
ne l'empêcha pas d'obtenir ensuite deux avantages sur Moralès
lui-même. Arismendi, dont la position était plus favorable, s'empara de Pampatar, ne laissa pas
un Espagnol dans l'île de Margarita, et s'embarqua aussitôt avec
une partie de sa troupe, pour se
rendre à Barcelona, où l'on devait se réunir. C'est alors que Bolivar, qui voulait reprendre l'offensive avec des forces plus redoutables, partit des Cayes, où l'on
a prétendu qu'il aurait été assassiné, sans l'erreur de l'agent royaliste, qui, au lieu de le poignar-
der, frappa le maître de la maison qu'habitait le général. Arrivé
à Margarita, Bolivar convoque,
par une proclamation, les représentans de Vénézuèla pour un

congrès général. Ensuite il se rend à Barcelona, où il établit un gouvernement provisoire. Morillo se présente devant cette ville avec 4,000 hommes, soutenus de toutes ses forces maritimes; il remporte, le 15 février 1817, un avantage chèrement acheté, que d'ailleurs Bolivar rend inutile, en brûlant ses propres vaisseaux. Le 16, le 17 et le 18, on se bat avec fureur, et Bolivar s'empare enfin du camp de l'ennemi; toutefois il éprouve lui-même une si grande perte qu'il ne peut poursuivre les Espagnols avant l'arrivée d'un de ses principaux détachemens. Morillo, qui vient de souffrir beaucoup dans cette retraite, est encore battu par le général Paëz, dans les plaines de Banco-Largo. Les indépendans obtiennent d'autres avantages sous les ordres de Piar, dans le district de Corona, et dans le Caycara, sous ceux de Zaraza, qui, avec des chevaux sauvages, a su former une cavalerie dont son parti avait le plus grand besoin. Nommé chef suprême de Vénézuèla, vers la fin de cette même année, Bolivar établit à Angustura son quartier-général pour régler les affaires civiles et autres. Le 31 décembre, il part avec 2,000 cavaliers et 2,500 fantassins; il remonte l'Orénoque, il joint en route les généraux Cedeno et Paëz, et après quarante-deux jours de marche, il est au pied des remparts de Caloboso, à trois cents lieues d'Angustura. Après divers engagemens, qui ont lieu le 12 février 1818, et les deux jours suivans, Morillo est obligé d'abandonner cette ville. Bolivar le poursuit, l'attaque le 16 et le 17 à Sombrero, et l'oblige à se retirer à Valencia. Mais ses propres troupes étant fatiguées et affaiblies par ces divers combats, il crut devoir s'arrêter, pour assurer ses derrières, et pour prendre possession de San-Fernando de Apure, il détacha Cedeno et Paëz. Bolivar n'avait plus avec lui que 1,200 chevaux et 4 à 500 fantassins, lorsque Morillo, voyant qu'il s'était avancé jusqu'à San-Vittoria près de Caracas, l'attaqua subitement. On se battit depuis le 13 jusqu'au 17 mars, à la Cabrera, à Maraçay et à la Puerta : le commandant espagnol fut blessé. Le général Cedeno, ainsi que Paëz, qui avait reçu d'Angleterre quelques renforts, rejoignirent Bolivar, qui, le 26, attaqua les hauteurs d'Ortiz, et enleva les positions des Espagnols, commandées alors par le général La Torre. Mais l'ennemi, en se retirant, se dirigea vers Caloboso, et s'en rendit maître le 30 mars. C'est le 17 suivant que Bolivar fut sur le point d'être livré aux Espagnols par un de ses colonels : le traître Lopez, suivi de 12 hommes, pénétra dans le lieu où dormait le général, qui se sauva presque nu. A peine avait-il rejoint son corps d'armée, que le commandant espagnol, Antonio Pla, l'attaqua vivement, et lui tua 400 hommes. Quelques jours après, Morillo, rassemblant les troupes de plusieurs garnisons, se réunit avec La Torre; le 2 mai, ils attaquèrent Paëz dans les plaines de Sebanos de Coxedo : ce combat, également funeste pour les deux partis, termina la campagne dans l'intérieur des terres. Cependant les lieutenans de Bolivar s'étaient emparés de quelques places maritimes; le général Marino avait pris Cariaco; et l'amiral Brion, après avoir dispersé la flottille espagnole, et avoir fait entrer dans l'Orénoque quelques pièces d'artillerie, 10,000 fusils et diverses munitions, surprit, le 30 août, la place de Guiria. Ainsi se ranimaient les espérances des indépendans, plusieurs fois trahis par la fortune, mais incapables de renoncer à leur entreprise. Le 15 février 1819, Bolivar ouvrit à Angustura le congrès de Vénézuèla; il y présenta un plan de constitution républicaine, et il se démit du pouvoir suprême; mais on le pressa de reprendre une autorité qui pouvait encore être nécessaire, et il y consentit. Il avait réorganisé son armée durant la saison des pluies. Le 26 février, il se mit en route pour attaquer, dans la Nouvelle-Grenade, le général Morillo, qui choisit, comme poste inexpugnable, l'île d'Achagas, formée par l'Apure. Les troupes royales de cette province avaient été défaites par le général Santander. Bolivar sentit que leur réunion devait décider du sort de la campagne. Après avoir reçu un renfort de 2,000 Anglais, et avoir vaincu le général La Torre, il parvint à faire sa jonction le 13 juin. Il reçut alors des députés de plusieurs villes de la Nouvelle-Grenade, et il résolut de tenter le passage des Cordilières. Ses troupes éprouvèrent de grandes fatigues dans cette région escarpée, stérile, et entrecoupée de torrens; après avoir perdu leur artillerie et tous leurs équipages, elles arrivèrent, le 1er juillet, près de Tunja, dans la vallée de Sagamoso. Les Espagnols, au nombre de 3,500 hommes, étaient sur les hauteurs; Bolivar les attaqua aussitôt, il les culbuta, et Tunja fut en son pouvoir. Quelques jours après, la bataille de Boyaca lui ouvrit les portes de Santa-Fé. Ces deux victoires délivrèrent la Nouvelle-Grenade; le général en chef Barreyro fut fait prisonnier avec les débris de son armée. Bolivar trouva dans Santa-Fé, que venait d'évacuer le vice-roi Samano, un million de piastres, et des ressources de tout genre; de nombreuses recrues réparèrent entièrement les pertes qu'il avait faites, soit dans ces derniers combats, soit en traversant les montagnes. Cette province l'accueillit comme un libérateur; on le nomma dans Santa-Fé président de la Nouvelle-Grenade, et sa proclamation du 8 septembre détermina, conformément au vœu général, la réunion de cette province avec celle de Vénézuèla. Bientôt il annonce qu'il va partir pour une expédition nouvelle; il désigne le général Santander pour vice-président, et il propose au vice-roi Samano l'échange des prisonniers. Enfin il règle tout ce qui concerne l'administration; il fait une levée de 5,000 hommes, et il reprend la route d'Angustura. Le bruit de ses victoires a ranimé la confiance dans tout le pays de Vénézuèla; son arrivée n'est qu'une marche triomphale, et, dès le 17, le congrès prononce la réunion des deux provinces sous le titre de république de *Co-lombia*. On construira une nouvelle capitale, qui portera le nom de Bolivar; mais provisoirement le congrès-général s'assemblera dans Rosario-Cucuta. Sept jours après, Bolivar se mit en route; il se trouvait à la tête de la plus forte armée que les indépendans eussent encore réunie, leurs divisions s'apaisaient enfin, et tout semblait leur promettre des journées glorieuses; mais la paix devint possible, et dès lors les vrais amis de la liberté ne formèrent plus d'autre vœu. Le 5 janvier 1820, Bolivar s'était rendu maître de Caloboso, et ce succès avait été suivi de plusieurs avantages; cependant, dès qu'il eut connaissance des heureux changemens opérés en Espagne depuis le 1er janvier, il fit proposer à Morillo de cesser une guerre qui n'avait que trop duré pour le malheur des peuples. Le général espagnol reçut ces ouvertures avec empressement; les commissaires se réunirent à Truxillo, et ne tardèrent pas à conclure un armistice, par lequel l'Espagne reconnaissait Bolivar en qualité de président, ou de chef suprême de la république de Colombia. Les commissaires espagnols avaient essayé vainement de faire admettre en principe la souveraineté de l'Espagne sur ces provinces; et le général Morillo fit ensuite, pour ce même objet, des tentatives non moins infructueuses. On a remarqué que durant ces négociations, entreprises sous les auspices de Bolivar et de Morillo, ces deux chefs célèbres et pleins de loyauté avaient deux fois passé une nuit entière dans la même chambre, à Truxillo. Ces contrées paraissent délivrées sans retour du fléau de la guerre intestine; les dernières nouvelles annoncent que le congrès a dû s'ouvrir à Cucuta.

BOLLEMONT (N.). Il s'enrôla comme artilleur en 1764, et devint bientôt officier. Sa bravoure et ses talens le firent remarquer en plus d'une circonstance, notamment au siège de Maestricht, au blocus de Luxembourg, et lors de la retraite du général Jourdan. On lui confia, en 1797 (an 5), le commandement de la citadelle de Wurtzbourg, qu'il fut contraint de rendre à l'armée autrichienne, le 4 septembre 1797, après une défense opiniâtre. De retour en France, il fut nommé inspecteur-général d'artillerie. Au mois de janvier 1802, il entra au corps-législatif, et fut décoré de la légion-d'honneur, par l'empereur, le 22 novembre 1804.

BOLLET (Philippe-Albert), était cultivateur et maire de Violaine, département du Pas-de-Calais, lorsqu'en 1792 ce département le nomma député à la convention nationale, où il vota la mort, dans le procès du roi. Il remplit une mission à l'armée du Nord. En 1794, il agit de concert avec Barras, pour diriger contre la commune de Paris les troupes qui devaient accomplir ou protéger la journée du 9 thermidor. Après cette époque mémorable, il partit pour la Vendée, où il seconda le général Hoche, et parvint à traiter de la paix avec les insurgés. Entré au conseil des cinq-cents, dans le courant de 1796, il demanda et obtint l'autorisation d'aller passer quelque temps à Violaine. Dans la nuit du 24 au 25 octobre, des brigands pénétrèrent dans son habitation ; ils lui portèrent plusieurs coups violens, et le laissèrent pour mort. A force de soins, on le rappela à la vie, et il vint siéger à l'assemblée en 1797. Trois ans après, il fit partie du corps-législatif, dont il sortit en 1803. Bollet mourut en 1811, étant maire de sa commune.

BOLLIOUD-MERMET (Louis), né le 13 février 1709, d'une famille connue dans la magistrature, a cultivé les lettres et a laissé quelques ouvrages d'un médiocre intérêt : 1° *Renovation des vœux littéraires*, discours qu'il prononça à l'académie de Lyon, dont il était membre depuis cinquante ans ; 2° *De la corruption du goût dans la musique française*, in-12, 1745 ; 3° *De la Bibliomanie*, in-8°, 1761 ; 4° *Discours sur l'Émulation*, in-8°, 1763 ; 5° *Essai sur la Lecture*, in-8°. 1763. Bollioud-Mermet, mort en 1793, a composé, mais n'a point fait imprimer une *Histoire de l'académie de Lyon*.

BOLLMANN (N.), nom héroïque, oublié par les biographes contemporains, si attentifs à recueillir les crimes de la révolution, et si dédaigneux pour les vertus, les belles actions et tous les genres de traits honorables qu'elle a enfantés. Le général La Fayette, détenu dans les prisons d'Olmutz, était livré à tous les genres de barbarie, autorisés par deux monarques, dont il n'était pas justiciable. Deux jeunes gens, guidés par le pur amour de l'humanité, et par ce noble enthousiasme qu'inspirent toujours les grands noms et les grands caractères, Bollmann, médecin, et Huger, fils d'un officier américain chez qui La Fayette avait logé dans la Caroline, conçoivent le projet de délivrer la noble victime de l'injustice et de la tyrannie des deux souverains. Bollmann se rend à Vienne, y passe six mois à former des liaisons qui le rapprochent du gouvernement, revient à Olmutz, avec des lettres de recommandation, demande et obtient la place de médecin de la citadelle. Il voit La Fayette, dont la santé était altérée par une longue détention, et déclare que l'air et l'exercice lui sont absolument nécessaires. Une permission spéciale est demandée à la cour de Vienne, qui ne l'accorde qu'avec une extrême répugnance, et non sans avoir résisté long-temps. Enfin on permet un peu d'exercice au noble prisonnier d'état ; mais on l'entoure d'une surveillance sévère. Un avis de Bollmann et d'Huger lui parvient ; des chevaux sont placés sous les remparts qu'il parcourra, et l'on convient de l'heure où l'enlèvement aura lieu. En effet, on trouve moyen d'éloigner quelques gardes ; un seul homme reste près de La Fayette ; une lutte sanglante s'établit entre lui et son caporal-geôlier. Après un long combat, La Fayette ensanglanté, défaillant, est placé à cheval par ses libérateurs.. Eux-mêmes, par le plus généreux oubli de leur sûreté personnelle, ont peine à retrouver des chevaux pour s'enfuir. Le temps se perd ; des troupes, attirées par le bruit, arrivent.

Huger se laisse saisir avec un admirable dévouement. La Fayette, repris à huit lieues d'Olmutz, est replongé dans son cachot. Bollmann, parvenu jusqu'en Prusse, est livré à l'Autriche. Après six mois de la plus cruelle détention, les libérateurs du général français sont expatriés : mais la cour impériale trouvant cette sentence trop douce, ordonne la révision du procès.... Il n'était plus temps, Bollmann et son ami étaient sauvés.

BOLOT (Claude-Antoine), député du département de la Haute-Saône à la convention nationale, a voté la mort de Louis XVI. Certains biographes, aussi charitables qu'ils ont été infaillibles, après un silence gardé courageusement pendant vingt-cinq années, se sont plu à rapporter les paroles qu'il prononça dans cette occasion. Ils ont oublié de prendre le même soin, pour les conventionnels qui ne vivent plus : mais M. Bolot vit sur la terre d'exil, et la persécution peut encore l'y atteindre.

BOLTS (Guillaume), poursuivit la fortune pendant toute sa vie, avec une patience, une activité infatigables, et mourut dans la misère. Né en Hollande, vers 1740, il s'embarqua pour l'Angleterre, à l'âge de 15 ans; passa bientôt à Lisbonne, puis au Bengale, où la compagnie anglaise des Indes-Orientales le chargea de plusieurs emplois. Nommé, en 1765, par la même compagnie, membre du conseil des revenus de la province de Bénarès, que le rajah venait de céder aux Anglais, il se retira à Calcutta, lorsque ce pays fut rendu à son ancien maître. Des spéculations entreprises pour son propre compte augmentèrent bientôt sa fortune, et lui auraient assuré une complète indépendance, si la jalousie de quelques marchands et les soupçons d'une autorité ombrageuse n'eussent fait de lui un prisonnier d'état. Accusé de favoriser les principes du wighisme, il fut conduit en Angleterre, sans aucune autre forme de procès. On s'efforça de prouver qu'il avait eu l'intention de soustraire l'Inde au joug britannique; sept années de prison, et 94,000 livres sterling de dépense, furent pour lui les suites de cet acte arbitraire, dont les prétextes ne reposaient pas sur la plus légère vraisemblance; il sortit de prison entièrement ruiné. Il exposa ses griefs dans un ouvrage intitulé : *Considérations on India-Affairs* (2 vol. in-4°); et l'opposition, tout en blâmant cette injustice, n'obtint aucune indemnité en faveur de celui qui en était la victime. L'impératrice Marie-Thérèse entendit parler de Bolts; elle lui fit délivrer un brevet de colonel, et le chargea de fonder plusieurs établissemens dans les Indes. Il voyait sa destinée sur le point de s'améliorer, quand sa protectrice mourut. Joseph révoqua les pouvoirs qu'elle avait accordés à Bolts. En 1808, il vint en France et établit à Paris une maison de commerce. La guerre qui éclata entre ce pays et l'Angleterre le força d'y renoncer. Las de lutter contre l'injustice du sort qui le poursuivait dans tous ses projets, il se livra au désespoir, et mourut à l'hôpital. On a de lui un fort bon ouvrage sur l'état du Bengale (traduit en français, par Demeunier, 1775, 2 vol. in-8°).

BOMBELLES (Marc-Marie, marquis de), né, le 8 octobre 1744, à Bitche, département de la Moselle. Colonel des hussards de Bercheny avant la révolution, il se lia à Montauban avec Mlle Camp, qu'il épousa suivant le rit protestant; puis épousa, suivant le rit catholique, Mlle de Mackau, fille de la sous-gouvernante des enfans de France. Le marquis de Bombelles fut nommé, en 1775, chevalier-commandeur de Saint-Lazare, dont *Monsieur*, aujourd'hui Louis XVIII, était grand-maître, et, quelque temps après, il fut envoyé en ambassade à Lisbonne, et ensuite à Venise. Il était maréchal-de-camp. Émigré, en 1789, il passa, en 1791, à l'armée de Condé; à l'époque du licenciement de ce corps, M. de Bombelles quitta la cuirasse pour se revêtir de la soutane, et embrassa l'état ecclésiastique. Revenu en France, par suite de l'invasion des armées étrangères, il fut nommé premier aumônier de Mme la duchesse de Berri, le 15 mars 1816, et sacré évêque d'Amiens, le 3 octobre 1819. M. l'abbé de Bombelles a deux fils qui sont au service de l'Autriche. Sa sœur, Mme la marquise de Travanet, est auteur de la romance du *Pauvre Jacques*, dont les paroles sont un peu niaises, mais dont la musique est de la plus heureuse naïveté. M. de Bombelles est auteur lui-même d'un ouvrage qu'il publia en 1799, sous le titre de : *la France avant et après la révolution*.

BOMPART (J. B. F.), contre-amiral. Il naquit à Lorient le 12 juillet 1757. Les grades qu'il obtint furent tous la récompense de quelque action brillante; une bravoure extraordinaire faisait oublier la rudesse qu'on aurait blâmée dans un simple matelot, ainsi que sa figure peu agréable, et la petitesse de sa taille. Il était entré comme volontaire dans la marine, en 1776. Il fit les campagnes de l'Inde et de l'Amérique. Ses succès l'avaient fait élever, en 1793, au grade de capitaine de frégate. A cette époque, on lui confia le commandement de l'*Embuscade*, de 36 canons, sur laquelle il fut chargé de conduire le consul-général de la république française aux états-unis d'Amérique. Il était mouillé dans la rade de New-York, lorsqu'il fut provoqué par une frégate anglaise de 44 canons. L'intrépide Bompart, sans écouter le consul qui s'oppose à ce qu'il accepte ce défi, se rend à son bord, harangue l'équipage, lui communique son enthousiasme, fait ses dispositions pour l'attaque, et s'approche de l'ennemi. On se battit avec acharnement de part et d'autre; mais enfin, après sept heures d'une défense courageuse, la frégate anglaise fut rasée et obligée de s'éloigner. Bompart rentra aux acclamations des habitans de New-York, qui étaient tous accourus comme spectateurs, et qui firent frapper une médaille en mémoire de cet événement. Bompart obtint le grade de capitaine de haut-bord, et se trouva à la malheureuse affaire d'Ouessant, où il sut conserver son vaisseau, quoiqu'il se fût écarté de l'escadre. Cette faute, qui ne provenait que du défaut de connaissances dans la manœuvre, fut néanmoins attribuée à la trahison, par Jean-Bon-Saint-André et Villaret-Joyeuse. Arrêté et incarcéré, le brave Bompart ne put cacher son ressentiment; il accusa ses persécuteurs d'être les seuls auteurs de la ruine de la marine française, et il s'exposa par-là aux plus grands dangers. Mais le 9 thermidor l'ayant rendu libre, il fut employé de nouveau. En 1798, le directoire le nomma chef de division, et le chargea de l'expédition d'Irlande. Les Anglais avaient des bâtimens nombreux en croisière, en sorte que le passage ne pouvait s'effectuer que par un temps assez mauvais pour les empêcher de tenir la mer. Effrayés des dangers d'une entreprise aussi hasardeuse, les équipages qui, d'ailleurs, se trouvaient dans le plus grand dénûment, se révoltèrent; mais rien ne put arrêter l'intrépide Bompart. Il se rend sur son bord, deux pistolets en main, reproche à ses matelots leur lâcheté, les intimide, et aussitôt fait mettre à la voile. Prévoyant que le gros temps disperserait ses vaisseaux, il leur avait donné rendez-vous dans la baie de Killala. Il y arrive seul, et se voit en présence de l'escadre anglaise : il n'hésite pas. Il attaque le premier, et parvient à démâter deux vaisseaux; mais il se trouve lui-même dans un tel état que, jugeant qu'il ne peut plus tenir, il essaie d'échouer sur la côte. Deux bâtimens ennemis lui barrèrent le chemin ; celui de Bompart faisait eau, on manquait de munitions, et les deux tiers de l'équipage avaient péri. Il fallut se rendre. Les Anglais lui témoignèrent les plus grands égards, et le renvoyèrent peu de temps après sur parole. Arrivé en France, où on le croyait mort, il ne tarda pas à être fait contre-amiral. Un homme de ce caractère devait partager les vrais principes de la révolution : aussi vit-il avec peine l'établissement du pouvoir absolu; il ne pouvait souffrir que la France eût fait, pour la liberté, tant de sacrifices inutiles. Cette opposition lui valut sa retraite. Mais plus tard il n'en fut pas récompensé; elle ne le garantit point des persécutions de 1815. Des forcenés assaillirent sa maison à Bagnols. Ils brisèrent ses meubles, et, dans leur rage insensée, ils se donnèrent du moins la satisfaction de fusiller son portrait.

BON (L.-A.), général de division, naquit à Valence, département de la Drôme. Passionné pour la gloire militaire, il combattit pour la noble cause de l'indépendance américaine. De retour dans sa patrie, au commencement de la révolution, il quitta, pour reprendre les armes, une magistrature que lui avaient méritée, près de ses concitoyens, les qualités civiques les plus recommandables. Il se signala d'abord à la tête de ces bataillons de chasseurs qui s'immortalisèrent à l'armée d'Espagne. Sorti d'une pareille école pour monter aux premiers honneurs militaires, il fut fait général de brigade en 1793. Il passa ensuite à l'armée d'Italie, commandée par le général en chef Bonaparte; il se couvrit de gloire dans les campagnes de 1795 et

1796, ne contribua pas peu à la première conquête de cette belle et riche contrée, par ses talens et son intrépidité. Blessé grièvement à Arcole, il fut obligé de rentrer en France, où il prit le commandement de la 8me division militaire. Le général Bon ne resta pas long-temps éloigné du théâtre de la guerre. Il sollicita et obtint l'honneur d'être employé dans l'expédition de l'Égypte. Cette terre des grands souvenirs fut témoin des brillans exploits du général Bon. Il y déploya contre le nouveau genre d'ennemis qu'on y a combattus, toutes les ressources du courage et du génie. La victoire y couronna constamment toutes ses actions. Il fit le premier flotter le drapeau tricolor sur la mer Rouge, en prenant possession de Suez, le 29 brumaire an 7 (19 novembre 1798). La mémorable campagne de Syrie devait être le terme d'une carrière remplie de gloire. Au siége de Saint-Jean-d'Acre, le 21 floréal de la même année (10 mai 1799), le général Bon, à la tête des grenadiers, reçut, aux pieds de la brèche, dans le dernier assaut livré au corps de la place, une blessure mortelle, qui l'enleva à la division dont il était le père et l'exemple. De grands succès à la guerre, un esprit vif et pénétrant, une application continuelle à l'étude de la science militaire, joints à la plus noble émulation, semblaient devoir marquer au général Bon, sans sa mort prématurée, une place parmi nos grands capitaines. La France perdit en lui un de ses meilleurs citoyens, et le général Bonaparte un de ses plus zélés disciples. Quatorze ans après, en 1812, dans une visite que fit l'empereur à l'école militaire de Saint-Germain, il demanda le nom de l'un des élèves qu'il passait en revue. C'était le fils du général Bon : « Où » est votre mère? dit Napoléon. » — Elle est à Paris, à un quatriè- » me étage, où elle meurt de faim, » répondit le jeune homme. Le général en chef de l'armée d'Orient répara ce long et involontaire oubli, en donnant une dotation à la veuve du général Bon, et en créant le fils baron de l'empire, avec une autre dotation.

BON (Mme Élizabeth de), auteur de quelques romans estimés. Elle a donné : 1° *Pierre de Bogis et Blanche de Herbault*, nouvelle historique, 1805, in-8°, et 1808, in-12; 2° *Les Aveux de l'amitié;* 3° *Les Douze siècles français*, nouvelles, 1817. Mme de Bon a encore publié les traductions suivantes de l'Anglais : 1° *Étrennes à mon fils*, 2 vol. in-12, 1814; 2° *Les Trois frères Anglais*, 4 vol. in-12; 3° *Le Reclus de Norwège*, 4 vol. in-12, 1815, roman de miss Anna Porter; 4° *Le Devoir*, roman de mistriss Roberts, avec une notice biographique sur l'auteur, par mistriss Opie, 2 vol. in-12, 1816. Mme de Bon est sœur de Mme Isabelle de Montolieu, autre romancière également distinguée.

BONALD (Louis-Gabriel-Ambroise, vicomte de), d'une ancienne famille de Rouergue (département de l'Aveyron). Il avait adopté d'abord les principes libéraux, mais il ne tarda pas à s'en déclarer l'ennemi. Nommé, en 1790, président de l'administration de son département, il envoya, en 1791, dans les municipalités, une circulaire où il ne dissimulait pas son changement d'opinion. Peu de temps après, il donna sa démission, et passa le Rhin. Retiré à Heidelberg, après le licenciement de l'armée des princes, il y composa sa *Théorie du pouvoir politique et religieux*. Dans cet ouvrage, plein de recherches abstraites, auxquelles ceux qui ont le mieux approfondi les questions métaphysiques ont en vain cherché à comprendre quelque chose, l'auteur annonçait, avec la clarté des oracles sibyllins, le rétablissement de la famille royale. Le directoire ne s'arrêta point à la prophétie; mais il trouva très-mauvaise et très-dangereuse la *théorie*, et il la fit saisir. Malgré cette prédiction, que M. de Bonald ne paraît pas avoir renouvelée avant les désastres de 1812, il fut nommé, en septembre 1808, par l'empereur Napoléon, conseiller titulaire de l'université impériale : on allègue, il est vrai, qu'il ne prit cette place qu'en attendant, ou bien qu'il ne l'accepta, deux ans après la première proposition, *uniquement* que pour ne pas compromettre les personnes qui l'avaient présenté à son insu, entre autres M. de Fontanes, grand-maître de l'université. Quoi qu'il en soit, M. de Bonald a pris part pendant plusieurs années aux délibérations du conseil, et s'est montré avec lui aux Tuileries, effet d'une louable délicatesse, qui, sans doute, l'a déterminé à remplir enfin ses devoirs envers un gouvernement dont il recevait les bienfaits. Depuis 1806, M. de Bonald s'était lié avec M. de Châteaubriand; ils contribuèrent ensemble à la rédaction du *Mercure de France*. On remarqua dans les articles que M. de Bonald y insérait, quelques pensées dont la profondeur résulte presque toujours de l'obscurité du style dont elles sont revêtues. Ceux qui ne lui accordent aucune des qualités d'un génie supérieur ne sauraient du moins lui en refuser l'espèce d'inflexibilité. En général, ce qui caractérise cet écrivain, c'est une hardiesse fort grave, mais plus systématique que lumineuse, qui n'exclut nullement la manière commode de raisonner des simples orateurs et des rhétoriciens. Il est aussi du nombre de ceux qui, à la tribune, se servent des phrases que la prévention écoute le plus volontiers, et qui ne parlent guère en législateurs. Sa coutume est de ne considérer qu'un côté des choses, et de mettre le tout dans la partie, afin d'être universel. Malheureusement il a dit lui-même qu'un esprit cultivé était juste ou faux, selon qu'il saisissait tous les rapports principaux d'un objet, ou seulement une partie de ces rapports. La politique de M. de Bonald, cette politique dont les suppositions gratuites le conduisent à ne voir de liberté que dans les gouvernemens absolus, se réduit à peu près à cet argument : « La société » n'aurait pas encore commencé, » s'il eût fallu attendre que les phi- » losophes fussent d'accord seule- » ment sur la définition du mot; » donc la philosophie est très-su-

» perflue. » M. de Bonald aurait pu s'apercevoir qu'il rejetait par-là toutes les sciences et d'autres choses encore : on respirait avant qu'il y eût des anatomistes ; on était en société avant qu'il y eût des chrétiens. Il paraît que cet esprit *juste* oublie souvent de saisir tous les rapports essentiels. Quoi qu'il en soit, si l'on ôtait à M. de Bonald ce formidable argument, sa politique disparaîtrait ; mais ses amis, mais les complaisans, mais les bonnes âmes, ont tant prôné le pénible et mystérieux échafaudage de sa législation; ils ont fait tant de bruit devant ce fantôme, que bien des personnes, n'y comprenant rien, ont cru que tout était sublime. On a vu précédemment avec quelle répugnance M. de Bonald avait accepté la place de conseiller titulaire de l'université impériale, dont le traitement était de 10,000 francs. Cette complaisance, déjà trop grande, ne pouvait être portée jusqu'à s'attacher au roi de Hollande, Louis Bonaparte, qui, séduit par la haute renommée de l'auteur de la *Théorie du pouvoir,* lui offrait, par une lettre autographe, la place de gouverneur de son fils. Un refus net détruisit toutes les espérances du frère de Napoléon. M. de Bonald se perdit dans l'obscurité jusqu'au rétablissement de la famille royale. En 1814, au mois de juin, il fut nommé par le roi membre du conseil d'instruction publique, et, en septembre de la même année, il obtint, sur sa demande, la croix de Saint-Louis. Après la seconde abdication, il fit partie de la chambre de 1815, de celle dont les opérations mémorables eurent pour terme l'ordonnance du 5 septembre 1816. Il y vota avec la majorité; il réclama l'abolition du divorce, demanda l'ordre du jour sur la proposition par laquelle M. Michaud, député de l'Ain (alors rédacteur de *la Quotidienne*), provoquait des remercîmens en faveur des défenseurs du trône, au 20 mars. M. de Bonald prétendit, à cette occasion, que ces défenseurs ne méritaient pas plus que toutes les communes des remercîmens solennels; que toute la France chérissait dans les étrangers armés des libérateurs, et secondait leurs opérations par son enthousiasme. M. de Bonald fit un discours sur le budget, et cette fois il eut soin d'embrasser tous les objets essentiels; il y parla des Gaulois et des Romains, du 20 mars et de Louis XV, de l'Angleterre et de la religion, etc.; ensuite il exprima le désir que les biens non-vendus, qui avaient été concédés à l'ancien clergé, fussent donnés au clergé actuel. Nommé de nouveau en 1816, il s'opposa au projet de loi sur les élections. Dans les débats relatifs à la censure des journaux, il la déclara incompatible avec l'esprit des gouvernemens représentatifs; et lorsqu'on présenta le budget, il réclama la suppression de beaucoup de places, telles entre autres que celles des directeurs-généraux; il a parlé contre l'aliénation des forêts. Dans la session de 1817, il demanda un jury spécial pour réprimer les abus de la presse; cette année-là, il fut d'avis qu'on soumît les journaux à la censure ; il prétendit que le gouvernement ne pouvait contraindre les *frères Ignorantins* à reconnaître les statuts de l'université, statuts à la confection desquels il avait travaillé. Dans la discussion relative au projet de loi sur le recrutement de l'armée, M. de Bonald s'écria : « Laissez l'armée telle qu'elle est, elle est ce qu'elle doit être ; laissons au roi, chef suprême de l'armée, un grand pouvoir ; laissons l'armée au roi pour qu'elle soit à nous ; ne la faisons pas plus nationale que le roi, car le roi, qui la commande, est plus national que nous. » Puis à l'occasion du budget, M. de Bonald trouva très-mauvais qu'on parlât du renvoi des régimens suisses. « Ces braves et fidèles étrangers, dit-il avec cette invincible assurance qui ne l'abandonne jamais, sont plus français que nous-mêmes. » Il pensait d'ailleurs qu'on ne saurait avoir besoin d'une armée nombreuse, et que par conséquent il fallait rejeter le budget de la guerre. Lorsqu'on proposa une récompense, dite nationale, pour M. le duc de Richelieu, il allégua que les biens de l'état devaient être inaliénables, et que les chambres surtout n'avaient pas le droit d'en disposer. Il parla contre l'abolition du droit d'aubaine; s'inscrivit en faveur du projet de la chambre des pairs pour une nouvelle loi sur les élections; enfin demanda, comme l'année précédente, qu'on réduisît autant que possible le budget de la guerre. M. de Bonald est membre de la chambre de 1820, dont la majorité rappelle à tant de titres celle de 1815. Il a publié : 1° *Théorie du pou-* *voir politique et religieux dans la société civile, démontrée par le raisonnement et par l'histoire*, 3 vol., 1796; 2° *Essai analytique sur les lois naturelles de l'ordre social;* 3° *Législation primitive, considérée dans ces derniers temps par les seules lumières de la raison, suivie de plusieurs Traités et Discours politiques*, 1802, 3 vol. in-8°. L'auteur a refondu dans cet ouvrage l'*Essai analytique*. 4° *du Divorce, considéré au 19me siècle, relativement à l'état domestique et politique de la société*, in-8°; 5° *Encore un Mot sur la liberté de la presse*, in-8°, 1814; 6° *Réflexions sur l'intérêt général de l'Europe*, in-8°, 1814; 7° *Recherches philosophiques sur les premiers objets des connaissances humaines*, 2 vol. in-8°, 1818; 8° *Mélanges littéraires, politiques et philosophiques*, 2 vol. in-8°. M. le vicomte de Bonald est un des membres de l'académie française, nommés par l'ordonnance royale du 21 mars 1816.

BONAMY (Charles-Auguste), officier de la légion-d'honneur, chevalier de Saint-Louis, est né dans l'île de Maillezais, département de la Vendée, en 1764. Il devait succéder à son père dans la charge de maître particulier des eaux et forêts de Fontenay-le-Comte, lorsque cette charge fut supprimée en 1791. Il commença la guerre de la révolution comme soldat, fut nommé lieutenant au 15me régiment de cavalerie, le 7 juin 1792, se trouva à la bataille de Valmy, au siége et à la prise de Namur : il combattit à Nerwinde. Après la défection de Dumouriez, il passa successivement adjoint aux états-majors des armées du Nord, des Ardennes et de Sambre-et-Meuse, où il fut nommé adjudant-général chef de bataillon en fructidor an 2, adjudant-général chef de brigade le 23 prairial an 3. Il servit sous Kléber au siége de Maestricht, devint son chef d'état-major lors du passage du Rhin par l'armée de Sambre-et-Meuse, et lui resta attaché pendant tout le temps qu'il commanda en Allemagne. Après la retraite de l'armée, il passa sous les ordres de Marceau, et fut employé au blocus de Mayence. On voulut le rendre responsable, après la mort de ce général, des réquisitions qui avaient été faites pour le service des troupes accoutumées depuis long-temps à vivre des ressources du pays qu'elles occupaient. On l'accusa de les avoir détournées à son profit. Il fut justifié de cette accusation calomnieuse par un jugement du conseil de guerre, présidé par le général Damas. Il passa alors à l'armée du Rhin, et fit partie de l'expédition contre la Suisse : à la fin de cette guerre, il revint dans le Haut-Rhin, où commandait le général Lefèvre. Il en partit pour se rendre près du général Championnet, nommé au commandement en chef de l'armée de Rome, joignit ce général à Terni, et remplaça Léopold Berthier dans les fonctions de chef d'état-major-général de l'armée. Quelques jours après la reprise de Rome par les troupes de la république, l'adjudant-général Bonamy fut nommé général de brigade sur le champ de bataille, le 25 frimaire an 7, confirmé le 19 nivôse suivant. On ne peut lui refuser d'avoir fortement coopéré à la conquête de Naples. Championnet jouissait, dans cette ville, de ses triomphes et de sa gloire, lorsqu'il fut subitement rappelé de l'armée. Le général Bonamy et plusieurs autres généraux partagèrent sa disgrâce. Une proclamation qui fit beaucoup de bruit alors fut le motif de cet abus de pouvoir du directoire. Les chefs du gouvernement soupçonnèrent le général Bonamy d'être l'auteur de la proclamation; et pour colorer leur injustice, ils lui reprochèrent d'avoir abusé de l'influence que lui donnaient ses fonctions de chef d'état-major. Ils le firent arrêter dans le moment même où Championnet, retenu à Grenoble par ordre des directeurs, y attendait impatiemment ses juges. Mais bientôt les revers de l'armée d'Italie amenèrent des changemens dans les membres du gouvernement. Le premier acte des nouveaux directeurs fut de rompre les fers des vainqueurs de Naples. Ils confièrent le commandement de l'armée des Alpes au général Championnet, et employèrent le général Bonamy à celle du Bas-Rhin. Ce fut à cette époque que celui-ci publia un ouvrage intitulé *Coup d'œil rapide sur les opérations de la campagne de Naples*, ouvrage d'autant plus utile aujourd'hui que, par le silence que le directoire a gardé sur les événemens de cette campagne et les hauts faits de cette armée, il est peut-être le seul qui puisse fournir des documens à l'histoire. Arrivé à Manheim, le général Bonamy reçut le commandement d'une portion des troupes qui bloquaient Philisbourg. Quelque temps après, il quitta les environs de cette place pour aller se renfermer dans le fort de Kehl. Le général Moreau, rappelé d'Italie, avait repris le commandement en chef de l'armée du Rhin. Il porta de nouveau la guerre au sein de l'Allemagne. Le général Bonamy fut retiré de Kehl, et employé sous les ordres du général Saint-Cyr, dont le corps d'armée passa le Rhin en avant et au-dessus de New-Brisac. Il marchait sur Ulm, lorsqu'il fut désigné pour conduire en Italie les renforts que le général Moreau envoyait au premier consul, qui venait de passer les Alpes. Après avoir traversé la Suisse, il arriva à Milan, et fut chargé de commander le corps de troupes destiné à réduire le château de Plaisance qu'il soumit, et de faire tête aux Autrichiens qui descendaient de la Haute-Italie. Cette marche de l'ennemi avait pour but d'inquiéter le gros de l'armée française qui, prenant à revers la position de M. de Mélas, préparait les succès que bientôt après elle obtint, avec tant de gloire, à Marengo. Ce fut environ à cette époque que le général Bonamy, retiré du service, se fixa dans la Vendée, où il devint maire de sa commune, et présida le canton de son arrondissement. Il fut nommé candidat au corps-législatif, et envoyé comme commissaire, par les électeurs de son département, pour présenter à l'empereur l'adresse d'usage à la fin des élections. Il en reçut le meilleur accueil et l'ordre de partir pour la grande-armée, qu'il joignit à Hambourg. Dans la campagne de Russie, en 1812, il commanda la 1re brigade d'infanterie de la 1re division du 1er corps. Cette division eut beaucoup à souffrir du feu de l'ennemi sous les murs de Smolensk. Enfin le 5 septembre, après des marches longues et pénibles, les deux armées furent en présence. Napoléon s'était porté en avant pour reconnaître par lui-même la position des Russes. Il se décida sur-le-champ à faire attaquer par le général Compans le premier ouvrage avancé qui couvrait le front de leurs lignes, et chargea le général Bonamy de le soutenir. Celui-ci, en moins de deux heures, perdit 800 hommes; son artillerie fut démontée, et le colonel Buquet, qui, sous ses ordres, commandait le 30me régiment d'infanterie, reçut une balle dans la poitrine. Le 6, l'ennemi lui disputa sa position pendant toute la journée, et lui tua beaucoup de monde. Le 7 septembre fut livrée la grande bataille de la Moskowa. Désigné dès la veille par Napoléon, le général Bonamy reçut l'ordre, à neuf heures du matin, d'attaquer la principale redoute des Russes. Il marche à la tête du 30me régiment de ligne, enlève la redoute de vive force, a son cheval tué sous lui, et, percé de vingt coups de baïonnette, est laissé pour mort au pouvoir de l'ennemi. Prisonnier pendant vingt-deux mois, le général Bonamy rentra en France le 17 août 1814, la poitrine encore ouverte du dernier coup qui l'avait frappé, le 7 septembre 1812. Le ministre de la guerre refusa de le reconnaître comme ancien officier de la légion-d'honneur; mais le maréchal Macdonald, mieux informé, fit revivre, pour lui, le décret du 11 octobre 1812, rendu au Kremlin, par lequel le général Bonamy avait été nommé, à cette époque, officier de l'ordre, et lui fit reprendre le rang qui lui appartenait. Quelque temps après, le 11 janvier 1815, pour récompense de sa conduite à la bataille de la Moskowa, il fut promu au grade de lieutenant-général. Il parut au Champ-de-Mai le printemps suivant, mais ne prononça point de discours comme on l'a prétendu. Le 4 juillet, il reçut l'ordre du ministre de la guerre d'enlever de Paris tous les dépôts de l'armée, leurs magasins et leurs caisses, et de les mettre en sûreté à Orléans. Cette mesure sauva des millions à la France. Il conduisit la colonne à Poitiers, et conserva le commandement des dépôts jusqu'à leur licenciement. Après avoir terminé cette douloureuse opération, il se retira dans la Vendée, où il vit heureux, et oublié à la campagne, au sein de sa famille. L'obscurité de cette vie philosophique a contribué peut-être autant que l'éclat de sa vie militaire à procurer au général Bonamy le bonheur d'échapper à la Biographie des frères Michaud.

BONAPARTE (MADAME LÆTITIA-RAMOLINO), nommée sous l'empire MADAME-MÈRE, est née en 1750, dans la ville d'Ajaccio en Corse. Elle épousa, à l'âge de 17 ans, Charles Bonaparte, un des juges de cette île, que le mauvais état de sa santé obligea bientôt à chercher une température plus douce dans le midi de la France : il mourut à Montpellier quelques années après. Le gouvernement français avait décidé que les enfans de quatre cents familles les plus distinguées de la Corse seraient élevés, aux frais de l'état, dans les écoles militaires de France et dans la maison de Saint-Cyr : le comte Marbœuf, gouverneur de la Corse, fit jouir la famille Bonaparte de cette prérogative; le jeune Napoléon, en qui il avait reconnu de grandes dispositions, fut admis à l'école militaire de Brienne, et l'aînée de ses sœurs entra dans la maison royale de Saint-Cyr. Lorsqu'en 1793, les Anglais s'emparèrent de la Corse, Mme Bonaparte se réfugia à Marseille, où elle vécut dans une extrême médiocrité, avec Lucien, le troisième de ses fils, et avec ses trois filles, Élisa, depuis Mme Bacciochi, grande-duchesse de Toscane; Pauline, maintenant princesse Borghèse; et Caroline, depuis épouse de Murat, successivement grande-duchesse de Berg et reine de Naples. Après la révolution du 18 brumaire an 8 (9 novembre 1799), qui mit Napoléon à la tête du gouvernement consulaire, toute sa famille se réunit à Paris. Mme Bonaparte continua de vivre avec beaucoup de simplicité, jusqu'en 1804, que Napoléon fut proclamé empereur. Elle reçut alors le titre de MADAME-MÈRE; on lui créa une maison, dont le comte de Cossé-Brissac faisait partie comme chambellan, et M. de Cazes comme secrétaire des commandemens. L'empereur la nomma *protectrice générale des établissemens de charité*, fonction vraiment digne de la mère du chef de l'état. Tant de grandeur ne l'éblouissait pas; douée d'une prévoyance qu'on trouvait alors extrême, et ne se laissant pas enivrer par les dignités, elle faisait de grandes économies sur les sommes affectées à la tenue de sa maison : *Qui sait*, disait-elle à quelqu'un qui lui en faisait reproche, *qui sait si un jour je ne serai pas obligée de donner du pain à tous ces rois?* C'est ce qu'elle fait sans doute. Dans le temps où, à l'exception d'un seul, ses fils étaient sur le trône, elle ne se lassait pas de solliciter le plus puissant de tous en faveur de Lucien. «Vous l'aimez » plus que tous vos autres enfans, » lui dit un jour Napoléon avec » quelque impatience.» — *Celui de mes enfans que j'aime le plus*, répondit-elle, *c'est toujours le plus malheureux*. Après les événemens qui ont fait tomber, en 1814, le sceptre des mains de Napoléon, Mme Bonaparte a trouvé un asile à Rome, où elle habite avec une partie de sa famille. En lui faisant un accueil tel que l'avaient déjà reçu de lui plusieurs personnages détrônés, Pie VII a prouvé qu'il était véritablement vicaire de celui qui dit : *Venez à moi, vous tous qui êtes fatigués et qui êtes chargés, et je vous soulagerai*. (Évangile de saint Mathieu, chap. 11, v. 28.) On ne doit pas s'étonner de voir les biographes les plus orthodoxes être un peu moins chrétiens que le saint-père.

BONAPARTE (Joseph), frère aîné de Napoléon, a été successivement roi de Naples et d'Espagne. Né à Ajaccio, le 7 janvier 1768, il fut envoyé à l'université de Pise; comme il se destinait au barreau, il fit des études analogues à cette profession. L'envahissement de la Corse par les Anglais, en 1793, le força à venir en France, où il épousa, en 1794, la fille d'un riche négociant de Marseille, Mlle Clary, dont la sœur cadette, d'abord destinée au général Duphot, se maria depuis au général Bernadotte, aujourd'hui roi de Suède. Joseph Bonaparte, attaché comme secrétaire au conventionnel Salicetti, son compatriote, alors en mission dans le Midi, devint, en 1796, commissaire des guerres à l'armée d'Italie, que commandait son frère le général Bonaparte. Vers le même temps il fut nommé député au conseil des cinq-cents par le département du Liamone; mais le parti *clichien*, alors tout-puissant dans le conseil, s'opposa à son admission; elle ne put avoir lieu qu'après les événemens du 18 fructidor an 5 (4 septembre 1797), qui renversèrent cette faction aristocratique. La même année, envoyé comme ambassadeur de la république française à Parme d'abord, puis à Rome, il favorisa dans cette dernière ville le parti qui désirait un changement dans le gouvernement, et protesta avec succès contre la nomination faite par le pape du général autrichien Provera au commandement des troupes romaines. Il fit aussi rendre la liberté aux patriotes emprisonnés. Le 8 nivôse an 6 (28 décembre), le sacré collége, irrité de l'ascendant que

Joseph Bonaparte.

prenait sur la politique du saint-siége l'ambassadeur de la république, fit investir, par une populace fanatisée, le palais Corsini, habité par Joseph Bonaparte. Celui-ci, accompagné du brave général Duphot et de toutes les personnes attachées à l'ambassade, se présente courageusement à cette multitude, et cherche à la calmer par sa contenance. Mais le général (*voyez* DUPHOT) est frappé de plusieurs balles, et tombe mort aux pieds de l'ambassadeur. L'imminence du péril décide Joseph Bonaparte à quitter Rome secrètement. Il revint à Paris, et reçut du directoire, à qui il rendit compte de sa conduite, les éloges qu'il avait mérités; il rentra au conseil des cinq-cents. L'assassinat du général Duphot, et celui qui cinq ans auparavant avait été commis dans la même ville par la même populace et à la même instigation sur la personne de l'infortuné Basseville, envoyé extraordinaire du gouvernement français, ne devaient pas rester impunis, et déterminèrent le directoire à déclarer la guerre au pape; ainsi la cause de cette guerre était la juste vengeance de deux assassinats ordonnés par les prêtres romains. Les états du pape furent bientôt soumis aux armes françaises, et érigés en république le 27 pluviôse (15 février 1798). Joseph Bonaparte, qui avait été élu secrétaire du conseil des cinq-cents, le 21 janvier de la même année, était doué d'un esprit juste et d'un caractère conciliant; il s'était fait des amis et des partisans de la plupart de ses collègues; on dit même qu'il avait préparé, de concert avec son frère Lucien, comme lui membre du conseil, le retour du général en chef, leur frère, alors en Égypte; cela n'est que présumable. Ce qui est positif, c'est que par ses liaisons et ses qualités personnelles, il contribua au succès de la journée du 18 brumaire an 8, qui fit ce général chef du gouvernement consulaire. Devenu alors conseiller-d'état, section de l'intérieur, Joseph Bonaparte fut chargé de conclure un traité de paix et de commerce avec les ministres plénipotentiaires des États-Unis, traité qui fut signé à Paris le 30 septembre 1800 : ce premier succès comme négociateur détermina le gouvernement à l'envoyer en qualité de ministre plénipotentiaire au congrès de Lunéville, où il conclut avec l'empereur d'Allemagne le traité de paix du 9 février 1801. L'année suivante, il signa, à Amiens, la paix avec l'Angleterre. En faisant un juste éloge des talens que cet ambassadeur déploya dans ces négociations, nous ne dissimulerons pas qu'il fut bien secondé par d'habiles diplomates, et que les succès des armées françaises aplanissaient bien des difficultés. Joseph Bonaparte, qui avait été nommé grand-officier de la légion-d'honneur et membre du sénat, présida, en 1803, le collége électoral du département de l'Oise. Le sénatus-consulte qui proclama, l'année suivante, empereur des Français le premier consul Bonaparte, créa son frère aîné, Joseph, prince impérial et grand-électeur de l'empire. Le nouveau souverain le nomma presque aussitôt colonel du 4me régiment, puis successivement général de brigade et général de division. L'empereur étant parti, en 1805, pour la campagne d'Allemagne, le prince Joseph présida le sénat, et dirigea le gouvernement. Sur les marches du trône, le prince avait conservé des formes simples et une grande popularité. Le peu de faste de sa maison contrastait trop avec le luxe et la sévère étiquette de la nouvelle cour pour ne pas mécontenter Napoléon, qui lui en témoigna plusieurs fois un extrême déplaisir. Le prince Joseph donna à l'empereur un nouveau sujet de mécontentement en déclarant à ce souverain, qui lui offrait le trône d'Italie, qu'il ne l'accepterait que dans le cas où ce pays serait affranchi de la domination de la France, et du tribut annuel de 30 millions qu'il lui payait, et que le contingent des troupes qu'il devait fournir serait fixé. L'empereur n'accueillit point ces conditions, et, le 26 mai 1805, mit sur sa tête la couronne d'Italie. La défection de Ferdinand, roi de Naples, qui après avoir violé le traité de neutralité signé avec la France, le 21 septembre suivant, avait, dans le mois de novembre de la même année, admis dans ses ports 12,000 austro-russes, détermina Napoléon à lui déclarer la guerre. Son manifeste portait ces mots: « Ferdinand a cessé de régner. » En conséquence, sous les ordres du prince Joseph, ayant pour lieutenans le maréchal Masséna et le général Gouvion Saint-Cyr, l'armée française s'empara, presque sans combattre, du royaume de Naples. Le prince fit son entrée à Naples le 5 janvier 1806. Le peuple l'accueillit avec une allégresse que la noblesse sembla partager, et que la bourgeoisie et les personnes les plus influentes firent éclater hautement. Le prince Joseph s'occupa sans retard d'organiser l'administration sur le mode français. Il appela à le seconder les nobles, les hommes instruits, et tous ceux qui jouissaient de la confiance publique. Il crut nécessaire, pour affermir le nouveau gouvernement, de visiter les différentes provinces du royaume, afin d'en connaître l'esprit et les ressources; et lorsqu'il rentra dans la capitale, le 31 mars, ce fut comme roi de Naples et des Deux-Siciles, titre que lui avait conféré un décret impérial. L'enthousiasme que la présence du prince avait précédemment excité devint général. Le roi Joseph avait reçu du sénat français une députation chargée de le féliciter sur son avénement au trône. Cette députation était composée du maréchal Pérignon, du général Férino, et du conseiller-d'état Rœderer; il confia à ce dernier le portefeuille des finances. Parmi les principales opérations qui signalèrent le gouvernement, furent la suppression de tous les monastères ayant des propriétés; la vente des domaines de l'état appliquée à la liquidation de la dette publique; l'établissement d'une contribution foncière, égale pour tous les citoyens, qui remplaça la dîme et la double dîme auxquelles les privilégiés avaient l'adresse de se soustraire; la régularisation du service du trésor; la création d'un grand livre et d'une caisse d'amortissement; la réunion de toutes les banques en une seule; enfin la fixation aux frontières des douanes intérieures. Ce système d'administration et de finances, dû aux vues éclairées du roi Joseph et aux talens de M. Rœderer, secondé par d'habiles administrateurs français, subsiste peut-être encore aujourd'hui, malgré les violentes modifications que le gouvernement de Naples vient d'éprouver sous la discipline autrichienne. Le roi Joseph s'occupa aussi de l'organisation de l'administration des provinces, et remplaça par des intendans et sous-intendans les *présides*, espèces de proconsuls qui cumulaient les pouvoirs administratifs, judiciaires et militaires. Il ordonna la création d'une force armée composée des gardes nationales des communes; donna une meilleure direction à l'instruction publique, et, par l'établissement de cours d'appel et de tribunaux de première instance, il rendit l'organisation judiciaire plus simple et plus avantageuse aux personnes intéressées; les codes français remplacèrent les *pragmatiques;* la gendarmerie fut substituée aux sbires. Comme les troupes françaises tenaient lieu de l'armée napolitaine, il ne fut point établi de conscription ni de levée d'hommes : le roi eut seulement une garde royale d'environ 2,000 hommes, composée en grande partie de Français, et un régiment corse; les trois couleurs devinrent nationales; enfin il supprima la féodalité, en conservant néanmoins les titres honorifiques. Quelques-uns de ces changemens, tous avantageux à la masse des citoyens, déplurent à la noblesse, qui ne se rallia jamais franchement autour du trône. Peut-être la conduite privée du roi contribua-t-elle aussi à éloigner les nobles. Ce prince se reposait sur les ministres du soin des affaires; et plus d'une fois, sous ce rapport, Napoléon lui fit de vifs reproches. Ils n'altérèrent cependant pas, dans le cœur de l'empereur, l'amitié qu'il portait à toute sa famille; et le roi de Naples en reçut une nouvelle preuve dans le décret impérial du 6 juin 1808, qui l'appelait au trône d'Espagne : les différentes puissances le reconnurent sous ce nouveau titre. La couronne d'Espagne était plus brillante que celle de Naples, mais elle était plus difficile à porter, parce qu'il fallait commencer par la conquérir; d'un autre côté, si les intentions du roi Joseph furent toujours dans l'intérêt des peuples qu'il se voyait appelé à gouverner, son zèle pour les affaires ne parut pas s'accroître en raison des difficultés qui se présentaient chaque jour. Les cortès qui, aidés des secours de l'Angleterre, résistaient au nouveau gouvernement, sous le nom de Ferdinand VII, augmentaient l'embarras de sa position. Il crut pouvoir se concilier les esprits, par une administration douce, par des élémens d'ordre et de justice, et par la confiance dont il donnait l'exemple. Mais ces moyens pacifiques ne pouvaient toucher des esprits aigris par l'ambition de l'empereur des Français, et profondément jaloux de reconquérir leur indépendance. L'Angleterre fortifiait ce mécontentement; son or, et une armée, ajoutèrent aux moyens de résistance des Espagnols. Le roi Joseph, excepté le courage personnel, n'avait pas les talens militaires qui éblouissent et subjuguent les peuples belliqueux, et les asservissent par le prestige si puissant de la gloire ; il fut deux fois contraint de quitter sa capitale. Les désastres des campagnes de Russie et de Saxe, en 1813, ayant forcé le gouvernement français à retirer une partie de ses troupes du territoire espagnol, l'armée des insurgés, réunie à celle du général anglais Wellington, acquit une telle supériorité et par la force matérielle et par celle de l'opinion, déjà si peu favorable aux Français, que les troupes de cette nation furent obligées d'évacuer, non sans une noble et courageuse défense, le pays qui avait été naguère le théâtre de leurs brillans exploits. Le roi Joseph rentra en France à la fin de 1813; il s'était trouvé au moment d'être enlevé à Vittoria par les troupes ennemies qui le poursuivaient vivement. L'empereur se préparait alors à rejoindre son armée en Champagne. Il confia à l'impératrice régente et au roi Joseph, sous le titre de lieutenant-général de l'empire et de commandant-général de la garde nationale, le gouvernement de l'état, puis il partit en janvier 1814. Joseph s'occupa des mesures de défense ordonnées pour la capitale, passa plusieurs fois en revue les troupes de la garnison et la garde nationale, et annonça par une proclamation du 29 mars, avant-veille de l'entrée des troupes ennemies à Paris, qu'il ne quitterait pas la capitale; mais les moyens de résistance étaient si faibles qu'il fut contraint de partir pour Blois, où l'impératrice s'était rendue : il remit le commandement-général au maréchal duc de Raguse. Après l'abdication de l'empereur Napoléon, Joseph se retira en Suisse, où il acheta la terre de Prangin, située dans le canton de Vaud. Le retour de Napoléon en France le ramena à Paris, où il reprit, après le 20 mars 1815, son titre de grand-électeur; il fit partie de la nouvelle chambre des pairs. Joseph avait, dit-on, écrit à Murat, roi de Naples, son beau-frère, que le seul moyen d'effacer aux yeux de l'empereur et de son ancienne patrie la honte de sa défection, c'était de se déclarer en faveur de Napoléon. Murat, que la force des événemens avait subjugué, mais qui était toujours Français dans le cœur, suivit ce conseil, qui lui devint si funeste, puisqu'il fut quelques mois après sinon la cause, au moins le prétexte de la perte de sa couronne et même de sa vie. Napoléon ayant abdiqué une seconde fois, Joseph le suivit à Rochefort, dans l'intention de se rendre avec lui aux États-Unis; mais Napoléon, par une suite de sa fatale destinée, s'étant confié aux Anglais, Joseph s'embarqua seul pour New-York sur le navire qui devait les y transporter tous deux. Arrivé en septembre à sa destination, il se fixa dans les environs de Philadelphie, où, sous le nom de comte de Survilliers, il a fait l'acquisition d'une belle propriété:

Le Général Bonaparte.

tous les malheureux qui sont allés chercher là des secours en ont reçu ; tous les gens industrieux qui vont y demander du travail en trouvent. C'est presque régner, c'est au moins être heureux par les autres. Sa femme, retenue en Europe par la faiblesse de sa santé, était restée provisoirement à Francfort, avec ses deux filles, en attendant qu'elle pût passer en Amérique. Arrêtée encore par la même cause, elle habite aujourd'hui Bruxelles. Joseph Bonaparte était membre de l'institut impérial; il aime les lettres et les cultive. En 1799, il avait publié *Moïna*, roman in-18, dont une seconde édition a paru en 1814.

BONAPARTE (NAPOLÉON). L'époque glorieuse que nous allons retracer est celle à laquelle l'histoire donnera le nom d'ÉPOQUE CONSULAIRE.

Le temps actuel n'est plus le temps des fables : il n'y a plus ni impunité ni apothéose pour les maîtres du monde, il n'y a plus même d'ingratitude de la part des peuples. Les rois, les conquérans, sont jugés comme hommes et comme dominateurs. Chaque action de leur existence est soigneusement recueillie, et c'est comme sous leur dictée que la société écrit leurs annales. Aussi aucune erreur, quand même elle serait utile, ne doit y prendre la place de la vérité. Ce qui est une erreur pour les contemporains devient un mensonge pour l'avenir, est un crime pour l'histoire. La vie d'un génie extraordinaire tel que Napoléon, si riche d'ailleurs par elle-même, ne serait point profitable à la société, si elle ne montrait aussi qu'elle est la vie d'un homme. Une loi d'Égypte faisait juger le roi après sa mort. Une loi de la Chine ordonne de juger l'empereur chaque jour de son règne : C'est celle-ci que le temps présent a adoptée.

Napoléon Bonaparte naquit à Ajaccio en Corse, le 15 août 1769. L'origine nobiliaire de la famille Bonaparte ou *Buonaparte*, dont assurément elle peut encore se passer, est suffisamment constatée par des documens historiques du 14me siècle, et par le choix que la province de Corse fit en 1776 de Charles de *Buonaparte*, père de Napoléon, pour représenter sa noblesse dans la députation qu'elle envoya au roi de France. On sait aussi, à n'en pouvoir douter, que la famille Bonaparte était originaire de San-Miniato en Toscane, ce qui, il y a peu d'années, était un lien de plus entre la France et l'Italie. *Letizia Ramolino*, également d'une famille noble, femme d'une beauté remarquable, donna le jour à huit enfans, dont Napoléon fut le second.

L'enfance de Bonaparte se passe sans jeux, comme sa jeunesse sans plaisirs, mais non pas sans amitié. Il semble qu'il soit pressé de vivre; son premier âge a une sorte de maturité, dont les penchans sérieux contrastent singulièrement avec ses jeunes années. Reçu élève à l'école militaire de Brienne, par la protection du comte de Marbeuf, gouverneur de la Corse, Bonaparte y développe cette passion secrète pour l'étude et pour la réflexion, qui avait frappé sa famille à Ajaccio. Plutarque seul le délasse des études militaires et mathématiques. *Quand sa fortune fut faite,* il se délassa de l'histoire par la fable, et quitta Plutarque pour Ossian.

Ce fut aux écoles militaires de Brienne et de Paris que commença le mystère de ce caractère impénétrable qui devait un jour être dévoilé au monde dans ce qui pouvait subjuguer les hommes, et c'est cette impénétrabilité et cette élévation de caractère qui assurent à jamais, parmi les grandes singularités de la nature, et les plus brillantes notabilités de l'histoire, une place entièrement neuve à Napoléon Bonaparte. L'avenir paraît être la seule passion de cette première jeunesse, que Bonaparte parvient à éteindre dans une abstraction presque continuelle. Il regarde comme des séductions dangereuses tout ce qui peut le distraire ou le consoler du plan sévère qu'il semble s'être imposé, et il repousse comme des ennemis les frivoles amusemens du jeune âge. La littérature, les beaux-arts, les talens lui sont étrangers. Élève, il est le solitaire de l'école; camarade, il n'a point d'égaux. Il a des amis qui sont ses complaisans. Ses rapports avec eux sont singuliers. Associé à leurs travaux comme à leurs plaisirs, on le croirait sous l'influence d'un fatalisme impérieux; et dans cette discipline commune des écoles, il a l'air d'obéir à part.

Une prédiction alors obscure n'est sans doute comprise que par lui. Le professeur Léguile, dans le compte qu'il rend de ses élèves, ajoute à la note sur Bonaparte : *Corse de nation et de caractère, il ira loin si les circonstances le favorisent.* Un recueil manuscrit qui a appartenu à M. le maréchal de Ségur, alors ministre de la guerre, renferme la note suivante, à l'article intitulé : École des élèves de Brienne. *État des élèves du roi susceptibles par leur âge d'entrer au service ou de passer à l'école de Paris; savoir : M. de Buonaparte (Napoleone), né le 15 août 1769, taille de 4 pieds 10 pouces 10 lignes, a fini sa quatrième : de bonne constitution, santé excellente : caractère soumis, honnête et reconnaissant : conduite très-régulière : s'est toujours distingué par son application aux mathématiques : il sait très-passablement son histoire et sa géographie : il est assez faible dans les exercices d'agrément et pour le latin, où il n'a fini que sa quatrième :* CE SERA UN EXCELLENT MARIN : *mérite de passer à l'école de Paris.*

La carrière militaire de Bonaparte commence en 1785, où le succès de son examen pour l'arme de l'artillerie le fait nommer lieutenant en second dans le régiment de La Fère. On a répété mille fois sa réponse à une dame qui reprochait justement au grand Turenne l'incendie du Palatinat : *Eh! qu'importe, madame, si cet incendie était nécessaire à ses desseins!* Cependant vingt-sept ans après, ce ne fut pas lui qui incendia Moscow.

Il vit, et il a droit à toute notre impartialité; mais par quelle fatalité sommes-nous déjà pour lui la postérité, tandis que sur le rocher où il est captif, il voit toujours en nous des contemporains! il n'y a plus d'égalité possible de nous à Bonaparte. Lui seul, par la loi d'une justice qui lui est propre, peut nous en conserver le sentiment. Essayons toutefois de combler l'espace qui nous sépare de lui par le tableau de cette fortune superbe qui a passé sur la terre, pour donner à la société l'idée de la puissance de l'homme et de celle du destin.

Bonaparte a 20 ans : la révolution se présente à lui comme une carrière que la fortune ouvre à son génie. Le sentiment de la liberté qu'il a reçu en naissant s'exalte dans son âme en voyant le destin de sa patrie s'agrandir de celui de la France. La correspondance qu'il entretenait avec Paoli, alors en Angleterre, nourrissait en lui cette passion élevée qu'il a portée constamment jusqu'au fanatisme, et à laquelle il a depuis sacrifié la France, parce qu'après avoir confondu l'indépendance de sa patrie avec sa propre gloire, il avait fini par ne plus voir la France qu'en lui seul. Paoli vint de Londres à Paris en 1790; il fut présenté à l'assemblée constituante par M. de La Fayette, et reçut dans la capitale tous les honneurs que l'amour de la vraie liberté offrait alors aux illustres défenseurs de l'indépendance des nations. Le jeune Bonaparte était en Corse par congé, et s'y montrait partisan zélé de l'ancien ami de son père. En 1792, Paoli, qui était retourné dans sa patrie, y reçut sa nomination de lieutenant-général au service de France et de commandant de la 23me division militaire. La même année, le lieutenant d'artillerie est nommé au commandement temporaire d'un des bataillons de gardes nationaux soldés, levés en Corse pour le maintien de l'ordre public. Cette île était encore agitée par le parti qui avait long-temps combattu le despotisme des Génois, et qui s'était constamment opposé à la réunion de la Corse à la France. Ajaccio, patrie de Bonaparte, était le chef-lieu de cette opposition, et il fut obligé lui-même, à la tête de son bataillon, d'employer la force contre la garde nationale de cette ville. Le tumulte, qu'il parvint à apaiser, eut lieu le samedi saint de la même année. Peraldi, un des chefs des mécontens, ancien ennemi de sa famille, et cela suffit dans un pays où la haine est héréditaire, accusa Bonaparte, auprès du gouvernement, d'avoir provoqué lui-même le désordre qu'il venait de réprimer. Bonaparte dut se rendre à Paris, où il se justifia de cette calomnieuse imputation. Il y était à l'époque du 10 août, et il revint en Corse au mois de septembre suivant, l'esprit encore frappé du spectacle de cette terrible journée. Cette impression fut profonde. Le sentiment de la force et de la volonté d'un grand peuple s'empara de son âme naturellement passionnée, et il jura dès lors fidélité aux devoirs nouveaux qu'imposait à tout citoyen français la cause triomphante de la liberté. A son retour en Corse, il fut profondément affecté de découvrir, dans son protecteur naturel, le chef secret de la faction, qui voulait rendre à la Corse son indépendance. Les relations que son admiration et son respect avaient provoquées entre lui et Paoli prirent bientôt le caractère de réserve, que la découverte de cette trahison et le sentiment du devoir devaient établir. La méfiance divisa dès lors celui qui, investi du pouvoir par la France, s'en servait contre elle-même, et celui qui, dans un grade inférieur, jurait de remplir tout son serment envers sa patrie. Une escadre, sous les ordres du vice-amiral Truguet, chargé d'une expédition contre la Sardaigne, arrive à Ajaccio. Les forces stationnées en Corse sont mises en mouvement, et Bonaparte est spécialement chargé avec son bataillon d'opérer une diversion contre les petites îles qui sont entre la Corse et la Sardaigne. Mais l'expédition est sans succès, et Bonaparte revient à Ajaccio. Paoli avait été placé sur une liste de 20 généraux pour être arrêté et jugé comme traître; sa tête avait été mise à prix. Il se vit obligé, au mois de mai 1793, de lever l'étendard de la révolte pour sa propre sûreté et pour affranchir son pays du joug de la convention. Il rallia à lui tous les mécontens, fut élu généralissime et président d'une consulta qui s'assembla à Corté, et dont Pozzo-di-Borgo, à présent ambassadeur de Russie en France, fut nommé le secrétaire. Au retour de Bonaparte éclata la rupture entre lui et Paoli. La guerre s'alluma entre les partisans de la France et ceux de l'Angleterre. Cette division fut violente, et signalée par de grands excès. Paoli alla même jusqu'à tolérer et protéger les entreprises diverses qui furent tentées par les siens pour enlever ou assassiner Bonaparte. Il a le bonheur de se soustraire aux poursuites de Paoli, et de rejoindre à Calvi les représentans du peuple Salicetti et Lacombe-Saint-Michel, qui ont débarqué avec des forces. Ces troupes sont dirigées contre Ajaccio, où domine le parti de Paoli. Cette entreprise échoue encore. Bonaparte, qui en fait partie, trouve le moyen de dérober toute sa famille à la vengeance de Paoli, et de la conduire en France. Frappé avec les siens d'un décret de bannissement, il a lutté vainement, au nom de la république, contre l'ascendant de l'Angleterre, et il menace celle-ci du serment d'Annibal, en quittant sa patrie. Aussi descend-il du vaisseau qui le porte à Marseille, comme un soldat de la liberté proscrit par un traître. Les rois ont un athlète de plus à combattre, invulnérable comme la pauvreté, implacable comme la vengeance.

Après avoir établi sa famille dans les environs de Toulon, il se rend à Nice; le 4me régiment d'artillerie à pied, où il est lieutenant en premier, est en garnison dans cette place. Au mois de juillet, il est nommé capitaine de la 20me compagnie par son droit d'ancienneté. C'est la fatale période de 93 et de 94, où la Montagne s'élève sur les ruines de la royauté détruite, contre la liberté elle-même. Cette lutte terrible entre la terreur et l'Europe entraîne tout à coup la révolution hors de ses limites, et soulève quatorze armées contre les ennemis de la patrie; la France répète malgré elle au dedans les triomphes qui l'immortalisent au dehors. La convention ne se contente pas de résister à tout ce qui lui est opposé, elle provoque et défie ses adversaires. Comme tous les pouvoirs extraordinaires, elle sent que le moyen de contenir et de subjuguer les hommes, c'est de les étonner. Les gigantesques entreprises de la terreur sont sans doute l'objet des méditations de Bonaparte, car elles réalisent dans son esprit les merveilleuses victoires des républiques grecques et romaine, qui ont fait l'admiration de ses premières années, et peut-être la politique de la convention lui révèle-t-elle le secret qui donne le pouvoir.

Le siége de Lyon est terminé. Collot-d'Herbois et Fouché de Nantes partagent dans cette commune détruite, que la convention ose nommer *commune affranchie*, l'exécrable immortalité des vengeances du comité, qu'on appelle de *salut public* : 4,000 habitans y furent mitraillés sous leurs yeux dans l'espace de six mois. Le même sort est réservé à Toulon. Les commissaires de la convention dans le Midi sont Salicetti, Albitte, Fréron, Ricord, Robespierre jeune, et Barras, qui préside particulièrement aux opérations militaires du siége de Toulon. Le 27 août 1793, cette ville a été ouverte par la trahison aux Anglais, aux Espagnols et aux Napolitains. Onze vaisseaux de ligne ont été livrés à l'amiral Hood; le contre-amiral Saint-Julien échappe avec sept qu'il conserve à la France. Louis XVII a été proclamé au milieu de la spoliation de la marine française par ceux qui se disent les alliés de la maison de Bourbon. La malheureuse ville de Toulon est captive sous la domination des royalistes et des étrangers. Le capitaine Bonaparte a reçu ordre de se rendre à Lyon pour obtenir des poudres pour le siége, et va jusqu'à Paris, où il complète sa mission; il fait diriger avec la plus grande promptitude sur Toulon les munitions qu'il a rassemblées, et se rend au quartier-général du corps de Cartaut, qui est devant cette place. Les représentans du peuple Salicetti, Albitte et Barras, le nomment chef de bataillon commandant l'artillerie de siége en remplacement du général Dutheil, qui est malade, et tous les travaux de cette opération difficile sont abandonnés à sa direction. Les savantes dispositions qu'il prend tout à coup, justifient le choix des commissaires : la brèche vainement tentée jusqu'alors, est ouverte, et Toulon est repris. Les Anglais, avant d'évacuer, incendient les magasins de la mâture. Ils voudraient détruire 38 autres bâtimens, restes de nos forces navales. Mais les forçats du bagne, soudainement délivrés, se sont armés, défendent ces vaisseaux, repoussent les Anglais et reprennent leurs fers. Cet héroïsme, jusqu'alors inconnu, caractérise cette époque, qui enivrait aussi de la gloire de la liberté, les criminels que la justice avait retranchés du nombre des citoyens. C'est encore à cette conduite des Anglais que l'on peut justement attribuer la haine que Bonaparte ne cessa de leur porter pendant tout le temps de sa puissance, et qu'il a oubliée tout à coup à l'époque où il devait le plus s'en souvenir. Le 19 décembre, jour de la reddition de Toulon, les représentans nommèrent Bonaparte général de brigade commandant l'artillerie de l'armée d'Italie. Dans ce poste supérieur, il exerce bientôt sur les troupes, sur le général en chef Dumerbion, et sur les représentans eux-mêmes, cette influence, qui est une des puissances du génie, et la source de cette mémoire singulière qu'il a laissée à l'Europe. Six mois après la reprise de Toulon, en mai 1794, les Anglais, appelés par Paoli, s'étaient rendus maîtres de la Corse. Trois députés de la consulta qu'il présidait étaient allés offrir la couronne au roi d'Angleterre, qui l'avait acceptée. Mais Paoli avait été joué pour la vice-royauté, qui fut donnée à lord Minto. La présidence du parlement du nouveau royaume était dévolue à Pozzo-di-Borgo, secrétaire de la consulta. Paoli trahi lui-même, n'est plus que le pensionnaire de ses auxiliaires devenus ses maîtres. Cependant le 9 thermidor (27 juillet) renverse tout à coup les hommes qui avaient inventé la terreur, et menace celui qui a fait tomber les murs de Toulon, défendus par l'étranger. Le général Bonaparte est arrêté à Nice par l'ordre de Salicetti et d'Albitte, à qui il a dû son avancement. Ils poursuivent en lui la confiance des représentans Ricord et Robespierre jeune, proscrits par cette révolution, et se vengent ainsi du pouvoir que leur autorité lui avait donné sur eux-mêmes. Cette arrestation est l'objet d'un rapport au comité de salut public; mais quinze jours après, en vertu d'un autre rapport, où les mêmes représentans Albitte et Salicetti exposent l'impossibilité où ils sont, pour la reprise des opérations militaires, de se passer des talens du général Bonaparte, il est rendu à la liberté, et va reprendre ses fonctions de commandant en chef de l'artillerie. La prise d'Oneille et du col de Tende, et le combat del Cairo, sont les premiers succès de l'armée d'Italie contre le Piémont. Ce fut après l'affaire del Cairo que le général en chef Dumerbion écrivit aux représentans en mission : « C'est au talent du » général Bonaparte que je dois les » savantes combinaisons qui ont » assuré notre victoire. » Bonaparte veut qu'on profite de ces avantages pour enlever le camp retranché de Ceva, centre de résistance des Piémontais; il demande qu'on se précipite sur le Piémont, et il donne dès lors ce plan d'invasion en Italie, que depuis il exécuta. Mais les représentans du peuple, qui commandaient la campagne, se contentèrent de ce faible résultat, et retardèrent d'un an la conquête de l'Italie.

Le représentant Aubry, ancien capitaine d'artillerie, alors président du comité militaire, attaché depuis en secret, comme quelques autres régicides, à la cause royale, profita de cette circonstance pour arrêter une carrière qui sans doute irritait sa jalousie. Chargé de l'organisation nouvelle, il déplace Bonaparte, et veut le faire passer au commandement de l'artillerie à l'armée de l'Ouest. Sans doute Bonaparte ne manquerait point à sa gloire, en acceptant un poste où il pourrait contribuer à l'extinction de la guerre civile, le plus grand fléau de sa patrie, après la terreur ; mais il s'est fait le plan d'une autre carrière, dont la France ne doit pas être le théâtre, et il refuse. Sur son refus, Aubry cherche à l'humilier, en le nommant au commandement d'une brigade dans la ligne. Le général se plaint vainement à Barras et à Fréron, qui ne peuvent vaincre l'opiniâtreté d'Aubry. Bonaparte, qui a également refusé cette dernière mission, reste à Paris, où il vit mécontent et solitaire. Peut-être y serait-il oublié, si le représentant Pontécoulant, qui remplace Aubry dans la direction des affaires militaires, et à qui les talens et les services de Bonaparte sont connus, ne l'arrachait à sa vie obscure, et ne le replaçait sous les yeux du gouvernement, en l'attachant aux travaux du plan de campagne dont s'occupe le comité de la guerre. Ce service, peu connu peut-être, fut toujours présent au souvenir de Bonaparte, dont la reconnaissance fut rendue publique quelques années après, quand, devenu premier consul, il s'empressa d'appeler au sénat M. de Pontécoulant, le jour où son âge lui permettait d'y aspirer. Letourneur, de la Manche, qui remplaça Pontécoulant à la direction des affaires militaires, fut moins favorable à Bonaparte, qui depuis oublia son injustice. Mais alors il forma le projet d'aller offrir ses services au sultan. Il en fut détourné par des circonstances qui nous sont inconnues, et il se livra plus que jamais à l'étude militaire et à la retraite. Une grande destinée va naître de cette courte époque de repos, unique dans sa vie. Il ignore lui-même que le travail de son obscurité prépare la plus haute fortune où un Français puisse atteindre : il n'aime encore que la gloire et la liberté. Toutefois, peut-être il voudrait créer cette gloire et fonder cette liberté. Ce fut alors aussi qu'il connut Mme de Beauharnais : ce fut sa première passion. Il se la dissimule long-temps à lui-même, et encore plus à celle qui en est l'objet. Ce sentiment, qui doit tant influer sur sa vie, puise une force nouvelle dans l'espèce d'abandon où il languit à Paris. Le besoin de se confier à un autre lui-même était impérieux en lui : il lui fallait un ami, qui ne fut ni un favori ni un conseiller. Son âme n'était pas toute politique; elle avait, comme celle des autres hommes, auxquels d'ailleurs il ressemble si peu, ses déplaisirs, ses consolations et ses secrets. Cependant, négligé par le gouvernement, il pourrait désespérer de la fortune; mais il était de sa destinée de commencer par être le héros de la révolution, et de recevoir son nom des agitations civiles.

Le 13 vendémiaire la plupart des sections de Paris se soulèvent contre la convention. Barras a le commandement des troupes. Il se souvient du siége de Toulon, et s'adjoint le général Bonaparte, en qualité de général de division. La convention triomphe par le canon de vendémiaire, qui fut calomnié depuis comme l'avait été déjà celui de Toulon. La constitution de l'an 3 fonde le gouvernement directorial, et Bonaparte, qui l'a conquis sur la faction aristocratique de Paris, reçoit le commandement en chef de l'armée de l'intérieur, devenu vacant par la nomination de Barras au directoire. Alors il vit habituellement Mme de Beauharnais chez le directeur Barras, qui faisait en grand seigneur les honneurs de la république. Cinq mois après, devenu son époux, il doit au directeur Carnot d'être nommé général en chef de l'armée d'Italie. A cette époque, la coalition contre la France était formidable; elle était composée de l'Angleterre, de l'Autriche, du Piémont, du royaume de Naples, de la Bavière, et de tous les petits états de l'Allemagne et de l'Italie. Mais la France ne faisait réellement la guerre que contre l'Autriche, qu'elle ne pouvait atteindre qu'en Italie, et la conquête du Piémont n'était qu'un avantage préliminaire, qui, en forçant les Autrichiens de se défendre dans leurs possessions, ouvrait à l'armée française le champ de bataille qui convenait à la politique de son gouvernement. Tel était l'esprit des instructions données par le directoire au général en chef Bonaparte, dont le plan, proposé un an auparavant aux commissaires de la convention, à l'affaire del Cairo, pour l'invasion de l'Italie, fut alors adopté. Peu de jours après son mariage, le général Bonaparte part pour Nice. Il peut se souvenir alors de sa solitude laborieuse de Paris. Le temps qui s'est écoulé depuis le 9 thermidor jusqu'au 13 vendémiaire, et depuis le 13 vendémiaire jusqu'à son départ pour l'armée d'Italie, fut employé à préparer, dans le silence de l'étude, la gloire du plus grand capitaine qui ait jamais occupé l'admiration de son âge, et la mémoire de la postérité. Lui seul était dans son secret : Barras et Carnot eux-mêmes n'y étaient pas. Ils avaient eu l'intention de créer une fortune militaire, destinée à devenir l'appui du nouveau gouvernement et celui de la liberté; mais ce génie, qui leur était inconnu, avait déjà conçu une autre gloire que celle des armes, et il va bientôt étonner ses protecteurs comme politique, après avoir dissipé leurs ennemis comme guerrier.

Peu connu encore de l'armée à la tête de laquelle il est placé, il a à conquérir l'estime des hommes de guerre, distingués déjà par une foule de succès, qui se trouvent sous ses ordres, et sous lesquels il a fait, il y a un an, sa première campagne : à 27 ans, il est appelé à dominer des réputations faites, et à primer sur des intérêts jaloux, comme le sont tous ceux de la gloire militaire. Il remplace le général en chef Schérer, qui vient de s'illustrer par le beau combat de Vado. En arrivant à Nice, il trouve, parmi les commandans supérieurs, Augereau, Masséna, Laharpe, etc. Kellermann, déjà vieux, commandait l'armée des Alpes, et Serrurier l'armée d'observation. Le génie seul pouvait achever l'ouvrage de la fortune. Les obstacles se présentaient en foule. L'armée était jeune, enthousiaste, intrépide, et déjà victorieuse ; mais elle était sans argent, sans vivres, sans habits, presque sans armes, dépourvue d'artillerie, prompte à l'indiscipline, au découragement, aux excès mêmes que devait produire l'absence de toute administration dans le pays le plus riche de l'Europe, et elle avait affaire à un ennemi nombreux, bien approvisionné, ayant toutes les jouissances et toutes les ressources d'une terre féconde, d'une organisation régulière, opposant, en un mot, tous les avantages de la patrie et de l'abondance à une invasion peu menaçante, à un exil réel, à la famine. L'armée française était, depuis quatre ans, oubliée dans les rochers de la Ligurie, ses divisions étaient adossées à la mer, sa position était fausse et dangereuse. Son centre et sa droite étaient aventurés ; elle était travaillée par le mécontentement du soldat, et par l'anarchie dans le commandement. Il fallait des victoires ; il fallait, pour en obtenir, faire des miracles. Bonaparte connaissait déjà le danger et la misère de son armée ; mais il sait juger les soldats qu'il commande, et, déjà certain de leur salut et de leur gloire, « Camarades, leur dit-il, vous manquez de tout au milieu de ces rochers : jetez les yeux sur les riches contrées qui sont à vos pieds, elles nous appartiennent : allons en prendre possession. » Ces paroles, prononcées d'une voix ferme par le jeune général, sont électriques pour la jeune armée, à laquelle on n'avait pas su parler encore. Une tactique nouvelle, qui peut rappeler, et qui doit surpasser celle que le grand Frédéric opposa à l'Europe, va ouvrir à la gloire militaire une école qui doit survivre à son fondateur.

Le nœud stratégique de la campagne était la séparation des armées piémontaise et autrichienne, l'une commandée par Provera et Colli, l'autre par Beaulieu et Argentau. C'était aussi le but politique de l'invasion française. Ce but fut atteint, contre toute probabilité, par une manœuvre également savante et audacieuse, inspirée par le danger lui-même. Au moment où Bonaparte va surprendre le point de jonction des deux armées ennemies, il se voit attaqué par Argentau au centre, tandis que Beaulieu fait un mouvement sur sa droite. Il profite tout à coup de ce mouvement pour fondre, à Montenotte, sur Argentau avec toutes ses forces, et il le rejette sur Dégo et Sacello. Apprenant le désastre du centre, Beaulieu fuit sur Acqui. Bonaparte bat Argentau à Dégo, et Provera, qui est fait prisonnier, à Cosseria ; il défait les Piémontais à Montezamolo, les chasse de Céva, les disperse à Mondovi, et les repousse sur la route de leur capitale. Le résultat de ces six jours de victoire fut la séparation des deux armées, l'occupation du vide qu'elles laissèrent dans leur déroute, la prise de 40 pièces de canon, la mise hors de combat de 12,000 Autrichiens, la perte des forteresses de Coni, de Céva, de Tortone et d'Alexandrie, pour le Piémont ; la demande de la paix faite par le roi de Sardaigne au gouvernement français, l'évacuation presque totale de son territoire par les Autrichiens, et son occupation par les Français, enfin l'ouverture d'une seconde campagne dans la Haute-Italie, où la puissance autrichienne serait attaquée sur son propre terrain. Dès lors l'Europe eut les yeux fixés sur le vainqueur, qui, en moins d'une semaine, avait conquis un royaume défendu par les Alpes, par des forteresses presque inexpugnables, et par deux armées commandées par de vieux et habiles généraux. Les officiers de ces armées furent à même d'apprécier l'avantage du système concentrique sur le système d'excentricité, ou d'éparpillement, alors en usage, et qui venait d'être si fatal à Beaulieu.

Bonaparte est hors de ligne, il est le maître de son armée; il n'y a plus dans ses rangs que de l'admiration et du dévouement. Sa gloire en a chassé la jalousie et l'indiscipline. Masséna, Augereau et Joubert, se sont couverts de gloire dans cette prodigieuse campagne. Bonaparte venait par de tels succès de dépasser les ordres et les espérances du directoire, aussi il lui écrit de Cherasco. « Je marche de- » main sur Beaulieu ; je l'oblige à » repasser le Pô ; je le passe im- » médiatement après; je m'empare » de toute la Lombardie, et avant » un mois j'espère être sur les » montagnes du Tyrol, trouver » l'armée du Rhin, et porter de » concert la guerre dans la Baviè- » re. » Il y avait juste un mois que Bonaparte avait annoncé au directoire son arrivée à cette armée si misérable, si indisciplinée, et déjà il trace en politique un plan de campagne, qui menace en Allemagne la maison d'Autriche, qu'il n'a pas encore attaquée dans ses possessions d'Italie. Bonaparte est assuré de ses communications avec la France par l'occupation de Coni, Céva, Tortone et Alexandrie. La conquête de la Haute-Italie est devant lui. Mantoue, l'impénétrable Mantoue en est la clef. Bonaparte conçut alors le dessein de se porter brusquement sur Mantoue. Il était persuadé que cette ville n'avait qu'une faible garnison, et qu'il lui serait facile de l'enlever, les Autrichiens n'ayant pu prévoir, ni sa descente en Italie, ni ses succès. Salicetti, commissaire du directoire, et Berthier, chef d'état-major, s'opposèrent à cette entreprise, qu'ils jugèrent trop périlleuse : et en effet si elle échouait, l'armée française séparée de toute communication avec la France, aurait à se défendre contre l'armée ennemie et contre la population. Bonaparte céda; mais il apprit par la suite qu'il ne s'était pas trompé, et que Mantoue n'avait alors pour toute garnison qu'une poignée de vétérans. Dès lors il déclara qu'à l'avenir il ne suivrait que sa propre volonté, et il a tenu parole. Cette circonstance fut une de celles qui imprimèrent à son caractère cette persévérance opiniâtre, et à son esprit cette conviction de supériorité, qui l'ont jeté depuis, contre l'avis de tant d'hommes éclairés, dans tant d'entreprises aventureuses. Mais avant de songer à menacer Mantoue, il doit passer le Pô. Bonaparte avait eu la prévoyance de se faire céder le pont de Valence par le traité de Turin, afin d'y attirer l'attention de l'ennemi, tandis qu'avec l'armée, il se porte rapidement sur Plaisance, où il force le passage du fleuve. Fidèle à son système de concentration, que lui indique la position de l'ennemi nombreux, qu'il a vu se retrancher derrière toutes les rivières, il marche droit sur Lodi. Un pont long et étroit traverse l'Adda, qui baigne la place. C'est la route que Bonaparte a choisie, pour la conquête de la Haute-Italie. Lui-même, sous le feu meurtrier de la mitraille, il va placer deux pièces de canon. Masséna est là aussi; Lodi est enlevé, et l'armée française victorieuse se trouve encore au milieu de l'armée ennemie; le général Berthier se distingue particulièrement à cette bataille. La prise de Lodi donne la Lombardie à la république. Mais la grande idée d'une invasion en Allemagne par le Tyrol, ne peut être réalisée que par la prise de Mantoue, qui domine toujours la pensée du vainqueur. Il combine habilement cette invasion, avec l'action nécessaire des deux armées françaises sur le Rhin; il écrit au directeur Carnot : « Je m'imagine qu'on se bat sur le »Rhin. Si l'armistice continuait, »l'armée d'Italie serait écrasée; il »serait digne de la république d'al- »ler signer le traité de paix avec »les trois armées réunies, dans le »cœur de la Bavière, ou de l'Au- »triche étonnée. » La prise de Pizzighitone et de Crémone complètent, trois jours après la bataille de Lodi, l'occupation du Milanais.

Cependant le directoire surpris, autant peut-être du langage de son général que de ses victoires, annonce des dispositions qui peuvent l'arrêter, au milieu des grandes destinées qu'il promet, et l'empêcher d'en être seul l'arbitre. Tout en remerciant Bonaparte de la conquête du Piémont, il lui avait su gré, avec une sorte d'affectation, d'avoir abandonné, au commissaire civil Salicetti, le soin de la négociation à entamer pour la paix, et s'était presque montré jaloux des armistices conclus par le général en chef, soit avec les généraux piémontais, soit avec le duc de Parme, ainsi que des communications politiques relatives à l'état de Gênes. Le projet de diviser l'armée d'Italie entre Kellermann et Bonaparte blessa profondément le vainqueur, et il écrit confidentiellement au directeur Carnot : « Je »crois que réunir Kellermann et »moi en Italie, c'est vouloir tout »perdre. Je ne puis pas servir vo- »lontiers avec un homme qui se »croit le premier général de l'Eu- »rope, et d'ailleurs je crois qu'un »mauvais général vaut mieux que »deux bons. La guerre est com- »me le gouvernement, c'est une »affaire de tact. » Il écrit au directoire : « J'ai fait la campagne sans »consulter personne. Je n'eusse »fait rien de bon, s'il eût fallu me »concilier avec la manière de voir »d'un autre. Si vous m'imposez »des entraves de toute espèce, s'il »faut que je réfère de tous mes »pas aux commissaires du gou- »vernement, s'ils ont le droit de »changer mes mouvemens, de »m'ôter ou de m'envoyer des trou- »pes, n'attendez plus rien de bon. »Si vous affaiblissez vos moyens »en partageant vos forces, *si vous* »*rompez en Italie l'unité de la* »*pensée militaire,* je vous le dis

» avec douleur, vous aurez perdu
» la plus belle occasion d'imposer
» des lois à l'Italie. Chacun a sa
» manière de faire la guerre. Le
» général Kellermann a plus d'ex-
» périence, et la fera mieux que
» moi; mais tous les deux ensem-
» ble la ferons fort mal. Je sens
» qu'il faut beaucoup de courage
» pour vous écrire cette lettre, il
» serait si facile de m'accuser d'am-
» bition et d'orgueil, etc. »

Le jour où il envoie cette lettre, Masséna est à Milan. Le lendemain Bonaparte y fait son entrée solennelle, et ce jour mê-me, le directoire signe à Paris le traité qui enlève au Piémont la Savoie, Nice, Tende, et qui remet toutes ses places fortes au pouvoir de l'armée française. Peu de jours après, le directoire, cédant aux vœux réitérés et presque à la volonté de son général, lui confie toute la conduite des affaires d'Italie, et relègue le général en chef Kellermann dans l'occupation des pays et places cédés à la France par le traité de Turin. De cette lettre du directoire date la suprématie que Bonaparte va prendre, tant sur les opérations de la guerre que sur celles de la politique de la France. Il s'établit à Milan, où il poursuit l'exécution du traité avec le Piémont, prépare ceux de Rome et de Naples, et termine celui du duché de Parme, tandis qu'il presse l'investissement du château de Milan, et donne toute sa pensée au siége de Mantoue. Il sait bien que cette conquête, qui sera le grand trophée de sa gloire, doit lui ouvrir l'Allemagne, et forcer l'Autriche à suivre l'exemple des états d'Italie. Mais des mouvemens insurrectionnels éclatent tout à coup, partout le tocsin sonne contre les Français. Bonaparte parcourt la Lombardie en maître irrité. Ces mouvemens ont en grande partie leur source dans les fiefs impériaux, qui deviennent l'objet des plus rigoureuses exécutions militaires. Tout est soumis. La position de l'état de Gènes, vis-à-vis de la république, est, ou douteuse ou infidèle. Ce pays est soigneusement observé; toutefois la prudence, qui signale le vainqueur dans toutes ses opérations, remet à un autre temps une explication décisive. Il porte le même regard sur Venise, et il s'occupe avec une grande habileté à neutraliser au moins cette puissance, qui peut être si utile ou si dangereuse aux intérêts de ses conquêtes actuelles, et surtout à celles qu'il médite. Venise se justifie de la nécessité qui a mis momentanément Peschiera au pouvoir des Autrichiens.

De hauts faits d'armes vont surpasser peut-être ceux qui ont dispersé les armées de Colli et de Beaulieu, et assurer une grandeur nouvelle, que les ordres, datés de Milan, annoncent déjà à la France et à l'Italie. La prise du château de Milan donne à l'armée 150 pièces de canon qui seront dirigées sur Mantoue, et lui rend une division intrépide, dont les mouvemens vont contribuer à décider les cours de Parme, de Rome et de Naples à demander la paix. Au milieu des grands intérêts de la gloire et de la puissance, ceux des beaux-arts, qui en sont le plus bel ornement, ne sont pas oubliés du vainqueur. Il compte aussi parmi ses trophées, les chefs-d'œuvre de la peinture italienne, précieux monumens du retour de la civilisation en Europe, et ceux de la sculpture grecque, antiques témoignages de la victoire romaine. Les besoins de la patrie, ceux des armées du Rhin, dont la coopération est toujours l'objet de la haute pensée de Bonaparte, pour son invasion en Allemagne, sont également satisfaits dans les dispositions qu'il prend pour la rentrée des contributions. Lui-même, il en désigne l'emploi au directoire, qui a déjà pris envers son général l'attitude d'une sorte de reconnaissance, et qui semble transiger plutôt qu'ordonner. Cependant Bonaparte avait passé le Mincio, après avoir châtié les rebelles de la Lombardie : il avait chassé Beaulieu de l'Italie. Masséna contenait les Autrichiens dans le Tyrol; Serrurier avait enlevé les dehors de Mantoue, et tenait cette place bloquée; Augereau passait le Pô, et décidait le pape à signer un armistice avec le général Vaubois, qui se rabat de suite sur Livourne, et enlève aux Anglais ce port si important.

Ainsi Bonaparte, habile à faire ressource du désordre où il a mis son ennemi, étend l'influence de sa petite armée depuis les Alpes allemandes jusqu'aux terres du pape; de cette manière, il assure son flanc droit pour ses futures conquêtes. Naples, Modène et Parme s'étaient hâtées d'acheter la paix; mais la Haute-Italie n'était qu'occupée, et ne pouvait être conquise que par la prise de Mantoue. La grosse artillerie avait manqué à l'armée française pour attaquer cette place. Il avait fallu conquérir les équipages de siége au château de Milan, à Bologne, à Ferrare et au fort d'Urbin. Beaulieu avait eu le temps de jeter dans Mantoue une garnison de 13,000 hommes, et 30,000 Autrichiens de l'armée du Rhin étaient en marche pour la secourir. Enfin Wurmser paraît à la tête de 60,000 hommes pour la délivrer. Bonaparte n'en a pas 40,000 pour le combattre, et il doit encore contenir la garnison assiégée, et garder tous les passages depuis Brescia jusqu'à Véronne et Legnago. Mais tout à coup la grande armée autrichienne se divise. Quosdanovich marche sur Brescia avec 25,000 hommes, et Wurmser avec 35,000 s'avance droit sur Mantoue par la vallée de l'Adige : la réunion de ces deux corps eût écrasé l'armée française. Par une juste et grande combinaison, Bonaparte se dispose à les battre séparément. Il quitte brusquement le siége de Mantoue, et abandonne devant cette place toute son artillerie. Il concentre son armée sur Roverbella, repousse Quosdanovich dans les beaux combats de Salo et de Lonato, et le chasse dans les montagnes du Tyrol. Il revient sur Wurmser avec la rapidité de la foudre; l'écrase à la fameuse bataille de Castiglione, dont il donne la gloire à Augereau, avant de lui en donner le nom, improvise, devant Wurmser, le passage du Mincio, et le rejette dans le pays de Trente. Les Autrichiens perdent plus de 20,000 hommes, et 50 pièces de canon, dans ces mémorables actions que l'armée française appelle la *campagne des cinq jours* (du 1ᵉʳ au 5 août). Bonaparte suit son ennemi dans le Tyrol, l'atteint, le force et le bat aux combats de Serravalla, de S. Marco, de Roveredo, et dans les gorges de Caliano. Pendant ces avantages de l'armée républicaine, Wurmser reprenait la route de Mantoue, et filait par les gorges de la Brenta; mais Bonaparte, à qui Wurmser croit pouvoir cacher ce mouvement, est accouru soudain des montagnes du Tyrol, et vient se montrer aux Autrichiens, à Bassano, aux gorges de Primolano, au fort de Cavalo. Il est devenu inévitable pour l'armée de Wurmser, qu'il sépare encore du corps de Quosdanovich; cependant Wurmser, par la non exécution des ordres de Bonaparte, trouve enfin le moyen d'arriver à Mantoue, dont la garnison, ainsi renforcée, a de de quoi tenir la campagne. Toutefois le jeune capitaine ne s'étonne pas du succès de la marche de son ennemi, et voit dans la prise de Mantoue une conquête de plus, celle de l'armée de Wurmser. Au milieu des savantes dispositions qu'il fait pour atteindre ce but favori de sa gloire d'Italie, il cherche à attacher à la liberté française les conquêtes qu'il a faites. A l'ombre de ses lauriers, deux républiques s'élèvent sur les deux rives du Pô, et y forment une nouvelle France, qui conservera à jamais à l'ancienne le souvenir de cette indépendance que lui donne le vainqueur de l'Autriche. Dans le même temps, il se vengeait noblement de Paoli, en chassant les Anglais de la Corse; et il contenait les aristocraties de Gênes, de Venise, et les trahisons du saint-siége qui violait à main armée la convention de Bologne. Bonaparte n'est plus seulement un conquérant, il est aussi un fondateur.

Malheureusement, la fortune de la gloire française était alors tout entière sous les drapeaux de l'armée d'Italie, et l'Autriche victorieuse bordait la rive du Rhin. Cette puissance résolut à tout prix de reprendre l'Italie, et de sauver l'armée de Mantoue. Une nouvelle armée de 45,000 hommes est en marche sous les ordres d'Alvinzi, général connu par de beaux succès dans le Nord. Cette armée est encore partagée. Alvinzi, avec 30,000 hommes, se dirige sur Mantoue par le Véronnais, et Davidovich avec 15,000, descend les vallées de l'Adige. Bonaparte, affaibli par ses victoires et ses garnisons, n'a que 33,000 hommes. Mais son génie semble s'enrichir de toutes les pertes que son armée a dû faire, et de tous les dangers que les nouvelles forces et les nouveaux mouvemens de l'armée ennemie multipliaient autour de lui. Il ordonne tout à coup aux troupes de blocus de suivre sa marche. Après avoir placé 3,000 hommes à Vérone, il se porte rapidement sur Ronco avec les divisions Masséna et Augereau, jette un pont sur l'Adige, le traverse avec l'armée, et se dirige sur Arcole, qui donne son nom à une bataille de trois jours. Là, se déploient toutes les ressources du génie et de la valeur. Bonaparte a près de lui Masséna, Lannes et Augereau. Il ordonne de marcher par l'étroite chaussée d'Arcole, et de forcer le passage du pont. Mais sa colonne de grenadiers prise en flanc par le feu de l'ennemi, est foudroyée et s'arrête indécise. Bonaparte voit ce moment fatal, descend de cheval, prend un drapeau, le lance sur le pont; il est entouré de Belliard, de Murat, de ce fameux état-major qui depuis a donné tant de grands généraux à nos armées. « Soldats, s'écrie-t-il, n'ê- » tes-vous plus les braves de Lodi? » Suivez-moi. » Au même instant, l'aide-de-camp Muiron, qui lui a déjà sauvé la vie au siége de Toulon, est tué sur son corps. Mort héroïque et touchante ! Lannes est blessé. Le terrible feu de l'ennemi met la colonne française en désordre. Le général en chef est entraîné dans un marais. Belliard rallie les grenadiers, qui saisissent Bonaparte et l'enlèvent dans leurs bras. Il veut en vain profiter de ce mouvement d'enthousiasme pour se rendre maître du pont. Mais son salut est une victoire qui suffit à ses soldats, et ils refusent. Soudain, par une de ces résolutions qui caractérisent les grands capitaines, il retourne à Ronco, dérobe sa marche à Alvinzi, par les feux qu'il fait allumer sur la digue d'Arcole, et le lendemain il se trouve prêt à marcher contre chacun des trois corps ennemis. Il choisit le plus fort, celui que commande Alvinzi, l'attaque, lui prend 30 pièces de canon, lui tue 5,000 hommes, fait 8,000 prisonniers, et le repousse au-delà de Vicence. Le lendemain il chasse dans le Tyrol le 2me corps autrichien que commande Davidovich; et Wurmser, qui commande le 3me, n'a que le temps de se renfermer dans Mantoue. Mais cette ville était un palladium fatal pour l'Autriche, qui devait perdre une 4me armée à la défendre.

Alvinzi et Provera descendent tout à coup du Tyrol avec une armée nouvelle et nombreuse; le dernier se dirige avec 12,000 hommes par Legnago, sur Mantoue. Bonaparte était à Bologne, à 40 lieues du centre des opérations. Joubert gardait la ligne de la Corona; Masséna occupait Vérone, centre de tous les mouvemens; Augereau défendait le Bas-Adige ; Rey surveillait Brescia; Serrurier bloquait Mantoue et Wurmser. Bonaparte n'avait que 20,000 hommes disponibles pour livrer bataille. Il apprend que Joubert se retire sur Rivoli devant Alvinzi, et il choisit soudain le champ de sa victoire. Il donne ordre à Joubert de tenir à Rivoli, contre Alvinzi, qui s'est flatté de l'enlever avec sa petite division. Mais le vieux général ne savait pas que son jeune adversaire l'attendait derrière la position de Joubert, et que Masséna manœuvrait sur sa gauche. L'immense supériorité de son armée lui inspire la confiance qui doit le perdre. Il en détache une partie pour marcher sous les ordres du général Lusignan par le revers de la montagne, et il s'engage avec le gros de son armée dans les deux vallées de l'Adige et de la Corona, dont le plateau de Rivoli est le nœud ; s'empare de ce plateau qui les commande, et au moment où il se croit maître de la division Joubert, ses colonnes sont coupées, et les 2,000 hommes qu'il a sur le plateau mettent bas les armes. Cependant Lusignan, d'après l'ordre d'Alvinzi, vient attaquer l'armée française sur ses derrières. On ne peut définir le mouvement qui porta tout à coup cette armée prise à revers et à l'improviste, à s'écrier : *Ceux-ci sont encore à nous!* et en effet, contre toutes les données de la position et celles de la guerre, la colonne de Lusignan fut prise presque en entier, avec son général, par Masséna. Provera, avec ses 12,000 hommes, croyait échapper à Bonaparte, occupé sur la ligne d'opérations d'Alvinzi; mais l'œil de l'aigle le suivait, et au moment où il croit débloquer l'armée de Wurmser, et reprendre avec lui l'offensive sous les murs de Mantoue délivrée, malgré les vingt-quatre heures d'avance qu'il a dans sa marche, le fort S. Georges, que le prévoyant Bonaparte a fait retrancher, résiste à ses sommations comme à ses attaques. Provera n'est cependant qu'à un mille de Mantoue, et le lendemain il doit emporter la petite position de S. George par une attaque combinée avec Wurmser. Mais en une nuit les 9 lieues qui séparent Mantoue de Rivoli ont été franchies par la division victorieuse de Masséna; Augereau et Serrurier ont reçu des ordres : Joubert poursuit Alvinzi, et la bataille de la Favorite apprend à Wurmser et à Provera que tous les vainqueurs de Rivoli sont en ligne. Provera entouré met bas les armes devant la division Miollis, et est prisonnier pour la seconde fois depuis la campagne. Wurmser est repoussé dans Mantoue; et dix-sept jours après, ayant vu détruire sous ses murs la 4me armée autrichienne, Mantoue, l'imprenable Mantoue a capitulé. Les batailles de Rivoli et de la Favorite, et la prise de Mantoue, coûtent en trois jours à l'Autriche 45,000 hommes, morts ou prisonniers, 600 bouches à feu, etc. Les opérations de ces huit jours de campagne portent au plus haut degré la science de la guerre. Cet art meurtrier est devenu encore admirable, et Bonaparte rappelle et efface ces illustres citoyens à qui le patriotisme, la valeur et le génie ont donné dans l'histoire le beau titre de sauveurs de la patrie, et de grands capitaines. Le nom de Rivoli doit s'ennoblir un jour de celui de Masséna. Le saint-siège soutient encore une séditieuse hostilité avec les foudres de l'église. Le vainqueur dédaigne d'aller triompher dans Rome, et impose au pape le traité de Tolentino, qui le punit d'avoir enfreint l'armistice de Bologne.

En moins de douze mois, à l'âge de 28 ans, Bonaparte a détruit quatre armées autrichiennes, donné à la France une partie du Piémont, fondé deux républiques en Lombardie, conquis toute l'Italie, depuis le Tyrol jusqu'au Tibre, et assuré tant de gloire par des traités de paix avec les souverains du Piémont, de Parme, de Naples et de Rome. Le grand guerrier et le grand politique marchent ensemble, et ne doivent plus se séparer. Toute la France regarde Bonaparte, et ne regarde que lui. Le directoire commence à ne se considérer lui-même que comme un intermédiaire entre elle et son héros. Il obéit à la France et à Bonaparte, alors qu'il commande au général de l'armée d'Italie de poursuivre ses conquêtes et de menacer la capitale de l'Autriche. Le directoire se souvient alors du projet d'invasion en Allemagne, ainsi que de la coopération nécessaire de l'armée du Rhin, que le vainqueur de Millesimo et de Mondovi lui avait proposé de son quartier-général de Cherasco; il s'en souvient, et se soumet aux dispositions que la prévoyance de son général lui a tracées aux portes de l'Italie, avant d'y avoir attaqué la maison d'Autriche sur son territoire.

Cependant cette puissance surprise inopinément par la prise de Mantoue, se voit menacée tout à coup au sein de ses états, dans le moment où elle espérait franchir le Rhin et envahir nos frontières. Sa dernière ressource, c'est d'opposer à Bonaparte un prince de sa maison. C'est aussi son meilleur général. Il vient d'être illustré par des victoires récentes, et l'élite de l'armée du Rhin en est retirée pour aller sous ses ordres, défendre en Italie les états héréditaires. Le Tagliamento est le point de réunion de la nouvelle armée impériale. Toutefois cette armée n'est pas assez nombreuse pour soutenir les intérêts dont elle est chargée. La singulière imprévoyance du cabinet autrichien sous ce rapport est digne d'être remarquée. Si quatre armées nombreuses, successivement envoyées contre les Français, n'avaient pas suffi pour sauver l'Italie, l'Autriche aurait dû faire marcher la moitié des forces de l'empire pour défendre la route de Vienne, et ressaisir les conquêtes de Bonaparte. Cette grande mesure, prescrite par une grande nécessité, eût peut-être alors changé les destinées militaires et politiques de la France. L'armée de la république sur le Rhin n'aurait pu reprendre l'offensive, si l'armée autrichienne, qui lui était opposée, n'avait pas été dégarnie de ses troupes d'élite pour marcher sous les drapeaux malheureux de l'archiduc. Le directoire, plus occupé de sa conservation que de sa gloire, moins guerrier que jaloux de son jeune général, se fût peut-être facilement consolé de la perte de nos conquêtes d'Italie, et n'eût pas épargné une disgrâce éclatante à l'homme qui avait conquis sur son gouvernement sa propre élévation. Mais cet homme alors si jeune, si actif, si habile, a deviné son illustre adversaire; et le 10 mars, il donne le mouvement à une armée de 53,000 hommes, à laquelle s'étaient réunies la division Delmas et la division Bernadotte. En arrivant à l'armée de Bonaparte, Bernadotte avait dit à ses soldats: «Soldats de l'armée du »Rhin, songez que l'armée d'Ita- »lie nous regarde.» Cette jalousie vraiment héroïque caractérise cette grande époque de notre histoire. Bonaparte marche à la tête de 37,000 hommes, emporte Tarvis, point stratégique, intermédiaire à celui de Villach, et envoie trois autres divisions, qui forcent le passage du Tagliamento, défendu par l'archiduc en personne, poursuivent ce prince sur l'Izonso, et s'emparent de l'importante forteresse de Palma-Nova. Bernadotte enlève la position retranchée, la place et la garnison de Gradisca; tandis que Masséna, par une marche rapide, a prévenu l'ennemi à Villach, et menace Vienne directement par les routes du Tyrol, de Saltzbourg, du Frioul et de la Carinthie. En vingt jours, l'Autriche a perdu le quart de son armée; et l'archiduc, obligé de se retirer sur Saint-Weith et sur la Muhr, abandonne Klagenfurth et la Drave. Cependant Bonaparte avait détaché 16,000 hommes sous la conduite du général Joubert, qui culbute les généraux Laudon et Kerpen, force tous les défilés du Tyrol, et enlève ainsi, à la droite de l'armée de l'archiduc, les corps qui gardaient les montagnes, pendant que Bernadotte marchait sur Laybach. Enfin, le 31 mars, un an après son départ de Nice pour l'armée, le vainqueur arrive à Klagenfurth, et a la générosité de proposer la paix. L'orgueil du cabinet de Vienne la refuse aux portes de Vienne. Cependant un traité de paix offensif et défensif, venait d'être stipulé entre la république et le roi de Sardaigne. L'armée républicaine se remet en marche; Masséna force les défilés de Neumark, enlève la position d'Hundsmarck, et une grande et dernière bataille va décider entre la maison d'Autriche et Bonaparte. Mais deux généraux Autrichiens se rendent au quartier-général français, pour négocier. Le 7 avril, un armistice est accordé à Judenburg; et le 15, à Léoben, Bonaparte impose à l'Autriche et au directoire les préliminaires de la paix. Ce fut à Léoben que le général Bonaparte dit aux négociateurs autrichiens : *Votre gouvernement a envoyé contre moi quatre armées sans généraux, et cette fois un général sans armée.* Le prince Charles regarda sans doute cet éloge, comme le plus beau de sa vie militaire.

L'époque de la négociation de Léoben, où Bonaparte fit entrer la république dans les grandes affaires politiques de l'Europe, paraît caractériser un éloignement devenu depuis trop fameux entre les généraux Moreau et Bonaparte. Celui-ci écrivait, le 16 avril, au directoire, de son quartier-général de Léoben : « Quand on a
» bonne envie d'entrer en campa-
» gne, il n'y a rien qui arrête; et
» jamais depuis que l'histoire nous
» retrace des opérations militaires,
» une rivière n'a pu être un obsta-
» cle réel. *Si Moreau veut passer*
» *le Rhin, il le passera* : et s'il l'a-
» vait déjà passé, nous serions
» dans un état à pouvoir dicter les
» conditions de la paix d'une ma-
» nière impérieuse et sans courir
» aucune chance ; *mais qui craint*
» *de perdre sa gloire est sûr de la*
» *perdre.* J'ai passé les Alpes-Ju-
» liennes et les Alpes-Noriques,
» sur trois pieds de glace : j'ai fait
» passer mon artillerie par des che-
» mins où jamais chariot n'avait
» passé, et tout le monde croyait
» la chose impossible. Si je n'eusse
» vu que la tranquillité de l'armée
» et mon intérêt particulier, je me
» serais arrêté au-delà de l'Izonso.

»Je me suis précipité dans l'Al-
»lemagne pour dégager les ar-
»mées du Rhin, et empêcher l'en-
»nemi d'y prendre l'offensive. Je
»suis aux portes de Vienne, et cette
»cour insolente et orgueilleuse
»a ses plénipotentiaires à mon
»quartier-général. *Il faut que*
»*les armées du Rhin n'aient point*
»*de sang dans les veines : si*
»*elles me laissent seul, alors*
»*je m'en retournerai en Ita-*
»*lie.* L'Europe entière jugera
»la différence de conduite des
»deux armées.» La France jugea
alors le directoire, et Bonaparte
fut absous. Moreau ne passa le
Rhin que le 1er floréal (19 avril),
quatre jours après l'ouverture des
négociations de Léoben. Il l'annonce lui-même à Bonaparte dans
une lettre du 23 avril, datée de
Strasbourg. Ce fait est important :
il justifie la lettre de Bonaparte
au directoire, en prouvant la non-
coopération constante de l'armée
du Rhin, aux efforts surnaturels
de l'armée d'Italie. Mais ce n'était
pas la faute de cette brave armée,
ni celle de son général. Le directoire ne s'occupait que de l'armée de Sambre-et-Meuse, et refusait tout à celle du Rhin, dont
l'impatience guerrière était presque séditieuse. Le directoire méritait seul les reproches sévères
que Bonaparte lui adressa contre
l'inaction de Moreau.

La dépêche du 19 avril, qui
apprend au directoire la signature des préliminaires, lui révè-
le aussi toute l'indépendance de
son général, et l'effraie d'un avenir que sa politique inquiète et
jalouse n'a pas deviné. Voici les
traits principaux de cette importante dépêche : «Si je me fusse,
»au commencement de la campa-
»gne, obstiné à aller à Turin, je
»n'aurais jamais passé le Pô : si je
»m'étais obstiné à aller à Rome,
»j'aurais perdu Milan : si je m'é-
»tais obstiné à aller à Vienne, peut-
»être aurais-je perdu la républi-
»que. *Dans la position des choses,*
»*les préliminaires de la paix, mé-*
»*me avec l'empereur, sont deve-*
»*nus une opération militaire.* Cela
»sera un monument de la gloire
»de la république française, et un
»présage infaillible qu'elle peut,
»en deux campagnes, soumettre
»le continent de l'Europe. Je n'ai
»pas en Allemagne levé une seule
»contribution ; il n'y a pas eu une
»seule plainte contre nous. J'agi-
»rai de même en évacuant ; et
»sans être prophète, je sens que
»le temps viendra où nous tire-
»rons parti de cette sage condui-
»te. Quant à moi, je vous de-
»mande du repos : j'ai justifié la
»confiance dont vous m'avez in-
»vesti : je ne me suis jamais consi-
»déré pour rien dans toutes mes
»opérations, et je me suis lancé
»aujourd'hui sur Vienne, ayant
»acquis plus de gloire qu'il n'en
»faut pour être heureux, et ayant
»derrière moi les superbes plai-
»nes de l'Italie, comme j'avais fait
»au commencement de la campa-
»gne dernière, *en cherchant du*
»*pain pour l'armée, que la répu-*
»*blique ne pouvait plus nourrir.*»

Mais la perfide agression de l'é-
tat de Venise vint au secours du
directoire, également embarrassé
d'accorder ou de refuser le repos
que le vainqueur de l'Autriche,
le dominateur de l'Italie lui demandait avec une telle franchise.

Pendant que Bonaparte marchait sur Vienne par les défilés de la Carinthie, l'état de Venise levait des troupes pour lui fermer sa rentrée en Italie; et tandis qu'il stipulait à Léoben la cessation de l'effusion du sang, les nobles et les prêtres de Venise tramaient une vaste conspiration sur tous les points de sa domination en terre ferme, et la capitale donnait elle-même l'exemple d'une lâche proscription contre les Français et leurs partisans. Le silence effrayant qui présidait aux supplices, en voilait aussi l'exécution. Le meurtre des Français, commandé par le sénat, était prêché dans les églises : 40,000 paysans, 10 bataillons esclavons, avaient été organisés pendant les solennités de la semaine sainte ; le sénat avait ordonné aux habitans de Padoue, de Vicence, de Véronne, de courir aux armes. Cette provocation, qui, sous un autre gouvernement, n'eût été que le signal de la guerre, est le signal de l'assassinat pour celui de Venise. La deuxième fête de Pâques, au son de la cloche, tous les Français sont égorgés à Véronne, dans les maisons, dans les rues, dans les hôpitaux : on donne la mort aux blessés; on n'attend pas celle des mourans. Ce crime inouï aura aussi un nom nouveau, qui associera la plus grande atrocité d'un gouvernement despotique, à la plus grande solennité du christianisme. Il sera à jamais connu sous le nom de *Pâques vénitiennes*; nom plus affreux encore que celui de *Vêpres siciliennes*. Ce nom qui reste au forfait de Véronne, fut mentionné dans le traité de paix du 16 mai 1797, signé à Milan entre le général Bonaparte et les plénipotentiaires de Venise. De tels attentats ne pouvaient être impunis, et la destruction de l'aristocratie vénitienne dut seule les expier. Le lion de Saint-Marc fut détruit pour toujours par Bonaparte, qui mérita réellement alors, par l'anéantissement du plus exécrable pouvoir que l'oligarchie ait jamais enfanté, le glorieux surnom de *libérateur de l'Italie*. Le 11 mai, le grand-conseil avait abdiqué, les nobles avaient pris la fuite. Les ambassadeurs étrangers avaient également, par leur départ précipité, signalé et la vacance du gouvernement près duquel ils étaient accrédités, et la crainte d'être compris dans le juste ressentiment du vainqueur. Le gouvernement démocratique qui avait tant illustré la fondation de la république de Venise, vint se rasseoir, après cinq siècles de proscriptions, sur les ruines de l'autocratie de quelques familles. Ce signal est entendu de la ville de Gènes, qui reçoit de son ancienne rivale l'exemple d'une régénération salutaire. C'est encore un *Doria* qui l'appelle à la liberté, et le nom de *république ligurienne* lui est donné par le fondateur des nouvelles républiques d'Italie. La plus puissante est celle qui se compose de toutes les possessions de la maison d'Autriche et de la Romagne : c'est la Cisalpine, dont la constitution politique eût régénéré, et réuni peut-être l'Italie entière, si quelques années plus tard le génie du despotisme n'eût détrôné celui de la liberté, replacé les royaumes sur les ruines des républiques naissantes, et détruit l'espoir des nations par le rappel des institutions despotiques, dont la chute était toute l'œuvre de la révolution française. A l'époque où nous écrivons, l'Italie jette sans doute un regard irrité sur de tels souvenirs, et oppose peut-être cette mémoire sacrée à l'agression à laquelle elle est en proie. La Romagne n'aura pas oublié la fameuse homélie du *citoyen* cardinal Chiaramonti, aujourd'hui pape, alors évêque d'Imola, où ce vénérable prélat disait : « Oui, » mes très-chers frères, soyez bons » chrétiens, et vous serez d'excel- » lens démocrates. »

Le général Bernadotte, dont la réputation militaire s'élevait, comme celle de tous les généraux de l'armée d'Italie, à l'ombre de celle de son général en chef, arrive à Paris, chargé de drapeaux autrichiens. Ces trophées envoyés par la gloire, y sont encore reçus par la liberté. D'autres les suivent bientôt. Ce fut Augereau qui les apporta au directoire. C'était à cette époque à laquelle *le* 18 *fructidor* donna son nom; époque qui renouvela les prétentions de la royauté, qui prédit la chute du gouvernement directorial par les violations qu'Augereau exerça sur la représentation nationale; à cette époque enfin, qui traça la route du pouvoir à tout ambitieux qui voudrait faire de sa gloire un moyen, et de l'armée un complice. Bonaparte était déjà l'homme que regardaient tous les partis. Celui de la royauté manqua sa mission au quartier-général du vainqueur de la maison d'Autriche. Le républicain Augereau fut porteur de l'adhésion du maître de l'Italie aux mesures fructidoriennes, qui méritaient le nom de réaction et non celui de révolution. Le choix qu'il fit d'Augereau, dont la nullité lui était alors dévouée, éloigna du théâtre des affaires, où l'anxiété du directoire l'avait soudainement appelé, le général Hoche, homme ambitieux, habile, aussi grand politique que grand militaire; et l'absence du pouvoir fut dès lors indiquée par celui qui, à trois cents lieues de la capitale, osait s'y faire représenter. Le directoire, qui craignait le général Hoche, accepta Augereau comme un appui, tandis qu'il n'était qu'un prête-nom. Il le nomma commandant de Paris, le chargea de ses proscriptions sur les deux conseils, et organisa, sous l'influence des proclamations de Bonaparte à son armée, la misérable et odieuse terreur qui suivit la journée du 18 fructidor. Par cette habile combinaison, Bonaparte désespéra la royauté et compromit le directoire. Celui-ci ne sait pas que le coup d'état qu'il a fait exécuter par les troupes sur la représentation nationale et sur lui-même, anéantit la liberté, et prépare le gouvernement militaire. Après cet événement, que le directoire appelle ridiculement une victoire, il se hâte, pour donner à son installation une garantie antérieure, agréable à la France et imposante pour l'Europe, de conclure la paix avec la maison d'Autriche. Le 16 vendémiaire an 6 (17 octobre 1797), Bonaparte, redevenu l'homme du directoire, signe à Campo-Formio ce fameux traité, qui donne à la république la possession des Pays-Bas autrichiens, de cette Belgique à jamais française, et qui reconnaissait l'indépendance de la république cisalpine, moins connue aujourd'hui sous le nom de royaume Lombardo-Vénitien. De cette époque si glorieuse pour la France, date toutefois l'asservissement de Venise, injustement cédée à l'Autriche, de cette république dont la vénérable antiquité ressuscita les grands souvenirs de Rome, et qui méritait d'être proclamée libre dans un traité fait au nom de la liberté. Le jour où il fut signé recommencèrent, sur l'état de Venise, les droits que la maison d'Autriche a réclamés avec tant de succès au congrès de Vienne, en 1814, sans toutefois en rappeler l'origine. La république française disposa d'un état indépendant, et l'effet de son injustice dure encore.

Après la conclusion de ce traité, qui donna à la France une prépondérance de premier ordre dans la balance de l'Europe, Rome se hâta de reconnaître la république; et Bonaparte, pacificateur, reçut l'ordre d'aller présider, au congrès de Rastadt, la légation française. Le 1ᵉʳ décembre, il y signa, avec le comte de Cobentzl, la convention militaire relative à l'évacuation respective des deux armées.

Un mois auparavant, le directoire, embarrassé du repos prochain de son général, l'avait nommé au commandement de l'armée des côtes de l'Océan, rassemblée contre l'Angleterre. Cette destination illusoire, qui n'était alors qu'orgueilleuse, ne pouvait tromper la pénétration du général, qui, habitué à voir son ennemi, à le suivre, à le battre, ne pouvait se contenter des spéculations de la gloire et de la vaine démonstration de la guerre. Mais quelques années après, le premier consul se souvint de cette pantomime militaire du général Bonaparte, et en fit le roman de la descente en Angleterre, dont les champs d'Austerlitz virent le dénoûment.

Bonaparte quitta Rastadt, pour venir triompher à Paris. L'enthousiasme populaire embarrassa le directoire, qui comprit tout son danger en voyant l'ivresse publique. Il fut justement effrayé de cette puissance de la gloire, à laquelle il devait se soumettre lui-même, trop faible qu'il était pour la braver ou pour la récompenser. Toute sa politique se réfugia dans une fête extraordinaire, triomphale, inusitée, dont la pompe excessive montra sa faiblesse au lieu de sa grandeur. Cette exagération de la reconnaissance du directoire ne trompa personne, ni celui qui en était l'objet, ni la foule toujours éclairée des spectateurs. Cette fête eut lieu le 20 frimaire (10 décembre), en présence des ambassadeurs d'Espagne, de Naples, de Sardaigne, de Prusse, de Danemark, du grand-seigneur; des ministres des républiques batave, cisalpine, helvétique, ligurienne, genevoise, et des envoyés de Toscane, de Wurtemberg, de Bade, de Francfort et de Hesse-Cassel. La vaste cour du Luxembourg fut disposée pour cette solennité inconnue, à laquelle aucun édifice public ne pouvait suffire. Les drapeaux conquis en Italie étaient groupés en dais au-dessus des cinq directeurs. Ils étaient pour eux l'épée de Damoclès. Bonaparte remit solennellement au directoire le traité de Campo-Formio. On remarqua alors cette phrase du discours qu'il adressa aux directeurs : « De » la paix que vous venez de con- » clure date l'ère des gouverne- » mens représentatifs. » Il termina par cette prophétie devenue depuis si conditionnelle : « Lorsque » le bonheur du peuple français » sera assis sur les meilleures lois » organiques, l'Europe entière de- » viendra libre. » Barras, chargé de répondre au nom du directoire, dit *que la nature avait épuisé toutes ses richesses pour créer Bonaparte : Bonaparte*, ajouta-t-il, *a médité ses conquêtes avec la pensée de Socrate : il a réconcilié l'homme avec la guerre.* Les directeurs, drapés en costume antique, d'une magnificence théâtrale, étaient éclipsés par le général, vêtu de l'uniforme de Lodi et d'Arcole. Cet habit était simple alors, et laissait voir tout entier le guerrier qui le portait. Quelques jours après, les conseils lui donnèrent une fête aussi brillante dans la galerie du Muséum, au milieu des trophées de ses conquêtes d'Italie, et le département nomma rue de la *Victoire*, la rue Chanteraine, où Bonaparte avait sa maison. L'institut le choisit pour remplacer *Carnot*, alors proscrit comme *royaliste*. Le ministre des affaires étrangères, Talleyrand, lui offrit également une fête, où la belle cantatrice Grassini chanta encore une gloire dont elle était aussi un trophée. Les lettres, les arts, déposaient leurs tributs aux pieds du héros de la patrie. Le royaliste Bonald lui offrit son livre, et le républicain David son pinceau. Le peintre voulait le représenter à cheval au pont d'Arcole ou de Lodi : « Non, répondit Bonaparte, » j'y servais avec toute l'armée. Re- » présentez-moi de sang-froid sur » un cheval fougueux. » L'ivresse exaltait toutes les têtes, le cri de *vive Bonaparte!* était devenu national. Cependant pour donner une diversion à l'attention publique, et du repos à la reconnaissance chagrine du directoire, Bonaparte partit pour l'inspection de son armée d'Angleterre; et après avoir parcouru les côtes du Nord, de la Normandie et de la Bretagne, il revint à Paris, rempli d'un projet qui devait l'affranchir de la méfiance du directoire, et de la nullité du commandement dans lequel on prétendait l'exiler.

Ce projet était la mémorable expédition d'Égypte, devenue monumentale pour les connaissances humaines. Une ancienne méditation qu'il avait nourrie secrètement au milieu de ses triomphes d'Italie, et dont le savant Monge eut peut-être seul la confidence à Milan, reprit alors dans son esprit la place qu'il semblait lui avoir destinée d'avance : comme si, prévoyant au comble de la gloire les infidélités du sort, il se fût interdit dès lors de laisser aucune lacune dans sa vie, et se fût imposé d'avoir une fortune à lui, dont il ne répondrait qu'à la postérité.

Pendant ses loisirs de Passeriano, où fut convenu le traité signé depuis à Campo-Formio, le pacificateur avait adressé à l'escadre de l'amiral Brueys, stationnée dans la mer Adriatique, la proclamation suivante : « Camarades, » dès que nous aurons pacifié le » continent, nous nous réunirons » à vous pour conquérir la liber- » té des mers. Sans vous, nous » ne pouvons porter la gloire du » nom français que dans un petit » coin du continent : avec vous, » nous traverserons les mers, et » la gloire nationale verra *les ré- » gions les plus éloignées.* » Cette proclamation était un ordre du jour pour l'Europe. L'Angleterre y fit plus d'attention que la France. Mais au retour de son inspection des côtes de l'Océan, Bonaparte, convaincu de la nullité du commandement fastueux de l'armée d'Angleterre, proposa avec chaleur au directoire de donner à cette guerre une direction, un but, qui la rendissent réellement nationale, soit en attaquant cette puissance dans son empire d'Asie, soit en détruisant son commerce par l'occupation de l'Égypte. Le plan de cette dernière expédition, dont le succès démontré infaillible, ouvrait la route de l'Inde à la gloire française, fixa toute l'attention du directoire, et lui parut satisfaire tous ses intérêts, dont le moindre n'était pas sans doute l'éloignement de celui qui avait donné la paix à l'Autriche, et qui, à son départ de Milan pour Rastadt, avait promis une autre guerre à l'armée. « Soldats, » disait-il, je pars demain pour Ras- » tadt. En vous entretenant des » princes que vous avez vaincus, » des peuples qui vous doivent » leur liberté, des combats que » vous avez livrés en deux campa- » gnes, dites-vous, *dans deux » campagnes nous aurons plus » fait encore.* »

La méfiance et l'amertume, qui régnaient habituellement, dans les conférences du Luxembourg, entre le directoire et Bonaparte, prouvaient plus que jamais la nécessité de faire cesser une rivalité qui partageait la France et divisait le directoire lui-même. Aussi le gouvernement alla-t-il avec empressement au-devant de la proposition de Bonaparte; et l'activité qu'il mit à disposer en secret tous les moyens qui devaient assurer le succès de l'expédition, n'était pas étrangère au sentiment d'une sorte de reconnaissance pour celui qui en s'assurant l'indépendance, la rendait au directoire. La France apprend tout à coup que 50 mille hommes, dont 10 mille marins, sont réunis dans les ports de la Méditerranée, qu'un armement immense se prépare à Toulon. Treize vaisseaux de ligne, quatorze frégates, quatre cents bâtimens, sont équipés pour le transport inconnu de cette nombreuse armée, dont les généraux appartiennent déjà, par de hauts faits d'armes, à la gloire de la France, et la plupart à celle du vainqueur de l'Italie. Les principaux sont Berthier, Caffarelli, Kléber, Desaix, Regnier, Lannes, Damas, Murat, Andréossy, Belliard, Menou, et Zayonscheck, à présent vice-roi de Pologne. Les chefs de la flotte sont cet amiral Brueys, qui commandait dans l'Adriatique pendant la campagne d'Italie, et les contre-amiraux Villeneuve, Duchayla, Decrès, et Gantheaume. On ne sait pourquoi la commission des arts et des sciences envoie à Toulon cent de ses membres, pris dans chacune de ses classes. Est-ce un nouvel état que la France veut fonder? où va-t-elle en même temps porter sa liberté et sa civilisation? On parlait également alors de la Grèce, de l'Inde, de l'Égypte; le secret est gardé. Bonaparte a composé son état-major : parmi ses aides de camp on remarque son frère Louis, Duroc, Eugène Beauharnais, le fils du directeur Merlin, et le brave Sulkowski, noble polonais, qui s'est voué à sa fortune, et possède sa confiance. Les escadres de Gênes, de Civita-Vecchia, de Bastia, avaient reçu l'ordre de se réunir à la grande flotte de Toulon. Tous les plans, ceux de l'armement, de la composition de l'armée, de la descente, tous les projets présens et futurs de la mystérieuse expédition, sont l'ouvrage de Bonaparte; on assure que Barras a tout écrit sous sa dictée. M. de Talleyrand doit aller en ambassade extraordinaire à Constantinople, pour s'assurer des dispositions de la Porte, ouvrir des négociations relatives à l'expédition, et prévenir toute rupture. Cette mission est une des conditions du départ de Bonaparte, à qui le directoire l'a accordée. Bonaparte va partir avec tous les élémens qu'il vient de créer. L'Helvétie a été conquise pour préparer la conquête de l'Égypte. Le trésor de Berne et celui de Rome doivent ouvrir aux Français les portes du Caire. Ce moyen appartient aussi à Bonaparte. Tout est prêt pour son départ.

Mais une autre fortune, alors faible rivale de la sienne, et qui doit pourtant lui survivre, celle de Bernadotte, ambassadeur à Vienne, arrête tout à coup le conquérant du Nil. Le drapeau tricolore, arboré au palais de France, dans la capitale de l'Autriche, donne lieu à un tumulte, où le caractère de l'ambassadeur est outragé. Bernadotte a quitté Vienne. Cette misérable aventure peut en un moment détruire le grand ouvrage du traité de Campo-Formio, acheté par tant de triomphes et tant de sacrifices. Dans la crainte d'une rupture avec la maison d'Autriche, le directoire ne voit qu'un homme à lui opposer; et cet homme, c'est celui dont il redoute l'ambition et la gloire. Bonaparte est l'arbitre de la destinée de la France. Il est chargé de tout réparer. Investi de pouvoirs illimités, il doit rêver alors le pouvoir souverain que le directoire semble abdiquer pour lui. Mais sa correspondance avec le comte de Cobentzl porte un caractère de suprématie qui n'échappe ni au cabinet autrichien, ni au directoire. Celui-ci, justement alarmé de la nature des communications dont il surprend la confidence, presse de nouveau le départ de son négociateur pour Toulon. On prétend que, dans une conférence orageuse entre le directoire et Bonaparte, celui-ci menaça de sa démission; et que, dans la chaleur de cette discussion, le directeur Rewbell lui présenta la plume, et lui dit : *Signez-la, général.*

Bonaparte partit pour Toulon; il y arriva le 9 mai, et descendit à l'hôtel de la Marine. L'armée, son armée l'attendait. Un discours brusque et énergique salua ses braves d'Italie. Dix jours après, au moment de s'embarquer, il leur dit : « Soldats, vous » êtes une des ailes de l'armée » d'Angleterre; vous avez fait la » guerre des montagnes, des plai- » nes et des siéges : il vous reste » à faire la guerre maritime. Les » légions romaines que vous avez » quelquefois imitées, mais pas en- » core égalées, combattaient Car- » thage tour à tour sur cette mê- » me mer, et aux plaines de Zama. » La victoire ne les abandonna ja- » mais, parce que constamment » elles furent braves, patientes à » supporter la fatigue, disciplinées » et unies entre elles..... Soldats, » matelots, vous avez été jusqu'à » ce jour négligés; aujourd'hui la » plus grande sollicitude de la ré- » publique est pour vous..... Le » génie de la liberté, qui a rendu » dès sa naissance la république » arbitre de l'Europe, veut qu'elle » le soit des mers et des nations » les plus lointaines. » Ce fut ainsi que l'armée apprit de son général qu'elle allait se battre, et triompher au-delà des mers. Mais quelles mers devait-elle franchir, quelles régions devait-elle conquérir, pour obtenir ce que son général lui avait promis le jour de son arrivée à Toulon, quand il lui avait dit : *Je promets à chaque soldat, qu'au retour de cette expédition il aura à sa disposition de quoi acheter six arpens de terre?* L'armée, indifférente sur les promesses, n'accepta que la part du danger et de la gloire, et s'embarqua pleine de joie avec le héros d'Italie. Par un de ces hasards singuliers, attachés aux grandes fortunes humaines, le nom du vaisseau amiral, que montait Bonaparte, renfermait tout le secret de l'expédition; il se nommait *l'Orient :* et le soleil, qu'on appela depuis tant de fois le soleil de Bonaparte, éclaira le majestueux départ de la flotte expéditionnaire. Vingt jours après, l'armée était devant Malthe. La descente eut lieu sous le canon de la ville et des forts qui la protégent. Deux jours avant la reddition de Malthe, quelques chevaliers de la langue de France furent amenés prisonniers à Bonaparte : « Puisque » vous avez pu prendre les armes » contre votre patrie, leur dit-il, » il fallait savoir mourir. Je ne » veux point de vous pour prison- » niers. Vous pouvez retourner à » Malthe, tandis qu'elle ne m'ap- » partient pas encore. » Le lendemain cette île, qui avait résisté pendant deux ans à toutes les forces de l'Orient, commandées par l'invincible Dragut, fut au pouvoir de Bonaparte. Une courte et honteuse négociation avait suivi l'échange de quelques coups de canon, qui ne sauva pas l'honneur du pavillon malthais. Ainsi tomba l'ordre de Malthe, deux cent soixante-huit ans après la donation de l'île par Charles-Quint. Sa conquête acheva pour la France la conquête de la Méditerranée. Le pavillon tricolore affranchit alors ce dernier asile de la chevalerie religieuse, dont une autre révolution a fait depuis un port militaire sous pavillon luthérien.

Toutefois c'était un prélude bizarre à la guerre des musulmans d'Égypte, que la conquête du couvent réputé inexpugnable des chevaliers de Saint-Jean de Jérusalem. Mais avant de quitter Malthe, Bonaparte avait fait mettre en liberté tous les captifs mahométans qui languissaient dans les bagnes de la religion. Treize jours après, les minarets d'Alexandrie et la tour des Arabes montrèrent à l'armée le but de son voyage, et la terre d'Égypte lui fut promise.

Vingt quatre heures auparavant, la flotte de Nelson était venue annoncer à Alexandrie la flotte française, qu'elle avait inutilement cherchée. Le débarquement fut de suite ordonné par le général en chef, qui sait apprécier et veut mettre à profit cette faveur singulière donnée à ses armes. Tout à coup une voile est signalée : « Fortune, s'écrie Bonaparte, m'abandonnerais-tu? Je ne te demande que cinq jours! » Cette voile était une frégate de notre escadre, Menou, qui devait sortir le dernier de l'Égypte, y prend terre le premier. Bonaparte et Kléber débarquent ensemble, et le joignent dans la nuit au Marabou, où fut planté en Afrique le premier drapeau tricolore. Le général en chef, impatient de signaler son arrivée, n'attend pas le débarquement des autres divisions; il a su qu'Alexandrie se dispose à une défense; il veut étonner son nouvel ennemi par une audace qui lui est inconnue, et s'assurer, par une conquête utile, du moral de sa propre armée. À deux heures du matin, il se met en marche sur trois colonnes, ordonne l'assaut des murailles, elles sont emportées par la furie française. Les soldats, malgré l'ordre de Bonaparte, se précipitent dans la ville, qui n'a pas le temps de capituler et se rend aux vainqueurs. Jamais plus habiles proclamations n'avaient été faites aux soldats français ni aux peuples vaincus. Avant de débarquer il avait dit aux uns : « Les » peuples avec lesquels nous allons vivre sont mahométans : leur » premier article de foi est celui-ci : « *Il n'y a d'autre dieu que Dieu,* » *et Mahomet est son prophète.* » Ne les contredites pas, agissez » avec eux comme vous avez agi » avec les juifs, avec les Italiens; » ayez des égards pour leurs muphtis et pour leurs imans, comme vous en avez eu pour les » rabbins et les évêques. Ayez pour » les cérémonies que prescrit l'Alkoran, pour les mosquées, la » même tolérance que vous avez » eue pour les couvens, pour les » synagogues, pour la religion de » Moïse et celle de Jésus-Christ. » Les légions romaines protégeaient toutes les religions. Vous » trouverez ici des usages différens de ceux de l'Europe, il faut » vous y accoutumer. Les peuples » chez lesquels nous allons, traitent » les femmes différemment que » nous. Mais dans tous les pays, » celui qui viole est un monstre. » Le pillage n'enrichit qu'un petit » nombre d'hommes, il nous déshonore, il détruit nos ressources: » il nous rend ennemis des peuples, qu'il est de notre intérêt » d'avoir pour amis. La première » ville que nous allons rencontrer a été bâtie par Alexandre. » Nous trouverons à chaque pas

» de grands souvenirs dignes d'ex-
» citer l'émulation des Français. »
Le 1er juillet, il dit aux fanatiques
musulmans de la ville d'Alexandrie : « Depuis trop long-temps
» les beys qui gouvernent l'Égyp-
» te insultent à la nation fran-
» çaise, et couvrent ses négo-
» cians d'avanies. L'heure de leur
» châtiment est arrivée. Depuis
» trop long-temps, ce ramassis
» d'esclaves, achetés dans le Cau-
» case et la Géorgie, tyrannise la
» plus belle partie du monde : mais
» Dieu, de qui dépend tout, a
» ordonné que leur empire fi-
» nît. Peuple de l'Égypte, on vous
» dira que je viens pour détruire
» votre religion ; ne le croyez pas :
» répondez que je viens vous res-
» tituer vos droits, punir les usur-
» pateurs, et que je respecte plus
» que les Mamelucks, Dieu, son
» prophète et le Koran. Dites-leur
» que tous les hommes sont égaux
» devant Dieu. La sagesse, les ta-
» lens, et les vertus, mettent seuls
» de la différence entre eux..... Y
» a-t-il une belle terre? elle appar-
» tient aux Mamelucks. Y a-t-il une
» belle esclave, un beau cheval,
» une belle maison? cela appartient
» aux Mamelucks. Si l'Égypte est
» leur ferme, qu'ils montrent le
» bail que Dieu leur a fait... Qad-
» hys, cheykhs, imans, tchorbad-
» jys, dites au peuple que nous
» sommes aussi de vrais musul-
» mans. N'est-ce pas nous qui a-
» vons détruit le pape, qui disait
» qu'il fallait faire la guerre aux
» musulmans? N'est-ce pas nous
» qui avons détruit les chevaliers
» de Malthe? N'est-ce pas nous qui
» avons été dans tous les temps les
» amis du grand-seigneur et l'en-
» nemi de ses ennemis?.... Trois
» fois heureux ceux qui seront a-
» vec nous! Ils prospéreront dans
» leur fortune et leur rang. Heu-
» reux ceux qui seront neutres!
» Ils auront le temps de nous con-
» naître, et ils se rangeront avec
» nous. Mais malheur, trois fois
» malheur à ceux qui s'armeront
» pour les Mamelucks, et combat-
» tront contre nous! Il n'y aura
» pas d'espérance pour eux : ils pé-
» riront. » L'éloquence populaire
caractérise éminemment ceux qui
ont asservi les peuples. C'est pour
cela aussi qu'ils ont réussi. Bonaparte possédait au plus haut degré le talent des proclamations,
qui sont la véritable littérature
des conquérans. Il faut du génie
pour persuader aux soldats et aux
vaincus que les victoires sont pour
eux.

A peine maître d'Alexandrie,
Bonaparte donne au débarquement
toute l'activité qui lui est
propre, et qu'il a le talent de communiquer à tout ce qui est sous
le drapeau. L'amiral Brueys reçoit l'ordre de conduire la flotte
au mouillage d'Aboukyr, d'où elle communique avec Rosette à
Alexandrie. Quant à l'escadre, elle doit, ou entrer dans le vieux
port d'Alexandrie, si cela se peut,
ou se rendre à Corfou. La crainte
des Anglais ne permet aucun retard pour l'exécution de ces dispositions, et le grand intérêt de
prévenir et d'effrayer les beys n'en
admet aucun pour marcher sur
le Caire. Le général Desaix se
porte aussitôt dans le désert avec
sa division et 2 pièces de campagne, et arrive le lendemain, 18
messidor, à Demenhour, à quinze

lieues d'Alexandrie. Bonaparte, en quittant cette dernière ville, en laisse le commandement au général Kléber, qui a été blessé en l'assiégeant. Le général Dugua marche d'un autre côté sur Rosette; il est chargé de s'en emparer, et de protéger l'entrée de la flottille française, qui doit suivre la route du Caire sur la rive gauche du Nil, et rejoindre l'armée par Rahmanié. Le 20, Bonaparte arrive à Demenhour, où l'armée réunie oublie les souffrances du désert et les cris séditieux dont elle a menacé son héros. Bonaparte oublie tout également. Le 22, à la pointe du jour, le mouvement a lieu sur Rahmanié. Après quelques heures de marche, où le tourment de la soif renouvelle le désespoir du soldat, où la cruelle illusion du mirage lui rend plus insupportable l'aridité du désert, le Nil paraît, et l'armée s'y précipite. Le Nil devient aussi un dieu pour les Français. A peine rafraîchie et consolée, l'armée est rappelée au drapeau par une attaque de Mamelucks. Elle y court; l'artillerie du général Desaix les dissipe. Bonaparte ordonne un repos à Rahmanié pour y attendre sa flottille, où sont les provisions. Tout réussit : le 24, la flottille est arrivée. L'armée reposée, réparée et contente, se met en marche dans la nuit avec l'ordre et l'espoir de livrer la bataille, qui doit lui ouvrir la capitale de sa future conquête. La flottille suit le mouvement; elle marche sous le pavillon du chef de division Perrée. Le général Andréossy est à bord, ainsi que le général Zayonscheck; ils commandent l'artillerie, et les troupes à cheval non montées. La violence des vents entraîne tout à coup la flottille française au-delà de la gauche de l'armée, et la met en présence de la flottille ennemie, soutenue par le feu de 4,000 Mamelucks, des Fehlas et des Arabes. Un combat inégal, où la valeur française supplée au nombre, a lieu tout à coup, et coûte à l'ennemi ses chaloupes canonnières. Bonaparte, averti par le bruit du canon que sa flottille est engagée, marche au pas de charge sur le village de Chebreis, qui donne le nom à la bataille, et l'emporte. Après deux heures d'une action opiniâtre, l'ennemi laisse 600 hommes sur le champ de bataille, et fuit en désordre vers le Caire. Sa flottille remonte le Nil. Après un jour de repos à Chebreis, l'armée victorieuse reprend la route du Caire. Le 2 thermidor, à deux heures après midi, à l'époque la plus ardente du jour, l'armée arrive à une demi-lieue d'Embabé, et voit le corps des Mamelucks se déployer en avant du village. Bonaparte ordonne la halte. L'excès de la fatigue et de la chaleur accablait les troupes. Un repos d'une heure seulement est le besoin du soldat. Mais les mouvemens de l'ennemi leur en commandent le sacrifice, et l'ordre de bataille est devenu un besoin plus impérieux. Tout est nouveau pour les Français. En arrière de la gauche de l'ennemi s'élevaient les pyramides, ces immobiles témoins des plus grandes fortunes et des plus grandes adversités du monde. En arrière de la droite coulait majestueusement le vieux Nil, brillaient les 300 minarets du Caire, et s'étendaient les plaines jadis si fertiles de l'antique et populeuse Memphis. Le costume magnifique, l'éclat des armes, la beauté des chevaux de la cavalerie des beys contrastaient singulièrement avec l'uniforme et l'armement sévère du soldat français, dont le général se confond avec eux par la bravoure et la simplicité. C'est Léonidas luttant avec ses Spartiates contre la fastueuse armée des satrapes; mais il n'y eut pas de Thermopyles. Les pyramides furent heureuses aux Français. *Soldats,* s'écrie Bonaparte, *songez que du haut de ces monumens quarante siècles vous contemplent.* et il ordonne l'attaque. La valeur téméraire, les charges rapides et multipliées des Mamelucks vinrent se briser contre les carrés français, contre ces murailles de fer mouvantes qui vomissent la flamme, et qui firent croire à l'ennemi que nos soldats étaient tous attachés les uns aux autres. Il tombe foudroyé au pied de nos carrés, comme sous les murs d'autant de forteresses. Aucun ne veut se rendre. Le fanatisme, la rage, une bravoure digne d'un meilleur sort offrent ces braves de l'Orient, ces chevaliers de l'islamisme, en sacrifice à la discipline européenne. Trois mille Mamelucks paient de leur sang cette terrible épreuve. Le village d'Embabé est pris à la baïonnette : 40 pièces de canon, 400 chameaux, les armes, les trésors, les bagages, les vivres de cette noble milice d'esclaves tombent au pouvoir de l'armée, après dix-neuf heures d'un combat où les plus beaux faits d'armes honorent également les vainqueurs et les vaincus. Les dépouilles des Orientaux portent dans le camp français l'abondance, la santé, et la confiance. Le combat d'Embabé reçoit le nom de bataille des Pyramides. L'ennemi brûle dans sa fuite tous les bâtimens qui ne peuvent remonter le Nil. La rive droite en feu éclaire la marche de la brigade Dupuy, qui entre la nuit dans les murs de la capitale de l'Égypte, et s'égare dans ses rues étroites, longues et silencieuses.

Le Caire a été évacué par les deux beys qui maîtrisent l'Égypte. Mourad suit la route de la Haute-Égypte, Ibrahim celle de la Syrie. Le 4 thermidor, les grands du Caire se rendent à Gizeh, et offrent à Bonaparte de lui remettre la ville. Trois jours après, le général en chef y porte son quartier-général. Desaix reçoit l'ordre de suivre Mourad, et d'établir un camp retranché à quatre lieues en avant de Gizeh. On prend position au vieux Caire et à Boulac. Un corps d'observation est envoyé à Elkanka pour surveiller les mouvemens d'Ibrahim. Ce corps devient bientôt l'avant-garde de l'armée, qui se met en marche pour chasser Ibrahim de l'Égypte. Bonaparte la commande; il rencontre à Belbeis les débris de la caravane de la Mecque, dont la plus grande partie a dû suivre Ibrahim : il délivre les marchands des Arabes qui les pillent, et qu'ils ont pris pour escorte, et leur en donne une française pour les conduire au Caire. Ibrahim avait fui sur Salahié : cette ville donne son nom au combat qui le rejette en Syrie.

La division Régnier s'y établit. Bonaparte, délivré de son plus dangereux ennemi, revient au Caire. Il apprend en route qu'Aboukyr a vu brûler ses vaisseaux. Prisonnier dans sa propre conquête, devenue une patrie pour l'armée et pour lui, s'il désespérait de lui-même, il ne serait, il n'aurait été que l'homme de la fortune. Il va régner. Il est le sultan de l'Égypte, et le général de l'armée française. Il doit consacrer tout son génie à ses sujets et à ses soldats. Le destin, qui lui fait faire l'essai de la pourpre sur les bords du Nil, va donner à ce caractère supérieur cette teinte orientale, qu'il doit toujours imprimer à ses volontés et à ses desseins. La nature semblait l'avoir créé pour le trône de l'Asie. Il avait reçu d'elle, pour s'y maintenir, tout ce qui l'a précipité de celui qu'il éleva depuis sur l'Europe. Cette royauté forcée et passagère, en Égypte, développera en lui tous les germes du pouvoir absolu, que le sol de la patrie refusait alors de produire. En Europe, Bonaparte pouvait balancer entre César, Scipion, et Charles-Quint ; mais dans l'Orient il ne peut voir qu'Alexandre, Sésostris, et peut-être Mahomet : toutefois il marche avec son siècle, et c'est le personnage d'un calife éclairé et belliqueux qu'il va montrer au monde. Il va répéter en Égypte le rôle des Abassides en Espagne ; et à la tête d'une armée invincible, entouré d'un état-major de philosophes, il fera fleurir les arts de l'Europe et la religion du croissant : donnant à l'univers le spectacle nouveau d'un conquérant, qui révère le culte implacable des vaincus, et qui leur rappelle leur grandeur passée, par le respect dont il honore les monumens de leur patrie. « Nous n'avons plus » de flotte, dit-il : eh bien, il faut » rester ici, ou en sortir grands » comme les anciens. » Cet adieu stoïque à la flotte fut partagé par les soldats, qui virent en lui toute leur destinée. La population fut loin d'éprouver la même résignation.

Une fermentation sourde se fit bientôt remarquer dans l'immense ville du Caire. C'était à l'époque du retour de cette opération de la nature, qui chaque année épanche le Nil sur le sol de l'Égypte, et de l'antique cérémonie que la reconnaissance des hommes célèbre depuis tant de siècles en mémoire de ce bienfait. Bonaparte saisit habilement cette occasion de rendre un hommage éclatant à cet usage à la fois politique et religieux. Placé sous un pavillon avec le pacha du Caire, il préside à la fête, dont le pacha lui abandonne tout l'honneur. Au signal qu'il a donné, la statue de la fiancée du Nil est précipitée dans les flots, la digue est rompue, et les noms de Bonaparte et de Mahomet se confondent dans les airs. Il jette de l'or au peuple, donne le caftan aux principaux officiers, et revêt de la pelisse noire le mollah, gardien du Mekias, monument où est renfermé le nilomètre. Cette brillante solennité eut lieu quinze jours après le désastre d'Abbukyr. La fortune offrit encore au nouveau sultan une circonstance favorable pour asseoir son pouvoir sur le respect des traditions et de la croyance de son peuple. L'anniversaire de la naissance du prophète fut célébré au Caire avec la plus grande magnificence. Toute la ville fut illuminée : les processions des fidèles, les chœurs de danse et d'instrumens, les évolutions militaires dirigées par Bonaparte lui-même, les feux d'artifice, les festins les plus somptueux eurent lieu dans toute la ville. Bonaparte parut à la fête et chez le cheick en costume oriental, coiffé du turban, et accepta avec joie le nom d'*Ali Bonaparte*, qui lui fut offert par le divan, en présence duquel il revêtit le cheick de la pelisse d'honneur. Il répandit également de grandes aumônes parmi le peuple. Enfin l'époque non moins religieuse du départ de la caravane du Caire pour la Mecque, vint compléter le cours de naturalisation qu'il faisait faire à l'armée française, et ajouter encore à la confiance que les cérémonies de l'entrée du Nil au Caire et de la naissance de Mahomet auraient dû inspirer au peuple. Il donna les ordres les plus absolus pour la protection de la caravane des pèlerins; il écrivit lui-même une lettre très-pressante au schérif de la Mecque. Mais au milieu de tous ces soins, il était obligé de céder à l'impérieux besoin d'une administration régulière, qui assurât la subsistance de son armée, qui pourvût à la défense du pays, et établît un système de contributions. Cette dernière partie de sa législation fut précisément celle à laquelle les habitans accordèrent le moins de faveur, et de nombreuses insurrections à main armée signalèrent de nouveau au général en chef les dangers de sa position. Les émissaires des beys Ibrahim et Mourad trouvèrent le moyen de soulever plusieurs populations contre lesquelles toute la valeur française fut obligée de se déployer. Ainsi l'établissement de la paix et d'un ordre social ramenait les désastres et la guerre. De nombreuses exécutions militaires sur les points de la révolte, la comprimaient momentanément, mais elle renaissait des cendres des villages incendiés, et la vengeance répondait à ces actes de justice rigoureuse, comme la haine accueillait toutes les dispositions relatives au bon ordre et à la prospérité du pays. Les Égyptiens étaient aussi peu Français que Bonaparte était peu Musulman : habitués au repos monotone de la servitude, ils se trouvèrent tout à coup envahis et troublés par le règne des lois, qui offensait leur esclavage, comme l'arbitraire offense la liberté. Il n'est pas aisé de substituer l'obéissance à l'asservissement. L'esclavage est une loi sans commentaires qui a ses fanatiques. Le Koran, qui est cette loi tout entière, réprouvait d'ailleurs comme infidèles les nouveaux législateurs. Cette barrière religieuse était et devait être insurmontable. L'armée française fut condamnée à être presque toujours conquérante pendant son séjour en Égypte, et ce fut avec succès, parce que le langage de la force est entendu de tous les peuples.

Cependant, le 22 septembre 1798 annonça à l'armée la fête de la fondation de la république. Bonaparte voulut rendre cette fête nationale pour les Égyptiens. Il fit élever à grands frais un cirque immense dans la plus grande place du Caire ; ce cirque était décoré de 105 colonnes, qui portaient chacune un drapeau, et chaque drapeau le nom d'un département. Au milieu s'élevait un obélisque colossal, chargé d'inscriptions. Sept autels antiques portaient des trophées, et la liste des braves morts en combattant. A l'entrée était un arc de triomphe, où était représentée la bataille des Pyramides : et, parmi les inscriptions arabes, on lisait celle-ci : *Il n'y a de Dieu que Dieu, et Mahomet est son prophète.* Le rapprochement n'était pas heureux entre le tableau et l'inscription. Mais, telle était la difficulté de position où Bonaparte était placé, qu'il devait flatter également les vainqueurs et les vaincus. Il disait à ses soldats, le jour de cette fête : « Il y a cinq » ans, l'indépendance du peuple » français était menacée. Vous re- » prîtes Toulon ; ce fut le présage » de la ruine de vos ennemis. Un an » après, vous battiez les Autri- » chiens à Dégo ; l'année suivante, » vous étiez sur le sommet des Al- » pes. Vous luttiez contre Man- » toue, il y a deux ans, et nous » remportions la célèbre bataille » de Saint-Georges. L'an passé, » vous étiez aux sources de la Dra- » ve et de l'Izonso, de retour de » l'Allemagne. Qui eût dit alors que » vous seriez sur les bords du Nil, » au centre de l'ancien continent ? » Depuis l'Anglais, célèbre dans » les arts et le commerce, jus- » qu'au hideux et féroce Bédouin, » vous fixez les regards du monde.

» Soldats, votre destinée est bel- » le..... Dans ce jour, 40 millions » de citoyens célèbrent l'ère des » gouvernemens représentatifs ; » 40 millions de citoyens pensent » à vous........» Les conquérans trouvent toujours des poètes. On chantait dans la grande mosquée du Caire : « Réjouissez-vous, ô » fils des hommes, de ce que le » grand Allah n'est plus irrité con- » tre nous ! Réjouissez-vous de ce » que sa miséricorde a amené les » braves de l'Occident, pour vous » délivrer du joug des Mamelucks! » Que le grand Allah bénisse le » favori de la victoire ! Que le » grand Allah fasse prospérer l'ar- » mée des braves de l'Occident ! » Cependant, *les fils des hommes* conspiraient contre *les braves de l'Occident,* pour reconquérir leur première servitude ; et ils conspiraient dans cet impénétrable silence qui caractérise toujours les complots des esclaves.

Toutefois, la ville du Caire, transformée en métropole française, devait à l'infatigable activité de Bonaparte l'aspect et les ressources d'une ville d'Europe, et présentait, au milieu de la barbarie indigène, un oasis de civilisation et d'industrie qui rendait à l'armée les jouissances de la patrie et trompait son exil. Jusqu'alors la guerre et l'administration militaire avaient occupé la pensée du général en chef : c'était le devoir de la conquête et le besoin de l'occupation. Il fallait enfin caractériser la possession et l'établissement, par la formation du gouvernement civil. Un divan fut donné à la ville du Caire, composé des hommes les plus considérés dans le pays. Les autres villes reçurent également le bienfait de l'administration municipale. La création de l'institut d'Égypte, à l'instar de celui de la mère-patrie, donna à l'expédition cet éclat qui devait en faire le plus bel épisode de cet âge de prodiges, et justifier à jamais celui qui l'avait conçue et exécutée. Il forma aussi quatre classes : mathématiques, physique, économie politique, littérature et beaux-arts. Une bibliothèque, un cabinet de physique, un observatoire, un jardin botanique, un laboratoire de chimie, un musée d'antiquités, une ménagerie, furent créés pour les travaux des classes. Bonaparte, qui n'oublia jamais dans ses proclamations le titre de membre de l'institut national, y joignit celui de président de l'institut d'Égypte. Aussitôt après la création de l'institut, l'Égypte, qui n'était encore exploitée que comme conquête par les soldats, fut exploitée comme patrie par les savans, au milieu des mouvemens militaires; et la science eut ses héros comme la guerre, dont elle devait assurer la gloire. Rien ne fut oublié pour acclimater l'armée exilée; il était plus difficile de franciser les Égyptiens. Bonaparte chargea l'institut de dresser un tableau comparatif des mesures égyptiennes et françaises, de composer un vocabulaire français-arabe, et d'établir un triple calendrier égyptien, cophte et européen. Ce travail satisfaisait à lui tout seul les premiers besoins de la société nouvelle. Deux journaux, l'un de littérature et d'économie politique, sous le titre de *Décade égyptienne;* l'autre de politique, sous celui de *Courrier d'Égypte,* furent rédigés au Caire. Des lieux de réunion, des boutiques, des ateliers, donnèrent à cette ville monotone et vassale de l'industrie de l'Europe et de l'Asie, une couleur d'activité, de création et d'indépendance sociale, qu'elle n'avait jamais eue sous les Ottomans.

Depuis l'incendie de la flotte, Bonaparte avait dû renoncer aux vastes projets dont l'Égypte ne devait être probablement que le premier théâtre. Déchu par ce grand désastre du dessein d'une autre entreprise, il était de la prudence, si remarquable dans son caractère, de ne négliger aucun moyen de s'assurer la possession tranquille d'une colonie, dont la conquête présentait une gloire toute nouvelle en Europe depuis la découverte des deux Indes. En conséquence, il s'occupa du recrutement de l'armée, qui fut réduite à admettre dans ses rangs les esclaves, de l'âge de 16 à 24 ans, de toutes les races asiatiques et africaines établies en Égypte. Trois mille marins échappés au désastre d'Aboukyr furent également enrégimentés, et formèrent la légion nautique. Toutes les rues du Caire étaient fermées la nuit par des portes, pour défendre les habitans des attaques des Arabes. Bonaparte fit abattre ces clôtures, parce qu'elles pouvaient devenir des remparts en cas de sédition; cette mesure justifia sa prévoyance.

Quinze jours après, le 22 octobre, pendant que le général en chef était au vieux Caire, des rassemblemens séditieux et armés se forment dans la ville, et surtout à la grande mosquée. Le chef de brigade Dupuy, commandant de la place, qui, après la victoire des Pyramides, était entré le premier au Caire, y est tué le premier. Le brave Salkowsky, aide-de-camp chéri de Bonaparte, est également massacré. Il fut pleuré par le général en chef et par l'armée. Les Français de toute classe, de toute condition, sont impitoyablement égorgés dans les rues du Caire et dans leurs maisons. Les mosquées sont devenues les forteresses de la révolte : les imans donnent, du haut des minarets, le signal de la destruction des infidèles. Soulevée par les cheicks, l'immense population du Caire a juré par Mahomet d'exterminer les Français. Elle s'élance avec audace aux portes de la ville, dont elle veut fermer l'entrée à Bonaparte. En effet, le général en chef, repoussé à la porte du Caire, est obligé d'entrer par celle de Boulak. Jamais moment plus critique n'avait frappé la vie d'un conquérant. Les Anglais attaquaient les villes maritimes. Mourad-Bey tenait toujours la campagne dans la Haute-Égypte contre l'infatigable Desaix. Les généraux Menou et Dugua contenaient à peine l'Égypte-Inférieure; tout le désert était en armes. Les Arabes s'étaient réunis aux fellahs et aux séditieux du Caire. Le directoire, qui s'était engagé à ouvrir des négociations avec la Porte, au sujet de l'expédition, avait gardé le silence, et manqué à la parole donnée au général Bonaparte, qui n'était parti que sur la foi de cette importante communication. Un manifeste du grand-seigneur, répandu avec profusion dans toute l'Égypte par les Anglais et les émissaires des beys dépossédés, lui apprit tout son danger, ainsi que la criminelle insouciance du directoire. On lisait dans ce manifeste : « Le peu- » ple français (Dieu veuille détrui- » re son pays de fond en comble, » et couvrir d'ignominie ses dra- » peaux!) est une nation d'infidè- » les obstinés et de scélérats sans » frein.... Ils regardent le Koran, » l'Ancien-Testament et l'Évangile » comme des fables... O vous, dé- » fenseurs de l'islamisme; ô vous, » héros protecteurs de la foi; ô » vous, adorateurs d'un seul Dieu, » qui croyez à la mission de Ma- » homet, fils d'Abder-Allah, réu- » nissez-vous, et marchez au com- » bat sous la protection du Très- » Haut.... Grâce au ciel, vos sa- » bres sont tranchans, vos flèches » sont aiguës, vos lances sont per- » çantes, vos canons ressemblent » à la foudre..... Dans peu, des » troupes aussi nombreuses que » redoutables s'avanceront par ter- » re, en même temps que des vais- » seaux, aussi haut que des mon- » tagnes, couvriront la surface des » mers.... Il vous est, s'il plaît à » Dieu, réservé de présider à leur » entière destruction. Comme la » poussière que les vents disper- » sent, il ne restera plus aucun » vestige de ces infidèles, car la » promesse de Dieu est formelle. » L'espoir du méchant sera trom- » pé, et les méchans périront. » Gloire au Seigneur des mondes!» C'en était fait, non-seulement de la possession de l'Égypte, mais de tous les Français, si Bonaparte ne s'était pas trouvé plus grand que ce danger qui s'élevait comme un ouragan au milieu du calme le plus profond. Il se souvient sans doute des *Paques vénitiennes.* Il entre au Caire avec ses braves, donne des ordres, repousse les Arabes dans le désert, dirige ses colonnes dans les rues, entoure la ville de son artillerie, poursuit les rebelles qui s'entassent dans la grande mosquée, et leur offre le pardon; ils refusent et combattent. Mais la nature est aussi pour Bonaparte. Par un phénomène très-rare en Égypte, le ciel se couvre de nuages, et le tonnerre gronde. Les Musulmans effrayés demandent grâce : «L'heu- »re de la clémence est passée, ré- »pond Bonaparte; vous avez com- »mencé, c'est à moi de finir.» Au signal qu'il donne, les batteries foudroient la grande mosquée. La hache en brise les portes, et les rebelles sont abandonnés à la fureur des Français, qui ont à venger leurs camarades lâchement assassinés. Chaque soldat sait d'ailleurs qu'il n'y a plus de vaisseaux, et la vengeance est aussi à ses yeux un châtiment politique. Cependant après cette terrible exécution, le général en chef fit rechercher les principaux instigateurs de la révolte. Quelques cheicks, plusieurs Turcs et Égyptiens, furent jugés et exécutés; et afin de punir toute la ville, Bonaparte abolit le divan, le remplace par un gouvernement militaire, et impose une contribution extraordinaire. Une proclamation, qui réfutait le firman du grand-seigneur, comme calomnieux et supposé, fut affichée dans toutes les villes de l'Égypte. Elle finissait par ces mots : «Ces- »sez de fonder vos espérances sur »Ibrahim et sur Mourad, et met- »tez votre confiance en celui qui »dispose à son gré des empires, »et qui a créé les humains. Le »plus religieux des prophètes a »dit : *La sédition est endormie;* »*maudit soit celui qui la réveil-* »*lera!*» Effectivement la sédition ne se réveilla plus au Caire pendant tout le temps du séjour de Bonaparte en Égypte. L'exemple qu'il fit de cette ville fut rigoureux; mais ce qui l'était encore plus, c'était la responsabilité de Bonaparte envers 40,000 familles françaises, et la patrie tout entière. Le désastre d'Aboukyr faisait de cette responsabilité une destinée affreuse, une loi barbare.

Sorti de ce péril par la soumission totale du grand Caire, par celle de l'Égypte inférieure, et par différens traités avec les Arabes Bédouins, Bonaparte se propose d'aller résoudre à Suez le problème de la jonction de la mer Rouge avec la Méditerranée, et de rechercher les traces de ce canal fameux, auquel Sésostris a donné son nom. Le souvenir gigantesque de la grandeur des premiers rois de l'Égypte ne pouvait dormir dans le sein d'un homme qui, en stipulant un traité de paix dans une petite ville du Frioul vénitien, avait rêvé l'envahissement de l'Inde par le golfe Arabique. Il se réserve de vérifier lui-même ce récit de la vieille histoire. Mais toujours habile et prévoyant, il veut, avant de partir pour Suez, ne laisser derrière lui aucun souvenir de la révolte qu'il a punie, et en gage de réconciliation, il va rendre au peuple du Caire son gouvernement national. Il choisit soixante habitans pour former le nouveau divan, et le gouvernement militaire disparaît. Ce n'est plus comme général en chef, c'est comme membre des instituts de France et d'Égypte, que Bonaparte va rechercher les traces du canal de Sésostris. Il emmène avec lui ses collègues, Berthollet, Monge, Dutertre, Costaz Le Père et Caffarelli-Dufalga, pris dans les quatre classes. Les généraux Berthier et Dammartin commandaient la caravane, qui était de 300 hommes. Après trois jours de marche dans le désert, Bonaparte arrive à Suez, visite la côte, donne ordre de compléter les ouvrages de la place, passe la mer Rouge, et va reconnaître en Arabie les fontaines de Moïse. Le lendemain de son arrivée, il établit à Suez une nouvelle douane, plus favorable au commerce avec l'Arabie, et saisit l'occasion d'en instruire le shérif de la Mecque. Il reçoit à Suez une députation d'Arabes, qui viennent demander l'amitié des Français. A deux lieues de Suez il trouve les traces de l'ancien canal, qui, au bout de quatre lieues, se perd dans les sables. Mais il en a reconnu l'existence, et il lui suffit que les anciens dominateurs de l'Égypte lui aient laissé un grand exemple à suivre. Toutefois il n'est pas destiné à recueillir l'héritage des Ptolomée. A son retour à Suez il apprend que Djezzar, pacha de Syrie, a fait occuper, par l'avant-garde de son armée, le fort d'El-Arish, qui défend les frontières de l'Égypte, à dix lieues dans le désert. La guerre entre la Porte et la république n'est plus douteuse. Cette provocation explique le firman du grand-seigneur. Mais Bonaparte sait qu'il faut porter la guerre au lieu de l'attendre.

L'expédition de Syrie est résolue. Il repart aussitôt pour le Caire, ordonne dans sa route la formation d'un régiment de dromadaires, et arrive à Salahié. Il y met en mouvement la division Régnier, pour être son avant-garde en Syrie, comme elle l'est dans le désert. De retour au Caire, il donne ordre à 10,000 hommes de se tenir prêts à marcher. Les généraux Bon, Kléber, Lannes et Régnier commandent l'infanterie; le général Murat, la cavalerie; le général Dammartin, l'artillerie; et le général Caffarelli-Dufalga, l'arme du génie : le jeune Daure est ordonnateur en chef de l'armée expéditionnaire. Le contre-amiral Perrée doit, avec trois frégates, croiser devant Jaffa, et apporter l'artillerie de siège. Celle de campagne et des divisions est de 50 bouches à feu. En peu de jours, Régnier est devant El-Arish, s'empare de la ville, détruit une partie de la garnison, force l'autre à se renfermer dans le château, retrouve en avant les Mamelucks d'Ibrahim, les attaque, et s'empare de leur camp. Les Anglais bombardaient Alexandrie, pour détourner Bonaparte d'aller porter la guerre en Syrie; mais il devine et dédaigne cette hostilité, et arrive devant El-Arish le lendemain de la victoire de Régnier sur les Mamelucks, sept jours après son départ du

Caire. Il fait sur-le-champ canonner une des tours du château. La brèche est ouverte, et deux jours après les barbares qui forment la garnison ont capitulé. Une partie prend service dans les rangs de l'armée française, qui se remet en route. Après 60 lieues d'une marche pénible dans le désert, où elle a encore éprouvé l'horrible tourment de la soif, l'armée se réjouit à la vue des belles montagnes de la Syrie, et des plaines de l'antique Gaza, qui lui rappellent le sol de la patrie. Gaza, qui n'a plus de portes, et que les troupes de Djezzar abandonnent, envoie une députation au général en chef. L'armée y oublie toutes ses privations. Deux jours sont donnés à son repos, et à l'organisation locale. Trois jours après, elle est devant Jaffa, autrefois Joppé, si fameuse dans l'histoire merveilleuse des enfans d'Israël. Une forte garnison la défend; de hautes murailles flanquées de tours la protégent. Djezzar l'a confiée à des troupes choisies; une artillerie formidable y est servie par 1200 canonniers turcs. L'importance de cette place, qui offre un port à l'escadre, et qui est la clef des états du pacha, ne permet pas d'en retarder le siége. Au bout de trois jours, la place est investie, la tranchée ouverte; l'attaque commence, et bientôt la brèche est jugée praticable. Bonaparte envoie un Turc porter une sommation au commandant de Jaffa, qui, pour toute réponse, lui fait couper la tête, et ordonne une sortie. Mais cette sortie est malheureuse pour les assiégés, et le soir même le feu des assiégeans a fait crouler une des tours. La place de l'assaut est faite, et, malgré la résistance acharnée de la garnison, Jaffa est emportée. Le massacre devient général; rien n'arrête la rage du soldat. La fureur donne la mort, et la mort donne la contagion. Pendant deux jours et deux nuits, le glaive exterminateur détruit ceux qui défendaient Jaffa. Ses dunes ont vu une partie de ce sacrifice, offert à un dieu barbare, mais inconnu. L'histoire, aussi inflexible et aussi impénétrable que Bonaparte, en transmet sans explication la mémoire à la postérité. Sa proclamation aux habitans du Caire, à son retour de Syrie, est le témoignage sans justification de la destruction des prisonniers de Jaffa. Les Égyptiens et les Mamelucks qui se trouvaient parmi eux furent renvoyés en Égypte, sous l'escorte d'un détachement de dromadaires. Pendant le siége, le général Régnier poussa une reconnaissance sur Jérusalem. Avant de quitter Jaffa, Bonaparte y établit un divan, une garnison et un grand hôpital. Dès le siége même de cette ville, des symptômes de peste s'étaient manifestés. Plusieurs soldats de la 32me demi-brigade en avaient été atteints, et un rapport des généraux Bon et Rampon avait sérieusement alarmé le général en chef sur la propagation de ce fléau. Ce fut alors que fut établi à Jaffa l'hôpital des pestiférés, et qu'eut lieu cette scène fameuse dont M. Gros a fait un des chefs-d'œuvre de la peinture française. Bonaparte entra dans toutes les salles des pestiférés, accompagné des généraux

Berthier et Bessières, de l'ordonnateur en chef Daure, et du médecin en chef Desgenettes. Le général parla aux malades, les encouragea, toucha leurs plaies, en leur disant : « *Vous voyez bien que cela n'est rien.* » Au sortir de l'hôpital, on lui reprocha vivement son imprudence. Il répondit froidement : « C'est mon »devoir ; je suis le général en »en chef. » Cette visite rassura le moral de l'armée, qui avait été singulièrement ébranlé par l'invasion d'une aussi horrible maladie, et dès ce moment, les hôpitaux des pestiférés furent soumis au même régime que les autres.

L'armée se dirige sur Saint-Jean-d'Acre. Dans sa marche savante et rapide, elle triomphe de tous les obstacles, enlève toutes les positions des nombreux ennemis qui l'attaquent. Kléber, Murat, Junot, Régnier, rivalisent de bravoure et de talent pour suivre les inspirations audacieuses et les profondes combinaisons du général en chef. La prise de l'importante place de Kaïffa, où l'armée trouve des munitions et des approvisionnemens en tous genres, est un prélude glorieux aux travaux du siége d'Acre, à la conquête des châteaux de Saffet et de Nazareth, de la ville de Sour (Tyr), aux combats de Loubi, de Sedjarra, et à la fameuse bataille du Mont-Thabor. Dans cette mémorable campagne de Syrie, tout porte l'empreinte de l'Orient ; tout y est grand, le danger, la résistance, l'attaque, la vengeance, la barbarie. Soixante jours ont vu la valeur française briser vainement les remparts de Saint-Jean-d'Acre, et Bonaparte, devenu plus implacable dans son dessein par la résistance de l'ennemi, inspirer toute l'opiniâtreté de sa résolution à des légions, que les Romains eussent nommées invincibles. Elles sont invincibles. Chaque jour rend le péril plus grand, la prise d'Acre plus nécessaire. Les firmans du grand-seigneur ont soulevé les populations d'une partie de l'Asie, qui descendent des montagnes, et accourent de Bagdad, de Damas, des bords de l'Euphrate, pour la destruction des infidèles. Ses flottes couvrent la mer, et portent une armée pour défendre la Syrie. Une autre se rassemble à Rhodes, pour attaquer l'Égypte, où Mourad-Bey occupe le général Desaix, où l'insurrection soulève le Delta. Le pavillon anglais dirige la tempête maritime. Il faut prendre Acre, avant que son port ne reçoive ces nouveaux secours. Mais l'artillerie de siége n'arrive point : les deux assauts donnés à la ville ont prouvé la force des ouvrages qui les défendent, et Djezzar, pour seconder les mouvemens de la grande armée de Damas, ordonne une sortie générale contre le camp de Bonaparte. Cette attaque est dirigée et soutenue par les équipages de l'artillerie des vaisseaux anglais. Bonaparte et l'impétuosité française ont bientôt repoussé les colonnes dans la place, et l'artillerie européenne des Musulmans n'a servi qu'à rendre les Français plus certains de leur supériorité. Après cette victoire, Bonaparte part pour le Mont-Thabor, d'où il découvre l'illustre Kléber, qui, retranché dans des ruines avec

4,000 hommes, y brave les 20,000 qui l'attaquent. En un moment Bonaparte a conçu cette victoire célèbre, à laquelle le Thabor va donner son nom. Il envoie Murat garder le Jourdain avec sa cavalerie. Vial et Rampon marchent sur Naplouze, et lui-même, il prend position entre l'ennemi et ses magasins. Tout réussit : l'armée de Damas attaquée tout à coup sur tous les points, coupée dans ses retraites, laisse 5,000 hommes sur le champ de bataille, perd ses chameaux, ses tentes, ses provisions; la gloire et l'abondance sont dans les rangs français; enfin, par une faveur non moins brillante de la fortune, Bonaparte apprend que le contre-amiral Perrée vient de débarquer à Jaffa neuf pièces de siége. Mais il était de la destinée de Bonaparte d'échouer devant Saint-Jean d'Acre, et la tour *Maudite* qui la défend, devait conserver sa fatale renommée. Deux assauts brusquement ordonnés sont également repoussés ; l'un d'eux coûte la vie au brave Caffarelli-Dufalga, qui commande le génie. Enfin une flotte est signalée : est-elle française? est-elle turque?... Il faut vaincre : le pavillon est ottoman : il faut prendre Acre avant que cette flotte n'entre dans le port. Bonaparte ordonne une attaque générale, c'est le cinquième assaut. Jamais l'audace de son armée n'a été plus impétueuse. Tous les ouvrages extérieurs sont emportés. Le drapeau tricolore est planté sur le rempart. Les Turcs sont repoussés dans la ville. Leur feu s'est ralenti. Encore un effort, et la flotte n'aura pas débarqué, et la place sera emportée. Mais deux prisonniers échappés du Temple étaient accourus de Paris à Saint-Jean d'Acre, pour enlever la victoire à Bonaparte. L'un est Phélippeaux, son compagnon de l'École-Militaire : il commande le génie, et ne doit pas survivre à sa gloire. L'autre, c'est Sidney Smith, qui commande la flotte anglaise. Celui-ci voit le péril de la place, marche à la tête des équipages de ses vaisseaux, et entraîne à sa défense tous les habitans découragés. La population se presse à sa suite, et bientôt les rues de la ville subitement fortifiées, et défendues par les débris des maisons elles-mêmes, deviennent le théâtre du plus affreux carnage. Trois assauts consécutifs, où furent déployés tous les efforts de la plus téméraire valeur, durent céder à l'opiniâtre résistance des assiégés. L'inflexibilité de Bonaparte fut enfin ébranlée, et l'armée connut par une proclamation que la conquête de Saint-Jean d'Acre était abandonnée. « Sol- » dats, lui dit-il, après avoir avec » une poignée d'hommes nourri » la guerre pendant trois mois dans » le cœur de la Syrie, pris 40 piè- » ces de campagne, 50 drapeaux, » fait 10,000 prisonniers, rasé les » fortifications de Gaza, Jaffa, Kaif- » fa, Acre, nous allons rentrer en » Egypte, etc. »

L'armée réunie va reprendre la route du Caire ; mais la contagion de Jaffa avait continué ses ravages parmi les troupes du siége d'Acre. Le contact des malades qui en sont infectés, peut détruire en peu de jours les braves qui ont survécu à tant de périls, à tant d'exploits, et dont le retour est le salut de ceux qui sont restés en Égypte. Mais d'un autre côté, si les pestiférés sont abandonnés, ils seront impitoyablement égorgés par les Turcs, en représailles du massacre de Jaffa. Rien n'est ordinaire dans cette campagne de Syrie, et tout est extrême dans toutes les positions où se trouvent l'armée et son chef. Le moment est pressant. Il faut dérober à l'ennemi le départ de l'armée. La nuit le protége encore. Le mal s'étend. Une ambulance avait été établie devant Acre, et servait de dépôt au grand hôpital du Mont-Carmel. Au premier ordre de la levée du siége, tous les pestiférés du Carmel furent évacués sur Tentura et Jaffa, et transportés sur les chevaux d'artillerie, dont les pièces avaient été abandonnées devant Acre. Tous les chevaux des officiers, tous ceux du général en chef, furent mis par son ordre et sous ses yeux à la disposition de l'ordonnateur en chef Daure, pour le transport de ces pestiférés sur Jaffa. Bonaparte est à pied, et donne l'exemple. Arrivé à Jaffa, il ordonna trois évacuations de pestiférés : l'une, par mer, sur Damiette, conduite par le commissaire des guerres A. Colbert; et, par terre, la seconde sur Gaza, et la troisième sur El-Arish. Une soixantaine de pestiférés, déclarés incurables, furent laissés à Jaffa, et confiés au pharmacien en chef R., qui prit sur lui cette affreuse responsabilité, dont il a emporté le secret dans la tombe, en Égypte, trois ans après le départ de l'armée française. Plusieurs de ces malheureux furent, dit-on, recueillis par les Anglais sur le bord de la mer. Quant aux pestiférés qui suivirent l'armée, ils furent en grande partie guéris pendant la traversée du désert.

La retraite se fait sous ces affreux auspices. L'incendie détruit chaque jour les moissons, les bestiaux, ainsi que les villages qui ont attaqué ou trahi l'armée. La Syrie a son désert. Gaza seule restée fidèle, seule est épargnée. Trois jours après, l'armée est en Égypte; et le fort d'El-Arish reçoit de Bonaparte de nouveaux développemens, des magasins, une garnison. Il fortifie Tineh, laisse un corps de troupes à Cattieh : ces trois places défendent l'Égypte du côté de la Syrie. Enfin, après quatre mois d'absence, l'armée fait son entrée au Caire, et croit rentrer dans une patrie. Elle a perdu en Syrie 600 hommes par la peste, 1,200 par la guerre, et a ramené 1,800 blessés. Ainsi, après une des campagnes les plus meurtrières et les plus actives qui aient jamais éprouvé une armée assaillie par toutes les privations et par un climat dévorant, elle n'a à regretter que 1,800 de ses braves.

L'entrée au Caire fut triomphale, et détruisit dans l'esprit des habitans les funestes impressions que le bruit de la destruction de l'armée et de la mort de Bonaparte avait faites sur la population. Le général en chef s'empara habilement de cette intrigue des émissaires turcs et anglais, quand il dit aux habitans dans sa proclamation :... « Il est arrivé au Caire
» *le bien-gardé*, le chef de l'armée
» française, le général Bonaparte,
» qui aime la religion de Mahomet;

» il est arrivé bien portant et bien
» sain, remerciant Dieu des faveurs
» dont il le comble. Il est entré au
» Caire par la porte de la victoire.
» Ce jour est un grand jour, on
» n'en a jamais vu de pareil. Tous
» les habitants du Caire sont sortis
» à sa rencontre. Ils ont vu et re-
» connu que c'était bien le même
» général en chef Bonaparte, en
» propre personne. Ils se sont con-
» vaincus que ce qui avait été dit
» sur son compte était faux.... Il
» fut à Gaza et à Jaffa. Il a protégé
» les habitants de Gaza; mais ceux
» de Jaffa, égarés, n'ayant pas vou-
» lu se rendre, ils les livra tous,
» dans sa colère, au pillage et à la
» mort. Il a détruit tous les rem-
» parts, *et fait périr tout ce qui s'y
» trouvait*. Il se trouva à Jaffa en-
» viron 5,000 hommes des troupes
» de Djezzar. *Il les a tous dé-
» truits...*» L'armée trouva au Caire toutes les jouissance de la vie;
elle oublia les journées du désert,
et les périls du siège d'Acre. Son
repos ne fut pas de longue durée.
Celui qui ne se reposait jamais est
instruit que Mourad-Bey, avec un
corps considérable, est descendu
de la Haute-Égypte, et s'est soustrait aux poursuites continuelles
des généraux Desaix, Belliard,
Donzelot et Davoust. Soudain, il
se met en marche pour aller l'attaquer aux Pyramides, qui ont
vu la première défaite des Mamelucks. Mais à peine y est-il arrivé qu'il apprend qu'une flotte de
cent voiles turques est devant
Aboukyr, et menace Alexandrie.
C'est la guerre de Syrie qui le
poursuit en Égypte. Aboukyr est
un nom fatal. Il veut que l'armée
y venge la flotte. Il se rend à Gizeh sans entrer au Caire, et donne, la nuit, à ses invincibles généraux, l'ordre des mouvemens
les plus rapides, pour se porter
au-devant de l'armée que commande le pacha de Romélie, Seid-
man Mustapha, qui est soutenu
des forces de Mourad et d'Ibrahim. Avant de quitter Gizeh, Bonaparte écrit au divan du Caire :
« Quatre-vingts bâtimens ont osé
» attaquer Alexandrie : mais, re-
» poussés par l'artillerie de cette
» place, ils sont allés mouiller à
» Aboukyr, où ils commencent à
» débarquer. Je les laisse faire,
» parce que mon intention est de
» les attaquer, de tuer tous ceux
» qui ne voudront pas se rendre,
» et de laisser la vie aux autres
» pour les mener en triomphe au
» Caire. Ce sera un beau spectacle
» pour la ville. » Bonaparte arrive
à Alexandrie, et se porte sur A-
boukyr, dont le fort est tombé au
pouvoir de l'ennemi. La position
qu'il prend est inspirée par le même génie militaire qui avait conquis toute l'Italie sur les tacti-
ques de plusieurs armées d'Europe. Mustapha doit vaincre, ou
aucun soldat de son armée, ni
lui-même, ne pourra se soustraire
au vainqueur. Son armée est de
18,000 hommes. Elle est retranchée, défendue par une artillerie
nombreuse, et elle communique
avec sa flotte. Bonaparte ordonne l'attaque au lieu de l'attendre.
L'armée, qui sait aussi que c'est à
elle à illustrer Aboukyr et à conserver l'Égypte, est digne de son
chef et de la France. En peu d'heures, l'armée ennemie est détruite.
Dix mille hommes se noient dans
la mer. Le reste est tué ou pris.

L'intrépide Murat, à qui est due une grande partie de la gloire de cette mémorable journée, a fait prisonnier le pacha; et son fils, qui capitule dans le fort, doit, avec tous les chefs échappés au carnage, servir au triomphe du vainqueur. La flotte française est vengée par le trophée d'Aboukyr; et la population du Caire, en voyant rentrer dans ses murs Bonaparte et ses illustres prisonniers, accueille d'un hommage superstitieux le prophète invincible qui lui a annoncé son triomphe.

Avant le départ de Bonaparte pour l'Égypte, à l'époque de son retour à Paris de l'inspection de l'armée d'Angleterre, il avait été, dans plusieurs réunions secrètes, vivement engagé à se mettre à la tête d'une révolution contre le directoire. La conspiration était formée par tous ceux dont la révolution avait fait ou conservé la fortune, ou qui avaient pris un rang élevé dans l'opinion, par d'importans et de glorieux services. Cette question fut jugée alors, mais elle dut être ajournée. Pendant le délai que l'affaire de Bernadotte avait apporté au départ de l'expédition d'Égypte, Bonaparte avait dit à ceux qui le pressaient de se mettre à la tête d'une révolution contre le directoire. « Les Français ne sont pas encore » assez malheureux; ils ne sont que » mécontens. On me dit de mon- » ter à cheval: si je le faisais, per- » sonne ne voudrait me suivre : il » faut partir. » On assure qu'à la dernière conférence qui avait eu lieu, Bonaparte l'avait terminée en disant: *la poire n'est pas mure.* Il voulait dire, et avec raison, qu'il n'était pas encore devenu assez nécessaire, assez grand, pour exécuter avec succès cette entreprise. Une telle prudence est bien remarquable dans un ambitieux de 28 ans. Ce fut, assure-t-on, ce qui le décida à aller chercher cette maturité sous le soleil de l'Égypte. Mais après cette conquête, après la campagne de Syrie, et surtout après la victoire d'Aboukyr, il sentit que sa mission était remplie; il savait qu'il avait étonné l'Europe. Il venait d'apprendre, par les gazettes, que la France était humiliée depuis son départ dans l'honneur de ses armes, et notamment sur le théâtre où il avait fondé sa première gloire; qu'elle était mécontente, et que le nom du vainqueur d'Arcole et du pacificateur de Campo-Formio était dans tous les souvenirs et dans toutes les espérances. Il vit que la France avait enfin besoin de lui; et cette haute pensée, qui renfermait tout le secret d'une ambition, justifiée peut-être par deux années de prodiges militaires, le décida à revenir brusquement dans sa patrie. Il dut calculer également que l'expédition d'Égypte, illustrée à jamais par l'ouvrage monumental que l'institut venait d'achever sous ses auspices, était terminée pour lui par la victoire d'Aboukyr, et ne lui laissait plus qu'une exploitation de détail, soit comme général d'une armée sans recrutement, soit comme possesseur inquiet d'une terre à jamais étrangère. Il comprit que la continuation d'une position aussi précaire le livrait à toute la rigueur d'un exil sans gloire et sans repos, et ne lui présentait que la perspective peut-être rapprochée d'une capitulation inévitable, qui anéantirait en un jour ses triomphes d'Europe et d'Orient. On a parlé dans plusieurs ouvrages d'une lettre officielle du directoire et de plusieurs lettres confidentielles de Sieyes et de Fouché, qui rappelaient Bonaparte : aucune de ces lettres ne lui parvint. Il trouva dans les gazettes que lui procurèrent ses relations avec la flotte anglaise, pour l'échange des prisonniers d'Aboukyr, et notamment dans la gazette de Francfort que Sidney Smith lui envoya pour lui ôter l'idée du retour en France, il trouva la raison tout entière, la décision, la justification de son départ. Ceux qui appelèrent ce départ une désertion n'étaient pas dans sa confidence, et revinrent en France briguer sa faveur. Il prit sur lui le départ d'Égypte, comme il avait fait pour les préliminaires de Léoben : l'Orient n'avait pas altéré la puissance de sa volonté. Bonaparte exécuta son projet comme il exécutait un mouvement sur l'ennemi. L'action fut subite, le secret impénétrable. Un voyage dans le Delta fut le prétexte donné à son départ du Caire. Il se fit accompagner des savans Monge, Berthollet et Denon; des généraux Berthier, Murat, Lannes et Marmont.

Le 23 août 1799, une proclamation apprit à l'armée la nomination de Kléber pour remplacer Bonaparte dans le commandement-général. L'impression que cette proclamation produisit sur les soldats fut d'abord hostile contre Bonaparte, mais elle fut bientôt désarmée par le choix de son successeur. On ne peut expliquer par quel prodige, au jour de son départ et jusqu'à son arrivée en France, la mer se trouva libre pour le passage des quatre bâtimens qui portaient Bonaparte et sa suite. On est encore partagé entre sa fortune et une politique étrangère. Il ne partit pourtant pas incognito. Une corvette anglaise observa son départ. On la remarquait avec inquiétude. « Bah! s'é- » crie Bonaparte, nous arriverons; » la fortune ne nous a jamais aban- » donnés : nous arriverons en dépit » des Anglais. » La flottille entra le 1ᵉʳ octobre dans le port d'Ajaccio, où les vents contraires le retinrent sept jours. Bonaparte y apprit en détail l'état de la France et celui de l'Europe; et ces nouvelles rendirent ce retard insupportable à celui qui, de tous les hommes, savait le mieux apprécier et calculer l'emploi du temps. Enfin le 8, la flottille appareilla pour la France; mais à la vue des côtes parurent dix voiles anglaises. Le contre-amiral Gantheaume voulut virer de bord sur la Corse : « Non, lui dit Bonaparte, cette ma- » nœuvre nous conduirait en An- » gleterre, et je veux arriver en » France. » Cette volonté le sauva. Le 9 octobre (16 vendémiaire an 8), à la pointe du jour, les frégates mouillèrent dans la rade de Fréjus, après quarante-un jours de route sur une mer couverte de vaisseaux ennemis. Le général Pereymont, commandant la côte, aborda le premier, avant l'arrivée des préposés de la santé. Mais comme il n'y avait point de malades à bord, et que six mois avant le départ la peste avait cessé en Égypte, cette infraction aux lois sanitaires fut moins reprochable. Bonaparte fut vivement frappé de l'excès d'enthousiasme qui anima la population à son débarquement. Cette exaltation ne ressemblait point à celle dont l'avait entouré sa gloire passée ; et quand il s'entendit saluer du nom de libérateur, de vengeur de la France, il connut toute la faveur de la fortune qui le ramenait dans sa patrie. La guerre civile s'était rallumée dans l'Ouest avec fureur, et menaçait d'envahir le Midi. L'Italie tout entière avait été reconquise ; Joubert, que le directoire avait choisi pour reprendre l'Italie, et pour conquérir une popularité militaire utile à ses desseins, Joubert avait été tué, et en dernier témoignage d'une miraculeuse destinée, l'homme de toutes les victoires d'Italie, Masséna, venait de détruire dans les montagnes de l'Helvétie le dernier corps de l'armée du conquérant Suwarow. Le directoire, chargé de la haine générale, portait avec indifférence le poids de tous les reproches, et la France portait avec indignation celui de tous les revers. A six heures du soir, Bonaparte se mit en route pour Paris avec le général Berthier, son chef d'état-major d'Italie et d'Égypte. Le voyage de Fréjus à Paris fut un triomphe national. Il reçut partout sur son passage, et notamment à Lyon, les honneurs souverains. Des fêtes brillantes et publiques furent improvisées par les villes, par les campagnes, et présidées par les autorités. Il ne se méprit point sur l'enthousiasme dont il était l'objet, et bien convaincu que c'était comme LIBÉRATEUR qu'il était salué, il fut plus que jamais justifié à ses yeux de son départ d'Égypte, et devoué à la résolution qu'il avait prise en la quittant. La France tout entière semblait être dans la confidence de l'avenir. Le directoire seul, témoin de cette scène tout-à-fait nouvelle, n'en prévoyait pas le dénoûment. Après la mort de Joubert, il avait reporté les yeux sur Moreau. Mais à la nouvelle du débarquement de Bonaparte, Moreau dit au directoire : « Vous n'avez plus besoin » de moi ; voilà l'homme qu'il vous » faut pour un *mouvement*, adres- » sez-vous à lui. » Cette réponse de Moreau donne la mesure de la politique étroite du directoire, qui croyait reprendre le crédit et la force qui lui manquaient, en opérant ou en faisant opérer un *mouvement*. Elle prouve aussi que le directoire ne jugeait pas mieux que Moreau celui qui avait quitté l'Égypte, parce qu'il avait voulu revenir en France.

Bonaparte reprit, à son arrivée à Paris, le genre de vie solitaire et retirée, qu'il avait adopté à son retour de Rastadt, ou après son inspection des côtes du Nord, et à l'époque plus ancienne où, abandonné par le gouvernement après l'affaire del Cairo, il avait mené à Paris une existence si obscure et si laborieuse. Il paraissait peu en public, n'allait au théâtre qu'en loge grillée, et ne fréquentait que les savans ; il ne voulut dîner chez les directeurs qu'en famille. Il ne put cependant refuser le repas que lui donnèrent les conseils au temple de la Victoire (Saint-Sulpice). Il y resta une heure, et en sortit avec Moreau. Il y avait une sorte de respect établi pour cette solitude, qui lui était nécessaire après ses grands travaux. On attachait d'ailleurs au retour de cette habitude, qui avait marqué les époques importantes de sa vie, l'espérance de quelque haute combinaison qui vînt au secours de la dignité de la nation, et de la misère publique. Cependant la conspiration contre le directoire était générale, et de toute part on pressait Bonaparte de se mettre à la tête, non d'un mouvement, mais d'une révolution. Le directoire conspirait aussi, et Bonaparte était encore le dépositaire des projets et des vœux qui divisaient les membres. Tel était à peu près l'état de ces diverses intrigues. Augereau et Bernadotte, qui représentaient la faction démagogique du Manége, lui offraient, s'il entrait dans leur parti, de le mettre à la tête de la république. D'autres lui proposaient de renverser le directoire et le Manége : de ce nombre était Fouché, qui avait rompu avec ce dernier parti, et qui commençait envers le directoire, dont il était le ministre, le rôle qu'il a joué constamment depuis avec tous les gouvernemens. Bonaparte était flatté et pressé également par un autre ministre, à qui la fidélité n'était pas plus obligatoire, et qui avait plus de raisons peut-être que son collègue d'être dégoûté de la république et des directeurs. Entre ceux-ci la division était au comble, et ils travaillaient tous séparément auprès de Bonaparte à la destruction de leur propre puissance. Sieyes, avec un grand nombre de membres du conseil des anciens, le sollicitait de se mettre à la tête d'un parti modéré, et d'établir la constitution qu'il avait silencieusement élaborée. Roger-Ducos était l'ombre de Sieyes, et était toujours compris de droit dans toutes les opinions de son collègue. Barras, Moulins et Gohier, engageaient Bonaparte à aller reprendre le commandement de l'armée d'Italie : le premier pour l'éloigner des affaires, et les deux autres pour en faire tout simplement l'instrument militaire de leur pouvoir. Ils ne sentaient pas que le temps des 18 fructidor était passé. Tel était le bulletin connu des conspirations. Une autre, qui était la véritable, était ignorée. Bonaparte avait consulté sur l'état positif des affaires, des hommes éclairés, tels que Cambacérès, Rœderer, Réal, Regnauld de Saint-Jean-d'Angély. De tous les directeurs, Sieyes était le seul qui lui eût inspiré de la confiance, et qui la méritât. Sieyes était né en Provence, Bonaparte le connaissait depuis long-temps. Quant à Barras et à Moulins, depuis long-temps aussi, il savait à quoi s'en tenir à leur égard. Le 8 brumaire, après un dîner chez Barras, celui-ci lui confia le besoin qu'il éprouvait de se retirer des affaires, et la nécessité d'adopter pour la France une autre forme de gouvernement. Dans cette dernière proposition, il ne voyait que le général Hédouville à placer comme président à la tête de la république, et il engageait le général Bonaparte à aller reconquérir à son profit la république Cisalpine, avec une armée française. Il était bien clair que le nom d'Hédouville cachait celui de Barras, à qui un regard de Bonaparte fit connaître à l'instant qu'il était deviné. En sortant de chez ce directeur, il descendit chez Sieyes, et lui confia les projets de la révolution qu'il voulait opérer. Ils furent bientôt d'accord, et ils fixèrent le jour du 15 au 20 brumaire. Le lendemain 9, de grand matin, Barras, qui n'avait pas ignoré la visite que Sieyes avait reçue la veille, se rendit chez Bonaparte. Il revint sur la confidence du jour précédent, mit la faiblesse de ses vues sur le compte de la faiblesse actuelle du gouvernement, et termina par se mettre *à la disposition du seul homme qui pût sauver l'état.* Bonaparte fut moins confiant; il repoussa cette insinuation, et allégua les soins qu'exigeait sa santé et le besoin d'un long repos. On remarqua que depuis ce jour, le directeur Sieyes prenait des leçons d'équitation. Cette nouvelle amusa Paris, et surtout le directeur Barras, qui prenait plaisir à voir de sa fenêtre son grave collègue prendre cet exercice. Cependant la garnison de Paris, qui avait servi à l'armée d'Italie, ou au 13 vendémiaire, les quarante-huit adjudans de la garde nationale que Bonaparte avait nommés après cette journée, et le général Morand, commandant de la capitale, avaient demandé à être présentés au général Bonaparte, et passés en revue. On les remettait de jour en jour. Le 15 brumaire, une dernière conférence décisive eut lieu entre Sieyes et Bonaparte. Le plan de la révolution fut définitivement arrêté, et l'exécution fixée au 18.

Le 17, à la pointe du jour, le commandant de Paris, les régimens de la garnison, les quarante-huit adjudans des sections, furent invités à se rendre le lendemain à sept heures du matin dans la rue Chanteraine. Cette visite, attendue depuis le retour de Bonaparte à Paris, n'offrait aucune importance. A la même heure, furent également convoqués tous les officiers sur lesquels on pouvait compter, et chacun d'eux, partageant avec le public l'opinion du départ prochain du général pour l'armée d'Italie, pensait qu'il était appelé pour recevoir des ordres relatifs à cette destination. Moreau et Macdonald n'avaient personnellement demandé aucune participation au secret du projet, dont l'existence seule leur avait été confiée, mais ils avaient offert d'en servir l'exécution. Ils furent également invités, ainsi que le général Lefebvre, commandant la division, à se rendre, à sept heures du matin, dans la rue Chanteraine. A l'heure fixée arrivèrent tous ceux qui avaient été convoqués. Le général Bernadotte fut amené par Joseph Bonaparte. A huit heures et demie, un messager du conseil des anciens apporta au général Bonaparte le décret suivant qu'il fit lire à l'assemblée. « Le conseil des » anciens, en vertu des art. 102, » 103 et 104 de la constitution, » décrète ce qui suit : 1° Le corps- » législatif est transféré dans la

»commune de Saint-Cloud. Les
»deux conseils y siégeront dans
»les deux ailes du palais. 2° Ils y
»seront rendus demain, 19 bru-
»maire, à midi. *Toute continua-*
»*tion de fonctions, de délibéra-*
»*tions, est interdite ailleurs et a-*
»*vant ce terme.* 3° Le général Bo-
»naparte est chargé de l'exécu-
»tion du présent décret. Il pren-
»dra toutes les mesures nécessai-
»res pour la sûreté de la repré-
»sentation nationale. Le général
»commandant la 17me division mi-
»litaire, *la garde du corps-légis-*
»*latif,* les gardes nationales sé-
»dentaires, les troupes de ligne
»qui se trouvent dans la commu-
»ne de Paris et dans l'arrondisse-
»ment constitutionnel, *et dans*
»*toute l'étendue de la 17me divi-*
»*sion,* sont mis immédiatement
»sous ses ordres, et tenus de le
»reconnaître en cette qualité. Tous
»les citoyens lui prêteront main-
»forte à la première réquisition.
»4° Le général Bonaparte est ap-
»pelé dans le sein du conseil pour
»y recevoir une expédition du pré-
»sent décret, et prêter serment.
»Il se concertera avec les commis-
»sions des inspecteurs des deux
»conseils. 5° Le présent décret se-
»ra de suite transmis par un mes-
»sager au conseil des cinq-cents
»et au directoire-exécutif : il sera
»imprimé, affiché, promulgué, et
»envoyé *dans toutes les commu-*
»*nes de la république* par des
»courriers extraordinaires. » Tel
fut le premier manifeste de la révolution qui avait été convenue
entre Sieyes et Bonaparte dans la
conférence du 15, et dont le conseil des anciens s'était fait l'organe. Après cette lecture, qui fut
suivie du cri unanime de *vive Bonaparte! vive la république!* le
général en chef harangua les militaires par cette proclamation qui
fut envoyée aux armées. « Soldats,
»le décret extraordinaire du con-
»seil des anciens est conforme
»aux articles 102 et 103 de l'acte
»constitutionnel. Il m'a remis le
»commandement de la ville et de
»l'armée. Je l'ai accepté pour se-
»conder les mesures qu'il va pren-
»dre, et qui sont toutes en faveur
»du peuple. La république est mal
»gouvernée depuis deux ans; vous
»avez espéré que mon retour met-
»trait un terme à tant de maux :
»vous l'avez célébré avec une u-
»nion qui m'impose des obliga-
»tions que je remplis : vous rem-
»plirez les vôtres, et vous secon-
»derez votre général avec l'éner-
»gie, la fermeté et la confiance
»que j'ai toujours vues en vous. La
»liberté, la victoire et la paix, re-
»placeront la république françai-
»se au rang qu'elle occupait en
»Europe, et que l'ineptie ou la
»trahison a pu seule lui faire per-
»dre. Vive la république ! » Bonaparte ordonne aussitôt aux quarante-huit adjudans de faire battre la générale, et de proclamer
le décret dans tous les quartiers
de Paris. Il monte à cheval, suivi des généraux, des officiers, et
de trois régimens de cavalerie; se
rend aux Tuileries au conseil des
anciens, est introduit avec son é-
tat-major, et dit : « La république
»périssait. Vous l'avez su, et vo-
»tre décret vient de la sauver.
»Malheur à ceux qui voudraient
»le trouble et le désordre. Je les
»arrêterai aidé des généraux Ber-
»thier, Lefebvre, et de tous mes

» compagnons d'armes. Qu'on ne
» cherche pas dans le passé des
» exemples qui pourraient retar-
» der votre marche! Rien dans
» l'histoire ne ressemble à la fin
» du 18me siècle; rien dans la
» fin du 18me siècle ne ressemble
» au moment actuel : votre sages-
» se a rendu ce décret; nos bras
» sauront l'exécuter. Nous vou-
» lons une république fondée sur
» la vraie liberté, sur la liberté ci-
» vile, sur la représentation natio-
» nale. Nous l'aurons. Je le jure, je
» le jure EN MON NOM et en celui de
» mes compagnons d'armes. »

Cette manière d'octroyer la liberté fut bientôt légalisée par l'emploi des forces que le conseil venait de mettre à la disposition du dictateur. Il sortit au milieu des applaudissemens du conseil, et passa la revue des troupes. Ce fut alors qu'Augereau se présenta à Bonaparte, et l'embrassant avec chaleur, lui dit : « Comment, gé-
» néral, vous avez voulu faire
» quelque chose pour la patrie, et
» vous n'avez pas appelé Auge-
» reau! » Dix mille hommes occupèrent les Tuileries, sous les ordres du général Lannes. Le commandement du Luxembourg fut donné au général Milhaud, celui du palais des cinq-cents au général Murat, celui de l'artillerie à l'École-Militaire au général Marmont, celui des Invalides au général Berruyer, celui de Paris au général Morand, et enfin ceux de Versailles et de Saint-Cloud aux généraux Macdonald et Serrurier. Le général Andréossy est chef d'état-major; il a sous ses ordres les adjudans-généraux Caffarelli et Doucet. Le général Lefebvre conserve le commandement de la 17me division. Le général Moreau sert en qualité d'aide-de-camp auprès du général Bonaparte. Le directoire, instruit de cet événement à dix heures du matin, se vit tout à coup, par une métamorphose étrange, sans pouvoirs, sans gardes, sans relation avec les conseils ni avec le général en chef, ni avec l'armée. Une heure auparavant, Sieyes, instruit de l'événement, était tranquillement et comme à l'ordinaire monté à cheval (sous les yeux de Barras qui se moqua de lui), et s'était rendu au conseil des anciens. Roger Ducos l'y suivit un peu plus tard. Barras, Gohier et Moulins, crurent encore représenter la république, et firent appeler le général Lefebvre : celui-ci leur répondit par le décret qui le mettait lui et la force-armée à la disposition de Bonaparte. Les directeurs protestèrent avec violence. Barras, plus avisé, jugea que leur règne était fini, donna confidentiellement sa démission au ministre Talleyrand, et l'envoya officiellement au conseil des anciens par son secrétaire Bottot, qui était chargé de sa part de parler au général Bonaparte : Bottot le trouva dans la salle des inspecteurs du conseil. Le général élevant la voix, prononça ainsi l'arrêt des directeurs, en présence d'une foule de généraux et de soldats. « Qu'avez-
» vous fait de cette France que je
» vous ai laissée si florissante ? Je
» vous ai laissé la paix, j'ai re-
» trouvé la guerre. Je vous ai
» laissé des victoires, j'ai retrou-
» vé des revers. Je vous ai laissé
» les millions de l'Italie, et j'ai re-

» trouvé partout des lois spoliatri-
» ces et la misère. Qu'avez-vous fait
» de 100,000 Français que je con-
» naissais, tous mes compagnons
» de gloire ? Ils sont morts ! Cet
» état de chose ne peut durer; a-
» vant trois ans, il nous mènerait
» au despotisme. Mais nous vou-
» lons la république, la républi-
» que assise sur les bases de l'é-
» galité, de la morale, de la liberté
» civile et de la tolérance politi-
» que. Avec une bonne adminis-
» tration, tous les individus oublie-
» ront les factions dont on les fit
» membres, pour leur permettre
» d'être Français. Il est temps en-
» fin que l'on rende aux défen-
» seurs de la patrie la confiance à
» laquelle ils ont tant de droits. A
» entendre quelques factieux, bien-
» tôt nous serions tous des enne-
» mis de la république, nous qui
» l'avons affermie par nos travaux
» et notre courage. Nous ne vou-
» lons pas de gens plus patriotes
» que les braves qui ont été mutilés
» au service de la patrie. » Cette dernière phrase annonçait suffisamment sous quels drapeaux la liberté devait marcher. Moulins avait
proposé à ses deux collègues de
faire arrêter et fusiller Bonaparte.
Un détachement qui entoura tout à
coup le Luxembourg, fit changer
sa résolution. Il envoya sa démission avec Gohier, qui était consigné comme lui au palais directorial, et il s'échappa. Barras demanda et obtint un passe-port et une
escorte pour Gros-Bois, et partit.
Ainsi finit le directoire. Le lendemain, 19 brumaire, Bonaparte
harangua brièvement et d'une
manière énergique les troupes
rassemblées au Champ-de-Mars,
et se rendit à Saint-Cloud après
en avoir fait occuper militairement toutes les avenues. *Ce jour,
le plus grand attentat fut commis
contre la liberté, par la violation de la représentation nationale que la force avait dispersée,
et il imprima le sceau de l'usurpation au salut de la France.
Une sorte d'agonie républicaine
honora la dissolution violente du
conseil des cinq-cents. Le conseil des anciens avait paisiblement capitulé sur la foi d'un
sénat futur. Les directeurs s'é-
taient séparés sans protester.
Leur division les y autorisait. Ils
fournirent le côté plaisant dans
cette importante révolution. Ils furent tous joués et oubliés. Leur
garde s'était mise d'elle-même
sous les ordres du héros de l'Italie et de l'Égypte. L'attraction
était populaire. Les soldats du
directoire y succombèrent aussi
au nom de la gloire qui enivrait
toute la nation, et qui séduisit
jusqu'à la liberté.* (Tableau de la
Révolution française, pag. 136 et
137, par M. de Norvins.) Les
deux conseils s'étaient réunis à
Saint-Cloud ; les anciens dans la
galerie, les cinq-cents dans l'O-
rangerie. Dans la nuit, on avait
tenté, chez un membre des cinq-
cents, d'organiser un plan de résistance, et d'opposer au dictateur un général à qui le commandement de la garde de ce conseil
serait donné. Mais le député chez
qui on avait conçu ce projet en fut
effrayé, et alla se dénoncer lui-même à Bonaparte, qui, par une réponse menaçante, justifia toute
la lâcheté de cette démarche. Ce
député était Salicetti ; ce général

était Bernadotte, qui avait accepté. Bonaparte le trouvait souvent sur son chemin. Cependant, la minorité des anciens et la majorité des cinq-cents avaient eu le temps de se remettre de l'impression des événemens de la veille. L'esprit d'opposition se manifesta dans les deux conseils; et, dans celui des cinq-cents, le député Delbrel avait proposé de jurer la constitution ou la mort. Ce serment de fidélité fut prêté à l'unanimité par l'assemblée. Mais ce ne fut pas le serment du Jeu-de-Paume. Cependant, Bonaparte était entré suivi de ses aides-de-camp dans le conseil des anciens; il improvisa une harangue vigoureuse sur les dangers actuels et sur ses propres intentions : on remarqua les traits suivans : « On » parle d'un nouveau César, d'un » nouveau Cromwel : on répand » que je veux établir un gouver- » nement militaire.... Si j'avais » voulu usurper l'autorité suprê- » me, je n'aurais pas eu besoin de » recevoir cette autorité du sénat. » Plus d'une fois et dans des circonstances extrêmement favorables, j'ai été appelé par le vœu » de la nation, par le vœu de mes » camarades, par le vœu de ces » soldats, qu'on a tant maltraités » depuis qu'ils ne sont plus sous » mes ordres... Le conseil des an- » ciens est investi d'un grand pou- » voir; mais il est encore animé » d'une plus grande sagesse. Ne » consultez qu'elle... Prévenez les » déchiremens : évitons de perdre » ces deux choses pour lesquelles » nous avons fait tant de sacrifi- » ces, *la liberté et l'égalité.*» *Et la constitution!* s'écria le député Linglet. «La constitution! reprit » Bonaparte avec l'accent de la » violence, la constitution! osez- » vous l'invoquer? Vous l'avez vio- » lée au 18 fructidor, au 22 flo- » réal, au 30 prairial. Vous avez » en son nom violé tous les droits » du peuple.... Nous fonderons » malgré vous la liberté et la répu- » blique : aussitôt que les dangers » qui m'ont fait conférer des pou- » voirs extraordinaires seront pas- » sés, j'abdiquerai ces pouvoirs.» Et quels sont ces dangers? lui cria-t-on : que Bonaparte s'explique. « S'il faut s'expliquer tout-à- » fait, répondit-il, s'il faut nom- » mer les hommes, je les nomme- » rai. Je dirai que les directeurs » Barras et Moulins m'ont propo- » sé eux-mêmes de renverser le » gouvernement. Je n'ai compté » que sur le conseil des anciens ; » je n'ai point compté sur le con- » seil des cinq-cents, où se trou- » vent des hommes qui voudraient » nous rendre la convention, les » échafauds, les comités révo- » lutionnaires... Je vais m'y ren- » dre ; et si quelque orateur payé » par l'étranger parlait de me met- » tre *hors la loi,* qu'il prenne garde » de porter cet arrêt contre lui- » même. S'il parlait de me mettre » *hors la loi,* j'en appelle à vous, » mes braves compagnons d'ar- » mes; à vous, mes braves soldats, » que j'ai menés tant de fois à la » victoire; à vous, braves défen- » seurs de la république, avec les- » quels j'ai partagé tant de périls » pour affermir la liberté et l'é- » galité : je m'en remettrai, mes » vrais amis, à votre courage et » *à ma fortune.*» Après cette harangue, dont l'impression ne pouvait être douteuse sur les membres du conseil et sur les militaires présens, Bonaparte se rendit à la salle des cinq-cents, où il entra accompagné de quelques grenadiers seulement. Le moment était orageux ; c'était celui de l'appel nominal des députés pour la prestation du nouveau serment à la constitution. A la vue de Bonaparte et de ses grenadiers, les imprécations remplirent la salle. « Ici des sabres ! s'écrient les dé- » putés ; ici des hommes armés ! A » bas le dictateur ! à bas le tyran ! » hors la loi le nouveau Crom- » well ! » Le député Destrem lui frappe sur l'épaule, et lui dit : *Voilà donc pourquoi vous avez remporté tant de victoires!* Bigonnet s'avance aussi au-devant de Bonaparte, le saisit par les deux bras : *Que faites-vous*, lui dit-il, *que faites-vous téméraire ? retirez-vous : vous violez le sanctuaire des lois.* Les députés s'étaient groupés hostilement au devant de lui. Le général Lefebvre et plusieurs grenadiers entrent précipitamment, ils s'écrient : *Sauvons notre général*, et l'entraînent. Bonaparte crut qu'on en voulait à sa vie, et ne put proférer une parole. On parla depuis de poignards, de soldats blessés. L'adulation avait déjà pris la forme de la calomnie. L'opinion de M. Dupont (de l'Eure) à la séance du 18 juin 1819, a suffisamment éclairé la France sur cette odieuse imputation, antérieurement détruite par la relation du représentant Bigonnet, alors son collègue, sur la révolution du 18 brumaire. Au milieu de cette scène tumultueuse, Lucien s'efforce en vain de défendre son frère par ses glorieux services. On lui répond par sa trahison ; on demande le décret de mise hors la loi contre Bonaparte. On somme Lucien, en sa qualité de président, de le mettre aux voix. Il le refuse avec courage, et abdique la présidence. Tout à coup un piquet de grenadiers, envoyé par son frère, l'enlève de la tribune, et le transporte hors de la salle. Lucien monte à cheval à ses côtés, et harangue les troupes. « Vous ne reconnaîtrez, dit- » il, pour législateurs de la Fran- » ce, que ceux qui vont se rendre » près de moi. Quant à ceux qui » resteraient dans l'Orangerie, » que la force les expulse. Ces » brigands ne sont plus les repré- » sentans du peuple, ce sont les » représentans du poignard.....» Lucien calomnia le conseil ; il avait défendu son frère et quitté le fauteuil : il avait rempli tout son devoir. Pendant que les députés, sous la présidence de Chazal, protestaient au nom de la constitution contre la violence qui la détruisait, Bonaparte, pressé de terminer cette journée où est le destin du reste de sa vie, ordonne aux troupes de dissoudre le conseil et de faire évacuer la salle. L'ordre est exécuté, et les députés, courageux jusqu'au dernier moment, ne donnent point en quittant leurs toges le honteux exemple d'abjurer leur serment. Mais comme leur retour à Paris pouvait exciter un mouvement, le secrétaire-général de la police, et le commissaire du gouvernement près le bureau central, qui se trouvaient à Saint-Cloud, reçurent l'ordre d'aller défendre aux postes placés aux barrières, de laisser rentrer un seul député dans Paris. En arrivant, ils apprirent que le ministre Fouché avait eu cette prévoyance. Après la dissolution des cinq-cents, le président Lucien se rend au conseil des anciens, où il expose les moyens de former un nouveau conseil, en éliminant les membres les plus ardens. Sa proposition est adoptée. La réunion de la majorité des cinq-cents a lieu dans l'Orangerie, et l'exclusion de 61 députés est décrétée. Le gouvernement directorial est aboli par les deux conseils, qui nomment une commission pour la révision de la constitution, et une COMMISSION CONSULAIRE EXÉCUTIVE. Celle-ci est composée de Sieyes, Roger-Ducos et Bonaparte, qui héritent aussitôt du pouvoir directorial : et tous les trois ils prêtent dans les deux conseils le serment accoutumé, *à la souveraineté du peuple, à la république une et indivisible, à la liberté, à l'égalité, et au système représentatif*. Ce fut le dernier hommage rendu à la nation française qui en accepta toutes les garanties, et qui elle-même les donnait encore. Le conseil des cinq-cents déclara que les généraux et les soldats qui l'avaient dissous le matin par la force, *avaient bien mérité de la patrie*. Ce fut le premier contrat entre le pouvoir et l'armée, pour l'asservissement de la nation. Toute pudeur d'état fut violée par cet acte étrange, qui rendit solennel le parjure de la représentation nationale, et qui légitimait l'usurpation. La commission consulaire se réunit au Luxembourg : *Qui de nous présidera?* dit Sieyes à ses deux collègues. —*Vous voyez bien*, répondit Roger Ducos, *que c'est le général qui préside*. Après cette conférence, Sieyes dit aux personnes rassemblées au palais des consuls : *A présent, vous avez un maître : il sait tout, il fait tout, et il peut tout.* Ainsi fut terminée la fameuse révolution du 18 brumaire, sans effusion de sang, sans tumulte, au milieu du peuple alors le plus ardent de l'Europe, et par l'homme le plus impétueux peut-être dont l'histoire ait consacré le souvenir. Mais Bonaparte s'est fait une prudence qui doit, pendant quatre ans encore, servir d'égide aux Français contre lui-même.

Cette grande révolution changea tout à coup la face de la France et bientôt celle de l'Europe. Bonaparte fut au consulat ce qu'il avait toujours été avec ses égaux, le premier. La supériorité était dans sa nature comme dans sa destinée. A peine installé, il semble s'être imposé la tâche à jamais glorieuse et encore difficile, de réconcilier la France et l'Europe avec notre révolution, en faisant sortir de cette révolution ce que les orages de la convention et l'impéritie du directoire n'avaient pas permis d'y découvrir, l'égalité, la justice et la prospérité nationale. Trois jours après la proclamation de l'époque consulaire, cette époque fut chère à la France par l'abrogation des lois si odieuses sur les otages et sur l'emprunt forcé. On vit naître la confiance, on vit renaître le crédit. Le peuple français, si heureux quand il jouit, si peu malheureux quand il souffre, se lança avec impétuosité dans la carrière de l'espérance, et devint, sans le savoir, le grand mobile de la puissance secrète, qui fermentait sous les insignes de la liberté. Tout concourut, dans cette phase si mémorable de la régénération française, à séduire, à consoler, à exalter l'opinion. Le costume antique des directeurs et des députés fut remplacé par l'habit national. Des noms chers à nos armes reparurent à la tête de nos drapeaux. Moreau eut l'armée du Rhin et du Danube, Masséna celle d'Italie. Un négociateur fut envoyé à Londres pour traiter de l'échange de nos prisonniers, si long-temps et si lâchement oubliés par le directoire dans les pontons pestiférés de l'Angleterre. Bonaparte réclama l'exécution de son traité de Malthe, en rappelant en France les chevaliers qui y étaient nés. Il fit donner au fort la Malgue, à Toulon, le nom de fort Joubert. La Vendée fut pacifiée par d'habiles et sages négociateurs. Des hommes de la révolution, tels que Rœderer, demandèrent courageusement dans leurs écrits la clôture de la liste des émigrés, et une commission fut nommée pour le travail des radiations. Neuf mille prêtres avaient été déportés par le directoire, toute poursuite cessa contre les réfractaires. Il en fut de même pour les réquisitionnaires et les conscrits, dont un grand nombre languissait dans les prisons. Les naufragés de Calais, détenus depuis quatre ans dans les cachots, furent rendus à la liberté. Fouché, ministre de la police, Fouché lui-même épura ses bureaux, et laissa dans l'oubli toutes ces a-

mitiés révolutionnaires. Du travail fut donné aux pauvres pendant la saison rigoureuse. Bonaparte se rendit en personne au Temple pour mettre en liberté les otages et les conscrits. La balance remplaça le niveau sur le sceau de l'état. C'était substituer la justice à l'oppression. L'ordre administratif s'éleva tout à coup en édifice régulier, et devint une garantie pour la France et un modèle pour l'Europe. Le nouveau système des finances jeta en même temps les bases de ce crédit, que les plus grandes commotions de l'ordre social ne devaient plus ébranler. C'était faire sortir la création du néant; car le 18 brumaire avait été fait avec un emprunt; le trésor était vide et l'état obéré. Enfin, pour éterniser à jamais l'honneur de cette heureuse époque, et remplir aux yeux de l'univers toute la condition d'un grand homme maître de la destinée de son pays, le consul Bonaparte réunit sous sa direction immédiate une commission composée des plus habiles jurisconsultes, pour édifier le monument européen de nos lois civiles. On prit date de l'ère actuelle. On ne consulta que les talens des législates. Leurs opinions ne furent point considérées; et le défenseur de Louis XVI, Tronchet, vint s'asseoir à côté du conventionnel Merlin, pour le travail de la loi française. Ainsi le plus grand capitaine de la France, le chef et l'auteur de sa régénération politique, s'assurait sur sa reconnaissance un empire éternel par ce code, qui à lui seul devrait l'immortaliser. La gloire de César et celle de Justinien se sont placées sur le front de l'heureux Bonaparte, et la grandeur salutaire des institutions semble justifier les violences du coup d'état du 18 brumaire.

Il ne manque plus au nouveau législateur que d'être fondateur dans sa patrie. La constitution de l'an 8 ouvre tout à coup le 19me siècle, proclame Bonaparte premier consul pour dix ans, et annonce à son collègue Sieyes que le règne des théories est passé. Celui-ci a la sagesse de se soumettre sans plainte à la fortune qu'il avait prédite le jour de son installation, et il va se réfugier dans le sénat, hospice politique qu'il a fondé lui-même pour servir d'asile aux vétérans de la révolution. Cambacérès, ministre de la justice, remplace Sieyes au consulat, et l'ex-constituant Lebrun est nommé troisième consul. Roger-Ducos, habitué à suivre la marche de Sieyes, est également absorbé par le sénat. Quatre pouvoirs émanent de la constitution de l'an 8 : le consulat, qui a l'initiative des lois; le tribunat, qui les discute; le corps-législatif, qui les décrète; et le sénat, qui en est le conservateur. Un conseil complète l'œuvre politique du nouveau système, sous la présidence du premier consul, qui, par une brusque innovation, a placé son nom à la tête des actes du gouvernement. Ce conseil forme une exception dans l'état, prépare un autre temps, et est d'autant plus dévoué à son fondateur, qu'il est révocable par lui seul. La constitution, dépouillée des titres primitifs de la liberté pour laquelle la France se battait depuis dix ans, fut soumise illusoirement au vote du peuple. Les droits de l'homme, les assemblées primaires, la liberté de la tribune et celle de la presse, ces quatre bases fondamentales de la révolution française, ne sont pas mentionnées dans la charte consulaire : cette charte fut acceptée comme elle avait été proposée : Bonaparte l'octroya au nom de la république une et indivisible. Toutefois, c'est lui seul qui gouverne. Ses deux collègues n'ont que voix consultative. Bonaparte, investi de l'initiative des lois et de leur exécution, est chargé exclusivement de la conduite et de la sûreté de l'état; il hérite dans un jour de la monarchie et de la révolution. Le palais des Tuileries devient le palais consulaire, celui du Luxembourg est donné au Sénat, le Palais-Royal au Tribunat, le palais Bourbon au Corps-législatif. La translation du Consulat, du palais du Luxembourg à celui des Tuileries, fut l'objet d'une brillante cérémonie, où fut développé tout le luxe de la royauté militaire. Mais Bonaparte habite seul le palais. En peu de jours on passa rapidement de la familiarité des sociétés républicaines du directoire, à l'étiquette des réunions au palais des Tuileries; le premier consul eut des cercles; on alla à la cour chez Bonaparte. Le titre de citoyen disparut de la conversation, et le négligé fut banni du costume. Chacun faisait son apprentissage, le maître et les courtisans, et on lisait sur l'un des corps de garde du palais de Bonaparte : *Le 10 août 1792, la royauté fut abolie : elle ne se relèvera jamais.*

Tel était le génie de cette époque si historique, que le pouvoir devait ressembler à l'égalité, et l'obéissance à la liberté.

Bonaparte, en s'installant seul au palais de la monarchie, la replaça sur la scène, et peut-être son secret ne fut-il alors si bien gardé que parce qu'il était celui de tout le monde. Aussi, à l'aspect de cette pompe et de ces mœurs renouvelées, la séduction gagna les royalistes. Ils virent Monck dans Bonaparte, prirent leurs souvenirs pour des espérances, et leurs désirs pour des réalités. Toutefois rien n'échappait, ni à l'œil pénétrant, ni à l'infatigable activité du premier magistrat de la république. Il gouvernait et créait à la fois tous les intérêts de la gloire et de la prospérité de la France. Une négociation habile et franche avec l'Angleterre brisa les vieux obstacles élevés par le régime révolutionnaire, et prépara une paix prochaine. De toutes les légitimations extérieures, celle du gouvernement anglais était la plus importante à obtenir. Pendant la discussion de cette grande affaire, Paris voyait revenir avec joie les déportés du 18 fructidor, et avec étonnement, deux princesses de la maison de Bourbon. Les prêtres détenus à Oléron revinrent vieillir dans leurs familles. Des secours furent donnés aux colons de Saint-Domingue ; une nouvelle organisation, au régime des prisons. La statue de Saint-Vincent de Paule fut placée à l'hospice de la maternité. L'ancien archevêque de Paris, Juigné, prélat octogénaire, revit son ancien diocèse. Des obsèques solennelles furent décernées aux cendres du pape Pie VI, mort sous le directoire, à Valence. La banque de France, honorable monument d'une haute conception financière, fut établie, et la fortune publique et particulière eut sa garantie. Paris fut embelli par deux ponts nouveaux, l'un qui prit le nom *de la Cité,* et l'autre, qui reçut depuis de la Victoire le nom *d'Austerlitz.* Bonaparte alla au-devant de l'émigration, qui était sans asile au milieu de la cruelle hospitalité étrangère. La liste des émigrés fut fermée, et la France leur fut rendue. La guerre de la Vendée s'était rallumée ; elle avait été terminée en un mois par la mort de quelques chefs, la soumission de MM. d'Autichamp, de Chatillon, et du fameux Georges Cadoudal, et par la conquête que fit le premier consul des deux chefs les plus importans, l'abbé Bernier, curé de Saint-Laud d'Angers, et M. de Bourmont. L'ordre judiciaire et l'ordre administratif, avilis par les forfaitures et l'anarchie des époques révolutionnaires, avaient fixé toute l'attention du premier consul, et repris la place qu'ils devaient occuper dans la prospérité nationale. Une loi avait réorganisé les tribunaux. Ceux de district, souillés de tant de souvenirs, étaient remplacés par ceux d'arrondissement. Un tribunal criminel fut donné à chaque département. Le territoire de la république fut divisé en vingt-neuf cours d'appel, et la réforme avait épuré aussi le tribunal suprême, celui de cassation. La magistrature était redevenue une carrière, et la justice un asile. Une nouvelle division de la France administrative fut établie. Les préfectures avaient remplacé les directoires de département. Au nom de *districts* fut substitué celui d'arrondissemens, dont chaque chef-lieu fut le siége d'une sous-préfecture. Des conseils de départemens et de municipalités défendirent les intérêts des administrés, et des conseils de préfecture furent institués pour régler le contentieux de l'administration. Les noms les plus honorables reparurent dans les fonctions judiciaires et administratives, et, pour la première fois depuis la révolution, de véritables protecteurs furent donnés aux premiers intérêts du peuple.

Au milieu de tous ces travaux intérieurs de la plus haute et de la plus paternelle sagesse, une négociation importante occupait le chef de l'état. Les relations des républiques française et américaine, si naturelles et si utiles aux nouveaux intérêts, avaient été dédaignées et rejetées par le directoire, qui avait eu l'impéritie de faire porter sur le commerce le coup d'état du 18 fructidor, en fermant orgueilleusement les ports de France aux bâtimens neutres. La réparation d'une injustice et d'une calamité de cette nature ne pouvait échapper au premier consul, qui, en rouvrant les ports, ouvrit de nouvelles communications avec le congrès américain. Elles furent accueillies; les plénipotentiaires des États-Unis se rendirent à Paris pour traiter. Cette importante négociation fut consacrée par le deuil public ordonné par Bonaparte, pour la mort du fondateur de la liberté américaine. Un autre honneur fut décerné encore à Washington, par le fondateur de la régénération française. Une habile et heureuse combinaison réunit au temple de Mars (l'église des Invalides) la cérémonie funèbre de Washington, et la présentation des drapeaux conquis à Aboukyr. Le vainqueur d'Aboukyr semblait déposer ses trophées sur la tombe du vainqueur de l'Angleterre, et partageait ainsi l'hommage rendu au grand citoyen, qui avait triomphé du despotisme et affranchi son pays. L'éloge politique de Washington fut confié à Fontanes, qui comprit et qui remplit toute la pensée de Bonaparte. Le discours guerrier sur la victoire d'Aboukyr, fut prononcé par l'illustre général Lannes. « Puissances » coalisées, s'écria le général, si » vous osiez violer le territoire, et » que celui qui nous fut rendu par » la victoire d'Aboukyr fît un appel » à la nation, vos succès vous seraient plus funestes que des revers. » Berthier, ministre de la guerre, répondit à l'orateur, et expliqua ainsi cette menaçante apostrophe. « Au moment, dit-il, » de ressaisir les armes protectrices de notre indépendance, si » l'aveugle fureur des rois refuse » au monde la paix que nous lui » offrons, jetons un rameau de » laurier sur les cendres du héros » qui affranchit l'Amérique du joug » des ennemis les plus implacables de notre liberté, et que son » ombre illustre nous montre audelà du tombeau, la gloire qui » accompagne la mémoire des libérateurs de la patrie. » Fontanes se leva, loua dignement Washing-

ton, et ajouta : « Il est des hommes
» prodigieux qui apparaissent d'in-
» tervalle en intervalle sur la scène
» du monde, avec le caractère de
» la grandeur et de la domination.
» Une cause inconnue et supérieure
» les envoie, quand il en est temps,
» pour fonder le berceau ou répa-
» rer les ruines des empires. C'est
» en vain que ces hommes dési-
» gnés d'avance se tiennent à l'é-
» cart : la main de la fortune les
» porte rapidement d'obstacles en
» obstacles, de triomphes en triom-
» phes, jusqu'au sommet de la puis-
» sance. Une sorte d'inspiration
» surnaturelle anime toutes leurs
» pensées. Un mouvement irrésis-
» tible est donné à toutes leurs en-
» treprises; la multitude les cher-
» che encore au milieu d'elle, et
» ne les trouve plus : elle lève
» les yeux en haut, et voit, dans
» une sphère éclatante de lumière
» et de gloire, celui qui ne sem-
» blait qu'un téméraire aux yeux
» de l'ignorance et de l'envie, etc. »
Ainsi, de cette cérémonie militaire et funèbre sortirent plusieurs
oracles, celui de la paix avec le
Nouveau-Monde, celui de la guerre avec l'ancien, et l'apothéose
de Washington et de Bonaparte.
Cette journée eut un grand caractère : elle exalta l'opinion, la justifia, et contribua puissamment
à affermir la base de cette grandeur, qui devait élever momentanément la France au-dessus de
toutes les puissances du globe.

Cependant, renfermé dans l'austérité d'une vie de travail, déro-
bant la nuit au sommeil, actif,
tempérant, simple, frugal, l'homme de la destinée française semblait un Spartiate, maître du palais de Xerxès, indifférent et étranger à l'éclat de sa puissance, n'en
conservant que la force, et la
ployant aux habitudes de sa nature
et aux volontés de son génie. Son
âme, trop vaste déjà pour ne connaître que les limites de la France, se répandait au dehors, et proposait à la méditation de l'Europe les essais d'une autorité jusqu'alors inconnue. Ainsi il donnait à la Suisse une constitution
nouvelle, et s'établissait sans obstacle le médiateur et l'arbitre de
ses intérêts; ainsi le sénat de
Hambourg, qui cherchait à se justifier d'avoir livré au gouvernement anglais les patriotes irlandais protégés par la France, était
cité à son tribunal, et recevait
de Bonaparte cette sentence foudroyante : « Votre lettre ne vous
» justifie pas. Le courage et les ver-
» tus conservent les états : les vi-
» ces les ruinent. Vous avez violé
» l'hospitalité. Cela ne fût pas ar-
» rivé parmi les hordes les plus
» barbares du désert. Vos conci-
» toyens vous le reprocheront à
» jamais. Les infortunés que vous
» avez livrés mourront illustres :
» mais leur sang fera plus de mal
» à leurs persécuteurs que n'au-
» rait pu faire une armée. » l'Autriche, toujours présomptueuse
dans ses succès, avait refusé de
négocier. L'empire, la Bavière et
la Porte, également entraînés par
l'or et les intrigues de l'Angleterre, armaient contre la France. La
nouvelle coalition reprit encore
un caractère de croisade contre
la révolution, et la nation française, outragée par cette personna-
lité, accepta la guerre conduite
par Bonaparte avec la même joie

qu'elle avait accepté l'espérance de la paix. Il y a toujours eu entre le peuple français et ses chefs une intelligence, un accord, un sentiment commun d'honneur national, qui se retrouvent dans tous les âges de la monarchie. Il n'y a pas de peuple qui sache mieux juger sa fortune, qui sente mieux le besoin de la guerre, ou celui de la paix. L'armée d'Italie était retombée dans le même état de pénurie où Bonaparte l'avait trouvée, quand il en prit le commandement, et la France ne possédait plus rien en Italie. Pour en faire le théâtre d'une guerre nouvelle, il fallait en porter une autre sur le Rhin, et toutes les forces de la république n'excédaient pas 150,000 hommes. La contagion régnait dans les hôpitaux, et avait emporté le brave Championnet, qui avait aussi laissé un beau nom en Italie. Cependant, à la voix du premier consul, toute la France s'émeut, elle sait qu'elle va être vengée. L'Italie s'émeut aussi, elle sent qu'elle va être délivrée. Les cruautés de la réaction royale ensanglantaient le royaume et la ville de Naples, et la proscription autrichienne frappait les magistrats des républiques italiennes, reconquises par le général Mélas.

La nouvelle armée, forte de 100,000 hommes, de 40,000 chevaux, et de la plus redoutable artillerie qui eût alors suivi le drapeau français, semble sortir de la terre comme par enchantement. On ne se servit ni des lois ni des autres moyens coactifs pour la créer. La nation entière, qui avait voté la guerre, donna l'armée. Jamais armée ne fut plus française, jamais chef ne fut plus populaire. Bonaparte, en faisant un appel à la gloire nationale, eut tout à coup pour auxiliaires l'amour de la France et de l'Italie, la neutralité du roi de Prusse, de la Suède et du Danemark, et la rupture de la Russie avec l'Autriche. Son génie s'en donne un autre non moins puissant, c'est l'incertitude où l'impénétrabilité de ses combinaisons jette la maison d'Autriche sur le champ de bataille où il veut se mesurer encore avec elle. Dijon est le point central de la réunion de l'armée dite *de réserve.* La position du rendez-vous général des forces nouvelles, à distance égale de Bâle, de Martigny et de Chambéry, détourne l'attention depuis long-temps portée sur le Var par les mouvemens d'invasion dont Mélas, à la tête de 150,000 hommes victorieux et bien approvisionnés, menace les 25,000 soldats intrépides et nus que commande Masséna. Mais Bonaparte a conçu la guerre d'Annibal contre Rome, et celle de Rome contre Carthage : la cruelle science des armes va donner encore à l'esprit humain l'honneur des plus hautes conceptions du génie.

Le but de la guerre était de conquérir les deux bassins du Danube et du Pô : il fallait y descendre. Le directoire, en étendant ses bases d'opérations depuis la Hollande jusqu'à l'embouchure du Var, cherchait inutilement à envelopper de ses lignes éloignées l'ennemi qu'elles laissaient maître du centre. La difficulté était de manœuvrer simultanément sur des bases de cent lieues, et de livrer des batailles de vingt lieues de développement. On croyait agrandir l'échelle des combinaisons; on n'avait fait que l'affaiblir à force de l'étendre, en la privant de l'influence directe du commandement immédiat. Le système du directoire était celui qui avait fait battre les Autrichiens en Italie par Bonaparte. Sa gloire s'en souvint, et il remplaça ce système par celui de concentration, qui, étant l'action de l'unité, répondait à sa politique et à son caractère. C'est le détroit de la Suisse, entre le Rhin et le Rhône, qui renferme tout le mystère de sa campagne. En l'occupant, il sépare les armées autrichiennes d'Allemagne et d'Italie. Moreau commande l'armée du Rhin, Masséna celle du Var, Berthier celle de Dijon, dont la position regarde la Suisse. L'aile droite de l'armée du Rhin occupe la Suisse; on doit croire qu'elle forme la réserve de Moreau, que la guerre est toute sur l'Allemagne, et que celle d'Italie est ajournée. Les mouvemens que le premier consul ordonne à Moreau par le Rheinthal, sur les derrières du général Kray, isolent tout à coup ce général du général Mélas par l'occupation subite des défilés de la forêt Noire. Pendant que ces mouvemens s'exécutent, Bonaparte jouit dans son palais des Tuileries de l'erreur où cette combinaison jette l'Autriche et l'Europe, et ses généraux eux-mêmes. Moreau seul a son secret; chargé d'un rôle secondaire, il suit par de savantes et constantes manœuvres le plan de l'inaction qu'il a ordre d'imprimer à l'armée supérieure du général Kray, et il prélude ainsi en grand tacticien aux triomphes de Hohenlinden, qui doivent plus tard illustrer sa campagne offensive. Enfin l'armée de Dijon est en marche sur Genève. Les victoires d'Engen, de Stokach, de Moeskisch, de Biberach, et de Meningen, gagnées par Moreau, donnent à Bonaparte le signal du départ.

Tandis que l'Europe croit Bonaparte occupé à Paris des soins du gouvernement, il arrive à Genève, et prend le commandement de l'armée; c'est là que, décidé à porter la guerre offensive sur le Pô, entre Milan, Gènes et Turin, il choisit la base de ses opérations sur les revers du Simplon et du Saint-Gothard. Libre de toute action de la part du général Kray occupé par Moreau, il veut surprendre les défilés des Alpes pour attaquer les derrières de Mélas, dont les forces disséminées sur Gènes, sur le Var, doivent garder les débouchés des Alpes, et la Lombardie, qui est occupée et non soumise. Sur-le-champ, rival audacieux d'Annibal et de César, il décide le passage de l'armée et le transport de sa formidable artillerie par la crête des Alpes, à plus de 1,200 toises au-dessus du niveau de la mer, au milieu des rochers les plus escarpés, au travers de glaces éternelles, et par des chemins où le pied de l'homme n'a jamais été empreint. Sous les regards de Bonaparte, tous les obstacles de la nature deviennent des conquêtes pour ses soldats. L'infanterie, la cavalerie, les bagages, les canons ont franchi les sommités des Alpes.

Les Hospitaliers et les abîmes du Saint-Gothard ont vu cette miraculeuse apparition, et la guerre traçait sans le savoir les routes de la paix. Mélas était encore sur le Var, quand les divisions françaises descendaient les revers du Saint-Gothard, du Simplon, du Saint-Bernard et du Mont-Cenis. Une combinaison supérieure présidait au destin de cette mémorable campagne. Bonaparte marchait sur l'Italie, entre l'armée victorieuse de Moreau, qui contenait devant Ulm celle du général Kray, et la condamnait à n'être plus que défensive, et entre la petite armée des Alpes, qui, attaquée à la fois par terre et par mer, défend Gènes, le cours du Var, les portes de la Provence, et les défilés du Piémont. Le grand caractère de Masséna imprime à cette défense un héroïsme qui vivra à jamais dans l'histoire. Il a pour lieutenans, Miollis, Gazan, Soult et Suchet. Il sait que Bonaparte compte sur son infatigable résistance, et il trouve dans les généraux sous ses ordres des hommes dignes de partager sa gloire et ses dangers. La reprise des forts de Gènes, foudroyés par la flotte anglaise, est un des plus beaux faits d'armes de la guerre. Jamais les forces humaines ne se sont déployées, multipliées, avec plus d'énergie et de constance que dans cette immortelle campagne. Épuisés par tous les fléaux de la guerre, les soldats de Masséna ont d'autres ennemis qu'ils ne peuvent pas combattre, la famine et la contagion. Gènes voyait mourir dans ses rues sa généreuse population, confondue avec l'intrépide armée qui ne peut plus la défendre. Le drapeau noir flotte sur ses hôpitaux. Mais Masséna sait qu'il occupe à lui tout seul une armée autrichienne, et Suchet, séparé de lui avec 4,000 braves, a fait aussi son serment aux succès de l'armée de réserve. Masséna et Suchet répondront à la confiance de celui qui la commande.

La grande chaîne des Alpes était franchie. Les armées françaises et autrichiennes embrassaient, par leurs masses principales, une demi-circonférence presque régulière, dont le centre se trouvait à peu près vers Alexandrie. Là tout devait se décider, et l'avantage appartenait à celui qui aurait passé le Pô le premier. Mais le terrain était pour l'armée française, en raison du rapprochement d'Alexandrie et du Pô avec les Apennins et la mer. En un mot, Mélas était tourné, et le consul ne pouvait l'être, soit par la propre nature du terrain qu'il occupait, soit par les mouvemens ordonnés à l'armée du Rhin; car il s'était souvenu de l'inaction de cette armée pendant sa première campagne d'Italie. Le jour même du grand passage, la ville d'Aoste fut enlevée par l'avant-garde après une vive résistance, et les Croates repoussés sur le fort de Bard, château inexpugnable, qui fermait l'unique chemin par où devait passer l'armée. Il était de la plus grande importance d'enlever ce fort avant que Mélas eût connaissance de la marche de Bonaparte, et afin de s'emparer des débouchés des Vallées. Le fort résista : alors, par une de ces inspirations heureuses du génie de la guerre. Bonaparte, qui ne peut consentir à être retardé par une conquête inutile, fait envelopper de foin les roues de l'artillerie, fait couvrir la route de fumier, et la nuit il passe avec l'armée sous le canon du fort sans être entendu. Une batterie est laissée avec un corps de troupes pour réduire le fort de Bard, qui se rend dix jours après. Le terrible défilé est franchi. Yvrée et sa citadelle sont emportées après deux jours de résistance; et 10,000 hommes de l'armée de Mélas, aux ordres des généraux Kaim et Haddig, sont culbutés au passage de la Chiusella. Bonaparte s'ouvre ainsi l'entrée des plaines du Piémont, pendant que ses colonnes de flanc descendent sur Bellinzona et Avegliano. Le point stratégique de l'opération que médite Bonaparte, soit que Gênes soit occupée par Masséna ou par Mélas, est sur le Pô, entre l'embouchure du Tésin, et le double confluent du Tanaro et de la Bormida. Il fallait jeter un pont sur le grand fleuve, et empêcher la jonction des troupes de Mélas avec celles du Milanais et du Mantouan.

Mais c'est par le rétablissement de la république cisalpine, qui va redevenir l'alliée de la France, que Bonaparte veut débuter avec Mélas; c'est par Milan qu'il doit passer pour aller le combattre. Après avoir poursuivi Kaim et Haddig, sur Chivasso, il pousse son avant-garde sur Pavie, où elle trouve 200 pièces de canon et des munitions en tout genre; dirige le corps de Murat sur Verceil et Milan, force le passage de la Sesia et du Tésin, défendu par Laudon, et le 2 juin, entre en libérateur à Milan, où l'on venait seulement d'apprendre l'invasion d'une armée française en Piémont. Son premier soin est de proclamer et d'organiser de nouveau la république Cisalpine, aux acclamations de toute l'Italie, et l'avantage de cette politique est de donner à ses troupes toutes les ressources d'un pays dévoué à ses armes. Par son ordre, l'armée se répand entre le Pô et l'Adda, passe cette dernière rivière, s'empare de Bergame, de Crema, de Crémone, et repousse Laudon jusqu'à Brescia. Mélas n'a ni deviné ni compris les opérations de Bonaparte; il n'avait pu forcer le pont du Var, et était revenu à Turin; deux de ses généraux, Elnitz avait quitté ce fleuve pour se porter sur la vallée du Tanaro, et Ott n'avait quitté le blocus de Gênes qu'après la capitulation de Masséna. Bonaparte profite audacieusement, selon son usage, de l'inaction et de l'imprévoyance autrichiennes, et vient lui-même montrer à l'ennemi, en l'occupant, le point qu'il aurait dû défendre : c'était vers Stradella et le Pô. Il rabat ses colonnes sur ce fleuve, et en rend la défense impossible. Loison le passe à Crémone. Murat enlève de vive force la tête de pont et la ville de Plaisance : Lannes force le passage devant Belgiojoso et San-Cipriano; vainement défendu par le général Ott. Là fut établi le pont de l'armée; c'était le véritable passage et le point capital en raison de la proximité du confluent du Tésin, et du défilé de la Stradella, et des communications avec Milan. Le même jour, le consul porte son quartier-général à Pavie. Mélas, renfermé entre le pied des Apennins et la rive droite du Pô, n'a plus que la ressource des batailles. En se portant devant l'ennemi, Bonaparte apprend la reddition de Gènes, et la jonction des troupes de blocus à celles de Mélas. Mais quoique une partie seulement de son armée ait passé le Pô, il donne la bataille de Montebello, dont le général Lannes doit faire à jamais l'illustration, et il fait 5,000 prisonniers aux Autrichiens, qui laissèrent 3,000 morts sur le champ de bataille.

Mais ce n'était qu'un combat d'avant-garde; il fallait entamer le corps de l'armée de Mélas. Ce général la réunissait entre le Pô et le Tanaro; il avait rappelé de San-Giuliano le général Ott, qui n'avait laissé qu'une arrière-garde à Marengo, petit village, qui va devenir si célèbre. Le 12 juin, l'armée française, composée des corps de Lannes, Desaix et Victor, borde la Scrivia. La division Lapoype avait ordre de rejoindre le général Desaix, qui, après avoir conquis la Haute-Égypte, de retour en France par la capitulation d'El-Arish, entraîné par la fatalité de la gloire, était venu retrouver les drapeaux de son ami, de son général en chef de l'armée d'Égypte. Le reste de l'armée, disséminée dans la Lombardie, bloquait ou contenait les différens corps autrichiens. Le quartier-général était à Voghera. Le premier consul s'attendait à trouver l'armée autrichienne dans les plaines de San-Giuliano. Le 13, il les traverse sans résistance, et fait chasser de Marengo 5,000 hommes par le général Gardanne, qui les poursuit jusqu'à la Bormida, et ne peut enlever la tête de pont. Il prend position entre cette rivière et Marengo, à la Pedrabona. Il fut naturel de croire que Mélas ne voulait pas se battre, puisqu'il abandonnait le débouché de Marengo, si facile à défendre, et qu'il allait manœuvrer par le flanc, soit sur Gènes, où il aurait été si aisément approvisionné par les Anglais, soit sur le Haut-Tésin, où il pouvait reprendre ses communications avec l'Allemagne, soit enfin sur les deux rives du Pô, où il pouvait facilement surprendre un passage et une marche. Mais Bonaparte, qui a le don de saisir toutes les chances du premier coup d'œil, envoie les deux divisions Desaix à Castelnovo di Scrivia et à Rivalta, pour observer les ailes de l'armée ennemie, et concentre les corps de Lannes et de Victor entre San-Giuliano et Marengo, par échelons, la gauche en avant, se préparant ainsi pour tous les mouvemens qu'il aurait à faire, et chaque division d'aile pouvant devenir tête de colonne dans sa direction. La division Boudet, placée à Rivalta, sous les ordres de Desaix, devait communiquer avec les corps de Masséna et de Suchet, qui s'étaient dirigés sur Acqui. Le lendemain 14, le premier consul fut étonné de voir, à quatre heures du matin, l'armée autrichienne déboucher au travers du long défilé du pont de la Bormida, de sa tête, et des marais qui les couvraient. Ce ne fut que cinq heures après qu'elle put se porter en avant sur trois colonnes. Elle était de 40,000 hommes. Au commencement de l'action, l'armée française ne comptait que 20,000 hommes de troupes, neuves pour la plupart. Celle de Mélas était toute de vieux soldats. Le corps de Victor fut vigoureusement attaqué et poussé : celui de Lannes entra en ligne à droite, et après quelques succès, fut entraîné par la retraite de la gauche. Mais il était de la plus haute importance pour Bonaparte de tenir la droite, et pour Mélas de la forcer. Le premier consul, qui vit le nœud de l'affaire dans la communication que sa droite assurait avec le reste de l'armée, fit avancer tout à coup au milieu de la plaine cette vieille garde, jeune alors, qui date si heureusement sa gloire de la journée de Marengo. La postérité lui conservera ce beau surnom de *Redoute de Granit,* qui lui fut donné. Les attaques les plus terribles de l'ennemi se brisèrent contre son immobilité; sa résistance héroïque donna le temps à la division Monnier d'arriver. Celle-ci jeta une brigade dans Castel-Ceriolo, et l'armée française se trouva dans un ordre presque inverse à celui de la matinée, par échelons, l'aile droite en avant, tenant toujours le point essentiel de sa première ligne de bataille, couvrant sa communication la plus importante, et occupant par son aile gauche la route de Tortone. La bataille fut maintenue dans cette position, jusqu'à l'arrivée de la division Desaix. Mélas, au contraire, avait affaibli sa gauche pour augmenter sa droite, qu'il étendait inutilement sur Tortone. Ce mouvement n'échappa point au général qui savait le mieux juger son adversaire sur le terrain. Il était cinq heures. La division Lapoype n'arrivait pas. Mais Desaix parut sur le champ de bataille à la tête de la seule division Boudet. Dans les mains de Bonaparte, cette division va devenir l'instrument de la victoire, et l'armée l'a deviné. Fatiguée de cette longue et sanglante retraite, elle voit avec l'instinct d'une espérance que son héros n'a jamais trompée, la troupe de Desaix couvrir sa gauche, et elle répète avec joie le cri de l'attaque générale ordonnée sur toute sa ligne. Le général Zach, qui dépasse celle de l'armée autrichienne, s'avance sur la grande route avec une colonne de 5,000 vieux grenadiers. Desaix, le brave Desaix, va l'attaquer avec 15 pièces de canon, et tombe frappé d'une balle, qui l'enlève à l'espoir de la France et à l'amour des soldats. Par un rapport de fatalité bien étrange, au même moment, l'illustre Kléber, son ami, tombait au Caire sous le poignard d'un assassin. Après la mort de ces deux grands capitaines, il ne reste plus de renommées militaires indépendantes de Bonaparte, que celles de Moreau et de Masséna. Tout mort qu'il est, Desaix combat encore : sa division se précipite avec fureur sur le corps ennemi, où chacun de ses soldats semble chercher le meurtrier de son général. Cependant, la terrible colonne résiste, bien qu'elle soit isolée au milieu de cette vaste plaine. Mais Kellermann le jeune commande la cavalerie. Éclairé soudainement par une détermination à la fois héroïque et savante, ne prenant conseil que de la gloire de l'armée, il porte tout à coup sa cavalerie sur le flanc gauche de la colonne invincible, la brise, la disperse, et les 5,000 grenadiers qui la composent sont prisonniers. Dès ce moment qui venge Desaix, et qui suspend le deuil de sa perte, la ligne française se précipite en avant, et reprend en moins d'une heure le terrain disputé depuis l'aurore. La ligne ennemie est prise à revers et presse sa retraite : Mélas cherche en vain à tenir à Marengo : son inutile résistance contribue à donner le nom de ce village, tout à coup emporté par Bonaparte, à la fameuse bataille qui va changer le sort de l'Italie, celui de la France et de l'Europe. L'armée française poursuit son ennemi jusqu'à dix heures du soir, et ne s'arrête qu'à la Bormida : 5,000 morts, 8,000 blessés, 7,000 prisonniers, 30 canons et 12 drapeaux, sont les trophées de Marengo. Le lendemain, à la pointe du jour, Bonaparte fait attaquer la tête de pont de la Bormida; mais contre toute probabilité, l'ennemi demande à traiter; et quelques heures après, les généraux Berthier et Mélas ont conclu la fameuse convention d'Alexandrie, qui remet au pouvoir de l'armée française tout ce qu'elle avait perdu en Italie depuis quinze mois, à l'exception de Mantoue.

Ainsi une seule bataille, gagnée après douze heures d'une retraite offensive, mais périlleuse, a replacé sous l'influence de la France la Lombardie, le Piémont et la Ligurie, et les douze places fortes qui les défendent. La ligne de neutralité des deux armées fut prise entre la Chiese et le Mincio. La victoire et la fortune se disputèrent dans la journée de Marengo le triomphe de Bonaparte. Car Mélas traita à la tête d'une armée aussi nombreuse que l'était l'armée française, et le Piémont lui ouvrait la carrière d'une longue campagne de siéges et de positions. Il pouvait reprendre ses communications avec l'Allemagne, avec le pays de Modène, celui de Mantoue; et, maître de Gênes, ayant la mer et les montagnes pour ressources et pour appui, il pouvait encore soutenir une belle guerre, et peut-être forcer la France à une paix honorable pour l'Autriche. Mais la fortune, qui venait de lui enlever la victoire, lui enleva aussi le courage de supporter sa défaite. Bonaparte sut mieux profiter de la fortune. Son premier soin fut d'achever l'organisation de la république Cisalpine et du Piémont, et de rendre à la France non des peuples conquis, mais des nations amies et auxiliaires. Il sentait alors que l'amitié des peuples était un plus sûr rempart contre les ennemis de sa patrie que leur asservissement. Il venait de l'éprouver contre Mélas dans la Lombardie, dont tous les vœux étaient pour la république. Bonaparte, pressé de revenir à Paris, où le rappelaient l'ivresse du peuple et les intérêts nouveaux qu'il venait de conquérir à Marengo, donna à Masséna le commandement de l'armée d'Italie, et à Suchet, celui de la ville de Gênes : digne récompense des importans services de ces deux généraux. Murat eut l'armée de la marche d'Ancône, et fut chargé d'aller rétablir le pape sur le trône pontifical. Cette mission frappa les esprits. Bonaparte se rendit ensuite à Milan, où un *Te Deum* en action de grâces fut chanté solennellement. Le vainqueur y assista. C'était la première fête religieuse qu'il présidait depuis celle de l'anniversaire de la naissance de Mahomet.

A Vienne, pour cette fois, on ne chanta pas le *Te Deum*, mais on se prépara de nouveau à la guerre, et la famille impériale eut à souffrir publiquement et du mécontentement que la prolongation de la guerre fit éclater dans la capitale, et de l'enthousiasme presque séditieux que le vainqueur de Marengo inspirait aux habitans. La maison d'Autriche n'était pas plus heureuse sur le Danube que sur le Pô. Trois jours après le traité d'Alexandrie, le 19 juin, Moreau célébrait la victoire de Marengo par la victoire d'Hochstedt, et y réhabilitait, après un siècle, la gloire de nos armes. Le combat de Neubourg achevait d'ouvrir aux enseignes françaises le cœur de l'Allemagne; et dans la terrible mêlée, qui le rendit si funeste à l'armée du général Kray, ces enseignes glorieuses se baissèrent avec respect et douleur sur le corps de la Tour-d'Auvergne, de celui que deux mois auparavant Bonaparte avait nommé *premier grenadier de France*: le titre était aussi neuf, aussi grand que le fut l'apothéose. Jusqu'en 1814, la Tour-d'Auvergne fut nommé chaque jour à l'appel de son régiment, et une voix répondait : *Mort au champ d'honneur*. La prise de Feldkirch compléta la belle campagne de Moreau, et en assurant ses communications avec l'armée d'Italie, força le général Kray à suivre l'exemple du général Mélas. Ces deux armistices préparèrent la fameuse paix de Lunéville; mais il fallait encore l'acheter par l'immortelle journée de Hohenlinden, en Allemagne, et par de grands avantages en Italie.

Avant d'arriver à Paris, le premier consul s'arrête à Lyon, dont il ordonne de réparer les ruines et de relever les monumens. De retour dans la capitale, le 3 juillet, il y trouve une ivresse qui doit lui donner l'idée de tout ce qu'un homme doué de hautes pensées, et favorisé par la gloire, pouvait attendre d'un peuple aussi passionné. A la première nouvelle de la victoire de Marengo, Paris avait été subitement illuminé; un tel succès, si imprévu, si immense, avait confondu dans une espèce de culte toutes les classes de la société, et semblait devoir produire la réconciliation de tous les partis. Dès ce jour, tout le gouvernement, et malheureusement toute la patrie, furent dans un seul homme. Dès ce jour aussi le royalisme et le républicanisme, à qui la joie publique parut une persécution, prirent le caractère de deux sectes proscrites, à jamais irréconciliables, mais ayant le même ennemi, et conspirant séparément pour sa ruine. L'assassinat menaçait dans l'ombre celui qu'environnait tant d'éclat, et la vengeance l'offrait en sacrifice aux mânes irrités de la monarchie et de la liberté. Les niveleurs, plus récemment et plus directement blessés, commencèrent : leur dernière entreprise coûta la vie au sculpteur Ceracchi, proscrit à Rome pour la cause de la liberté ; au peintre Topino-Lebrun, élève de David ; à un secrétaire de Barère, nommé Demerville, et à l'adjudant-général Aréna. Ils furent accusés d'avoir voulu assassiner le premier consul à l'Opéra. Le 10 octobre 1800, deux mois après, *un attentat plus affreux signala les fureurs d'un autre parti, qui, par l'exécrable invention d'une machine infernale, espéra atteindre le premier consul sous les débris d'un des quartiers les plus populeux de la capitale. Ce lâche attentat, qui renfermait l'assassinat, la destruction et l'incendie, fut comparé avec horreur au poignard du républicain Aréna, qui au moins cherchait lui-même son ennemi, et ne voulait que lui pour victime.* (Tableau de la révolution française, page 140.) Les auteurs alors connus de cet exécrable complot étaient Saint-Régent, Carbon, Limoelan, ex-chouans, correspondans de George Cadoudal, etc. Un autre crime de la même nature, découvert avant l'exécution, avait pour auteurs deux républicains forcenés, le tanneur Metge et Chevalier. Il y eut encore plusieurs tentatives d'assassinat qui furent également prévenues. Miraculeusement échappé à tant de périls, Bonaparte était devenu l'homme de la providence pour beaucoup d'esprits religieux, et la superstition aussi légitima sa fortune. Mais malheureusement les actes de justice légale qui avaient frappé ces criminels, furent tout à coup remplacés par une législation violente, tyrannique, injuste, et les tribunaux criminels spéciaux s'élevèrent au nom du pouvoir qui usurpa tout à coup l'empire des lois. Le tribunat gagna noblement sa proscription, en combattant le projet du conseil-d'état. La honteuse majorité de huit voix, qui le fit adopter, rendit la minorité du tribunat chère à la patrie, qui reconnaissait en elle la seule protectrice de ses libertés. La monarchie féodale donnait cette législation à la France républicaine. Mais la gloire allait encore cacher sous des lauriers les faisceaux du pouvoir.

Un traité juré sur la cendre de Washington unissait l'Amérique du Nord et la France. Le congrès de Lunéville avait été rompu par l'orgueil insensé de la maison d'Autriche, qui avait frappé d'une disgrâce impolitique les généraux Kray et Mélas, l'un pour l'armistice de Hohenlinden, qui va recevoir une autre illustration, l'autre pour celui d'Alexandrie. Kray fut remplacé par l'archiduc Ferdinand, âgé de 18 ans, sous la tutelle du général Lawer. L'armée du jeune prince, la grande-armée d'Allemagne, était forte de 150,000 hommes ; elle avait affaire au général Moreau. Celle d'Italie, de 80,000 hommes, fut donnée au feld-maréchal Bellegarde. Brune commandait l'armée française. Le premier consul avait placé, sous les ordres du général Macdonald, une nouvelle armée de réserve, réunie aussi à Dijon, et il chargea ce général de répéter le rôle qu'il venait de jouer lui-même huit mois auparavant, en surprenant l'armée autrichienne d'Italie par le passage des Alpes. Il jugea que cette invasion produirait le même résultat, et il décida qu'elle était praticable malgré la rigueur de l'hiver et la longueur des nuits : il fit dire à Macdonald *qu'une armée passait en toute saison partout où deux hommes pouvaient mettre le pied, et que, quinze jours après la rupture de l'armistice, il fallait que son armée formât la gauche de celle d'Italie.* Macdonald obéit. L'impraticable Splugen fut franchi, et décidément il n'y eut plus d'Alpes pour les soldats français.

Cependant Moreau venait, par la victoire de Hohenlinden, de s'élever à la hauteur des plus grands capitaines. La déroute de l'armée de l'archiduc, la retraite précipitée de ce prince, 180 officiers, 11,000 sous-officiers et soldats prisonniers, 6,000 morts et 100 pièces de canon, étaient les gages de cette bataille décisive, où l'art militaire fut déployé par le général français avec une supériorité égale à la valeur de son armée. Les généraux Richepanse, Grenier, Ney, Grouchy, Lecourbe, Bonnet, Grandjean, Bastoul, Decaen, partagèrent avec le général en chef les lauriers de Hohenlinden. Le premier consul, dont la grande pensée était toujours la paix d'Angleterre, fit annoncer la victoire de Hohenlinden, sur les côtes du Nord, par de nombreuses salves d'artillerie, qui furent entendues à Douvres : mais il restait encore 100,000 hommes à l'archiduc, et Moreau reçut ordre d'aller dicter la paix à Vienne. Il manœuvra si habilement, que l'armée autrichienne se trouva en grande partie tournée et vaincue sans combattre. L'archiduc fut délogé de Salzbourg, et obligé, de défaites en défaites, de se replier sur la capitale, dont enfin la défense fut résolue par l'empereur lui-même. L'archiduc Charles, disgracié depuis la paix de Campo-Formio, était toujours le général que la cour de Vienne rappelait dans ses grandes calamités. Aussi bon citoyen que grand capitaine, il eut la générosité d'accepter le titre de généralissime. Ce prince dut à la peur et à la nécessité le retour de toutes les distinctions dont l'orgueil et la haine de l'impératrice l'avaient fait dépouiller : moins sensible à cette faveur politique qu'à l'amour et à la confiance de la nation, il se rendit à l'armée. Mais à peine arrivé, il jugea que tout était perdu. L'ardeur que Moreau déploya à suivre ses avantages, prouva bientôt au prince Charles qu'il ne lui restait encore pour sauver la patrie, que le rôle de conciliateur. La cour de Vienne appelait toujours pour faire la paix, celui de ses généraux qui était le plus capable de faire la guerre. Moreau avait prévenu le prince, et l'avait mis hors d'état de défendre la capitale. Une suspension d'armes lui fut demandée ; il l'accorda pour quarante-huit heures, et força le prince à un armistice, dont la condition fut l'abandon du Tyrol à l'armée française. La liaison des armées du Rhin et d'Italie fut ainsi établie : elle était assurée par la jonction inattendue de celle des Grisons aux ordres de Macdonald, qui communiquait avec elles. De son côté, Brune avait passé l'Adige, et poursuivait Bellegarde, qui proposait de livrer Peschiera, Ferrare, Ancône, etc., mais qui refusait de donner Mantoue, sans laquelle le général français avait défense de traiter. Macdonald avait prévenu l'ennemi à Tarente, où Moncey poussait le corps de Laudon. Trévise était occupé par le colonel Sébastiani. Enfin, Mantoue fut cédée; et deux mois après l'ouverture de la campagne, au sein de l'hiver le plus rigoureux, l'Autriche avait perdu deux grandes armées, livré ses places, posé les armes, et reçu la loi du vainqueur.

L'année 1801, la plus belle peut-être de l'histoire moderne, s'ouvrit sous ces brillans auspices. Tous les ennemis sont vaincus; tous les vœux de la paix sont comblés. Tous ceux de la patrie le seraient aussi, si sa liberté était encore pour son héros le but de sa gloire. Mais il regarde déjà cette liberté comme une de ses conquêtes, et sa gloire devra toutefois s'appeler avec raison la gloire nationale. Au mois de janvier, il rétablit la compagnie d'Afrique, et le général Turreau va immortaliser par la belle route du Simplon, le beau passage de l'armée de réserve. Le 9 février, est signé à Lunéville ce fameux traité qui, rappelant toutes les clauses de celui de Campo-Formio, cède à la France tous les états de la rive gauche du Rhin, la Belgique, fixe à l'Adige la limite des possessions autrichiennes en Italie, fait reconnaître par l'empereur l'indépendance des républiques Cisalpine, Batave et Helvétique, et abandonne au premier consul la libre disposition de la Toscane. Le 12 février, cette grande nouvelle vint surprendre la ville de Paris, livrée tout entière aux plaisirs du carnaval. La fête populaire devient tout à coup une fête héroïque. La population se porte aux Tuileries, et, aux cris mille fois répétés de *vive Bonaparte*, forme des danses sous ses fenêtres, et improvise les jeux de la gloire et de la paix : la musique militaire est l'orchestre du peuple; le canon est tiré jusqu'à la nuit; les théâtres retentissent de chants de victoire; la ville est soudainement illuminée, et la hausse considérable des fonds, depuis si infidèle aux intérêts de la France, signale la marche de l'opinion. La fête la plus brillante fut donnée par le ministre des relations extérieures; le premier consul y assista, et y reçut l'hommage de tout ce que Paris renfermait de plus distingué et de plus élevé dans toutes les classes. Toutes les grandeurs de la monarchie et de la république, vieux seigneurs et nouveaux riches, guerriers, savans, poètes, magistrats, artistes, législateurs, tout s'y trouvait réuni, comme une députation de l'ancienne et de la nouvelle France, pour honorer, dans la personne du premier consul, le passé, le présent et l'avenir. Le souvenir de cet enthousiasme est peut-être perdu; mais l'hommage rendu à l'industrie nationale par l'homme des champs de bataille, devait revivre à jamais dans l'institution du 4 mars. A dater de ce jour, l'exposition des produits manufacturiers et industriels de la France fut décrétée, pour la clôture de l'année républicaine, du 17 au 22 septembre. Cette création, qui atteste à elle seule la grandeur de cette époque, éleva la gloire des arts à la hauteur de celle des armes, à qui elle a survécu tout entière ; et la science utile, laborieuse, modeste, eut aussi ses conquêtes et ses trophées. Le génie de la guerre en repos vota cet hommage à la paix, et le légua à la patrie.

Le traité de Lunéville avait laissé à la merci du premier consul la Toscane, l'État de l'Église et le royaume de Naples. Mais quand on vit le premier magistrat de la république faire de la Toscane la dotation de la fidélité du roi d'Espagne en faveur de son neveu, le général Murat affranchir les états du saint-père de l'occupation napolitaine, et lui porter des paroles de respect et d'amitié au nom de Bonaparte, et Bonaparte ne conserver Ferdinand sur le trône de Naples que par l'intercession de l'empereur de Russie, les esprits durent s'émerveiller comme à l'apparition d'un monde nouveau et d'un spectacle inconnu, que la force et la fortune donnaient à l'univers. Les hommes clairvoyans jugèrent que le pouvoir, tout spontané qu'il était, reconnaissait des traditions, et que les rois devenaient les modèles nécessaires de ceux qui, n'ayant plus rien à attendre de l'amour ou de la reconnaissance du peuple, ni rien à craindre de son ingratitude ou de sa haine, aimaient mieux être des hommes fameux dans l'histoire, que de grands citoyens dans leur patrie. On dut prévoir dès lors combien le voisinage du nouveau royaume d'Étrurie deviendrait contagieux pour la république Cisalpine, dont la *consulta* gouvernait à Milan, sous l'influence du premier consul. Il résultait toutefois de ces trois grandes opérations politiques d'Italie, la cession du duché de Parme à la république de la part de l'Espagne, en compensation de l'investiture de la Toscane, la clôture des ports de l'Étrurie et du royaume de Naples aux Anglais et aux Turcs, un concordat prochain entre le pape et Bonaparte, et enfin, de la part de Naples et de la Toscane, la cession de l'île d'Elbe, que l'Angleterre occupait militairement. Toutes ces opérations étaient singulières pour les observateurs républicains et pour les diplomates étrangers. La France et l'Europe, qui contemplaient avec le même étonnement l'homme extraordinaire qui venait de sortir si grand et si imprévu du triomphe de l'anarchie et de celui de la coalition, n'osaient soulever le voile de l'avenir, et attendaient en silence.

Il ne restait plus de la coalition européenne que la Porte, l'Angleterre et le Portugal. Par une de ces singularités qui ont pu donner aux événemens de cette époque le nom de *Mille et une nuits politiques et militaires*, les Turcs étaient venus au secours du pape après avoir été vaincus en Égypte, et Murat, qui les avait battus à la journée d'Aboukyr, venait de les chasser de l'Italie. L'Angleterre régnait sur les mers, et ne savait que faire de son empire, quand les ports de l'Europe lui étaient fermés. Elle était le seul allié du Portugal, ouvert de tous côtés à l'invasion de la France et de l'Espagne. Mais ce petit royaume figurait dans le continent comme une colonie britannique, et présentait, avec l'île d'Elbe, le seul point où Bonaparte pouvait atteindre la puissance anglaise. Il envoie son frère Lucien à Madrid pour négocier l'invasion de ce royaume par les troupes espagnoles, et rassemble à Bordeaux une armée sous le nom d'armée de Portugal. Il fait proposer la paix, à Lisbonne, sous la condition de renoncer à l'alliance de l'Angleterre, de lui fermer les ports du royaume, d'y recevoir garnison espagnole, et enfin de céder Goa à la république, sinon le premier consul annonce la guerre au prince-régent. Ce prince refuse, et préfère de courir les chances d'une honorable défense. Il met sur pied une armée de 15,000 hommes, et déclare fièrement la guerre à l'Espagne. L'Espagne répondit à cette déclaration par une autre, et marcha. Le premier consul donna au général Gouvion-Saint-Cyr le commandement des troupes réunies à Bordeaux, et le passage des Pyrénées fut ordonné. Cependant en peu de jours, l'armée espagnole, toute commandée qu'elle était par Manoel Godoy, ne trouvant de résistance ni dans les places ni dans les positions, avait conquis paisiblement une ou deux provinces, et le gouvernement de Lisbonne se hâta de conjurer l'orage avant qu'il ne fût grossi des forces de l'armée française. Le prince de la Paix, qui avait bien mérité son surnom par cette campagne, le mérita doublement par le traité qu'il s'empressa de souscrire avec le prince-régent, sans attendre le consentement du puissant allié qu'il avait dans la personne du premier consul. Sa vanité fut égale à son impéritie politique : il avait fait venir à Badajoz le roi et la reine pour assister à son triomphe, et recevoir les drapeaux qu'il avait trouvés et non conquis : la politesse fut réciproque, le roi lui en donna deux. Cette scène ridicule fut bientôt connue de Bonaparte; et quand M. de Pinto fut arrivé à Lorient, chargé de faire connaître au gouvernement français le traité du prince de la Paix, il reçut l'ordre de se rembarquer. L'état de guerre fut maintenu par la France contre le Portugal; le général Saint-Cyr se rendit à Madrid comme plénipotentiaire extraordinaire; et le général Leclerc, beau-frère du premier consul, fut nommé au commandement de l'armée de Portugal, réunie dans la province de Salamanque. Le prince-régent rassembla à la hâte 25,000 hommes. Il avait signé la paix avec l'Espagne le 6 juin, il la signa avec la France et l'Espagne le 29 septembre 1801. Bonaparte, qui avait dicté cette paix, se relâcha de ses premières prétentions, se contenta de l'interdiction des ports du Portugal aux navires anglais, et stipula une augmentation de territoire pour la Guiane française, ainsi que l'admission des commerçans des deux nations dans les ports respectifs, en attendant un traité de commerce.

Il ne restait donc plus à combattre que la seule Angleterre. Toute l'Europe avait fléchi devant le gouvernement consulaire. Bonaparte avait le premier popularisé la révolution dans les pays étrangers, et converti par la victoire les ennemis de la France, ou plutôt il sentit bien qu'il était pour eux la révolution elle-même : et déjà l'idole de la France, où cette erreur était populaire, il crut que le temps était arrivé de révéler le mystère de sa vie militaire et politique. Mais il voulait auparavant forcer l'Angleterre à la paix, et la compter aussi parmi les témoins favorables de sa puissance. La ligue du Nord, composée de la Russie, de la Prusse, de la Suède et du Danemark, s'était formée pour établir l'égalité sur les mers, et affranchir la navigation européenne de la visite tyrannique des vaisseaux anglais. Cette coalition, dont le principe était juste, manqua par l'exécution, et n'avait eu d'autres résultats que l'occupation du Hanovre par la Prusse, celle de Hambourg par le prince de Hesse, le mouvement de trois armées russes, et le bombardement de Copenhague par Nelson, qui y renouvela avec un déplorable succès l'audacieuse manœuvre d'Aboukyr. Mais Paul Ier, allié et ami de Bonaparte, qui lui avait renvoyé ses prisonniers armés, équipés, vêtus à neuf et soldés, avait résolu d'unir le pavillon russe au pavillon français pour conquérir l'affranchissement des mers. Les forces maritimes de ce prince consistaient en 87 vaisseaux de ligne et 40 frégates. La flotte suédoise était de 18 bâtimens de haut-bord et 14 frégates. La France avait 55 vaisseaux de ligne et 43 frégates, et elle pouvait disposer encore de la marine hollandaise, espagnole et portugaise. Jamais plus formidable armement n'eût attaqué par mer la puissance anglaise. Un autre projet contre l'Angleterre unissait encore secrètement l'empereur et le premier consul. C'était l'invasion de l'Inde par une armée combinée française et russe de 70,000 hommes, qui devait, en quatre mois, être arrivée sur l'Indus. La ville d'Asterabad, sur la mer Caspienne, en Perse, était le rendez-vous général. En concevant cette audacieuse entreprise, Bonaparte regardait l'Égypte, sauvait la généreuse armée qu'il y avait laissée, conservait à la France cette inappréciable colonie, attachait à la métropole les intérêts unis de l'Afrique et de l'Asie, détrônait la dominatrice des mers, et changeait la face du monde. Une descente, annoncée par d'immenses préparatifs sur les côtes de l'Océan et au sein de la capitale elle-même, complétait le système offensif que le premier consul avait combiné pour triompher de l'Angleterre. Il croyait enfin avoir atteint ce grand objet de son ambition. Mais la fortune lui refusa cette haute faveur. Paul Ier fut assassiné. Cet exécrable attentat eut lieu la nuit du 24 mars 1801 dans son palais. Après une défense héroïque, ce prince fut tué de la manière la plus barbare par les mains les plus nobles de son empire. Ce crime sauva peut-être l'Angleterre; la France le révéla tout entier. On lut alors dans *le Moniteur* : « Paul I*er* est mort dans » la nuit du 23 au 24 mars. L'es- » cadre anglaise a passé le Sund le » 30. L'histoire nous apprendra » les rapports qui peuvent exister » entre ces deux événemens. »

L'Angleterre avait alors 130,000 marins. Ses flottes se composaient de 780 bâtimens de guerre, et bloquaient les ports de la France et de ses alliés. Le premier consul, resté seul contre ce redoutable ennemi, trouva, dans l'énergie de son caractère et dans celle de la nation, assez de ressources pour ne pas se contenter de résister à l'orage que le gouvernement anglais soulevait contre lui. Tous les points vulnérables des côtes de l'Océan furent hérissés de batteries formidables et de redoutes depuis l'embouchure de la Garonne jusqu'a celle de l'Escaut. Une armée défendait toutes ces positions; les lignes télégraphiques furent multipliées de Paris à Boulogne, qui, placée plus hostilement contre l'Angleterre, était le port militaire de l'expédition projetée. Cette expédition fut confiée au contre-amiral Latouche-Tréville, marin illustre, que la France n'a pas remplacé. La persévérance et l'intrépidité parvinrent à surmonter les obstacles de l'étroit blocus qui ceignait la France. Les flottilles construites sur les rivières arrivèrent successivement sous la protection de nos batteries, au rendez-vous général de Boulogne. Plusieurs actions entre nos chaloupes canonnières et les croisières anglaises donnèrent de la valeur à cette guerre nouvelle, et fixèrent plus particulièrement l'attention du cabinet britannique.

Il y avait dix-huit mois que Bonaparte avait quitté l'Égypte; les événemens importans qui s'étaient passés depuis cette époque ne lui avaient pas permis de remplir les promesses qu'il avait faites à son départ. L'armée expéditionnaire était malheureuse sous Menou, qui avait succédé à Kléber, et elle commençait à désespérer tout-à-fait d'elle et de la France Instruit qu'une flotte anglaise sous les ordres de sir Ralph Abercromby se rassemble aux îles Baléares, pour coopérer avec une nouvelle armée turque à la délivrance de l'Égypte, le premier consul conçoit le hardi projet de prévenir cette expédition formidable, et d'envoyer une nouvelle armée à la défense du Nil. Le mystère le plus impénétrable voila le projet et l'exécution. Elle fut confiée au contre-amiral Gantheaume, qui avait ramené d'Égypte le premier consul. Il fit voile de Brest avec 7 vaisseaux de haut-bord et deux frégates, sur lesquels 5,000 hommes étaient embarqués aux ordres du général Sahuguet. Ces vaisseaux eurent ordre de marcher séparément et de rallier au cap de Gates afin de tromper la vigilance anglaise déjà éveillée par la tentative d'une première sortie. Heureusement un violent orage d'hiver éloigna l'observation ennemie, et l'expédition en profita. Elle fut bientôt signalée. Mais l'amiral Harwey, qui ne put croire que les Français osassent tenter la navigation de la Méditerranée et le passage de Gibraltar, envoya une division à leur poursuite dans l'Ouest, sur la route de Saint-Domingue et de la Jamaïque. Cependant Gantheaume faisait force de voiles vers le Midi, et sir Warren, qui commandait la station de Gibraltar, fut tellement surpris de son apparition qu'il ne put s'opposer à son passage. Mais par cela seul, la destination de Gantheaume était connue. Cet amiral, averti que la flotte de la Manche se mettait à sa poursuite, rentra à Toulon après avoir enlevé une frégate. Une flottille sortie de Rochefort pour seconder son opération avait été moins heureuse; elle fut attaquée, perdit son commandant, et la tempête la dispersa.

Le premier consul, à qui la fortune était aussi contraire sur mer qu'elle lui était favorable sur terre, voulut la combattre encore; et Gantheaume, tout bloqué qu'il était à Toulon par sir Warren, reçut ordre de faire voile sur l'Égypte, et d'y débarquer les 5,000 hommes. Mais quelque heureuse que fût sa sortie, la contagion qui se mit à bord le força de renvoyer 3 vaisseaux; et arrivé enfin avec le reste à la vue des côtes de l'Égypte, au moment d'y effectuer le débarquement, il fut attaqué tout à coup, et eut le bonheur, en acceptant le combat, d'échapper à la flotte de lord Keith, forte de 40 voiles, et à l'escadre de sir Warren. Il fit glorieusement sa rentrée à Toulon, après avoir capturé devant ce port un vaisseau et une corvette. Bonaparte, dont rien ne pouvait ébranler la résolution quand elle était prise, et qui donnait à la conservation de l'Égypte tout l'intérêt de sa haine pour l'Angleterre et toute l'activité que lui laissait la paix continentale, décida une nouvelle expédition, sous les ordres du contre-amiral Linois. Ce général reçut l'ordre de sortir de Toulon avec trois vaisseaux et une frégate, et d'aller joindre à Cadix la flotte espagnole, pour se porter de suite avec elle sur l'Égypte. L'escadre alliée était de 6 vaisseaux de ligne, 6 autres partis du Ferrol s'y étaient réunis. Le contre-amiral Linois sortit facilement de Toulon; mais poursuivi par 6 vaisseaux de ligne anglais, il fut obligé de se jeter dans la baie d'Algésiras, et présenta noblement le combat. Soutenu par les batteries de la côte, il força un vaisseau à amener pavillon, et un autre à se retirer. Ce combat d'Algésiras eut lieu le 5 juillet 1801, et fut glorieux pour la marine française. L'amiral anglais dut se retirer pour réparer ses pertes. Les lenteurs de l'amiral espagnol enlevèrent à la France le résultat de cet avantage, en perdant l'occasion de naviguer de suite librement vers l'Égypte, et d'y porter le secours depuis si long-temps attendu. L'amiral anglais fut bientôt réparé, et remit en mer avec de nouvelles forces. L'amiral espagnol ne sortit de Cadix que le 8, n'arriva que le 9 devant Algésiras, et n'en partit que le 12 : il était suivi par la flotte anglaise, qui l'attaqua brusquement pendant la nuit : deux vaisseaux espagnols se croyant ennemis s'abordèrent, et furent brûlés. Un troisième fut pris par les Anglais. Un quatrième, le *Formidable,* se débarrassa victorieusement de plusieurs vaisseaux qui l'attaquèrent, et put rentrer à Cadix. Ce vaisseau, qui méritait son nom, était commandé par le brave capitaine Troude, Français, depuis contre-amiral. Ainsi, tous les efforts du premier consul pour sauver l'Égypte furent inutiles et désastreux. Six semaines après, l'Égypte fut évacuée, et 20,000 Français, restes de l'armée de 40,000 hommes, revirent leur patrie sur des navires étrangers.

Cependant Nelson reçut ordre d'aller brûler la flottille de Boulogne. Le 4 août, il se présenta avec 30 vaisseaux et un grand nombre de brûlots, de bombardes et de canonnières. Mais il trouva le général Latouche qui l'attendait en avant de la rade avec des forces à peu près égales. L'action fut engagée. La flottille et les batteries de la côte forcèrent bientôt Nelson à se retirer à Deal et à Margate. Toutefois les 15 et 16 août il reparut à la tête de 70 voiles, et, toujours fidèle à sa manœuvre d'Aboukyr, il voulut tenter de détruire d'un seul coup toute l'armée navale qui restait à la France. Mais malgré l'obscurité de la nuit, et l'habileté de ses mouvemens, Nelson, qui avait ordonné l'abordage et qui croyait surprendre le port et la flotte, fut obligé de rallier à la pointe du jour, après avoir perdu 200 hommes. La flottille française ne perdit que 7 hommes tués, et n'eut que 30 blessés. Ce léger avantage était une véritable victoire. L'Angleterre et la France le jugèrent ainsi, l'une, en raison de l'impétuosité de l'attaque et des forces navales de Nelson; l'autre, en raison de la résistance de sa flotte et de l'importance de sa conservation; Nelson fut blâmé et moqué à Londres. Ses souvenirs d'Égypte ne lui furent pas favorables dans cette circonstance; car, indépendamment de la répétition qu'il avait voulu faire encore de la manœuvre d'Aboukyr, il eut la maladresse de dire de nos chaloupes canonnières, ce que les Mamelucks avaient dit de nos fantassins, qu'elles était liées ensemble avec des chaînes. Une guerre de plume des plus envenimées continua les combats de la France et de l'Angleterre, et proclamée chaque jour dans les journaux des deux pays, elle dérobait à l'Europe les travaux secrets d'une négociation active et silencieuse.

Au milieu de tous ces mouvemens de guerre et de ces audacieuses entreprises de la politique armée, le premier consul, pressé d'accomplir le grand œuvre de la régénération qu'il a conçue pour la France, et de lui ouvrir, ainsi qu'à lui-même, une route nouvelle entre la monarchie et la république, venait de surprendre la France et l'Europe par un concordat avec la cour de Rome. La conversion d'*Ali Bonaparte* parut brusque; toutefois, elle était plus sincère qu'on ne le crut alors. Il préludait ainsi par le rappel de la noblesse ecclésiastique, au rétablissement d'une autre exception sociale. L'autel préparait le trône, et réconciliait le premier magistrat de la république avec les rois de l'Europe. Ce traité était de la plus profonde politique pour l'accomplissement de ses desseins : mais il était audacieux, en raison de l'opinion de la France; car, par ce traité, le pape recouvrait le plus beau fleuron de la tiare pontificale, et le consul abjurait la révolution. Cependant, comme la politique française, plus que la religion romaine, avait inspiré Bonaparte, et que la volonté de s'asservir également les deux législations l'avait porté à traiter ce concordat, les libertés de l'église gallicane y furent maintenues dans toute leur vigueur, et le premier consul ne vit qu'un allié de plus dans le chef, qu'il rendait à l'église de France subitement ressuscitée. Ce traité lui attacha tout à coup une grande partie des familles irréconciliables de la monarchie, lui donna une autorité nouvelle sur les citoyens, et inspira à la politique extérieure la confiance et la stabilité que la nécessité et la loi du vainqueur n'avaient pu lui imprimer. Il fut conclu à Paris le 15 juillet, et le 8 avril suivant, le concordat devint loi de l'état. Tout prospérait, l'industrie, la puissance, la politique. Le 24 août, la paix fut signée entre la France et la Bavière. Le 29 septembre, le traité de Madrid, conclu par Lucien Bonaparte, réconcilia Paris et Lisbonne. Enfin, le mois d'octobre compléta cette année de bonheur et de gloire, par le grand événement qui manquait à la fortune de Bonaparte, la paix d'Angleterre, celle que la république n'avait jamais pu conquérir malgré ses triomphes, et qui, à elle seule, légitimait l'élévation actuelle et future du premier consul : elle fut convenue à Londres, le 1ᵉʳ de ce mois, par la signature des préliminaires, et fut enfin conclue à Amiens, le 25 mars de l'année suivante. Elle était commune à la Grande-Bretagne, à l'Espagne et à la république batave. La France y vit un traité, l'Angleterre n'y voyait qu'une trêve. La paix avec la Russie fut signée à Paris le 8 octobre, et le 9 avec la Porte ottomane.

L'année 1801 donna donc le repos au monde, et le nom de Bonaparte retentit dans toutes les capitales de l'Europe aux fêtes de la paix : mais la paix devait aussi avoir sa conquête. Le système militaire qui avait rendu le vainqueur de Lodi fondateur de la république Cisalpine, prit tout à coup un caractère qui fixa les regards de l'Europe. La *consulta* de Milan reçut ordre de se rendre à Lyon. C'était une singulière nouveauté d'appeler un gouvernement étranger à venir discuter ses propres intérêts dans une ville d'un état voisin. C'était aussi fournir non un prétexte, mais une raison de rupture aux grandes puissances avec lesquelles on venait de contracter. Le premier consul, déjà absolu, avait franchi cette importante considération, et sembla l'avoir traitée comme il traitait un obstacle dans la guerre: et en effet, si la guerre ne fut pour lui que le moyen de la puissance, la paix ne devait être pour lui que la puissance elle-même. La *consulta* obéit, se rendit à Lyon, s'assembla, et pria son fondateur de venir faire l'ouverture de ses séances. Ce vœu, qui n'était pas ignoré du premier consul, fut suivi d'un autre, dont il avait également connaissance. Tous deux furent exaucés, et le premier consul, arrivé à Lyon le 21 janvier 1802, accepta le titre de président de la république italienne, en vertu de la constitution dont il était l'auteur, et qui eut l'air d'avoir été discutée pour la rendre plus respectable. Cependant, malgré cette véritable usurpation sur les intérêts reconnus de l'Europe, l'homme du pouvoir était et devait être encore pour la France l'homme de la révolution. Le décret du 4 mars suivant, en ordonnant la confection d'un tableau général des progrès et de l'état des sciences, des lettres et des arts, depuis 1789 jusqu'au 1er vendémiaire an 10 (23 septembre 1801), était un hommage rendu à la cause triomphante de la liberté. Cette liberté, toutefois, au lieu d'être la base de la puissance, n'en était plus devenue que le moyen, comme la religion, et au lieu d'être la loi suprême, elle avait dégénéré elle-même en simple concordat. Enfin, le 25 mars 1802, malgré la scène jouée à Lyon entre le premier consul et la *consulta* cisalpine, la paix d'Amiens fut proclamée, et malheureusement la France avait recouvré ses colonies.

Le mois de novembre 1801 avait vu partir de Brest et de Rochefort une flotte immense française et espagnole, qui portait à Saint-Domingue une partie de l'armée du Rhin, sous les ordres du général Leclerc, beau-frère du premier consul. Les malheurs de cette expédition sont trop connus pour les retracer ici, et ils ne sont plus réparables. La maladie consuma en peu de mois cette armée qui avait vaincu tant de fois sous Moreau, et le climat dévora également deux autres corps de troupes qui furent successivement envoyés pour les remplacer. Soixante mille blancs moururent à Saint-Domingue; presque tout l'état-major de l'armée y périt. Toutes les expéditions lointaines de Bonaparte ont été frappées de la même fatalité; l'Égypte, Saint-Domingue et Moscow, sont à jamais de déplorables monuments de son histoire et de la valeur française. Après une des plus belles, des plus actives et des plus périlleuses campagnes qui honorent le drapeau national, après la plus héroïque défense qui ait illustré le chef d'une armée et d'une des plus vastes possessions de la mer, la colonie de Saint-Domingue vit mourir toute l'armée et son général; elle vit la liberté des noirs, votée par l'assemblée constituante de la France, reprendre l'empire, que le drapeau républicain était venu lui enlever. Un homme, un esclave, s'était aussi proclamé dans cette île malheureuse l'héritier de sa révolution, et y dominait sa première liberté. Cet homme, à l'âge de 42 ans, conducteur d'animaux dans l'habitation Breda, était parvenu à apprendre à lire, et avait nommé Raynal son prophète. Toussaint-Louverture, impénétrable et silencieux comme les abîmes de la terre, prudent et vindicatif comme le serpent, violent et rapide comme la foudre, jaloux comme un conquérant et souple comme un esclave, avait conquis la renommée du nouveau monde. Habilement économe de la civilisation, dont il voulait garder le secret et l'empire, il avait divisé tout son peuple en soldats et en cultivateurs, et avait conçu la profonde pensée d'être la seule exception à l'égalité établie. Ce système lui avait réussi, et la race blanche avait aussi reconnu son empire. Il gouvernait et il administrait à lui seul. Trente millions de produits coloniaux, emmagasinés à l'arrivée de l'expédition, et autant en récolte, attestaient la supériorité de cet homme vraiment extraordinaire; mais il agissait toujours au nom de la liberté africaine, affectait extérieurement le rôle de Washington, et ne laissait point soupçonner qu'au-dessous de lui l'égalité dût jamais souffrir la moindre atteinte. Aussi, il n'était pas à lui seul toute la patrie; et quand il fut arrêté et conduit en France, l'indépendance de la race africaine ne fut pas perdue. Le silence d'une vaste conspiration couvrit les projets et la vengeance des noirs. De là, le règne du barbare Dessalines et celui de l'odieux Christophe, tyrans et bourreaux de leur espèce: de là, l'élévation de Péthion, protecteur de la sienne, et fondateur véritable du nouvel état, que le président Boyer vient de placer dans la hiérarchie des sociétés politiques du monde. La France fut couverte de deuil, et vit avec une profonde douleur revenir isolément dans son sein les individus échappés au climat destructeur qui avait anéanti trois de ses armées. La reprise des hostilités avec l'Angleterre avait terminé l'existence politique de la France à Saint-Domingue.

Mais l'ivresse de la pacification générale qui étourdissait la nation sur les malheurs de cette colonie, l'aveugla sur la perte de ses premiers intérêts, que la révolution avait consacrés. Le tribunat, dernier et seul asile des libertés françaises, gardien des principes éternels de la sagesse de 1789, devint tout à coup l'objet d'une proscription individuelle, et le nom d'élimination fut donné à la mesure arbitraire et violente, qui fit sortir du tribunat les citoyens les plus honorés par leur patriotisme et leur talent : plusieurs d'entre eux justifient encore aujourd'hui sur les bancs de la législature, leur première proscription. La liberté des votes était déjà devenue du courage dans cette assemblée qui était essentiellement délibérante; et au nom de la gloire dont la France était si justement enorgueillie, le pouvoir envahissait chaque jour tout le terrain que perdait la liberté. Le 28 avril, une grande solennité religieuse, ordonnée et présidée par le premier consul, célébra à Notre-Dame et la paix d'Amiens, et le rétablissement du culte catholique : il y avait déjà loin de cette cérémonie à celle qui avait honoré au temple de Mars la cendre de Washington et les drapeaux d'Aboukyr. Le 6 mai suivant, un sénatus-consulte organique prorogea de dix autres années le consulat, dans la personne de Bonaparte. Cette singulière modification à la constitution fut signalée par trois lois, toutes nouvelles dans le code des libertés françaises. L'une fut la *loi d'amnistie* qui réconcilia alors l'émigration, non avec la révolution, mais avec Bonaparte ; une autre institua la légion-d'honneur, qui récompensait tous les services militaires ou civils rendus à la patrie. Ces deux lois terminèrent, par l'union des intérêts de la monarchie et de la république, la préparation de la grande époque, qui devait confondre ces intérêts dans la personne d'un seul homme. Mais quand l'institution de la légion-d'honneur fut discutée dans le tribunat, les dénominations de *Royauté consulaire et d'Ordre de chevalerie* y furent prononcées, et l'égalité fut déclarée en danger par plusieurs de ses membres. La liberté pouvait aussi être déclarée en péril par la troisième loi (20 mai) qui maintenait l'esclavage dans les colonies rendues à la France par le traité d'Amiens. Enfin, une question fut tout à coup soumise au peuple. *Napoléon Bonaparte sera-t-il consul à vie?* Le vœu de la nation fut publié par le sénatus-consulte du 2 août, et le message du sénat fut présenté au premier consul par le *citoyen* Barthélemy, son président. Il y fut établi que 3,577,885 citoyens avaient voté librement, dont 3,368,259 pour l'affirmative. C'est une des élections les plus remarquables de l'histoire. Ce sénatus-consulte fut également appelé organique : de fait il l'était, car il produisit deux jours après celui qui dénatura la constitution, et qui, par cela seul, était lui-même une nouvelle constitution. En effet, divers degrés d'élection furent institués, et l'établissement des séries de 5 ans pour le corps-législatif, détruisit le principe annuel du droit électoral. Le conseil-d'état fut reconnu comme autorité constituée. Les membres du tribunat furent réduits de cent à cinquante.

Les libertés extérieures ne furent pas plus à l'abri du pouvoir du premier consul que nos libertés intérieures. Le 26 août, l'île d'Elbe fut réunie au territoire français; le 11 septembre, le Piémont y fut également incorporé. Le 9 octobre, les états de Parme furent occupés par les troupes françaises. Le 21, la Suisse était envahie, et, au mois de février 1803, une armée de 30,000 Français y soutenait l'acte fédéral qui lui avait été imposé. Ce fut à cette époque que fut publiée la lettre suivante : *Je ne confonds point M. Bonaparte avec ceux qui l'ont précédé. J'estime sa valeur, ses talens militaires. Je lui sais gré de quelques actes d'administration;..... mais il se trompe s'il croit m'engager à renoncer à mes droits : loin de là, il les établirait lui-même, s'ils pouvaient être litigieux, par les démarches qu'il fait en ce moment.....* La Louisiane, qui avait été abandonnée à l'Espagne par la France, à la paix honteuse de 1763, avait été rétrocédée à la France par le traité secret de Saint-Ildefonse, du 1er octobre 1801. Mais le 30 avril 1802, elle fut vendue aux États-Unis pour la somme de 15 millions de dollars. Cette opération eut surtout pour objet d'augmenter la prépondérance du congrès sur la puissance anglaise en Amérique, et semble avoir servi de texte à la cession récente des Florides de la part de l'Espagne au même gouvernement. D'ailleurs, la conservation de la Louisiane était onéreuse pour la France, dépouillée de Saint-Domingue; et la cession de cette province lointaine à un ennemi irréconciliable de l'Angleterre, servait doublement les intérêts de la république.

Cependant l'Angleterre voyait une infraction au traité d'Amiens dans l'incorporation et l'occupation du Piémont, de l'île d'Elbe et des états de Parme, et dans la médiation armée du gouvernement français en Helvétie. Elle fut effrayée de la puissance que la paix donnait au premier consul, et résolut de troubler l'établissement d'une élévation que le dernier sénatus-consulte annonçait à l'Europe. La connaissance que le cabinet de Saint-James avait acquise du caractère de Bonaparte ne lui laissa aucun doute sur le résultat des propositions que son ambassadeur à Paris fut chargé de faire au premier consul. Lord Withworth demanda impérieusement, par un *ultimatum*, la possession pendant dix ans de l'île de Malthe, qui avait été déclarée indépendante par le traité d'Amiens, ainsi que l'évacuation de la Hollande par la France. Ces propositions furent rejetées. L'ambassadeur quitta Paris le 13 mai, et le 22, l'Angleterre reprit les armes qu'elle ne devait plus déposer qu'après la ruine de son ennemi. Cependant elle devait savoir qu'en rouvrant à Bonaparte la carrière des combats, elle allait le replacer sur son théâtre favori, et légitimer, par les dangers de la France, tous les moyens de l'asservir. Aussi, huit jours après, l'armée française avait conquis l'électorat de Hanovre, et fait prisonnière l'armée anglaise commandée par le duc de Cambridge. A cette époque commencèrent ces mémorables travaux de la défense des côtes de la France, de la Belgique, de la Hollande et des canaux qui devaient unir le Rhin, la Meuse et l'Escaut. Bonaparte y fit deux voyages dans le courant de cette année, et il rendit plus redoutables aux Anglais ses projets de descente par les travaux des ports de Boulogne, de Calais, d'Étaples, d'Ambleteuse, et par la construction des innombrables bâtimens qui devaient transporter une armée française sur le territoire britannique. L'amiral Bruix commandait alors l'armée navale de l'Océan.

A la même époque se tramait une grande conspiration, dont le but était l'enlèvement ou l'assassinat du premier consul. La police suivit avec une adresse infatigable ce nouveau complot, et parvint à en découvrir les auteurs. Le public apprit cette conspiration par les arrestations successives du général Moreau le 15 février, du général Pichegru le 28, et de Georges Cadoudal, le 9 mars. La complicité du vainqueur de Hohenlinden avec un chef de Chouans fut rejetée comme une calomnie, et qualifiée assez hautement de vengeance du premier consul. La gloire militaire de Moreau, oubliée et peut-être éclipsée déjà par celle de Bonaparte, reparut tout à coup pour sa défense, et Paris fut partagé par deux factions dès long-temps rivales, celle de l'armée d'Italie, qui était pour la nouvelle constitution, et celle de l'armée du Rhin, qui était pour l'ancienne. Moreau se trouva, sans le savoir, devenu le chef d'un parti puissant. Il se défendit avec calme devant les juges. La conspiration était véritable pour le renversement de Bonaparte et du consulat; mais le public ne s'était point trompé : il n'y avait pas de complicité entre Georges et Moreau. La part que Moreau avait dans le complot était nulle pour l'exécution, et en première ligne pour le résultat; car il devait remplacer au commandement militaire Bonaparte, mort ou prisonnier. Au commencement de ce procès qui occupait la France et l'Europe, un événement, qui parut ne pas lui être étranger, en détourna tout à coup l'attention, et frappa tous les esprits d'une étrange stupeur. Les royalistes s'étaient faits, avec affectation, les courtisans de Bonaparte : l'émigration rappelée entourait d'une reconnaissance assidue celui qui lui avait rouvert les portes de la France. Mme Bonaparte retrouvait dans la société des émigrés et des nobles, tous les souvenirs et toutes les habitudes de sa vie; et le premier consul prenait lui-même plaisir, disait-on, à se retrouver au milieu des siens. Cette faiblesse a puissamment influé sur sa vie. On verra Napoléon, dans le cours de son règne, faire une guerre constante au faubourg Saint-Germain, non pour le persécuter, mais pour en faire la conquête. A cette dernière époque du consulat, comme à toutes celles de l'empire, la noblesse acceptait en masse la faveur du maître, et ne la refusait qu'en détail. Importunés de ce nouveau peuple qui était venu de l'étranger se placer entre Bonaparte et la révolution, les républicains désespéraient plus que jamais du salut de la liberté; déjà suspects et divisés, ils étaient réduits à ensevelir dans leurs retraites les souvenirs et les pénates de la patrie. L'armée, qui avait créé ce pouvoir nouveau et déjà sans bornes, s'était mise à la place de la nation, et voyait toute la patrie dans son chef. Tout à coup, le bruit se répand que le général Dumouriez, établi sur les bords du Rhin, a des intelligences dans l'intérieur, et s'est rendu plusieurs fois à Strasbourg. La conspiration et l'arrestation de Pichegru, de Moreau et de Georges, se lièrent naturellement à ce soupçon, qui prit bientôt, par des rapports de police et de gendarmerie, toute l'importance d'un plan de contre-révolution. Alors tout le gouvernement put croire à un grand péril, qui fut exagéré au premier consul. La crainte devint commune à tous ceux qui dominaient, et des conseillers perfides et puissans proposèrent tout à coup un lien terrible entre les intérêts révolutionnaires et les intérêts nouveaux. Ce n'était déjà plus Dumouriez que l'on redoutait : le prétendu danger avait un caractère plus fatal. Enfin, le coup d'état fut résolu ; et le dernier rejeton de la maison de Condé, saisi contre le droit des gens, dans un état allemand, fut amené à Vincennes, jugé, condamné, exécuté dans les vingt-quatre heures. Cet audacieux attentat plongea le parti royaliste dans la consternation. Toutefois, ce parti vint se presser bientôt auprès du trône, que ce meurtre avait préparé, et lui sacrifia aussi ce funeste souvenir. Mais le pouvoir devait amnistier encore pendant dix ans le maître, les patriotes, les royalistes et toute l'Europe, excepté l'Angleterre. Dans les événemens, où le respect de la morale universelle peut servir à sa politique, aucune puissance n'est aussi consciencieuse que l'Angleterre. Bonaparte seul le fut autant qu'elle. Le souvenir de Vincennes l'a constamment poursuivi. Il jugea depuis ses conseillers, et la mort du duc d'Enghien fut toujours entre eux et lui. Cependant, l'intérêt pour le général Moreau augmentait chaque jour, et s'accrut encore de l'impression profonde que la fin tragique du duc d'Enghien avait produite dans la capitale. Le public, à qui l'avilissement de ses grandes renommées et le sacrifice de sa longue admiration sont également insupportables, soutenait une sorte de guerre contre le cabinet de Saint-Cloud. Cette constante opposition, qui avait facilement gagné les soldats, témoins intéressés à l'honneur d'un grand capitaine, enleva au premier consul le plaisir de faire grâce de la vie au général Moreau. Le tribunal n'osa prononcer la sentence de mort, et le condamna à une détention de deux années, que Fouché fit politiquement convertir en exil. Georges Cadoudal fut condamné à mort et exécuté. Ce jugement fut rendu le 10 juin. Le 6 avril, Pichegru avait été trouvé étranglé avec sa cravate dans la prison. On accusa alors de cette exécution la police de Bonaparte, et par conséquent Bonaparte lui-même; mais ce crime ne pouvait lui être d'aucune utilité: Pichegru était condamné par huit années de félonie et de complots avec les ennemis de la république. Aucun tribunal ne pouvait l'absoudre; aucune voix n'eût osé s'élever pour le défendre. Dans l'intérêt de la rivalité ou de la puissance, c'était Moreau qui était la victime nécessaire. Mais il appartenait à l'avenir de le prouver. Moreau échappa alors à la peine capitale. Bonaparte a été satisfait depuis, en le voyant tomber sous le canon de sa garde, dans les rangs des ennemis de la France. La fortune s'était réservé de venger Bonaparte, avant de le frapper lui-même.

Délivré de tous ses ennemis extérieurs et intérieurs, lié à la république par la législation, à la monarchie par la loi d'amnistie, à l'Europe par des traités, maître de la France par sa gloire et par son génie, Bonaparte ne se contente plus d'en être le premier soldat, le premier citoyen, le premier magistrat. L'anarchie est détruite, la révolution est terminée, la France est grande, heureuse, florissante; elle est respectée de toute l'Europe, et n'a d'autre ennemi que l'Angleterre. Une autre ère va s'ouvrir. Une autre constitution va régir la patrie. Un nouveau droit public va s'établir entre l'Europe et la France : Paris va être toute la France, et Napoléon toute la patrie. Ici finit la liberté du peuple français, et commence l'Empire. Ici finit Bonaparte, et commence Napoléon. (*Voyez* Napoléon.)

Lucien Bonaparte

BONAPARTE (Lucien), prince de Canino, frère puîné de Napoléon, est né à Ajaccio en 1775. Il vint chercher un asile en Provence, lorsqu'en 1793, la Corse fut livrée aux Anglais par Paoli. Lucien embrassa les principes de la révolution avec plus de chaleur qu'aucun de ses frères. Après la reprise de Toulon par les Français, le 26 frimaire an 2 (16 décembre), il exerça un emploi dans l'administration des subsistances militaires, à Saint-Maximin (Var), où il épousa Mlle Boyer, dont le frère était propriétaire, et tenait hôtellerie. En l'an 4 (1796), il fut nommé commissaire des guerres. L'année suivante, appelé à Hières, pour représenter le général Bonaparte dans une fête publique, où l'on célébrait les triomphes de l'armée française en Italie, Lucien n'accepta point les honneurs qu'on voulait lui rendre. En l'an 6 (1797), entrant à peine dans sa 24me année, il fut nommé député du Liamone au conseil des cinq-cents, bien que la loi exigeât 25 ans révolus, et il fut admis dans ce corps sans aucune opposition. Le 30 messidor (18 juillet 1798), dans la discussion relative à la célébration du décadi, il demanda qu'on fût libre d'ouvrir ou de fermer les boutiques le dimanche, et il cita l'exemple de Rome à l'appui de son opinion. Vers le même temps, il fit accorder des secours aux veuves et aux enfans des militaires. Le 1er vendémiaire an 7 (22 septembre), jour anniversaire de la fondation de la république, il invita ses collègues à jurer de mourir pour la constitution de l'an 3. Il combattit la proposition d'un impôt sur le sel, et demanda qu'il n'y en eût aucun sur les denrées de première nécessité. A la fin de l'an 7, il s'opposa à ce que la patrie fût déclarée en danger, et à l'occasion des craintes d'un coup d'état contre le corps-législatif, exprimées par le général Jourdan, il rappela un décret qui prononçait la mise *hors la loi* contre les violateurs de la représentation nationale. Tout porte à croire néanmoins que Lucien ayant remarqué depuis long-temps combien étaient incertaines les mains qui tenaient les rênes du gouvernement, avait écrit à son frère en Égypte pour l'informer de l'état de fluctuation où se trouvait la république, et pour presser son retour à Paris. Il paraît toutefois constant que les lettres de Lucien, au lieu de parvenir à Napoléon, furent interceptées par les Anglais. Le général Bonaparte, parti d'Égypte le 5 fructidor (22 août 1799), débarqua à Fréjus, le 16 vendémiaire an 8 (8 octobre), et arriva huit jours après dans la capitale. Lucien fut nommé président du conseil des cinq-cents, et prépara la journée du 18 brumaire (9 novembre), à laquelle il prit tant de part, et dont les suites eurent une influence si considérable sur les destinées de la France. Soit au fauteuil, soit à la tribune, qu'il occupa tour à tour, dans la séance tenue à Saint-Cloud, le lendemain 19, Lucien déploya beaucoup d'énergie. Le général Bonaparte étant entré sans armes dans la salle, Lucien lutta long-temps avec fermeté contre les membres du conseil qui demandaient à grands cris la mise *hors la* *loi* de son frère. Enfin ne pouvant réussir à calmer les esprits, il quitte le fauteuil, et abdiquant de fait la présidence, il monte à cheval, et détermine les troupes, auxquelles il adresse une harangue des plus animées, à ne plus respecter le sanctuaire des lois. Les grenadiers entrent dans la salle, et forcent les députés à l'évacuer. En levant la séance, il avait ajourné le corps-législatif au 1er ventôse (20 février 1800). Une commission législative, dont il fut membre, prépara dans cet intervalle une nouvelle constitution. Ce travail fini, Lucien adressa aux législateurs ces paroles singulières : « Si la liberté naquit dans le » jeu de paume de Versailles, elle » fut consolidée dans l'orangerie » de Saint-Cloud. Les constituans » de 1789 furent les pères de la ré- » volution; les législateurs de l'an » 8 sont les pères et les pacifica- » teurs de la patrie. » Au mois de février 1800, Lucien fit le rapport sur l'acceptation de la constitution dite de l'an 8. Nommé tribun, il avait renoncé à cette fonction pour remplacer, au ministère de l'intérieur, M. de Laplace, qui y avait été appelé aussitôt après le 18 brumaire, et qui, depuis six semaines, prouvait par la plus complète inaction que le génie des sciences ne s'alliait pas en lui à l'esprit des affaires. Lucien se distingua dans ce ministère par la protection éclatante qu'il accorda aux lettres et aux arts. L'instruction publique lui a aussi de grandes obligations. C'est lui qui établit un second prytanée à Saint-Cyr. En fixant à l'âge de 18 ans, celui où tout pensionnaire de l'état devait sortir du prytanée, il détruisit le singulier abus par lequel une place gratuite dans cette école était devenue un bénéfice viager pour l'élève qui s'en trouvait pourvu. L'organisation des préfectures n'est pas un des actes les moins importans de son administration, qui ne fut pas à l'abri de la censure : l'extrême jeunesse de ce ministre porte à croire qu'il a pu quelquefois la provoquer par des actes inconsidérés. Cependant aucun des faits sur lesquels pourrait porter le blâme n'a été prouvé, tandis que les institutions qui lui donnent le plus de droit à l'estime subsistent aujourd'hui. Quoique frères, le ministre et le consul n'étaient pas toujours d'accord. La nomination de Lucien à l'ambassade d'Espagne, au mois de brumaire an 9 (octobre), généralement regardée comme une brillante disgrâce, fut peut-être l'effet de cette mésintelligence. Elle devint pour Lucien une source nouvelle d'illustration. Aimable autant qu'habile, le nouveau diplomate sut s'emparer de l'esprit de Charles IV et de celui du prince de la Paix. Le cabinet anglais perdit bientôt toute son influence à Madrid, et l'Espagne, en conservant l'apparence de l'indépendance, devint une véritable annexe de l'empire français. La guerre avait été déclarée au Portugal ; Elvas fut pris par une armée française combinée avec une armée espagnole. Mais bientôt des négociations s'ouvrirent à Badajoz, et un traité, conclu par Lucien à Madrid le 29 novembre 1801, termina cette guerre qui n'avait duré que quelques mois. La paix sur ce point de l'Europe laissa à l'ambassadeur la liberté de revenir à Paris, après avoir signalé sa mémorable mission en Espagne par le ravitaillement de l'armée française en Égypte, par la création du royaume d'Étrurie, à laquelle il eut une grande part, non moins qu'à la cession à la France des duchés de Parme, de Plaisance et de Guastalla, et par beaucoup d'autres actes diplomatiques moins importans, mais plus difficiles peut-être, et qui attestent sa grande dextérité. Dès cette époque, si l'on en croit quelques biographes, Lucien, concevant de hauts projets d'ambition, aurait songé à marier sa fille aînée à l'héritier du trône de toutes les Espagnes. Indépendamment de ce que la fortune de sa famille n'était pas encore assez solidement assise pour lui permettre de former le projet d'une pareille alliance, l'âge de sa fille ne le permettait pas non plus; car elle avait à peine 6 ans : plus tard, il fut sérieusement question de ce mariage. Le retour de Lucien en France fut marqué par sa réconciliation avec son frère. Le 9 mars 1802, il devint une seconde fois membre du tribunat. Le 6 avril, il fut chargé de porter au corps-législatif le vœu du tribunat en faveur du concordat sur les affaires ecclésiastiques, signé à Paris le 15 juillet 1801, et ratifié par le pape Pie VII, le 15 août suivant. Le 18 mai 1802, il demanda l'adoption du projet qui créait une légion-d'honneur, et prononça à cette occasion un discours, où des principes sages et de grandes vues politiques se faisaient remarquer. Nommé, au mois de juillet, grand-officier de cette légion et membre de son grand conseil d'administration, il devint ainsi sénateur de droit, et bientôt après il fut nommé titulaire de la sénatorerie de Trèves, avec la dotation de la terre de Soppelsdorf, ancienne maison de plaisance des électeurs. Le 5 février 1803, lors de la réorganisation de l'institut, opération par laquelle les membres qui en avaient été violemment exclus furent réintégrés dans leurs droits, et le nombre des classes porté à quatre de trois qu'il était, Lucien fut nommé membre de la classe de la langue et de la littérature française, nomination à laquelle il avouait attacher un grand prix. Au mois de juillet, il se rendit dans la Belgique et dans les départemens du Rhin, pour prendre possession des biens affectés à la légion-d'honneur. A son retour, Lucien qui était veuf depuis près de trois ans, épousa Mᵐᵉ Jouberthou, veuve d'un agent-de-change, parti, en 1802, avec l'expédition de Saint-Domingue, commandée par le général Leclerc, et mort de la fièvre jaune au Port-au-Prince. Ce mariage fut l'occasion d'une nouvelle rupture entre Lucien et son frère Napoléon. Au mois d'avril 1804, Lucien se rendit en Italie après avoir mis ordre à ses affaires. Il alla d'abord à Milan, ensuite à Pesaro près d'Urbin, enfin à Rome, où il se fixa, encouragé par la protection bienveillante du pape, à qui il avait témoigné beaucoup d'égards dans l'affaire du concordat. Après la glorieuse campagne qui fut couronnée par la paix de Tilsitt, Napoléon étant allé visiter ses états d'Italie, au mois de novembre 1807, Lucien se rendit à Mantoue, où il eut une entrevue avec son frère. L'*ultimatum* de l'empereur avait, dit-on, pour objet, si Lucien consentait à faire dissoudre son mariage, sans préjudicier toutefois aux droits des enfans qui en étaient issus, de créer en Italie, pour la femme répudiée, un établissement considérable érigé en duché. C'est alors qu'il fut question de conclure le mariage de la fille aînée de Lucien avec le prince des Asturies, mariage qui aurait eu lieu vraisemblablement s'il n'avait été traversé par des intrigues. Lucien rejeta ces propositions, à l'exception cependant de celle du mariage de sa fille aînée, qui semble avoir été le principal objet du voyage de Napoléon en Italie, voyage qui ne dura que quinze jours. Ce projet néanmoins ne réussit pas : l'agent chargé de le négocier, servant d'autres intérêts, proposa au lieu de la fille de Lucien, Mlle Tascher qui a ensuite épousé le prince d'Aremberg, et dont le mariage a été récemment déclaré nul. Mlle Tascher, fut refusée : *C'était au sang de Napoléon qu'on tenait à s'allier*. La fille aînée de Lucien avait alors 12 ans. Les deux frères se quittèrent assez mécontens l'un de l'autre, et repartirent aussitôt, Napoléon pour Paris, et Lucien pour Rome. Celui-ci ayant manifesté hautement son opinion peu favorable sur l'ambition de son frère, et sur les persécutions que ce prince suscitait au pape, fut obligé de quitter Rome, et se retira près de Viterbe, dans la terre de Canino, dont il venait de faire l'acquisition. Le saint-père ne tarda pas à ériger cette terre en principauté, et Lucien, devenu ainsi prince de Canino, se fit inscrire parmi les nobles romains. Mais, inquiet à tort ou avec raison des dispositions de Napoléon à son égard, il se rendit secrètement à Cività-Vecchia, où il s'embarqua, le 5 août 1810, pour les États-Unis, sur un navire que lui avait fait apprêter son beau-frère Murat, alors roi de Naples. Jeté par une tempête sur la côte de Cagliari, la permission d'y débarquer lui fut refusée par le roi de Sardaigne, et le ministre anglais, accrédité dans l'île, ne voulut pas non plus lui accorder un sauf-conduit qui l'autorisât à poursuivre son voyage. Forcé de se remettre en mer, il fut pris, à la sortie du port, par deux frégates anglaises, qui l'observaient et qui le conduisirent à Malthe, où il séjourna pendant plus de quatre mois. Informé que sa résidence allait être fixée en Angleterre, il engagea sa famille à s'y rendre, et on le débarqua à Plymouth, le 18 décembre suivant. Le gouvernement britannique ne voulut point lui permettre d'habiter la capitale, et le relégua à Ludlow, dans le Shropshire, sous la surveillance de commissaires. Bientôt après, il alla se fixer, avec sa famille, à quinze milles de cette ville, dans la terre de Tomgrave, dont il fit l'acquisition, et où il se forma une habitation aussi belle que commode. C'est dans cette retraite, où il passa trois ans, qu'il acheva son poëme *de Charlemagne*, entrepris depuis plusieurs années. Le traité conclu à Paris le 11 avril 1814, lui ayant rendu la liberté, il en profita pour retourner en Italie, et reçut à Rome un accueil très-distingué de la part du saint-père. Pendant que Napoléon était à l'île d'Elbe, Lucien lui adressa une lettre par laquelle il lui déclarait qu'il était aussi dévoué à son malheur qu'il s'était montré ennemi de son despotisme. Napoléon ne répondit point à cette première lettre. Mais une seconde obtint une réponse, sinon affectueuse, au moins inoffensive. Napoléon étant rentré en France, Lucien se rendit à Paris pour solliciter auprès de son frère l'ordre d'évacuation des états du pape qui s'était retiré à Pise, après l'envahissement de Rome par Murat, roi de Naples. Lucien partit en avril, accompagné par un ecclésiastique, et vint jusqu'à Charenton. Il obtint, dans une entrevue qui eut lieu à la Malmaison, une lettre de son frère pour Murat, dans laquelle il lui était ordonné d'évacuer les états du pape, et de ne conserver qu'une route militaire par la marche d'Ancône. Napoléon insista beaucoup pour décider Lucien à rester avec lui : celui-ci ne promit rien. Cette négociation fut remise au lendemain; mais Lucien alla le soir même de Charenton à la maison de campagne du roi de Suède, près de Melun; il y fut rejoint par le roi Joseph, envoyé pour le retenir. Les instances furent inutiles : Lucien se mit en route pour retourner en Italie. L'ecclésiastique l'avait précédé de quarante-huit heures, et avait emporté les passe-ports, à la faveur desquels il avait pu traverser l'Italie pour venir en France. Napoléon donna des ordres pour empêcher Lucien de passer nos frontières : en effet, Lucien fit de vaines tentatives. Il séjourna vingt-deux jours à Versoix, près de Genève, où il voyait souvent Mme de Staël, dont il prit et suivit plus d'une fois les conseils en cette circonstance. Enfin, Lucien ne pouvant continuer sa route, se vit forcé de reprendre celle de Paris, où il arriva le 9 mai 1815. Il descendit à l'hôtel du cardinal Fesch; et quinze jours après, il fut logé au Palais-Royal. Se fondant sur ce que, sans égard à l'ordre de primogéniture, on voulait lui faire prendre rang après son frère Jérôme, et ajournant à d'autres temps la discussion de ses droits, il refusa d'abord le titre de prince, et témoigna le désir d'entrer dans la chambre des représentans, dont il avait été nommé membre. Mais Napoléon prit ombrage de cette intention de son frère, et laissa entrevoir qu'il soupçonnait Lucien de vouloir faire partie de cette chambre, uniquement pour se mettre à la tête du gouvernement, si les événemens de la guerre étaient défavorables. Lucien fut donc contraint de siéger dans la chambre des pairs, où il déclara qu'il se regardait comme pair nommé, et quitta le banc des princes pour siéger avec les autres pairs. Huit à dix jours avant le départ de Napoléon pour la campagne de France contre l'invasion des étrangers, il se tint, au palais de l'Elysée, un conseil privé, où assistèrent les princes Joseph et

Lucien, le cardinal Fesch, le duc d'Otrante (Fouché), ministre de la police, le comte Regnault-de-Saint-Jean-d'Angely, etc. Lucien y proposa : 1° qu'on acceptât sur-le-champ l'abdication offerte dès lors par Napoléon en faveur de son fils; 2° qu'on recommandât à l'empereur d'Autriche le jeune Napoléon et sa mère Marie-Louise, à laquelle on déférerait la régence; 3° et enfin, que Napoléon, se confiant à la loyauté de la maison d'Autriche, se rendît lui-même à Vienne, pour garantir, par sa présence, l'exécution de ce traité. Napoléon, qui avait souscrit à cet arrangement adopté par le conseil, révoqua dès le lendemain l'assentiment qu'il y avait donné. Lucien perdit alors toute espérance. Lorsque le gouvernement provisoire eut été organisé, après l'abdication forcée que Napoléon donna le 22 juin, à la suite du désastre de Waterloo, Lucien se retira à Neuilly, où il fit ses dispositions pour sortir de la France. A la fin de juin, il partit pour l'Italie; mais on l'arrêta à Turin, où il fut détenu pendant quelque temps. Enfin, sur les réclamations pressantes du pape, il fut remis en liberté. Lucien partit aussitôt pour Rome, où il s'établit de nouveau avec sa famille, qu'il avait eu la sage précaution de ne point faire venir en France pendant les *cent jours*. Dans une de ses propriétés nommée la Villa Ruffinella, située à Frascati, des brigands enlevèrent, en décembre 1817, son secrétaire, croyant le prendre lui-même, et en tirer une rançon considérable. On a prétendu faussement que cette tentative avait été faite sur la personne de Lucien, parce qu'il avait demandé des passeports pour se rendre, avec sa famille, aux États-Unis d'Amérique. Lucien, qui n'avait eu qu'une faible part dans les prospérités des Bonaparte, a eu une part entière dans leurs infortunes. C'est sans doute l'homme le plus remarquable de sa famille après NAPOLÉON. Non moins avide de gloire peut-être, il a préféré celle de lui résister à l'avantage de le servir : il lui a paru honorable de ne point plier sous celui devant lequel l'Europe s'abaissait. Né avec une imagination vive et un esprit élevé, Lucien a parlé dans plusieurs circonstances avec une grande éloquence. Pendant sa longue détention en Angleterre, il a cherché dans la culture des lettres d'honorables distractions. En 1799, il avait débuté par un roman intitulé : *Stellina*. Depuis, il a fait paraître, en 1815, *Charlemagne, ou l'Église délivrée*, poëme épique en vingt-quatre chants, dédié au pape Pie VII, 2 vol. in-4° et in-8°, et traduit en vers anglais par MM. Butler et Hodgson. Il a publié aussi, en 1819, un autre poëme (en douze chants), *La Cyrnéide, ou la Corse sauvée*, 2 vol. in-8°. A la séance publique de l'institut, tenue le 18 mai 1815, pour la réception de M. Aignan, traducteur d'Homère, Lucien avait lu une Ode de sa composition, intitulée l'*Odyssée*, dirigée contre les détracteurs du poëte grec. Il fit présent au récipiendaire d'un camée antique représentant cet Homère qu'ils avaient chanté tous les deux. Il a été éliminé de la se-

Louis Bonaparte.

conde classe de l'institut, par l'ordonnance du 21 mars 1816, qui ne l'a pas compris parmi les membres de l'académie française. On a publié, sous le titre de *Mémoires du prince de Canino,* un des plus impudens recueils de calomnies qui aient paru de mémoire d'homme. Nous l'avons déjà signalé à l'article BEAUCHAMP (Alphonse). Nous y renvoyons le lecteur, en l'avertissant toutefois qu'il doit substituer le nom de feu *Suard* à un nom que nous honorons, à celui de l'*abbé Sicard,* qu'une des plus déplorables fautes qu'imprimeur ait jamais commises, a très-gratuitement chargé d'un fait qui appartient à l'ancien secrétaire perpétuel; fait peu honorable, qu'avec une rare effronterie le libelliste impute à l'académie française : on ne peut revenir trop souvent sur cette infamie.

BONAPARTE (Louis), frère puîné du précédent, et ci-devant roi de Hollande, est né à Ajaccio, le 2 septembre 1778. Il entra de bonne heure au service militaire, et accompagna son frère Napoléon dans les campagnes d'Italie et d'Égypte. Les Anglais ayant intercepté quelques-unes des lettres que Louis écrivait de cette dernière contrée, les rendirent publiques. Elles respirent la plus saine philosophie et l'amour de l'humanité, qui font la base de son caractère. On y remarque surtout l'indignation que lui inspiraient les désastres de la guerre et les représailles. Le 14 mars 1799, il partit d'Égypte et apporta au directoire-exécutif des dépêches de son frère. Au commencement de l'année 1800, Napoléon, qui venait de se faire proclamer premier consul, après la révolution du 18 brumaire an 9, le chargea d'une mission diplomatique pour le cabinet de Pétersbourg; mais Louis ayant appris en route la mort de Paul Ier, ne jugea pas à propos de dépasser Berlin, et séjourna un an dans cette ville. Revenu à Paris, il commanda le 9me régiment de dragons, et devint bientôt après général de brigade. En 1802, il épousa Hortense-Fanny de Beauharnais, fille de JOSÉPHINE, et en eut plusieurs enfans, que Napoléon adopta, en leur donnant son propre nom sur les fonts baptismaux. En septembre 1803, Louis fut envoyé à Turin, pour présider le collége électoral du département du Pô, faisant partie du Piémont, qui venait d'être réuni à la France. Au mois d'avril de l'année suivante, il fut nommé conseiller-d'état et général de division. Bientôt Napoléon, devenu empereur, le nomma connétable, et deux mois plus tard, colonel-général des carabiniers. En mai 1805, Louis accompagna en Italie son frère, qui le fit gouverneur-général du Piémont. Mais le mauvais état de sa santé, qui donne à son caractère une teinte de tristesse, le força bientôt de quitter Turin, pour aller aux eaux minérales de Saint-Amand. De retour à Paris, au mois de novembre, il fut nommé, par intérim, gouverneur de cette ville, en remplacement du grand-duc de Berg (Murat), depuis roi de Naples. Bientôt il fut envoyé en Hollande, par Napoléon, qui lui donna le commandement de l'armée du Nord. Mais ce conquérant n'étant pas encore satisfait des ressources qu'il trouvait dans ce pays, crut devoir ériger en royaume la république batave, et, le 5 juin 1806, son frère Louis fut proclamé roi de Hollande. Ce prince, ennemi du faste, n'accepta la couronne qu'à regret : on dit même que, pour s'en dispenser, il allégua la faiblesse de sa santé, qui ne pourrait résister à l'humidité du climat ; et que la réponse de Napoléon fut : *Qu'il valait mieux mourir roi que de vivre prince.* Juste et humain, Louis parvint sans peine à se faire aimer des Hollandais, soit en administrant avec équité, soit en allégeant le poids des impôts. Bien convaincu que le commerce maritime était la principale ressource de ce peuple, il le favorisait secrètement et de tout son pouvoir, malgré la défense expresse de Napoléon, qui croyait ne pouvoir faire la guerre au gouvernement anglais que par le *système continental.* Deux bateaux chargés de poudre ayant fait explosion à Leyde, Louis se transporta aussitôt, à cheval, partout où ce fléau avait étendu ses ravages ; partout il prodigua des secours et des consolations. Lorsqu'en 1809 une inondation aussi subite qu'impétueuse submergea plusieurs cantons, on vit encore ce prince, toujours humain et généreux, visiter avec empressement ce théâtre de désolation, et, autant qu'il était en son pouvoir, dédommager les victimes par son active bienfaisance. Cependant, au commencement de 1810, Napoléon fut irrité de l'inexécution des mesures prohibitives qu'il avait prescrites pour arrêter le progrès du commerce anglais, et qui n'étaient pas moins funestes à celui de la Hollande (c'était à l'époque de son second mariage). Il manda son frère à Paris, et lui reprocha durement sa tolérance, en lui donnant à entendre qu'il ferait occuper la Hollande par ses troupes, pour assurer l'exécution du système continental. Mais Louis qui, disait-il, *en acceptant le trône de Hollande, s'était fait Hollandais,* n'hésita pas à répondre, « que dès l'instant » où un soldat français mettrait le » pied sur son territoire, il se con- » sidérerait comme ayant cessé de » régner. » En effet, des troupes françaises ne tardèrent pas à entrer en Hollande ; et Louis, ne voulant point subir ce joug étranger, ni opposer de résistance, afin d'éviter toute effusion de sang, abdiqua aussitôt en faveur de son fils, remit au trésor de l'état le montant de sa liste civile, partit secrètement, et se retira à Gratz, en Styrie, dans les premiers jours de juillet. Après avoir visité son frère Jérôme, à Cassel, et après avoir pris les eaux à Tœplitz, en Bohême, il passa trois années dans la retraite, où il vécut paisiblement en simple particulier, ayant renoncé à tous ses anciens titres, et se contentant d'une pension modique que Napoléon lui envoyait. En 1813, quand l'Autriche déclara la guerre à la France, Louis crut devoir quitter l'Allemagne, où toutefois il n'avait pas à craindre d'être inquiété, s'y étant conduit constamment avec autant de sagesse que de modération. Après avoir parcouru la Suisse, et séjourné dans le canton

Jérôme Bonaparte

de Vaud, où il fut bien accueilli, il partit pour Rome. Bien qu'il ne fût pas revenu à Paris pendant les cent jours, Louis n'en a pas moins été compris dans la mesure rigoureuse portée en l'article 4 de la loi d'amnistie du 12 juin 1806, qui exclut du royaume, à perpétuité et sous peine de mort, la famille de Bonaparte. On prétend même qu'il a été forcé à souscrire l'engagement de séjourner constamment dans les états romains, sans pouvoir jamais en sortir. Sa femme était restée en France avec ses enfans. En 1815, il a plaidé, sans succès, contre elle, pour être autorisé à faire venir son fils aîné auprès de lui. Louis, ainsi que son frère Lucien, a beaucoup de goût pour les belles-lettres. Dans la *Correspondance interceptée de l'armée d'Égypte*, on remarque plusieurs lettres de lui assez bien écrites; et il ne manque ni de facilité ni de grâce pour la versification. En 1814, la seconde classe de l'institut de France proposa, de la part d'un anonyme, un prix pour l'auteur du discours où les questions suivantes seraient le mieux résolues : *Quelles sont les difficultés réelles qui s'opposent à l'introduction du rhythme des Grecs et des Latins dans la poésie française ? Pourquoi ne peut-on pas faire des vers français sans rime*, etc.? Louis Bonaparte était la personne qui faisait ouvrir ce concours, sans vouloir être nommée ; et M. l'abbé Scoppa remporta le prix, qui lui fut décerné, par l'institut, dans sa séance publique du 6 avril 1815. Louis est auteur d'un roman qui a pour titre *Marie, ou les Peines de l'amour*, 1808, 2 vol. in-12. En 1814, on en a donné une nouvelle édition intitulée *Marie, ou les Hollandaises*, 3 vol. in-12. L'auteur y peint assez bien les mœurs et les usages des Hollandais, et il exprime fort naturellement l'intérêt que cette nation libre, simple et franche avait su lui inspirer. Enfin, sous le titre de *Documens historiques, et Réflexions sur le gouvernement de la Hollande, par Louis Boparte, ex-roi de Hollande*, 1820, 5 vol. in-8°, il a publié un compte exact et détaillé de son administration, ou, disons mieux, de son règne : bel exemple à donner aux rois ; et c'est le meilleur qu'il pouvait leur laisser, après celui que leur offre son administration même ! On assure que Louis Bonaparte fait toujours sa résidence dans les états du saint-père : exempt d'ambition, il vit paisible et heureux dans une modeste retraite, partagé entre l'étude et l'amitié.

BONAPARTE (Jérôme), prince de Montfort, le plus jeune frère de Napoléon, et ci-devant roi de Westphalie, est né à Ajaccio, le 15 décembre 1784. Venu en France, avec sa famille, en 1793, il entra au collége de Juilly pour faire ses études. Immédiatement après la révolution du 18 brumaire an 8 (9 novembre 1799), à peine âgé de quinze ans, il quitta le collége pour servir dans la marine. En 1801, nommé lieutenant de vaisseau, il fit partie de l'expédition de Saint-Domingue, commandée par son beau-frère, le général Leclerc. Il ne tarda pas à revenir en France, pour apporter des dépêches de ce général; il repartit bientôt pour la Martinique, sur la frégate l'*Épervier*, dont Napoléon lui avait donné le commandement. Lorsqu'à la fin de l'année suivante, la guerre eut repris son cours entre l'Angleterre et la France, Jérôme établit une croisière devant la rade de Saint-Pierre et l'île de Tabago. Mais forcé de se retirer après une station de quelques mois, il se rendit à New-York, dans les États-Unis. A la fin de 1803, il y épousa la fille de M. Paterson, riche négociant de Baltimore. Napoléon, devenu empereur, fit casser ce mariage pour cause de minorité, malgré la vive opposition de son frère, qui avait déjà un fils. Quand Jérôme partit des États-Unis afin de revenir en Europe, les Anglais mirent en mer plusieurs croisières pour s'emparer de lui; mais il leur échappa. Ayant débarqué à Lisbonne, au mois de mai 1805, il fut bientôt de retour en France. Disgracié par Napoléon, qui se trouvait alors en Italie, il se rendit aussitôt à Gènes, d'où ce prince l'envoya à Alger, pour réclamer du dey 250 Génois retenus en esclavage. Après avoir rempli heureusement cette mission, il partit, en novembre suivant, pour Nantes, et ensuite pour Brest, où il reçut le grade de capitaine de vaisseau, et fut chargé de commander d'abord un vaisseau de 74, puis une escadre de 8 vaisseaux de ligne, avec laquelle il appareilla, en 1806, pour la Martinique. De retour en France, dans la même année, il fut élevé au grade de contre-amiral. En 1807, il passa du service de mer à celui de terre; il commanda un corps de Bavarois et de Wurtembergeois, qui attaqua les Prussiens, et s'empara de la Silésie. Il fut fait dans cette campagne général de division, le 14 mars. La paix ayant été conclue à Tilsitt, le 7 juillet, Jérôme épousa, le 12 août suivant, la princesse Frédérique-Catherine, fille du roi de Wurtemberg. (*Voyez* CATHERINE, princesse de Wurtemberg.) Le 18 du même mois, la Westphalie ayant été érigée en royaume par Napoléon, Jérôme en fut proclamé roi : toutes les puissances le reconnurent bientôt, et l'empereur Alexandre lui envoya la décoration de l'ordre de Saint-André de Russie. Il établit sa résidence à Cassel, capitale de son royaume. Doué d'un esprit pénétrant et d'un jugement sain, il en fit souvent preuve dans la discussion des affaires. Il fonda des établissemens utiles, embellit la ville par des monumens; et s'il eût toujours su se tenir en garde contre l'enivrement du pouvoir, contre l'attrait des plaisirs et la fougue de la jeunesse, il n'aurait laissé en Westphalie que des regrets. Ses écarts lui attirèrent plusieurs fois des reproches de Napoléon, et particulièrement quand Jérôme vint le complimenter à l'occasion de la naissance du roi de Rome (20 mars 1811). Deux ans auparavant, il s'était déjà rendu à Paris pour assister aux conférences des princes de la confédération du Rhin. Dans la campagne de Russie, qui fut si funeste à la France, en 1812, Napoléon donna à Jérôme le commandement d'une division allemande, à la tête de laquelle il se distingua aux combats d'Ostrowa et de Mohilow. Mais ayant eu le malheur d'être surpris à Smolensk, ce qui déconcerta une opération de la plus haute importance, il fut mandé au quartier-général de Napoléon, qui le réprimanda sévèrement, et le renvoya à Cassel, après l'avoir remplacé dans son commandement par le général Régnier. L'année suivante, les Français évacuèrent l'Allemagne; et le roi Jérôme, obligé d'abandonner ses états, se réfugia en France, avec sa femme, dont l'affection parut s'accroître en raison de ce qu'il était plus malheureux. Vers la fin de mars 1814, les deux époux furent forcés de quitter la France. La princesse, en partant pour les états de son père, où elle se retirait, fut arrêtée, près de Paris, sur la route de Fontainebleau, par un chef de bande, M. le marquis de Maubreuil (*voyez* MAUBREUIL), qui faisait partie de sa maison à Cassel en qualité d'écuyer, et de lieutenant des chasses. Cet ex-chouan lui enleva ses diamans, son argent et ses effets les plus précieux. Quant à Jérôme, qui était allé rejoindre à Blois l'impératrice Marie-Louise, il se rendit, après l'abdication de Napoléon, dans le Wurtemberg, où sa femme l'attendait. Après avoir séjourné quelque temps dans ce pays, les deux époux partirent pour l'Italie, où ils devaient se fixer. Ils se trouvaient à Trieste, quand Napoléon, qui revenait de l'île d'Elbe, débarqua, le 1er mars 1815, sur les côtes de la Provence. Le gouvernement autrichien fit dès lors surveiller Jérôme, qui, dans la crainte d'être pris en otage, s'embarqua secrètement sur une frégate que lui avait envoyée son beau-frère, Joachim Murat, alors roi de Naples. Arrivé à Paris, dans les premiers jours d'avril, avec le cardinal Fesch, son oncle, il assista à l'assemblée solennelle du champ-de-mai, qui se tint le 1er juin suivant. Le lendemain, il fut appelé à siéger dans la chambre des pairs, et partit, quelques jours après, avec Napoléon, pour l'armée, où il eut un commandement. Jérôme montra beaucoup de courage dans cette campagne, qui fut aussi courte que fatale. Il se distingua surtout à l'attaque du bois de Hougoumont, dont il s'empara deux fois, et dont il resta maître, bien que l'élite des troupes anglaises, postée dans un château fort, fît un feu des plus meurtriers : il reçut même une blessure au bras. Après le désastre de Waterloo, où il justifia par une opiniâtre résistance, ce qu'il avait fait dire à Napoléon : *C'est ici que nous devons rester et mourir*, il revint, avec son frère, à Paris, qu'il quitta le 27, lorsque ce prince abdiqua pour la seconde fois, et se fut mis en route pour Rochefort. Sous le voile de l'incognito, Jérôme ayant erré quelque temps en Suisse et en France, parvint encore heureusement à rejoindre sa femme qui l'attendait dans les états de Wurtemberg. Au mois de décembre suivant, le roi, son beau-père, lui donna le château d'Elvangen pour y faire sa demeure, à la condition de ne point s'en écarter, et de ne garder à son service aucun Français. En juillet 1816, il lui donna le titre de prince de Montfort, sous lequel il l'autorisa, le mois suivant, à aller visiter, avec sa femme et ses enfans, au château de Baimbourg, près de Vienne, sa sœur Caroline, aujourd'hui veuve de Joachim Murat, roi de Naples. Le prince de Montfort réside tantôt dans une belle terre qu'il possède près de Vienne, tantôt dans la ville de Trieste, où il a acheté un palais. Il a deux enfans, un fils et une fille.

BONAPARTE (Madame), impératrice-reine. *Voyez* Joséphine.

BONAPARTE (Élisa), grande duchesse de Toscane. *Voyez* Bacciochi.

BONAPARTE (Caroline), reine de Naples. *Voyez* Murat.

BONAPARTE (Pauline), duchesse de Guastalla. *Voyez* Borghèse.

BONAVENTURE (Nicolas-Melchiade), exerçait, en l'an 5 (1797), la profession d'avocat à Tournay, lorsqu'il fut nommé au conseil des cinq-cents. Avec de l'esprit et une imagination susceptible de s'enflammer facilement, ce qui peut-être lui a fait donner l'épithète de *bizarre* par quelques biographes, il soutint les intérêts de ses commettans en demandant que le droit de nommer au tribunal de cassation fût reconnu pour les départemens réunis. Il s'opposa aux mesures employées par le directoire à l'égard des prêtres de la Belgique, dont on exigeait la déclaration de fidélité, en vertu d'une loi antérieure à la réunion de cette province à la France. Le décret qui ordonnait la vente des biens nationaux pour opérer la liquidation des dettes des départemens réunis, fut aussi fortement combattu par lui. Appelé, le 6 juillet 1800, à la présidence du tribunal criminel de Bruxelles, en même temps qu'aux fonctions de juge d'appel à celui de la Dyle, M. Bonaventure fut nommé, en 1804, membre de la légion-d'honneur.

BONBON (François), natif d'Orléans, y exerçait la profession de cordonnier. La révolution qui venait de donner l'éveil à toutes les ambitions le détermina à venir à Paris, où l'exagération de ses principes le fit bientôt connaître. Le comité révolutionnaire de la Butte-des-Moulins fut le théâtre de ses exploits; il en était président à l'époque du 9 thermidor an 2 (27 juillet 1794). Les rôles se trouvant changés après cette journée, Bonbon fut arrêté comme l'un des instrumens de la terreur; cependant il recouvra sa liberté après le 13 vendémiaire an 4 (10 octobre 1795). Obligé de travailler pour vivre, il reprit son premier état; mais étant au nombre de ces insensés qui sans armes tentèrent de s'emparer du camp de Grenelle, il fut, conjointement avec eux, condamné à mort, par une commission militaire assemblée au Temple, le 9 octobre 1796. Ce malheureux eut assez de courage pour prévenir l'exécution du jugement en se précipitant de l'une des tours où il était détenu. Par un de ces raffinemens de cruauté trop communs dans les temps de discordes civiles, son cadavre fut placé sur la charrette qui conduisit les autres condamnés au supplice.

BONCENNE (N.), exerçait à Poitiers les fonctions d'avocat et de professeur suppléant à la faculté de droit de cette ville, lorsque, au mois de février 1815, il fut nommé par le roi conseiller de préfecture du département de la Vienne, en remplacement de son père, démissionnaire. Après les événemens du mois de mars de cette même année, il fut élu député de la Vienne à la chambre des représentans. Il s'y montra un des plus zélés défenseurs de l'institution du jury, de la liberté de la presse, et de la liberté individuelle. Il proposa plusieurs amendemens au projet de *déclaration des droits des Français*, présenté, dans la séance du 5 juillet, par M. Garat. Au mois d'août suivant, M. Boncenne fut nommé, par le collége d'arrondissement de Poitiers, candidat à la chambre des députés.

BONCERF (Pierre-François), naquit en 1745, à Chasaulx en Franche-Comté. Après avoir exercé, à Besançon, la profession d'avocat, il vint à Paris, obtint une place dans les bureaux du ministre Turgot, et fit paraître, avec l'agrément de ce ministre, en 1776, sous le nom de *Francaleu*, une brochure intitulée *les Inconvéniens des droits féodaux*. Cet ouvrage fut dénoncé au parlement par le prince de Conti, et condamné à être brûlé par arrêt du 23 février. Boncerf, décrété lui-même, dut son salut à Louis XVI, qui défendit au parlement de poursuivre cette affaire. L'ouvrage proscrit fut loué par Voltaire; il eut une vogue extraordinaire, et fut traduit dans toutes les langues de l'Europe. Il repose sur les mêmes principes qui servirent de base aux décrets improvisés par l'assemblée constituante dans la nuit du 4 au 5 août 1789. Lorsque M. Turgot quitta le ministère, Boncerf se retira en Normandie, où il s'occupa du desséchement des marais qui rendaient la vallée d'Auge impraticable pendant une partie de l'année. Cet acte de patriotisme et d'humanité, et un mémoire qu'il publia en 1786 à l'occasion de ce desséchement, le firent recevoir membre de la société d'agriculture de Paris; mais le projet est encore à exécuter. Un canal de trois lieues et quelques coupures rendraient à l'agriculture un des excellens cantons de la France. Boncerf fut ensuite employé dans l'administration des biens ruraux du duc d'Orléans, et il occupait encore cette place quand la révolution éclata. Nommé officier municipal de la commune de Paris, il en remplit les fonctions avec zèle. Une circonstance singulière, c'est qu'en cette qualité il fut chargé d'installer le tribunal civil dans le local même où le parlement avait condamné son livre: le 11 octobre 1790, il apposa les scellés sur les greffes où étaient déposées les procédures criminelles dirigées contre sa personne. Mais son caractère ferme, et l'austérité de ses principes, lui attirèrent de nombreux ennemis, qui, dès 1793, rappelant ses anciennes liaisons avec le duc d'Orléans, en tirent le prétexte d'accusations et de tradition au tribunal révolutionnaire. Acquitté à la majorité d'*une seule voix*, il fut si vivement frappé de l'idée du danger qu'il avait couru, que sa santé en fut altérée et son moral affecté. Il mourut au commencement de 1794. Boncerf a publié plusieurs ouvrages, entre autres un qui paraîtrait faire suite à la brochure condamnée. Il est intitulé : *Moyens pour éteindre, et Méthode pour liquider les droits féodaux*, 1790, in-8°. Les autres sont : 1° Un *Mémoire* qui remporta le prix proposé en 1784, par l'académie de Châlons-sur-Marne, sur cette question : *Quelles sont les causes les plus ordinaires de l'émigration des gens de la campagne vers les grandes villes, et quels seraient les moyens d'y remédier?* 2° *de la nécessité et des moyens d'occuper avantageusement tous les ouvriers*. Cet ouvrage fut réimprimé par ordre de l'assemblée nationale, in-8°, Paris, 1789. 3° *Réponse à quelques calomnies*, in-8°, 1791; 4° *Nécessité et moyens de restaurer l'agriculture et le commerce*, in-8°, 1791; 5° *de l'Aliénabilité et de l'Aliénation du domaine*, in-8°, 1791.

BONCHAMP (Arthus, comte de). Ce général, le plus distingué des armées vendéennes, fit ses premières armes dans la guerre de l'indépendance des États-unis d'Amérique. De retour en France, il y prit du service, et était, en 1791, capitaine de grenadiers au régiment d'Aquitaine, en garnison à Landau, lorsqu'il donna sa démission et se retira au château de la Baronnière, près de Saint-Florent, département de Maine-et-Loire. Il passa dix-huit mois dans cette solitude, et malgré son attachement pour la monarchie, ne prit aucune part à la première insurrection de la Vendée. Lorsque les paysans contraignirent les nobles à se mettre à leur tête, M. de Bonchamp vivait encore dans la retraite. Les insurgés de l'Anjou le proclamèrent leur commandant. Forcé en quelque sorte, par cette marque de confiance, de sortir de l'inaction volontaire à laquelle il s'était voué, et bien que ses opinions fussent très-modérées, il embrassa, avec ardeur, la défense de la cause royale, accepta le grade qui lui était offert, et alla rejoindre la Roche-Jacquelein et Cathelineau (*voyez* ces noms). Ce dernier, chef d'une partie des forces vendéennes, venait de s'emparer de la ville de Beaupréau. Les trois chefs agirent de concert; ils prirent d'abord Bressuire et marchèrent sur Thouars. C'est surtout au courage et à l'adresse de Bonchamp, qu'ils durent d'effectuer le passage de la rivière, qui sert de défense naturelle à cette ville. Dès lors commença la prospérité momentanée des Vendéens; et une guerre qui jusqu'alors semblait mériter à peine l'attention du gouvernement, prit tout à coup un caractère grave, et donna de vives inquiétudes. Dans l'origine, les insurgés, réunis en petits corps d'armées, agissaient isolément; leurs chefs ne se connaissaient même pas : mais, sous une meilleure direction, l'armée vendéenne gagna du terrain, recruta des soldats plus aguerris et des chefs plus habiles. On mit plus d'ensemble dans les opérations, on

Bonchamp Gal Vendéen.

Mme Marchand del. Deseve Sculp.

agit avec plus d'activité et plus d'ordre; les chefs combattant pour la même cause, ayant un intérêt commun, marchant au même but, réunirent leurs forces dispersées, et formèrent sur la rive droite de la Sèvre (qui prend sa source au-dessus de Saint-Maixent, et se jete dans l'Océan au-dessous de Marens), la *grande-armée vendéenne*, où l'on remarqua les chefs qui avaient le plus de mérite, et qui acquirent le plus de réputation. Cependant cette grande armée ne fut point encore confiée à la direction d'un chef unique ; Bonchamp, qui combattait souvent avec elle, ne recevait d'ordres de personne, et la seule influence qu'il y exerçât, n'était due qu'à ses connaissances militaires et à la prudence de ses conseils, que l'on suivait souvent, bien que ses collègues l'accusassent de montrer quelquefois de la tiédeur, c'est-à-dire, d'opposer le talent et la sagesse à une exaltation insensée, qui rend presque toujours les hommes injustes et féroces. Bonchamp était aussi malheureux que brave. Il prenait rarement part à une action sans être blessé. Dès le commencement de la guerre, il le fut grièvement, et les opérations militaires souffrirent beaucoup des absences forcées d'un chef aussi distingué. Pendant l'une d'elles, les autres chefs attaquèrent Fontenay; cette tentative échoua, et fut renouvelée huit jours après. A cette seconde attaque, Bonchamp fut un des premiers qui entrèrent dans la ville; il y reçut encore une blessure dangereuse, ce qui l'empêcha de concourir à la prise de Saumur et d'Angers.

L'armée vendéenne tenta d'entrer à Nantes; elle fut repoussée, et Bonchamp eut le coude fracassé; il fut de nouveau hors d'état de combattre pendant quelque temps. Dans cet intervalle, d'Elbée se fit élire généralissime, au très-grand mécontentement des hommes raisonnables qui auraient désiré voir cette place remplie par Bonchamp : celui-ci en apprit la nouvelle sans regret; il parut seulement fâché qu'on eût choisi pour chef celui des généraux qui passait pour avoir le moins de capacité. Le gouvernement républicain sentant la nécessité de faire un effort décisif, pour soumettre la Vendée, y envoya, vers septembre 1793, une armée nombreuse, commandée par des officiers éprouvés. Bientôt le Bas-Poitou fut envahi, et les débris de l'armée de Charette, qui venait d'être complétement battue, arrivèrent dans le plus grand désordre sur les bords de la Sèvre, obligés d'implorer le secours de la grande-armée vendéenne. Cette défaite compromettait le salut de la cause: il n'y eut qu'une opinion sur le parti qui restait à prendre ; ce fut de rassembler toutes les forces et de les opposer à l'intrépide garnison de Mayence, qui, par des prodiges de valeur, soutenait la gloire immortelle qu'elle s'était acquise sur le Rhin pendant un siège mémorable. Les Vendéens firent les plus grands efforts, et se maintinrent durant quelques heures devant ces redoutables soldats : Bonchamp, encore souffrant de sa dernière blessure, et le bras en écharpe, arriva avec sa division, et décida la victoire en faveur des insurgés; mais ils ne la durent qu'à leur grand nombre, et à la lassitude des républicains, qui, quoique entourés de toutes parts, et dans un pays couvert et presque sauvage, opérèrent cependant leur retraite avec succès. La victoire ne fut pas aussi complète que les Vendéens l'avaient cru d'abord, et cependant elle exalta l'imagination de quelques chefs, et fit changer les plans. On résolut de réunir toutes les forces, et de les diriger contre la garnison de Mayence, afin de l'arrêter dans sa retraite. Bonchamp n'étant point instruit assez à temps de ce dessein, attaqua les républicains et ne leur fit éprouver qu'une légère perte. C'est à ces causes, sans doute, que l'on doit attribuer la mésintelligence qui ne tarda pas à éclater parmi les chefs royalistes. Charette voulut isoler ses opérations, et il sépara de la grande-armée le corps qu'il commandait, au moment où la Vendée se trouvait assaillie sur tous les points. Châtillon, considéré comme le foyer de l'insurrection, fut successivement pris par les républicains, et repris par les royalistes. La garnison de Mayence, plus forte par la jonction de quelques autres troupes, s'avançait du côté de Mortagne; Lescure lui livra bataille à Tremblaye, avant l'arrivée de l'armée d'Anjou, commandée par Bonchamp. Victime de son imprudence, Lescure fut blessé à mort, et vit la défaite de tout le corps qui était sous ses ordres. Profitant habilement de la mésintelligence qui régnait parmi les insurgés, et des succès qu'ils venaient d'obtenir, les républicains se dirigèrent sur Chollet. Bonchamp sentit tout le danger de la position de la grande-armée, qu'une bataille pouvait anéantir. Il jugea prudent de se ménager une ressource au-delà de la Loire, et de profiter, en même temps, de l'avis qui venait de lui parvenir qu'un soulèvement général allait avoir lieu en Bretagne, où d'ailleurs il avait personnellement de l'influence. Cette sage proposition, d'abord combattue vivement par quelques chefs poitevins, qui ne voulaient pas quitter la Vendée, fut cependant adoptée à la fin; on s'assura du passage de la Loire; mais on avait perdu du temps et fait des dispositions insuffisantes. Le 17 octobre 1793, les armées en vinrent aux mains devant Chollet. Les républicains combattirent avec leur courage ordinaire, et jamais les Vendéens n'avaient montré tant de valeur et d'acharnement. D'Elbée était déjà blessé à mort, quand Bonchamp reçut dans la poitrine une balle qui le renversa. Les royalistes alors abandonnant le champ de bataille, ne songèrent plus qu'à effectuer le passage de la Loire, que les républicains, affaiblis par de grandes pertes, ne cherchèrent point à empêcher. Pendant ce temps, Bonchamp éprouvait une lente agonie; il expira, après vingt-quatre heures de souffrances, au moment où on l'enlevait de la barque qui avait traversé le fleuve pour le transporter à terre. C'est une opinion assez généralement reçue, que cet illustre chef, avant de mourir, avait demandé la grâce de 5,000 républicains conduits au bord de la Loire, où l'on devait les fusiller, lorsque les débris de l'armée vendéenne allaient passer cette rivière. Les biographies précédentes rapportent le même fait; mais l'une d'elles adoptant moins légèrement cette opinion, fait remarquer que du moment qu'il fut frappé jusqu'à sa mort, Bonchamp demeura sans connaissance, ou dans un état d'agonie. Elles ajoutent que c'est à l'humanité de presque tous les autres généraux vendéens que les cinq mille prisonniers républicains durent la vie. Quelques mois après, disent les mêmes auteurs, pour sauver Mme de Bonchamp, qui était prisonnière à Nantes, et qui avait été condamnée à mort par une commission militaire, plusieurs de ces généraux attestèrent qu'elle avait engagé son mari à user de son pouvoir pour faire rendre la liberté aux prisonniers. La convention nationale adopta ce moyen. Elle accorda un sursis à cette dame; plus tard, sur la proposition de M. Pons de Verdun, le jugement de la commission militaire fut définitivement annulé. Nous n'émettons aucune opinion sur le fait attribué à Bonchamp; mais que les cinq mille prisonniers doivent la vie à ce chef ou aux autres généraux vendéens, on reconnaît des Français à un trait si généreux; il y en avait donc dans les deux partis!

BONCOMPAGNI (IGNACE), d'une famille originaire de Bologne, descendait d'un fils naturel de Grégoire XIII. Ce fut, dit-on, à la considération dont jouissait son père, alors prince de Piombino, qu'il dut le chapeau de cardinal, après avoir néanmoins parcouru tous les degrés de la hiérarchie ecclésiastique. Il était jeune encore, quand il parut à Bologne avec le titre de vice-légat d'abord, et celui de légat qu'il prit bientôt après. Son premier soin dans cette ville fut d'opérer un grand nombre de réformes, et de détruire les privilèges, double mesure qui lui fit beaucoup d'ennemis. Joseph II, passant à Bologne, fut charmé de rencontrer un homme dont l'esprit philosophique et réformateur avait tant de rapport avec le sien; et dès que ce prince fut à Rome, il en parla si avantageusement à Pie VI, que S. S. n'hésita pas à le nommer secrétaire-d'état. On accuse le cardinal Boncompagni d'avoir montré dans cet emploi un caractère dominateur; mais au fait, il se conduisit à Rome comme il l'avait fait à Bologne, cherchant et saisissant toutes les occasions d'abaisser l'orgueil des grands. Peut-être, comme Joseph II, mit-il trop de précipitation dans l'exécution de ses projets de réforme. Ce motif, joint au goût un peu vif qu'il avait pour les plaisirs, diminua singulièrement la faveur dont il jouissait dans l'esprit du pape; il acheva de perdre son crédit en se brouillant avec le cardinal Ruffo. Alors, sous prétexte de sa mauvaise santé, il se démit de l'emploi de secrétaire-d'état. S'étant rendu, en 1790, aux bains de Lucques, il y mourut, dans le mois d'août, à l'âge de 47 ans. Ses nombreux ennemis attribuent cette mort prématurée aux excès auxquels il s'était livré. Ils prétendent aussi que la nouvelle de la perte de ce prélat, du moment qu'elle fut connue à Bologne, fut accueillie par les signes les moins équivoques de la joie publique. Il est cependant probable que les classes privilégiées étaient les seules qui pussent y trouver un sujet de satisfaction. Quelques biographes reprochent amèrement au cardinal Boncompagni de n'avoir pas eu une parfaite reconnaissance pour les jésuites qui l'avaient élevé. Ces biographes, hommes à principes, se laissent facilement emporter à la passion. Ils auraient sans cela réfléchi que l'esprit droit et les lumières du prélat attestaient qu'il avait mal profité des leçons de ses maîtres; et il était naturel qu'il n'aimât point ceux dont il n'approuvait ni les doctrines ni la conduite.

BOND (OLIVIER), fut un de ces hommes qui, fortement attachés à la liberté de leur patrie, repoussent de tous leurs vœux et de tous leurs efforts le gouvernement qu'ils en croient l'oppresseur, et exposent généreusement leur vie, bien que convaincus souvent de l'inutilité de leurs efforts. Né vers 1720, à Dublin, d'un ministre calviniste, Olivier Bond reçut une éducation soignée. Dès sa jeunesse il méditait les moyens de rendre l'indépendance à son pays; mais l'Irlande était comme prédestinée à la servitude. L'Angleterre, toujours parlant de liberté, portait à la fois des chaînes dans l'Inde, répandait son or corrupteur au sein de la France agitée, dirigeait ses armées contre l'Amérique, et accablait du joug de sa funeste alliance l'Irlande qu'elle appelait sa sœur (*Sister-Country*).

Olivier Bond se lia bientôt avec tous les Irlandais qui, passionnés pour la liberté publique, dévorent en silence les affronts, et préparent dans le secret l'affranchissement de leurs concitoyens. Les noms de Napper-Tandy, de Théobald Wolfetone, ne seront pas oubliés de la postérité. La guerre d'Amérique touchait à sa fin; le gouvernement humilié, le ministère découragé, la nation divisée, rendaient le moment favorable. La société des *Irlandais-unis* ne tarda pas à recruter parmi les mécontens les hommes les plus braves et les plus capables de résolution. Bond s'y rendit. Il était né avec toutes les qualités qui semblent propres au conspirateur : adresse et persévérance, énergie et souplesse dans le discours, talent de persuader et de séduire, enfin un extérieur imposant, un sang-froid rare, et surtout cette force de pensée, cette volonté ferme qui maîtrise toujours les hommes. Bond prit donc, par la seule supériorité de son caractère, un ascendant marqué sur ses amis. Il dirigea la plupart de leurs conseils, et indiqua les moyens de succès. La première de ses propositions, et l'une des plus sages, fut de chercher à opérer la fusion de toutes les sectes religieuses, dont la dissidence, purement dogmatique, a toujours offert, dans l'Irlande divisée, une victime sans défense contre ses oppresseurs : ce projet d'unir dans le dévouement à la patrie tous les cœurs séparés par la religion, se discutait à la table de Bond. C'était là le rendez-vous de ces généreux patriotes, à qui le défaut de succès a laissé le nom de conspirateurs. Le plan était arrêté, la conjuration allait éclater, les membres de l'association étaient réunis chez Bond (12 mars 1798), quand tous furent arrêtés dans le lieu de la réunion, au moment où ils se concertaient sur les dernières mesures à prendre. Thomas Reynolds les avait dénoncés. On les jette en prison. Des forces militaires inondent l'Irlande. L'habitant, obligé de nourrir et de loger le soldat, ne se soumet qu'en murmurant aux vexations que cette situation entraîne. Bientôt on se révolte; mais cet effort de la populace, sans chef, sans plan, échoue, et sert de prétexte à l'autorité pour ses cruels châtimens. Bond et plusieurs autres sont condamnés à mort. Cependant quelques-uns des conjurés, à l'instigation du duc de Clarc, archi-chancelier, s'engagent à découvrir toute la trame, a en développer les ramifications les plus secrètes, pourvu que Bond, Byrne et Maccan, aient la vie sauve, et qu'eux-mêmes soient autorisés à passer à l'étranger; ils promettent en outre d'apaiser la sédition, de calmer l'orage qu'ils avaient fait naître. Le gouvernement accepte le traité; il promet tout : les conjurés seuls tiennent leur parole. A peine l'Irlande est-elle tranquille, que Byrne et Maccan sont pendus. On avait solennellement promis à Bond de le laisser partir pour l'Amérique; on le trouva mort dans la prison de Newgate, où il était détenu : les journaux ministériels parlèrent d'une attaque d'apoplexie, mais la voix publique ne répéta pas ce récit avec les mêmes circonstances. La veuve de Bond est aujourd'hui à Baltimore avec ses enfans, qu'elle élève loin des convulsions européennes et de la terre où le sang de son mari a coulé.

BONDAM (Pierre), professeur à Campen, Qutphen, Harderwick et Utrecht, a passé une vie longue et laborieuse, sans acquérir beaucoup de célébrité. Ses *Variæ lectiones,* où il corrige, interprète, commente, altère, amplifie, une foule de passages d'un grand nombre d'auteurs anciens et modernes, sont ce qu'il a publié de plus généralement estimé. Mais de quel intérêt puissant pouvait être cet énorme in-f°, où il a fait entrer toutes les chartes des ducs de Gueldres, écrites en vieux hollandais? (Utrecht, 1783 à 1793.) L'étude du grec est utile, et on ne peut que l'encourager; mais était-il nécessaire de prouver cette utilité par deux gros volumes in-4° (*de linguæ Græcæ cognitione,* 1755, et *Pro Græcis juris interpretibus,* 1763), augmentés de quatre énormes harangues académiques? Son premier ouvrage (*Specimen animadversionum criticarum ad loca quædam juris civilis depravata,* 1746, Franecker) contient des observations judicieuses, mêlées à des observations de très-peu d'importance, sur l'étude du droit. Bondam, qui était né en 1727, mourut en 1800.

BONDI (l'abbé Clément), le *Delille* des Italiens. Il a, comme le poète français, fait des poëmes moitié philosophiques et moitié descriptifs, que l'élégance et l'art de la versification rendent très-remarquables. Comme Delille, il a traduit Virgile, et c'est aussi son plus beau titre littéraire. Né à Mantoue, patrie du poète romain, il eût pu, avec plus de raison encore que le traducteur français, être surnommé l'*abbé Virgile*. Il a moins d'esprit que Delille, mais plus de sensibilité : ses compositions sont en général simples et touchantes; elles charment surtout le cœur. Si l'on compare son poëme de la *Conversation* avec le poëme de *Delille*, et le poëme de *Cowper,* on s'aperçoit bientôt que celui du poète français est plus spirituel, celui du poète anglais plus original, celui de Bondi plus touchant. Cowper a dessiné des grotesques avec un talent bizarre sans doute, mais plein de force; Delille a enseigné l'art de plaire dans les entretiens familiers; Bondi a considéré la conversation sous un rapport plus vaste et plus philosophique, et il a fait ressortir tout ce qu'il peut y avoir d'attachant dans cette communication continuelle des intelligences, par l'entremise de la parole. La *Journée champêtre,* autre poëme de Bondi, est un badinage fort agréable. Il a aussi composé des odes, des cantates, et une foule de sonnets. Sa traduction de l'*Enéide* en vers *sciolti* est belle, élégante, mais quelquefois infidèle et affectée. Plus majestueuse que celle d'Annibal Caro, elle est moins variée et moins harmonieuse que celle de Delille. L'abbé Bondi, instituteur des enfans de l'archiduc Ferdinand (gouverneur de Milan), et professeur de littérature et d'histoire auprès de l'impératrice (morte en avril 1816), a toujours joui d'une considération méritée. Admis à la cour et bien traité de la fortune, il n'en est pas moins aimé de ses rivaux, même de ceux qui sont pauvres, ou don't le mérite est méconnu.

BONDT (Nicolas). Son goût pour les lettres, et quelques essais heureux, portèrent un de ses savans compatriotes, Burmann (second), à le juger ainsi : *Jeune homme qui ne promet que des miracles d'érudition et d'esprit;* mais renonçant bientôt à une carrière où il ne trouvait que la célébrité et la médiocrité, il se livra aux affaires, devint riche, et mourut oublié en 1792. Bondt, né en 1732 à Voobourg en Hollande, soutint à Utrecht, en 1752, sous la présidence de Wesseling, une thèse remarquable sur l'épitre apocryphe de Jérémie; donna, en 1754, une édition très-correcte des *Lectiones variæ* de Vincent Contareni; en 1756, l'*Histoire de la confédération des Provinces-Unies,* avec un commentaire sur le préambule de l'acte de l'union; et fut reçu la même année docteur en droit, sur une dissertation intitulée *de Polygamiâ.* En 1759, il publia une édition des *Harangues* de l'aîné des Burmann. On lui attribue le recueil philologique, intitulé *Triga opusculorum variorum,* Utrecht, 1755, que quelques biographes donnent à Van der Kem.

BONDT (N.), chimiste, né à Amsterdam, est connu comme auteur de la découverte du *gaz oléfiant,* dont l'institut impérial de France, dans son rapport de 1810 à l'empereur, fit une mention très-honorable. M. Bondt a publié dans les *Annales de Chimie* (tome XXI et tome XXIII) plusieurs mémoires au sujet de cette découverte. C'est, jusqu'à ce jour, tout ce que ce savant paraît avoir fait de remarquable.

BONDY (LE COMTE TAILLEPIED DE), né à Paris en 1766, d'une famille ancienne et connue dans les finances. La révolution l'empêcha de suivre cette carrière. Nommé, en 1792, directeur de la fabrication des assignats, il fut bientôt forcé de renoncer à ces fonctions, qu'il remplissait avec autant d'intelligence que de probité, et il donna, aussitôt après le 10 août, sa démission, malgré toutes les instances que lui fit le ministre des finances pour qu'il conservât sa place. Ennemi de l'intrigue, ainsi que des violences, M. de Bondy resta éloigné des orages qui se succédèrent avec une si terrible rapidité à dater de cette époque; et lorsqu'un gouvernement, établi sur de plus fortes bases, donna des lois à une grande partie de l'Europe, il ne rechercha ni les places ni les dignités; mais sa liaison avec le prince Eugène l'ayant fait connaître de l'Empereur, il fut nommé chambellan en 1805. Il accompagna Napoléon dans la plupart de ses voyages, et le suivit même à l'armée dans la campagne d'Autriche, en 1809. Au retour, l'empereur le nomma maître des requêtes, et l'envoya présider le collége électoral du département de l'Indre. Immédiatement après, Napoléon le plaça auprès du roi de Saxe, et ensuite auprès du roi de Bavière, qui successivement vinrent à Paris. Il fut en même temps nommé comte de l'empire et grand'croix de l'ordre de Saint-Hubert de Bavière. Lorsque l'impératrice Marie-Louise arriva en France, M. de Bondy fut l'un des officiers de la maison de l'empereur qui furent envoyés au-devant de cette princesse. Il joignit l'impératrice à Carlsruhe, et dirigea les réceptions et les fêtes qui eurent lieu sur sa route. En août 1810, M. de Bondy fut nommé à la préfecture du Rhône, et c'est dans ces fonctions administratives qu'il a essentiellement marqué. Son administration fut toujours sage, prévoyante et paternelle. Il donna les plus grands soins aux travaux publics, et il obtint de l'empereur des sommes considérables pour le comblement des marais Perrache; par ces immenses travaux, il parvint à assainir un quartier qui était inhabitable, et qui est à présent un des plus beaux de la ville de Lyon. Il fut constamment le protecteur du commerce, et s'acquit la confiance et l'affection des négocians de Lyon, qui le chargèrent, en 1811, de remercier l'empereur des décrets contre l'introduction des marchandises anglaises. En 1812, la ville de Lyon fut préservée, par ses soins, de la disette qui affligeait toute la France, et l'empereur lui fit témoigner sa satisfaction des sages mesures qu'il avait prises, et pour lesquelles il fut si bien secondé par MM. Senneville, Champanhet, Cazenove et Laurencin, alors adjoints à la mairie. Ennemi de toute mesure violente, M. de Bondy essaya constamment de tempérer

les lois rigoureuses que les circonstances amenèrent successivement; et particulièrement lors de la levée des quatre régimens de la garde d'honneur, il parvint à faire exécuter cette mesure dans son département, sans exciter de mécontentement. En janvier 1814, lors de l'invasion des alliés, il crut devoir leur opposer une vigoureuse résistance : son influence sur les Lyonnais, et la confiance qu'il leur avait inspirée, contribuèrent fortement à retarder la prise de Lyon, qui eût été occupé dès le mois de janvier sans la fermeté du préfet; mais deux mois après, obligé de céder aux forces des Autrichiens, il n'abandonna la ville qu'avec l'armée française, qui se retirait sur Valence. Après l'abdication de Napoléon, *Monsieur*, frère du roi, satisfit aux vœux des Lyonnais, en ordonnant à M. de Bondy de retourner reprendre ses fonctions de préfet. Il défendit avec zèle et fermeté les intérêts de la ville de Lyon contre les prétentions des alliés. Il y reçut à leur passage, *Madame*, duchesse d'Angoulême, *Monsieur*, frère du roi, les princes et les princesses d'Orléans. Peu après, il fut rappelé, et nommé commandeur de la légion-d'honneur. Les habitans de Lyon témoignèrent ouvertement le regret qu'ils avaient de le perdre. Il reçut de la chambre de commune et de la garde nationale de cette ville des adresses expressives autant qu'honorables, et le ministre reçut également de la chambre de commerce de Lyon une lettre où les principaux négocians et fabricans exprimaient les sentimens qu'ils conservaient à M. de Bondy. En effet, cet administrateur a laissé, dans le département du Rhône, les plus honorables souvenirs. Il vivait paisiblement au milieu de sa famille, lorsqu'il apprit le retour de Napoléon en 1815. M. de Bondy fut aussitôt nommé préfet de la Seine, et il rentra au conseil-d'état dans sa qualité de maître des requêtes. C'est à ce dernier titre qu'il signa l'adresse du 20 mars, dans laquelle, en rétablissant les droits de la nation, le conseil-d'état ne cachait point à Napoléon ce qu'on attendait de lui désormais : le même jour, M. de Bondy lui présenta, comme préfet de Paris, une autre adresse, rédigée dans le même sens. Dans le cours de son administration, il montra pour la ville de Paris le même zèle dont il avait donné des preuves à Lyon. Le département de l'Indre le nomma député à la chambre des représentans en mai 1815. Lorsqu'à la fin de juin, les ennemis approchèrent de la capitale, sa modération prévint les troubles qui se préparaient. « Défiez-vous, disait-
» il dans une proclamation aux
» habitans de Paris, défiez-vous
» de tous ceux qui pourraient
» vous conseiller de prendre une
» part trop active à de hautes dé-
» terminations, dans lesquelles vo-
» tre concours ne saurait être uti-
» le. Si votre zèle, bien dirigé, ne
» peut dans cette importante cir-
» constance produire aucun avan-
» tage à votre patrie, que pou-
» driez-vous espérer d'une coopé-
» ration qui ne pourrait pas con-
» duire à des résultats conformes

»à vos intentions, et qui détrui-
»rait peut-être ce que vous croi-
»riez édifier?..... Les troupes é-
»trangères ne sont pas loin de la
»capitale ; elles pourraient d'un
»instant à l'autre paraître sous
»vos murs : que cet événement ne
»vous intimide pas. Le pouvoir
»national écartera les maux que
»vous auriez à redouter. » Comme préfet du département de la Seine, M. de Bondy fut un des trois commissaires chargés de la négociation du 3 juillet, et quand M. de Chabrol l'eut remplacé, il fut nommé préfet de la Moselle; mais à peine fut-il arrivé à Metz qu'il fut révoqué après quatorze jours d'exercice, et par l'effet de la réaction qui se faisait déjà sentir. En décembre 1815, il parut à la cour des pairs avec le prince d'Ecmühl, et le général Guilleminot, comme témoins à décharge dans le procès du maréchal Ney, pour faire valoir en sa faveur l'art. 12 de la capitulation de Paris, touchant l'inviolabilité des personnes. En 1816 et en 1818, il a été nommé, par le département de l'Indre, membre de la chambre des députés. Il a parlé pour la liberté de la presse et pour la loi du recrutement, au sujet de laquelle il prononça un discours très-remarquable. Il s'inscrivit contre le projet de changement de la loi sur les élections. Il siége à la deuxième section du côté gauche.

BONGARS (LE BARON), servit successivement l'empereur Napoléon, le roi de Westphalie et le roi de France. Nommé, par le premier, capitaine de cavalerie et officier d'ordonnance, le 3 janvier 1807, il fit la guerre en Portugal, et fut pris par les Anglais, qui le conduisirent à la Corogne. Les Français le délivrèrent lorsqu'ils prirent cette ville, le 20 janvier 1808. Il passa en Westphalie, et fit, en qualité de général au service de ce royaume, la campagne de 1809. Il fut chargé de poursuivre le chef de partisans prussiens Schild, dont le roi de Prusse avait désavoué la conduite. En 1809, il reçut une mission semblable à l'égard du prince de Brunswick-Oels; mais ce dernier parvint à s'embarquer au moment où le général Bongars allait l'atteindre. En décembre 1811, il fut nommé par le roi de Westphalie membre de son conseil, et accompagna ce prince lorsqu'il revint à Paris en 1813. En 1814, il prêta, comme général de brigade, serment à l'empereur, et fut continué dans le même grade, et nommé chevalier de Saint-Louis après le retour du roi. Pendant les *cent jours* il eut un commandement dans le département de la Meurthe.

BONGUYODE (L.), homme de loi avant la révolution, remplit diverses fonctions municipales, devint administrateur du département du Jura, qui le nomma, en septembre 1792, député à la convention nationale. Dans le jugement du roi, il déclara qu'il croyait fondées toutes les accusations portées contre ce prince ; « mais, ajouta-t-il, assez de sang »français a été versé, et je vote »pour la réclusion à perpétuité, »ou le bannissement, si les cir- »constances venaient à l'exiger. » Il se prononça en faveur de l'appel et du sursis; parla plusieurs fois dans les discussions sur les lois civiles; s'opposa à la loi du divorce, à cause de la trop grande facilité qu'elle accordait aux époux de se séparer; combattit la loi qui fixait la majorité à vingt-un ans; enfin, bien qu'il ne désapprouvât pas formellement l'égalité du partage des successions entre frères, il demanda que les pères et mères fussent autorisés à disposer en faveur de qui bon leur semblerait d'un sixième de leur fortune. M. Bonguyode, après la session de la convention, retourna dans son département, et rentra dans la carrière du barreau.

BONHOMME-DUPIN (Pierre-Jean-Baptiste), né à Toulouse en 1737, était conseiller au parlement de cette ville en 1789. Il manifesta alors son attachement au nouvel ordre de choses, mais avec beaucoup de modération, et crut cependant, en 1790, ne pas devoir signer les protestations de ses collègues contre les décrets de l'assemblée constituante, ce qui n'empêcha pas qu'en 1793 il ne fût compris parmi les membres du parlement, arrêtés d'abord comme suspects, et traduits ensuite devant le tribunal révolutionnaire de Paris. Ce magistrat respectable, que l'on ne peut s'empêcher de considérer comme un ami de la liberté, par un de ces crimes que la politique appelle des erreurs ou des malheurs, périt du même supplice que ses collègues, dont les opinions étaient tout-à-fait opposées aux siennes.

BONI (le chevalier Onufre), de Cortonne, antiquaire distingué, joint à beaucoup d'érudition une imagination brillante. Parmi plusieurs dissertations aussi savantes que bien écrites qu'il a données, on remarque celle qui fut insérée dans les *Mélanges* publiés à Paris, chez Henri Agasse, imprimeur. Le chevalier Boni y prétend que le nom de l'île *Giannuti*, située dans la mer de Toscane, est dérivé de l'ancien *Dianum*, et que les restes du roi Mausole furent déposés dans un temple nouvellement découvert dans cette île, et non pas en Égypte, comme on l'avait cru jusqu'alors. Ces dissertations se trouvent dans un opuscule assez rare, et qui, avant d'avoir été inséré dans l'ouvrage publié chez Agasse, avait paru en 1810, sous le titre de : *Sopra le antichita di Giannuti*, opuscule adressé en forme de lettre au chevalier Romain Jean Gérard de Rossi.

BONIFACE (Alexandre), né le 22 décembre 1790. Élève du grammairien Domergue, ce jeune instituteur, connu par son zèle pour l'instruction de l'enfance, établit d'abord sa réputation par plusieurs ouvrages sur la langue anglaise, et par la publication du *Manuel des amateurs de la langue française*, en vingt-quatre livraisons. Plein du désir de se rendre plus utile à l'éducation, il renonça à plusieurs institutions où il professait avec beaucoup de succès; et, pendant trois ans, disciple de Pestalozzi, alla puiser, dans la célèbre école d'Yverdun, les moyens de propager en France cette méthode, dont l'utilité reconnue par nos anciens philosophes, est démontrée aujourd'hui par l'expérience dans l'Europe entière. Depuis son retour, M. Boniface s'est exclusivement occupé de composer un cours complet d'éducation, nécessaire pour exécuter le plan qu'il a conçu de créer à Paris un institut à l'instar de celui d'Yverdun. Son *Cours élémentaire de dessin* a déjà paru. Les autres ouvrages sur la lecture, le calcul, la géographie, l'histoire naturelle, la langue française, doivent se succéder rapidement.

BONNAC (JEAN-LOUIS, D'USSON DE), député aux états-généraux, né à Paris en 1734, fut nommé, en 1767, à l'évêché d'Agen. Élu pour représenter le clergé de cette ville, en 1789, il se prononça fortement contre les principes de la révolution, et fut le premier qui, sur l'interpellation du président de l'assemblée nationale, refusa de prêter le serment civique, exigé des ecclésiastiques par un décret. Peu de temps après il émigra, et ne reparut en France qu'au mois de mai 1814.

BONNAIRE (FÉLIX), né le 23 octobre 1766. Il fit ses études chez les oratoriens, et devint professeur à la Flèche, puis à Bourges. Il était administrateur du département du Cher, lorsqu'en 1798, il fut appelé au conseil des cinq-cents. Il avait été nommé, en 1792, député suppléant à la convention nationale; mais il n'y avait pas siégé. Dès le commencement de sa carrière politique, ses opinions ne furent point équivoques; mais elles parurent toujours modérées. Maintenant il vit dans la retraite, où il jouit de l'estime de ses concitoyens. Le 8 juillet 1798 (21 messidor an 6), il présenta un projet de loi sur les fêtes décadaires. Il fit décréter que les mariages seraient célébrés le décadi seulement, dans les chefs-lieux de canton. Un peu plus tard, il présenta un rapport sur la manière de faire suivre les dispositions du calendrier nouveau Il fut secrétaire du conseil des cinq-cents, le 27 octobre. C'est lui qui proposa de ne point souffrir que les étrangers portassent en France la cocarde tricolore; à ce sujet, il rappela ces paroles prononcées par un orateur au commencement de la révolution : « La cocarde » française fera le tour du globe : » les rois travaillent à hâter ce mo- » ment; et bientôt les peuples s'in- » clineront devant cet emblème sa- » cré de l'indépendance européen- » ne. » M. Bonnaire réfuta M. Boulay de la Meurthe relativement aux écoles primaires, et appuya le projet de la commission sur cet objet. Le 27 juin 1799 (9 messidor an 7), il blâma les attaques dirigées dans le conseil contre la société des théophilanthropes, et il demanda que le directoire fût autorisé à bannir les prêtres dont les prédications fanatiques occasioneraient des troubles, particulièrement dans les campagnes reculées de quelques départemens. Il fit prendre plusieurs résolutions sur la manière d'organiser les conscrits pour l'armée auxiliaire; il combattit les moyens présentés par Petiet, pour suppléer à l'emprunt de cent millions; enfin, dans la séance du 24 août, il fit part au conseil des mesures que son département avait prises pour s'opposer aux machinations contre-révolutionnaires de cette époque. Après la journée du 18 brumaire, il fut nommé préfet des Basses-Alpes, puis de la Charente, au mois d'avril 1802, et enfin d'Ile-et-Vilaine deux ans plus tard. Maintenu dans ce dernier poste, en 1814, il y éprouva tant de désagrémens, suscités par un ancien chef de chouans, Dubois Guy, devenu commissaire du roi, qu'il demanda son changement, et l'obtint, au grand regret de ses administrés, le 26 janvier 1815. Pendant les *cent jours*, M. Bonnaire fut préfet de la Loire-inférieure. Il crut devoir opposer à l'activité des agens royalistes dans ces cantons, une proclamation énergique, où il cherchait surtout à prévenir les habitans de la campagne contre les perfides conseils de quelques individus, « qui déjà, » disait-il, avaient attiré sur eux » tous les maux de la guerre civi- » le, dans le seul but de servir des » intérêts opposés à ceux des hom- » mes mêmes dont ils prétendaient » encore armer les bras dociles et » trompés. » Ses efforts ne purent empêcher des soulèvemens particiels dans son voisinage. Mais il reçut des électeurs d'Ile-et-Vilaine une preuve d'estime et de confiance : ce fut par leur choix qu'il fit partie de la chambre des représentans. Ami du duc d'Otrante (Fouché), il obtint la préfecture de la Vienne après le retour du roi ; mais il la perdit par suite de la disgrâce de ce ministre.

BONNAIRE (JEAN-GÉRARD), né en 1771, dans le département de l'Aisne, prit du service, en 1792, dans un bataillon de volontaires, et mérita, par son courage et par ses services, le grade de général de brigade. C'est en cette qualité qu'il fit les dernières campagnes d'Espagne, et qu'il fut grièvement blessé pendant le siége de Bayonne. Le roi le nomma chevalier de Saint-Louis en 1814 ; mais il ne fut pas employé, et ce ne fut qu'en 1815, pendant les *cent jours*, que le commandement de la place de Condé lui fut confié. Après la bataille de Waterloo, le général Bonnaire ne reçut point en amis ceux qui venaient envahir le territoire français, et refusa de leur ouvrir les portes de Condé. Les soldats de la garnison, animés du même esprit, et excités, dit-on, par le lieutenant Miéton, aide-de-camp du général, n'apprirent pas sans indignation que le colonel Gordon était venu de la part du roi les sommer de se rendre. Ils tirèrent sur le parlementaire, et le général Bonnaire fut traduit avec son aide-de-camp devant un conseil de guerre, comme en ayant donné l'ordre. Le lieutenant Miéton fut condamné à mort, et fusillé le 30 juin 1816. Le général n'ayant pu être convaincu du crime qui lui était imputé, fut condamné à la déportation et à la dégradation ; cette dernière partie d'un acte, d'une rigueur si nouvelle, fut exécutée sur la place Vendôme, à Paris ; la résistance qu'opposa ce brave général, et l'impression profonde qu'elle fit sur lui, abrégèrent sa vie : le général Bonnaire mourut peu de temps après dans les prisons de l'Abbaye.

BONNARD (N., COMTE DE). Il servit constamment son pays depuis la révolution, et cependant, chose assez rare pour être remarquée, il reçut les éloges de ceux qui ne le servaient pas, ou qui l'ont servi très-tardivement. Aide-camp du général Carteaux, en 1793, ce fut cet officier qui vint annoncer à la convention les succès de l'armée des Alpes. Devenu bientôt après général de brigade, puis général de division, il succéda, en 1799, au général Collaud dans le commandement de la 24me division militaire; il quitta ce commandement pour prendre celui de la 22me, en 1801. Déjà commandant de la légion-d'honneur, il fut créé comte de l'empire, en 1804, et servit en Espagne où il se distingua, principalement au combat de Lérida. En 1815, le général Bonnard a été nommé chevalier de Saint-Louis.

BONNARD (N. DE), fils du chevalier de Bonnard, poète contemporain des Boufflers, des Parny et des Bertin, mais mort longtemps avant eux. M. Bonnard fils a, dit-on, publié, sous le voile de l'anonime, en 1816, in-8°: *Observations d'un mineur sur le discours de M. Dugas des Varennes, relatif aux mines.* M. de Bonnard est ingénieur en chef des mines, et secrétaire-général du conseil de cette administration.

BONNATERRE (L'ABBÉ P. J.), né vers 1752 dans le département de l'Aveyron, a publié dans l'*Encyclopédie méthodique*, de 1788 à 1792, le *Tableau encyclopédique et méthodique des trois règnes de la nature,* en plusieurs volumes, intitulés: *Ornithologie, Cétologie, Erpétologie, Insectologie,* etc., etc. Ce travail, qui est le complément de celui du célèbre Daubenton, mais qui est plus simple et plus méthodique, est fait d'après le *Systema Naturæ* de Linné. L'abbé Bonnaterre y a ajouté des planches, grand in-4°, qui représentent la figure exacte des plantes, dont il donne la description. Ce tableau, le plus complet qui existe, est encore aujourd'hui l'un des ouvrages les plus estimés en ce genre. L'abbé Bonnaterre quitta la capitale à l'époque des plus grands troubles de la révolution, et se retira dans le département de l'Aveyron, à Saint-Geniez, où il mourut vers 1804. On a encore de lui une *Notice historique sur le sauvage de l'Aveyron,* publiée en l'an 9, et plusieurs mémoires inédits sur l'agriculture, la botanique et l'histoire naturelle, ainsi qu'une *Flore du département de l'Aveyron.*

BONNAUD (JACQUES-PHILIPPE), entra au service comme soldat, et était général en 1793. Il se distingua à l'armée du Nord pendant cette campagne, et surtout à la prise de Gertrudemberg. Vingt pièces de canon et un grand nombre de prisonniers furent le résultat de cette journée. Il servit ensuite à l'armée de la Vendée; enfin à celle de Sambre-et-Meuse, en 1796. Il donna de nouvelles preuves de valeur à la bataille de Friedberg, le 10 juillet de la même année, et s'empara de la ville de Cassel. A Wurtzbourg, le 3 septembre, il fut battu par l'archiduc Charles, et cessa d'être employé après cette bataille.

BONNAY (LE MARQUIS DE), député suppléant aux états-généraux par la noblesse du Nivernais, était, à l'époque de la révolution, lieutenant des gardes-du-corps. Devenu président de l'assemblée nationale où il avait remplacé M. de Damas, il repoussa les inculpations dirigées contre les gardes-du-corps dans les journées des 5 et 6 octobre 1789, en soutenant que rien ne pourrait entacher l'honneur de ces guerriers qu'il comparait à Bayard. Il avait préalablement défendu les ministres, accusés d'avoir autorisé le passage de quelques régimens étrangers sur le territoire français. Cependant au 14 juillet 1790, on le vit le premier prononcer le serment civique, que répétèrent avec enthousiasme tous les fédérés de la France réunis au Champ-de-Mars. Le comité des recherches ayant accusé M. de Bonnay d'avoir eu connaissance du voyage de Varennes avant son exécution, il répondit noblement « que si le roi » l'avait consulté sur ce voyage, il » ne le lui aurait pas conseillé; » mais que s'il eût reçu l'ordre » d'accompagner ce prince, il se fût » empressé d'obéir et de mourir à » ses côtés. » Dénoncé de nouveau pour des relations qu'il aurait eues avec les émigrés, on trouva dans ses papiers, à la suite d'une perquisition, un paquet portant la suscription suivante : *Pour être brûlé après ma mort, sans qu'il en reste de vestiges; je le demande par le respect dû aux morts.* Ce paquet mystérieux fut porté au comité de sûreté générale qui, l'ayant ouvert, n'y trouva que des billets doux et des confidences amoureuses. Le marquis de Bonnay accompagna *Monsieur*, frère du roi, aujourd'hui Louis XVIII, dans son exil, et fut son ministre lors du séjour de ce prince à Varsovie. En 1814, le roi le nomma membre de la chambre des pairs et ministre plénipotentiaire de France, à Copenhague. M. de Bonnay continua cette mission pendant les *cent jours,* et fut depuis accrédité à Berlin. Le mauvais état de sa santé l'a rappelé à Paris; au mois d'avril 1816, il avait prononcé à la chambre des pairs un discours dans lequel la chambre des députés n'était pas ménagée; il l'accusait d'entraver, par sa conduite, la marche du gouvernement. Plusieurs députés, entre autres M. Humbert de Sesmaisons, repoussèrent cette attaque d'une manière assez vigoureuse. Le marquis de Bonnay s'est autrefois occupé de poésie : à l'occasion des perquisitions que fit faire chez M. de Barentin le premier comité des recherches, il publia un petit poëme satirique intitulé : *La prise des Annonciades.* Cette plaisanterie fort spirituelle eut beaucoup de succès, et amusa la société aux dépens de MM. Pethion et Charles de Lameth, qui prirent le parti d'en rire avec le public.

BONNE (L. DE), député à la chambre de 1815, était, en 1813, maire de Mâcon; c'est en cette qualité qu'il signa, au mois d'octobre de cette année, une adresse des Mâconnais à l'impératrice Marie-Louise, adresse dans laquelle ils protestaient de leur dévouement et de leur fidélité au héros qui conduisait leurs enfans à la gloire. Le 10 avril 1814, après avoir fait sentir au corps municipal la nécessité de se rallier au souverain légitime, M.

Bonne fit arborer le drapeau blanc. Lorsqu'au mois de mars 1815, Napoléon, revenant de l'île d'Elbe, entra dans Mâcon, et reprocha à ses habitans rassemblés de s'être rendus, en 1814, à une poignée de Cosaques, ils en rejetèrent la faute sur le maire qu'il leur avait donné, et M. de Bonne fut destitué; mais le roi le réintégra dans ses fonctions au mois de juillet suivant. Appelé à la chambre des députés, en 1815, il y vota constamment avec la majorité.

BONNEAU (Jean-Yves-Alexandre) naquit à Montpellier en 1739. Nommé, par la protection du duc de Castries, consul-général en Pologne, il recueillit dans ce pays les derniers accens de la liberté mourante. L'ambassadeur de France ayant quitté la Pologne au commencement des troubles de ce royaume, avait laissé les papiers de la légation entre les mains de Bonneau, qui, soupçonné d'avoir encouragé la résistance des Polonais, fut arrêté par les Russes, lorsqu'ils entrèrent à Varsovie. Conduit à Pétersbourg par ordre de Catherine II, il fut jeté dans une étroite prison; ce ne fut qu'au bout de quatre ans, après l'avénement de Paul Ier au trône, que ses fers furent brisés par ordre de ce prince. Sa longue détention, que le gouvernement français ne put sans doute faire cesser, avait occasioné la mort de sa femme et de sa fille; il ne put à son tour supporter cette double perte, et à peine de retour à Paris, il y mourut à l'âge de 66 ans, en mars 1805.

BONNE-CARRÈRE (Guillaume), né en Languedoc, le 13 février 1754. Après avoir servi quelque temps, il fut chargé, par M. de Vergennes, d'une mission diplomatique aux Indes orientales. De retour en France, M. Bonne-Carrère ne fut pas un des partisans les moins ardens des principes de liberté qui se développaient de toutes parts, et il rechercha l'amitié des membres les plus énergiques de l'assemblée constituante. Il fit partie de la société des amis de la constitution, dont il fut successivement président et secrétaire. En avril 1791, il se rendit à Liége, comme chargé d'affaires auprès du Prince-Évêque de cette ville, qui refusa de le reconnaître. Dans le mois de juin suivant, il fut exclu du club des jacobins, et, en avril 1792, il conclut, en qualité de directeur-général des affaires étrangères, plusieurs traités avec les princes de Salm-Salm et de Lowenstein-Wertheim, relativement à des indemnités réclamées par ces derniers. Il avait été nommé à cette place par Dumouriez, ministre des affaires étrangères. Après le 10 août, Brissot, avec qui il avait eu des démêlés aux jacobins, l'accusa de s'être vendu à la cour; fit révoquer sa nomination à l'ambassade des États-Unis d'Amérique, et ordonner l'apposition des scellés sur ses papiers. La défection de Dumouriez causa l'arrestation de M. Bonne-Carrère; on l'accusait d'entretenir des liaisons avec ce général. Il écrivit, pour se justifier, à la convention; mais elle passa à l'ordre du jour sur sa demande. Quelques jours après, il obtint néanmoins sa liberté, malgré l'opposition prononcée des jacobins. M. Bonne-Carrère, après le 31 mai, sut tirer parti de son ancienne inimitié avec Brissot : il fit valoir ce titre de civisme, et ne fut plus inquiété par le directoire ; il fit différens voyages à Berlin, à Copenhague, à Stockholm, et en Allemagne. En 1805, il fut nommé candidat au corpslégislatif, par le département de la Haute-Garonne ; mais il ne fut point accepté par le sénat. En 1810, M. Bonne-Carrère alla en Espagne, et fut directeur-général de la police de Catalogne, sous le maréchal Macdonald. Quand le maréchal quitta l'Espagne, M. Bonne-Carrère revint à Paris, où il vit maintenant retiré des affaires.

BONNEFOI (JEAN-BAPTISTE), chirurgien de Lyon, excellent praticien et savant estimé, naquit en 1756, et mourut en 1790. Sa thèse inaugurale fut brillante. Il avait choisi pour sujet : *De l'Influence des passions de l'âme dans les maladies chirurgicales*. Il publia un autre mémoire qui eut beaucoup de succès, et qui avait été couronné par l'académie de Lyon. Il a pour titre : *De l'Application de l'électricité à l'art de guérir*. Ces deux ouvrages, imprimés en 1783, in-8°, furent suivis d'une *Analyse raisonnée du rapport des commissaires sur le magnétisme animal*, imprimée en 1784, in-8°. Les praticiens et les amis de l'humanité ont vivement regretté la perte prématurée de ce savant.

BONNEFOUX (LE BARON DE). En 1774, il entra au service comme garde-marine, et fit, avec distinction, plusieurs campagnes, à la suite desquelles il fut nommé lieutenant de vaisseau, et successivement aux grades supérieurs. En 1793, il était major de l'escadre commandée par M. Morard de Galles. Mais la tyrannie anarchique que la France s'était imposée plutôt que de souffrir l'invasion étrangère, vint frapper ce brave officier. Il fut destitué, échappa aux massacres par le seul bonheur de sa destinée, et après le 18 brumaire, fut nommé préfet maritime du premier arrondissement. Le roi, à son retour, le fit passer au cinquième arrondissement, où il est encore.

BONNEGENS-DES-HERMITANS (DE), lieutenant à la sénéchaussée de Saint-Jean-d'Angély, adopta les principes de la révolution, sans en approuver les excès. Député aux états-généraux, il fut nommé commissaire pour recevoir l'argenterie des églises. C'est le fait le plus important de tous ceux auxquels il ait attaché son nom. M. Bonnegens a deux fils qui remplissent des fonctions publiques, l'un en qualité de souspréfet de Quimperlé, et l'autre, de président de la cour royale de Poitiers.

BONNEMAIN (ANTOINE-JEAN-THOMAS), né en 1757, était, avant la révolution, avocat à Arcis-sur-Aube. Depuis 1789, jusqu'à la formation de la convention nationale, où il fut député par le département de l'Aube, il remplit différentes fonctions administratives. Membre de la convention, il vota, dans le procès de Louis XVI, pour la réclusion, le bannissement à la paix et le sursis. Lorsque l'assemblée se sépara, il fut élu au conseil des cinq-cents, dont il cessa de faire partie le 20 mai 1797. Sous le gouvernement consulaire, il fut nommé président du tribunal de première instance d'Arcis-sur-Aube. On a de lui un ouvrage sur *la Régénération des colonies, et sur les Institutions républicaines* (1792), dans lequel il prouve la nécessité de l'abolition de la traite des noirs, et de la destruction graduelle de l'esclavage. Il s'est aussi occupé d'agriculture, et on lui doit la découverte d'un procédé nouveau, destiné à hâter la végétation.

BONNEMAIN (Pierre, baron), maréchal-de-camp, chevalier de Saint-Louis, chevalier de la Couronne-de-Fer, et commandant de la légion-d'honneur. Vers le commencement de la révolution, il entra au service comme sous-lieutenant de dragons. Il devint aide-de-camp du général Tilly, et fit, en cette qualité, plusieurs campagnes aux armées du Nord et de Sambre-et-Meuse. Après avoir été chef d'escadron et major du 16ᵐᵉ régiment de chasseurs à cheval, il fut nommé colonel en 1806. A la tête du 5ᵐᵉ régiment de cette arme, il fit les campagnes de Prusse et de Pologne, en 1806 et en 1807. Il rendit des services importans à Schleitz, à Lubeck, à Iéna, ainsi qu'à Trevitz, où il fut blessé. En 1808, il partit pour l'Espagne, et se distingua particulièrement à Truxillo et à Médelin. Lorsque les Français évacuèrent Talavéra le 22 juillet 1810, il sauva un bataillon d'infanterie qu'enveloppait une cavalerie nombreuse; et enfin, le 26 du même mois, à la bataille de Talavéra, il chassa les insurgés des montagnes de Ronda, et les battit, l'année suivante, à Algésiras. Élevé au grade de général de brigade, en 1811, il continua à servir utilement dans l'armée du Midi jusqu'au commencement de 1813, époque à laquelle il passa en Italie; il fit, sous le prince Eugène, les campagnes de 1813 et 1814. Souvent chargé du commandement de l'avant-garde, il montra surtout beaucoup de talens et de valeur aux affaires de Caldiero le 15 novembre 1813, et de Villa-Franca le 4 février 1814, jour où il remporta des avantages considérables sur un ennemi bien supérieur en nombre. Le 8 du même mois, il contribua au succès de la bataille du Mincio; il était proposé pour le grade de général de division, au moment de l'abdication de l'empereur, en 1814. Le roi nomma le général Bonnemain chevalier de Saint-Louis. Pendant les *cent jours,* cet officier-général eut le commandement d'une brigade de cavalerie, sous les ordres du général Grouchy. Le surlendemain de la bataille de Waterloo, il écrivit de Dinant au gouverneur de Givet; cette lettre, transmise au ministre de la guerre, fut lue le 22 à la chambre des représentans et à celle des pairs. Après ces désastres, il fut désigné pour lieutenant-général, mais cette nomination ne fut point confirmée par le roi. Durant les dernières années, le baron Bonnemain a été employé soit comme maréchal-de-camp, soit comme inspecteur de cavalerie, enfin comme inspecteur-général de gendarmerie. Il est parent du précédent.

BONNE-SAVARDIN (LE CHEVALIER DE), officier sarde, se trouvant en France à l'époque de la révolution, s'en montra on ne sait trop pourquoi l'un des antagonistes les plus prononcés. Il s'était fait, en 1790, l'agent d'une correspondance contenant un plan de contre-révolution communiqué à la cour de Turin par le comte de Maillebois. Dénoncé pour ce fait au comité des recherches de l'assemblée constituante, par le secrétaire particulier du comte, le 24 mars de cette année, le comité ordonna l'arrestation du chevalier de Bonne-Savardin, qui, en étant averti, se tint caché pendant quelque temps chez l'ambassadeur de Sardaigne. Lorsqu'il crut que l'on ne songeait plus à lui il essaya de se rendre en Piémont, prit maladroitement la route de Savoie, et fut arrêté au moment où il allait passer la frontière. On trouva dans sa voiture beaucoup de papiers de nature à le compromettre, et dont il n'avait pu se charger sans une extrême imprudence. La plus importante de ces pièces, écrite entièrement de sa main, contenait une conversation, qu'avant son départ il avait eue avec le comte de Saint-Priest. Envoyé à l'Abbaye par un décret de l'assemblée nationale, une main puissante encore, lui fournit bientôt les moyens de s'évader et de se joindre à l'abbé de Barmond, qui, se disposant à quitter la France, venait de donner sa démission de député. Le chevalier Bonne-Savardin, l'abbé de Barmond et un certain M. Eggs, partirent secrètement; mais ils furent arrêtés, le 29 juillet 1790, à Châlons-sur-Marne. Atteint par un nouveau décret de prise de corps, le chevalier Bonne-Savardin fut ramené à Paris, décrété d'accusation, et conduit, dans le mois de mars 1791, à Orléans, pour y être jugé par la haute-cour nationale. Les preuves de sa culpabilité, qui d'abord avaient paru claires, furent reconnues insuffisantes par ce tribunal. Il fut acquité, et eut la liberté de sortir de France : il est mort en pays étranger.

BONNESŒUR-BOURGINIÈ-RES (SIMÉON-JACQUES-HENRI), était avocat à Coutances avant la révolution. Après avoir rempli diverses fonctions administratives, il fut nommé, par le département de la Manche, député à la convention nationale. Dans le procès de Louis XVI, il fut constamment de la minorité qui vota d'une manière favorable au roi sur les questions de l'appel au peuple, de la peine et du sursis. Après la session de la convention, il devint membre du conseil des anciens. Il y approuva la résolution relative aux juges de paix non élus, et l'exclusion de Job Aymé des fonctions législatives. Il fut secrétaire le 20 février 1796. Sorti du conseil au mois de mai 1797, il fut envoyé dans son département comme commissaire du directoire-exécutif. Après la révolution du 18 brumaire an 8, le gouvernement consulaire le nomma président du tribunal de Mortain. Lors du débarquement de Napoléon, au mois de mars 1815, M. Bonnesœur, qui occupait encore cette place, fut élu deux mois après membre de la chambre des représentans. Contraint, par la loi d'amnistie du 12 janvier 1816, de quitter la France, il voulut se retirer en Angleterre; mais il fut arrêté à son arrivée à Portsmouth. Ce ne fut qu'après quelque temps qu'on lui délivra des passe-ports pour Anvers. Il a été rappelé en 1818.

BONNET (Charles), naquit à Genève en 1720, d'une famille que nous aimons à proclamer noble, car elle a donné plusieurs bons citoyens à la patrie. Destiné à la jurisprudence, il eut d'abord quelque peine à suivre avec application l'étude des formalités sans nombre qui rendent difficile à acquérir la parfaite connaissance des lois. Une imagination vive, un désir vague de tout connaître, furent pris pour de la légèreté et de la paresse. Le génie, qui se développe tout à coup, donne lieu rarement à ce qu'on le devine. Ce fut le hasard qui vint révéler à Bonnet l'existence du sien : un jour, en lisant le *Spectacle de la Nature* de Pluche, l'industrie égoïste de cet animal qui creuse son entonnoir dans le sable pour y attraper les autres insectes, et qui ressemble à tant d'hommes, frappa vivement l'imagination du jeune étudiant en droit. Il ne rêva plus qu'au *formica-leo*, il ne songea plus qu'aux moyens de se procurer le *formica-leo*. Dans ses courses fréquentes à travers la campagne, le *formica-leo* fut longtemps l'objet de ses recherches. Avant de le découvrir, il recueillit quantité d'autres insectes, les classa, les examina, se procura un *Réaumur*, et devint naturaliste sans s'en apercevoir. Il avait 16 ans : il se livra sans réserve au penchant qui l'entraînait. A 18, il se mit en relations directes avec Réaumur; à 20, une découverte importante le fit inscrire parmi les correspondans de l'académie des sciences. Cette première découverte fait époque dans l'histoire des sciences naturelles. Un des plus singuliers et des plus imperceptibles phénomènes de la nature, fut révélé à un jeune homme. On ne se doutait pas encore qu'il y eût au monde des êtres féconds par eux-mêmes, capables d'enfanter sans accouplement. Bonnet, à force de patience, de sagacité, de précautions, vit neuf générations de pucerons se succéder sans mâle, et apprit au monde savant cette merveille inouïe. Appliquant ensuite à toutes les expériences, qui occupèrent tour à tour les physiciens du temps, ses observations et son infatigable patience, il sembla destiné à développer une foule d'idées qui n'étaient qu'en germe, et à terminer plus d'une ébauche. Témoins ses expériences sur la section du polype, sur les salamandres et les limaçons (*Traité d'Insectologie*, 2 vol. in-8°, Paris, 1745); sur les feuilles des arbres (*Traité de l'usage des Feuilles*, Gottingue et Leyde, 1754, in-4°), etc., etc. Abraham Trembley, Calandrini, et quelques autres, lui avaient frayé la route; il la parcourut en maître. On le vit toujours poursuivre les merveilles de la nature jusque dans ses moindres sujets. Douze ans de travaux furent consacrés à l'étude des feuilles des arbres, avant qu'il mît la main à son ouvrage sur cette matière; aussi, de l'aveu des physiologistes, des physiciens et des naturalistes, est-ce l'un des plus beaux et des plus utiles monumens élevés aux sciences. Tant de recherches, l'usage continuel de la loupe et du microscope, une si minutieuse exactitude d'observations, affaiblirent sa vue, et changèrent la direction de son esprit. Il quitta l'investigation détaillée, lente, patiente, pour les classifications métaphysiques et les spéculations hypothétiques, en un mot la route de Réaumur pour celle de Platon. Le premier fruit de cette seconde époque de sa vie est remarquable, parce qu'il semble établir un point de communication entre l'esprit d'observation et l'esprit de système qui le dominèrent tour à tour. Dans ses *Considérations sur les corps organisés* (Amsterdam, 1762 à 1768, 2 vol. in-8°), il cherche à prouver la préexistence des germes : c'est déjà une théorie, mais seulement une théorie partielle. Dans sa *Contemplation de la Nature*, qui parut ensuite (Amsterdam, 1764 à 1765, 2 vol. in-8°), il considère tout le système du monde comme une grande ligne, comme une échelle immense où tout est lié, où *il n'y a point de saut*, comme dit Leibnitz. Il développe cette théorie avec un talent enchanteur, et commençant par décrire les espèces les plus simples, il remonte successivement aux minéraux, aux plantes, aux zoophytes, aux insectes, aux poissons, aux oiseaux, aux quadrupèdes, à l'homme enfin, dont l'âme est le chaînon qui rattache les existences de ce monde à la Divinité. Son *Essai de Psychologie* (Londres, 1754, in-12), et son *Essai sur les facultés de l'âme,* offrent le contraste extraordinaire d'un esprit rigoureux, et d'une âme qui a besoin de croire. Entraîné invinciblement vers les idées religieuses par la trempe même de son génie, il n'est pas moins porté à l'analyse sévère par les habitudes de son intelligence. Il n'a trouvé, dans une longue étude de l'histoire naturelle, que des sujets qui le ramenaient sans cesse à la religion; et dans ses méditations métaphysiques, il n'a cherché que de nouveaux motifs pour être toujours plus religieux. Un homme distingué, M. Garat, dans ses *Leçons* à l'école normale, a cru voir un combat et une contradiction dans cette double tendance, à spiritualiser la science des objets les plus matériels, et à ramener les plus hautes abstractions à des explications palpables. Dans les derniers et dans les plus mystiques ouvrages de Bonnet, la *Palingénésie philosophique* (Genève, 1769 à 1770, 2 vol. in-8°), enfin dans ses *Recherches philosophiques sur les preuves du Christianisme* (Genève, 1771, in-8°), on retrouve encore ce besoin de fonder sur les phénomènes organiques l'explication des phénomènes de la sensibilité, et d'embrasser toute la nature dans un système précis, quoique exalté, intelligible, quoique divin. La vie de ce savant fut heureuse et paisible, et se passa, dans les dernières années, dans une petite maison de campagne, au milieu de sa famille et de quelques disciples qui avaient pour son mérite et ses vertus une profonde vénération. Il mourut le 20 mai 1793, dans sa 73me année. Quoiqu'il fût marié, il ne laissa point d'enfans. Wahl lui a consacré un genre de plantes sous le nom de *Bonnetia*. MM. de Pouilly et Jean Trembley ont fait son éloge; et son neveu, le célèbre de Saussure, prononça son oraison funèbre, dans la cérémonie solennelle dont la ville de Genève honora sa mémoire.

BONNET (LE COMTE), lieutenant-général, entra au service comme simple soldat avant la révolution, et parvint en peu de temps aux grades de capitaine et d'adjudant-général. Des actions d'une grande bravoure le firent nommer général de brigade, le 27 avril 1794. Il fit, en cette qualité, les campagnes de 1794 et 1795 à l'armée de Sambre-et-Meuse, commandée par le général Jourdan, et fut élevé, le 27 août 1802, au grade de général de division. En 1808, il partit pour l'Espagne, et s'acquit une haute réputation dans les provinces du nord de ce royaume : dans la Galice, où il défit, dans le mois de novembre 1809, les généraux Ballesteros et Marquesito ; dans la Biscaye, où il battit et dispersa les insurgés au pied des montagnes de Villa-Franca, le 14 juillet 1811; et dans les Asturies, que, par des succès constans et multipliés, il parvint à réduire entièrement. Pendant la retraite que l'armée de Portugal, commandée par le maréchal Marmont, exécutait sur le Duero, le général Bonnet, après avoir donné des preuves du plus grand courage et du plus grand sang-froid, fut blessé, le 23 juillet 1812, à l'affaire de Penaranda. Au commencement de 1813, il passa à l'armée d'Allemagne, fut nommé grand'croix de la Réunion, et ajouta, par cette campagne, un nouvel éclat à la réputation qu'il s'était acquise en Espagne. A Lutzen il soutint, sans en être ébranlé, différentes charges de cavalerie; et à Bautzen, il se distingua pareillement, les 8 et 10 septembre, sur les hauteurs de Dohna et dans la plaine de Tœplits; il se battit, avec la plus grande valeur, contre des forces supérieures, et enfin il se retira en bon ordre, lorsqu'il vit qu'il lui était impossible de résister aux ennemis, dont le nombre augmentait d'heure en heure. Après l'abdication de l'empereur, il fut fait chevalier de Saint-Louis. Pendant les *cent jours*, il eut le commandement de la place de Dunkerque, position qui alors pouvait devenir de la plus grande importance. Au mois d'octobre suivant, il fut nommé commandant de la 1re division militaire, et fut remplacé dans ces fonctions, lors de la rentrée du duc de Feltre au ministère de la guerre. Le général Bonnet trouve dans sa conscience et dans l'estime publique la récompense de ses glorieux travaux.

BONNET (JOSEPH-BALTHAZAR), avocat avant la révolution, fut nommé, en 1789, par la sénéchaussée de Limoux, député aux états-généraux, où il ne se fit point remarquer. Étant sorti de cette assemblée, il remplit des fonctions judiciaires dans son département, et fut nommé, en septembre 1792, député de l'Aude à la convention nationale. Après avoir voté dans le procès du roi pour la mort, contre le sursis et contre l'appel au peuple, il fut chargé de plusieurs missions. Rappelé bientôt à l'occasion du procès de Carrier, il fit partie de la commission chargée d'examiner sa conduite. Membre du conseil des cinq-cents, par suite de la réélection des deux tiers conventionnels, M. Bonnet sortit de cette assemblée en 1797, et exerça les fonctions de commissaire central dans le département de l'Aude jusqu'au mois de mars 1798, qu'il fut élu au conseil des anciens. Il se prononça pour que des indemnités fussent accordées aux députés des assemblées scissionnaires comme aux autres, en observant que si l'or de l'Angleterre indemnisait suffisamment les députés exclus par les assemblées où il n'y avait pas eu de scission, la république devait indemniser ceux que n'avait point admis la loi du 22 floréal, parce que tous étaient appelés à servir la patrie, et que la plupart d'entre eux la servaient déjà. Les fonctions législatives de M. Bonnet cessèrent à cette époque. Le reste de sa vie nous est inconnu.

BONNET-DE-FRÉJUS (J.-L.). Au commencement de la révolution, il fut forcé, comme prêtre, de quitter la France. Il se retira en Amérique, et s'y fit recevoir citoyen des États-Unis. Après l'événement du 18 brumaire, il revint à Paris, où il publia, peu de temps après son arrivée, un ouvrage qui fut alors fort recherché par les amis de la monarchie, parce qu'il semblait principalement annoncer que le premier consul relèverait le trône des Bourbons; il avait pour titre : *l'Art de rendre les révolutions utiles*, 2 vol. in-8°. Il passa dans le royaume de Naples, à l'époque de l'avénement de Joseph Bonaparte au trône, et fut employé en qualité de secrétaire-général du ministère de l'intérieur de ce royaume. Il contribua aux recherches des monumens antiques, et, par une bizarrerie assez singulière, après avoir été la première cause de l'établissement des secrétaires-généraux dans les ministères, il fut également la cause de leur suppression. On a encore de M. Bonnet-de-Fréjus : 1° *la Religion romaine en France*, in-8°, 1801; 2° *Tableau politique de la France régénérée*, in-8°, 1801; 3° *du Jury en France*, 1802; 4° *États-Unis de l'Amérique à la fin du 18ᵐᵉ siècle*, 2 vol. in-8°; 5° *État de l'Europe continentale à l'égard de l'Angleterre, après la bataille d'Austerlitz*, in-8°, 1806.

BONNET-DE-MAUTRY (Pierre-Louis). Après avoir rempli diverses fonctions municipales, il fut nommé, par le département du Calvados, député à l'assemblée législative, où il siégea constamment au côté gauche. Membre de la convention nationale, Bonnet-de-Mautry vota, dans le procès de Louis XVI, la mort avec l'examen de la question du sursis. Après la session, il fut employé, dans son département, en qualité de commissaire du directoire-exécutif. Il n'a plus reparu dans les fonctions législatives.

BONNET-DE-TREYCHES était lieutenant de la sénéchaussée de Puy-en-Vélay, lorsqu'en 1789 il fut nommé par le tiers-état député aux états-généraux. Nommé ensuite député à la convention nationale, par le département de la Haute-Loire, il vota, dans le procès de Louis XVI, l'appel au peuple, la mort et le sursis. Proscrit avec les girondins, par le parti de la Montagne, à l'époque du 31 mai 1793, il échappa toutefois aux recherches en se cachant dans les montagnes du Jura, d'où il parvint à se réfugier en Suisse. Il fut rappelé à la convention sept mois après le 9 thermidor. En 1795, envoyé dans le département de la Loire, il contribua à réprimer un mouvement qui eut lieu dans la commune de Chévrières. Après la session, M. Bonnet-de-Treyches fut nommé administrateur de l'Opéra. En 1810, envoyé dans le département de la Haute-Loire, pour présider le collége électoral d'Issengeaux, il y fut nommé membre du corps-législatif, où il siégea jusqu'à l'abdication de l'empereur; au retour de ce prince, en 1815, il fit partie de la chambre des représentans. Compris dans la liste des anciens membres de la convention nationale, exilés par l'ordonnance du 12 janvier 1816, les clauses de son vote, dans le procès du roi, motivèrent son rappel.

BONNEVIE (L'ABBÉ DE), prédicateur, est né vers 1764. Au commencement de la révolution, il professait la rhétorique au collége de Sedan. En 1792, il émigra, et revint bientôt en France, après avoir visité l'Allemagne et la Pologne. Il fut nommé chanoine de l'église métropolitaine de Lyon, en 1802, lors de la promotion de M. Fesch, oncle de Napoléon, à l'archevêché de cette ville; en 1803 il accompagna ce prélat à Rome, en qualité de secrétaire de légation. Mais il ne tarda pas à se séparer de l'ambassadeur, qui avait obtenu le chapeau de cardinal, et revint occuper à Lyon sa place de chanoine. Vers le même temps, il prononça l'*Oraison funèbre du général Leclerc*, mort à Saint-Domingue, époux de Pauline Bonaparte, depuis remariée au prince Borghèse. Le corps de ce général, rapporté en France, avait été déposé dans la cathédrale de Lyon. En 1814, déshéritant de toutes ses affections l'ordre de choses qui n'était plus, M. l'abbé de Bonnevie manifesta son attachement à la dynastie des Bourbons, dans les *Oraisons funèbres de Louis XVI, de Marie-Antoinette*, et *de Mme Élisabeth*, qu'il prononça dans l'église à laquelle il était attaché. Napoléon, revenu de l'île d'Elbe, au mois de mars de l'année suivante, reçut, lors de son passage à Lyon, la visite du clergé de cette ville, à qui il demanda, en riant, si l'abbé de Bonnevie *prêchait toujours contre le tyran*. Mais M. l'abbé avait trouvé prudent de se retirer d'abord à Marseille, et de là à Malaga; il ne rentra en France qu'après la seconde abdication de l'empereur. Les ouvrages de M. l'abbé de Bonnevie, que nous n'avons pas encore cités, sont : 1°

Eloge de S. Exc. Mgr Etienne Borgia, 1804, in-8°; 2° *Discours sur la Charité*, 1805, in-8°; 3° *Discours pour la bénédiction du Guidon, donné par le roi au* 13me *régiment de dragons*, 1814, in-8°; 4° il est aussi auteur d'un *Panégyrique de Saint-Vincent-de-Paule*, d'un *Discours sur la Révolution*, et d'un certain nombre de *sermons*; mais ces derniers ouvrages n'ont pas été imprimés. Au reste, nous devons à la vérité de dire que l'affectation, l'emphase, les longues énumérations, les répétitions, et les jeux de mots, sont des figures dont cet orateur se montre très-prodigue. Les deux phrases suivantes suffiront pour donner une idée de la manière de M. l'abbé de Bonnevie, que des journalistes de parti n'ont pas eu honte de comparer à Bossuet : « Imprimeurs de mauvais livres, » brisez vos *planches*, et sauvez- » vous sur la *planche* du repentir. » — « La pénitence est un *pont* que » Dieu a jeté sur le *fleuve* de la » vie pour nous conduire à *l'éter-* » *nité*. » Il eût été plus exact de dire, en *paradis* ; car *l'éternité* existe pour les *réprouvés* comme pour les *élus*.

BONNEVILLE (Nicolas), écrivain, que la bizarrerie de son esprit et la singularité de la plupart de ses ouvrages ont fait remarquer. Instruit, savant même, il s'appliqua à soutenir plus d'une opinion étrange et quelquefois absurde. Initié dans les mystères de la franche-maçonnerie et de l'illuminisme, il crut marquer ses écrits d'un cachet particulier, en abordant avec courage toutes les difficultés, et en se donnant peut-être avec complaisance tous les ridicules de la mysticité et de l'idéologie. Il marcha toujours seul, soit par esprit d'indépendance, soit pour fixer l'attention. Quelque motif que l'on assigne à la conduite de l'homme qui dédaigne de suivre la route commune, il y a des temps où il est honorable de se trouver libre de toute entrave, lorsque surtout un cœur droit est le mobile de cette conduite. Fils d'un procureur d'Évreux, M. Bonneville est né dans cette ville le 13 mars 1760. Il fit de bonnes études, et apprit plusieurs langues modernes. On peut s'étonner de le voir débuter dans la carrière des lettres, par s'associer avec Berquin, écrivain pur, mais faible. Les qualités et les défauts de Bonneville, comme écrivain, étaient absolument contraires au genre d'esprit de l'auteur de l'*Ami des Enfans*. Les premières poésies de M. Bonneville, insérées dans l'*Almanach des Muses*, donnèrent des espérances; on y trouve de la facilité, du mouvement, de l'énergie. Mais d'autres travaux littéraires ne lui permirent le culte des Muses que comme un objet de délassement. Il travaillait avec Letourneur à la traduction de Shakespeare, et avec Luneau de Boisjermain à ses cours de langues anglaise et italienne; il fournissait aussi des articles à plusieurs journaux de Paris, et particulièrement au *Mercure de France*. Bientôt cependant il donna un ouvrage de sa composition, sous le titre d'*Essais* (1786), dont les morceaux sont presque tous imités de l'allemand, et, par livraisons, le *Nouveau Théâtre allemand*, qui tient une place honorable dans les bonnes bibliothèques. Il passa ensuite en Angleterre, et fit imprimer à Londres en 1787, une *Lettre à Condorcet, sur la philosophie de l'histoire.* A son retour, au commencement de la révolution, lié avec les Condorcet, les Bailly, les La Fayette, les Payne, et autres philosophes, M. Bonneville embrassa avec ardeur les espérances de liberté que toutes les âmes généreuses avaient adoptées. Électeur de Paris, d'abord en 1789 puis en 1791, et chargé pendant quelque temps des approvisionnemens de la capitale, il reçut pour récompense de son zèle, dans ces dernières fonctions, la décoration de l'ordre du Mont-Carmel, dont Monsieur, aujourd'hui Louis XVIII, était grand-maître. M. Bonneville établit en 1793 une imprimerie, à laquelle il donna le singulier nom de *Cercle social.* C'est là que lui et l'abbé Fauchet, son ami, firent imprimer une foule de pamphlets et de journaux, dont les opinions effrayèrent Marat, Levasseur et quelques autres montagnards. Désigné un jour par Marat en pleine séance, comme un *aristocrate infâme*, dans la tribune où il se trouvait, il fut bientôt après mis en prison. Il y resta plusieurs mois, et quand la liberté lui eut été rendue, il se lia avec l'illustre Kosciusko, qui avait depuis peu quitté la Pologne, et dont il devint l'intime ami. Toujours attaché aux principes de la révolution, M. Bonneville se plut à les répandre; mais philosophe et ami d'une sage liberté, il recommandait la modération et l'humanité à des hommes que les passions entraînaient. Le despotisme, sous quelque forme qu'il parût, devait lui déplaire ; et en effet, dans un journal intitulé le *Bien informé*, il traita de *Cromwell de la France* le nouveau maître qui s'était habilement emparé du pouvoir. L'empereur supprima ce journal, fit arrêter M. Bonneville, puis le plaça sous la surveillance de la police : en blâmant ces actes arbitraires, on ne peut s'empêcher de plaindre l'homme obligé de veiller à sa conservation par de tels moyens. M. Bonneville a cessé depuis ce temps de faire parler de lui. Outre les journaux qu'il publia, son *Théâtre allemand* (avec Friedel, 1782 et suiv.), et quelques traductions de l'anglais et de l'allemand, on connaît de lui : *La Maçonnerie écossaise, comparée avec les trois professions et le secret des Templiers du 14me siècle* (1788, 2 vol. in-8°); *les Jésuites retrouvés dans les ténèbres* (1788, 2 vol. in-8°); *Poésies républicaines* (1793); *l'Hymne des combats* (1797); *Nouveau code conjugal, établi sur les bases de la constitution* (1792, in-8°); le *Pacte maritime, adressé aux nations neutres* (1801, in-8°); *Histoire de l'Europe moderne, depuis l'irruption du Nord dans l'empire romain, jusqu'en 1783* (1789 à 1792, 3 vol. in-8°); *de l'Esprit des Religions, ouvrage promis et nécessaire à la confédération universelle des amis de la vérité* (1791, in-8°, 1792, 2 vol.). Ces deux derniers ouvrages prouvent que M. Bonneville ne manquait ni de grandes vues, ni de hautes connaissances; toutefois une malheureuse tendance à la profondeur, à l'inspiration, y obscurcit les choses les plus claires et les plus simples. On dirait que l'auteur ambitionnait la renommée des Bœhm et des Saint-Martin. Mais la bizarrerie de leurs systèmes ne semblait pas, comme chez M. Bonneville, un calcul, un enthousiasme factice; ils croyaient ce qu'ils disaient; et leur persuasion bien intime, jointe à la disposition métaphysique de leur esprit, les a quelquefois rendus, au milieu des nuages et du chaos qu'ils avaient produits, éloquens parce qu'ils étaient vrais, et profonds parce qu'ils ne mettaient aucune borne à la hardiesse de leurs investigations. M. Bonneville habitait encore Paris en 1816.

BONNEVILLE (LE COMTE DE), maréchal-de-camp avant la révolution, fut nommé, en 1789, par la noblesse du bailliage d'Évreux (Eure), député aux états-généraux où il se prononça en faveur des principes de liberté. Quatre ans après, il fut employé à l'armée du Nord comme officier-général. Il s'y distingua, et remporta quelques avantages sur les Autrichiens; mais sa qualité d'ancien noble lui fit bientôt perdre son commandement. Il se retira dans son département, dont il fut nommé un des administrateurs. Il perdit cette place après le 18 fructidor, par suite de la révolution du 18 brumaire. Il devint membre du conseil-général de l'Eure.

BONNIER D'ALCO (Ange Élisabeth-Louis-Antoine), naquit à Montpellier en 1750. Son père, qui était président de la cour des comptes de cette ville, lui fit faire ses études à Paris. Il avait beaucoup d'imagination; il aima les lettres et les beaux-arts : la poésie surtout convenait à son genre d'esprit; mais il était destiné à des occupations plus graves. A la mort de son père, il le remplaça comme président de la cour des aides. Il se consacra entièrement aux travaux de sa profession, et crut ne devoir plus s'occuper que d'acquérir les connaissances qu'elle exigeait. Bientôt il se distingua par ses talens, comme jurisconsulte ou comme orateur, et par les qualités nécessaires au magistrat, l'amour de la justice, le respect pour la vérité, et le désir du bien public. En 1788, il fut chargé des remontrances que la cour de Montpellier adressa au roi. Les événemens se pressaient; Bonnier avait trop de sens et de lumières pour ne pas juger qu'une révolution générale était inévitable. Il désirait la répression des abus; il embrassa les principes qui devaient prévaloir, et qui n'ont pu être que d'une manière accidentelle l'occasion de plusieurs excès contraires à ces principes même. Il remplit d'abord les premières places administratives de son département, qui le choisit pour député à l'assemblée législative, et ensuite à la convention nationale. Dans le procès de Louis XVI, il vota pour la mort sans sursis et sans appel. Plus tard, le directoire-exécutif lui confia, à Paris, des fonctions diplomatiques; et en 1797, au mois de septembre (fructidor an

Bonnier.

5), il le choisit pour seconder Treillard, et assister, à Lille, aux conférences qui avaient été commencées dans la capitale avec l'envoyé extraordinaire du gouvernement britannique, lord Malmesbury. Les entretiens de Bonnier avec le ministre anglais le convainquirent de l'inutilité de ces conférences, et il en avertit le directoire. Elles furent rompues, et les ministres français revinrent à Paris. Cependant le directoire, qui désirait la paix, ne désespéra pas de trouver dans les autres puissances des dispositions plus favorables : il se décida à proposer un congrès. Cette ouverture ne fut point rejetée. Bonnier et Treillard furent envoyés à Rastadt, en qualité de ministres plénipotentiaires. Bonnier sut bientôt que les députés de l'empire ne céderaient pas la rive gauche du Rhin. En 1798, au mois de mai, Jean Debry ayant remplacé Treillard, qui venait d'être nommé membre du directoire, Bonnier se trouva à la tête de la députation, et après avoir notifié ses pleins-pouvoirs pour la conclusion et la signature de la paix, il eut un entretien avec le comte de Metternich. En 1799 (an 7), pendant son séjour à Rastadt, il fut nommé au conseil des anciens, par le département de l'Hérault. Considérant qu'il ne devait pas être à la fois ministre plénipotentiaire et législateur, le conseil avait résolu d'abord de ne pas l'admettre ; cependant l'avis contraire prévalut. On n'était pas sans quelques espérances à l'égard des négociations de Rastadt, lorsque tout à coup, et par des motifs sur lesquels on n'a que des conjectures, le gouvernement autrichien envoya l'ordre de rompre les conférences. Dès que Bonnier l'eut appris, il annonça en termes formels que la force seule pourrait l'éloigner de Rastadt avant que son gouvernement le rappelât. Bientôt des troupes autrichiennes investirent la ville, et Bonnier sut que des patrouilles, interceptant toute communication avec le directoire, avaient saisi sa correspondance. Il se plaignit de cette violation de la foi publique, et il ne tarda pas à déclarer que d'après les instructions qu'il venait de recevoir, il allait rentrer en France, et qu'il attendrait à Strasbourg qu'on voulût s'occuper sérieusement de la pacification de l'Europe. Alors le colonel autrichien Barbaczy lui enjoignit de quitter la ville. Bonnier en sortit, ainsi que ses deux collègues Jean Debry et Roberjot, après avoir obtenu avec beaucoup de peine les passe-ports indispensables. Ils partirent dans la soirée du 9 floréal an 7 (à la fin d'avril 1799), et ils se dirigeaient vers Strasbourg, escortés par les hussards de Szecklers; mais à peu de distance de Rastadt, ils se virent entourés et assaillis. On les arrache de leur voiture; Bonnier est massacré; Roberjot éprouve le même sort, il est égorgé entré les bras de sa femme; Jean Debry, qu'on avait saisi le premier, eut le bonheur surprenant de n'avoir que de légères blessures. Tous les papiers relatifs à leur mission furent enlevés par les assassins, qui, selon des apparences auxquelles il serait difficile de ne pas s'arrêter, étaient des hussards de l'escorte même. Le secret de cet attentat n'est pas entièrement dévoilé : on n'a pas encore avoué cette espèce de *coup d'état*. Il eût nécessairement excité en Europe une indignation profonde dans un temps où les esprits auraient été moins livrés à des préventions qui peuvent entraîner les uns, mais qui ont surtout pour effet d'aveugler les autres. Le gouvernement français voulut du moins en perpétuer le souvenir odieux, mais instructif, et d'après le rapport du secrétaire de Jean Debry, on célébra une fête funéraire, où M. Garat prononça un discours. Il fut même décidé, par un décret, que durant deux ans, la place de Bonnier, au conseil des anciens, resterait vacante et couverte d'un crêpe, et que son nom serait prononcé dans tous les appels nominaux. Bonnier était sincèrement attaché aux institutions républicaines; il avait de la fermeté dans le caractère, et autant d'esprit que de connaissances. Outre des *Recherches historiques et politiques sur Malthe* (in-8°, 1798), Bonnier a laissé plusieurs morceaux relatifs à diverses circonstances de la révolution française, et on a de lui des *poésies* qui jouissent de quelque estime.

BONNIÈRES (Alexandre-Jules-Benoît de), avocat au parlement de Paris, a laissé la double réputation d'un honnête homme et d'un jurisconsulte distingué. Il naquit en 1750, à Grancey, province du Berri, fut élève du fameux Pothier, et ami du célèbre avocat-général Seguier. Bonnières exerça d'abord la profession d'avocat à Orléans; il vint à Paris, fut avocat consultant du comte d'Artois, maître des requêtes en son conseil, et intendant de sa maison. Il dut à la protection de S. A. R. le cordon de Saint-Michel. Ce magistrat parlementaire, aussi vertueux qu'éclairé, préféra la cause de la France entière à celle de quelques privilégiés; il courut des dangers dans les premiers troubles de la révolution, et, membre du conseil des cinq-cents, il subit la proscription du 18 fructidor. Bonnières mourut à Paris en 1801. C'était un de ces hommes qui, indifférens à tout intérêt et même à celui de la gloire, font bien par le seul amour du bien. La douceur de ses traits annonçait la sérénité de son âme et la bonté de son cœur; il eut des mœurs pures, un excellent esprit et des talens peu communs. La ville d'Orléans lui avait fait don d'une statue en pied de Jeanne d'Arc.

BONNIN (Charles-Jean), né vers 1763, a donné plusieurs ouvrages sur le droit et sur la politique : 1° *De l'importance et de la nécessité d'un Code administratif*, in-8°, 1808; 2° *Traité du Droit, contenant les principes du droit naturel et du droit des donateurs*, in-8°, 1808; 3° *Droit public français*, in-8°, 1809; 4° *Principes d'administration publique*, 1809, troisième édition, 5 vol. in-8°, 1812; 5° *Considérations politiques et morales sur les constitutions*, in-8°, 1814; 6° *de la Révolution européenne*, in-8°, mai 1815. Dans ce dernier ouvrage, l'auteur s'élève fortement contre les maux causés, dit-il, par la religion catholique dans l'Europe. « C'est le catholicisme » qui, semblable à un animal féroce et sauvage, a amené, avec » l'invasion des barbares dans le » midi de l'Europe, le pouvoir absolu du prince, la domination » des nobles, la servitude des peuples, et la dégénération des » hommes, etc. » Il aurait dû dire que c'est au catholicisme perverti, au catholicisme détourné de sa première direction, celle de l'humanité, de la charité, de la liberté, et non à la religion du Christ, enseignée par l'Évangile, que doivent être attribués tous ces maux.

BONSTETTEN (Charles-Victor de), ami de l'historien Muller et du naturaliste Bonnet, est né à Berne en 1745. Il a publié en français plusieurs ouvrages, dont le style élégant, énergique et souvent élevé, pourrait être donné pour modèle à plus d'un écrivain né en France. Il a exercé diverses fonctions administratives dans son pays. Ses meilleurs ouvrages sont : *Voyage sur la scène des derniers livres de l'Enéide*, Genève, 1804, ouvrage plein de sensibilité, de philosophie et d'imagination ; *Recherches sur la nature et les lois de l'imagination*, 1807. Elles furent mentionnées en 1808 par la classe d'histoire et de littérature de l'institut de France, comme un excellent traité d'idéologie. Bonstetten a publié en allemand plusieurs ouvrages, parmi lesquels nous citerons l'*Ermite, histoire alpine*, 1788, in-8°. Il a travaillé en outre à plusieurs journaux et recueils périodiques.

BONTEVILLE (Marie-Anne-Hippolyte-Hayde), évêque de Grenoble, était membre de l'assemblée des états provinciaux du Dauphiné, en 1788 ; dans un discours qu'il y prononça se trouvaient des expressions que le cardinal de Loménie, alors ministre, jugea offensantes. Le cardinal, dont l'évêque avait quelquefois partagé les opinions, le menaça de rendre publiques les lettres qu'il en avait reçues. M. Bonteville, inquiet de la menace, eût bien voulu qu'il ne fût pas question de son discours dans la rédaction du procès-verbal des états, et il en réclama en vain la suppression. L'évêque avait la tête faible, et craignait le scandale ; après avoir mis ordre à ses affaires, il termina son existence par un coup de fusil. Le cardinal crut également pouvoir disposer de sa vie, mais d'une autre manière, en 1793, à l'époque de son arrestation, à Sens, dont il était archevêque ; il fut trouvé mort dans son lit par ceux qui étaient chargés de le conduire à Paris pour être jugé. (*Voyez* Loménie.) La similitude de la fin de ces deux prélats ennemis est remarquable. Les annales du suicide ne seraient pas un ouvrage médiocrement instructif.

BONTOUX (Paul-Benoît-François), naquit à Gap (Hautes-Alpes). Il appartenait à une famille justement considérée dans son pays. La révolution trouva en lui un zélé partisan. Appelé par les suffrages de ses concitoyens aux places d'administrateur du département et de maire de Gap, il justifia cette confiance en se mon-

trant toujours ami de son pays et partisan d'une sage liberté. Poursuivi sous le règne de la terreur, il se signala avec ses concitoyens en chassant de Gap, quelques jours avant le 9 thermidor, les agens de Robespierre. Député par son département au conseil des cinq-cents, il s'y montra toujours franchement républicain et ennemi de tous les excès. Pendant cette législature, il fit tour à tour rapporter plusieurs lois révolutionnaires, et provoqua des mesures contre l'inexécution des lois sur l'émigration. Son opinion sur les devoirs à rendre aux morts, et son rapport sur les inhumations fait au nom d'une commission spéciale, sont l'ouvrage d'un philosophe religieux. Dans la séance du 18 prairial an 5, il plaida avec force la cause du malheur, en faisant prononcer le rappel des fugitifs du Haut et Bas-Rhin, qui n'avaient quitté leur patrie que pour échapper à la fureur de Saint-Just et Le Bas. Dans la séance du 15 floréal an 5, il fit encore rapporter plusieurs lois révolutionnaires et anti-constitutionnelles. Dans son discours l'on remarqua le passage suivant, en parlant de la constitution : « Vous re-
» lèverez la majesté républicaine
» par la sagesse de vos lois ; vous
» soutiendrez les intérêts de vos
» alliés par vos soins, par votre
» sage fermeté. Notre révolution
» ne sera pas perdue pour les peu-
» ples que nos braves légions ont
» affranchis ; vous ferez succéder,
» aux conquêtes des armes, les
» créations des arts et de la bien-
» faisante industrie; vous ferez re-
» naître la morale, qui est toujours
» la compagne de la vraie liberté ;
» vous tromperez les vœux coupa-
» bles de ces hommes, dont la con-
» fiance et les éloges vous outra-
» gent ; vous frapperez d'une égale
» exécration, et les rampans escla-
» ves de la royauté, et les féroces
» sectaires de la démagogie. La
» France pourra compter de votre
» session le règne auguste et par-
» fait des lois, le terme de tous les
» excès, de toutes les infortunes,
» enfin l'ère fortunée de la félicité
» publique. » A l'organisation des tribunaux, M. Bontoux fut nommé président du tribunal de Gap. Les auteurs de la *Biographie des hommes vivans* disent à tort que M. Bontoux ne fut point conservé à la réorganisation judiciaire de 1810. Il continua, après cette époque, à remplir cette place ; et ce ne fut qu'en 1812, que sa santé délabrée lui fit regarder comme un devoir de demander une retraite honorablement méritée par vingt-cinq ans de fonctions publiques, toujours dignement remplies. M. Bontoux mourut au commencement de 1814.

BONTOUX fils (PAUL-BENOIT-FRANÇOIS), naquit le 15 novembre 1763. Il remplit, au commencement de la révolution, différentes fonctions municipales, et fut, en 1791, juré à la haute-cour nationale. Nommé, en 1795, par le département des Hautes-Alpes, député au conseil des cinq-cents, il se plaignit de la non exécution des lois relatives aux émigrés ; et obtint qu'un message serait envoyé à cet effet au directoire. Bontoux contribua à l'abrogation qui eut lieu le 4 mai

1797 de plusieurs lois révolutionnaires, et s'éleva contre la proposition de former des commissions militaires destinées à arrêter et punir les brigandages commis sur les grandes routes. Il parla encore dans différentes circonstances importantes, et ne s'attacha à aucun des partis qui divisaient cette assemblée. Nommé, après l'établissement du gouvernement consulaire, président du tribunal de première instance de Gap, il occupa cette place jusqu'en 1811, époque de sa mort.

BONVALLET-DES-BROSSES, trésorier de la marine et des colonies avant la révolution, fut, en 1789, administrateur de la garde nationale de Paris. En 1793, Marat le dénonça comme agent des princes, employé à faire circuler de faux assignats. Il parvint à se soustraire à toutes les recherches, et fut, sur l'accusation de l'*Ami du peuple*, condamné à mort par contumace. Sous le directoire, il osa enfin sortir de sa retraite, et défendit plusieurs émigrés traduits devant des commissions militaires. La révolution du 18 brumaire le fit réintégrer dans ses droits civils; ce qui lui causa un tel excès de joie, que ses facultés morales en furent altérées. On a de Bonvallet : 1° *Situation actuelle de la France;* 2° *Richesse et ressources de la France.* Il avait publié ces ouvrages au commencement de la révolution.

BONVIÉ (Joseph-Joachim), membre du collége électoral du département du Nord, est né en 1770 dans le département de la Haute-Marne. Devenu très-habile dans l'art de fondre les métaux et de les travailler, il fut chargé en 1791, 1792 et 1793, de monter diverses fonderies de canons dans les départemens, et fut envoyé à Metz par le gouvernement, après le 9 thermidor, pour organiser et monter la fonderie de canons. En 1795, il se rendit dans le département du Nord, ayant l'entreprise du départ du métal de cloche pour le service de la marine et des monnaies, opération de métallurgie difficile à cette époque. Il était un des principaux intéressés à la manufacture des fers-blancs de Dilling, près de Sarre-Louis, montée d'après le système anglais, et fut administrateur dans plusieurs mines de charbon du pays de Mons. Dans ces diverses entreprises, l'industrie de M. Bonvié le fit constamment réussir au-delà de toute espérance. Il fut membre de la chambre consultative des arts et métiers établie à Valenciennes, depuis son origine jusqu'en 1815, et fit partie du conseil-général du département du Nord depuis l'an 11 jusqu'en 1815. Il en remplissait encore les fonctions à cette dernière époque, lorsque le commerce et les manufactures le députèrent à la chambre des représentans. La session terminée, il revint dans ses foyers, à Sainte-Saulve, sur les bords de l'Escaut, près de Valenciennes, où il s'occupe depuis quinze ans d'essais sur l'agriculture et surtout du croisement des animaux agricoles. Il a obtenu de la société royale d'agriculture de Paris, en avril 1820, la grande médaille d'or pour les diverses améliorations introduites dans son domaine de la Voivre près de Vaucouleurs, département de la Meuse. M. Bonvié s'est exercé aussi sur d'autres objets d'économie domestique. C'est lui qui a formé sur les bords de la Meuse le premier établissement où l'on a fabriqué des fromages à l'instar de ceux de Gruyères. L'importation d'une pareille industrie est une véritable conquête sur la Suisse, à qui elle enlève une branche de commerce des plus productives. Ces conquêtes pacifiques enrichissent l'état, et méritent bien autant l'attention du citoyen que tant d'expéditions qui, toutes glorieuses qu'elles sont, l'ont épuisé de sang et d'argent.

BORDA (JEAN-CHARLES), né, le 4 mai 1733, à Dax, département des Landes. Ses parens le destinèrent d'abord au barreau; mais le goût décidé qu'il montra pour les mathématiques les engagea à le faire entrer dans le génie militaire. Ses progrès furent des plus rapides, et dès 1756, il avait composé un *Mémoire sur le mouvement des projectiles,* qui, lu à l'académie des sciences, le fit associer à cette compagnie, dans laquelle il fut reçu en 1764. En 1757, il fit la campagne de Hanôvre en qualité d'aide-de-camp de M. de Maillebois. Après la bataille d'Hastembeck, où il se trouva, son goût pour les sciences le ramena à Paris; il rentra dans le génie militaire, et ne tarda point à être employé dans différens ports. C'est alors qu'il s'appliqua à l'art nautique, et qu'il publia plusieurs mémoires sur la résistance des fluides. Il en publia encore un sur la *Théorie des projectiles, en ayant égard à la résistance de l'air,* et un autre dans lequel il démontra avec autant de clarté que d'élégance l'exactitude des principes du calcul des variations de Lagrange. Tant de travaux utiles, dont une grande partie avait rapport à la marine, lui méritèrent l'attention du ministre, M. de Praslin. En 1768, Borda fit sa première campagne, et en 1771, il fit, comme commissaire de l'académie, l'examen des montres marines dans un voyage sur la frégate *la Flore.* Il visita, en 1774 et 1775, les Açores, les îles du cap Vert, et la côte d'Afrique, et fut nommé lieutenant de vaisseau; dans la même année, il fut chargé de déterminer la position des îles Canaries, point essentiel, à partir duquel presque tous les peuples de l'Europe comptent les longitudes géographiques. Les services que Borda rendit dans ce voyage sont importans. Il se servit alors des instrumens à réflexion pour déterminer, par des relèvemens astronomiques, la position des différens points d'une côte. C'est à ce procédé qu'on a dû depuis les meilleures cartes; c'est aussi à ce voyage, dont la relation n'a pas été publiée, qu'on doit la belle carte de Borda des îles Canaries et de la côte d'Afrique. Dans la campagne du comte d'Estaing, en 1777 et 1778, il fut nommé major-général de l'armée navale, et déploya dans son administration de grandes connaissances et beaucoup de sagesse. Il eut, en 1781, le commandement du vaisseau *le Guerrier,* et en 1782, il escorta à la Martinique un corps de troupes sur le vaisseau *le Solitaire*. Les troupes rendues à leur destination, Borda se mit en croisière, fut attaqué par une escadre anglaise, et obligé de se rendre, après une résistance opiniâtre. Son mérite connu le fit traiter avec distinction et renvoyer en France sur parole. Au commencement de la révolution, ce fut lui qui fut chargé avec MM. Méchin et Delambre, de déterminer l'arc du méridien, depuis Dunkerque jusqu'aux îles Baléares. Chargé de toutes les opérations qui tenaient à la physique dans cette entreprise immense, il inventa les règles de platine pour la mesure des bases, les thermomètres métalliques qui servent à indiquer leurs dilatations les moins sensibles, et enfin il employa tous les procédés les plus propres pour parvenir à une précision parfaite. On doit à Borda *le cercle à réflexion*, dont l'usage est si connu de tous les marins. Le célèbre astronome anglais Tobie Mayer avait déjà eu l'idée de cet instrument, mais avec un inconvénient qui rendait nuls les résultats qu'on pouvait en tirer. C'est encore à Borda qu'on doit le *cercle répétiteur,* dont on se sert dans toute l'Europe pour les observations terrestres. Il a contribué avec M. Coulomb à donner aux sciences physiques une excellente direction. L'art nautique lui doit la perfection à laquelle il est parvenu aujourd'hui, par l'application qu'il en a faite aux sciences exactes et par l'excellence des instrumens qu'il a inventés. Sa mort, arrivée le 20 février 1799, nous a privés d'une formule de réfraction composée d'après une théorie savante et des expériences nombreuses. Ce travail immense qu'il avait entrepris dans les dernières années de sa vie, et qu'il croyait exact et complet, fut le sujet d'un mémoire important qui ne s'est point trouvé à sa mort. Borda en avait fait voir deux copies à M. Delambre, et il est probable qu'il l'aura détruit, le jugeant encore imparfait. Ce savant, d'un rare mérite, a publié : 1° *Voyage fait par ordre du roi en* 1771 *et* 1772, *pour vérifier l'utilité de plusieurs méthodes et instrumens servant à déterminer la latitude et la longitude, tant du vaisseau que des côtes, îles et écueils qu'on reconnaît, suivi de recherches pour rectifier les cartes hydrographiques,* par MM. Borda, Pingré et Verdun de la Crenne, 2 vol. in-4°, 1778; 2° *Description et usage du cercle de réflexion,* in-4°, 1787; 3° *Tables trigonométriques décimales,* etc; *ou tables des logarithmes des sinus, sécantes et tangentes, suivant la division du quart de cercle en cent degrés, revues, augmentées et publiées* par M. Delambre, in-4°, 1804. Borda a été chef de division au ministère de la marine, et membre de l'institut. Son éloge fut prononcé par MM. Rœderer et Lefèvre-Cineau.

BORDAS (Pardoux), était président du district de Saint-Yriex, en 1791, lorsqu'il fut nommé, par le département de la Haute-Vienne, député à l'assemblée législative, où il se fit peu remarquer. Après le 10 août 1792, nommé membre de la convention nationale, il vota pour la détention de

Louis XVI, contre l'appel au peuple et contre le sursis. Il parut peu à la tribune tant que dura l'influence de Robespierre; mais après le 9 thermidor, s'étant prononcé contre les fauteurs de la tyrannie, il attira sur lui l'attention publique. M. Bordas s'occupait particulièrement des objets de finances. Il fut nommé secrétaire de la convention le 15 juin 1794, et envoyé, quelques mois après, avec son collègue Jean-Bon-Saint-André, à Bordeaux, où ils établirent une commission destinée à rechercher et à poursuivre les dilapidateurs. A son retour, il fit à l'assemblée l'éloge du bon esprit des départemens qu'il avait parcourus; prononça, le 16 juin 1795, un discours très-étendu sur les bases de la constitution; proposa l'établissement de deux chambres égales en nombre et en pouvoir, qui se réuniraient et voteraient ensemble quand il y aurait dissentiment dans les opinions de l'une d'elles. Ce discours, assez remarquable, contribua à le faire nommer membre du comité de sûreté générale, et bientôt après du conseil des cinq-cents, formé en partie de la réélection des deux tiers conventionnels. Sorti du conseil en 1797, il fut élu peu de temps après à celui des anciens. Immédiatement après la révolution du 18 fructidor, il dit que, pour profiter de la victoire, il fallait se montrer inexorable envers les vaincus, et appuya le rapport de Bailleul, qui demandait la déportation des *clichiens*. Le 19 février 1798, nommé président, il prononça en cette qualité, le 4 mars suivant, un discours sur la souveraineté du peuple; il s'opposa de tout son pouvoir à la révolution du 18 brumaire, à la suite de laquelle il fut éliminé. M. Bordas a été depuis employé comme chef de division au ministère de la justice, et nommé, en 1807, juge suppléant à la cour de justice criminelle du département de la Seine. En 1816, banni comme *régicide*, sans avoir voté la mort, il se retira en Suisse.

BORDE, *voyez* LABORDE.

BORDES (PAUL-JOSEPH). Il remplissait des fonctions municipales, lorsqu'il fut nommé en septembre 1792, par le département de l'Arriège, député suppléant à la convention nationale, où il entra lors de l'exclusion de Vadier. Bordes prit peu de part aux agitations de cette assemblée. En l'an 4, faisant partie du conseil des cinq-cents par suite de la réélection des deux tiers conventionnels, il accusa d'incivisme Baby, commandant de l'armée révolutionnaire à Toulouse. Il sortit du conseil en 1798, et exerça dans son département les fonctions de commissaire du directoire-exécutif. Réélu l'année suivante au même conseil, il fut compris dans le corps-législatif organisé après la révolution du 18 brumaire; il cessa d'en faire partie en 1803.

BORDESOULT (TARDIF DE POMMERAUX), successivement major au 1er régiment de chasseurs à cheval, colonel du 22me, général de brigade, général de division, inspecteur-général de cavalerie, chevalier de Saint-Louis, grand-officier de la légion-d'honneur, etc. Après avoir fait glorieusement les campagnes d'Austerlitz, de Friedland, d'Espagne et de Russie, il trouva des lauriers d'une autre espèce sur les bancs de la chambre introuvable de 1815 et sur ceux des conseils de guerre. Il acquitta l'amiral Linois, et condamna à mort l'adjudant-commandant Boyer, excellent officier que le roi a rendu à l'armée. La même année, il fut nommé commandeur de l'ordre de Saint-Louis, et il commande à présent la 1re division de cavalerie de la garde royale. On assure que dans les troubles du mois de juin, dont Paris a été le théâtre, en 1820, cet officier-général, victime de son zèle et de son incognito, a partagé, dans un mouvement sur les boulevarts, des désagrémens inséparables d'une grande confusion, et auxquels d'autres militaires de plus haut grade, également inconnus, en raison de leur costume bourgeois, ont été exposés. Tout affligée qu'a été l'armée de semblables méprises, elle a pu s'en consoler par le respect dont l'uniforme militaire a été constamment protégé par les citoyens.

BOREL (HYACINTHE-MARCELIN), député des Hautes-Alpes à la convention nationale, vota dans le procès du roi pour le bannissement à la paix. Nommé au conseil des cinq-cents avec les deux tiers des membres de la convention, il mourut pendant la session de cette assemblée. Il avait été envoyé, en 1795, en mission à Lyon et à Grenoble.

BOREL-DE-BRETIZEL (DURAND), était, à l'époque de la révolution, lieutenant-général du bailliage de Beauvais. Il occupa d'abord différentes places dans l'ordre judiciaire et dans l'administration, et enfin il fut nommé, en 1797, par le département de l'Oise, député au conseil des cinq-cents. Il s'y prononça fortement contre la journée du 18 fructidor. Après la révolution du 18 brumaire, il fit partie du tribunal de cassation, et devint membre de la légion-d'honneur en 1804. Dix ans après, il adhéra à la déchéance de l'empereur. Membre de la chambre des députés en 1817, M. Borel-de-Bretizel a été différentes fois rapporteur pour l'examen des pétitions. Il siége à la deuxième section du côté droit.

BORELLI (JEAN-ALEXIS), littérateur, est né en 1738, à Salerne. Dans le grand nombre d'ouvrages qu'il a publiés, les plus intéressans sont ceux où l'on trouve des détails minutieux, mais exacts, sur la vie privée de Frédéric-le-Grand, que M. Borelli eut l'honneur d'approcher, pendant le long séjour qu'il fit à Berlin. Tout ce qui regarde un homme aussi célèbre que Frédéric est fait pour exciter une vive curiosité, et les recueils de M. Borelli forment un ensemble très-satisfaisant. Il s'est occupé en outre de métaphysique, de morale, de législation, d'éducation, et de la théorie des beaux-arts. Sur ce dernier sujet, son jugement est ingénieux, mais souvent superficiel. Voici la liste de ses ouvrages : 1° *Discours sur l'émulation*, in-8°, Berlin, 1774; 2° *Discours sur le vrai mérite*, in-8°, 1775; 3° *Discours sur l'influence de nos sentimens sur nos lumières*, in-8°, 1776; 4° *Plan de réformation des études élémentai-*

res, in-8°, 1776; 5° *Élémens de l'art de penser*, in-8°, 1777; 6° *Discours sur l'instruction du roi de Prusse, concernant l'académie des gentilshommes*, in-8°, 1783; 7° *Monument national pour l'encouragement des talens et des vertus patriotiques, ou Galerie prussienne de peinture, de sculpture et de gravure, consacrée à la gloire des hommes illustres*, in-4°, 1788; 8° *Introduction à l'étude des beaux-arts, ou Exposition des lois générales de l'imitation de la nature*, in-8°, 1789; 9° *Système de la législation, ou Moyens que la bonne politique peut employer pour former à l'état des sujets utiles*, in-12, 1791 : il avait déjà paru en 1768; 10° *Considérations sur le Dictionnaire de la langue allemande, conçu autrefois par Leibnitz, et maintenant exécuté par une société d'académiciens, sous les auspices de M. le comte de Hertzberg*, in-8°, 1792. M. Borelli a donné les éditions des deux ouvrages suivans, par le grand Frédéric : *Mémoires historiques, politiques et militaires de M. le comte de Hordt, Suédois, et lieutenant-général des armées prussiennes*, 2 vol. in-8°, 1805; *Caractères des personnages les plus marquans dans les différentes cours de l'Europe*, 2 vol. in-8°, 1808.

BORGER (ÉLIE-ANNE), né en 1781, à Jauwer, en Frise. Il obtint, en 1807, à l'université de Leyde, la place de professeur de critique sacrée. En 1812, il fut nommé professeur adjoint à la faculté de théologie, lorsque l'académie de Leyde fut incorporée à l'université de France. En 1815, il fut pourvu de la chaire de théologie, et en 1817 de celle de philosophie contemplative et belles-lettres. Ses cours sur l'Histoire universelle furent très-fréquentés. Les sermons de Borger sont écrits en hollandais; mais c'est en latin qu'il a composé ses principaux ouvrages. L'étude approfondie de cette langue, qu'il parle avec une facilité étonnante pour un moderne, l'élégance de sa diction et une érudition peu commune, donnent plus de prix à ses savantes productions. On a de lui : 1° *Commentarius in epistolam Pauli ad Galatas*, Lugd. Bat. in-8°, 1807. Cet ouvrage, rempli d'une critique saine, a été publié à l'occasion de sa nomination comme professeur de l'université de Leyde. 2° *Oratio de modesto ac prudenti sacrarum litterarum interprete*; 3° *Disputatio quâ censetur sententia J. A. Eberhardi de origine et nativâ indole religionis Christianæ*, in-4°, 1815, Harlem, compris dans les Œuvres de la société de M. Teyler; 4° *de Officiis historici in patefaciendis suis opinionibus, tamquæ ad rerum gestarum atque eventuum causas ac momenta, quàm quæ ad hominum cognitionem et ejusmodi sapientiæ præcepta pertinent, quæ ex narratis rebus duci et effici possint*, in-8°, 1815, dans les Œuvres de la société des sciences de Harlem. 5° *De constanti et æquabili Jesu Christi indole, doctrinâ ac docendi ratione, sive commentationes de evangelio Joannis, cum Matthæi, Marci et Lucæ evangeliis comparato. Pars* 1; Hagæ Comitum, apud J. Allart, in-8°,

1816 M. Borger a recueilli ses sermons en un volume in-8° (*Leerredenen*), La Haye, 1814, et il a donné, au sujet de l'accouchement de S. A. R. la princesse d'Orange, une jolie pièce de vers, intitulée : *Op de Bevalling der prinses van Oranje*, in-8°, Leyde, in-8°, 1817.

BORGHÈSE (LE PRINCE CAMILLE), descendant d'une famille romaine, issue de Sienne, qui a fourni à l'église un pape (Paul V) et des cardinaux, est né à Rome, le 19 juillet 1775, du prince Marc-Antoine, non moins fameux par son aversion pour la révolution française que par son goût éclairé pour les beaux-arts. Dès que les Français, commandés par le général Bonaparte, eurent remporté quelques avantages en Italie, le jeune prince, qui partageait leurs principes, s'enrôla sous leurs drapeaux, et fit avec eux les campagnes de 1796 et 1797. Le zèle qu'il montra pour cette cause le fit prendre en amitié par le général en chef; il vint à Paris, en 1803. Bonaparte, qui depuis trois ans était premier consul, et qui dès lors avait le projet d'allier sa famille aux premières maisons de l'Europe, maria, le 6 novembre de la même année, avec le prince Camille, sa seconde sœur Pauline, veuve du général Leclerc, mort de la fièvre jaune, à Saint-Domingue (*voyez* l'article suivant). Le 27 mars 1805, le prince Camille obtint la jouissance des droits de citoyen français, et Napoléon, qui, l'année précédente, était parvenu à l'empire, le créa prince français, et le décora du grand-cordon de la légion-d'honneur. Dès que la guerre recommença avec les Autrichiens, le prince Camille fut nommé chef d'escadron de la garde impériale, et bientôt après colonel. Créé, en 1806, duc de Guastalla, il fit, la même année, la campagne contre les Prussiens et les Russes, avec Napoléon, qui l'envoya à Varsovie pour insurger les Polonais, en les séduisant par des promesses illusoires. Le négociateur ne réussit que trop bien dans une mission aussi délicate; et cette nation généreuse, qui déjà se flattait de recouvrer son indépendance, eut la douleur de voir ses espérances s'évanouir, lorsque, au commencement de 1810, Napoléon, en épousant Marie-Louise, sacrifia les intérêts de la Pologne à la maison d'Autriche. Après la paix de Tilsitt, le prince Camille, nommé gouverneur-général des départemens au-delà des Alpes, était allé se fixer à Turin, en 1810. Les Piémontais n'eurent qu'à se féliciter de ses manières affables, de sa justice, et de la douceur de son administration. Le gouvernement français, jaloux de réunir à Paris, cette capitale des beaux-arts, tous les monumens transportables qui se trouvaient en Italie, avait acheté du prince Camille les objets les plus précieux qui décoraient depuis long-temps la *Villa-Borghese*, maison de plaisance de ses ancêtres : mais une grande partie des 8 millions, qui étaient le prix de ce marché, avait été payée en biens nationaux du Piémont. L'ancien roi de Sardaigne étant rentré en possession de ses états, en 1815, fit séquestrer aussitôt ces propriétés. Toutefois, en vertu du traité de paix conclu à Paris, le 20 novembre de la même année, avec l'Autriche, la Grande-Bretagne, la Prusse et la Russie, le prince Camille a recouvré tous ceux de ces monumens dont on ne lui avait pas payé la valeur. Le 19 avril 1814, ce prince avait proclamé le changement survenu dans le gouvernement français, et avait publié les actes qui lui étaient transmis par le gouvernement provisoire. Quelques jours après, il capitula avec le général autrichien comte de Bubna, et lui remit les places du Piémont, après avoir pourvu au maintien du bon ordre, et à la rentrée de l'armée française par cette contrée. Il se retira ensuite à Rome, où il résida peu de temps, et vint se fixer à Florence, dans un immense palais qu'il tient de ses aïeux. Là, ce prince généreux et sans ambition mène une vie douce et paisible, auprès du grand-duc de Toscane, qui lui a toujours témoigné une bienveillance affectueuse.

BORGHÈSE (Marie-Pauline Bonaparte, princesse), seconde sœur de Napoléon, est née à Ajaccio en Corse, le 20 octobre 1780. A la prise de cette île par les Anglais, en 1793, elle alla, avec sa famille, chercher un asile en France. On dit que, pendant son séjour à Marseille, elle fut au moment d'épouser le conventionnel Fréron, fils du critique à qui Voltaire a donné tant de renommée. Fréron était alors en mission dans le Midi, en qualité de commissaire du gouvernement. Mais les réclamations d'une femme qui se prétendit mariée avec lui fit manquer ce projet. Pauline, dont la beauté était déjà célèbre, dut ensuite épouser le général Duphot, qui fut assassiné depuis à Rome, au mois de décembre 1797; mais elle se maria à Milan, de son choix, avec le général Leclerc, qui en 1795 et 1796 avait été chef-d'état-major de la division à Marseille, et en était devenu éperdument amoureux. Elle en avait un fils, lorsque son mari fut appelé de l'armée de Portugal, pour prendre le commandement en chef de la malheureuse expédition de Saint-Domingue. Napoléon exigea que sa sœur partît avec le capitaine-général; aussi indifférente alors aux plaisirs de la capitale, qu'elle le fut bientôt après aux périls qu'elle courut à Saint-Domingue, elle partit gaiement avec son mari et son enfant. A la fin de décembre 1801, elle s'embarqua à Brest sur le vaisseau amiral *l'Océan*. Elle était alors dans tout l'éclat de sa beauté, et son fils était digne de sa mère. Couchée sur le pont du vaisseau avec ce bel enfant, elle rappelait la Galathée des Grecs, la Vénus marine, dont les triomphes ont tant de fois inspiré la lyre des anciens et le pinceau des modernes. Il y avait des poëtes à bord, il y en a presque partout; et cette fois ils furent de fidèles historiens. Le 16 septembre 1802, une insurrection éclata au Cap, où résidait le capitaine-général et sa femme. La défection des noirs sous les ordres de Christophe, Clairvaux et Dessalines fut subitement hostile. A la pointe du jour ils attaquèrent le Cap, au nombre de 11,000 hommes. Le général Leclerc se montra digne du choix que le consul avait fait de lui ; et, à la tête de quelques centaines de soldats, restes d'une armée superbe, moissonnée par la fièvre jaune, il parvint, après des efforts inouïs et par la plus héroïque défense, à sauver la ville. La résidence où il avait laissé sa femme et son fils, sous la garde d'un ami dévoué et de quelques artilleurs, était adossée aux mornes, et pouvait être à chaque instant surprise par un parti des assiégeans. Le danger devenant pressant au haut du Cap, position qui dominait la ville, et où était tout l'effort du combat, le général en chef envoie l'ordre de transporter à bord sa femme et son fils. Pauline s'y refusa. Vainement sollicitée de la manière la plus pressante par celui à qui sa sûreté avait été confiée, et par les supplications des dames de la ville, qui savaient à quels ennemis elles pouvaient être livrées, elle ne cessa de répondre, que si son mari était tué, elle saurait mourir avec son fils. *Vous devez pleurer, vous*, disait-elle aux dames qui embrassaient ses genoux, *vous n'êtes pas comme moi sœurs de Bonaparte. Je ne m'embarquerai qu'avec mon mari, ou je mourrai.* Une heure après, le général en chef, instruit de la résistance de sa femme, et voyant la prise du Cap inévitable, envoya un aide-de-camp à la résidence, avec l'ordre de transporter de force à bord sa femme, son fils et les dames de la ville. Cet ordre fut exécuté, et on dut y employer la rigueur. Mme Leclerc fut placée dans un fauteuil que portèrent quatre soldats ; un vieux grenadier portait son fils qui jouait avec le panache ; toujours courageuse sans faste, et par la seule inspiration de son caractère et de son devoir, elle offrait, pendant ce trajet qui pouvait lui être bien funeste, le contraste singulier d'une jeunesse brillante de beauté et d'un héroïsme qui eût honoré les hommes les plus stoïques. Mais dès qu'elle fut parvenue à la cale de l'embarquement, un aide-de-camp vint lui apporter la nouvelle de la déroute des noirs. *Je savais bien*, dit-elle froidement, *que je ne m'embarquerais pas. Retournons à la résidence.* Ce jour-là Pauline était une femme de Sparte sous les traits d'Armide. Depuis elle fut toujours ou presque toujours Armide. L'histoire et la philosophie doivent également recueillir, quelque disparates qu'ils soient, tous les traits de caractère des personnes qui ont fixé l'attention publique. Nous devons ces détails peu connus, mais d'un grand intérêt, à un témoin oculaire tout-à-fait irrécusable. L'élévation de ce caractère se montrera plus tard. Elle devait avoir des antécédens. De retour en France après la mort du général Leclerc, Pauline fut mariée par Napoléon au prince Camille Borghèse. (*Voyez* l'article précédent.) Son fils mourut à Rome peu de temps après. Elle le regretta amèrement. Elle ne prévoyait pas alors que la mort de cet enfant à Rome était pour elle un avis du destin. La princesse Pauline, toujours brouillée et toujours raccommodée avec Napoléon, dont elle était tendrement aimée, ne parut pas s'être entièrement sacrifiée à la politique, qui avait décidé son nouveau mariage. Elle oubliait facilement à Neuilly les grandeurs auxquelles le séjour de Paris la condamnait; et dans cette retraite ouverte à tous les plaisirs et à tous les agrémens de la vie, elle s'amusait souvent à braver les volontés quelquefois absolues de celui qui avait l'Europe à ses pieds. Cette opposition avait quelque chose de piquant, qui n'était pas sans attrait pour le maître lui-même. Cependant, à l'occasion d'un tort public que la princesse eut envers l'impératrice Marie-Louise, qu'elle ne put jamais aimer, elle reçut défense de paraître à la cour. Le palais et les jardins d'Armide ne furent point attristés de cette disgrâce, qu'elle préféra au chagrin d'une réparation. La fierté de son caractère ne s'est jamais démentie dans aucune occasion, car elle exigeait constamment de son frère ce que les autres personnes de sa famille lui demandaient; et peu après son retour de Saint-Domingue, elle osa lui renvoyer une somme qui était moins forte que celle qu'elle en attendait. La princesse Pauline était encore dans la disgrâce de l'empereur, quand, en 1814, il fut renversé du trône. Elle était à Nice avec Mme la comtesse de Cavour, Piémontaise, sa dame d'honneur, et M. le duc et Mme la duchesse de Clermont-Tonnerre, qui faisaient partie de sa maison. Dès ce moment elle ne fut plus que la sœur de Napoléon, et depuis elle n'a pas cessé de le prouver. Elle renonça à ses palais de Rome pour aller vivre près de lui sur le rocher de l'île d'Elbe, et sa tendresse,

aussi active que désintéressée, servit de médiatrice entre son frère et le reste de sa famille dispersée. Après le débarquement de Napoléon à Cannes, la princesse Pauline partit pour Naples, où régnait encore sa sœur Caroline, et retourna à Rome. Avant la bataille de Waterloo, dont le résultat devait mettre entre son frère et elle une absence sans doute éternelle, inquiète d'une destinée qui lui était si chère, et généreusement reconnaissante de tous les biens qu'elle avait reçus de lui pendant son règne, elle lui envoya ses plus belles parures de diamans, dont le prix était très-considérable. Elle n'avait pas d'autres services à lui rendre. Napoléon avait ces diamans dans sa voiture qui fut prise après la bataille de Waterloo, et qui depuis fut exposée à Londres en *exhibition* publique. On n'a jamais su ce que la parure de diamans était devenue. On n'a vu que la voiture où elle avait été déposée par Napoléon, pour la rendre à sa sœur : la princesse, depuis cette époque, a continué son séjour à Rome dans la partie du palais Borghèse, que le prince Camille, retiré à Florence, a mise à sa disposition. Elle a trouvé dans cette ville le prix des égards qu'elle ne cessa de témoigner au souverain pontife pendant son séjour à Paris; sa maison, tenue avec le goût et la délicatesse qui distinguent la princesse, est le rendez-vous de la société la plus brillante de la ville de Rome; cette existence s'embellit encore pour elle du séjour de sa mère, de ses deux frères Lucien et Louis, et de son oncle le cardinal Fesch. On retrouve la Vénus de Praxitèle dans l'admirable statue que le sculpteur des Grâces, Canova, a faite, il y a dix ans, de la princesse Pauline. Ce chef-d'œuvre merveilleux de la représentation humaine ne devait avoir d'autres témoins que Canova et Pauline, et ne pouvait appartenir qu'à celui qui possédait le modèle. Il était caché dans le palais de Turin, où résidait le prince Borghèse. On est fondé à croire que le roi de Sardaigne ne l'a pas considéré comme un monument nécessaire à la dignité royale, et lui aura permis de suivre la fortune de son légitime possesseur.

BORGHÈSE-ALDOBRANDINI (LE PRINCE), frère cadet du prince Camille, est né à Rome en 1777. Comme son frère, partisan de la révolution française, il entra au service de France, dès que Rome fut au pouvoir des Français. A son avénement au trône, Napoléon nomma chef d'escadron de sa garde le prince Aldobrandini, qui se fit remarquer à la bataille d'Austerlitz. Devenu colonel du 1er régiment des carabiniers, il fit les campagnes de 1806, 1807 et 1809, contre les Prussiens, les Russes et les Autrichiens. Dans toutes les occasions, il se distingua par une grande valeur, et fut blessé à la bataille de Wagram. Il épousa ensuite la fille de la comtesse Alexandre de La Rochefoucauld, dame d'honneur de l'impératrice JOSÉPHINE, et obtint le grade de général de brigade à la fin de 1811. Le 19 janvier suivant, il prêta serment en cette qualité, entre les mains de l'empereur, qui le fit son premier écuyer, en même temps que la princesse Aldobrandini était nommée dame du palais de l'impératrice Marie-Louise. Le 3 avril 1813, il fut décoré de la grand'croix de l'ordre de la Réunion. En 1814 le roi lui donna la croix de Saint-Louis. Le prince Aldobrandini, après avoir passé deux ans à Florence, auprès du prince Camille, son frère, est de retour en France, où il continue de faire partie des officiers-généraux disponibles.

BORGIA (ÉTIENNE), cardinal, neveu d'Alexandre Borgia, archevêque de Fermo. Il protégea avec un zèle égal deux choses bien différentes, les sciences et les missions. Comme homme d'état, sa conduite fut diversement jugée; comme antiquaire et comme littérateur, on lui accorde unanimement du goût, de l'érudition, un style élégant et pur, et surtout une infatigable activité pour la recherche des curiosités en tout genre. C'est à lui qu'est dû ce beau musée Velletri, où se trouvaient réunies tant de richesses, tant de monumens de l'antiquité, et des nations les plus éloignées. Né dans la ville dont ce musée porte le nom, le 3 décembre 1731, il commença de bonne heure cette collection unique, et digne d'un souverain, et à 19 ans il fut reçu membre de l'académie étrusque de Cortone. Nommé, par le pape Benoit XIV, gouverneur de Bénévent, en 1759, il fit remarquer son administration par sa prudence et par son humanité. Il sut préserver Bénévent de la famine qui désola le royaume de Naples en 1764. De retour à Rome, il devint, en 1770, secrétaire de la Propagande, et eut, en cette dernière qualité, de fréquens rapports avec les missionnaires. Tout en secondant leur zèle pour la religion, il se servit de leurs bons offices pour augmenter sa belle collection de différens objets de curiosité, que ces religieux lui envoyaient des pays qu'ils parcouraient. En 1789, créé cardinal par Pie VI, et nommé inspecteur-général des enfans trouvés, en 1797, il fut l'un des trois dictateurs de Rome. Un moderne, qui aurait lu l'Histoire romaine dans Tite-Live, et non dans Fra-Paolo, ou dans Denina, serait bien étonné de voir trois cardinaux maîtres souverains du sénat et du peuple de Rome. La dictature des trois ecclésiastiques ne fut pas de longue durée. Les Français s'emparèrent, le 15 février 1798, de la ville papale, et arrêtèrent les chefs du gouvernement; ils permirent cependant au cardinal Borgia de quitter les états romains. Retiré à Padoue, il s'occupa de nouveau de ses études favorites; et en organisant une académie, il n'oublia pas d'organiser une propagande. Quand la garnison française évacua Rome, Pie VII, nouveau pape, nomma le cardinal Borgia président du conseil économique, et en 1801, recteur du collége romain. Le cardinal Borgia, malgré son âge avancé, accompagna S. S. en France, et mourut à Lyon le 23 novembre 1814, d'une maladie longue et cruelle. Il fut vivement regretté des savans, des voyageurs, et de toutes les personnes qui l'avaient particulièrement connu. Bon, affable, obligeant, généreux, il encouragea les arts, et ne refusa jamais ses secours et ses conseils à ceux qui les réclamaient. L'histoire exacte de sa vie et des richesses qu'il avait accumulées dans son cabinet, aux dépens de sa fortune, se trouve dans le *Vitæ Synopsis Stephani Borgiæ*, par le P. Paulin de Saint-Barthélemy (Rome, 1805). Les meilleurs ouvrages du cardinal Borgia sont : 1° *Breve Istoria dell' antica città di Tadino nell' Umbria* (Rome, 1751, in-8°); *Istoria della città di Benevento* (Rome, 1763 à 1769, 3 vol. in-4°); *Breve Istoria del dominio temporale della sede apostolica nelle due Sicilie* (ib., 1788); et une *Histoire maritime des états du Saint-Siége,* qu'il a laissée incomplète et en manuscrit. Son caractère offrait quelques singularités. Il vendait sa vaisselle et les boucles de ses souliers pour acquérir une momie d'Égypte, ou tout autre objet d'antiquité, de science ou d'art; et l'impression de plus d'un ouvrage, avec gravures, caractères neufs, etc., etc., lui coûta tantôt un plat d'or ou d'argent, tantôt un meuble de prix. Les intérêts de l'église furent les seuls qu'il préférât aux intérêts de la science.

BORGRINCK (H.), patriote batave, l'un de ces hommes à qui les révolutions fournissent l'occasion de déployer toute l'énergie dont ils sont doués, se fit remarquer par le trait suivant. A l'époque où les Français occupaient la Hollande, il alla dissoudre les états de la Frise, accompagné seulement de quelques membres d'un comité établi dans cette province. Il leur parla d'abord en termes respectueux, les qualifiant de hauts et puissans seigneurs, les appela ensuite citoyens, et finit par leur déclarer que le peuple, dont ils avaient perdu la confiance, les relevait de leurs sermens, mais non de leur responsabilité; en conséquence, il leur signifia de se séparer, sans pourtant s'éloigner, afin d'être toujours prêts à rendre les comptes que l'on pourrait leur demander.

BORIE-CAMBORT (JEAN), avocat avant la révolution, et depuis administrateur du département de la Corèze, fut, en 1791, nommé député de ce département à l'assemblée législative, d'où il passa à la convention nationale. Il ne s'occupa d'abord que de la comptabilité des administrations; mais sur la fin de 1792, il appuya les dénonciations portées contre le général Custines, et se fit remarquer par l'exaltation de son républicanisme. Dans le procès du roi, il vota pour la mort, contre l'appel au peuple, et contre le sursis; il montra beaucoup d'animosité contre les proscrits du 31 mai, et fut le plus impitoyable ennemi des prêtres réfractaires et des fonctionnaires publics infidèles, contre lesquels il sévit avec une rigueur qu'on peut nommer cruauté. Borie fut envoyé à l'armée du Rhin en qualité de commissaire de la convention, en juillet 1795. Rappelé au mois de novembre suivant, il fut chargé d'une mission dans les départemens de la Lozère et du Gard; là il se montra atroce. Il avait promis de réunir les protestans et les catholiques de ces contrées; il les réunit en effet, mais sur l'échafaud, mais dans le tombeau. Joignant la dérision à la férocité, comme ces sauvages qui dansent autour du bûcher de leurs victimes, il conduisait en habit de représentant les *farandoles* autour de l'échafaud, et forçait les parens des condamnés d'assister à ces fêtes sanglantes. Uzès, Alais, Anduze, Saint-Jean-du-Gard et Nîmes, ont été le théâtre de ces horreurs, qui depuis se sont renouvelées. Borie-Cambort, contre lequel le cri général s'était élevé, fut décrété d'arrestation le soir du 1er prairial an 3, comme l'un des auteurs de cette journée qui avait coûté la vie au député Féraud; il avait droit au sort des Maignet, des Lebon, mais il eut encore assez d'amis pour se faire comprendre dans l'amnistie du 4 brumaire an 4, et assez de partisans pour devenir, après le 18 brumaire an 8, juge du tribunal civil de Coignac. Il mourut en 1805, à Sarlat, département de la Dordogne, où il s'était retiré.

BORKHAUSEN (MAURICE-BALTHAZARD), naturaliste allemand, naquit dans le pays de Darmstadt, vers 1752, et mourut en 1807; il est auteur de différens ouvrages très-utiles à la science qu'il professait. La plupart de ces ouvrages, par le grand nombre de vues neuves qu'ils renferment, font reconnaître l'observateur profond. Il les publia dans sa langue maternelle. Voici les principaux : 1° *Histoire naturelle des papillons d'Europe, dans un ordre systématique, en cinq parties, avec deux planches coloriées*, Francfort, 1788,

1794, in-8°; 2° *Essai d'une description des différentes espèces d'arbres fruitiers qui croissent en pleine terre dans le pays de Hesse-Darmstadt*, Francfort, 1790, in-8°; 3° *Explication des termes qui sont en usage dans la Zoologie*, Francfort, 1792, in-8°; 4° *Tentamen dispositionis plantarum Germaniæ seminiferarum secundum novam methodum à staminum situ et proportione cum characteribus generum essentialibus*, Darmstadt, 1792, in-8° de XII, et un *supplément* de 172 pages, publié après sa mort sous ce titre : *Tentamen Floræ Germanicæ*, etc., Francfort, 1811, in-8°; 5° *Précis de l'Histoire naturelle des animaux de l'Allemagne*, Francfort, 1797, in-8°. Borkhausen était l'un des auteurs du journal qui parut, en 1793, dans le grand-duché de Darmstadt, sous le titre de : *Reinische magazin*. Ce journal contribua beaucoup aux progrès de l'histoire naturelle dans ce pays.

BORN (IGNACE, BARON DE), célèbre minéralogiste et membre des principales académies de l'Europe, naquit à Carlsbourg, en Transylvanie, le 26 décembre 1742. A l'âge de 13 ans, il fut envoyé à Vienne pour faire ses études chez les jésuites, qui, voyant ses heureuses dispositions, voulurent se l'attacher en l'admettant dans leur ordre. Il n'y resta que seize mois. Il se rendit à Prague, pour y étudier le droit; entreprit ensuite un long voyage, et ce ne fut qu'après avoir parcouru l'Allemagne, la Hollande, les Pays-Bas et la France, qu'il se livra entièrement à l'étude de l'histoire naturelle. Les progrès qu'il fit dans cette science furent si rapides, et ses connaissances devinrent si étendues dans la minéralogie, qu'il fut nommé conseiller aulique au suprême département des mines et monnaies de l'empereur d'Allemagne. Plusieurs voyages qu'il entreprit dans le bannat de Témeswar, et dans la Haute et Basse-Hongrie, afin d'y faire de nouvelles observations, le mirent en état de publier, en 1774, un ouvrage important sous le titre de : *Voyage minéralogique de Hongrie et de Transylvanie*, in-8°, qui fut d'abord traduit par Ferber, son ami; puis en anglais par Raspe, en 1777; en italien, Venise, 1778; et en français par M. Monnet, 1780, in-12. Ce voyage avait manqué de coûter la vie au baron de Born, qui resta suffoqué pendant quinze heures, dans une mine où il était descendu, à Falso-Bengas ou Felso-Banya. Cet accident altéra beaucoup sa santé. L'impératrice-reine l'appela à Vienne, en 1776, et le chargea de mettre en ordre et de faire la description des objets composant le cabinet impérial d'histoire naturelle. La première partie de cette description, contenant les *testacés*, parut en 1778, in-8°, en latin et en allemand; et en 1780, in-folio, avec planches coloriées. Ses ouvrages les plus remarquables sont : 1° *Lithophylacium Bornianum*, Prague, 1772 et 1775, 2 vol. in-8°; 2° *Effigies virorum eruditorum atque artificum Bohemiæ et Moraviæ*, Prague, 1773 et 1775, 2 vol. in-8°; 3° *Mémoires d'une société de savans, établie à Prague pour les progrès des mathématiques, de l'histoire naturelle et de l'histoire du pays*, en allemand, Prague, 1775, 1784, 6 vol. in-8°; 4° *Méthode d'extraire les métaux parfaits des minerais et autres substances métalliques, par le mercure*, en allemand, 1786, in-4°, édition française, sous le nom de Born, Vienne, 1788, in-8°, avec 21 planches. On ne peut se dispenser de joindre à cet ouvage les *Lettres de M. Rubin de Célis à MM. Duhamel et de Born, sur l'amalgamation des métaux en Allemagne*, 1789, in-8°. Le procédé de l'*amalgamation*, que de Born perfectionna, et qui est aujourd'hui son plus beau titre à la célébrité, ne fut cependant adopté en Autriche qu'avec une extrême difficulté. C'est ce que ce savant avait prévu. On lui attribue un ouvrage auquel, s'il n'est pas bien prouvé qu'il en soit l'auteur, il n'est pas entièrement étranger, puisqu'il en donna l'idée et qu'il en conseilla l'exécution, après toutefois en avoir demandé l'agrément à l'empereur. Cet ouvrage à pour titre : *Joannis Physiophili specimen monachologiæ*. C'est une satire mordante contre les moines, classés malignement d'après la méthode de Linné. L'archevêque de Vienne se plaignit vivement à Joseph II. L'empereur répondit que l'ouvrage n'était que plaisant, et n'attaquait d'ailleurs que la partie inutile et oisive des ordres religieux. L'ouvrage, imprimé d'abord à Augsbourg, 1783, in-4°, eut plusieurs éditions, et fut traduit en français par M. Broussonnet, qui le publia sous le pseudonyme de *Jean d'Antimoi-ne*. Voici le titre que le traducteur lui donna : *Essai sur l'Histoire naturelle de quelques espèces de moines*, 1784, in-8°, réimprimé en 1790. Le baron de Born posséda plusieurs emplois, dont il consacrait le revenu à des actes de bienfaisance. La noblesse, la droiture, un excellent cœur, mais une grande vivacité, sont les qualités qu'il sut unir à beaucoup d'instruction et à des talens réels; il mourut à Vienne le 28 août 1791.

BORNES (LAURENT) fut, en 1789, député aux états-généraux, par le tiers-état de la province d'Auvergne. Dans cette assemblée ou brillèrent les plus grands talens, M. Bornes ne fut point remarqué. Ce ne fut que six ans après, et par suite de sa nomination au conseil des cinq-cents, qu'il attira sur lui quelque attention. Il se déclara l'ennemi de la révolution, qui cependant l'avait fait sortir de la profonde obscurité où il vivait; et tout en blâmant les excès sans reconnaître les avantages qu'elle avait produits, il partagea la haine et la violence du parti opposé, dont il devint l'un des instrumens les plus actifs. Le 25 décembre 1795, il se constitua le défenseur de Job Aymé, soupçonné d'être attaché en secret à la maison de Bourbon, et que l'on voulait exclure du corps-législatif. Il s'opposa avec force au projet d'amnistie, présenté en faveur de ceux qui s'étaient rendus coupables de délits révolutionnaires. Souvent même, par d'imprudens aveux, il compromit le parti qu'il croyait servir. M. Bornes, regardé par le directoire comme un de ses adversaires les plus prononcés, se trouva compris dans le décret de déportation d'un grand nombre de députés et de journalistes. Il eut le bonheur de se soustraire à cette mesure et de se retirer en Allemagne, d'où il ne revint qu'après le 18 brumaire. Le gouvernement impérial ne lui confia aucune espèce de fonction. Après la première restauration, M. Bornes obtint du roi des lettres-patentes, datées du 18 août 1814, qui lui conféraient la noblesse. Une ordonnance royale du 5 octobre suivant, l'autorisa à porter la décoration de la légion-d'honneur. M. Bornes présida en 1815 le collége d'arrondissement du Puy-en-Vélay, département de la Haute-Loire. Porté par cet arrondissement sur la liste des candidats à la chambre des députés, il n'y fut point appelé; mais il en fut dédommagé par la sous-préfecture de Brioude.

BORRELLI (LE BARON), maréchal-de-camp, entra au service, en 1793, en qualité de sous-lieutenant, dans le 14me régiment de chasseurs à cheval; et, après plusieurs campagnes aux armées de l'Ouest et d'Italie, il parvint au grade de chef d'escadron. Appelé à la grande-armée en 1805, il fit, près du maréchal Lannes, les campagnes d'Allemagne, de Prusse et de Pologne. Dans la première, il reçut la croix d'officier de la légion-d'honneur, et, dans la dernière, il fut nommé adjudant-commandant. Il avait été blessé plusieurs fois. L'armée d'Espagne s'organisant, l'adjudant-commandant Borrelli obtint d'en faire partie; il se rendit à Madrid. Le prince Murat, qui commandait en chef, le chargea d'aller à Ciudad-Rodrigo, pour y recevoir et inspecter l'armée portugaise qui passait au service de France. En 1812, appelé à l'armée de Russie, il fut nommé sous-chef d'état-major de la cavalerie commandée par le roi de Naples. Il se distingua aux combats de Vitepsk, Smolensk, Borodino, etc. Le roi de Naples le cita plusieurs fois avec éloge, notamment dans le bulletin de la bataille de la Moscowa; il fut fait général de brigade. Le lieutenant-général Belliard, chef d'état-major-général de la cavalerie, ayant été dangereusement blessé à Mosaïsk, le général Borrelli le remplaça provisoirement dans ses fonctions. En 1813, il fut nommé chef d'état-major du 14me corps de la grande armée. Le maréchal Saint-Cyr le cite particulièrement comme s'étant distingué dans la journée du 18 septembre, où il fut cause de la destruction totale d'une colonne ennemie de deux mille hommes. Le général Borrelli suivit le sort de la garnison de Dresde, et ne rentra en France qu'après le retour du roi. Envoyé à Lyon pour s'opposer à la marche de Napoléon en mars 1815, il revint avec MONSIEUR, et fut nommé sous-aide-major-général de l'armée, commandée par le duc de Berri. Après le départ de ce prince, il fut laissé à Paris pour commander les troupes qui s'y trouvaient, ou qui devaient y arriver : il ne quitta son poste qu'à l'entrée de Napoléon aux Tuileries. Quelques jours après, il fut désigné pour remplir les fonctions de chef-d'état-major de la garde nationale de Paris; et il a puissamment contribué, par son zèle, au maintien de la tranquillité dans ces momens difficiles. Le gouvernement provisoire, en le nommant, paraît avoir eu pour but de récompenser dans sa personne les services importans que la garde nationale de Paris avait rendus à la France par sa discipline et sa contenance ferme vis-à-vis des troupes étrangères. Cette nomination n'a point encore été confirmée. En 1817, le général Borrelli fut désigné par le roi pour présider le collége électoral du département de la Lozère, son pays natal; il a été également employé pendant trois ans dans les inspections, c'est-à-dire jusqu'au moment de l'organisation du corps royal d'état-major dont il fait partie.

BORRONI (PAUL-MICHEL-BENOÎT), naquit en 1749 à Voghera en Piémont. Élève des écoles de Milan, de Parme et de Rome, il y prit la manière du Corrége, et la touche de Michel-Ange. En 1776, il retourna dans sa patrie, et malgré les offres les plus brillantes, il refusa constamment de l'abandonner. Il reçut des témoignages de l'estime et de la munificence de quelques souverains. Le pape Pie VI le créa chevalier de l'Éperon-d'Or, et le roi et la reine de Sardaigne lui firent une pension qui lui fut conservée par le gouvernement français. Plusieurs de ses tableaux lui méritèrent des médailles d'or. Les principaux sont : le *Mariage de la Vierge*, sa *Fuite en Egypte*, son *Assomption*, la *Mort de saint Joseph*, la *Mort du Juste*, un *saint Germain*, une *sainte Famille*, *Annibal sur les Alpes*, la *Mort de Lucrèce*, les *Saisons*, la *Clémence de Titus*, et plusieurs *Portraits*. Ses plus belles productions sont un grand *Tableau de la reconnaissance de la république Cisalpine*, et *un Diogène* sortant de son tonneau, et adressant à Alexandre ces mots si connus : « Ote-toi de » mon soleil. » Borroni mourut à Voghera, le 25 août 1819. Ses concitoyens honorèrent de leurs regrets la perte d'un homme qui unissait aux talens les plus distingués des manières douces, et une modestie peu commune.

BORSTELL (N. DE), général-major prussien, entra fort jeune au service, se distingua en plusieurs occasions, et contribua au gain de la bataille de Pirmasens, le 14 septembre 1793, en s'emparant de 14 pièces de canon. La gloire qu'il recueillit dans cette journée fut payée du sang de son fils, tué en cherchant à parer un coup de sabre porté au général Kath. Le roi de Prusse adressa, à cette occasion, une lettre très-flatteuse au général Borstell, et lui envoya l'ordre de l'Aigle-Rouge. Dans la campagne de 1815, contre la France, ce général, l'un des chefs de l'armée, manqua d'une manière assez grave à la subordination envers le feld-maréchal Blucher, pour qu'un conseil de guerre le condamnât à être destitué, et à subir une détention de quatre années dans la forteresse de Magdebourg. Sur les instances même du prince Blucher, le roi réduisit à six mois la durée de la peine. Le général

Borstell fut nommé peu de temps après gouverneur de Magdebourg, et en 1816, gouverneur-général de la Prusse occidentale.

BORY (GABRIEL), membre de l'institut, naquit à Paris, le 13 mars 1720. Il fut, avant la révolution, chef d'escadre et gouverneur des îles Sous-le-Vent. « L'art » si important de se conduire sur » mer, par l'observation des as- » tres, à défaut d'objets plus rap- » prochés qui puissent indiquer la » route qu'on doit suivre, dit le sa- » vant Delambre, dans l'éloge his- » torique de Bory, éloge qu'il pro- » nonça à l'institut, cet art qui exi- » ge toutes les ressources des arts » et des sciences perfectionnés, a- » vait été livré long-temps à une » routine aveugle. Ce n'est pas » qu'on n'eût reconnu la nécessité » des méthodes astronomiques; » mais le peu de confiance qu'elles » inspiraient, dans l'état d'imper- » fection où elles étaient encore, » les faisait entièrement négliger. » Quelques observations grossiè- » res, quelques pratiques insuffi- » santes, et le plus souvent aban- » données aux pilotes, voilà tout » ce qui constituait alors l'astro- » nomie nautique. Cependant, dé- » jà depuis vingt ans, Hadley a- » vait publié la description de deux » instrumens à réflexion, dont la » première idée était due à New- » ton, et qui devaient opérer une » révolution dans l'état des obser- » vations nautiques. Les meilleu- » res inventions sont quelquefois » celles qui éprouvent le plus d'obs- » tacles de la part des hommes qui, » peu accoutumés à exercer leur » raisonnement, redoutent par- » dessus tout la fatigue de réflé- » chir. Les nouveaux instrumens, » peu répandus encore dans la » marine anglaise, étaient absolu- » ment inconnus dans la nôtre. » Bory fut le premier, parmi les » Français, à sentir tous les avan- » tages de la découverte de Had- » ley. Il s'empressa de faire con- » naître un instrument si utile; et » le traité qu'il en publia, en 1751, » par la clarté et la simplicité de » sa rédaction, par le soin que » prit l'auteur de l'approprier aux » lecteurs auxquels il le destinait » principalement, fut un vérita- » ble service rendu aux marins. » L'ouvrage de Bory dut être adop- » té par eux avec d'autant plus de » confiance et de facilité, qu'il leur » venait d'un camarade qui leur » donnait à la fois le précepte et » l'exemple. » A la même époque, Bory entreprit, avec d'autres officiers distingués, un *Dictionnaire de marine*, dont il devait rédiger spécialement les articles d'*Astronomie*, de *Pilotage* et d'*Hydrographie*. Cet ouvrage fut ensuite confié aux soins de l'académie de marine, à qui la prochaine dispersion de ses membres ne permit pas d'achever un ouvrage si important. Cette société, dont Bory avait déjà été l'un des principaux fondateurs, fut encore rétablie en grande partie par ce savant, en 1769. Le gouvernement l'avait chargé de déterminer astronomiquement la position des caps de Finistère et d'Ortégul, qui n'était alors tracée sur aucune carte avec exactitude, bien qu'elle soit d'une grande importance pour la géographie et pour la navigation. Bory parvint à remplir cette mission d'une manière satisfaisante, malgré les obstacles que lui offraient d'une part les élémens mutinés, et de l'autre la superstition des habitans de la ville espagnole de Muros, près de laquelle il avait établi son observatoire sur la pointe d'un rocher. Revenu à Brest, au mois de mai 1753, il y observa le passage de Mercure sur le Soleil, et donna, à ce sujet, un *Mémoire* qui a été inséré parmi ceux des Savans étrangers (tome III). La même année, à l'occasion de l'éclipse solaire du 26 octobre, il fit voile pour le Portugal, dans le dessein de rectifier la carte des côtes occidentales de la péninsule, d'après la nouvelle fixation qu'il avait faite de la position du cap Finistère; mais l'éclipse annoncée comme centrale et totale n'ayant été que partielle, le but astronomique fut manqué, et Bory se contenta de déterminer exactement la longitude d'Aveiro. Un voyage qu'il fit ensuite à Madère, fut signalé par des opérations curieuses, consignées dans un *Mémoire* imprimé parmi ceux de l'académie, pour les années 1768 et 1770. Le volume de cette dernière année contient encore de lui la *Description* intéressante d'un observatoire portatif, que divers navigateurs ont adopté depuis. Nommé, en 1761, gouverneur de S¹-Domingue, il voulut améliorer le sort des habitans en les faisant jouir de la liberté que la nature leur donne, et que l'abus de l'autorité leur fait perdre. Ses propositions furent agréées par le gouvernement; mais en même temps il fut rappelé. Le 3 août 1765, il fut nommé associé libre de l'académie des sciences. L'année suivante, il quitta le service de la marine; mais elle ne cessa pas d'être l'objet de ses plus chères affections, témoin ses *Mémoires sur l'administration de la marine et des colonies*, publiés en 1789 et 1790, et dédiés à l'assemblée nationale. Les Mémoires de l'académie (volumes de 1769 et 1776), contiennent encore de lui des *Observations astronomiques* du plus grand intérêt. Il a fait aussi insérer dans le volume de 1780, un *Mémoire sur les moyens de purifier l'air dans les vaisseaux*. L'auteur y fait mention d'un projet qu'il avait inventé pour accroître la surface habitable de Paris, sans étendre son enceinte, en comblant le bras le plus faible de la Seine, en pratiquant des rues sur le terrain ainsi disposé, et en y bâtissant des maisons. La révolution, en réduisant les pensions que ses services et ses grades lui avaient méritées, et les rentes qu'il avait placées sur l'état, diminua considérablement ses ressources pécuniaires, état qu'aggrava encore le soin qu'il dut prendre de sa famille bien plus malheureuse que lui. « Il fut bientôt forcé, dit M. Delambre, de » faire le sacrifice le plus doulou- » reux pour un savant, celui de » sa bibliothèque. » A l'époque de la formation de l'institut, il n'en fit point partie, cette société n'ayant pas assez de places pour tous les astronomes de l'académie des sciences; mais, en l'an 4, il fut admis en remplacement du célèbre Pingré, mort le 1ᵉʳ mai 1796. Bory mourut le 15 vendémiaire an 10 (8 octobre 1801). On s'étonna qu'un homme aussi recommandable, à tant de titres, n'eût pas été nommé membre du sénat à l'époque de sa création.

BORY-DE-SAINT-VINCENT (J. B. M. G.), correspondant de l'académie des sciences pour la section d'histoire naturelle, colonel et membre de la chambre des représentans, est né à Agen en 1780. Il se livra, dans sa jeunesse, à l'étude de l'histoire naturelle, sous la direction de son oncle maternel, le comte de Tustal, mort sénateur en 1814, lequel légua à l'académie de Bordeaux une superbe collection d'histoire naturelle, qu'il avait formée lui-même avec les connaissances et le discernement d'un savant amateur. C'est en admirant ces nombreux échantillons des productions de la nature, aussi riches que variées, que le jeune Bory sentit en lui un penchant irrésistible pour l'étude si intéressante de l'histoire naturelle, à laquelle il se livra sans réserve, jusqu'à l'époque où l'une des premières conscriptions l'appela aux armées. Il fit sa première campagne dans l'armée de l'Ouest; puis nommé officier, il fit les dernières campagnes d'Allemagne sous les ordres du général Moreau. C'est au moment où la victoire d'Hohenlinden allait amener la paix, que M. Bory fut nommé naturaliste en chef dans l'expédition commandée par le capitaine Baudin, et destinée à faire des découvertes autour du monde. On sait combien cette expédition fut malheureuse, et comment l'incapacité du chef nuisit à ses succès. Cependant les résultats en ont été très-avantageux, en ce qu'ils ont puissamment concouru aux progrès des sciences naturelles et géographiques. M. Bory quitta le capitaine Baudin au milieu du voyage, mais ne demeura pas oisif; il explora seul plusieurs îles des mers d'Afrique. Il visita surtout l'île de Bourbon, alors appelée de *la Réunion*, et plus anciennement Mascareigne. Dans cette île il gravit le premier la triple crête du volcan qui s'y trouve, fixa en quelque sorte son domicile dans son principal cratère, auquel les habitans du pays ont donné son nom; fut témoin d'une violente éruption, dont il suivit les progrès au péril de sa vie, sans s'éloigner un instant des torrens de lave et de la vapeur malfaisante qui s'en exhalait. La carte et la description qu'il a données de ce volcan passent pour un ouvrage de la plus rare perfection ; et les Anglais, qui ont depuis suivi les traces de M. Bory, ont rendu, dans divers ouvrages ou journaux, le plus éclatant témoignage de l'exactitude de ses observations et des dangers qu'il a courus pour les compléter. De retour en France, il publia la relation de ce voyage, ainsi qu'un ouvrage intitulé : *Essais sur les îles Fortunées*, auquel il dut sa nomination de correspondant de la première classe de l'institut, division des sciences physiques. Il avait alors environ vingt-quatre ans ; promu à cette époque au grade de capitaine, il le conserva près de huit ans, lorsque tout le monde avançait rapidement autour de lui. Ce retard d'avancement fut attribué à l'attachement un peu trop vivement manifesté que M. Bory conservait au général Moreau, sous lequel il avait fait ses premières armes. Employé d'abord au camp de Bruges, près du maréchal Davoust, il fit avec lui les campagnes d'Ulm et d'Austerlitz, comme capitaine au 5ᵉ régiment de dragons, et celles d'Iéna, d'Eylau et de Friedland. Rentré dans l'état-major, il alla en Espagne, en 1808, avec le maréchal Ney, qu'il quitta pour devenir aide-de-camp du maréchal Soult, qui le fit avancer assez promptement jusqu'au grade de major. D'après les rapports de ce chef, M. Bory fit avec succès beaucoup de reconnaissances militaires très périlleuses, se signala dans diverses occasions, où il eut jusqu'à sept chevaux tués sous lui, et particulièrement aux batailles de la Québara et de l'Albuhera. Au siège de Badajoz, le maréchal Soult, pressé de prendre cette place, pour retourner devant Cadix, au secours du maréchal Victor, attaqué par des forces supérieures, se décida à battre en brèche les murs de Badajoz. Au moment où le feu de la place répondait de la manière la plus terrible à la batterie de brèche, on vit M. Bory traverser un terrain sillonné par les bombes et les obus, pour porter des ordres à cette batterie. On le croyait perdu; mais son audace fut couronnée par le succès : il remplit heureusement sa mission, et revint sain et sauf en rendre compte au maréchal Soult. Il fut aussi chargé de commander des colonnes mobiles envoyées à la poursuite des insurgés, et de lever des contributions militaires sur l'Andalousie. Il sut remplir son devoir sans indisposer contre lui les habitans de cette contrée. Aux mémorables journées de Lutzen et de Bautzen (2 et 20 mai 1813), M. Bory était employé près du maréchal Soult, qui commandait le centre, ayant le général Bertrand sous ses ordres. A peine l'armée française jouissait-elle à Dresde du repos que lui procurait l'armistice de Neumarck, que le maréchal, parti depuis trois mois de Tolède avec ses aides-de-camp, eut ordre de retourner en Espagne pour réparer les désastres de Vittoria. M. Bory quitta l'Allemagne, et accompagna le maréchal, qui devait arrêter l'armée combinée, anglaise, espagnole et portugaise. Dans les six mois qui s'écoulèrent entre le retour du maréchal et la bataille de Toulouse, il y eut plus de quinze combats ou batailles, dans lesquels M. Bory sut encore plusieurs fois se distinguer. A l'époque de cette bataille de Toulouse, si glorieuse pour les armes françaises (10 avril 1814), chargé d'organiser des corps de partisans, tels que ceux qu'il avait eus à combattre en Espagne et en Portugal, M. Bory s'acquitta parfaitement de cette commission, et parvint à garantir Agen, sa ville natale, de l'irruption des étrangers. Il éteignit même la dissension qui s'y manifestait entre les jeunes gens de la ville et les militaires de la garnison, à l'occasion du changement de cocarde, et prévint ainsi l'effusion du sang français. Son général ayant été rappelé, M. Bory vint le rejoindre à Paris, où il fut bientôt attaché au dépôt de la guerre. Il travailla dès lors à la rédaction d'un ouvrage périodique qui faisait suite au *Journal des Arts*. Ses articles, aussi piquans que bien pensés, avaient principalement pour objet de rendre à l'armée française la justice qui lui était due après vingt-cinq ans de travaux glorieux, et de livrer au ridicule les lâches détracteurs qui cherchaient à flétrir ses lauriers. Le 7 juin 1815, il fut nommé membre de la chambre des représentans. Le 25, il y fit accueillir les adresses des fédérés, et le 30, il demanda que la délibération de cette chambre, qui avait pour objet d'ouvrir dans son sein une souscription en faveur des militaires blessés, fût communiquée à la chambre des pairs. Nommé dans la même séance, en remplacement du général Pouget, commissaire près de l'armée sous les murs de Paris, ainsi que ses collègues, MM. A. Jay, Arnault, Buquet, Durbach, Garat et Hellot, il harangua le peuple et les soldats, dont il parcourait les rangs. Le lendemain 1er juillet, à son retour du camp de la Villette, il fit, au nom des commissaires, un rapport sur la mission qu'ils venaient de remplir. En rendant compte de l'enthousiasme manifesté par les troupes et par les faubourgs, il déclara que les commissaires avaient conçu les plus hautes espérances de victoire, bien convaincus de la possibilité de défendre Paris contre les étrangers. Obligé de s'éloigner de Paris, en exécution de l'article 2 de l'ordonnance du 24 juillet, M. Bory publia, quelques jours après (le 10 août), un *Mémoire justificatif* de ses opinions et de sa conduite politique. Tourmenté dans l'asile qu'il avait trouvé au centre de la vallée de Montmorency, il se retira à Rouen, où l'amitié sut le soustraire à la surveillance active des hommes dévoués au pouvoir. L'ordonnance du 17 janvier suivant le força de sortir de France. Il se réfugia en Belgique, où il ne tarda point à être persécuté et réduit à se cacher encore, jusqu'à ce qu'il obtint une retraite dans les états prussiens, à la sollicitation du savant Alexandre de Humboldt, qui s'intéressa vivement à son sort, et fut son appui près du prince de Hardenberg. Chassé, pour ainsi dire, de Liége et de Bruxelles, il se rendit en 1816 à Berlin, où il lui fut permis de séjourner jusqu'à l'année suivante, parmi les savans et les gens de lettres, qui sont toujours nombreux dans cette capitale, depuis l'époque où le grand Frédéric accorda une si haute protection à la philosophie et aux sciences. Autorisé par le prince de Hardenberg à fixer sa demeure à Aix-la-Chapelle, où l'état de sa santé exigeait qu'il prît les eaux, c'est de cette nouvelle résidence que M. Bory adressa, vers la fin de 1817, à la chambre des députés de France, plusieurs pétitions dans lesquelles il demandait, avec autant de force que de dignité, son retour dans sa patrie. Mais la chambre passa à l'ordre du jour sur ces pétitions, en considérant la liste des trente-huit personnes exilées de Paris par l'article 2 de l'ordonnance du 24 juillet 1815, comme faisant partie du traité conclu à Paris la même année avec les puissances étrangères. M. Bory s'occupait à dresser la carte du pays de Juliers, et venait de reprendre ses travaux sur l'histoire naturelle, quand le prince de Hardenberg, qui l'avait autorisé formellement et par écrit à séjourner indéfiniment dans ce pays, lui fit signifier l'ordre d'en partir, sous trois jours, pour se retirer à Kœnisberg, en Bohême ou en Crimée. M. Bory demanda en vain la permission de passer en Amérique; on la lui refusa, et il se réfugia dans la partie occidentale de l'Allemagne. Décidé à ne point obéir aux ordres du gouvernement prussien, déguisé en marchand d'eau-de-vie, et muni de faux passe-ports, il rentra à pied dans la Belgique par la Hollande, et se cacha tantôt à Gand, tantôt à Bruxelles, contraint de passer onze mois sans sortir d'une chambre étroite. Un changement survenu dans le ministère ayant donné au général Dessoles le portefeuille des relations extérieures, l'ambassadeur qui, depuis deux ans, tourmentait par ordre les proscrits, reçut celui de leur prêter aide et assistance. Rendu à la liberté, M. Bory en profita pour publier, avec des savans belges, un ouvrage périodique du plus haut intérêt, intitulé : *Annales générales des Sciences physiques*, ouvrage qui maintenant se compose de huit volumes. Rappelé en France l'un des derniers, avec le colonel Marbot, il n'a point été replacé dans le cadre de l'armée, et se trouve sans demi-solde, contraint, pour gagner une somme équivalente à ce que lui avaient acquis vingt ans de services, à vendre aux journalistes et aux libraires les fruits de sa plume. Les principaux ouvrages de M. Bory, indépendamment de ceux que nous avons déjà cités, sont : 1° *Divers Mémoires sur l'histoire naturelle*, lus à l'institut ou dans diverses sociétés académiques ; 2° *Mémoires* sur différens genres de la cryptogamie aquatique, insérés dans les annales du muséum d'histoire naturelle, dont M. Bory est correspondant; 3° *Essais sur les îles Fortunées, et l'antique Atlantide*, ou précis de l'histoire générale et particulière de l'archipel des Canaries, 1803, in-4°; 4° *Voyage dans les quatre principales îles des mers d'Afrique*, 3 vol. in-8° avec atlas in-fol. ; 5° divers Opuscules et Brochures politiques; 6° M. Bory de Saint-Vincent, qui s'occupe quelquefois de littérature légère, a donné au théâtre de la Gaieté, sous des noms qui ne sont pas les siens, une petite pièce assez agréable. Elle a pour titre : *la Fille soldat.*

BOSC (Louis-Augustin-Guillaume), l'un des premiers naturalistes de l'époque, fils d'un médecin du roi, est né à Paris le 29 janvier 1759. Il sentit de bonne heure la passion de l'histoire naturelle, et se livra à l'étude de cette science avec toute l'ardeur de la jeunesse. Secrétaire de l'intendance des postes, de 1784 à 1788, il consacra les loisirs que lui laissait cet emploi, à cultiver l'objet de son goût favori, et il déposa les premiers fruits de ses travaux dans le *journal de physique*. Cette publicité le fit connaître si avantageusement qu'il ne tarda pas à être admis dans un grand nombre de sociétés savantes et littéraires. Le ministre de l'intérieur, Roland, qui était fort attaché à M. Bosc, l'appela, en 1792, à l'administration des postes ; mais la révolution du 31 mai 1793 lui enleva tout à la fois sa place et son protecteur, et bientôt on le vit donner l'exemple du plus généreux dévouement, en accompagnant, jusqu'au pied de l'échafaud, Mme Roland, condamnée à mort par le tribunal révolutionnaire. M. Bosc se réfugia alors dans la forêt de Montmorency, et vécut trois ans ignoré dans cette solitude, où il ne s'occupa que d'histoire naturelle, et prépara la publication de la première édition des *Mémoires* que Mme Roland avait confiés à son amitié. En l'an 4 (1796), le directeur Lareveillère-Lépaux le fit envoyer, en qualité de consul, aux États-Unis d'Amérique, à la résidence de Wilmington, et ensuite de New-York. Mais M. Bosc n'ayant pas été admis à remplir cette fonction diplomatique, mit à profit cette circonstance pour rassembler de riches collections des diverses branches de l'histoire naturelle, et contribua ainsi aux progrès de cette science. De retour dans sa patrie, il devint un des administrateurs des hospices civils de Paris ; mais la révolution du 18 brumaire an 8 (9 novembre 1799), en substituant le gouvernement consulaire au directoire-exécutif, enleva encore à M. Bosc une place qu'il tenait de cette dernière autorité. Rentré dans la vie privée, il reprit la continuation de ses recherches sur l'histoire naturelle, qui lui ont acquis un rang distingué parmi les savans. Successivement nommé inspecteur des pépinières de Versailles, membre de la société d'agriculture de Paris, de la société d'encouragement, de l'institut, section de l'économie rurale, il dirigea depuis ses travaux vers cette partie si importante des connaissances humaines. Le nombre des rapports qu'il a faits dans ces diverses sociétés est extrêmement considérable, et tous indiquent un homme aussi instruit que bon citoyen. Il a été décoré de la croix de la légion-d'honneur. Ses principaux ouvrages sont : 1° *Nouveau dictionnaire d'histoire naturelle*, en société avec d'autres naturalistes et physiciens, édition de Déterville, 24 vol. in-8°, et réimprimé depuis en 30 vol. ; 2° *Histoire naturelle des coquilles, des vers et des crustacés*, faisant suite au *Buffon* de Déterville, 1802, 10 vol. in-18 ; 3° *Dictionnaire d'agriculture*, avec d'autres membres de l'institut, 1803 à 1809, 13 vol. in-8° ; 4° *Annales d'agriculture*, les vingt derniers vol. ; 5° *Dictionnaire d'agriculture et d'économie rurale* de l'Encyclopédie méthodique ; les trois derniers vol. in-4°, 1812 et 1813 ; 6° enfin M. Bosc a fourni un grand nombre d'articles au *Journal d'histoire naturelle*, à celui des *Mines*, aux *Mémoires de la société d'Agriculture de Paris*, à ceux de la *société Linnéenne*, aux *Mémoires de l'institut*, et à plusieurs autres recueils scientifiques français et étrangers.

BOSC (Étienne), frère du précédent, est né à Apuy (Haute-Marne), en septembre 1764. Il fut employé, en 1789, par les états de Bourgogne, pour une mission relative aux mines et aux manufactures. Il résidait à Troyes

(Aube), et s'occupait de manufactures, lorsqu'en prairial an 5, étant membre du jury d'instruction publique, il devint professeur de physique et de chimie à l'école centrale de ce département. Le 22 prairial an 6, le directoire l'envoya, en qualité de commissaire du pouvoir exécutif, dans le même département, qui le nomma député au conseil des cinq-cents. Immédiatement après la révolution du 18 brumaire an 8 (9 novembre 1799), M. Bosc fut, dès le surlendemain, nommé délégué des consuls dans la 18me division militaire. Le sénat l'appela au tribunat le 4 nivôse an 8, et il fut nommé membre de la légion-d'honneur le 26 prairial an 12. Il devint directeur des droits-réunis du département de la Haute-Marne le 16 germinal an 12, et conserva les mêmes fonctions, en passant, le 5 janvier 1815, dans le département du Doubs, où il les exerce encore, avec le titre de directeur des contributions indirectes. M. Bosc a fait imprimer quelques ouvrages, tels que: 1° *Essai sur les moyens de détruire la mendicité, en employant les pauvres à des travaux utiles*, 1789; 2° *Essai sur les moyens d'améliorer l'agriculture, les arts et le commerce en France*, an 8 (1800), in-8°; 3° *Considérations sur l'accumulation des capitaux et les moyens de circulation chez les peuples modernes*, an 10 (1802), in-8°. Parmi le grand nombre de réquisitoires, de discours, de rapports et d'opinions, que M. Bosc a prononcés comme administrateur et à la tribune nationale, on a distingué spécialement, 1° son *Rapport au conseil des cinq-cents*, sur les moyens d'assurer du travail aux ouvriers, et de ranimer l'industrie (16 brumaire an 8), 1800; 2° son *Rapport au tribunat*, sur un fonds d'amélioration spécial, permanent et progressif, pour l'agriculture, les canaux, les manufactures, le commerce et les arts; 3° son *Discours au corps-législatif*, comme orateur du tribunat, sur le projet de loi relatif aux monnaies (7 germinal an 11), 1803; 4° son *Opinion sur le projet de loi concernant la dette publique et les domaines nationaux* (19 ventôse an 12), 1804. M. Bosc a été un des fondateurs de la société d'encouragement pour l'industrie nationale, et membre de sa commission. Tant qu'il a été domicilié à Paris, il a fait partie du jury chargé par le ministre de l'intérieur d'examiner les produits de l'industrie nationale, envoyés à l'exposition publique de l'an 5, de l'an 10, etc. On a encore de lui plusieurs *Mémoires* imprimés dans le *Journal de physique*, dans les *Annales des arts et manufactures*, dans le *Bulletin de la société d'encouragement*, et dans d'autres recueils relatifs aux sciences. M. Bosc est membre de diverses sociétés savantes et littéraires.

BOSCH (Bernard), ministre protestant, poète célèbre et représentant du peuple batave, naquit le 4 septembre 1746, et mourut près de La Haye, le 1er décembre 1803. Il exerçait son honorable ministère à Diemen, lieu peu éloigné d'Amsterdam, lorsque, en 1785, il se fit connaître comme poète par la publication d'un ouvrage allégorique, sous le titre de l'*Egoïsme*. Ce poëme, remarquable par le mérite de la versification, le devint davantage encore par l'enthousiasme et le feu du patriotisme, qui fortifiaient les inspirations du poète. L'ouvrage ne portant pas le nom de Bosch, fut jugé sur son mérite réel, et fixa particulièrement l'attention d'une société patriotique, qui fit annoncer, dans les papiers publics, qu'elle donnerait une médaille d'or de 25 ducats à l'auteur, s'il voulait se faire connaître. Poète et citoyen désintéressé, Bosch refusa la récompense; il crut alors devoir se nommer, en répondant par une autre pièce de vers, dont voici le sens : « Le vil intérêt n'a » jamais flétri mon cœur; l'amour » de la patrie m'a fait saisir ma » lyre; et si mes chants sont di- » gnes du sujet qui m'a inspiré, » que l'or destiné à récompenser » mes travaux serve à former des » soldats, qui comme moi seront » dévoués à la patrie.» Son opposition au parti du stathouder était trop publique, pour n'avoir pas fixé l'attention du gouvernement; elle lui attira des persécutions : et lorsque, pour soutenir la cause du prince d'Orange, les troupes prussiennes entrèrent en Hollande, en 1787, il fut forcé de donner sa démission de prédicateur, et de quitter Diemen. Il se retira à Berg-op-zoom, et depuis à Zaandam (Sardam). La persécution ne ramène point les esprits. Bosch n'en fut que plus attaché à la cause sacrée qu'il servait, et il en reçut une digne récompense dans sa nominati de représentant du peuple, en 1796. Par suite de la lutte qui s'établit dans l'assemblée entre les amis du nouvel ordre des choses et les partisans de l'ancien gouvernement, Bosch concourut à faire éliminer ces derniers (22 janvier 1798); mais on l'élimina à son tour quelques mois après (12 juin de la même année); il fut même détenu momentanément dans la maison du Bois. Ayant recouvré la liberté, il prit part à la rédaction du journal le *Janus,* et à celle de l'*Eclair politique*. Son désintéressement ne se démentit point dans tout le cours de sa carrière; et lorsqu'il mourut, on ne trouva pas même assez de meubles dans son domicile pour payer les frais du convoi. Ce fut la *loge maçonnique* des *vrais Bataves* de La Haye qui y pourvut, et qui le fit transporter de la campagne qu'il habitait à l'église neuve de cette ville, où il fut inhumé. Bosch avait publié, l'année même où il mourut, ses *Poésies* en 3 vol. in-8°.

BOSCH (Jérôme de), littérateur hollandais, poète latin et bibliomane fameux, naquit à Amsterdam le 23 mars 1740, et mourut dans la même ville en 1811. Il s'acquitta honorablement de plusieurs fonctions publiques, et devint curateur de l'université de Leyde. De Bosch eut des succès littéraires très-honorables ; il remporta plusieurs des prix proposés par les sociétés littéraires de la Hollande, sur des questions de littérature et de sciences; il est auteur de poésies latines estimées. Il sut, dit un biographe, dans le cours de sa longue carrière, toute consacrée aux lettres et à des fonctions publiques, et au milieu des troubles politiques, « n'offenser personne » et ne se faire aucun ennemi. » De Bosch passa une partie de sa vie à former une des plus riches bibliothèques de son temps. Mais il eut la manie de tous les vrais *bibliomanes*, il voulut avoir les plus beaux livres : son goût le dirigea dans le choix des meilleurs. Nous n'imiterons pas ces biographes qui rapportent avec une scrupuleuse fidélité le nom des relieurs employés par de Bosch, la grandeur des marges de ses livres, et le soin rigoureux avec lequel il exilait de sa bibliothèque tout exemplaire taché, gâté ou piqué. Ils ont poussé l'attention jusqu'à transcrire un passage où ce bibliomane justifie son horreur pour les gouttes d'huile et les onglets. Le catalogue de la bibliothèque de De Bosch, précieuse surtout par le grand nombre d'éditions *princeps* qu'elle renfermait, fut publié en 1811, in-8°. Parmi les éditions remarquables qu'il a données, on cite celle de l'Anthologie grecque, avec la version latine de Grotius (1795 à 1810, 4 vol. in-4°, et quelques exemplaires in-fol.). Ses *Poemata* (Utrecht, 1803, in-4°) et leur *Appendix* (1808, in-4°), renferment de bons vers, mais beaucoup de pensées communes. De Bosch fut membre de la troisième classe de l'institut de Hollande, et chevalier de l'ordre de l'Union.

BOSCHERON (Jacques-Guillaume-Raphael), est né à Paris en 1738. Devenu, de simple payeur de rentes, administrateur des hôpitaux, puis électeur de la noblesse, en 1789, il ne fut point élu aux états-généraux ni aux assemblées qui les suivirent. Ce ne fut qu'après le 18 brumaire an 8, qu'il fut nommé, par le gouvernement consulaire, payeur-général du département de la Seine. Il trouva peut-être au-dessous de lui cette place sans émolumens et presque sans fonctions ; car il fut un des premiers à demander la déchéance de celui qui l'avait nommé, et à signer l'adresse du 2 avril 1814, dans laquelle on rappelait la dynastie des Bourbons. M. Boscheron fut destitué lorsque Napoléon revint de l'île d'Elbe ; mais après la seconde restauration, le roi le réintégra dans ses fonctions, et le nomma officier de la légion-d'honneur.

BOSCHERON - DESPORTES (Charles-Édouard), frère du précédent, naquit à Paris en 1755. Il acheta, en 1771, une charge de conseiller au châtelet de Paris, devint quelques années après conseiller à la cour des aides, et fut nommé, en 1786, maître des requêtes ordinaires de l'hôtel du roi. Incarcéré en 1793, il eut cependant le rare bonheur d'échapper au tribunal révolutionnaire. Depuis 1796 jusqu'en 1803, M. Boscheron - Desportes fut, à ce qu'on prétend, le correspondant de M. d'André et de quelques autres, qui méditaient le renversement du gouvernement républicain. Ce fut lui qui détermina, dit-on encore, M. Dufrène à accepter les places de conseiller-d'état et de directeur-général du trésor public, que le premier consul était disposé à lui donner, en l'assurant qu'il le devait dans l'intérêt de l'ancienne dynastie, et que Monsieur, aujourd'hui Louis XVIII, approuverait cette acceptation : en effet, il lui remit, ajoute-t-on enfin, peu de temps après, une lettre de ce prince, par laquelle M. Dufrêne était autorisé à remplir les fonctions qu'il tenait du premier consul. M. Boscheron-Desportes sollicita vivement, en 1811, la place de conseiller à la cour impériale d'Orléans, et l'obtint de l'empereur. Il l'occupait encore en 1814. Après la première restauration, il devint président de cette cour. Les événemens du 20 mars 1815 le forcèrent de donner sa démission, que le second retour du roi fit bientôt annuler. M. Boscheron-Desportes a fourni à la *Gazette de France* des articles plus remarquables par l'érudition que par le talent. L'un des collaborateurs de la *Biographie universelle*, il est spécialement chargé des notices sur les papes.

BOSIO (N.), sculpteur, que distinguent la fermeté, la noblesse et l'énergie de son ciseau, a donné en 1814 un *Hercule* justement admiré. On a aussi remarqué le gracieux *Androgyne*, qu'il a exposé l'année suivante ; ce morceau, d'un fini précieux, offrait un mélange rare de grâce et de force, et réalisait presque cette perfection de la beauté idéale des deux sexes. Napoléon lui donna, en 1815, la croix de la légion-d'honneur. En 1816, le roi le chargea de l'exécution d'une statue équestre de Louis XIV, pour la place des Victoires. La même année il fut reçu membre de l'académie des beaux-arts.

BOSQUILLON (Édouard-François-Marie), docteur régent de la faculté de médecine de Paris, et professeur royal de langue et de philosophie grecque au collége de France, naquit à Montdidier, le 20 mars 1744. Son père, versé dans la connaissance des langues anciennes, lui en fit connaître les premiers élémens. Bosquillon, à l'âge de onze ans, vint à Paris pour achever, chez les jésuites, des études commencées avec succès. Une disposition invincible lui fit embrasser la profession de médecin. Il avait étudié à fond les principes de tous ceux que dans cet art l'antiquité renomme, et, à vingt-six ans, il fut jugé digne d'obtenir le titre de docteur. Nommé, en 1774, professeur de philosophie grecque au collége de France, il traduisit successivement du grec les *Aphorismes* et les *Pronostics d'Hippocrate*, et de l'anglais, la *Médecine pratique*, la *Physiologie*, la *Matière médicale de Cullen*, et le *Cours de chirurgie de Bell*. Ce dernier ouvrage parut en 1796 (6 volumes in-8°). Bosquillon fut toujours l'ami des pauvres ; il leur prodiguait gratuitement les secours de son art, ne les faisant jamais attendre, et les accompagnant toujours de consolations ou d'argent. Il avait un caractère d'originalité remarquable. Entier dans ses opinions, il était difficile de l'en faire sortir, et il s'irritait contre ceux qui ne partageaient pas sa conviction. Il a soutenu jusqu'à la mort que, dans aucun cas, la morsure des animaux attaqués de la rage ne

communiquait cette maladie, et
que les suites funestes de la
morsure étaient un effet de la
peur. Aussi dès qu'il entendait
parler de chiens mordus, il les
faisait chercher, les gardait chez
lui, s'exposait à leurs morsures,
pressait ses amis et sa femme de
tenter les mêmes épreuves. Mais
son exemple n'était pas suivi.
Nourri de la lecture des anciens,
il voyait dans leurs ouvrages, surtout dans ceux d'Hippocrate, toute la médecine. Il ne croyait pas
aux découvertes modernes. Il s'é-
tait fait des méthodes pratiques
dont il s'écartait peu, et dont il
ne permettait pas qu'on s'écartât
dans ses propres maladies. Il gué-
rissait ses malades aussi souvent
que les autres médecins. Il aimait
les livres avec passion. Sa bibliothèque était riche en auteurs classiques, et en belles éditions dans
tous les genres; à sa mort, il paraît qu'on n'en a pas tiré tout le
parti dont elle était digne. Attaqué
d'obstructions au pylore, il prévit
sa fin assez long-temps avant qu'elle arrivât. Dans l'intervalle, il alla
au cimetière du P. Lachaise, où il
avait fait préparer un mausolée
pour lui et pour sa femme. Il se
coucha dans la tombe qui lui était
destinée, et voulait que sa femme
en fît autant dans la sienne. Il
soutint la certitude d'une mort
prochaine, avec un calme stoïque,
sans se plaindre et sans murmu-
rer. Il mourut dans la nuit du 21
au 22 novembre 1814.

BOSSCHA (HERMAN), membre
de l'institut des Pays-Bas, a publié plusieurs ouvrages en langue
hollandaise, et un plus grand
nombre en latin. Ces ouvrages
sont généralement estimés. M.
Bosscha avait à peine terminé ses
études, qu'il obtint, à Deventer,
la place de régent d'une école
latine. Il se fit connaître par un
recueil de poésies latines, intitulées *Musa daventriaca*, 1786,
1 vol. in-8°, qui fut le prélude
d'un autre plus important, publié
en 1794, sous le titre de *Bibliotheca classica, sive lexicon ma-
nuale quo nomina propria ple-
raque apud scriptores Græcos et
Romanos maximè classicos obvia
illustrantur, Daventriæ*, in-8°.
Ce dictionnaire, très-utile à ceux
qui s'occupent de recherches sur
l'antiquité, eut une seconde édition, considérablement augmentée, en 1816. Deux discours latins que M. Bosscha publia, en
1795, à Harderwyk, lorsqu'il
occupait la chaire de littérature
ancienne, ajoutèrent à sa réputation. L'un : *Oratio de græcarum
romanorumque litterarum studio
liberæ reipublicæ civibus impri-
mis commendando*, in-4°; l'autre : *Oratio ad humanitas studio
à poetarum lectione incipiendo*,
in-4°. En 1802, M. Bosscha a célébré la paix d'Amiens, dans un
poëme latin. Cette pièce, qui avait
réuni tous les suffrages lorsqu'il
en fit la lecture à l'académie
de Harderwyk, les obtint également dès qu'elle fut imprimée. On
a de lui des notes critiques sur
Properce, insérées dans les Mémoires de la société littéraire d'U-
trecht. En 1815, étant professeur
à l'université de Groningue, il
publia un discours sur la douceur
des mœurs hollandaises. Devenu
recteur de l'école latine d'Amsterdam, et professeur d'histoire

à l'athénée de cette ville, il publia un *Discours sur l'utilité de l'histoire du moyen âge*, et un autre *Sur le commerce*; tous deux en latin. En 1813, M. Bosscha célébra, dans un joli poëme latin, l'indépendance de la Hollande, et exprima tous les sentimens nobles qu'inspire aux cœurs généreux l'amour de la patrie. Le titre de cet excellent opuscule est: *Belgica libertas ad principem Gulielmum Auriacum, carmen festum*. L'éloge, en vers latins, de Laurent Coster, de Harlem, à qui les Hollandais attribuent l'invention de l'art typographique, fut prononcé, par M. Bosscha, dans une séance de l'institut des Pays-Bas, en novembre 1817, et publié aux dépens de ce corps savant. L'auteur, en s'appuyant sur le Mémoire couronné de M. J. Coning, partage l'opinion de ses compatriotes, en cherchant à prouver que Laurent Coster, imprimeur de Harlem, est véritablement le premier qui se soit servi de caractères mobiles; mais on pense généralement ailleurs qu'il faut laisser à Guttembergh l'honneur de cette importante découverte, et se contenter ici d'admirer les beaux vers du poète hollandais. Les ouvrages de M. Bosscha, dans sa langue maternelle, le placent, comme poète et comme prosateur, au rang des premiers écrivains de son pays. Son *Histoire de la révolution de Hollande*, in-8°, dont le dernier volume a paru en 1817, se fait particulièrement distinguer. Il avait déjà donné quelques traductions estimées, telles que le *Voyage de M. Denon dans la Haute et Basse-Egypte*, 1805,

3 vol. in-8°, et les *Hommes lustres de Plutarque*, 13 vol. in- Il a traduit également avec succès plusieurs ouvrages anglais et allemands.

BOSSI (Charles-Aurèle, baron de), poète italien, l'un des hommes qui ont le plus influé sur les destinées du Piémont dans ces derniers temps, est né à Turin, le 15 novembre 1758. Il était l'aîné des enfans du comte Bossi de Sainte-Agathe. Reçu docteur en droit à l'université de Turin, en 1780, Aurèle de Bossi fut élève, et devint l'ami du célèbre Denina; il se livra à la littérature avec succès, et, à 18 ans, publia deux tragédies, les *Circassiens* et *Rhea Sylvia*, que les amateurs de la belle poésie accueillirent avec transport. Ce n'étaient cependant pas les véritables dispositions de son talent; et c'est comme poète lyrique qu'il occupe une place honorable entre les Monti et les Pindemonte. Une imagination vive, une chaleur de pensée, que le double luxe des images et des mots n'étouffe jamais, caractérisent ses odes, ou plutôt ses dithyrambes. A mesure que les événemens de ce siècle, si merveilleux, se déroulaient devant lui, il s'en emparait et les chantait. C'est ainsi qu'il a célébré tour à tour, en vers inspirés, l'indépendance américaine, la pacification de la Hollande, la révolution française. Le premier de tous les poètes italiens, il a donné à l'ode une forme dramatique et des couleurs descriptives. Cette manière de concevoir les chants lyriques se rapproche beaucoup plus du genre de Pindare que le système adopté par les Malherbe, les J. B. Rousseau, et les Filicaja : c'est dans ce genre que Klopstock et Gray ont écrit leurs plus belles et leurs plus énergiques poésies. Mais M. de Bossi ayant figuré comme acteur dans les événemens qu'il chanta, le biographe doit aussi s'occuper de sa vie politique. La publication de ses premiers poëmes, empreints d'un caractère libéral et philosophique, déplut à la cour de Turin, et fut cause de son élimination de la magistrature. Les auteurs d'une biographie, à la fois partiaux par principes et par spéculation, donnent au contraire ces mêmes poëmes pour motifs des succès de M. de Bossi, et de son avancement rapide. Ce ne fut que six mois après, lorsque le courroux ministériel fut apaisé, que des circonstances particulières firent nommer successivement M. de Bossi secrétaire de légation à Gènes, chargé d'affaires près la même république; enfin sous-secrétaire-d'état au département des affaires étrangères. En 1792, il remplit une mission confidentielle du cabinet sarde auprès du roi de Prusse, et fut envoyé en Russie, non comme secrétaire de légation, ainsi que le dit la Biographie des frères Michaud, mais avec le titre de conseiller du roi; il était chargé spécialement de travailler à une négociation de subsides, ouverte à cette cour. La même Biographie rapporte que M. de Bossi s'étant brouillé avec M. de La Turbie, envoyé sarde à la même cour, reçut l'ordre de revenir en Piémont : ce n'est qu'une nouvelle erreur de la part des biographes déjà cités. Loin d'être rappelé, M. de Bossi remplaça M. de La Turbie en qualité de chargé d'affaires. Mais après le traité d'alliance contracté entre le roi de Sardaigne et la république française, traité que suivit la prise de Mantoue, et qui constituait le roi de Sardaigne en état d'hostilité avec ses anciens alliés, M. de Bossi reçut de Paul Ier l'ordre de quitter l'empire. Nommé aussitôt après ministre résident près la république de Venise, il fut à peine installé, que le gouvernement aristocratique fut anéanti. Le roi de Sardaigne nomma M. de Bossi son député près du général en chef de l'armée française en Italie. Il remplit ces fonctions jusqu'à l'époque du traité de Campo-Formio, et termina pendant ce temps plus d'une négociation importante. Envoyé ensuite comme résident près la république Batave, ce fut à La Haye qu'il apprit la cession formelle du Piémont à la république française. Les troupes victorieuses occupaient l'Italie; les plus beaux noms et les hommes les plus puissans de la cour de Sardaigne avaient donné, d'après l'invitation du roi lui-même, leur adhésion au nouveau gouvernement. Le général en chef, Joubert, ami particulier de M. de Bossi, lui fit parvenir la nouvelle de ces grands changemens, et l'invita à revenir en Piémont coopérer à la réorganisation de l'administration de ce pays. Comme tous les hommes recommandables de cette époque, M. de Bossi crut ne pas devoir, par un scrupule déplacé, se refuser à ces offres, et laisser échapper l'occasion d'être utile à sa patrie. Il quitta en conséquence la Hollande, passa par Paris, où il s'attacha à pénétrer les intentions du gouvernement français à l'égard du Piémont, et ayant reçu des communications importantes, il arriva à Turin : ce ne fut pas sans difficulté qu'il parvint à décider les chefs du parti italien en faveur de la réunion du Piémont à la France. Député ensuite près du directoire-exécutif avec MM. de Castellamonte et Sartoris, il y fit connaître ce résultat important, et demanda une prompte résolution, qui mit un terme aux longues agitations et à la fatale incertitude de leur pays. Mais un enchaînement de motifs politiques, dont les développemens ne peuvent trouver ici leur place, détermina ce gouvernement, d'ailleurs ami de l'hésitation, à ne rien fixer et à laisser le Piémont dans le même état d'anxiété, mesure partielle qui ne satisfaisait personne. Nommé, dans ces circonstances difficiles, commissaire du directoire près de l'administration centrale du département de l'Éridan, dont Turin était le chef-lieu, il se rendit à son poste; mais la retraite précipitée de l'armée française rendit la situation de M. de Bossi des plus délicates. L'armée ennemie occupa bientôt toute la plaine du Piémont. La nouvelle administration fut dissoute. Ce fut la partie principale dans laquelle se trouvait M. de Bossi qui résista le plus long-temps, et contribua le plus à étouffer l'insurrection prête à éclater sur tous les points; ce fut ce courageux fonctionnaire qui facilita le retour en France des troupes isolées, des convois de blessés, etc. Il fallut cependant se soustraire aux poursuites de l'ennemi, dont l'avant-garde était aux portes de Turin. M. de Bossi et ses collègues se réfugièrent, non sans peine, dans les vallées Vaudoises, dont les habitans hospitaliers les accueillirent comme des frères. Ces braves et vertueux montagnards exposèrent pendant près de deux mois leur vie pour transporter, à travers les glaces des Alpes, les blessés français et italiens. Plein de reconnaissance pour les Vaudois, M. de Bossi, quelques années après (1801) signala sa rentrée dans le gouvernement par un acte qui leur rendait l'entière liberté de leur culte, et les moyens de le maintenir dans son antique exercice. On sait que les Vaudois étaient luthériens avant Luther, et que ces bons montagnards, n'ayant jamais professé que l'Évangile du Christ et non celui des papes, la réformation les trouva tout réformés. Persécutés par Louis XIV, et toujours sourdement opprimés pour leur croyance par les princes de Savoie, ils furent obligés de recourir à la protection de l'Angleterre. Ce fut elle qui stipula pendant long-temps en leur faveur auprès de la cour de Turin, et qui, par une collecte faite à Londres, pourvut à l'entretien des églises vaudoises. Les dotations que M. de Bossi leur fit assigner, pour suppléer à cet acte de la générosité des Anglais, furent accueillies avec le plus grand enthousiasme par les habitans des vallées Mais, supprimées, deux ans après, par une administration nouvelle, il fallut que M. de Bossi réclamât de l'empereur leur conservation : elles furent tout-à-fait abolies par la maison de Savoie, à son retour en 1814. M. de Bossi, qui était alors à Londres, y apprit que les malheureux Vaudois se trouvaient ainsi retombés dans le même état de dégradation, d'où il avait cherché à les tirer. A force de démarches auprès du gouvernement anglais, et de réclamations dans les papiers publics, il parvint à persuader aux ministres de s'intéresser au sort des Vaudois protestans. Des notes énergiques et de justes réclamations furent remises à ce sujet à la cour de Piémont, et des allégemens considérables furent accordés. Pendant l'occupation du Piémont par les Austro-Russes, M. de Bossi vivait retiré à Paris, refusant de participer aux secours réservés aux Italiens réfugiés en France; il ne se proposait pour but qu'une existence paisible et indépendante dans un état librement constitué. Plusieurs motifs d'honneur et de délicatesse l'avaient porté à prendre cette résolution. Il était donc éloigné des affaires, quand Berthier, major-général de l'armée française en Italie, le nomma ministre plénipotentiaire près la république de Gênes. Peu de temps après, le général Bonaparte le rappelant à Turin, le fit membre de cette commission de trois personnes, entre les mains desquelles tout le pouvoir exécutif se trouvait concentré, poste difficile, ou plutôt impossible à tenir, dans l'incertitude où l'Europe était sur les destinées du Piémont. Il se rendit en toute hâte à Paris auprès du premier consul, qui ne craignit pas de s'ouvrir à lui, et de lui déclarer que le Piémont, placé au centre et au pied des Alpes, dont la république française possédait déjà les provinces latérales, était nécessaire à leur jonction militaire : *C'était*, disait le conquérant, *un pied à terre en Italie, une tête de pont indispensable à la France*. Il recommanda ensuite à M. de Bossi le secret, que celui-ci garda inviolablement. Ce fut d'après ces données et ces vues qu'il dirigea l'action du gouvernement, et parvint à faire passer sans secousses, sans expropriations, sans violences, le Piémont sous le régime des lois françaises. Aucune démarche ostensible de la part de la France n'autorisait ces mesures; l'un et l'autre parti, les royalistes et les cisalpins, s'en inquiétaient également; et M. de Bossi se trouva naturellement en butte à leur animadversion commune. Deux fois cette situation pénible, et la haine des gens dont il protégeait l'existence en traversant les desseins, pensèrent lui coûter la vie. Il fut ensuite, avec sept autres notables du Piémont, nommé député près du premier consul pour déterminer et arrêter la réunion de ce pays à la France; et bientôt après, cette réunion fut solennellement proclamée. Dans un discours public, M. de Bossi exposa les mesures qu'il avait prises, et qui avaient été si faussement interprétées : on reconnut à quels dangers il s'était exposé, combien d'obstacles il avait eus à vaincre, enfin tout ce qu'il avait fait; une tardive justice lui fut rendue. Le premier consul lui témoigna sa reconnaissance par une lettre flatteuse, et le nomma son ministre en Valachie et én Moldavie. Après une si longue administration dans le Piémont, et avec ce qui restait à faire dans ce pays, une telle mission parut à M. de Bossi un véritable exil. Il refusa, et fut oublié pendant dix-huit mois. Au bout de ce temps, il apprit par le *Moniteur* qu'il était nommé préfet de l'Ain. La faveur pouvait sembler mince à l'homme qui, dans les plus hautes places, avait long-temps dirigé presque toute l'administration du Piémont. M. de Bossi accepta cependant, mais ne vint pas une seule fois à Paris pendant qu'il fut préfet de l'Ain. En 1811, il apprit encore par le *Moniteur* qu'il était créé baron de l'empire, et qu'il passait à la préfecture de la Manche. En 1814, le roi le fit officier de la légion-d'honneur, et lui accorda des lettres de naturalisation. En 1815, il fut destitué. Cependant le département de la Manche, dans son adresse d'hommage à S. M., avait demandé la conservation de son préfet. Cette preuve touchante de reconnaissance et d'attachement fixèrent en France M. de Bossi, qui venait de prendre quelques mesures pour retourner dans le Piémont. Il visita ensuite plusieurs parties du Nord, et revint, dans sa nouvelle patrie, après trente-cinq ans de hautes fonctions politiques honorablement exercées, vivre comme un simple particulier, sans pensions, sans honneurs, et sans autre fortune que le patrimoine de ses pères. C'est pendant son administration de la préfecture de l'Ain, que M. de Bossi composa un grand poëme intitulé *Oromasia*, sur la révolution française. Il n'a été tiré qu'à cinquante exemplaires, ainsi que la seconde édition des œuvres poétiques du même auteur (Londres, 1814). La première édition, beaucoup moins considérable et moins complète, avait paru à Turin (1801, 3 petits vol). Toutes deux portent les noms anagrammatiques, *Albo Crisso*. Des pensées fortes, une harmonie sévère, distinguent le poëme. Il est à désirer que l'auteur en donne une nouvelle édition sous son véritable nom. L'influence des actes politiques s'éteint peu à peu; l'influence des beaux vers ne meurt pas; le génie de Solon n'exerce plus de pouvoir sur le monde; le génie d'Homère, après trois mille ans, règne encore; l'action matérielle n'a qu'une puissance limitée; celle de la pensée triomphe du temps, et son influence filtre pour ainsi dire à travers les bouleversemens du globe et les révolutions des empires.

BOSSI (dom Louis), né dans les environs de Novarre, en Italie. A l'époque de l'invasion des Français dans cette contrée, il était chanoine du premier ordre de la cathédrale de Milan, place à laquelle étaient attachés les honneurs de la prélature et le titre de *Monsignor*. Dom Bossi quoique dévoué à son état, n'en dédaignait point les honneurs; cependant il sacrifia tout à la cause de la liberté. Le général en chef de l'armée d'Italie voulut récompenser dom Bossi de ses sacrifices et de son attachement aux Français, par des places de quelque importance et par d'autres honneurs. Il le chargea d'abord de missions importantes, et fixa sa résidence à Turin, en qualité d'agent. Après la réunion du Piémont à la France, il le nomma préfet des archives du royaume d'Italie, et chevalier de la Couronne-de-Fer. Dom Bossi a la réputation d'être très-savant, surtout dans la connaissance de l'antiquité, dans la physique, la chimie et la minéralogie. En 1803, il avait composé l'Éloge de l'empereur en style lapidaire, et en se servant de mots tirés des inscriptions antiques. Il a donné une dissertation très-intéressante sur le *sacro catino* de Gênes, vase ou bassin antique apporté d'Orient, qui passait pour être d'émeraude, et que des traditions vulgaires prétendaient avoir été employé par Jésus-Christ au lavement des pieds des apôtres. Dom Bossi, plus instruit, moins crédule, et incapable d'aucune fraude, même dans l'intérêt de l'église, assure que ce vase n'est qu'une composition des anciens Orientaux. Ce même vase, apporté à Paris, ne fut admis à la bibliothèque de la rue de Richelieu que comme un objet formé de la substance du verre à bouteille. Renvoyé, en 1816, à Gênes, il fut brisé par accident en route. Dom Bossi avait inséré, en 1807 et en 1808, dans un journal de sciences et de littérature, imprimé à Milan sous le titre de *Giornale della società d'incoraggiamento*, des articles très-estimés sur la chimie et la minéralogie.

BOSSU (N.), aujourd'hui curé de Saint-Eustache, à Paris, était, à l'époque de la révolution, curé de Saint-Paul. Il émigra en 1792, et rentra en France après le 18 brumaire an 8. Alors il fut nommé curé de Saint-Eustache. M. Bossu a publié les ouvrages suivans : 1° *Discours prononcé, le* 15 *mars* 1803, *au service solennel célébré par MM. les curés de Paris, en l'église de Saint-Roch, pour MM. leurs confrères décédés depuis dix-huit ans*, 1803, in-8°. 2° *L'indigence brillante par la charité*, 1814, in-12.

BOSSUT (Charles), célèbre professeur de mathématiques, naquit le 11 août 1730, à Tartaras, département du Rhône. Il n'avait que six mois lorsqu'il perdit son père, et ce fut aux soins d'un oncle qu'il dut sa première éducation. Admis à quatorze ans au collége des jésuites de Lyon, pour y terminer ses études, son activité et son aptitude au travail lui firent obtenir successivement un grand nombre de prix. En sortant du collége, il vint à Paris, où Fontenelle et d'Alembert l'accueillirent favorablement ; il devint même le disciple de ce dernier, et fit, en peu de temps, des progrès qui honorèrent également le maître et l'élève. A vingt-deux ans, il fut nommé professeur de mathématiques de l'école du génie à Mézières. Plusieurs ouvrages augmentèrent sa réputation, et déterminèrent son admission à l'académie des sciences ; mais la révolution le priva de ses emplois, et l'obligea, en raison de son âge déjà avancé, et de son peu de fortune, de se tenir éloigné de la société. Cette retraite le mit à l'abri des orages qui atteignirent les Bailly, les Condorcet, les Lavoisier. Le calme rétabli, il devint membre de l'institut, de la légion-d'honneur, et l'un des examinateurs de l'école Polytechnique; et lorsque la vieillesse ne lui permit plus de remplir ces dernières fonctions, il n'en conserva pas moins le traitement qui y était attaché. Il mourut dans une honorable aisance, et généralement regretté, le 14 janvier 1814, à l'âge de 84 ans. Ses ouvrages sont : 1° *Traité élémentaire de mécanique et de dynamique*, Charleville, 1763; 2° *Recherches sur la construction la plus avantageuse des digues*, Paris, 1764; 3° *Recherches sur les altérations que la résistance de l'éther peut produire dans le mouvement des planètes*, 1766; 4° *Traité élémentaire de mécanique statique*, 1771; 5° *Traité élémentaire d'hydrodynamique*, 1771, 2 vol.; 6° *Traité élémentaire d'arithmétique*, 1772; 7° *Traité élémentaire de géométrie, et de la manière d'appliquer l'algèbre à la géométrie*, 1774; 8° *Traité élémentaire de mécanique, avec des notes*, 1775; 9° *Nouvelle expérience sur la résistance des fluides, par d'Alembert, Condorcet et Bossut*, 1777; 10° *Cours de mathématiques à l'usage des écoles militaires, contenant l'arithmétique, l'algèbre et la géométrie*, 1782, 2 vol. in-8°; 11° *de la Mécanique en général*, 1792, in-8°; 12° *Cours complet de mathématiques*, 1795 à 1801, ou 1808, 7 vol. in-8°. 13° Il a aussi donné un *Essai sur l'histoire générale des mathématiques*, deuxième édition, 1810, 2 vol. in-8°. Dans la première édition de cet ouvrage, Bossut n'ayant parlé que des auteurs morts, on regretta qu'il n'eût pas fait une histoire complète : il publia donc une seconde édition augmentée; mais à peine eut-elle paru qu'elle éveilla contre lui l'amour-propre irrité des mathématiciens vivans, qui reprochèrent durement à l'auteur de ne les avoir pas assez loués. 14° Enfin, il a donné la collection des œuvres complètes de Pascal, en cinq volumes in-8°, et l'a fait précéder d'un discours préliminaire sur la vie et les ouvrages de ce célèbre écrivain, 1779, 5 vol. in-8°.

BOSWELL (JACQUES), s'est fait une espèce de célébrité en recueillant, en deux énormes volumes, les moindres actions et les plus frivoles discours de Samuel Johnson, son ami; à peu près comme certains antiquaires se sont classés parmi les érudits, en décrivant des médailles, ou en mesurant par pieds et par pouces, et dans toutes leurs dimensions, les pierres des temples antiques. Il s'était attaché au docteur grammairien, et tenait registre de ses habitudes, de ses caprices et de ses actes même matériels, comme Dangeau près de Louis XIV, et comme l'Étoile près de Henri III. Cet ouvrage curieux est en deux volumes in-4° (1791). Boswell à publié d'autres écrits, dont le plus estimé est le *Journal d'un voyage aux Hébrides* (1785), fait avec le docteur qu'il ne quittait pas plus que son ombre. *L'Hypocondriaque* (1782) est un assez bon recueil de feuilles dans le genre de celles d'Adisson, mais elles sont en général plus mélancoliques et plus graves. Les *Lettres de Boswell au peuple Écossais*, respirent cette chaleur patriotique, dont la seule énergie fait oublier quelquefois l'absence de la force ou de l'élégance du style. Boswell, né dans la capitale de l'Écosse, en 1740, était fils de lord Auchinteck, l'un des premiers membres de la magistrature de ce pays. Il vint à Londres après avoir fait ses études, fut admis dans la haute société, et dut à son caractère aimable et à son esprit vif, bien qu'un peu caustique, un grand nombre d'amis, de succès, et des envieux. « Je suis, disait-il lui-même, un fort bon-homme, inspiré par une muse satirique. Je ne peux l'empêcher de me souffler ses railleries; et mon cœur n'en reste pas moins le même. » A Londres, qu'il appelait *le Paradis de l'Europe* (ce qui supposerait que le temps est très-sombre et très-humide en paradis), il demeura quelque temps, revint à Édimbourg, où il se fit recevoir avocat, et se mit ensuite à parcourir l'Europe. Son goût le portait à voir les grands hommes, comme certains amateurs recherchent les curiosités. Il courut après J. J. Rousseau, importuna Voltaire, et demanda un logement au général Paoli. Sa *Relation de la Corse*, avec les *Mémoires* de ce général, est curieuse, et a été traduite dans plusieurs langues. Il vit l'Allemagne, la Suisse, l'Italie, la France, la Hollande, et cela en moins de trois années. De retour dans sa patrie, il obtint quelques succès comme avocat. Il mourut à Londres, en 1795, à l'âge de 55 ans, après avoir beaucoup fait parler de lui, mais sans laisser une réputation prononcée en aucun genre. Il semble avoir été un homme simplement avide de voir, et s'être procuré ce plaisir toutes les fois qu'il en a eu l'occasion et les moyens.

BOTHEREL (R. J. COMTE DE), était, avant la révolution, pour laquelle il se déclara d'abord, procureur-syndic des états de Bretagne. Ce fut en cette qualité qu'au mois de mars 1788, il protesta contre les opérations de la cour plénière. Voyant, en 1791, que l'assemblée constituante dépassait le but où, selon lui, elle devait s'arrêter, il publia une protestation contre ses décrets. En 1792 il passa à Jersey, et fut avec MM. de Calonne et de La Rouairie l'un des premiers moteurs de l'insurrection de Bretagne. Ces chefs, qu'un même sentiment devait réunir, étaient souvent divisés par la jalousie. La Rouairie accusa M. de Botherel d'avoir mal secondé ses plans. Celui-ci parvint à se justifier dans le compte qu'il rendit à *Monsieur*, comte d'Artois, de la manière dont le corps d'émigrés qu'il commandait, et qui devait se réunir aux chouans, avait été débarqué par les Anglais, rejetant le non succès de l'opération sur les mauvaises dispositions de ceux qui l'accusaient. Il fit l'éloge de M. de Puisaye, et promit de livrer par son moyen les places de St-Malo, Chateau-Neuf et Chateau-Richer. Cette promesse n'eut pas de suite. Après le 18 brumaire, M. de Botherel rentra en France, y séjourna peu de temps, et retourna en Angleterre, où il mourut. Trois de ses fils ont, comme lui, soutenu la cause monarchique. L'aîné, qui commanda une division de l'armée de Fougères, fut particulièrement connu sous le nom de *Félicité*.

BOTIDOUX (LE DEIST DE), né vers 1750, en Bretagne, fut nommé, en 1789, député aux états-généraux par le tiers-état de la sénéchaussée de Ploermel. La diversité de ses opinions paraîtrait inexplicable, si l'on ne connaissait le pouvoir que la crainte et le ressentiment, le temps et les circonstances, des projets de fortune ou le désir de la célébrité, exercent sur l'esprit de l'homme. Le 17 août 1790, il traita d'*insolences ministérielles* les observations adressées par Necker à l'assemblée, sur la réduction des pensions, et montra une opposition constante à tous les plans de finances de ce ministre. Le 18 décembre, il combattit vivement le projet tendant à obliger les émigrés, sous peine de perdre leurs biens, non-seulement à revenir en France, mais même à prêter le serment que les lois prescrivaient; il soutint que chacun était libre d'aller dépenser ses revenus où il le jugeait convenable; il appuya fortement la création des assignats. Depuis cette époque, M. Botidoux parla peu; mais il vota toujours avec le côté gauche. Après la session il se rendit à l'armée du général La Fayette, et y servit en qualité de capitaine au 34me régiment d'infanterie. Il refusa de signer les adresses par lesquelles cette armée exprimait à l'assemblée législative son mécontentement des événemens du 20 juin 1792. Les désagrémens que ce refus lui occasiona de la part de ses compagnons d'armes, lui firent demander sa démission. Il parut à la barre de l'assemblée, après le 10 août, pour y dénoncer M. de Latour-Maubourg, ami du général La Fayette, comme le principal auteur des vexations qu'il avait éprouvées. Cette dénonciation ne pouvait manquer d'être accueillie alors, et l'assemblée décréta, le 22 août, que M. de Botidoux serait rétabli dans son grade. Bientôt il accusa les hussards *de la liberté* d'être les plus grands ennemis de la république, et se prononça, après la journée du 31 mai, en faveur des députés proscrits et réfugiés dans le Calvados. Il employa tous les moyens qui étaient en son pouvoir, pour faire triompher leur cause; mais il fut mal secondé par MM. de Wimpfen et de Puisaye: le premier, qui commandait l'armée dite *départementale*, destinée à marcher contre la convention, fut battu à Vernon; le second, chef des Vendéens, s'aperçut bientôt que la cause que défendaient les royalistes n'avait rien de commun avec celle des proscrits, et montra peu de zèle en faveur de ces derniers. Cependant M. de Botidoux qui, malgré sa haine contre les *montagnards*, était demeuré jusque-là fidèle à la république, se jeta tout à coup dans les rangs vendéens, fut chargé d'organiser les royalistes du Morbihan, et devint, sous les ordres du comte de Puisaye, un des agens les plus actifs de ce parti. Un comité général insurrecteur ayant été établi auprès de la petite ville de Lominé, il en fut nommé secrétaire. En 1795, il adhéra aux propositions de paix que les commissaires de la convention firent à la Mabilais, et se retira d'abord dans ses terres en Bretagne; il fut depuis obligé de chercher une autre retraite, sous divers déguisemens, pour éviter de tomber au pouvoir de ses ennemis. A l'époque de la restauration, M. de Botidoux, revenu à Paris, a été nommé messager de la chambre des pairs. C'est ce qui s'appelle avoir fait son chemin. Il a publié: une traduction en vers des *Satires d'Horace*, 1795, in-8°; une traduction des *Commentaires de César*, 1809, 3 vol. in-8°; une traduction des *Lettres de Cicéron à Brutus et de Brutus à Cicéron*, 1812.

BOTIN (André de), historien suédois, membre de l'académie des sciences et belles-lettres de Stockholm, conseiller du roi et chevalier de l'Étoile-Polaire, naquit en 1724. Il est auteur de plusieurs ouvrages, parmi lesquels on distingue son *Histoire de la nation suédoise depuis l'origine de la monarchie jusqu'au règne de Gustave I*^{er}. Cet ouvrage, empreint d'une teinte philosophique, produisit beaucoup de sensation en Suède lors de son apparition de 1754 à 1764. Une nouvelle édition, augmentée, parut de 1789 à 1792. Les autres écrits de Botin sont: *Description historique des domaines territoriaux de Suède;* la *Vie de Birger, comte du palais;* et des *Observations sur la langue suédoise.* Il mourut en 1790, à Stockholm.

BOTOT (N), député à la convention nationale par le département de la Haute-Saône, vota dans le procès de Louis XVI contre l'appel au peuple et pour la mort. Il se prononça cependant après en faveur du sursis.

BOTTA (Charles-Joseph-Guillaume), né en 1766, à Saint-Georges en Piémont. Il eut toujours des mœurs douces, et conformes à sa modération et au désintéressement dont il a donné des preuves: ce n'est pas la fougue du caractère, ou l'indocilité de l'imagination, qui dès le commencement en firent un des partisans les plus décidés de la révolution française. L'amour de la vérité conduit aux principes de l'ordre moderne, et on s'y consacre plus souvent encore par conviction que par penchant, quoi qu'en disent des hommes qui n'ont point d'opinions, parce qu'ils ont avant tout des intérêts. M. Botta avait étudié avec succès, à Turin, la médecine et la botanique, et il avait été reçu docteur en médecine dans l'université de cette capitale du Piémont; mais n'ayant point caché ses sentimens politiques, il fut arrêté, en 1792, par ordre du roi de Sardaigne. Il obtint sa liberté en 1794, et aussitôt il vint en France. Il exerça la médecine à l'armée des Alpes, et ensuite à l'armée d'Italie. C'est là qu'il rédigea un projet fort étendu de gouvernement pour la Lombardie. Plus tard il fit partie de la division que le général Bonaparte envoya, vers la fin de l'an 6, dans les îles du Levant. Il habitait Corfou à l'époque où régnait, dans cette île, une maladie grave, dont, à son retour en Italie, il fit connaître la nature dans une *Description de l'île de Corfou,* 2 vol. in-8°. En 1799, il fit partie du gouvernement provisoire du Piémont, nommé par le général Joubert : les deux autres membres étaient MM. Genlis et de Bossi. Les suffrages des deux cent cinquante communes, qui demandaient la réunion du Piémont à la France, furent recueillis par M. Botta, qui lui-même insista fortement en faveur de ce projet. On le nomma administrateur du département de l'Éridan, lorsque le gouverneur provisoire cessa ses fonctions à l'arrivée de Busset, commissaire français; mais il se réfugia en France une seconde fois, quand les Russes envahirent l'Italie. Bernadotte, alors ministre de la guerre, l'envoya de nouveau à l'armée des Alpes en qualité de médecin. C'est après la bataille de Marengo qu'il rentra dans la carrière politique; le général en chef de l'armée de réserve le nomma membre de la *consulta* du Piémont. Il le fut aussi de la commission exécutive, et ensuite du conseil de l'administration générale de la 27me division militaire. En 1803, il fit partie de la députation du Piémont, à l'occasion de la réunion de ce pays à la France. Envoyé au corps-législatif par le département de la Loire, il fut choisi pour vice-président en 1808. Réélu en 1809, il se vit presque aussitôt désigné pour la questure qu'il n'obtint pas; mais à cette même époque, il reçut la décoration de l'ordre de la Réunion. Il avait blâmé quelques mesures despotiques, et lorsqu'il fut proposé une seconde fois pour la questure, l'empereur effaça son nom. En 1814, il donna son adhésion à la déchéance de ce prince, et néanmoins on l'expulsa du corps-législatif. L'événement du 20 mars le fit nommer recteur à l'académie de Nancy; au retour du roi, il remit lui-même cette place à son prédécesseur, mais il eut ensuite le même titre à l'académie de Rouen. M. Botta connaît parfaitement les deux littératures de son pays natal, et de sa patrie adoptive; il est regardé comme un des écrivains italiens les plus distingués et les plus instruits. Membre de l'académie des sciences de Turin, il présenta à l'empereur deux volumes des mémoires de ce corps, le 3 janvier 1810. Outre les ouvrages déjà indiqués, on a de lui : 1° une traduction italienne du livre du baron de Born intitulé : *Joannis physiophili specimen monachologiæ,* Turin, 1801; 2° *Mémoire sur la doctrine de Brown,* in-8°, 1800; 3° *Souvenir d'un voyage en Dalmatie,* 1802; 4° *Mémoires sur la nature des tons et des sons,* Turin, 1803; 5° *Précis historique de la maison de Savoie et du Piémont,* Paris, 1803, in-8°, 128 pag.; 6° *Histoire de la guerre de l'indépendance de l'Amérique,* 4 vol. in-8°, Paris, 1810 : cet ouvrage, qui est bien écrit, et dont la partie historique passe pour très-exacte, a été fort mal traduit en français par M. Sevelinges, 1812, 1813, 4 vol. in-8°. 7° Enfin, *Il Camillo, o Veja conquistata* (Camille, ou Veïes conquise), en 12 chants, Paris, 1816. Ce poëme épique est généralement estimé; on y trouve des beautés fortes et une versification pleine de noblesse.

BOTTANI (Trino), docteur en droit, a publié, en italien, un *Essai d'histoire civile, naturelle et politique de la ville de Caorle, tant ancienne que moderne* (Saggio di storia civile, naturale, politica, etc.), Venise, 1811. Deux belles cartes topographiques, jointes à cet ouvrage, représentent Caorle avec ses ports et ses lagunes, dans son état ancien et moderne. L'auteur a démontré aussi les rapports qui lient avec l'état Vénitien ce point du territoire d'Este.

BOTTAZZI (François), poète italien, naquit vers 1770. Doué d'une mémoire heureuse, il étudia Virgile avec tant d'assiduité que bientôt il le sut par cœur, ce qui lui donna une extrême facilité pour versifier en latin; mais la plupart de ses vers n'étaient que des réminiscences. Il traduisit en latin le poëme italien *Il Bardo della Selva nera* (*Le Barde de la Forêt-Noire*), ouvrage d'une conception bizarre, mais d'une grande richesse en beautés de style, publié par Monti à la louange de l'empereur Napoléon. Bottazzi, dont le but était de faire sa cour au héros et au poète, intercala, avec beaucoup d'habileté, des vers de l'Énéide, dans sa traduction du *Barde*. Ce poëme, accueilli par le prince Eugène, vice-roi d'Italie, protecteur éclairé des lettres et des arts, fut, par son ordre, imprimé avec le plus grand luxe aux frais de l'état. Bottazzi reçut du prince une récompense pécuniaire, et obtint la chaire de professeur de logique au collége de Brera, à Milan; mais ce genre d'enseignement étant contraire à ses études, il ne put conserver sa place, et comme il était peu riche, il se vit contraint d'accepter un emploi modique dans les bureaux du ministère des finances. Il perdit cet emploi, lorsqu'en 1814 Napoléon abdiqua l'empire.

BOTTÉE (N), l'un des administrateurs des poudres et salpêtres à Paris, est connu par sa coopération avec Riffault, à deux ouvrages intitulés, l'un *Traité de l'art de fabriquer la poudre à canon*, Paris, 1812, in-8°, et l'autre *Art du salpêtrier*, même format, publié en 1813.

BOTTEX (N.) Recommandable par la pratique des vertus de son ministère, il était curé de Neuville-sur-Ain quand il fut élu, en 1789, député aux états-généraux, par le clergé du bailliage de Bourg-en-Bresse. Il prêta, en 1790, le serment qu'exigeait la constitution civique du clergé. En 1791, soit par timidité, soit par séduction, il signa les protestations de la minorité contre une partie des décrets de l'assemblée nationale. Après la session, Bottex, au lieu de retourner dans son département, préféra rester à Paris. Mis en arrestation et conduit à la Force, par suite des événemens du 10 août 1792, il fut l'une des victimes des assassins de septembre.

BOTTIN (Sébastien), chevalier de la légion-d'honneur, est né le 17 décembre 1764, à Grémonviller, petit village près de Vaudemont, département de la Meurthe. Il fit de bonnes études, et parcourut dans sa jeunesse une grande partie de la France, animé dès lors de cet esprit d'observation qu'il a constamment montré depuis, et qui l'engagea par la suite à se livrer à l'étude de la statistique, science peu cultivée avant lui, et même presque inconnue. On a imprimé, dans la *Biographie des hommes vivans,* que M. Bottin était un ex-capucin; c'est une erreur : il n'a jamais appartenu à aucune corporation religieuse. Devenu, en 1794, secrétaire-général de l'administration centrale du département du Bas-Rhin, la multiplicité des pièces dont il était obligé de prendre connaissance chaque jour, lui fit apercevoir le parti qu'on pouvait tirer d'une foule de faits utiles qu'il était facile de recueillir dans cette correspondance. Telle est l'origine du premier *Annuaire statistique* publié en France (petit in-16 de 200 pages). A cette époque, le gouvernement s'occupait du plan d'une statistique générale de la France : l'*Annuaire* de M. Bottin sembla avoir été le modèle proposé à l'imitation de chaque département. Ce fut même d'après les trois premiers Annuaires du Bas-Rhin que M. le comte de Laumont composa, sur ce département, dont il était alors préfet, la notice statistique qui a été imprimée en l'an 13, par ordre du gouvernement. Ces Annuaires ont paru, aux yeux de la société d'agriculture du département de la Seine, présenter assez d'intérêt pour être l'objet d'un rapport particulier dans les Annales de statistique. Ils y sont indiqués comme le premier ouvrage vraiment statistique que nous ayons eu, et l'on reconnaît que l'auteur a l'honneur d'*avoir ouvert cette carrière en France*. En 1801, M. Dieudonné, préfet du Nord, lui confia l'exécution de la *Description statistique* de ce département, qui a été publiée en 1804 et 1805, 3 vol. in-8°. En s'occupant de ce travail général, M. Bottin a fait paraître chaque année, sans interruption, un vol. in-8°, sous le titre d'*Annuaire statistique du département du Nord*. Le dernier est de 1815. M. Bottin est membre d'un grand nombre de sociétés littéraires, agricoles et industrielles de France, auxquelles il a adressé plusieurs *mémoires* intéressans sur divers objets d'utilité publique. Il a fourni aussi beaucoup d'articles aux journaux et aux autres ouvrages périodiques. En 1811, il a créé le *Journal du département du Nord*. Il est l'auteur des lettres qui ont paru dans les journaux en 1800 et 1801, sous le titre de : *Lettres d'un officier de l'aile droite de l'armée du Rhin*. Quant à la carrière politique de M. Bottin, elle a constamment été celle d'un fonctionnaire ami de ses devoirs. Secrétaire-général de la préfecture du département du Nord, depuis 1802 jusqu'au mois d'août 1814, après l'avoir été plusieurs années de l'administration centrale du Bas-Rhin, à Strasbourg, il exerça pendant quelques mois l'*interim* de la préfecture du Nord, qu'une décision spéciale lui conféra en l'an 14 (1806). Après la mort de M. Dieudonné, il fut admis par les cinq préfets qu'il a vus se succéder à Lille, au partage d'une administration immense. Membre du collége électoral de l'arrondissement de Lille, candidat au corps-législatif en 1812, il fut nommé, en 1815, membre de la chambre des représentans, où il a constamment voté avec l'indépendance d'un Français dévoué à sa patrie. Fixé à Paris, il y rédige l'*Almanach du commerce de Paris, des départemens de la France et des principales villes du monde*. Il est aussi auteur du *Livre d'honneur de l'industrie française*, ouvrage destiné à donner chaque année de la publicité aux primes, aux prix, aux médailles et aux autres encouragemens qui sont accordés à l'industrie agricole, manufacturière et commerciale, par le gouvernement, par l'administration ou par les sociétés savantes. La première partie a paru en 1820, 1 vol. in-8°; elle comprend les cinq expositions publiques des produits de l'industrie nationale. Enfin, il s'occupe d'un grand travail statistique et historique, sur les foires et les marchés de la France.

BOTTINEAU (ÉTIENNE), fils d'un laboureur du Bas-Anjou, sur les bords de la Loire, se rendit, étant encore très-jeune, à Nantes, où il s'embarqua. Il commença par être pilotin, et finit par être employé dans la conduite des travaux du génie à l'Ile-de-France. C'est de cette époque, en 1764, qu'il découvrit, ainsi qu'il l'assure dans ses *Mémoires*, d'où nous recueillons ces faits, un moyen de reconnaître les terres et les vaisseaux en mer à une distance de deux cent cinquante lieues, en combinant les effets qu'ils produisent sur l'atmosphère et sur la mer. M. Bottineau prétend qu'ayant fait les premières annonces de sa découverte six ans après, il devint l'objet des haines et des persécutions, et particulièrement de l'inimitié du gouverneur, qui, pendant la guerre de 1778, l'envoya à Madagascar, où il fut réduit en esclavage. En 1785, M. Bottineau vint à Paris, et sollicita de M. le duc de Castries, alors ministre de la marine, les récompenses que sa découverte lui paraissait mériter, et dont les journaux rendirent compte. Le ministre le reçut mal, et l'on attribue ce mauvais accueil aux plaintes violentes renfermées dans son mémoire contre les autorités de l'Ile-de-France. Si, en effet, comme l'auteur paraît en avoir la conviction, sa découverte est réelle, il faut le plaindre des difficultés qu'il a rencontrées, et surtout de ce que le temps ne l'a point arrachée à l'oubli. Les *Mémoires* de M. Bottineau parurent sous différens titres en 1785 et en 1786. L'un des rédacteurs de cette Biographie fut témoin, à Colombe, dans l'île Ceylan, d'une des expériences de M. Bottineau, que le succès couronna pleinement. Deux autres furent moins heureuses; mais l'observateur expliquait d'une manière assez plausible le démenti que l'événement donnait quelquefois à ses prédictions.

BOTTON DE CASTELLAMONTE (LE COMTE), ancien sénateur piémontais, membre de la cour de cassation de France, et commandant de la légion-d'honneur, fils d'un ancien ministre des finances du roi de Sardaigne. Il est né à Castellamonte, province d'I-vrée. Ses talens administratifs et ses connaissances dans la jurisprudence le firent bientôt remarquer; il n'avait que 20 ans lorsqu'il publia un *Traité d'économie politique,* qui lui fit beaucoup d'honneur. Admis, en 1785, au sénat de Chambéry, il fut, peu de temps après, nommé par son souverain intendant-général de la Sardaigne. Il exerça ensuite la même charge en Savoie, où il se trouvait encore, lorsqu'en 1792 ce pays passa sous la domination française. Alors M. Botton retourna à Turin, et y fut nommé *contador*, c'est-à-dire, intendant-général de la solde; mais bientôt, lorsque le roi de Sardaigne se retira dans cette île, il devint membre du gouvernement provisoire du Piémont. Après la réunion de ce pays à la France, l'empereur nomma M. Botton premier président de la cour d'appel, et le 7 mai 1806, conseiller à la cour de cassation, comte de l'empire, et commandant de la légion-d'honneur. M. Botton s'étant fait naturaliser français, a conservé ses titres et ses emplois.

BOUBERS (Alexandre-François-Joseph de), général de brigade, officier de la légion-d'honneur, est né à Lihons, en Picardie, département de la Somme, le 5 janvier 1744. Ses parens, qui le destinaient à l'état militaire, lui firent donner une éducation soignée. En 1757 et 1758, il servit sur la frégate-corsaire, *le maréchal de Belle-Ile*, que commandait le brave Thurot; il n'avait alors que 13 ans, et n'en signala pas moins son courage dans plusieurs combats. Cependant il quitta bientôt ce service pour celui de l'artillerie, et entra, le 31 juillet 1760, à l'école de La Fère. Reçu élève, en février 1763, il s'éleva rapidement au grade de capitaine. En janvier 1775, des troupes furent envoyées à la Guadeloupe; M. de Boubers en fit partie. Il resta deux ans dans cette île, et revint en France au mois de janvier 1777. Se trouvant à Auxonne, en août 1789, il fut chargé, avec 50 hommes, officiers, sergens ou caporaux, de faire rentrer dans le devoir les canonniers du 1er régiment d'artillerie, qui prétendaient qu'on leur délivrât une masse déposée chez le colonel, dans la caisse du régiment. Ce fut vainement que la municipalité seconda le détachement; les canonniers ne voulurent rien entendre, et résistèrent à main armée. M. de Boubers courut alors les plus grands dangers, et ne dut son salut qu'à deux sergens-majors, qui parvinrent à le soustraire à la fureur des révoltés. Recueilli par un officier municipal, il ne sortit de sa maison, qui lui servait d'asile, qu'à dix heures du soir pour se rendre à Dijon. Cette affaire valut à M. de Boubers une place dans la fonderie de canons de la ville de Douai, où il s'était marié en 1787. L'estime de ses concitoyens le porta aux fonctions d'officier municipal. En 1791, la patrie étant menacée, il rejoignit ses frères d'armes à Rocroy. Au mois de mai 1792, il obtint le grade de lieutenant-colonel. Après avoir servi à l'armée commandée par le général La Fayette, il passa sous les ordres de Dumouriez, et se distingua à la bataille de Jemmapes, aux combats en avant de Liége, au bombardement de Maestricht, et à la bataille de Nerwinde, où Dumouriez battu crut échapper à la honte, en abandonnant l'armée qu'il commandait pour passer à l'ennemi. Le général transfuge, en livrant aux Autrichiens les commissaires de la convention et le ministre de la guerre Beurnonville, avait aussi l'intention de leur livrer son parc d'artillerie. M. de Boubers, qui avait prévu ce projet, fut un de ceux qui en empêchèrent l'exécution, en faisant prendre aux canons et aux caissons la route de Valenciennes, au lieu de leur faire repasser la Scarpe. Dans les mémoires que publia, en 1794, le général qui, avant de quitter son armée, avait tenté en vain de la faire marcher sur Paris, tous les officiers qu'il n'avait pu séduire étaient accusés d'avoir contrarié ses opérations; cette accusation, qui pesait fortement sur M. de Boubers, est ce qui honore le plus ce brave militaire. Il fut nommé, le 5 août 1793, colonel d'artillerie, et fit, en cette qualité, les campagnes de l'an 2 et de l'an 3, aux armées du Nord et des Ardennes. En l'an 2, toute l'artillerie de l'armée fut sous ses ordres; et pour le récompenser des services qu'il rendit dans différens combats, et notamment à Fleurus, on le nomma général de brigade. Admis à la retraite par décision du 29 brumaire an 5, M. de Boubers se retira dans son département; le souvenir de ce qu'il avait fait pour son pays lui concilia l'estime et la reconnaissance de ses concitoyens. Il fut, en l'an 6, électeur, et devint président du canton où il résidait. En l'an 8, il fut nommé commandant d'armes par le premier consul. En l'an 12, on lui accorda sa solde de retraite. Plus tard, l'empereur le nomma officier de la légion-d'honneur.

BOUCHARD (Henri), membre du corps-législatif, est né vers 1761. D'abord docteur en droit, puis avocat à Dijon, il devint, au commencement de la révolution, membre du conseil municipal et procureur de la commune. Conseiller de préfecture du département de la Côte-d'Or, en 1811, puis procureur-général près la cour de Poitiers, il fut élu député au corps-législatif, où il resta inaperçu. En 1814, il adhéra à la déchéance de l'empereur. Depuis cette époque, M. Bouchard parut souvent à la tribune. Il prononça un discours pour faire adopter l'ordonnance du directeur-général de la police, M. Beugnot, sur la célébration des fêtes et dimanches; il combattit les amendemens proposés en faveur de la liberté de la presse, appuya fortement le projet de loi portant restitution des biens non vendus aux émigrés, soutint également le projet sur les douanes et la taxe du sel; enfin il se signala dans la défense du projet d'une nouvelle organisation de la cour de cassation, en prétendant que ce tribunal avait été institué, non dans l'intérêt des particuliers, mais bien dans celui du gouvernement. Quoique excellent ministériel, M. Bouchard n'a point été réélu. Il est toujours procureur-général près la cour royale de Poitiers.

BOUCHARLAT (JEAN-LOUIS), né à Lyon, mathématicien et poète, membre d'un grand nombre de sociétés savantes et littéraires de Paris et des départemens. Après avoir terminé ses études, il vint à Paris, et fut admis à l'école Polytechnique comme élève. Il exerçait depuis trois ans la place de répétiteur adjoint à cette école, lorsqu'il fut nommé, par le ministre de la guerre, professeur à l'école militaire de La Flèche. Le même ministre le choisit pour faire le cours de mathématiques transcendantes des élèves de l'une des deux divisions d'artillerie annexées à cette école. Là on vit avec étonnement ces élèves marcher de près sur les traces de ceux de l'école Polytechnique, et acquérir, en peu de temps, les connaissances exigées par un programme peu différent de celui de cette célèbre école. C'est d'après ce programme que M. Boucharlat, par les ordres du major d'artillerie, directeur des études, avait composé les feuilles d'analyse qui furent suivies dans les deux divisions. A cette époque, M. Boucharlat reçut des marques honorables d'estime de la part de plusieurs personnages importans, et notamment du prince-primat une lettre flatteuse et une médaille d'or portant l'effigie de ce souverain. L'école d'artillerie ayant été supprimée par suite des événemens qui amenèrent la restauration, M. Boucharlat se trouva sans emploi, et se livra exclusivement à l'étude des sciences et des lettres. Neveu du savant Paganuccy et parent du poète Lemierre, il prouva, par des poésies insérées dans l'almanach des Muses, telles que l'*Épisode du géant Adamastor*, traduit du Camoens; *la Mort de Pline*, *la Mort de Cicéron*, et par plusieurs poëmes, dont le principal est la *Mort d'Abel* (1 vol. in-18, avec gravures, deuxième édition, 1820), traduit de l'allemand de Gessner, que l'agréable talent du poète peut s'allier avec succès à la science toute positive du mathématicien. M. Boucharlat avait débuté dans la carrière des mathématiques par des remarques sur l'algèbre, contenant plusieurs démonstrations nouvelles, et des éclaircissemens sur les points difficultueux de cette science. Ce premier essai fut suivi de la théorie des courbes et des surfaces du second ordre. Le célèbre Lagrange accorda un témoignage particulier d'estime à cet ouvrage, en acceptant la dédicace que l'auteur lui en fit. C'est un traité complet d'application d'algèbre à la géométrie, où l'analyse est subordonnée au raisonnement. M. Boucharlat a encore publié des élémens de calcul différentiel et de calcul intégral, et des élémens de mécanique, ouvrage où il a rassemblé dans un cadre peu étendu tout ce qu'il y a de plus important dans le calcul infinitésimal, inclusivement jusqu'aux équations différentielles partielles. En général les ouvrages de M. Boucharlat sont faciles à comprendre, par le soin que l'auteur prend de ne supprimer aucune idée intermédiaire, et de développer toutes les opérations. M. Boucharlat et M. Theveneau (les lettres viennent de perdre récemment ce dernier, *voyez* THEVENEAU), ont réconcilié les mathématiques et les muses. Un mathématicien du siècle de Louis XIV, après une lecture d'une tragédie de Racine, s'écriait : *Qu'est-ce que cela prouve?* Ceux-ci du siècle de Bonaparte, plus heureux et non moins habiles, ont su mêler les inspirations d'une lyre harmonieuse aux silencieuses opérations du compas, et être à la fois d'excellens mathématiciens et de bons poètes.

BOUCHAUD (MATHIEU-ANTOINE), savant jurisconsulte et littérateur distingué, naquit à Paris le 16 avril 1719, d'une famille noble, originaire de Provence. Du côté de sa mère, il était arrière-neveu du célèbre Gassendi, et s'honorait beaucoup de cette alliance. Son père, avocat aux conseils, n'avait rien négligé pour son éducation; mais il mourut avant qu'elle fût achevée, et le jeune Bouchaud resta sans guide, à l'époque de la vie où l'homme est exposé à tant d'écueils. Quoiqu'il n'eût alors que 16 ans, comme il était avide de s'instruire, cet heureux penchant le préserva de tous les dangers où la jeunesse est entraînée, et de l'ennui de l'isolement. Il se livra avec ardeur à l'étude de la jurisprudence, et fut reçu, en 1747, docteur agrégé à la faculté de droit. Mais c'est à cette époque qu'une réunion de savans conçut le vaste projet de l'Encyclopédie, et Bouchaud fut associé à cette entreprise par d'Alembert, son ami de collège. Chargé des articles qui ont rapport à la jurisprudence civile et canonique, il composa les suivans : *Concile*, *Décret de Gratien*, *Décrétales* et *Fausses Décrétales*. Ce travail. qui lui fit honneur, lui attira des persécutions. Les auteurs de l'Encyclopédie étaient des philosophes et des hommes de mérite. A ce double titre, ils avaient de nombreux ennemis. Bouchaud désirait obtenir le diplôme de docteur en droit; ses liaisons le lui firent refuser : il était d'ailleurs considéré comme un novateur très-dangereux, car il figurait parmi les enthousiastes de la musique italienne, nouvellement introduite en France. Bouchaud du reste n'était point ennemi de la musique rivale; et dans la longue et ridicule querelle qui éclata à cette occasion, il ne prit aucun parti, ne partagea aucune fureur, et n'eut que le tort, si toutefois c'en est un, d'épouser une cantatrice distinguée du théâtre italien. Un second mariage, plus conforme à son état et au rang qu'il occupait dans la société, et qu'il contracta vingt ans après, en 1772, rendit sa vieillesse heureuse. Victime des préventions des docteurs ses confrères, il avait cherché dans le culte des muses de nobles distractions à ses chagrins et à ses travaux ordinaires. Il mit au jour sa traduction de plusieurs drames italiens du célèbre Apostolo-Zeno, et le roman anglais de Mme Brooke, intitulé : *Histoire de Julie Mandeville*. Il produisit bientôt des ouvrages conformes aux études qu'il avait faites, tels qu'un *Essai historique sur la poésie rhythmique*, réimprimé sous le titre d'*Antiquités poétiques*, et un *Traité de l'im-*

pôt du vingtième sur les successions, et de l'impôt sur les marchandises chez les Romains, 1763 et 1766, in-8°. Ces ouvrages, dédiés à l'académie des inscriptions, le firent admettre au nombre de ses membres, en 1766. Après quinze ans de sollicitations, il obtint enfin cette chaire de droit, objet de ses désirs si constans et si louables à la fois. Bouchaud se trouvait ainsi le sixième professeur en droit de sa famille du côté maternel. En 1774, une chaire du droit de la nature et des gens ayant été créée au collége de France, le roi y nomma Bouchaud. La double tâche qu'il avait à remplir ne l'effraya pas, et bientôt il publia un *Mémoire sur les sociétés que formèrent les publicains pour la levée des impôts chez les Romains.* Dans plusieurs autres ouvrages, qu'il lut en partie à l'académie des inscriptions, il entreprit d'éclaircir quelques anciennes lois romaines, et surtout les édits des *préteurs*, l'une des principales bases de la jurisprudence du peuple romain. Les auteurs d'une grave Biographie, convaincus sans doute que ce genre de recueils ne vit que d'anecdotes, même lorsqu'elles ne sont pas toujours avouées par le bon goût ou le bon ton, rapportent celle dont nous allons rendre fidèlement les expressions: « Bouchaud prononçait les *r* avec » peine ; il omettait presque tou- » jours celui qui se trouve dans » le mot *préteur*, et cette mauvai- » se prononciation égayait quel- » quefois une matière qui n'en é- » tait guère susceptible. » En 1777, Bouchaud fit paraître un ouvrage important sous le titre de *Théo-*

rie des traités entre les nations. Il y démontre les moyens de rendre les peuples heureux par la réciprocité des avantages justement répartis. En 1784, il publia les *Recherches historiques sur la police des Romains, concernant les grands chemins, les rues et les marchés.* Son *Commentaire sur les lois des douze Tables.* qui avait paru en 1767, fut, en 1803, réimprimé aux frais du gouvernement, avec des additions et des changemens importans. Il mourut à Paris le 1ᵉʳ février 1804.

BOUCHE (CHARLES-FRANÇOIS), Provençal, d'une famille dont presque tous les membres distingués ont travaillé à l'histoire de Provence. Bouche y a travaillé lui-même et à laissé de bons ouvrages sur quelques points des Annales de son pays. Mais sa réputation politique l'a emporté sur sa réputation littéraire. Avocat au parlement d'Aix, il adopta les principes de la révolution, fut député par le tiers-état aux états-généraux, et se montra, dans les premiers orages de 1789, tout à la fois ami ardent de la liberté et de la monarchie, et ennemi prononcé de l'intolérance. Les premières motions sur la liberté des cultes et sur la liberté des nègres, développèrent son éloquence et la noblesse de son âme. Chargé ensuite des affaires d'Avignon, si difficiles à traiter, il demanda vivement la réunion du Comtat avec la France. Les ennemis de cette réunion oubliant le caractère connu de cet honorable citoyen, ou plutôt se livrant sans réflexion à leur haine contre lui, l'accusèrent, mais sans preuves, d'avoir ordonné des massacres. Il se défendit avec énergie. Il fut président des jacobins, puis président des Feuillans. Nommé ensuite membre du tribunal de cassation, il mourut en 1794. Son *Essai sur l'histoire de Provence, suivi d'une notice des Provençaux célèbres* (1783, 2 vol. in-4°), mérite d'être consulté.

BOUCHER (Luc). Il est des noms dont l'histoire conserve à regret le souvenir; mais toujours équitable, si elle appelle l'amour et le respect sur les bienfaiteurs et les amis de l'humanité, elle livre à la haine et au mépris de la postérité vengeresse, et le dénonciateur de Socrate, et l'assassin d'Henri : l'atroce Boucher doit subir l'immortalité. Ce misérable, marchand de vin, établi au faubourg Saint-Martin, à Paris, était du nombre des insurgés des faubourgs qui pénétrèrent de vive force dans le sein de la convention nationale, le 1ᵉʳ prairial an 3 (20 mai 1795). Le représentant Ferraud, en voulant s'opposer aux violences de cette multitude armée, fut renversé d'un coup de pistolet. Boucher profita du moment, et, aidé de quelques forcenés comme lui, il traîne le malheureux député baigné dans son sang jusque dans l'un des couloirs de la convention. Là, il lui coupe la tête. Cette tête, mise au bout d'une pique, fut portée dans la salle, jusque sous les yeux du président (*voyez* FERRAUD et BOISSY-D'ANGLAS). Le crime de Boucher ne resta pas long-temps impuni. Le 6 prairial, cet assassin fut condamné à mort par une commission militaire, et exécuté le même jour.

BOUCHER (JONATHAN), biographe et théologien anglais, naquit en 1737. Il était parti pour l'Amérique septentrionale, et résidait depuis quelques années dans la colonie anglaise, quand la révolution des États-Unis le força de repasser en Angleterre. A son retour dans son pays natal, il publia treize *Discours* sur les événemens dont il avait été le témoin, sur leurs causes et sur leurs suites. On a de lui plusieurs autres ouvrages, quelques notices biographiques, et un *Glossaire des mots vieillis et provinciaux,* qui devait servir de suite au grand Dictionnaire de Johnson. Boucher mourut en 1804, à Epsom (comté de Surrey), étant recteur de cette paroisse.

BOUCHER (P.) était, en 1809, professeur de droit commercial et maritime à Paris, lorsqu'il fut engagé, par la légation de Russie, à s'attacher au service de l'empereur Alexandre. M. Boucher partit pour Saint-Pétersbourg, avec le titre de conseiller-d'état, chargé spécialement des objets de commerce; mais les espérances que le ministère russe avait fondées sur lui ne s'étant pas réalisées, il ne jouit pas d'une grande faveur dans ce pays, où néanmoins il demeura, y vivant d'une modique pension. Il a publié un assez grand nombre d'ouvrages sur le commerce, où se trouvent, dit-on, beaucoup de superfluités et d'inexactitudes. En voici les titres : 1° *La Science des négocians,* 1800, in-4°; 2ᵐᵉ édition, 1803, in-4°; 3ᵐᵉ édition, 1810, 2 vol. in-4°; 2° *Institutions commerciales,* 1802, in-4°; 3° *Institution au droit* maritime, 1803, in-4°; 4° les *Principes du droit civil et du droit commercial comparés*, 1804, 2 vol. in-8°; 5° *Manuel des arbitres*, 1807, in-8°; 6° *le Parfait économe des villes et de la campagne*, 1808, 2 vol. in-8°; 7° *Consulat de la mer, ou Pandectes du droit commercial et maritime*, 1808, 2 vol. in-8°; 8° *Formulaire général des négocians*, 1808, in-8°; 9° *Traité complet, théorique et pratique, de tous les papiers de crédit et de commerce*, 1805, 2 vol. in-8°; 10° *Histoire de l'usure chez les anciens peuples*, 1809, in-8°.

BOUCHER (ALEXANDRE-JEAN). Ses admirateurs l'ont surnommé l'*Alexandre* du violon. Il est à l'exécution musicale, ce que Mercier était à la littérature; un homme plein de talent, d'originalité et de bizarrerie. Son jeu ferme et hardi, et quelquefois pur et brillant, s'élance tout à coup au milieu des difficultés les plus désagréables à l'oreille, passe au chromatique le plus plaintif, continue pendant quelques minutes une interminable cadence, et revient brusquement au motif, à la simplicité, à la raison. M. Boucher est né à Paris, le 11 avril 1770. Dès sa plus tendre enfance, il montra de grandes dispositions pour la musique. Navoigille l'aîné, célèbre exécutant et bon compositeur, lui donna les premières leçons. A quatorze ans, il fut le soutien de sa famille. A dix-sept, il partit pour l'Espagne, fut présenté à Charles IV, et nommé premier violon *solo* de sa chambre et de sa chapelle. Bientôt, obligé de quitter l'Espagne pour cause de santé, il rentra dans sa patrie. Quand Charles IV vint habiter Fontainebleau, M. Boucher s'empressa d'aller saluer son auguste protecteur, qui l'accueillit avec une extrême bonté. Après avoir parcouru diverses contrées de l'Europe, cet artiste est retourné en Espagne, avec sa femme, l'une des plus célestes harpistes et pianistes de l'époque actuelle. Le fameux compositeur Boccherini a dédié à M. Boucher un de ses plus beaux ouvrages.

BOUCHER (LE CHEVALIER GRATIEN) est né en 1751, à Châteauroux, département de l'Indre. Employé, en 1789, dans l'Orléanais, comme ingénieur en chef des ponts-et-chaussées, il conserva cette place jusqu'en 1796. Alors il fut nommé inspecteur des canaux de Loing et d'Orléans, et devint, sous le gouvernement impérial, inspecteur divisionnaire des ponts-et-chaussées. Inscrit, en 1813, sur la liste des candidats pour le corps-législatif, il fut du nombre de ceux que choisit le sénat, et il siégea, dans cette législature, pendant les sessions de 1813, 1814 et 1815. En 1814, il avait été nommé officier de la légion-d'honneur. Au mois de mai 1815, le vœu de son département le porta à la chambre des représentans; ce qui, plus tard, fut cause qu'il perdit sa place d'inspecteur-général des ponts-et-chaussées. Le chevalier Boucher est oncle, du côté maternel, du général Bertrand.

BOUCHER D'ARGIS (A. J.), né à Paris en 1750, fils d'Antoine Boucher d'Argis, avocat et auteur de plusieurs ouvrages de jurisprudence. A. J. Boucher d'Argis fut d'abord avocat, et en 1772, conseiller au Châtelet. En 1789, il contribua à l'élargissement de M. de Bezenval, en communiquant, au Châtelet chargé de l'instruction du procès, une lettre qui lui était favorable. Au commencement de 1790, le premier, il dénonça les feuilles de Marat (*l'Ami du peuple*). Quelque temps après, il refusa de remplacer M. Talon, dans les fonctions de lieutenant-civil. Cependant, il accepta depuis ces mêmes fonctions, et les remplit avec un zèle et une intégrité remarquables. Ces qualités parurent surtout dans son rapport à l'assemblée constituante, sur les journées des 5 et 6 octobre. On trouva néanmoins qu'il eût été plus convenable de ne pas commencer un rapport judiciaire sur un tel sujet par un vers de tragédie. Il montra beaucoup de courage dans la défense du Châtelet; mais il ne put en empêcher la chute, et il ne fut pas plus heureux lorsqu'il tenta de faire effacer son nom de la liste des membres du club monarchique, qui ne tarda pas à devenir une liste de proscription. On avait voulu suspendre la marche de la révolution; c'était lui imprimer un mouvement plus redoutable : on voulait des victimes. Boucher d'Argis fut du nombre. Arrêté en 1793, il fut successivement détenu aux Carmes, à l'Abbaye, enfin à la Conciergerie. Peu de jours après, il parut devant le tribunal révolutionnaire, qui le condamna à mort, le 5 thermidor an 2 (23 juillet 1794); il périt quatre jours avant le 9 thermidor, qui mit un terme aux assassinats de cet affreux tribunal. On a de Boucher d'Argis plusieurs ouvrages. 1° *Observations sur les lois criminelles de France*, in-8°, 1781; 2° *Lettres d'un magistrat de Paris à un magistrat de province sur le droit romain, et la manière dont on l'enseigne en France*, in-12, Paris, 1782; 3° *de l'Education des souverains ou des princes destinés à l'être*; 4° *de la Bienfaisance de l'ordre judiciaire*, in-8°, 1788. Dans ce dernier ouvrage, Boucher d'Argis insiste sur la nécessité d'établir des défenseurs gratuits pour les pauvres, et d'accorder de justes indemnités aux détenus dont l'innocence est ensuite reconnue par leur jugement même. Il a travaillé conjointement avec son père au *Traité des droits annexés en France à chaque dignité*. Enfin, il eut Camus pour collaborateur dans le *Recueil d'ordonnances*, en dix-huit volumes in-32.

BOUCHER DE LA RICHARDERIE (Gilles), naquit en 1733, à Saint-Germin-en-Laye. Ayant exercé, jusqu'en 1788, la profession d'avocat au barreau de Paris, il se retira à la campagne, près de Melun. En 1789, il fut nommé, par l'assemblée du bailliage de cette ville, l'un des commissaires chargés de rédiger les instructions des députés aux états-généraux. Bientôt membre du directoire du département de Seine-et-Marne, il devint, à la fin de 1790, membre du tribunal de cassation. Ce tribunal ne fut installé qu'en 1791, et M. Boucher de La Richarderie présida à son installation. Les persécutions que, sous le règne de la terreur, lui suscita une dénonciation de Thuriot, ne lui firent point perdre sa place de juge, qu'il occupa jusqu'au 18 fructidor. Depuis cette époque, il cultive les lettres, et a rédigé constamment le *Journal de la littérature française*, dont MM. Treuttel et Wurtz sont éditeurs. Les ouvrages qu'il a publiés sont : 1° *Lettres sur les romans*, 1762, in-12; 2° *Analyse de la coutume générale d'Artois*, 1773, in-12; 3° *Essai sur les capitaineries royales et sur celle des princes*, Paris, 1789; 4° *de l'Influence de la révolution française sur le caractère national*, 1798, in-8°; 5° la *Régénération de la république d'Athènes*, 1799, in-8°; 6° *Bibliothèque universelle des voyages*, in-8°, 6 vol., 1808.

BOUCHER-SAINT-SAUVEUR (ANTOINE), avocat avant la révolution, et électeur en 1792. Il fut élu député du département de Paris à la convention nationale, devint ensuite membre du comité de sûreté générale, vota la mort dans le procès du roi, et rejeta l'appel au peuple et le sursis. En décembre 1794, il fut nommé secrétaire de la convention. Bien qu'il eût constamment fait partie de la société des jacobins, dont il partageait les principes, il eut le rare bonheur d'échapper à la réaction et de siéger au conseil des anciens, à la faveur de la réélection des deux tiers conventionnels. Boucher-Saint-Sauveur sortit de ce conseil le 20 mai 1797. Il mourut il y a quelques années.

BOUCHEREAU (N.), député à la convention nationale par le département de l'Aisne, avait déjà rempli plusieurs fonctions publiques, lorsqu'il fut nommé à cette assemblée. Il vota la mort du roi sans appel, mais il se prononça en faveur du sursis. Au milieu des partis qui déchiraient la convention, on le remarqua peu; cependant, au mois de juin 1795, il fut chargé d'une mission pour l'approvisionnement de Paris, et se rendit, afin de la remplir, à Compiègne. Après la session, le directoire-exécutif l'envoya en qualité de commissaire dans le département de l'Aisne. Il occupa depuis des places secondaires. Compris, en 1816, dans la loi qui bannit les membres de la convention dits *votans*, et qui avaient signé l'acte additionnel, il s'est retiré en Suisse.

BOUCHET-LA-GETIÈRE (ANTOINE-FRANÇOIS), ancien inspecteur des haras de France, naquit à Niort en Poitou. En 1766, il fut chargé par le gouvernement de parcourir l'Allemagne, l'Italie, et la Turquie pour y choisir des étalons. En 1793, il fut destiné au même emploi, et mis à cet effet en réquisition par les comités de salut public et de la guerre. Il présenta à ces comités et à celui d'agriculture, plusieurs plans sur les moyens de régénérer les haras détruits; ces plans furent adoptés. Un décret de l'an 6 (1798) ordonna l'impression de ses *Observations sur les différentes qualités du sol de la France, relativement à la propagation des meilleures races de chevaux* : cet ouvrage est estimé. Bouchet-La-Getière mourut à Paris le 11 avril 1801.

BOUCHETTE (Joseph), lieutenant-colonel au service d'Angleterre, et directeur-général du cadastre du Bas-Canada, est né dans cette partie de l'Amérique septentrionale. On estime généralement les cartes qu'il a levées, à cause de leur parfaite exactitude. Tous ceux qui se livrent à l'étude de la géographie désireraient, dans l'intérêt de cette science, que les différentes parties de l'Europe fussent décrites et dessinées avec le même soin. M. Bouchette a publié, en anglais, une excellente *Description topographique de la province du Bas-Canada, accompagnée de différentes vues, plans de ports, batailles*, etc., in-8°, 1815.

BOUCHON - DUBOURNIAL (Henri), est né en 1749, à Toul, département de la Meurthe. En 1767, il fut admis à l'école des ponts-et-chaussées, dirigée alors par le célèbre Perronet, et dès l'année suivante, devenu l'un de ses élèves de prédilection, il fut chargé lui-même d'y enseigner les diverses parties des hautes mathématiques, à ses jeunes condisciples. En 1772, après avoir professé pendant quatre ans, il fut fait ingénieur ordinaire, et pendant les dix années suivantes il dirigea, en cette qualité, plusieurs grands travaux dans les départemens, entre autres le pont de Lempde (Haute-Loire), que l'on cite parmi les ouvrages distingués dans ce genre. En 1783, le gouvernement espagnol demandant un ingénieur habile, qui fût en même temps bon professeur, M. Bouchon-Dubournial fut choisi pour aller diriger à Cadix des travaux importans, et être tout à la fois premier professeur de mathématiques, de fortification et de dessin à l'académie militaire, que Charles III venait d'établir à Port-Sainte-Marie, pour l'instruction d'un certain nombre d'officiers choisis dans l'infanterie espagnole. M. Bouchon-Dubournial, autorisé par le roi, qui lui accordait un congé de quatre ans, accepta cette honorable mission. Les mémoires du temps, et particulièrement le *Voyage en Espagne* du chevalier Bourgoing, constatent qu'on lui dut la découverte de l'ancien aqueduc romain, qui conduisait à Cadix les eaux douces de la source de Tempul, à travers vingt-une lieues de montagnes et de basse-mer. Après avoir déblayé l'ancien aqueduc en entier, sauf les parties très-considérables que les tremblemens de terre, les inondations et les efforts de la mer contre la côte avaient totalement anéanties, il fut chargé de rédiger le projet du rétablissement de ce grand monument, sur le plan général qu'il jugerait le plus convenable, et il fournit au gouvernement espagnol les plans, les dessins et les devis de ce rétablissement, dont la dépense se serait élevée à 108 millions de réaux (environ 27 millions de francs). Les événemens subséquens, et particulièrement la mort de Charles III, empêchèrent l'exécution de ce projet; et la ville de Cadix, au milieu des richesses des deux mondes qui y affluent de toutes parts, au sein de l'Océan, dont les flots franchissent si souvent ses murailles, manque encore d'eau douce, au point qu'on est obligé de la faire transporter par terre d'une distance de sept lieues, quand la navigation de la Baie est impraticable ou périlleuse : mais du moins M. Dubournial y a laissé la certitude de pouvoir remédier un jour à ce grave inconvénient. Pendant son séjour en Espagne, il avait conçu un de ces projets, dont le succès peut seul justifier la témérité; celui de faire passer, dans notre langue, tous les ouvrages de Cervantes, de cet écrivain inimitable, dont deux siècles de goût et de lumières n'ont fait qu'augmenter la célébrité. De retour en France à l'expiration de son congé, M. Bouchon-Dubournial s'y occupa d'abord de la traduction du *Don Quichotte,* que nous ne connaissions encore que défiguré ou mutilé. Battu comme tant d'autres victimes par les tourmentes révolutionnaires, il fut arrêté plusieurs fois, et il est à remarquer que c'est en prison qu'il a écrit la majeure partie de la traduction de cet immortel ouvrage, dont, de son côté, Cervantes avait conçu et exécuté la première partie en prison. Cette traduction fut enfin publiée en 1808, en huit volumes in-12. Le séjour du traducteur en Espagne, l'habitude de la langue sur les lieux mêmes, la connaissance des mœurs, des usages et des localités, ont dû lui donner des avantages que ses prédécesseurs n'avaient pas eus. Il a, dit Chénier, *l'honneur d'avoir traduit dignement ce brillant chef-d'œuvre de la littérature espagnole, sauf quelques corrections faciles et peu nombreuses.* En 1809, M. Bouchon-Dubournial a publié, sous le titre *des Pèlerins du Nord,* en six volumes in-18, (*Persilès y Sigismonda*) de Cervantes, et *le Mari trop curieux,* du même auteur, en un volume in-12. Enfin un prospectus annonce une magnifique édition, publiée par le libraire Méquignon-Marvis, des œuvres complètes de Cervantes, traduites par M. Bouchon-Dubournial, dans laquelle on retrouvera sa traduction du Dom Quichotte, revue, corrigée et enrichie de notes. Le mérite reconnu des traductions qui ont déjà été publiées sont d'un augure favorable pour celles des parties qui, n'étant pas encore connues, doivent entrer dans cette grande collection. Les volumes qui ont déjà paru prouvent que le traducteur a retouché avec soin sa première version, et s'est attaché à la purger des négligences qu'on lui reproche. Cette édition, exécutée avec luxe, est ornée de gravures faites d'après les dessins de nos peintres les plus ingénieux, et particulièrement de M. Horace Vernet. Elle peut soutenir le parallèle avec la fameuse édition d'Ibarra. Il est beau pour la typographie française d'élever un pareil monument à un pareil génie. Cervantes, après tout, est du petit nombre des auteurs substantiels qui, forts par la pensée autant que par le style, perdent moins que les autres par la traduction : Cervantes est de tous les pays. On a aussi de M. Bouchon-Dubournial des *Considérations sur les finances,* publiées en 1814. En 1788, il avait donné, sous le même titre, un ouvrage sur les moyens de combler le fameux déficit. En 1809, il fut chargé de l'entreprise de la construction du nouveau pont de Sèvres, qu'il commença, mais qu'il fut forcé d'abandonner, en 1810, à d'autres entrepreneurs, parce qu'au lieu de lui payer les sommes considérables qui lui étaient légitimement dues, on le prétendit fallacieusement en débet; il lui a fallu près de dix ans de débats continuels pour éclairer l'autorité; et il est notoire que, pendant ces dix années, lui et ses dix enfans ont été plongés dans la plus profonde misère. Les droits de M. Bouchon-Dubournial ont été reconnus, et les sommes contestées lui ont été allouées. Il a obtenu du conseil d'état un arrêté qui lui accorde différentes indemnités. De ces faits, il résulte qu'il serait injuste et inexact de lui attribuer, comme l'ont fait d'autres biographes, la direction des travaux du nouveau pont de Sèvres: il ne lui revient aucune part, ni dans les éloges ni dans les reproches que ce grand et important ouvrage peut mériter.

BOUCHOTTE (Jean-Baptiste-Noel), né à Metz le 25 décembre 1754, d'une famille distinguée de cette ville. Destiné à la carrière militaire, il entra au service, à l'âge de 16 ans, dans un régiment allemand au service de France. Sous-lieutenant en 1775, et capitaine en 1785 au régiment d'Esterazy-Hussards, il fit, en cette qualité, la campagne de 1792. Nommé lieutenant-colonel et commandant de Cambrai, à la fin de cette même année, il fut promu au grade de colonel en 1793. C'est alors que trois fois successivement il fut un des candidats désignés pour le ministère de la guerre. Enfin, il fut appelé à ce département, le 4 avril 1793, par les suffrages unanimes de la convention, pour remplacer le général Beurnonville, prisonnier des Autrichiens. L'unanimité de cette nomination dut être attribuée aux mesures qu'il venait de prendre pour empêcher la place de Cambrai de tomber entre les mains de Dumouriez ou plutôt des Autrichiens, et à la réputation d'ordre, de probité et de désintéressement qu'il s'était acquise. Quelques biographes, guidés par la passion ou par des documens inexacts, ont peint ce ministre sous des couleurs plus ou moins défavorables. Les uns l'ont représenté comme un homme incapable et tout-à-fait inepte; les autres, comme un chef de parti qui voulait élever son pouvoir au dessus de celui de la convention; ceux-ci, comme un ministre qui ne prenait conseil que des clubs; ceux-là, comme le Séide et l'ami des décemvirs; d'autres, enfin, comme le détenteur des deniers publics et le persécuteur des patriotes. La contradiction de ces inculpations suffirait seule pour en démontrer l'injustice, qui sera mieux prouvée d'ailleurs par le récit des faits. Lorsque Bouchotte arriva au ministère de la guerre, l'ennemi avait envahi la frontière du Nord; l'armée, considérablement affaiblie, avait perdu ses magasins, et une grande partie de son artillerie et de ses munitions; la frontière du Rhin était également envahie; à l'est, on manquait de canons et d'armes; il y avait très-peu de troupes aux Pyrénées; la guerre d'opposition de la Vendée existait et avait déjà pris un très-grand développement. Le ministre eut à s'occuper d'un recrutement de 300,000 hommes, de procurer des armes, et de refaire des magasins. De telles mesures demandaient un certain temps pour pouvoir être exécutées; et en attendant, il dut y avoir nécessairement plusieurs mois de souffrance sur tous les points. On ne laissa pas le ministre vaquer tranquillement et sans interruption à ses importantes fonctions. A peine était-il en place, qu'on put remarquer un système constamment suivi de dénonciations vagues, d'injures et de diffamations. La Vendée était le plus fréquent sujet de plaintes contre le ministre de la guerre. On y avait éprouvé plusieurs échecs. Il y avait cependant, sur ce point, plus d'hommes et de matériel qu'il n'était nécessaire. Il est vrai qu'une grande partie était composée de nouvelles levées non disciplinées et non exercées. Mais les échecs provenaient principalement de ce que les députés commissaires divisés entre eux, et presque toujours en opposition avec les généraux, voulaient diriger eux-mêmes les opérations militaires. La situation des affaires devint encore plus fâcheuse : l'ennemi s'avança sur le territoire, au nord et vers le Rhin; il y entra du côté des Pyrénées et des Alpes; plusieurs guerres civiles s'élevèrent dans l'intérieur; on perdit Mayence, Condé, Valenciennes, le Quesnoi, le fort Louis, plusieurs places aux Pyrénées; les Anglais s'emparèrent de Toulon.

Ces désastres irritaient les esprits: de là, cette foule de dénonciations contre les généraux et le ministre de la guerre. Ce ne fut qu'en septembre 1793, que la France commença à résister sur tous les points. L'extinction des guerres civiles dans l'intérieur, les victoires de Hondtschoot et de Watignies, la délivrance de Maubeuge, les succès de l'armée du Rhin, la rentrée des Français dans le fort Louis, le *déblocus* de Landau et la reprise de Toulon, diminuèrent l'inquiétude générale. D'immenses efforts furent faits à cette époque, pour proportionner les moyens de défense à ceux de l'attaque. On créa onze armées; 700,000 hommes et une nombreuse cavalerie furent levés, habillés, armés et exercés dans un délai de quatre mois. L'embrigadement s'exécuta. Tout cela se fit par les soins et sous les ordres du ministre Bouchotte. Des généraux furent nommés, qui depuis illustrèrent les armées françaises. En citant seulement quelques-uns de ceux qui n'existent plus, on pourra se faire une idée de l'attention qu'on avait apportée à leur choix : les noms de Masséna, Kléber, Moreau, Dugommier, Augereau, Lefebvre, Pérignon, Marceau, Legrand, Éblé, Walther, Colaud, Serrurier, Hatry, Marbot, Cervoni, Abattucci, Férino et tant d'autres, ont laissé de glorieux souvenirs. Combien en pourrait-on citer encore, parmi les généraux vivans! C'est sous ce ministère que tous ces noms illustres ont commencé à se faire connaître. Le gouvernement n'invoqua pas non plus inutilement les savans et les artistes: de nouvelles créations eurent lieu; on fabriqua des canons, des armes, des poudres et des munitions, dans la proportion des besoins; les places furent mises en en état défense et approvisionnées. Fatigué de tant de travaux, de déclamations et de dénonciations souvent renouvelées, le ministre donna sa démission le 25 mai. Le 30, la convention décréta « qu'elle acceptait la démission du » citoyen Bouchotte, et qu'il con- » tinuerait à remplir les fonctions » de ministre de la guerre, jusqu'à » ce qu'il fût remplacé. » Ce remplacement tardant à s'effectuer, Bouchotte renouvela sa démission le 11 juin. Enfin, le surlendemain 13, sur la proposition du comité de salut public, la convention nomma au ministère de la guerre le général Beauharnais, qui n'accepta point. Bouchotte se trouva dans la nécessité de continuer ses fonctions jusqu'à son remplacement. Le comité de salut public se contentait de répondre à ses réclamations, comme il le fit, par l'organe de son rapporteur, dans la séance du 12 août 1793, « qu'il reconnaît dans le ci- » toyen Bouchotte une exacte pro- » bité, et qu'il est considérable- » ment laborieux. » Le 13 décembre, Bourdon de l'Oise appuya vivement une dénonciation concertée et faite à la convention, contre le ministre, par un commissaire des guerres, non employé. Cette dénonciation portait sur l'inexécution d'un décret qui ordonnait le remboursement de sommes pour lesquelles mille Français étaient retenus en cap-

tivité, comme otages, dans la ville de Mayence, et à cette occasion, Bourdon demanda « si le pouvoir » d'un ministre était enfin au-des- » sus de la convention. » Sur sa proposition, il fut décrété que Bouchotte serait appelé, séance tenante, pour rendre compte des causes de l'inexécution de ce décret. Le ministre se présenta, et expliqua « qu'il avait donné des ordres à la » trésorerie, le 30 août, de faire » tenir les fonds à Mayence; que » le surplus n'était pas de son res- » sort, puisque l'ouverture des pas- » sages jusqu'à Mayence ne dé- » pendait pas de lui; que cependant » il avait écrit plusieurs lettres » pour accélérer l'exécution; mais » que les fonds étaient arrêtés à la » frontière, d'après une décision » des commissaires de la conven- » tion, à l'armée du Rhin, qui a- » vaient interdit toute communi- » cation avec le dehors. » Le 19 mars 1794, Bourdon de l'Oise dénonça de nouveau ce ministre. « Pourquoi, dit-il, Bouchotte a- » t-il fait venir à Paris, à Saint-Ger- » main, et aux environs de la ca- » pitale, un grand nombre de pri- » sonniers et de déserteurs autri- » chiens qu'il a revêtus de l'u- » niforme national, et qui ont fait » entendre à la Courtille, le cri de » *vive le roi!* Était-ce pour con- » sommer avec scandale les sub- » sistances que les citoyens de » Paris ont tant de peine à se pro- » curer? Étaient-ils là pour proté- » ger la contre-révolution? Je de- » mande que Bouchotte soit en- » tendu devant les comités de sa- » lut public et de sûreté générale, » qui examineront sa conduite, et » prendront les mesures qu'ils ju-

» geront-convenables. » La convention décréta les propositions de Bourdon, que Merlin de Thionville avait appuyées. Ces dénonciations étaient tellement absurdes, que les comités n'y trouvant rien de fondé, ne firent point de rapport, et chargèrent le ministre de répondre lui-même à la convention. Voici sa lettre qui fut lue dans la séance du 22 mars : « J'ai fait » exécuter les arrêtés du comité » de salut public, qui ordonnaient » l'éloignement des prisonniers de » guerre et des déserteurs. Il n'y » en a eu, dans aucun temps, » à Paris, plus de 400. Il n'a été » délivré d'habit national à aucun » d'eux. Quant au cri de *vive le* » *roi*, qui se serait fait entendre à » la Courtille, je n'ai là-dessus » aucun renseignement, etc. » Le 1er avril 1794, la convention, voulant concentrer la totalité du gouvernement dans ses comités, supprima le conseil exécutif, et les six ministres qui le composaient furent remplacés par des commissions exécutives, qui devaient s'occuper des détails de l'administration, sous les ordres des comités. Le général Pille fut placé à la tête d'une de ces commissions, pour le mouvement des armées de terre. Ce fut alors seulement que Bouchotte fut rendu à la vie privée. Arrivé au ministère avec le rang de colonel, il en sortit avec le même grade, et s'oublia volontairement dans les nombreuses promotions de généraux qu'il était chargé de faire comme ministre : exemple rare et peut-être unique de désintéressement et de modestie, parmi les grands fonctionnaires de l'état qui l'ont précédé, comme parmi ceux qui l'ont suivi. Les ennemis de Bouchotte parvinrent à le rendre suspect aux comités de gouvernement, qui le firent arrêter, par mesure de sûreté générale, quelque temps avant le 9 thermidor, sans en donner de motifs. Dans la séance du 20 frimaire an 3, un membre de la convention exprima son étonnement « de ce que » Bouchotte, qui, disait-il, avait » fait périr et incarcérer tant de » patriotes, n'était pas jugé. » La convention, sur la proposition de ce membre, décréta « que le co-» mité de sûreté générale pren-» drait des mesures à cet égard. » Aucune mesure ne fut prise. Le 30 frimaire an 3, Clauzel, en parlant de la commune conspiratrice et des décemvirs, « accusa Bou-» chotte comme leur complice, et » comme reliquataire envers la » république *de plusieurs centai-*» *nes de millions,* et demanda sa » prompte traduction au tribunal » révolutionnaire, afin de ne pas » laisser avilir la convention. » La proposition de Clauzel fut renvoyée aux trois comités, qui ne firent point de rapport. Le 29 mars 1795, Pémartin « signala » Bouchotte comme un des au-» teurs du 31 mai, et demanda sa » punition. » Dans la même séance, Bourdon de l'Oise et plusieurs de ses collègues renouvelèrent leurs dénonciations contre l'ex-ministre. La convention les renvoya au comité de sûreté générale, qui ne fit aucun rapport. Cependant, les adversaires de Bouchotte, le 24 mai 1795, obtinrent de la convention un décret qui traduisait l'ex-ministre, ainsi que d'autres détenus, devant le tribunal criminel d'Eure-et-Loir, qu'à cet effet on avait renouvelé et érigé en tribunal d'exception, jugeant d'après les lois révolutionnaires, avec un jury spécial, et sans recours au tribunal de cassation. Malgré toutes ces facilités, le procès ne put être commencé, faute de pièces et de documens pour établir un acte d'accusation. Il y avait quatre mois que le décret de traduction était rendu, et plus de quinze mois que Bouchotte était incarcéré, lorsque l'accusateur public, près le tribunal criminel d'Eure-et-Loir, écrivit à la convention une lettre qui fut lue dans la séance du 4 vendémiaire an 4. Elle contenait, entre autres choses : « J'ob- » serve que nulle pièce à charge » ne m'est parvenue, et que je ne » puis mettre en jugement un ci- » toyen contre lequel il est impos- » sible de baser un acte d'accusa- » tion. » La convention, prête à abandonner le pouvoir et à terminer sa session, n'avait plus besoin de cette politique qui l'engageait à reporter, en dehors d'elle, les torts qui lui étaient propres : ses comités envoyèrent leur mainlevée au tribunal criminel d'Eure-et-Loir, et Bouchotte recouvra sa liberté après seize mois de détention. Il s'est retiré à Metz, au sein de sa famille, où il jouit de l'estime de ses concitoyens.

BOUCHOTTE (N.), ancien procureur du roi à Bar-sur-Seine, fut élu, en 1789, député du tiers-état de ce bailliage aux états-généraux. Il s'opposa fortement à l'établissement de tout papier monnaie; proposa de faire, avec le métal des cloches, pour 30 millions de pièces de trois à six sous; soutint qu'on ne pouvait, sans porter atteinte à la liberté des cultes, reconnaître la religion catholique comme religion de l'état. En 1790, il vota la destruction des statues représentant les nations enchaînées autour du piédestal de Louis XIV, à la place des Victoires. Il demanda que le peuple concourût avec le pouvoir exécutif pour l'exercice du ministère public. En mai 1791, il défendit les hommes de couleur, et le 26 juin de la même année, il proposa que le roi et la reine fissent par écrit les déclarations que l'on exigeait d'eux au sujet de leur voyage à Varennes. M. Bouchotte publia, dans le cours de cette même année, un ouvrage intitulé : *Observations sur l'accord de la raison et de la religion, pour le rétablissement du divorce.* Il est resté depuis inconnu.

BOUDBERG (LE BARON DE), ministre russe, pourrait être confondu parmi le vulgaire des ministres, s'il n'avait pas attaché son nom à un acte diplomatique aussi important que funeste à son pays. Ce fut lui qui, en 1806, forma cette coalition avec la Prusse, que la paix de Tilsitt termina si glorieusement pour les armes françaises. Né en 1750, d'une famille distinguée de Courlande, il se fit remarquer, en 1786, dans la guerre contre les Turcs. Il devint l'une des personnes chargées de surveiller l'éducation des princes Alexandre et Constantin, sous la direction de leur gouverneur Nicolas de Soltikoff. Nommé ambassadeur en Suède, il vécut ensuite dans une retraite absolue, et n'en sortit que pour se charger du portefeuille des affaires étrangères. A la suite de la paix de Tilsitt, le baron de Boudberg se retira de nouveau dans ses terres.

BOUDET (N.), général de division, commandant de la légion-d'honneur, chevalier de l'ordre de Dannebrog, etc., naquit vers 1764, à Bordeaux, et non à Belley, comme le prétendent quelques biographes. Ayant pris le parti des armes, il dut son avancement à un courage porté quelquefois jusqu'à la témérité. Sorti de son régiment peu de temps avant la révolution, il fut choisi comme sous-officier instructeur d'un des bataillons envoyés de Bordeaux pour empêcher l'invasion espagnole. Après s'être distingué et être parvenu au grade de capitaine, il fut détaché, avec son bataillon, de l'armée des Pyrénées, commandée alors par le général Moncey, pour passer à la Vendée, afin de s'opposer aux premiers mouvements insurrectionnels. Arrivé à Rochefort, il reçut l'ordre de s'embarquer, et de faire partie de l'expédition destinée pour les îles du Vent, sous le commandement des commissaires Chrétien et Victor Hugues. En vue de la Guadeloupe, il apprit que cette île et toutes celles du Vent avaient été livrées aux Anglais depuis cinquante jours. Les reprendre ou s'ensevelir sous leurs ruines, fut le cri unanime d'une faible division composée de soldats ayant tous la même valeur. Aussi les colonies françaises et particulièrement celles du Vent, ont-elles été le théâtre d'un très-grand nombre d'actions héroïques presque inconnues en Europe. Parmi les braves qui s'y sont plus particulièrement distingués, on voit figurer le chef de bataillon Boudet. On le voit, sous les ordres de Victor Hugues, coopérer à la réussite de la descente et à la prise d'assaut du fort *Fleur-d'Épée*, où, avec 900 colons qui servaient sous leurs bannières, les Anglais s'étaient réfugiés après avoir été repoussés. Blessé au camp retranché de Saint-Jean, le chef de bataillon Boudet continua à se faire remarquer dans tous les combats qui eurent pour résultat la conquête de la Guadeloupe et celle d'un grand nombre des îles Sous-le-Vent. Après avoir passé par tous les grades, il fut nommé général par les commissaires Lebas et Victor Hugues. Une trop grande modestie lui fit refuser ce grade, récompense de sa valeur. Le commissaire Lebas, devenu agent particulier du directoire, lui en fit délivrer le brevet. De retour en France, il fut envoyé en Hollande, sous les ordres du général Brune, qui le chargea d'apporter au gouvernement la capitulation imposée à Alkmaër, le 26 vendémiaire an 8 (18 octobre 1799), à l'armée anglo-russe, qui fut forcée d'évacuer la Hollande, avec le duc d'York, son général en chef. De l'armée de Hollande, le général Boudet passa avec Bonaparte à celle d'Italie. Le 6 prairial an 8 (25 mai 1800), dans le combat de la Chiusella, il soutint, à la tête de sa division, l'avant-garde de l'armée de réserve. Commandant à Marengo une division de la réserve, sous les ordres du général

Desaix, il y est blessé, et ne prend pas moins de part à la victoire. En 1802, il partit pour Saint-Domingue, avec le général Leclerc: l'expérience et les connaissances qu'il avait acquises aux îles du Vent déterminèrent ce chef à lui confier le commandement et la conquête du Port-au-Prince. Il y débarqua le 5 février 1802, prit d'assaut le fort Biroton, battit une partie de l'armée de cette contrée, composée de 4000 noirs, et s'empara du fort Républicain. Le général Boudet revint en France, à la fin de 1802. Après avoir continué à servir dans les campagnes de 1805 et de 1806, il eut le commandement d'une division dans celle de 1809. Il fut le premier qui entra, le 20 mai, dans l'île d'Inder-Lobau. Le lendemain 21 et le 22, il se distingua à la bataille d'Essling. Un des officiers sous ses ordres s'étant laissé enlever deux des canons de sa division, il se met à la tête de quelques régimens, et, par une charge brillante, il parvient à les reprendre. Il contribua encore à la victoire de Wagram, le 6 juillet suivant, et mourut dans son cantonnement, au mois de septembre de la même année, épuisé par les fatigues de la guerre : il était âgé d'environ quarante-cinq ans.

BOUDET (ÉTIENNE, BARON), membre du corps législatif, est né à Laval, le 19 octobre 1761. Il fit plusieurs campagnes dans les armées de la république; en décembre 1804, il était colonel du 14me de chasseurs. Quoique d'honorables blessures le missent dans le cas d'aspirer au repos, il fit encore la guerre pendant quelque temps, et se retira ensuite dans son pays natal. En 1809, il remplissait les fonctions de maire de Laval, quand le sénat le choisit, cette année, pour représenter au corps-législatif le département de la Mayenne. M. Boudet, déjà membre de la légion-d'honneur, fut nommé par le roi chevalier de Saint-Louis. En 1815, il a fait partie de la chambre des représentans.

BOUDIN (J. A.) fut nommé, en septembre 1792, membre à la convention nationale par le département de l'Indre. Homme probe et désintéressé, il n'embrassa les principes de la révolution qu'avec beaucoup de modération. Cependant, par une extrême confiance dans ses idées plutôt que par le désir du mal, il fit quelquefois des motions cruelles. Dans le procès de Louis XVI, il vota la détention, le bannissement et le sursis. S'étant peu fait remarquer avant la chute de Robespierre, il garda même le silence jusqu'en novembre 1794; mais lors de la mise en accusation de Carrier, il voulut qu'on soumît à la convention les pièces relatives au terrible comité de Nantes, et demanda ensuite la mise en arrestation de tout prêtre qui se trouverait sur les lieux où éclateraient des troubles. Le 7 décembre il fit suspendre les décrets de mise hors la loi; et lorsqu'on s'occupa de l'examen des crimes des comités révolutionnaires, il se joignit à ceux qui proposèrent l'oubli des délits politiques : « Si vous ne vous arrêtez, » disait M. Boudin, la convention » nationale ne renfermera bientôt » plus que des accusés, des accu- » sateurs et des juges. Je conviens

» que des mesures atroces ont été » prises par les anciens comités, » et je m'accuse hautement de n'a- » voir pas su mourir pour m'y op- » poser ; cependant que celui qui » se croit exempt de tout reproche » politique se lève, et me jette la » première pierre. » On le vit aussi se prononcer fortement contre Maribon-Montaut, qu'il accusa d'avoir fait rejaillir sur les députés le sang des malheureux qu'on exécutait sur la place de la Révolution, en conduisant la convention au pied de l'échafaud. Le 3 juin, M. Boudin fut de nouveau élu au comité de sûreté générale ; il demanda que les assemblées électorales fussent chargées de la réduction du tiers des membres de la convention. Nommé, le 9 janvier 1796, membre du conseil des cinq-cents, il fit une motion révoltante contre les parens d'émigrés, et peu de temps après contre les prêtres réfractaires ; ensuite il demanda des mesures de rigueur pour forcer les réquisitionnaires à rejoindre les drapeaux. Le 30 août, voulant s'opposer à l'annulation du jugement qui condamnait M. Vaublanc à mort, comme vendémiairiste, M. Boudin s'écria qu'il était bien aisé d'être indulgens à ceux qui n'avaient pas été assiégés et canonnés le 13 vendémiaire. En février 1797, il donna sa démission. Ce fut le terme de sa carrière politique.

BOUDINHON (LE GÉNÉRAL), était, en 1806, chef d'escadron au 4me de hussards. Le 14 février 1807, il fut présenté à l'empereur en qualité de colonel d'un régiment de cavalerie, et devint bientôt général de brigade. En 1814, il présida le collége électoral du Cantal, et fit, en mai 1815, partie de la députation de ce département, chargée de présenter une adresse à Napoléon.

BOUÈRE (AMANT-MODESTE-GAZEAU, COMTE DE LA), général vendéen, anciennement page du duc d'Orléans, se trouvait en Poitou au mois de mars 1793. Alors le feu de la guerre civile s'allumait dans ces contrées, et M. de La Bouère fut l'un des premiers chefs que choisirent les insurgés. D'abord il fut nommé commandant de la paroisse de Jallais, et bientôt après chargé d'une partie des approvisionnemens de l'armée, puis du commandement du Château de la Forêt-sur-Sèvre. Il contribua à assurer la retraite de l'armée catholique, lors du siége d'Angers. Il combattit, en 1794, sous les ordres de Henri de La Rochejacquelein, et devint, après la mort de ce chef, membre du conseil que présidait Stoflet, général de l'armée d'Anjou. Nommé lieutenant-général, il se trouva encore à quelques affaires, et fut blessé à la Châteigneraie. En 1795 et 1796, on le chargea de diverses missions, dont une auprès de *Monsieur,* aujourd'hui Louis XVII, à Véronne. M. de La Bouère a été nommé receveur-général du département d'Eure-et-Loir depuis la restauration : récompense honnête des exploits de la guerre civile.

BOUESTARD (J. J.), exerçait la profession de médecin à Morlaix, où il fut nommé député du département du Finistère à l'assemblée législative. Pendant la discussion qui eut lieu, en 1792,

Bouflers.

relativement au comité autrichien, il proposa que les tribunes fussent invitées à ne manifester leur opinion par aucun signe. Il demanda que l'on prît des mesures sévères contre les prêtres fanatiques, et donna, pour exemple des maux que leurs prédications commençaient à produire, un crime atroce commis, dans son département, par un misérable qui venait d'assassiner sa femme, ses enfans et son beau-père, parce qu'ils assistaient aux instructions des prêtres soumis aux lois. Ce fut sur sa demande que les séances des corps administratifs devinrent publiques.

BOUFFEY (Louis-Dominique-Amable), membre du corps-législatif, était, avant la révolution, médecin de *Monsieur,* frère du roi. Il était, en 1808, sous-préfet à Argenton, lorsqu'il fut nommé député par le département de l'Orne. Il combattit, le 3 octobre 1814, le projet de loi sur l'importation des fers étrangers. Il a publié plusieurs ouvrages, savoir : 1° *Mémoire qui a remporté le prix au jugement de l'académie de Nanci, sur la question suivante: Assigner dans les circonstances présentes quelles sont les causes qui pourraient engendrer des maladies; déterminer quel sera le caractère de ces maladies à l'époque où le vent du midi et celui du couchant nous ramèneront un temps pluvieux et moins froid; indiquer les moyens préservatifs de ces maladies,* 1789, in-8°. 2° *Essai sur les fièvres intermittentes, l'action et l'usage des fébrifuges, et surtout du quinquina,* 1798, in-8°; 3° *Recherches sur l'influence de l'air dans le développement, le caractère et le traitement des maladies,* 1799 et 1813, 2 vol. in-8°.

BOUFFLERS (Stanislas, marquis de), plus connu sous le titre qu'il avait porté long-temps de chevalier de Boufflers. Il naquit à Lunéville en 1737; sa mère était la célèbre marquise de Boufflers, dont l'esprit et l'amabilité contribuèrent beaucoup à rendre la cour de Stanislas l'une des plus agréables de l'Europe. Il eut pour instituteur l'abbé Porquet, homme instruit, qu'il a aimé et raillé toute sa vie. Il fut grand-bailli de Nancy et membre de l'académie française. On l'avait destiné à l'état ecclésiastique, et sa naissance l'appelait à en remplir les plus hautes dignités; une loyauté assez rare alors lui fit déclarer que son penchant pour les plaisirs s'accorderait mal avec les devoirs de cette profession. Il refusa donc d'entrer dans les ordres; mais en sa qualité de chevalier de Malthe, il posséda un bénéfice qui lui donnait le droit bizarre d'assister à l'office en surplis et en uniforme, et lui permit d'être à la fois prieur et capitaine de hussards. Cette double condition s'accordait merveilleusement avec son goût pour les voyages et les aventures. C'est en qualité de capitaine de hussards que le neveu du prince de Beauveau fit la campagne de Hanovre. Bientôt le maréchal de Castries le fit nommer gouverneur du Sénégal et de Gorée. Son administration fut signalée par des institutions utiles et bienfaisantes. Il ne resta que peu de temps au-delà du tropique. Revenu en France, il s'attacha de nouveau à cette littérature d'agrément, dans laquelle il s'était fait remarquer de très-bonne heure, et il y conserva quelque chose des grâces de sa mère. Il sut y réunir les nuances ingénieuses et faciles d'une gaieté quelquefois un peu libre, mais toujours séduisante. Recherché de la ville et de la cour, et désiré dans les autres capitales, il consuma sa jeunesse dans l'insouciance ou dans les fêtes, au milieu des jolies femmes et des beaux-esprits. Lorsque l'année 1789 vint interrompre une vie si douce, sa réputation le fit appeler aux états-généraux; mais une tribune politique supposait un genre de connaissances dont il s'était peu occupé, ou des moyens oratoires dont la nature lui avait refusé l'énergie. Sa modération du moins l'y fit estimer; il avait trop d'esprit, et il désirait trop le bien général, pour ne contribuer en aucune manière aux travaux de l'assemblée, et pour ne pas appuyer toutes les idées généreuses. Il s'opposa au projet de surveiller les correspondances. En 1790, il parla sur le traitement des évêques, et il fonda, conjointement avec Malouet, le club dit des impartiaux. Dès le commencement de la révolution, il avait sauvé la vie à deux hussards poursuivis par le peuple. C'est lui qui, en 1791, fit rendre le décret qui assure aux inventeurs la propriété de leurs découvertes, et leur accorde un brevet. On lui en doit un autre sur l'encouragement destiné aux arts utiles. Après le 10 août 1792, il s'éloigna de sa patrie. La bienveillance du prince Henri de Prusse, qui l'avait fait recevoir de l'académie de Berlin, lui parut ensuite un peu capricieuse; mais il n'eut qu'à se louer de Frédéric-Guillaume, qui fut à son égard généreux avec délicatesse. Il en obtint dans la Pologne prussienne une concession étendue où devait s'établir une colonie de Français émigrés; la mobilité des événemens empêcha l'exécution de ce projet. Le chevalier de Boufflers épousa Mme de Sabran, qui pouvait sans crainte hériter en quelque sorte du nom de l'ancienne marquise de Boufflers, et il rentra en France au printemps de 1800. Bientôt il reprit ses occupations littéraires; mais il écrivit d'abord sur des objets plus sérieux, ce qui contribua sans doute à faire dire qu'il avait rapporté quelque chose du froid génie de la Sprée ou de la Vistule. Il ne tarda pas à publier le *Libre Arbitre* : c'est un titre qui rappelle trop les disputes de l'école; de certains critiques ont tiré un grand parti de ce choix malencontreux. Ils avaient décidé que la métaphysique, qu'on ne pourrait même exclure des beaux-arts, devait être bannie de la France : aussi ont-ils montré, en parlant de cette science, qu'elle leur était étrangère. Ils ont poussé même l'assurance jusqu'à prétendre que notre liberté morale est une loi naturelle, extrêmement simple, une vérité qu'on aperçoit clairement; cette découverte n'a pas eu grand succès. Le chevalier de Boufflers avait bien senti les difficultés de la question; sans prétendre les résoudre, quelquefois il les éclaircit, et il est plutôt dans son livre le rapporteur que le juge de ce grand procès. Mais il a su joindre aux réflexions neuves et utiles que put lui fournir un sujet si grave, plusieurs définitions remarquables, des traits heureux et quelques pages éloquentes, auxquelles on aurait pardonné sans doute, si l'on n'eût pas eu à reprocher à l'auteur une philosophie trop libérale. On convient toutefois qu'il sut retrouver l'imagination, la facilité de sa brillante jeunesse dans des contes et dans divers morceaux fort ingénieux, mais dont la concision n'est pas le mérite le plus frappant. Il avait été admis à l'institut en 1804. C'est en 1805 qu'il y prononça l'éloge du maréchal de Beauveau, pièce véritablement remarquable dans ce genre, pièce abondante en traits d'esprit, de philosophie et de sentiment. L'éloge de l'abbé Barthélemy, qu'il prononça l'année d'après, n'obtint pas autant de succès, par cela même qu'il n'y avait que de l'esprit, et qu'il y en avait trop. On cite comme un exemple de cette recherche, qui est le défaut de son talent, ce petit madrigal de circonstance; il rencontra, chez la princesse Élisa, Jérome Bonaparte, revenant d'une croisière dans la Méditerranée; il écrivit :

Sur le front couronné de ce jeune vainqueur
J'admire ce qu'ont fait deux ou trois ans de guerre;
Je l'avais vu partir, ressemblant à sa sœur,
Je le vois revenir, ressemblant à son frère.

Il y a dans ces vers un peu d'adulation; mais enfin beaucoup d'hommes attachés à l'ancienne cour se décidaient alors, sinon à dire des choses aussi jolies, du moins à en répéter d'aussi flatteuses. Le chevalier de Boufflers ne connaissait point de passions haineuses; peut-être ne remarquait-on pas une grande fermeté dans ses habitudes personnelles, mais il conservait à l'égard des autres la plus sincère indulgence. Cette même bonté, qui l'empêchait d'être extrême en aucune chose, donna l'idée d'une sorte de portrait dont il n'eût pas pris la peine de conserver du ressentiment : *Abbé libertin, militaire philosophe, diplomate chansonnier, émigré patriote, républicain courtisan.* Il existe une collection de ses œuvres, 8 vol. in-12, Paris, 1815. Si on en retranchait quelques parties, la réputation littéraire de l'auteur ne pourrait qu'y gagner. Sedaine avait fait, sur le joli conte d'*Aline, reine de Golconde*, un opéra que soutenait la musique de Monsigny, et qu'on a remplacé au théâtre par celui de MM. Vial et Favières, musique de M. Berton. La correspondance du chevalier de Boufflers, datée de Genève et de Ferney, pourrait seule donner une idée du caractère de l'auteur; elle contient de plus des détails sur Voltaire, qui l'aima beaucoup, et sur d'autres personnages qui étaient réunis alors chez l'illustre vieillard. Lorsqu'en 1813, on mit à Vincennes, par ordre de l'empereur, le comte de Sabran, que le chevalier de Boufflers regardait comme son fils adoptif, et dont il chérissait l'esprit distingué, il était dans l'âge où de fortes secousses ne sont pas sans danger. Il mourut le 18 janvier 1815 : il repose auprès de l'abbé Delille;

on a écrit sur la colonne qui porte son nom, ce mot qui est réellement de lui, et qui rappelle si bien l'aménité de ses mœurs et le calme de sa pensée : *Mes amis, croyez que je dors.*

BOUGAINVILLE (Louis-Antoine de), sénateur, comte de l'empire. Il était fils d'un notaire de Paris. Il naquit le 11 novembre 1729. Déjà fort instruit dans les sciences exactes et les langues anciennes, il quitta ses études à l'âge de 22 ans, et moins par goût que par condescendance pour sa famille, il se livrait avec un succès rapide au travail assidu que demande le barreau; mais reçu avocat au parlement de Paris dès l'année suivante, il se fit inscrire aussitôt dans les rangs des mousquetaires noirs. Cette dernière profession avait plus d'analogie avec la carrière dans laquelle il devait s'illustrer. Quinze jours après sa réception, il publia la première partie du *Traité du calcul intégral pour servir de suite à l'analyse des infiniment petits du marquis de l'Hôpital,* 2 vol. in-4°, Paris, 1752. Après avoir été aide-major dans le bataillon provincial de Picardie, et aide-de-camp du fameux Chevert, auprès de Sarre-Louis, en 1754, il fut envoyé à Londres, l'hiver suivant, en qualité de secrétaire d'ambassade; il y resta peu de temps, mais il y fut admis à la société royale. Ayant repris, en 1755, les fonctions d'aide-de-camp, déjà il avait suivi Chevert aux camps de Richemont et de Metz, lorsqu'il fut envoyé au Canada comme capitaine de dragons et aide-de-camp du marquis de Montcalm. Il partit de Brést le 27 mars 1756. Vers la fin de cette année, on lui confia un corps d'élite, avec lequel, après une marche forcée de soixante lieues, à travers des neiges épaisses et des bois presque impénétrables, il brûla, au fond du lac du Saint-Sacrement, plusieurs navires anglais, sous le feu des batteries d'un fort. Sa belle conduite, dans cette occasion difficile, fut récompensée par le grade de maréchal-de-logis du principal corps de l'armée. Le 6 juin 1758, une division était vivement harcelée par 24,000 Anglais, et les Français n'étaient que 5,000. Le jeune Bougainville voulut attendre l'ennemi; en un seul jour, il fortifia un camp dans lequel il se défendit pendant douze heures. Quoiqu'il eût reçu un coup de feu à la tête, il ne cessa point de se montrer successivement aux postes les plus périlleux; son exemple encouragea tellement sa troupe, qu'enfin l'ennemi se retira avec une perte qu'on porta à 6,000 hommes. Cependant Montcalm, reconnaissant l'impossibilité de se maintenir dans le Canada s'il ne recevait point de renforts, envoya à Paris son aide-de-camp. Cette mission était difficile; les revers éprouvés par la France en Europe avaient mal disposé le premier ministre, M. de Choiseul, qui même lui dit assez brusquement : « Lorsque le feu est à » la maison, on ne s'occupe guè- » re des écuries. » — « Au moins, » monsieur, répondit Bougainvil- » le, on ne dira pas que vous par- » lez comme un cheval. » Cette repartie ne devait pas lui rendre le

ministre plus favorable, mais Mme de Pompadour l'apaisa. Bougainville fut présenté au roi, qui le nomma colonel à la suite du régiment de Rouergue, et le fit chevalier de Saint-Louis, bien qu'il n'eût encore que sept ans de service. De retour au Canada, au commencement de 1759, il eut aussitôt le commandement des grenadiers et volontaires qui devaient protéger la retraite de l'armée vers Québec. Il justifia de nouveau la confiance qu'on avait en lui; mais la mort de Montcalm, dans la funeste journée du 10 septembre, ayant décidé la perte de la colonie, il repassa définitivement en France. Bougainville donna plus près de sa patrie des preuves nouvelles de cette valeur qui lui avait fait un nom dans l'Amérique. Aide-de-camp de M. de Choiseul-Stainville, en 1761, il se distingua si particulièrement au-delà du Rhin, que le roi, voulant aussi reconnaître ses services d'une manière peu commune, lui accorda deux pièces de canon de quatre livres de balle : elles furent placées dans une terre que Bougainville avait en Normandie. La continuation de la guerre eût mis sans doute un officier aussi habile et aussi valeureux au nombre des premiers capitaines; mais la paix conclue à cette époque changea sa destinée : il n'eût été que l'émule des meilleurs généraux de la France; il fut un des plus célèbres navigateurs des temps modernes. Les loisirs de la paix ne convenaient pas à l'activité de son esprit; il lui fallait des occupations hasardeuses et de grandes espérances; il ne délibéra pas long-temps. Il avait connu au Canada quelques-uns de ces armateurs de Saint-Malo, distingués de temps immémorial par l'audace de leurs entreprises : il leur persuada de fonder un établissement aux îles Malouines, que les Anglais nommaient îles Falkland, et qu'ils prétendaient avoir découvertes cent soixante-dix ans auparavant. Les avantages qu'aurait offerts le vaste bassin du fleuve Saint-Laurent ne pouvaient se retrouver entièrement dans ces petites îles situées à l'autre extrémité du Nouveau-Monde, sous un ciel plus rigoureux encore, et surtout plus triste. Quoi qu'il en soit, Bougainville ayant obtenu l'autorisation du ministère et le titre de capitaine de vaisseau, partit pour les mers australes, avec sa petite flotte, en 1763. Mais l'Espagne ne consentit pas à céder ses prétentions sur ce point imperceptible dans ses régions coloniales : ni la France, ni l'Angleterre, qui songeait aussi à y former un établissement, ne voulurent rompre avec l'Espagne pour un si faible intérêt. Bougainville fut obligé d'abandonner son entreprise, sous cette condition que la cour de Madrid l'indemniserait de ses frais. Le 15 novembre 1766, il partit de Saint-Malo pour remettre les îles au gouvernement espagnol; ses bâtimens étaient la frégate la *Boudeuse*, et la flûte l'*Étoile*. Cette mission remplie, il passa outre, et commençant le tour du globe, il relâcha d'abord à Monte-Video : c'était à l'époque de l'expulsion de ces jésuites pieusement ambitieux, qui s'étaient mis à fonder pour la compagnie un empire qui, des confins du Chili, s'étendait jusqu'aux frontières du Brésil; on trouve à cet égard, dans le premier volume de la relation de Bougainville, des détails utiles à connaître. Revenant au sud, il entra dans l'océan Pacifique par le redoutable détroit de Magellan; il surmonta, dans son passage, de grandes difficultés, mais enfin il introduisit, dans cette partie de la mer du Sud, le pavillon français qui n'y avait pas été vu avant lui. Après avoir reconnu vers le dix-huitième degré de latitude méridionale des îles assez peu importantes qu'il nomma *l'Archipel dangereux*, et qui ont aussi été visitées par Cook, après s'être arrêté à O-Taïti, il poursuivit ses recherches, en naviguant toujours vers l'Ouest. Depuis long-temps les Espagnols avaient quelque connaissance des îles de la Société, dont la plus grande est cette terre fameuse d'O-Taïti; mais Bougainville découvrit ensuite l'archipel des Navigateurs, qui, d'après les observations plus récentes de La Pérouse, doit être le plus important des groupes du second ordre que renferment ces mers, au sud de la ligne. Il nomma *grandes Cyclades* d'autres îles plus occidentales que Cook, en 1774, nomma *Nouvelles-Hébrides*, que l'espagnol Quiros avait déjà vues en 1606. Bougainville se proposait d'aborder dans la Nouvelle-Hollande, en suivant ce parallèle, mais il n'en connaissait pas bien les côtes orientales qui n'ont été visitées avec soin qu'en 1770; il en était encore à plus de cent lieues, lorsqu'un écueil, puis un récif très-étendu, quarante-cinq lieues plus loin, le décidèrent à se diriger vers l'équateur. Le manque de vivres l'empêcha heureusement de s'engager dans une suite d'écueils le long de la côte septentrionale de la Nouvelle-Hollande; le capitaine Cook y éprouva de sérieuses inquiétudes, et depuis cette époque, plusieurs frégates anglaises y ont péri: ce changement de route eut aussi pour Bougainville l'avantage de lui faire apercevoir une terre nouvelle qu'il nomma *Louisiade*. Après une navigation contrariée par les vents, il doubla le cap qu'il appela à juste titre *de La Délivrance;* il passa, plus au nord, le détroit auquel il a laissé son nom, et alla faire des vivres comme il put au port Praslin, dans la Nouvelle-Bretagne. Prenant ensuite au nord de la Nouvelle-Guinée, il découvrit un certain nombre d'îles, et traversant l'archipel des Moluques, il relâcha dans l'île Boéro, ou Burro : là finirent ses travaux. Peu de temps après, il était à Batavia, d'où il fit voile pour la France; il débarqua le 14 mars 1769 à Saint-Malo. Deux ans après avoir terminé ce voyage, Bougainville en publia la relation, in-4°, Paris, 1771; en deux volumes avec fig., 1772, sous le titre de *Voyage autour du monde par la frégate du roi la Boudeuse*, etc., pendant les années 1766, 1767, 1768 et 1769. Le troisième volume qu'on a joint à l'édition de 1772, ne contient qu'un récit de la marche de *l'Endeavour* dans les mêmes parages. Cook n'y passa qu'après Bougainville, *l'Endeavour* n'étant parti de Plymouth que le 25 août 1768. Avant cette époque, plusieurs navigateurs avaient fait le tour du globe, depuis le Portugais Magellan qui le premier eut cette gloire en 1519. Des treize, ou, si l'on veut, des seize voyages de ce genre avant celui de Bougainville, six seulement avaient été entrepris dans le dessein de faire des découvertes. Gonneville avait vu le premier les terres australes, mais il n'avait pas achevé le circuit du globe; les Français n'avaient pas encore suivi en cela les Portugais, les Anglais, les Hollandais. Bougainville enfin ne laissa au-dessus de lui que Magellan peut-être, et il contribua beaucoup plus aux progrès de la science que n'avait pu faire l'amiral Anson. L'intrépidité, la persévérance de son équipage dans les momens les plus pénibles, lui a fait observer que la nation française était capable de vaincre les plus grandes difficultés, et que rien ne lui serait impossible toutes les fois qu'elle voudrait se croire l'égale au moins de quelque nation que ce fût au monde. J. B. Forster a traduit en anglais le voyage de Bougainville, in-4°, Londres, 1772. Il en existe un abrégé allemand, petit in-8°, Leipsick, 1772. Le mérite du narrateur est presque aussi remarquable que celui du navigateur lui-même. On voit partout dans son récit des preuves de cette rectitude d'esprit, de cette bonté, de cette brillante intrépidité qui le distinguèrent. C'est dans le second volume que l'on trouve la peinture aussi vraie qu'attachante de la vie insulaire sous un beau ciel. Avant que le vieux amant d'*Atala* amusât de ses contes les esprits romanesques, l'Europe avait vu un tableau d'un tout autre intérêt, celui des mœurs voluptueuses et antiques pour ainsi dire, mais imparfaites ou même disparates, d'O-Taïti, une des plus douces demeures équatoriales. On a aussi remarqué beaucoup de justesse dans les observations nautiques de ce voyage, et les cartes que Bougainville a dressées sur les lieux mêmes ne sont pas inutiles, bien que l'usage des montres marines et d'autres procédés nouveaux aient fait obtenir dans les derniers temps une exactitude plus scrupuleuse. Dans le dessein d'améliorer la civilisation déjà si intéressante de l'île d'O-Taïti, Bougainville avait amené en Europe un de ces demi-sauvages, que son intelligence aurait pu rendre très-utile à ses compatriotes; mais en retournant vers la mer du Sud, il mourut de la petite-vérole, à Madagascar. Dans toutes les occasions, l'humanité de Bougainville mérita autant d'éloges que ses talens et l'étendue de ses connaissances; il prenait tant de soin des hommes de son équipage qu'il n'en perdit que sept dans une navigation de onze ou douze mille lieues, et il avait traité les Indiens avec tant de ménagement et de bienveillance, que trente ans après son séjour à Bouron, d'autres Européens virent des vieillards du pays verser des larmes en entendant prononcer son nom. Durant la guerre d'Amérique, Bougainville commanda avec distinction plusieurs vaisseaux de ligne, entre autres l'*Au-*

guste, dans l'armée du comte de Grasse. Avec ce bâtiment, il soutint, le 29 avril 1781, un brillant combat contre l'amiral anglais Hood, vis-à-vis le fort royal de la Martinique. Il se trouva à la prise des îles de Tabago et de St-Christophe, et prit part aux combats des 5 septembre 1781; 25, 26 janvier, 9 et 12 avril 1782. Il fut promu ensuite au grade de chef d'escadre, et plus tard il passa dans les armées de terre avec le titre de maréchal-de-camp. Il eût préféré faire des découvertes au Nord, et s'approcher du pôle; mais le comte de Brienne, qui devint ministre à cette époque, ne trouva point de fonds pour un projet qu'il semblait regarder comme le caprice d'un marin curieux de courir encore les mers. « Pen- » sez-vous que ce soit pour moi » une abbaye? lui dit Bougainville » avec une juste fierté. » La société royale de Londres, informée des obstacles qui arrêtaient son illustre membre, le pria de lui envoyer son travail sur ce sujet; elle le reçut des mains de l'astronome Cassini, qui eût été du voyage. Lord Mulgrave, alors capitaine Phipps, se dirigea d'après ses notes; mais en choisissant la route que Bougainville avait regardée comme la moins bonne de celles qu'il indiquait, il ne put passer le quatre-vingtième degré. Cependant le voyageur français prétendait qu'on irait beaucoup plus loin, et peut-être au pôle même, en accordant une prime aux bâtimens baleiniers. Après quarante années d'un service si honorable, Bougainville se retira pour ne plus s'occuper que des sciences; il venait d'éprouver à Brest le chagrin de ne pouvoir rétablir la discipline dans l'armée navale qui s'était révoltée contre Albert de Rioms, en 1790. C'est en 1796 qu'il entra à l'institut; bientôt après il fit partie du bureau des longitudes. Dès la création du sénat-conservateur, il y fut placé par Napoléon. Il avait été passionné dans sa jeunesse pour les plaisirs; il eut la faiblesse d'en reprendre l'habitude dans un âge déjà avancé. Cependant il conserva les facultés de son esprit, et sa bonne humeur jusqu'au dernier moment. Après dix jours d'une forte maladie, dans sa 82me année, il mourut le 31 août 1811, laissant au service trois fils qu'il avait eus de sa première femme, l'une des personnes les plus aimables de son temps, Mlle de Montendre. On a faussement attribué à Bougainville un écrit dont l'auteur est Taitbout, et qui a pour titre *Essai sur l'île d'O-Taiti,* in-8°, 1779.

BOUGE (N. DE), géographe belge, a publié à Bruxelles des cartes dont l'exactitude et la netteté sont remarquables. On fait un cas particulier de celles qui sont relatives au théâtre de la guerre, entre les Autrichiens et les insurgés brabançons d'abord, et depuis, entre les armées autrichiennes et françaises; ces cartes sont très-recherchées.

BOUGON (N), procureur-général syndic du département du Calvados, à l'époque du 31 mai 1793, avait successivement rempli diverses fonctions publiques avant d'arriver à celles de procureur-général. Ses liaisons avec

Le Général de Bouillé

Buzot firent qu'il se prononça fortement en faveur du parti de la Gironde, et qu'il prit, pour le soutenir, la part la plus active à l'insurrection du Calvados. Après la défaite de l'armée que ce département faisait marcher sur Paris, Bougon, mis hors la loi par la convention nationale, se réfugia en Bretagne auprès de Puisaye, et fit, avec l'armée vendéenne, partie de l'expédition d'outre Loire. Pris avec le prince de Talmont, après la bataille du Mans, il fut conduit à Laval, et fusillé par ordre du représentant du peuple Esnu-Lavallée.

BOUILLÉ (François-Claude-Amour, marquis de), général en chef de l'armée de Meuse, Sarre-et-Moselle, naquit le 19 novembre 1739, au château du Cluzel, en Auvergne. Sa famille, originaire du Maine, s'était établie en Auvergne, depuis le commencement du 12ᵐᵉ siècle. Ayant perdu sa mère presqu'en naissant, et son père lorsqu'il avait à peine atteint l'âge de 8 ans, il demeura sous la tutelle de son oncle Nicolas de Bouillé, doyen des comtes de Lyon, premier aumônier du roi (Louis XV), évêque d'Autun, et conseiller-d'état, qui le fit élever à Paris au collége Louis-le-Grand, dirigé alors par les jésuites. Il entra dans la carrière des armes à l'âge de 14 ans; et après avoir servi dans le régiment de Rohan-Rochefort et dans les mousquetaires noirs, il obtint à l'âge de 16 ans une compagnie dans le régiment de dragons de la Ferronnays, avec lequel il rejoignit l'armée en Allemagne en 1758, et fit la guerre de *sept ans*. Cette guerre si peu heureuse pour les armes françaises, lui fournit cependant de nombreuses occasions de se distinguer. A la prise de Rhinfeld, (en 1758), il commandait l'avant-garde des dragons, et entra l'un des premiers dans cette ville. Il se distingua particulièrement à la bataille de Berghen, le 13 avril 1759; à Wildemgen, dans l'hiver de 1760; à Langen-Salza, en février 1761. Mais ce fut au combat de Grumberg, le 22 mars 1761, que M. de Bouillé se signala plus particulièrement. A la tête de l'avant-garde de dragons sous ses ordres, il perça et culbuta une colonne ennemie de plusieurs mille hommes aux ordres du prince héréditaire, depuis duc de Brunswick, enleva 11 pièces de canon et dix-neuf drapeaux ou étendards, et força l'ennemi à abandonner tous les avantages qu'il avait eus jusque-là. Cet exploit lui valut l'honneur de porter au roi les drapeaux pris dans cette journée; et Louis XV, qui le combla d'éloges, en lui accordant le brevet de colonel, lui promit le premier régiment vacant. De retour à l'armée, il y servit comme colonel sans quitter le régiment de la Ferronnays, et commanda en cette qualité les avant-gardes. A la tête de 500 hommes, il attaqua l'arrière-garde du général Luckner, près d'Eimbeck, la culbuta, et entra de vive-force dans cette ville, où il fit beaucoup de prisonniers. A Quedlimbourg, le 15 novembre 1761, il fut blessé d'un coup de sabre sur la tête, et renversé de son cheval en chargeant l'ennemi; les escadrons qui devaient le soutenir l'ayant abandonné, il fut fait prisonnier. Échangé peu de mois après, il obtint le régiment d'infanterie de Vastan, dont le colonel venait d'être tué au siège de Brunswick. Ce régiment prit le nom de Bouillé et le conserva jusqu'à la paix, où il eut celui de Vexin. En 1768, M. de Bouillé fut nommé gouverneur de la Guadeloupe, où son régiment fut envoyé en garnison, et il administra cette colonie, jusqu'en 1771. Il y montra tant de prudence, que lorsque la guerre qui s'annonçait entre la France et l'Angleterre, vint donner une plus grande importance au gouvernement des Antilles, et exigea qu'il fût confié à un homme dont les talens les garantiraient du sort qu'elles avaient eu dans les guerres précédentes, M. de Bouillé fut nommé, en 1777, gouverneur-général de la Martinique et de Sainte-Lucie, avec des pouvoirs pour prendre le commandement de toutes les autres îles du Vent, dès que les hostilités commenceraient. Il fut fait en même temps maréchal-de-camp. La guerre d'Amérique ayant éclaté, M. de Bouillé occupa, dès le 7 septembre de la même année, la Dominique, à laquelle sa position entre la Martinique et la Guadeloupe donnait une grande importance. Les Anglais se préparaient à y envoyer des renforts considérables, et en les attendant, ils y élevaient des batteries, et fortifiaient les hauteurs pour en faire un poste inexpugnable, quand M. de Bouillé les prévint, et s'en empara. Le jour de la pleine lune de septembre, jour que les marins regardent comme l'un de ceux où la mer est la plus dangereuse, il s'empara de cette colonie, fit prisonnière la garnison forte de 500 hommes, et se rendit maître de 164 pièces de canon et de 24 mortiers. La même année, il fut employé sous le comte d'Estaing à l'affaire de Sainte-Lucie; et après le mauvais succès de cette attaque, il rallia et sauva les débris de l'armée, imprudemment engagée, et ensuite abandonnée par ce général. Celui-ci, après avoir réparé cet échec par la prise de la Grenade, quitta les Antilles le 20 juillet 1779. Jaloux de la réputation de M. de Bouillé, il lui enleva la plus grande partie de ses troupes, ainsi que tout l'argent et les munitions qui se trouvaient à la Martinique, sans lui laisser un seul bâtiment qui pût protéger les îles françaises. Ainsi dénué de moyens de défense, M. de Bouillé n'avait que son courage et ses talens. Cependant l'ennemi n'osa rien entreprendre contre lui, jusqu'au moment où l'arrivée d'une escadre, commandée par le comte de Guichen, le tira de cette position critique. Aussitôt il reprit l'offensive, et inquiéta l'ennemi par plusieurs tentatives, dont le succès eût été assuré, si ses opérations n'eussent été subordonnées à celles de mer. Le résultat ne seconda pas toujours son activité. Mais un trait de bienfaisance vaut bien la prise d'une forteresse, et le fait suivant l'honore autant que le plus noble exploit militaire. Le 12 octobre 1780, deux frégates anglaises, qui croisaient devant la Martinique, ayant échoué sur les côtes, M. de Bouillé s'empressa de recueillir les débris de leurs équipages, fit vêtir les naufragés, leur distribua de l'argent, et les renvoya à l'amiral anglais, en lui mandant qu'il ne pouvait regarder comme prisonniers de guerre des malheureux que la tempête lui avait livrés sans armes. M. de Grasse étant arrivé à la Martinique le 5 mai 1781, avec une forte escadre et des renforts considérables, mais ne devant y séjourner avec ses vaisseaux que très-peu de temps pour se porter de là vers l'Amérique septentrionale, M. de Bonillé, impatient de reprendre l'offensive, jugea que la prise de Tabago à la vue d'une escadre aussi forte que la nôtre, était tout ce qu'un si court délai lui permettait de faire. Après avoir embarqué 4,000 hommes sur la flotte, et trompé l'ennemi par une fausse attaque contre Sainte-Lucie, il se dirigea sur Tabago, où il débarqua le 30 mai, enleva le morne Concorde; et ayant réuni à lui les troupes qu'il avait détachées sous M. de Blanchelande, et qui s'étaient déjà emparées du fort Scarborough, il se mit à la poursuite des ennemis qui se retiraient dans l'intérieur de l'île, où ils furent bientôt atteints, et forcés, le 2 juin, de capituler en mettant bas les armes et déposant leurs drapeaux. Cette garnison était forte de 900 hommes, auxquels s'étaient joints un grand nombre de nègres armés. On prit dans les forts 59 pièces de canon. Cette île resta à la France par le traité de paix de 1783. Après la prise de Tabago, M. de Grasse étant parti le 5 juillet de la Martinique avec sa flotte, M. de Bouillé resta chargé de la défense des Antilles avec une armée de 10,000 hommes, 3 frégates et quelques corvettes. Attentif à observer celles des possessions ennemies qui étaient le plus à portée de ses attaques, les colonies hollandaises, récemment envahies par les Anglais, fixèrent son attention, et il résolut de profiter de la sécurité du gouverneur de Saint-Eustache. Il embarqua dans le plus grand secret, le 15 novembre, à la Martinique, 1,200 hommes sur 3 frégates, 1 corvette et quelques bateaux armés, et arriva le 25 devant Saint-Eustache, après une navigation difficile. Le débarquement devait se faire dans la nuit même : on y travaillait avec ardeur, lorsque plusieurs chaloupes, au nombre desquelles était celle du marquis de Bouillé, chavirèrent et se brisèrent contre les rochers; le 26, à la pointe du jour, il n'y avait pas 400 hommes à terre, et l'on avait perdu tout espoir de faire débarquer le reste des troupes. La retraite était impossible. M. de Bouillé attaqua l'ennemi. La colonne française étant arrivée à six heures du matin devant les casernes où la garnison anglaise faisait l'exercice; celle-ci, trompée par l'uniforme des chasseurs irlandais de Dillon, qui formaient l'avant-garde, fut complétement surprise, et le général Cockburn, gouverneur de l'île, fait prisonnier; en même temps, le reste des troupes marchait sur le fort où la garnison se précipitait en désordre. Les Français y entrèrent avec elle en levant le pont après eux, et la forcèrent à mettre bas les armes. La perte des ennemis fut considérable, et la nôtre à peu près nulle.

La garnison anglaise, forte de 700 hommes, se rendit à 400 Français, qui suffirent à M. de Bouillé pour enlever cette île importante que l'amiral Robney avait prise l'année précédente, étant en pleine paix avec les Hollandais, à la tête de 4,000 hommes et de 13 vaisseaux de ligne. Avec la garnison, on prit encore 68 pièces de canon, 4 drapeaux et 6 bâtimens marchands. Peu de jours après les îles de Saba et Saint-Martin furent également conquises. La gloire de ce brillant fait d'armes, dont l'audace et le succès jetèrent l'épouvante dans les possessions ennemies, fut encore rehaussée par la générosité et le désintéressement de M. de Bouillé envers les Hollandais, auxquels il restitua 2 millions que l'amiral Rodney leur avait pris, et qui pouvaient être considérés comme le fruit de la victoire, et envers le gouverneur anglais Cockburn, à qui il rendit 274,000 fr., réclamés par lui. Pendant cette expédition, M. de Grasse était revenu à la Martinique avec 30 vaisseaux de ligne et de nouvelles troupes. M. de Bouillé, profitant de ce renfort, résolut, de concert avec l'amiral français, d'aller attaquer l'île de Saint-Christophe. Ayant en conséquence embarqué, le 5 janvier 1782, 6,000 hommes sur la flotte, il arriva le 11 devant cette ville, où il fit aussitôt débarquer ses troupes; dès le 13, il investit la forteresse de Brimston-hill, regardée alors comme imprenable, appelée le *Gibraltar* des Antilles, et où, à son approche, les Anglais s'étaient retirés au nombre de 1,500 hommes. Il en forma le siége le 17. A peine les opérations contre la place étaient-elles commencées, que l'amiral Hood, qui était arrivé avec 20 vaisseaux de ligne et quelques troupes de débarquement, parvint à enlever à M. de Grasse son mouillage et à couper ainsi toute communication entre la flotte et l'armée française. Dans cette situation, M. de Bouillé n'avait de ressource que dans le succès qu'il ne pouvait plus devoir qu'à lui seul. Le 28, l'ennemi voulant profiter de la position difficile où l'armée française se trouvait, fit un débarquement dans l'espoir de lui faire lever le siége et de la réduire à discrétion, tandis qu'il tentait de jeter sur un autre point des secours dans la place : il échoua dans ces deux tentatives. M. de Bouillé continua avec vigueur le siége, à la vue de la flotte anglaise, et la place fut obligée de capituler le 12 février, après vingt-huit jours de tranchée ouverte. La garnison, forte de 1,100 hommes, fut faite prisonnière de guerre, et l'on prit 173 pièces de canon : l'île de Nièves ou Névis subit le même sort, et fut comprise dans la capitulation de Saint-Christophe, le 22 février; celle de Montserrat fut également prise. En récompense de ces services éclatans, M. de Bouillé fut nommé lieutenant-général. Les cours de France et d'Espagne ayant résolu d'attaquer la Jamaïque, chargèrent M. de Bouillé du commandement des troupes de terre destinées à cette expédition; il embarqua, en conséquence, à la fin de mars 1782, sur la flotte de M. de Grasse, 10,000 hommes qui devaient se réunir, à Saint-Domingue, à un égal nombre de troupes espagnoles et à l'escadre de cette nation. Mais M. de Bouillé avait conçu un plan plus vaste qu'il avait fait adopter à M. de Grasse et à M. de Galvez, général espagnol : c'était de réunir, en évitant tout combat avec les Anglais dans ces parages, les forces de terre et de mer à Saint-Domingue, d'y embarquer les 20,000 hommes de troupes, tant espagnoles que françaises, sur les 47 vaisseaux des deux nations qui devaient composer l'armée navale, et de faire voile vers l'Angleterre pour aller attaquer Plymouth et y faire un débarquement : la trop déplorable journée du 12 avril renversa ce projet. M. de Bouillé se rendit en France pour proposer de nouvelles entreprises qui eussent réparé la défaite de M. de Grasse, en combinant, sur d'autres bases, la réunion de grandes forces de terre et de mer, pour les porter sur l'Angleterre et y opérer une descente. Mais toutes les forces et l'attention du gouvernement français étaient alors tournées vers le siége de Gibraltar. La guerre dans les Antilles n'offrit plus dès lors aucun évènement important, et la paix ayant été conclue au commencement de 1783, M. de Bouillé revint en France, où le roi le comprit dans la promotion des chevaliers de ses ordres, qu'il fit cette année, et lui accorda une distinction plus particulière en lui donnant deux pièces de canon anglaises que S. M. lui permit de placer au château d'Orly près de Paris. Le roi voulut ajouter à ces marques de sa satisfaction le paiement des dettes qu'il avait contractées pour son service pendant la guerre ; mais M. de Bouillé refusa cette offre avec le désintéressement qui le caractérisait. En 1784, il alla en Angleterre, où il fut accueilli de la manière la plus flatteuse pour un général ennemi, constamment victorieux. Il reçut des marques honorables de l'estime et de la reconnaissance que sa conduite, pendant la guerre, avait inspirées à cette nation ; le commerce de Londres lui offrit une riche épée. Dès l'aurore de la révolution, M. de Bouillé fut nommé par le roi membre des deux assemblées des notables, convoquées en 1787 et 1788. Il y manifesta son zèle pour le bien public, et se montra aussi disposé aux sacrifices qui pouvaient sortir le royaume de l'état de crise où il se trouvait, sans admettre toutefois ceux qu'il croyait en opposition avec les lois fondamentales de la monarchie. M. de Bouillé avait été nommé, en 1787, commandant en second de la province des trois Évêchés, dont il eut le commandement en chef, en 1789 ; il y joignit bientôt après celui des provinces d'Alsace, de Franche-Comté et de Lorraine, et le 19 août 1790, il fut nommé général en chef de l'armée de Meuse, Sarre-et-Moselle. Au milieu du trouble et de la confusion générale, il maintint l'ordre et la discipline autour de lui, et sa fermeté le fit toujours respecter des troupes qu'il commandait. Chargé par le roi de faire exécuter les décrets de l'assemblée nationale que S. M. avait sanctionnés, et que méconnaissaient la garnison et une partie des habitans de Nancy, il marcha à la tête d'un corps de 4,500 hommes contre ces rebelles, au nombre de plus de 10,000 ; il les défit complétement, le 31 août 1790, étouffa, par cet acte de vigueur, l'insurrection qui menaçait l'armée d'une entière désorganisation, prévint les malheurs d'une guerre civile, et sauva la ville de Nancy du pillage et des horreurs dont elle était menacée. L'assemblée nationale vota des remercîmens à M. de Bouillé, et le roi lui écrivit « qu'il » avait sauvé la France le 31 août, » et avait acquis des droits éternels » à son estime et à son amitié. » S. M. lui offrit le bâton de maréchal de France mais il refusa, ne voulant point être récompensé pour un succès remporté sur des compatriotes. En 1791, choisi par Louis XVI pour favoriser son évasion de Paris, et pour lui assurer une retraite dans son commandement, il se rendit avec dévouement au désir du roi, et il avait fait toutes les dispositions tant pour couvrir sa route, ainsi que ce prince l'avait exigé, que pour réunir autour de lui, à Montmédy, un corps de 12 bataillons et de 25 escadrons de troupes que l'on croyait encore fidèles, avec un train d'artillerie de campagne. Placé au milieu des quartiers de ses troupes, il attendait, le 21 juin, à Dun-sur-Meuse, l'arrivée du roi, lorsqu'il reçut la nouvelle de son arrestation à Varennes. Ayant rassemblé aussitôt le peu de troupes qu'il avait sous la main, et dirigé sur cette ville celles qui étaient en marche ou le plus à sa portée, il s'avança lui-même rapidement vers ce lieu à la tête de Royal-Allemand cavalerie. Mais ce mouvement fut inutile : le roi n'était plus à Varennes quand les troupes y arrivèrent : on le ramenait à Paris. M. de Bouillé, obligé de renoncer à son entreprise, ne dut plus penser qu'à sa sûreté et à celle du peu de troupes fidèles qui l'entouraient. Cependant il put encore faciliter à *Monsieur*, aujourd'hui Louis XVIII, sa sortie de France sur une autre route. M. de Bouillé se rendit, non sans courir beaucoup de dangers, à Luxembourg, où sa vie fut menacée plus d'une fois : sa tête était mise à prix. Il écrivit de cette ville, à l'assemblée nationale, une lettre qu'il jugea utile pour sauver les jours du roi et de la reine. Quelques expressions trop véhémentes, inspirées par l'impression naturelle d'un tel événement sur une âme ardente, donnèrent prise contre lui aux nombreux ennemis, que son mérite et l'effort même qu'il venait de faire, lui avaient suscités jusque dans son parti. L'assemblée nationale décréta, le 15 juillet 1791, que son procès lui serait fait, ainsi qu'à son fils aîné le comte de Bouillé, devant la haute-cour d'Orléans. Il se rendit ensuite à Coblentz auprès des princes, frères du roi. Ils l'admirent dans leur conseil, et le chargèrent de plusieurs négociations importantes. Il leur remit 670,000 livres qui lui restaient du million en assignats que Louis XVI lui avait fait passer pour son voyage à Montmédy. Il fut mandé à Pilnitz par l'empereur Léopold et le roi de Prusse, pour conférer avec eux sur la situation du roi et des affaires de la France, et il reçut à cet effet des pouvoirs de *Monsieur* (aujourd'hui Louis XVIII), datés de Schounbornslutz le 14 août 1791. La même année, le roi de Suède, qu'il vit à Aix-la-Chapelle, lui proposa d'entrer à son service en lui promettant le commandement immédiatement sous lui, d'une expédition qu'il projetait pour la délivrance de Louis XVI. Il accepta l'offre de ce prince, l'allié le plus ancien de la France, et il se livra dès lors tout entier aux préparatifs d'une entreprise dont le but était si cher à son cœur. Tout fut disposé pour effectuer, au mois d'avril 1792, une descente en Normandie, à la tête d'une armée de 32,000 Suédois et Russes; mais la mort tragique de Gustave III, arrivée le 29 mars, fit évanouir ses projets, et le dégagea de ses liens avec la Suède. La guerre ayant été déclarée à l'Allemagne, à la fin d'avril, M. de Bouillé fut mandé par le roi de Prusse à Magdebourg. Ce prince lui destinait le commandement d'un corps de 6,000 hommes de troupes de Hesse-Darmstadt et de Mayence : les difficultés qui survinrent pour la solde de ces troupes, entre l'électeur de Hesse-Darmstadt et les cours de Vienne et de Berlin, empêchèrent la levée de ce corps. M. de Bouillé fit cette campagne auprès du prince de Condé, qui avait pour lui beaucoup d'estime et d'amitié. En 1793, l'Angleterre ayant envoyé des troupes pour défendre la Hollande, le duc d'York, qui les commandait, engagea M. de Bouillé à servir près de lui et à l'aider de ses conseils. Son zèle pour la cause de la monarchie lui fit accepter cette offre, quoiqu'il prévît les effets de la jalousie qu'inspire toujours dans une armée un général étranger, quels que soient sa réputation, son mérite et sa modestie : il ne tarda pas à l'éprouver, et le duc d'York dut se repentir de n'avoir pas profité de ses avis. La même année, il reçut une nouvelle marque de la confiance des princes français, qui l'invitèrent, le 8 octobre 1793, à aller se mettre à la tête des Vendéens, d'après le vœu manifesté par ceux-ci. M. de Bouillé, craignant de ne pas avoir *à lui seul* la prépondérance nécessaire pour diriger les efforts de ces défenseurs de la monarchie, et surtout pour étouffer les divisions qui éclataient déjà parmi eux, pria *Monsieur* de le dispenser d'accepter ce commandement. Dès lors il se fixa en Angleterre, où le gouvernement le consulta souvent relativement aux colonies des Indes occidentales, et le désigna, en 1796, pour le commandement civil et militaire de toute la partie française de Saint-Domingue : les menées de ceux qui redoutaient sa fermeté et sa probité, firent changer cette disposition. Voué alors à l'inaction, accablé d'infirmités, il s'occupa de la rédaction de ses *Mémoires sur la révolution française*, et les publia à Londres en 1797; ils ont été réimprimés à Paris en 1801. *Ces mémoires qui*, a-t-on dit, *sont écrits avec la simplicité d'un militaire et la véracité d'un honnête homme*, répandent un grand jour sur cette époque mémorable ainsi que sur la part que M. de Bouillé prit aux principaux évènemens qui la marquèrent, et donnent un exposé fidèle de sa conduite, de ses sentimens et des difficultés contre lesquelles il eut à lutter. Il mourut à Londres des suites d'une paralysie, le 14 novembre 1800, âgé de 61 ans.

BOUILLÉ (Louis-Joseph-Amour, marquis de), lieutenant-général, officier de la légion-d'honneur, chevalier de Saint-Louis, né le 1er mai 1769, fils du précédent, et connu d'abord sous le nom de comte de Bouillé. A peine sorti du collége, il fut conduit par son père auprès de Frédéric-le-Grand, et fut le seul étranger admis à l'académie des gentilshommes que ce monarque avait établie à Berlin. Il resta deux ans sous les auspices du prince Henri, frère du roi, qui l'honora, jusqu'à sa mort, d'une affection toute paternelle. A l'âge de 18 ans, on le nomma capitaine dans Royal-Pologne cavalerie, puis dans Mestre-de-Camp-général, dragons, et major en second du régiment de Bercheny, hussards, le 5 juin 1790. Il servit comme aide-de-camp de son père, et eut en cette qualité le brevet de lieutenant-colonel, le 1er avril 1791. Le 4 août 1790, ayant été envoyé par le marquis de Bouillé avec un détachement de troupes au secours de M. Depont, intendant de Metz; il sauva la vie de cet administrateur en détournant sur lui la fureur populaire, dont il fut près de devenir victime par la défection des soldats. Le 31 août de la même année, il se trouva auprès de son père lors des troubles de Nancy, et il délivra, à la tête d'un détachement de Royal-Normandie, les généraux Malseigne et de Noue des mains des soldats qui hésitaient encore à les rendre, quelques momens avant le combat, dont le signal eût été infailliblement celui de leur perte. Lorsque le roi eut fait connaître au marquis de Bouillé son intention de sortir de Paris, et le désir de se retirer dans son commandement, le comte de Bouillé fut envoyé par le général, son père, à Paris, à la fin de décembre 1790, pour s'assurer de la dernière résolution de S. M., et convenir, par l'entremise du comte de Fersen, des dispositions préparatoires. De retour à Metz avec les instructions du roi, il fut chargé de la direction de la correspondance en chiffres qui s'établit entre ce prince et son frère, et qui dura jusqu'au départ de la famille royale de Paris. Le jour de l'arrestation de Louis XVI à Varennes, il était auprès de son père pour porter les ordres et le seconder dans leur exécution, tandis que son frère, le chevalier de Bouillé, était placé avec le comte de Raigecourt, à Varennes, avec des relais et un détachement. Après l'arrestation du roi, il fut compris dans le décret de l'assemblée nationale du 15 juillet 1791, pour être traduit avec son père devant la haute-cour d'Orléans. Étant parvenu à sortir de France, il entra, en 1791, au service de Gustave III, roi de Suède, en qualité d'aide-de-camp de ce prince, avec le grade de lieutenant-colonel, et se trouvait à Stockholm lorsque Gustave fut assassiné. Il fit la campagne de 1792, au corps du prince de Condé, et celle de 1793, comme volontaire à l'armée du roi de Prusse; il fut blessé au siége de Mayence. Nommé, le 21 octobre, colonel, propriétaire du régiment des Hullans - Britanniques qu'il avait levé, il rejoignit avec ce corps l'armée anglaise, dont il fit constamment l'avant-garde. Blessé grièvement à la jambe à l'attaque du village de Boncq, le 19 avril 1794, il reçut à cette occasion de Monsieur, alors régent (aujourd'hui Louis XVIII), une lettre autographe très-flatteuse. Le comte de Bouillé commanda le corps de Hullans jusqu'à la fin de 1796, qu'il fut réformé. Il commandait la cavalerie de l'expédition de M. le comte d'Artois, frère du roi, sur les côtes de France, en 1795, et fut nommé, le 21 décembre de cette année, chevalier de Saint-Louis. Rentré en France en 1802, lorsque toutes les puissances eurent reconnu le gouvernement consulaire, M. de Bouillé reprit du service en 1806, mérita au siége de Gaëte la croix de la légion-d'honneur, dont il fut décoré par décret du 4 janvier 1807, combattit avec la grande-armée française en Pologne à la fin de 1806, et dans la campagne de 1807 au 9me corps en Silésie, où il fit plusieurs actions brillantes, notamment le 15 février, à l'affaire de Konigswalda: là, à la tête d'une avant-garde de chevau-légers de Linanges-Bavarois, il arrêta un corps prussien de 1500 hommes, commandés par le prince d'Anhalt-Pless, les défit, leur enleva 3 pièces de canon, et décida la reddition de Schweidnitz, que ces troupes étaient destinées à secourir. Il passa en 1808 en Espagne, comme chef d'état-major de la division Sébastiani, et s'y distingua en plusieurs occasions, particulièrement le 27 mars 1809, à la bataille de Ciudad-Réal, au succès de laquelle il contribua par la conservation du pont de la Guadiana, qui fut due en grande partie à sa fermeté et à sa prudence, et le 11 août, même année, à la bataille d'Almonacid, où il fut cité, dans le rapport du général en chef, comme ayant *rendu d'éminens services dans cette journée, et soutenu la réputation de valeur et de capacité qu'il s'était acquise dans l'armée.* Nommé chef d'état-major du 4me corps d'armée en septembre 1809, quoiqu'il ne fût encore que colonel, il fut promu au grade de général de brigade le 23 juin 1810. Il prit en 1812 le commandement d'une brigade de dragons, et eut ensuite celui du corps d'observation de l'armée du Midi, sur les frontières de Grenade et de Murcie. Le 19 avril de cette année, à la tête de 1,200 hommes, il battit près de Baza un corps de 5,000 Espagnols commandé par le général Freyre, et lui enleva un drapeau et tous ses bagages. Le 17 mai suivant, après avoir contenu pendant plusieurs jours, avec 2,000 hommes seulement, l'ennemi qui s'était avancé contre lui sur plusieurs points, au nombre de plus de 10,000, et menaçait Grenade, il battit le corps du général Freyre, fort de 6,000 hommes, sur le Rio-Almanzora, en avant de Baza, et lui fit éprouver une perte de 1,200 hommes et de 300 chevaux, qui le désorganisa complétement. Ce succès précipita la retraite des autres corps ennemis, et eut le résultat important de préserver la ville et le royaume de Grenade. L'affaiblissement de sa vue, dont il est à présent totalement privé, le força de quitter l'armée et l'Espagne, à la fin de 1812. Il fut promu au grade de lieutenant-général, le 3e décembre 1814, et nommé officier de la légion-d'honneur le 24 août 1820. Madame de Bouillé, son épouse, était dame du palais de l'impératrice.

BOUILLEROT (ALPHONSE), député à la convention nationale, en 1792, était, avant cette nomination, président du district de Bernay, département de l'Eure. Dans le procès du roi, il vota la mort, rejeta l'appel au peuple et le sursis. Il fut, en l'an 2 (1794), chargé de la surveillance de l'École de Mars, où 3,600 jeunes gens, dévoués à la république, étaient élevés à ses frais, et dressés à tous les exercices militaires. Il remplit depuis une mission dans les départemens du Cher, de la Haute-Garonne et du Tarn. Compris dans la réélection des deux tiers conventionnels, il passa au conseil des anciens, dont il sortit le 20 mai 1797 (1er prairial an 5). Par suite de la loi du 12 janvier 1816, qui exile la plupart de ceux que l'on a désigné sous le titre de *votans*, il fut forcé de s'expatrier. On croit que M. Bouillerot s'est retiré en Allemagne.

BOUILLIARD (JACQUES), l'un des meilleurs graveurs de ces derniers temps, a été oublié des biographes. C'est cependant l'un de ceux qui ont le plus contribué à la rénovation de la gravure que les tailles affectées de Beauvarlet et de ses confrères avaient gâtée. On conservera et recherchera toujours sa belle estampe de *Borée et Orythie* (d'après Vincent), l'un des morceaux où le burin a su rendre avec le plus de chaleur les grandes catastrophes de la nature, et les grandes émotions de l'âme. Le vent a conservé dans cette gravure toute sa fougue, et l'obscurité toute sa terreur. Il a aussi gravé d'après Balestra, Biscaino, C. Maratte, Lesueur, A. Carache, etc., etc. Ses portraits de *Bartolozzi* et de *madame Elisabeth*, (d'après Violet et Mme Guiard), sont très-estimés. *Apollon et Daphné* (d'après Michel Vanloo), offre un contraste piquant de clair-obscur et de chairs brillantes. Il fut en outre employé par le musée, et répandit dans plusieurs collections, dans l'Encyclopédie entre autres, les productions de son burin. Presque toute sa vie est dans ses travaux. Né le 14 septembre 1744, à Versailles, il consacra à l'étude de la peinture, sous Lagrenée aîné, ses premières années; mais ensuite, forcé de rester chez lui par une infirmité incurable, qui ne lui permettait pas de sortir sans le bras d'un ami, il se livra tout entier à la gravure, et entreprit bientôt, de concert avec un habile graveur, de publier la fameuse galerie du Palais-Royal. Cette entreprise réussit et le fit connaître. Il fut reçu à l'académie, et vit sa fortune s'accroître avec sa renommée. La mort de sa femme, et l'affaiblissement de son talent, accablèrent sa vieillesse. Il venait de publier un *Portrait de Napoléon*, dont l'exécution lui parut avec raison indigne de son burin, lorsqu'il mourut le 30 octobre 1806.

BOUILLON (Philippe d'Auvergne, prince de), contre-amiral anglais, né dans l'île de Jersey, est connu en Angleterre sous le nom de *capitaine d'Auvergne*. Ayant pris de bonne heure du service dans la marine anglaise, il obtint bientôt le commandement d'un sloop garde-côte de 16 canons. Peu de temps après, il vint en France, où il avait déjà passé quelques années pour ses études. Le vieux duc de Bouillon, auquel il se présenta comme étant de la branche protestante de la famille de Turenne, le prit en amitié ; et n'ayant point de postérité, le reconnut pour son parent, et le fit héritier de son titre, de sa principauté et de tous ses biens, par un testament, que confirmèrent des lettres-patentes du roi. Mais les événemens de la révolution française ne tardèrent pas à priver Philippe d'Auvergne de cette riche succession ; et, regardé en France comme un émigré à la solde de l'Angleterre, il se réfugia à Jersey, où le gouvernement britannique le chargea de distribuer des secours aux émigrés français qui s'étaient retirés dans cette île. Après le traité d'Amiens, conclu avec l'Angleterre le 25 mars 1802, il fit un voyage à Paris, où il fut arrêté et détenu quelques jours au Temple, jusqu'à ce qu'il eût été réclamé par son gouvernement. Philippe d'Auvergne, qui, en 1784, était capitaine de marine, parvint, en 1805, au grade de contre-amiral ; il commandait, sous le titre de commodore, la station de Jersey et du vieux château. Il avait obtenu que ses droits à la principauté de Bouillon fussent reconnus par le traité conclu à Paris en 1814; mais deux ans plus tard, tous ces droits lui furent enlevés, et transférés au prince de Rohan-Montbazon, d'après la décision d'une commission d'arbitres, nommée par le congrès de Vienne pour statuer sur cet important héritage.

BOUILLON (Rose), l'une des héroïnes françaises de la révolution. Elle servit en qualité de soldat au 6me bataillon de la Haute-Saône, avec Julien Henri, son mari. Elle se trouva successivement à plusieurs combats, et notamment à celui de Limbach. Julien Henri fut tué à côté d'elle, à cette affaire. Quoique l'héroïne eût vu tomber sanglant le corps de son mari, elle n'en continua pas moins de faire feu sur l'ennemi ; mais après la bataille, elle demanda son congé et rentra dans ses foyers, où elle donna tous ses soins à deux enfans en bas âge qu'elle avait confiés à sa vieille mère. La convention nationale accorda à Rose Bouillon une pension de 500 livres, et une de 150 à chacun de ses enfans.

BOUILLON-LAGRANGE (Edme-Jean-Baptiste), né à Paris, le 12 juillet 1764, docteur en médecine, professeur émérite de l'université, professeur de chimie à l'école de pharmacie, membre honoraire de l'académie royale de médecine. En 1808, il fit un rapport intéressant sur les travaux annuels de la société de pharmacie, et rendit compte d'un nouveau procédé aussi économique qu'ingénieux, pour extraire l'oxyde noir de fer, dit *éthiops martial.* En 1813, après avoir fait de nombreuses expériences pour perfectionner les procédés employés, par le chimiste prussien Achard, dans l'extraction du sucre de betterave, il publia, par ordre du ministre de l'intérieur, un rapport détaillé indiquant tous les moyens de perfectionnement. Il a fait des recherches très-curieuses sur le blanchiment par la méthode bertholienne. Il est parvenu à convertir le chanvre en une espèce de coton très-blanc et facile à filer. Les principaux ouvrages de M. Bouillon-Lagrange, sont : 1° *Manuel d'un cours de chimie,* 1799 à 1812, 3 vol. in-8°; 2° *Tableau réunissant les propriétés physiques et chimiques des corps disposés méthodiquement,* 1799; 3° *Réflexions sur les pharmacopées françaises,* 1800, in-8°; 4° *Manuel du pharmacien,* 1803, in-8°; 5° *l'Art de composer facilement et à peu de frais les liqueurs de table,* 1805, in-8°. Une première édition de cet ouvrage avait paru sous le titre de *Nouvelle chimie du goût et de l'odorat.* 6° *Essais sur les eaux minérales, naturelles et artificielles,* 1810, in-8°; 7° *Dispensaire pharmaco-chimique,* 1813, in-8°. 8° En société avec H. A. Vogel, il a traduit de l'allemand le *Dictionnaire de chimie* de Klaproth et Wolf, 1810 à 1811, 4 vol. in-8°. 9° Il a encore traduit, avec le même, la *Police judiciaire pharmaco-chimique,* ou *Traité des alimens et des poisons,* par Remer, 1816, in-8°. 10° Enfin, M. Bouillon-Lagrange, l'un des rédacteurs des *Annales de chimie* et du *Journal de pharmacie,* a lu au cercle médical de Paris un *Mémoire* intéressant que cette société savante a fait imprimer : il a pour objet les drogues sophistiquées vendues par les droguistes et les fabricans de produits chimiques.

BOUILLY (Jean-Nicolas), est né à Tours, département d'Indre-et-Loire, d'une famille honorable; son aïeul maternel était premier magistrat. Il fit ses études avec distinction au collége royal de Tours : ces études achevées, il alla faire son droit à l'université d'Orléans, et de là se fit recevoir avocat au parlement de Paris. A peine y commençait-il son *stage* que le parlement fut transféré à Troyes; il se vit ainsi arrêté dans sa carrière. M. Bouilly avait 25 ans lorsqu'il fit jouer son opéra-comique de *Pierre-le-Grand,* dont la musique avait été faite par Grétry. Le succès de ce premier ouvrage ouvrit à l'auteur une carrière nouvelle, où il parut avoir heureusement étudié la manière de Sedaine dans l'art de combiner un plan, de disposer des scènes, et d'amener des situations. La révolution éclata à cette époque. M. Bouilly en adopta les principes avec enthousiasme : ardent ami d'une sage liberté, il se lia avec Mirabeau et Barnave, et n'a pas cessé depuis de se montrer partisan fidèle autant qu'éclairé de l'égalité des droits et du régime constitutionnel. Forcé de se rendre dans sa ville natale, à l'époque du gouvernement révolutionnaire, il y remplit tour à tour les fonctions d'administrateur du département, de juge au tribunal civil, et d'accusateur public, et contribua avec le même courage et la même persévérance à préserver son pays des fureurs des Vendéens et des excès non moins funestes de l'anarchie. Appelé quelque temps après le 9 thermidor par la commission d'instruction publique pour la seconder dans ses travaux, il fut employé avec Parny, La Chabeaussière, et quelques autres gens de lettres recommandables par leurs talens et la modération de leurs principes, et il contribua beaucoup à l'organisation des écoles primaires. Lorsque cette commission fut annexée au ministère de la police, M. Bouilly quitta la place qu'il y occupait, et se livra tout entier à l'art dramatique. Il a donné successivement, au Théâtre-Français, *l'Abbé de l'Epée*, drame en cinq actes, fondé sur un fait historique qu'on a pu contester au barreau, mais qu'il était permis d'adopter sur la scène, pièce, d'un genre nouveau, dont le personnage principal est un sourd-muet, et qui eut un grand succès de vogue, et *Madame de Sévigné*, comédie en trois actes, qui est restée au théâtre. Il a donné à l'Académie royale de musique *les Jeux floraux*; à l'Opéra-comique, outre *Pierre-le-Grand, la Jeunesse de Henri IV, la Famille américaine, J. J. Rousseau à ses derniers momens, Léonore, ou l'Amour conjugal; les deux Journées, une Folie, Hélèna, Zoë, le Séjour militaire, Cimarosa* (avec Émanuel Dupaty); *Françoise de Foix, l'Intrigue aux fenêtres.* Au Vaudeville, *Haine aux femmes* (avec Joseph Pain), *Florian, Berquin, Teniers, Fanchon la Vielleuse, la Vieillesse de Piron, la Manie des Romans* (avec Émanuel Dupaty), *Agnès Sorel, la belle Cordière.* M. Bouilly a cultivé avec talent et avec succès une autre branche de littérature. *Les Contes à ma fille*, 2 vol. in-12, dont il s'est déjà fait huit éditions, tiennent un rang distingué parmi les ouvrages d'éducation : on y désirerait moins d'affectation dans la pensée, et plus de naturel dans le style; mais il y règne de l'intérêt, et la morale en est douce. A ce premier essai d'un père instituteur succédèrent *les Conseils à ma fille*, 2 vol. in-12, et *les Jeunes femmes*, 2 vol. in-12, qui ne furent pas moins favorablement accueillis : *les Mères de famille*, qui sont au moment de paraître, compléteront un cours de morale sous le titre des *Quatre Ages de la femme*. Dans un ouvrage du même genre, intitulé : *Encouragemens de la jeunesse*, M. Bouilly offre aux jeunes gens qui se destinent à la carrière des lettres, le tableau des jouissances qu'ont éprouvées ceux des littérateurs français les plus distingués, que la mort a frappés dans ces derniers temps. Ces différens ouvrages sont les fruits d'une imagination gracieuse et féconde, d'un esprit libéral et d'un cœur français. La jeunesse y puisera de touchans préceptes et de nobles exemples. Le style de cet auteur, qui est généralement correct et animé, n'est pas toujours exempt d'afféterie, et l'on regrette d'y trouver parfois cette prolixité que d'Arnaud Baculard, qui s'y connaissait, appelait « l'embonpoint du senti-»ment. »

BOUIN (N.), l'un des membres influens de la société des jacobins, fut, en 1793 et 1794, juge de paix de la section de la Halle-aux-Blés. Il s'éleva fortement contre les distinctions que l'on voulait établir entre les *jacobins* et les *cordeliers*, et prétendit que ces divisions nominales n'avaient pour but que de diviser les patriotes. Membre de ce dernier club, il dénonça Hébert et ses intrigues. Après le 9 thermidor an 2 (27 juillet 1794), il se plaignit aux jacobins des persécutions qu'éprouvaient les vrais amis de la république, et proposa, pour les faire cesser, une adresse à la convention nationale, dont les comités, depuis quelque temps, faisaient mettre en liberté les femmes d'émigrés. En octobre 1794, il défendit les sociétés populaires que leurs antagonistes dénonçaient de toutes parts, et soutint que l'on ne cherchait à égarer l'opinion publique que pour sacrifier Carrier. (Carrier, d'exécrable mémoire!) Mis en arrestation, puis, au mois de mai 1796, rendu à la liberté par l'amnistie du 4 brumaire, il se trouva impliqué, avec Vadier, Laignelot, Ricord et autres, dans l'affaire de Babeuf. Il parvint à se soustraire aux recherches de la police. Mais la haute-cour de Vendôme, le jugeant par contumace, le condamna à la déportation. Bouin reparut après le 30 prairial (19 juin 1799), et montra toujours les mê-

mes principes dans la nouvelle réunion du Manége, où il obtint bientôt de la prépondérance. Accusé d'être l'un des auteurs de la machine infernale du 3 nivôse, dirigée contre le premier consul, bien qu'il fût reconnu depuis que cette invention n'appartenait qu'aux soi-disant royalistes, il fut condamné à la déportation, et mourut dans la traversée, en 1801.

BOULAGE (Thomas-Pascal), professeur à l'école de droit de Paris, mourut en 1820, regretté de ses nombreux élèves. Il a publié: *Conclusion sur les lois des douze tables*, Troyes, 1805; *sur les mystères d'Isis et d'Osiris*, 1807, in-8°; *les Otages de Louis XVI*, 1814, in-8°. Dans les troubles de l'école de droit, à l'occasion des cours de M. Bavoux, en 1818, il fut l'un des professeurs qu'écoutèrent avec le plus de bienveillance les élèves mécontens.

BOULARD (Catherine-François), architecte, a donné plusieurs Mémoires intéressans sur diverses parties de son art. Couronné plusieurs fois par des académies de province, il a laissé des recherches fort curieuses sur les anciens aqueducs. En 1793, lors du siége de Lyon, il servit comme ingénieur, et fut condamné à mort après la prise de la ville.

BOULARD (S.), imprimeur-libraire à Paris. Il est auteur de quelques ouvrages: 1° *Manuel de l'imprimeur*, in-8°, 1791; 2° *Traité élémentaire de bibliographie*, in-8°, 1804 et 1805; 3° *la Vie et les aventures de Ferdinand*

Vertamont et de Maurice son oncle, 3 vol. in-8°, 1791; 4° *Merlin l'enchanteur* (roman remis en français plus intelligible, et dans un meilleur ordre), 3 vol. in-12, 1797; 5° *les Enfans du bonheur, ou les Amours de Ferdinand et de Mimi*, 3 vol. in-8°, 1798; 6° *Barthélemi et Joséphine, ou le Protecteur de l'innocence*, 3 vol. in-12, 1802; 7° *Mon cousin Nicolas, ou les Dangers de l'immortalité*, 4 vol. in-12, 1808.

BOULARD (Antoine-Marie-Henri), né en 1754. Il fut longtemps notaire, mais il ne s'occupe plus que de littérature. Il a constamment fréquenté les hommes de lettres les plus distingués du 18ᵐᵉ siècle, entre autres La Harpe, qui le nomma son exécuteur testamentaire. M. Boulard a été maire du dixième arrondissement de Paris, et ensuite membre du corps-législatif. En septembre 1815, le quatrième arrondissement le choisit pour candidat à la chambre des députés. Il est administrateur de l'école royale de dessin, et membre de la société d'agriculture et d'encouragement. On a de lui quelques ouvrages, et un assez grand nombre de traductions : 1° *Morceaux choisis du* Rambler *de Johnson*, in-8°, 1785; 2° *Entretiens socratiques sur la véracité*, traduits de l'anglais de Perceval, in-12, 1786; 3° la traduction du *Tableau des arts et des sciences, depuis les temps les plus reculés jusqu'au siècle d'Alexandre-le-Grand*, par J. Banister, in-12, 1786; 4° la traduction de l'*Histoire littéraire du moyen âge*, par M: Harris, in-8°, 1786; 5° la traduction des trois premiers volumes de l'*Histoire d'Angleterre*, par le docteur Henri, 1788 et suiv.; 6° la traduction du *Tableau des progrès de la civilisation en Europe*, par G. Stuart, 2 vol. in-8°, 1789; 7° la traduction de *l'Angleterre ancienne, ou Tableau des mœurs, usages, armes, habillemens des anciens habitans de l'Angleterre*, par Strutt, 2 vol. in-8°, 1789; 8° *Précis historique et chronologique sur le droit romain*, avec des notes et des éclaircissemens, traduit de l'anglais de Schomberg, in-12, 1793, deuxième édition; 9° traduction d'une *Dissertation historique sur l'ancienne constitution des Germains, Saxons et habitans de la Grande-Bretagne*, ouvrage contenant des recherches sur l'ancienneté des jurés et des délibérations des communes, par G. Stuart, in-8°, 1794; 10° la traduction de la *Vie de J. Howard*, par Aikin, in-12, 1796; 11° la traduction des *Considérations sur la première formation des langues, et le différent génie des langues orientales et composées*, par Adam Smith, in-8°, 1796; 12° *Vie de Milton*, 1797, deuxième édition, intitulée : *Vies de Milton et d'Adisson*, 2 vol. in-18, 1805; 13° conjointement avec Millin, la traduction de la *Vie de Pickler*, par Rossi, in-8°, 1798; 14° *Essai d'un Nouveau cours de langue allemande*, in-8°, 1798; 15° *Distiques de Caton*, en vers latins, français et allemands, avec une traduction interlinéaire de ces derniers, in-8°, 1798; 16° *Avis d'une mère à sa fille*, par

Mme de Lambert, en allemand et en français, avec une traduction interlinéaire de l'allemand, in-8°, 1800; 17° *Fables de Lessing*, en allemand et en français, avec deux traductions, dont une interlinéaire, in-8°, 1800; 18° *Idylles de Gessner*, avec la traduction française, interlinéaire, 2 vol. in-8°, 1800; 19° *Essai en cinq langues*, de traduction interlinéaire, in-8°, 1802; le même, en six langues, in-8°; 20° la traduction de l'*Eloge de Tiraboschi*, par Lombardie, in-8°, 1802; 21° *Distiques de Caton*, en vers latins, grecs et français, suivis des quatrains de Pibrac, avec des traductions interlinéaires, in-8°, 1802; 22° la traduction des *Bienfaits de la religion chrétienne*, par Ryan, première édition, 1807, 2 vol. in-8°; deuxième édition, 1 vol. in-8°, 1810; 23° *Esquisse historique et biographique des progrès de la botanique en Angleterre*, traduit de l'anglais de Pulteney, 2 vol. in-8°, 1809; 24° *Horæ Biblicæ, ou Recherches littéraires sur la Bible*, in-8°, 1810, traduit de Charles Butler; 25° traduction de l'*Histoire littéraire des huit premiers siècles de l'ère chrétienne*, par Bérington, in-8°, 1814; 26° *Histoire littéraire des 9me et 10me siècles*, par le même, 1816; 27° *Tableau des auteurs qui ont écrit sur les testacés*, 1816, in-8°; 28° la traduction de la *Vie de Butler*, par Johnson, in-8°, 1816; 29° *Dissertation sur les découvertes des anciens dans l'Asie*, brochure in-8°, traduite de l'anglais; 30° *Dissertation sur la césure*, brochure de vingt-quatre pages traduite de l'anglais, et dé-

diée à trente-cinq personnes. M. Boulard a donné quelques articles dans les *Soirées littéraires*, et dans le *Magasin encyclopédique*. Il a traduit quelques morceaux des *Synonymes latins* de Hill. Enfin, il a publié une édition de la traduction de *Suétone*, par La Harpe, 2 vol. in-8°, 1805, ainsi que le poëme de ce dernier écrivain, intitulé: *Triomphe de la religion*, in-8°, 1814.

BOULAY DE LA MEURTHE (Antoine-Jacques-Claude-Joseph, comte), est né le 19 février 1761, à Chaumousey, petit village près d'Épinal (chef-lieu du département des Vosges). Resté de bonne heure orphelin, il consacra à son éducation le faible héritage qu'il avait reçu de ses parens, qui n'étaient que de simples cultivateurs. Il fut aussi aidé par un oncle, curé près de Nancy, excellent homme, bon citoyen, et qui employa utilement, pour son neveu, la considération que lui avaient méritée ses qualités estimables. Après avoir fait avec beaucoup de succès ses premières études au collège de Toul, sa philosophie et son droit à Nancy, M. Boulay fut reçu avocat au parlement de cette ville, en 1783. Trois ans après, il vint à Paris, où il observa avec soin les événemens politiques précurseurs de la révolution. Il y vit également les six premiers mois de ce grand changement. Persuadé que les provinces allaient acquérir plus d'importance qu'elles n'en avaient dans l'ancien régime, et qu'il lui serait plus facile de s'y faire jour qu'à Paris, il retourna à Nanci, au mois de septembre 1789, et s'y lia avec tous les amis de la liberté, au milieu desquels il se fit connaître avantageusement. En 1792, lorsque la patrie eut été déclarée en danger, il alla, comme volontaire, rejoindre un bataillon de la Meurthe. Campé près de Maubeuge, il y fit, comme soldat, toute la campagne de cette année. Étant tombé malade, par l'excès des fatigues qu'il eut à supporter, il revint à Nancy, où il fut nommé, par le collége électoral de l'arrondissement, un des juges du tribunal civil de cette ville. En 1793, il fut destitué, comme modéré, par un membre de la convention, en mission dans ce département. Il s'enrôla aussitôt dans un bataillon qui fut envoyé sur les lignes de Weissembourg. Revenu à Nancy par suite des mesures qui furent prises pour la réorganisation de l'armée, il y fut frappé d'un mandat d'arrêt, auquel il parvint heureusement à se soustraire. Il resta caché, pendant trois mois, dans une espèce de souterrain, d'où il ne sortit que pour aller s'ensevelir dans une maison isolée au milieu des bois, dans le département des Vosges; il y resta jusqu'après le 9 thermidor. De retour à Nancy, il fut nommé président du tribunal civil, et quelque temps après, élu accusateur public par le collége électoral du département. Il exerça, pendant dix-huit mois, cette importante fonction qui le tenait habituellement sous les regards du public; il l'exerça avec une grande indépendance de caractère, et un amour déclaré pour la justice. Après avoir tout fait pour découvrir la vérité, s'il trouvait l'accusé coupable, il en poursuivait la condamnation avec chaleur; si la culpabilité lui paraissait douteuse, il se bornait à exposer le pour et le contre. Si l'accusation lui paraissait mal fondée, il devenait le premier défenseur de l'accusé, alors même que cet accusé avait été poursuivi pas les ordres du gouvernement. Bel exemple à suivre! Il fit aussi, dans l'exercice de cette fonction, une étude approfondie du jury, dont il s'est toujours montré depuis le zélé partisan. En l'an 5, malgré les menées du parti contre-révolutionnaire, qui avait reconquis une grande influence, M. Boulay fut élu député de la Meurthe au conseil des cinq-cents, à l'âge de 35 ans. Il n'arrivait pas sans préparation sur ce grand théâtre. Dès sa première jeunesse, il avait contracté pour l'étude un goût, qui était devenu son besoin dominant. Il ne s'était pas borné à la littérature classique, ni au droit civil et criminel; il avait cherché à approfondir cette partie de la philosophie, qui a pour objet la connaissance de l'esprit, l'analyse exacte de nos idées, et l'art de les placer dans le jour le plus clair et le plus lumineux. Il s'était livré ensuite à l'étude de l'économie sociale et de l'histoire, en considérant principalement celle-ci sous son rapport moral et politique. Il avait fait, de toutes les constitutions anciennes et modernes, de tous les publicistes les plus célèbres, des extraits raisonnés, à la suite desquels, pour mieux se rendre compte de ses recherches et de ses réflexions, il avait rédigé plusieurs mémoires sur les principes et les diverses applications de cette science, dont l'importance se faisait sentir de plus en plus à lui, à mesure que la révolution se développait. Il suivait, en même temps, d'un œil attentif, les progrès de cette révolution, en étudiait les causes, et cherchait à bien saisir l'origine, les intérêts, les passions et les intrigues des divers partis qu'elle faisait naître, et dont les uns la favorisaient et les autres s'efforçaient de la renverser. Ces différens genres de connaissances et de talens éclatent dans tous les rapports et les discours de M. Boulay, au conseil des cinq-cents. Le sujet qu'il traite y est toujours approfondi; les principes y sont bien posés, et les conséquences bien déduites. Les faits y sont présentés sous leur vrai point de vue; et on ne trouvera nulle part un coup d'œil plus juste, ni une exposition plus claire de l'état moral et politique où se trouvait la France. On n'y aperçoit aucune recherche, aucune prétention. L'orateur n'y est occupé que de son sujet; c'est une éloquence simple, rapide, forte de choses et de raisonnemens. Quant aux opinions énoncées dans ces discours, elles respirent toutes un amour éclairé de la liberté. M. Boulay n'était point un des auteurs de la révolution; mais, convaincu qu'elle était dans l'intérêt national, et que tout bon citoyen devait chercher à en affermir les bases et les grands résultats, il s'en montra toujours un des appuis les plus courageux et les plus constans. Quand il arriva au corps-législatif, la contre-révolution levait hautement la tête. Elle avait pour agens les ci-devant privilégiés, dont les efforts n'étaient alors que trop favorisés par le mécontentement qu'avait produit dans la nation le régime de la terreur. Le mouvement rétrograde était impétueux et rapide. Les royalistes, qui avaient reçu l'ordre de se présenter aux élections, y avaient exercé partout une grande influence, et avaient été nommés en grand nombre. Le plan était de faire la contre-révolution par les deux conseils législatifs. Un des moyens de ce parti était de faire rentrer les prêtres déportés, et de les autoriser à exercer leur culte, sans faire aucun serment, aucune déclaration de fidélité au gouvernement. On voulait faire de ces prétendus martyrs de la foi l'avant-garde de la contre-révolution. Ce fut l'objet d'un rapport fait au conseil des cinq-cents. M. Boulay, pour son début dans la carrière, attaqua ce projet. Il consentait à la suppression des lois de rigueur contre les prêtres insermentés, et se déclarait partisan de la liberté des cultes; mais il soutenait que tout ministre du culte doit donner des gages à l'état, et se montrer soumis à ses lois et à son gouvernement. Son discours contribua beaucoup à faire rejeter le projet. La lutte entre les deux partis devint alors si furieuse, qu'elle amena le coup-d'état du 18 fructidor. M. Boulay n'était pas dans le secret de cette journée; cependant il fut nommé membre de la commission chargée de faire un rapport et de proposer des mesures. Il consentit à parler au nom de la commission, mais à condition qu'on ne rétablirait pas les échafauds, et qu'on se bornerait à des mesures d'exil contre les conspirateurs. Il n'eut même aucune part à la composition de la liste ; et ce qui le prouva, c'est qu'il fut le premier à l'attaquer, et qu'il en fit rayer plusieurs membres, et entre autres Thibeaudeau, qui depuis a déployé une grande fermeté de caractère, dont il est aujourd'hui la victime. Cependant, bien qu'il trouvât qu'on était allé trop loin dans cette journée, M. Boulay était convaincu que le 18 fructidor avait été nécessaire, et que, sans cet événement, la contre-révolution aurait eu lieu, et qu'elle aurait été complète et très-sanglante. Aussi peu après prononça-t-il à la tribune un discours raisonné sur les causes de cette journée, par suite duquel une commission fut nommée pour présenter des mesures contre les ci-devant privilégiés. C'est au nom de cette commission que M. Boulay fit contre les nobles ce terrible rapport qu'ils ne se rappellent encore aujourd'hui qu'avec un sentiment d'effroi et de haine contre l'orateur. Jamais, en effet, on ne fit de leur conduite et de leurs prétentions une peinture plus énergique et plus accablante. On peut dire qu'il précisait exactement la grande question de la révolution, et qu'il y rattachait parfaitement le passé, le présent et l'avenir. Raisonnant d'après la connaissance du cœur humain, d'après une série de faits incontestables, il soutenait que les nobles étaient et seraient toujours essentiellement ennemis du régime de l'égalité et de la liberté ; qu'ainsi, si l'on voulait affermir ce régime en France, il fallait nécessairement faire sortir de son territoire les plus dangereux d'entre eux, et priver tous les autres de l'exercice des droits politiques, à la participation desquels ils ne pourraient être admis à l'avenir que dans les formes et sous les conditions prescrites pour y admettre les étrangers. Ce projet remua fortement les esprits, et l'orateur, craignant qu'il n'entraînat des divisions, réunit la commission et fit un second rapport, dans lequel il déclara qu'il renonçait à sa première proposition, quoique très-bien fondée et très-salutaire en soi, disait-il ; et qu'il s'en tenait à la seconde, c'est-à-dire à la privation des droits politiques, proposition qu'il fit adopter par le conseil des cinq-cents, et qui fut ensuite sanctionnée par celui des anciens. Telle fut l'issue de cette grande affaire, qui fut conduite de manière à faire croire que la première mesure n'avait été proposée que pour faire passer plus facilement la seconde. M. Boulay, dans sa carrière législative, ne se contenta pas de lutter avec énergie contre toute tendance à la contre-révolution, il lutta de même contre les efforts du parti qui voulait faire revivre le régime de 1793. En l'an 7, ce parti crut réussir en proposant au conseil de *déclarer la patrie en danger*, comme on l'avait fait en 1792. M. Boulay était président du conseil pour la seconde fois, lorsque cette proposition y fut faite : on s'était arrangé pour emporter cette proposition d'assaut. Il fit échouer cette tentative par son sang-froid et sa fermeté. La chose ayant été mise en discussion, il quitta le fauteuil et improvisa, contre la proposition, un des meilleurs discours qu'il ait faits. Le projet fut rejeté, malgré les clameurs et les menaces du parti qui l'avait proposé. Dans la constitution de l'an 3, les pouvoirs étaient malheureusement organisés de manière qu'il devait y avoir une lutte perpétuelle entre le corps-législatif et le directoire-exécutif. Avant le 18 fructidor, le parti qui dominait dans les deux conseils, et qui marchait à la contre-révolution, s'attachait sans cesse à décrier le directoire et à le réduire à l'impuissance d'agir. Par cette journée, qui était principalement son ouvrage, le directoire se vit investi d'une espèce de dictature. M. Boulay la respecta, tant qu'il crut qu'elle tournerait au profit de la chose publique. Mais quand il vit que le directoire en abusait, il attaqua cette dictature dans un discours plein de vigueur sur la liberté de la presse. Bientôt après, nos affaires tournèrent si mal au dehors et au dedans ; il y eut tant de faiblesse dans le gouvernement, si peu d'unité dans les conseils, que M. Boulay, qui jusque-là avait cru qu'on pouvait marcher avec la constitution de l'an 3, fut convaincu qu'on ne pouvait plus maintenir la république, qu'en lui donnant une assiette plus solide, et c'est ce qui le décida à entrer dans le projet du 18 brumaire, dont il fut un des agens les plus actifs. Il avait publié depuis peu un écrit intitulé : *Essai sur les causes qui, en 1649, amenèrent en Angleterre l'établissement de la république; sur celles qui devaient l'y consolider; sur celles qui l'y firent périr.* Cet ouvrage fut avidement recherché, puisqu'il s'en débita plus de vingt mille exemplaires dans moins d'un mois. Quoique l'auteur n'y parlât pas de la France, on crut y voir, comme dans un miroir, l'image de sa situation actuelle, et des modifications qu'elle devait subir. Mais s'il voulait donner une leçon, on n'en a pas mieux profité depuis le 18 brumaire, qu'on ne l'avait fait auparavant. Les deux conseils ayant été réduits à deux commissions temporaires, pour préparer une constitution nouvelle, M. Boulay fut élu président de la commission du conseil des cinq-cents. Napoléon voulut alors lui donner le ministère de la police, mais il le refusa. Quand le conseil-d'état eut été organisé, il fut nommé président de la section de législation, et prit une grande part à la confection du code civil, dont le travail se préparait d'abord à sa section. Deux ans après, Napoléon lui confia l'administration du contentieux des domaines nationaux, en lui disant : *Je vous donne une place où réside toute la politique intérieure de l'état : j'ai été très-indulgent pour les personnes, et je n'ai presque fait que des ingrats; mais soyez très-sévère pour les biens.* M. Boulay se contenta d'être juste. Il fit maintenir avec beaucoup de soin et de fermeté toutes les ventes de domaines nationaux. Il rendait aux émigrés amnistiés ce que la loi permettait de leur rendre; mais il fut toujours sourd à leurs sollicitations, et déjoua constamment leurs intrigues. Il conserva pendant neuf ans cette administration, après quoi, le travail étant considérablement diminué, et la jurisprudence bien assise, cet emploi fut supprimé, et M. Boulay rentra dans la présidence de la section de législation. En concourant avec zèle au 18 brumaire, M. Boulay n'avait eu d'autre objet que de donner au gouvernement de la république plus de consistance et de solidité. Les discours qu'il prononça à cette occasion en sont la preuve. Il n'eut aucune part au consulat à vie; il n'était pas même à Paris quand la chose se décida. Lorsqu'il fut question de créer l'empire, le conseil-d'état étant appelé à délibérer sur cette question, M. Boulay se prononça fortement contre le projet. Les conseillers-d'état ayant été ensuite invités à donner individuellement leur opinion par écrit, la sienne, rédigée avec soin, fut également contraire à cette innovation. C'est un fait certain. Il rendait cependant justice aux grandes qualités de Napoléon, reconnaissait les immenses services qu'il avait rendus, et le regardait comme l'homme le plus capable de terminer la révolution, et de consolider le nouveau régime en France. Mais il trouvait que sa marche n'était pas assez mesurée, et dès lors paraissait craindre qu'il ne manquât sa vocation. Cependant, quand l'empire eut été établi, M. Boulay s'attacha fidèlement au nouveau système, s'efforçant, autant qu'il était en lui, de le concilier avec les principes de l'égalité et de la liberté, avec le maintien du régime représentatif. Il est constant qu'il y eut toujours au conseil-d'état un parti d'opposition, composé principalement des anciens membres; les discussions y étaient fort libres, et il faut rendre cette justice à Napoléon, qu'il aimait cette liberté de discussion, et qu'il ne trouvait pas mauvais qu'on y soutînt et qu'on y fît prévaloir une opinion contraire à la sienne. Les choses ont été poussées trop loin et au dehors et au dedans sous le régime impérial; les hommes les plus attachés à ce système doivent en convenir. On a été emporté par le torrent de la fortune et de l'ambition ; et, pour avoir voulu tout obtenir, on a tout perdu. M. Boulay est de ceux à qui cette marche inspirait le plus d'inquiétude, et qui en gémissaient le plus sincèrement; cependant quand il vit que le sort du gouvernement et de la nouvelle dynastie était compromis par la tournure des événemens militaires, par la lassitude des esprits, par la désaffection d'un grand nombre, par la perfidie de quelques-uns, il s'attacha avec un nouveau zèle à conserver ce qui existait. Il avait été appelé depuis peu au conseil privé, où se discutaient tous les grands intérêts de l'état. Il y proposa constamment avec franchise ce qu'il croyait le plus propre au maintien de la chose. Lorsque, sur la fin de 1813, la mésintelligence s'éleva entre le gouvernement et le corps-législatif, M. Boulay fut d'avis de faire droit aux justes griefs de celui-ci, et de marcher de concert avec lui dans les circonstances critiques où l'on se trouvait. La résolution en avait été prise ; la perfidie, la maladresse et l'humeur la firent échouer. Quand Paris fut assiégé par les alliés, et qu'on mit en délibération au conseil privé, si l'impératrice quitterait la capitale, M. Boulay s'opposa fortement à ce départ; il demandait que l'impératrice se retirât avec son fils à l'Hôtel-de-Ville. Il était persuadé que Paris pourrait se défendre pendant quelques jours, et que l'empereur arrivant sur les derrières de l'ennemi, la France pourrait être sauvée; que, dans tous les cas, il était préférable que l'impératrice restât. C'était l'avis de la majorité du conseil, et néanmoins il ne fut point suivi. Après la première restauration, M. Boulay, rentré dans la vie privée, partagea tout son temps entre sa famille, son cabinet et la campagne. Au retour de l'île d'Elbe, rappelé par Napoléon à ses anciennes fonctions, il les reprit sans aucune difficulté, et alla même au ministère de la justice, pour seconder l'archi-chancelier, qui en avait le portefeuille. Il déploya de nouveau tout son zèle pour le maintien de ce qui était rétabli. Il croyait que Napoléon, éclairé par l'expérience et le malheur, rentrerait dans des voies plus pacifiques et plus modérées; mais que, dût-il ressaisir encore en partie son ancien système, il fallait, si l'on voulait une monarchie constitutionnelle, conserver une nouvelle dynastie, née de la révolution, analogue à ses principes, et nécessairement favorable à ses résultats. Appelé, par le collège électoral du département de la Meurthe, à la chambre des représentans, il s'y conduisit d'après cette opinion, comme il faisait au conseil-d'état et au conseil privé. Dès son début, la chambre hésitant à faire serment à la nouvelle constitution; M. Boulay, arrivant dans l'assemblée, monta à la tribune, et détermina cette assemblée à faire ce serment. Il dit, entre autres choses, qu'il fallait considérer la France comme partagée en deux partis: l'un qu'on devait appeler *national*, et qui comprenait l'immense majorité des citoyens; l'autre, qu'il appela parti *de l'étranger*: opinion que la succession des événemens n'a que trop justifiée. Après la seconde abdication de Napoléon, abdication dont il avait combattu le projet dans le conseil privé, et qu'il regardait comme une mesure funeste, il parla fortement à la tribune pour faire reconnaître Napoléon II comme empereur des Français; soutenant, entre autres choses, que si la reconnaissance du fils n'avait pas lieu, l'abdication du père, qui n'avait été faite que sous cette condition, était nulle, et qu'ainsi Napoléon Ier restait toujours empereur. Cette opinion fut unanimement accueillie par l'assemblée, mais on sait comment les événemens subséquens ont fait échouer ce système. Après la restauration, M. Boulay fut porté sur la liste de proscription du 24 juillet 1815. Forcé de quitter son domicile et sa famille, il se retira d'abord à Nancy, où il fut livré à la police russe, et transféré par elle à Sarrebruk. Après avoir passé dix mois dans cette ville, il s'était retiré sur les bords du Rhin, où on lui intima l'ordre de se retirer dans l'intérieur de la Prusse. Il s'arrêta dans la ville de Halberstadt, province de Magdebourg, où il demeura pendant deux ans et demi. Autorisé par le gouvernement prussien à se rapprocher des frontières de France, il passa les dix derniers mois de son exil à Francfort. M. Boulay a supporté cet exil avec courage et dignité, sans se permettre jamais aucune démarche avilissante pour le faire cesser, et attendant que la force de l'opinion publique le fît rentrer dans sa patrie, ce qui est enfin arrivé. Dans la première année de cet exil, où il s'est constamment livré à l'étude, il a composé un ouvrage intitulé : *Tableau politique des règnes de Charles II et de Jacques II, derniers rois de la maison de Stuart*. Quoique imprimé sans nom d'auteur, on y a facilement reconnu la main qui avait tracé le premier écrit dont nous avons parlé, et dont ce dernier n'était que la suite. Depuis son retour en France, M. Boulay a repris la vie simple et retirée qu'il avait menée en 1814, content d'être sorti des affaires publiques, et aussi heureux qu'un bon citoyen puisse l'être dans les circonstances actuelles.

BOULÉE (Étienne-Louis), architecte célèbre, vécut dans un siècle dont le goût corrompu n'enfantait plus dans les lettres et dans les arts que des formes tourmentées et de bizarres compositions. Doué d'imagination, de génie, et en même temps de sagesse et de correction, il eut long-temps à lutter contre cette architecture contournée, qui régnait sous Louis XV. Boulée osa se présenter seul, et remonter le torrent; il l'emporta; il fut le *Vien* de l'architecture, et rendit la majesté antique à celui des arts qui a le plus besoin d'y chercher ses modèles. Boulée naquit le 12 février 1728. Son père, architecte-juré-expert des bâtimens du roi, le fit entrer de bonne heure chez Pierre, premier peintre de S. M. puis chez Lejay, premier architecte du roi de Prusse, et dessinateur habile. Quelques succès dans les concours annoncèrent ce qu'il deviendrait plus tard : chargé ensuite de construire ou de décorer plusieurs hôtels, il vit, malgré la guerre constante qu'il fit au mauvais goût, sa réputation s'accroître chaque jour, et récompenser ainsi son zèle pour son art, et le soin qu'il mettait à former de bons élèves, parmi lesquels on peut citer Chalgrin, Brongniart, Durand, etc. : il fut membre de l'académie, et architecte du roi. Membre de l'institut dès le 12 décembre 1795, il professa quelque temps aux écoles centrales. Boulée mourut le 6 février 1799, laissant dans un état florissant, noble et pur, l'art qu'il avait trouvé corrompu, dégradé, et sans aucune espèce d'élévation. Une foule de maisons de la Chaussée-d'Antin, de jolies maisons de campagne aux environs de Paris, et les châteaux que Boulée a construits dans toute la France, offrent une élégance sévère, un style gracieux et pur, des détails riches et délicats, des profils dignes de Michel-Ange, à la fois peintre et architecte célèbre. On remarque surtout l'hôtel de Brunoy, aux Champs-Élysées, véritable modèle pour la simplicité exquise des masses, et l'élégance de la décoration. Boulée fit révolution dans son art : mais il lui manquait un grand siècle et un grand empire. Sa tête féconde, ne pouvant se contenter de concevoir sans cesse des plans de boudoirs et des constructions capricieuses, enfanta un grand nombre de projets, qui demandaient une Babylone et un Cyrus; il a publié cette collection précieuse, où l'on trouve le projet pour achever la Madeleine, celui pour la restauration des châteaux de Versailles et de Saint-Germain, et celui d'une bibliothéque nationale, où toutes les richesses littéraires se présenteraient à l'œil sous un seul aspect. Désigné par sa célébrité pour être architecte du palais Bourbon, il demanda trois mois pour présenter son devis : pendant cet intervalle, un autre architecte produisit en quinze jours un plan et un devis montant à 14 millions, et fut choisi : 14 millions ne terminèrent pas le palais. Ainsi, une grande délicatesse nuisit à Boulée, à la France et à l'art. Tous les projets de cet architecte sont ingénieux, nobles, élégans. Mais il en est un qui porte un caractère particulier, un qui sort entièrement de la classe ordinaire des productions architecturales, et où se fait remarquer une pensée à la fois philosophique et poétique, c'est le projet d'un tombeau de Newton, placé au centre d'une sphère. Ainsi, les cendres de l'homme qui abaissa les cieux sous son génie, se trouveraient au milieu de la sphère elle-même, au-dessus de la terre, environnées de l'immensité. Le même sujet a été proposé par l'académie pour prix d'émulation, en novembre 1800; MM. Gay et Chantereyne ont remporté les premier et second prix. Plusieurs de ses manuscrits, entre autres son *Essai sur l'architecture*, où se trouvent des vues originales et une rare chaleur de diction, sont entre les mains de M. Benard, son neveu et son élève. Quoiqu'il dessinât très-bien la figure, il confiait toujours à Moreau le jeune, son intime ami, la composition de celles dont il embellissait ses ouvrages; circonstance inconnue aux biographes qui louent le style de ces figures comme appartenant à Boulée.

BOULENGER (Nicolas-François-Joseph). Petit-neveu de l'abbé Prévost par sa mère, il n'a aucun trait de ressemblance avec ce romancier très-connu et assez estimé. Boulenger a publié quelques compilations utiles, et quelques ouvrages précieux, sous le rapport des recherches. Nous ne citerons que ses *Voyages historiques en Belgique, faits en* 1794 et 1795 (Londres, 1796, in-12), et ses *Elémens de l'histoire universelle* (Paris, 1802).

BOULLANGER (Baudoin), né à Liége, exerçait à Paris la profession de joaillier au commencement de la révolution. D'abord membre de la société des jacobins, puis de celle des cordeliers, il fut l'un des agens les plus actifs du comité de salut public, et particulièrement de Robespierre. Lorsque les sections de Paris, insurgées, entourèrent la convention le 31 mai 1793, et décidèrent le triomphe du parti de la Montagne sur celui de la Gironde, Boullanger commandait la section de la Halle-aux-Blés. L'exaltation de ses principes l'avait fait désigner pour remplacer au commandement général de la garde nationale, Santerre, dans la conduite duquel les directeurs des mouvemens populaires avaient cru remarquer de l'irrésolution. Il fut en effet nommé; mais apprenant qu'un grand nombre de sections en manifestaient leur mécontentement, il donna sa démission. Au mois d'octobre de la même année, il devint, sous les ordres de Ronsin, général d'une partie de l'armée révolutionnaire, et demanda qu'une guillotine ambulante fût traînée à la suite de cette armée. Malgré l'ardeur de Boullanger à servir les terroristes, il fut dénoncé à la tribune des cordeliers comme montrant un zèle équivoque, et ne dut probablement son salut qu'à la protection puissante de Robespierre, qui le défendit lui-même. On passa à l'ordre du jour sur l'accusation; et l'accusé, récriminant à son tour, fit renvoyer devant le comité de sûreté générale, après l'avoir fait rayer de la société, Ferrière-Sauvebœuf, qui était sans doute le principal auteur de la dénonciation. Une nouvelle accusation s'éleva contre Boullanger, le 27 février 1794, lorsqu'il voulut, aux jacobins, forcer Hébert à décliner les noms des conspirateurs, que celui-ci paraissait craindre de faire connaître. Robespierre le défendit encore, et s'acquit par-là d'incontestables droits à sa reconnaissance; aussi, lorsque, le 10 thermidor an 2, le conventionnel sanguinaire porta sa tête sur l'échafaud, Boullanger qui, le 9, s'était armé en sa faveur, fut mis hors la loi, et subit, trois jours après, le sort des complices du tyran.

BOULLÉ (J. P.), avocat à Pontivy, fut député du tiers-état de la sénéchaussée de Ploermel aux états-généraux, et fut un des commissaires conciliateurs nommés par son ordre dans la grande discussion de suprématie qui s'était élevée entre le tiers-état et la noblesse. Commissaire aux départemens du Nord et du Pas-de-Calais, pour prévenir les effets que la nouvelle de l'évasion du roi pourrait produire, il accompagna ensuite Rochambeau à l'armée du Nord, et fut du conseil des cinq-cents en 1795; il combatit avec vigueur le projet d'instituer une fête annuelle pour consacrer le souvenir du 18 fructidor. Élu secrétaire, en 1798, il fut, après le 18 brumaire, nommé préfet des Côtes-du-Nord. Depuis 1806 qu'il remplissait encore ces fonctions, on l'a entièrement perdu de vue.

BOULLEMIER (Charles), d'abord militaire, puis ecclésiastique, se livra à d'utiles recherches historiques et philologiques. Né à Dijon, le 12 novembre 1725, il s'enrôla à sa sortie du collége, fit, en 1742, la campagne de Bohême, obtint son congé à la paix, reprit le cours de ses études, embrassa l'état ecclésiastique, se contenta d'un petit bénéfice qui lui donnait à peine les moyens de subsister, et mourut dans cette ville, le 11 avril 1803. Ses nombreuses dissertations sur l'histoire de Bourgogne et de la ville de Dijon, imprimées ou séparément ou dans les recueils de l'académie, éclaircissent plusieurs points d'antiquités. Dans le *Magasin encyclopédique* (1809, tom. III), se trouvent ses *Remarques sur un passage de César concernant la religion des Gaulois*. C'est Boullemier qui donna l'idée de publier une nouvelle édition de la *Bibliothéque historique de Lelong*, et de remplir les lacunes de ce vaste répertoire : quelques articles et remarques, entre autres les morceaux sur *Joinville* et *d'Aubigné* (vol. III), sont de lui. Nous citerons, comme curieux et savans, ses *Mémoires sur la vie et les ouvrages d'Etienne Tabourot des Accords; sur Jean des Degrés*, écrivain dijonnais du 16ᵐᵉ siècle; sur *Huges Aubriot; le chancelier de Bourgogne; Rollin et Olivier de la Marche*. L'*Eloge historique* de l'abbé Boullemier, par M. Baudot l'aîné, a été imprimé à Dijon, en 1803.

BOULLIER (N.), prédicateur protestant, était fils de *David-Renaud-Boullier*, Auvergnat, ministre protestant en Hollande, qui consuma inutilement sa vie à combattre les doctrines philosophiques et libérales. Son style dur, incorrect, diffus et obscur, n'était pas propre à séduire ceux que ses raisonnemens ne pouvaient convaincre. La philosophie, en éclairant les esprits, triomphe insensiblement de l'ergotisme de toutes les écoles de théologie. Boullier le fils, né à Londres vers 1735, hérita de l'animosité de son père contre cette philosophie à laquelle il ne porta pas des coups plus sûrs ni plus heureux. Il donna quelques ouvrages théologiques, qui ne firent aucune sensation même parmi ses partisans. Quittant Londres pour Amsterdam, Boullier prêcha dans cette ville, où déjà se faisaient remarquer les premiers symptômes de la révolution. Son opposition aux idées nouvelles lui attira des désagrémens, et le mit dans la nécessité de renoncer à ses fonctions pastorales. Il mourut en 1798.

BOULOGNE (Étienne-Antoine abbé de). Ce prédicateur est né de parens peu connus, à Avignon, le 26 décembre 1747. Il fit de bonnes études, et entra dans l'état ecclésiastique en 1772. Il concourut pour le sujet proposé par l'académie de Montauban : *Il n'y a pas de meilleur garant de la probité que la religion*. Ce discours, qui fut couronné, lui ayant fait quelque réputation, l'abbé de Boulogne se rendit à Paris. Il fut d'abord employé comme desservant à Sainte-Marguerite, et quelque temps après à Saint-Germain-l'Auxerrois. En 1779, la société des amis de la religion et des lettres ayant proposé un prix pour le meilleur *Eloge du Dauphin*, père de Louis XVI, l'abbé de Boulogne se distingua parmi les concurrens, et obtint le prix, non pas cependant sans éprouver quelques difficultés. L'archevêque de Paris, Christophe de Beaumont, l'avait tout récemment interdit des fonctions de son ministère, sans énoncer de motif, ce qui était une espèce de calomnie, si les causes données par le public à cet acte de sévérité n'étaient pas réelles. Cet austère prélat, président de la société qui avait adjugé le prix à l'abbé de Boulogne, s'opposa d'abord à ce qu'il lui fût décerné : véritable injustice, car c'était l'ouvrage et non l'homme que l'on couronnait. On parvint cependant à vaincre la résistance de l'archevêque, qui s'en dédommagea en envoyant l'auteur lauréat en retraite, pour deux mois, à Saint-Lazare. Après ce temps, l'abbé de Boulogne reprit ses fonctions, sans que pour cela Christophe de Beaumont lui devînt plus favorable. Ce ne fut qu'à la mort de ce prélat qu'il fut fait archidiacre, vicaire-général et prédicateur du roi. Son *Panégyrique de Saint-Louis*, ouvrage recommandable, quoique jugé inférieur à l'*Éloge du Dauphin*, fut prononcé en 1782, en présence de l'académie des sciences et de celle des belles-lettres. L'abbé de Boulogne, long-temps en butte aux persécutions attribuées à l'intolérance religieuse, et ne possédant point de fortune, s'était vu dans la nécessité de travailler à la rédaction d'une feuille intitulée : *Annales religieuses et littéraires*. La raison, dont il avait fait preuve dans ses premiers écrits, ne le détacha pas cependant des intérêts de sa robe. Il manifesta toujours de l'opposition aux lois rendues contre le clergé, sous les divers gouvernemens qui se succédèrent en France, depuis le 14 juillet 1789, jusqu'au 9 novembre 1799 (18 brumaire an 8). Conséquent avec lui-même, il n'hésita point à se soumettre au concordat de 1801, ce qui lui concilia la faveur du premier consul, et lui valut la place de grand-vicaire à Versailles. Napoléon, devenu empereur, le nomma son chapelain, puis aumônier ; en 1807 il fut fait évêque d'Acqui, et de Troyes en 1809. La reconnaissance qu'il portait à l'empereur se manifesta dans ses mandemens, toutes les fois que l'occasion s'en présenta, et elle se présenta souvent. Cependant, en 1811, ayant voulu faire des remontrances à l'empereur, au sujet du souverain pontife, elles ne furent point accueillies. La disgrâce qu'il s'attira par cette démarche explique la manière dont il a parlé depuis de Napoléon. Au retour du roi, en 1814, l'abbé de Boulogne fut remis en possession de son évêché de Troyes ; les événemens de 1815 le lui firent quitter de nouveau, et il ne fut réinstallé dans ce siége qu'au mois d'avril 1816. Ce fut alors, qu'en qualité d'évêque de Troyes, M. de Boulogne publia une *Instruction pastorale sur l'amour et la fidélité que les Français doivent au roi*. On dit cette instruction fort ressemblante, aux noms près, à celle qu'il avait publiée en 1809. Ce prélat est loin d'avoir persisté dans le système d'indulgence qu'il avait embrassé en entrant dans la carrière, et auquel il dut ses premiers succès. De nouveaux intérêts lui firent prendre d'autres principes. Ce ne sont pas ceux de la modération. Il est difficile d'entendre un discours moins conforme à la charité, la première des vertus ordonnées par l'évangile, que celui que l'abbé de Boulogne prononça à Saint-Denis, le 21 janvier 1815, jour où l'on célébrait, pour la première fois, l'anniversaire de la mort de Louis XVI. Ce discours, où les convenances politiques n'étaient pas moins offensées que les convenances apostoliques, est, sans contredit, ce que l'on a jamais prononcé de plus déplorable, sous tous les rapports, en cette triste solennité. Il aura sans doute contribué à décider le gouvernement à substituer à des déclamations pédantesques et fanatiques, la lecture du testament du prince dont elles outrageaient la mémoire. Ce testament, dicté par la plus héroïque modération, fait bien mieux apprécier que tous les panégyriques possibles, ce que valait l'un des meilleurs et des plus malheureux rois qui aient existé.

BOUNIEU (MICHEL - HONORÉ) naquit à Marseille en 1740. Il montra de bonne heure une vocation très-prononcée pour le dessin, et, quoique contrarié par les projets de ses parens qui le destinaient au commerce qu'ils faisaient eux-mêmes, il se livrait sans guide à son penchant. Enfin, à l'âge de quinze ans, sa constance triompha des dispositions de sa famille; il vint à Paris, et entra chez Pierre, premier peintre du roi. Il devint l'élève favori du maître, et son aide dans les grands travaux que ce peintre exécuta pour des églises et des palais. Bounieu fut agréé à l'académie royale de peinture, vers 1770. Les premiers tableaux qu'il exposa sont des sujets de la vie familière. Il traita aussi l'histoire. Parmi la suite de tableaux qu'il exécuta en petit avec un fini précieux et un ton de couleur remarquable, on distingua particulièrement la *Naissance de Henri IV* et son *Retour de la bataille d'Ivry*. Le *Supplice d'une vestale*, également traité en petit, fut exposé au salon, en 1779, et y obtint le plus grand succès. *Bet-*

zabée au bain, de grandeur naturelle, composée la même année, acheva la réputation du peintre; mais, sous prétexte de nudité, ce tableau fut refusé au salon : le public se porta en foule à l'atelier de l'auteur, et le vengea de l'injustice par le succès le plus brillant. Le tableau de *Betzabée au bain*, fut acquis alors par le duc d'Orléans, et passa depuis en Angleterre. Il y fut exposé, en 1799, à l'*European museum*, et y produisit, après plus de vingt années, le même effet qu'à Paris. Paul Ier en avait fait l'acquisition en 1781. Bounieu termina le sujet d'*Adam et Ève chassés du paradis*, qu'il se contenta d'exposer dans son atelier de la bibliothèque du roi, et qui n'attira pas moins que ses autres productions l'empressement du public. En 1792, Bounieu fut nommé conservateur du cabinet des estampes, à la bibliothèque nationale; il y établit un ordre inconnu auparavant, et dont tous les artistes qui le fréquentaient ont regretté l'abandon, lorsque, quelques années après, la place de conservateur lui fut enlevée. Avant d'occuper cette place, il avait été, pendant vingt ans, professeur de dessin à l'école royale des ponts-et-chaussées. Le *Déluge*, l'*Amour conduisant la Folie*, *Magdeleine pénitente*, *Antiope*, sont, avec plusieurs paysages, les autres ouvrages les plus remarquables de ce peintre, qui avait une instruction variée et les qualités les plus recommandables. Deux ans avant sa mort, il fit imprimer, en 1812, un opuscule *sur la cause du flux et du reflux de la mer*.

BOUNIEU (Mlle, aujourd'hui Mme Raveau), fille et élève du précédent, a exposé au salon plusieurs tableaux, parmi lesquels on a remarqué des sujets tirés de la *Psyché* de La Fontaine, *Vénus blessée par Diomède*, un petit tableau représentant *la Vérité dans le vin*, ainsi qu'un assez grand nombre de portraits, tant en grand qu'en miniature. Mme Raveau est encore propriétaire des tableaux de son père, *Adam et Ève*, *le Déluge*, *l'Amour conduisant la Folie*, et *le Supplice d'une Vestale*.

BOUQUET (madame), nom qui n'est célèbre ni par les talens, ni même par la noblesse ou la fortune, mais qui n'en mérite pas moins d'être éternellement conservé. Quand la révolution *dévorait ses enfans*, comme Vergniaud en avait fait la terrible prophétie, Guadet fut l'une des premières victimes. Parent de Mme Bouquet, et réfugié chez elle, il y introduisit son ami Salles. Bientôt après, cinq autres proscrits, sans asile, et que l'échafaud attendait, se présentent; Mme Bouquet les accueille, et les cache dans un souterrain profond et inaccessible : Buzot et Péthion étaient du nombre. Cependant la retraite vint à être connue, les réfugiés périrent, et Mme Bouquet, conduite à la mort avec le père de Guadet, y marcha d'un pas ferme, en consolant ce vieillard.

BOUQUIER (Gabriel), député à la convention nationale par le département de la Dordogne, le 11 décembre 1792, en fut élu secrétaire, le 5 janvier 1793 : dans le procès du roi, il vota la mort. Membre du comité chargé de l'instruction publique, il fit plusieurs rapports sur ce sujet, dans lesquels il se prononça fortement contre la manière dont l'enseignement se pratiquait dans l'ancien régime. Il demanda que les tableaux dont les sujets se rapportaient à la monarchie, fussent retirés du muséum, pour la restauration duquel il fit ouvrir un concours. Il a présidé la société des jacobins, et fait, de concert avec Moline, un fort mauvais opéra, intitulé : *La Réunion du dix août, ou l'Inauguration de la république française*, en cinq actes. Cette pièce, donnée en 1793, eut encore quelques représentations en 1794. Depuis la session conventionelle, Bouquier ne remplit aucune place : retiré dans ses foyers, il s'y occupait des arts, et particulièrement de la peinture. Il mourut en 1811, à Terasson (Dordogne).

BOURBON-BUSSET (Gabriel), dit *Leblanc*, a dû quelque célébrité à ce *Mathurin Bruneau* (*voyez* Bruneau), prétendu *Charles de Navarre*, dont il s'est constitué le champion. Auteur de plusieurs ouvrages de politique et de jurisprudence, entre autres de l'*Introduction à la science de l'économie politique et de la statistique générale* (1801, in-8°); du *Dictionnaire universel du droit civil français, ancien, intermédiaire, et nouveau* (1804, in-8°, tom. I); de la *Statistique de la législation constitutionnelle de France*, en 1788 (1816, in-8°); et de la *Philosophie politique* (1816, in-8°), M. Bourbon-Busset était resté dans l'obscurité dont ne l'avait pu faire sortir un vif attachement à la cause royale. Tout à coup on le vit, en 1817, se déclarer partisan de ce faux dauphin, le second de notre époque, aventurier plein d'audace, et qui spécula si bien, quoique sans succès, sur les circonstances, l'esprit de parti, et la crédulité de quelques hommes. Le long silence gardé sur ce personnage, que les évidences judiciaires accablaient, étonna beaucoup de personnes. M. Bourbon-Busset devint l'organe de ces esprits soupçonneux, et dans un ouvrage répandu avec profusion, jeta quelques doutes sur la conduite équivoque du ministère. Bientôt accusé devant le tribunal correctionnel de Paris comme ayant détourné à son profit des sommes consacrées à son client, il fut acquitté. Il ne faut pas confondre M. *Bourbon-Busset* avec M. le comte *François de Bourbon-Busset,* aide-major des gendarmes de la garde et gentilhomme d'honneur de *Monsieur*, chevalier de Saint-Louis le 20 août 1814, et cordon-rouge le 25. Celui-ci suivit le roi à Gand, et fut nommé, en 1815, chef d'état-major de la 1re division de cavalerie de la garde royale.

BOURBON-CONDÉ (*voyez* Louis).

BOURBOTTE (N.), membre de la convention, a offert le même contraste d'horreur et de grandeur que cette fameuse assemblée. Administrateur féroce, héros au combat, martyr devant l'échafaud, il a sacrifié au fanatisme de ses principes l'humanité, la vie de ses semblables, son nom et sa propre vie. Né à Vaux près d'Avalon, il se prononça de bonne heure en faveur des idées nouvelles, et député, en 1792, par le département de l'Yonne à la convention nationale, il ne cessa de pousser à travers des abîmes le char de la révolution. Il demanda la mise en jugement de la reine, après avoir voté la mort de Louis XVI, sans appel et sans sursis; et, de concert avec Chabot et Albitte, il s'opposa à ce que les complices des assassinats de septembre fussent recherchés. La voix publique le désigna parmi ces complices, et expliqua ainsi la chaleur qu'il avait mise à les défendre. Envoyé à Orléans pour y examiner la conduite des chefs de la légion germanique, accusés d'incivisme, il passa bientôt dans les départemens de la Vendée, et prit part à cette guerre avec autant d'intrépidité que de talens. On cite de lui des traits du plus grand courage. Lors de la prise de Saumur par les Vendéens, un coup de canon abat son cheval. Bourbotte s'est à peine relevé qu'on l'environne; les ennemis se pressent autour de lui; seul pendant un quart-d'heure il se défend. tue plusieurs hommes, et, accablé par le nombre, va succomber, quand Moreau, alors simple officier, vient à son secours avec quelques soldats, et le délivre. Une autre fois il reçoit un coup de crosse à la tête, et reste étourdi sous le coup : le soldat vendéen l'ajuste; mais Bourbotte revient à lui, soulève d'une main le fusil prêt à lui donner la mort, et de l'autre fait tomber son sabre sur le front du soldat, qui reste sur la place. Quant à son administration dans ces pays insurgés, elle fut telle que le comité de salut public se vit obligé de casser ses arrêtés comme trop rigoureux. Ce farouche proconsul fut accusé de mesures oppressives. Carrier se constitua son défenseur et à son tour, quelque temps après, Bourbotte s'opposa vivement, mais en vain, à la condamnation de ce monstre. Cependant le comité de salut public, qui était parvenu à justifier Bourbotte, l'envoya bientôt après à l'armée de Rhin-et-Moselle, où, comme dans celle de l'Ouest, il montra le même courage, les mêmes talens, et se rendit coupable des mêmes excès. Ce fut lui qui, le 6 août 1794, instruisit la convention de la prise de Trèves, de Bingen et de Rheinsfeld. Le 9 thermidor renverse la Montagne. Bourbotte rentre à la convention, se lie avec les mécontens, et bientôt se met à leur tête. Invisible dans la première insurrection du 12 germinal, il devient le commandant avoué de la seconde qui éclata le premier prairial : passagère dictature qui le menait à la mort, et son parti à la destruction. Il demande, pendant ces courts instans de pouvoir, l'arrestation des journalistes-réacteurs, ainsi que celle des individus sortis de prison après le 9 thermidor : cet homme, qui oubliait qu'un moment décide de tout, et que les paroles entravent le succès, ne connaissait qu'imparfaitement la tactique des conjurations. Pendant qu'il discute, Auguis et Legendre marchent à la tête des sections, prennent l'assemblée d'assaut, et se saisissent des conjurés, qui, troublés eux-mêmes par un tumulte effroyable, ne font aucune résistance. Sur le décret proposé par l'al-

lien, ils sont jetés en prison. Ils étaient six : Bourbotte, Gougeon, Romme, Duquesnoy, Duroy et Soubrany. Transférés au château du Taureau dans le Finistère, les conjurés y restent vingt-trois jours, et ramenés à Paris, sont condamnés à mort le 13 juin 1795, par une commission spéciale militaire séante à l'Hôtel-de-Ville. Leur adresse, leur éloquence et leur présence d'esprit pendant les débats étonnèrent le tribunal. A peine sont-ils sortis de la salle, que l'un d'eux se frappant d'un couteau qu'il a gardé pour cet usage, tombe blessé à mort, et passe à son collègue le fer dont celui-ci se frappe à son tour; l'exemple est suivi par les quatre autres. Trois respiraient encore, et Bourbotte était du nombre. On les traîne à l'échafaud. Bourbotte est réservé pour le dernier comme le plus coupable, et mourant il voit l'horreur du supplice se prolonger pour lui seul. Soubrany est exécuté l'avant-dernier. Bourbotte, étendu sur la fatale planche, va frapper le fer qui n'a pas été relevé; il faut attendre; le sourire ne quitte pas ses lèvres, et les mots qu'il prononce sont calmes et fermes. Sublime courage, digne de la cause d'une liberté qui est restée pure des excès cruels dont on a souillé son berceau!

BOURCIER (le comte), lieutenant-général, conseiller-d'état, grand-officier de la légion-d'honneur, et chevalier de l'ordre royal de Saint-Louis, né en 1760, fils d'un ancien brigadier des gardes-du-corps du roi Stanislas. Il était lieutenant au régiment de chasseurs à cheval de Picardie, à l'époque de la révolution. Aide-de-camp du duc d'Aiguillon en 1792, il fut successivement adjudant-général, général de brigade, général de division, et chef de l'état-major-général de l'armée du Rhin. Suspendu de ses fonctions, et mis en arrestation par ordre du comité du salut public, il fut réintégré, le 9 thermidor. Commandant de la grande réserve de cavalerie de l'armée du Rhin, en l'an 4 (1796), le général Bourcier n'a plus cessé d'être en activité jusqu'à la paix d'Amiens, et a toujours justifié le rapide avancement qu'un courage distingué et des actions d'éclat lui avaient fait obtenir. Après la paix d'Amiens, les talens administratifs qu'il avait déployés, comme chef de l'état-major-général de l'armée, le firent nommer conseiller-d'état, section de la guerre. Lors de la formation de l'armée des Côtes, il fut nommé au commandement de la réserve de cavalerie légère ; il a fait la première campagne d'Autriche, et s'est distingué aux batailles d'Ulm et d'Austerlitz. A cette dernière bataille, le général Bourcier a rendu les services les plus distingués. Placé avec sa cavalerie à l'extrême droite de l'armée, il empêcha pendant quatre heures, par les charges les plus brillantes, un corps russe de s'établir et de se former de l'autre côté du ruisseau qui séparait les deux armées. L'opiniâtreté de cette manœuvre a puissamment contribué au gain de cette bataille, alors décisive. En 1806, inspecteur-général de la cavalerie de la grande-armée, il déploya de nouveaux talens en remontant et réorganisant, à plusieurs reprises, la cavalerie épuisée par ses campagnes glorieuses. Après la paix de Tilsitt, il devint inspecteur-général de la cavalerie de l'armée d'Espagne; rappelé à la grande-armée pour la campagne de Russie, et échappé à ses désastres, il contribua encore puissamment à rétablir la cavalerie, et se fit toujours remarquer par le zèle le plus actif et la probité la plus sévère. En 1814, le roi le nomma chevalier de Saint-Louis. Au 1er janvier 1816, il fut mis à la retraite ; mais, l'année suivante, il fut nommé de nouveau conseiller-d'état, et commissaire du roi près de la régie générale des subsistances militaires ; il remplit ces dernières fonctions jusqu'au changement survenu dans cette administration. Depuis 1816, il fait partie de la chambre des députés, où l'a nommé le département de la Meurthe.

BOURDÉ (Guillaume-François-Joseph), capitaine de vaisseau, est né le 8 mai 1753, dans le village de Plouer, près de Dinant (Côtes-du-Nord). Entré dans la marine dès l'âge de 11 ans, il fit aux Indes orientales les campagnes de 1780 à 1782. Enseigne de vaisseau en 1793, il devint successivement lieutenant en 1794, et capitaine de frégate en 1796. Il prit alors part à tous les combats livrés aux Anglais par l'escadre de l'amiral Villaret-Joyeuse, dont faisait partie le bâtiment qu'il montait. En 1797, la *Sensible*, frégate qu'il commandait, appartenait à la flotte qui croisait dans la Méditerranée, sous le commandement de l'amiral Brueys. Il ne commanda pas, quoique d'autres biographies l'aient affirmé, les forces françaises qui allèrent prendre possession de Corfou, de Zante, de Céphalonie, et des autres îles de la mer Ionienne ; mais il avait sous ses ordres la division moitié française, moitié vénitienne, qui escortait cette expédition commandée par le général Gentili. L'année d'après (1798), sa frégate, qui avait été radoubée pendant l'hiver à Toulon, fut équipée en flûte, c'est-à-dire en bâtiment de transport, et employée à cet usage dans l'expédition d'Égypte. Pendant le trajet de Toulon à Malte, l'amiral Brueys reconnut que la *Sensible* par suite des réparations qui lui avaient été faites, était devenue la meilleure voilière de l'armée, et l'expédia en *aviso,* après la prise de Malte, pour porter en France cette importante nouvelle. On lui rendit ses canons et son équipage de guerre : mais c'est avec des étrangers, des aventuriers, la plupart tirés du bagne, que cet équipage fut complété De pareils hommes pouvaient-ils défendre l'honneur du pavillon français, l'honneur d'un pavillon quelconque ? Ils ne tardèrent point à le trahir. Le 24 prairial an 6 (12 juin 1798) le général Baraguay-d'Hilliers ayant été chargé, par le général Bonaparte, d'apporter au directoire les drapeaux conquis sur l'ordre de Malte, la *Sensible,* sur laquelle il était embarqué (*voyez* BARAGUAY-D'HILLIERS), fut attaquée et prise à l'abordage par le *Sea-Horse* (et non le *Saint-George*, comme on l'a imprimé par erreur à l'article BARAGUAY-D'HILLIERS), bâtiment anglais d'une force bien supérieure. Le 15 messidor (3 août) suivant, le directoire suspendit de ses fonctions le capitaine Bourdé, en l'accusant de s'être rendu sans avoir fait une résistance assez vigoureuse. Cependant le général Baraguay-d'Hilliers, dans un rapport qu'il publia sur ce combat, rendit hommage à la bravoure de M. Bourdé, déjà constatée par une note que M. Arnault, qui s'était trouvé sur la frégate, avait adressée au ministère, en qualité de commissaire du gouvernement. Le capitaine demanda à être jugé : un conseil militaire, devant lequel il fut traduit, l'ayant déchargé de toute accusation, il fut réintégré dans son grade, et reprit du service. Il commandait, en 1807 et 1808, un des vaisseaux de l'escadre de l'amiral Rosilly, que les Espagnols bombardèrent dans la baie de Cadix. Lorsqu'en 1812, l'escadre de l'amiral Missiessy fut bombardée en même temps que la ville d'Anvers, il faisait partie de cette escadre, et continua de servir dans ces parages jusqu'à la restauration. Depuis cette dernière époque, le capitaine Bourdé a été mis en retraite : il avait, depuis 1798, le grade de capitaine de vaisseau.

BOURDEAU (N.), nommé à la chambre des députés, en 1815, par le département de la Haute-Vienne, dont il était procureur-général en 1814. Il est, depuis 1816, procureur-général près la cour royale du même département. Les opinions de M. Bourdeau qui, au commencement de la session de 1815, avaient paru modérées, surtout en les comparant à celles de quelques-uns de ses collègues, se manifestèrent sur la fin avec plus d'irritation, et le portèrent à voter la loi qui institue les cours prevôtales, la loi relative aux cris séditieux, enfin la loi dite d'amnistie, du 12 janvier 1816. M. Bourdeau, dans le cours de cette session, ainsi que dans celles qui l'ont suivie, et dont il a fait constamment partie, a constamment défendu le ministère avec le plus grand zèle. Lors de la discussion sur la suspension de la liberté individuelle, pour laquelle il se prononça, il soutint, par suite du reproche adressé à M. Pasquier, d'avoir refusé à la commission les renseignemens nécessaires sur le projet de loi, que l'on n'avait pas le droit d'interpeller les ministres du roi, LL. EExc. ne devant, ajoutait-il, donner de renseignemens que lorsqu'ils le jugeaient à propos. Lors de l'évasion du comte de La Valette, on demanda, à la chambre, l'examen de la conduite des ministres, soupçonnés d'être complices de cet acte d'humanité. M. Bourdeau, sans se compromettre, sans prétendre parler dans *l'intérêt du fugitif*, lorsqu'il disait que *la justice était épuisée sur sa tête criminelle*, repoussa la proposition comme étant inconstitutionnelle et attentatoire à l'autorité royale; aucune loi, ajouta-t-il, ne met les ministres à la disposition de la chambre; à la vérité, l'article 55 de la charte lui confère le droit de les accuser, mais l'article 56 prescrit les cas, qui sont ceux de la trahison et de la concussion; d'ailleurs les pouvoirs de la chambre se bornent à l'accusation, en admettant que la loi qui en doit régler le mode soit faite, et, dans ce cas, les pairs auraient seuls le droit d'examiner. Depuis 1816 jusqu'en 1821, M. Bourdeau a prêté son appui et donné son assentiment à toutes les lois d'exception, et au nouveau système d'élection. Il a parlé contre le droit de pétition, et improuvé celle de M. Madier de Montjau, tout en avouant qu'il ne connaissait qu'imparfaitement les faits qui s'y trouvent rapportés. Enfin M. Bourdeau, en cherchant à justifier les violences des agens de l'autorité, lors des rassemblemens pacifiques du 3 juin, a dit que l'on n'avait insulté des députés du côté gauche et assommé des libéraux, que parce que, les jours précédens, des voix séditieuses avaient crié : *Vive la charte !* Il est vrai qu'à ce cri on avait ajouté, selon lui : A bas les *ultra !* C'est ce même député qui fut poursuivi à Brest par la clameur publique. Le fait est assez important pour être consigné ici.

BOURDIC-VIOT (Marie-Anne-Payan de l'Étang de), femme de lettres, naquit en 1746 à Dresde. Amenée fort jeune en France, elle n'avait que 13 ans lorsqu'elle y épousa le marquis d'Antremont, qui mourut après trois ans de mariage. Veuve à 16 ans, et déjà connue par la facilité avec laquelle elle faisait de jolis vers, elle put se livrer sans contrainte à son penchant pour la littérature et pour la musique; elle apprit en peu de temps les langues latine, italienne, allemande et anglaise. Mme d'Antremont n'était point belle; mais une taille élégante, des manières distinguées, de la grâce, de la délicatesse, et surtout un esprit peu ordinaire, firent oublier aisément des traits irréguliers. Le baron de Bourdic, major de la ville de Nîmes, vivement touché des qualités solides et aimables de Mme d'Antremont, l'épousa en secondes noces, et, loin de la gêner dans ses goûts, il sembla plutôt l'encourager à les suivre; mais soit modestie, soit calcul, elle paraissait n'attacher à ses productions aucune importance, de manière que c'était toujours sans sa participation, et seulement par le zèle de ses amis, que ses vers paraissaient dans l'Almanach des Muses. On parvint néanmoins à décider Mme de Bourdic à publier plusieurs ouvrages, parmi lesquels on cite avec distinction : l'*Eloge du Tasse*; l'*Eloge de Montaigne*; l'*Eloge de Ninon de Lenclos*; l'*Ode au silence*, et *la forêt de Brama*, opéra en trois actes, mis en musique par M. Éler. Mme de Bourdic devint encore veuve, et se maria, une troisième fois, avec M. Viot, administrateur des domaines. Depuis cette époque, s'étant fixée à Paris, elle s'y lia d'amitié avec Mme du Boccage, qui dut à son intervention la pension qu'elle obtint sur la fin de sa vie. La maison de Mme Bourdic-Viot devint le rendez-vous de la société la mieux choisie, et elle en était le premier ornement. Sa conversation, toujours intéressante, abondait en saillies des plus vives et des plus piquantes. Elle était avare toutefois d'épigrammes. La bonté de son cœur était plus grande que la malignité de son esprit. Cette femme estimable mourut à la Ramière près de Bagnols, le 7 août 1802. Elle était membre de plusieurs musées, lycées et académies, entre autres des Arcades de Rome. Voltaire, Blin-de-Sainmore, La Tremblaye et La Harpe l'ont célébrée. On lui a adressé beaucoup de fadeurs. On a dit d'elle : « Que la plume de Pline le » jeune et la lyre de Sapho n'eus- » sent point été déplacées dans ses » mains. »

Et des talens et de la grâce
Bourdic reçut le double don.

Les vers que Voltaire lui adressa en échange des siens sont supérieurs à tout ce qu'elle a fait faire et à tout ce qu'elle a fait.

Vous n'êtes point la Desforge Maillard.
De l'Hélicon ce triste hermaphrodite
Passa pour femme, et ce fut son seul art.
Dès qu'il fut homme, il perdit son mérite.
Vous n'êtes point, et je m'y connais bien,
Cette Corine et jalouse et bizarre,
Qui, par ses vers où l'on n'entendait rien,
En déraison l'emporta sur Pindare,
Sapho, plus sage, en vers doux et charmans,
Chanta l'amour; elle est votre modèle :
Vous possédez son esprit, ses talens ;
Chantez, aimez, Phaon sera fidèle.

BOURDOIS DE LA MOTHE (EDME-JOACHIM), docteur régent de l'ancienne faculté de Paris, l'un des plus habiles médecins de la capitale, est né à Joigny, le 24 septembre 1754. A l'exemple de son père qui, dans la carrière médicale, eut une grande réputation et laissa d'honorables souvenirs en Bourgogne, M. Bourdois se voua à la médecine, vint à Paris, y prit sa licence, et parvint en peu de temps à la place de médecin de l'hôpital de la Charité. Des symptômes graves de phthisie pulmonaire l'obligèrent à renoncer à ses fonctions, et les heureux résultats du traitement qu'il se prescrivit, en lui rendant la santé, mirent le sceau à sa réputation. Jeune encore, il obtint la confiance de personnages éminens; *Monsieur*, aujourd'hui roi de France, se l'attacha. Il fut d'abord nommé médecin du palais du Luxembourg et du château de Brunoy; bientôt après, ce prince créa pour lui la place d'intendant de son cabinet de physique et d'histoire naturelle. Son esprit cultivé, son goût éclairé pour les arts, le firent rechercher des savans, des gens de lettres et des artistes; chez les grands et dans la haute société, il sut toujours maintenir la dignité de son art; il conciliait l'honorable attitude du médecin avec les formes et les convenances du grand monde, où il a conservé les relations les plus distinguées. En 1788, Madame *Victoire*, tante du roi, lui donna le titre de son premier médecin, en survivance du célèbre Malouet; il eût suivi avec empressement Mesdames de France, lors de leur départ pour l'Italie, si M. Malouet n'eût revendiqué les droits du plus ancien. Au fort de la tempête révolutionnaire, une foule de titres honorables pour M. Bourdois devint le prétexte de sa proscription; il fut jeté dans les cachots de la Force, et ne parvint à se soustraire à la mort, qu'en acceptant la place de médecin en chef de l'aile droite de l'armée d'Italie, où bientôt il se signala par d'importans services. A des connaissances profondes et variées, M. Bourdois joint un tact sûr et prompt dans l'exercice de son art. Ami des sciences, il se montra toujours empressé à favoriser leurs progrès, et devint constamment l'appui de ceux qui en furent la gloire ou qui en sont l'espérance. Nommé médecin des épidémies du département de la Seine, par le comte Frochot, alors préfet, ce fut à ses lumières et aux soins qu'il donna au traitement de l'épidémie de Pantin, qu'on dut la prompte extinction de ce fléau, en 1811. Antérieurement, une maladie ayant des apparences épidémiques, se manifesta subitement à Lay près de Sceaux; M. Bourdois s'y rendit par ordre du gouvernement. Bientôt il reconnut, dans les violentes coliques qui en étaient le symptôme prédominant, tous les caractères de l'empoisonnement par l'oxyde de plomb; un marchand de vin, par une fraude coupable, avait causé tout le mal. M. Bourdois obtint, dans cette circonstance, un très-grand succès, en substituant l'emploi du laudanum au moyen connu sous le nom de traitement de la Charité; ce dernier, par sa violence, étant quelquefois devenu plus funeste qu'avantageux aux malades. En 1812, sa haute réputation le fit choisir comme premier médecin du fils de Napoléon; et successivement il fut nommé conseiller de l'université, chevalier de la légion-d'honneur, et médecin du ministère des relations extérieures. A ces titres, M. Bourdois joint encore ceux de chevalier de l'ordre royal de Saint-Michel et de l'ordre impérial de Saint-Wladimir de Russie: son nom figure avec honneur dans les fastes des sociétés médicales de Paris. En 1808, il publia une *Dissertation sur les effets de l'extrait de ratanhia dans les hémorragies;* on lui doit l'introduction de ce puissant astringent dans la thérapeutique française. Ses nombreuses occupations ne lui ont pas encore permis de mettre en ordre un ouvrage de clinique interne, qui sera d'autant plus important pour l'art, qu'il doit offrir une réunion précieuse de faits observés dans les classes riches. Il serait à désirer que les médecins d'un talent distingué, qui, comme le docteur Bourdois, exercent leur art dans les premiers rangs de la société, recueillissent avec le même soin, dans le cours d'une pratique aussi étendue qu'éclairée, ces affections larvées, ces anomalies, ces divergences, si fréquemment observées dans un extrême tout-à-fait opposé à celui sous l'empire duquel vivent les hommes qui peuplent les hôpitaux, et fournissent ordinairement aux recherches des professeurs de clinique et aux nosologistes. Enfin M. Bourdois vient d'obtenir le succès le plus flatteur, en réunissant les suffrages de ses collègues pour la présidence des trois sections réunies de l'académie royale de médecine. Cette nomination a été sanctionnée par le roi.

BOURDON (N.), membre du tribunal révolutionnaire de Nîmes, était l'un des agens du conventionnel Borie, qui créa ce tribunal. Cet homme, connu par sa férocité, entretenait une correspondance active avec Robespierre. La mort de ce dernier pouvait le compromettre, et lui faire porter sa tête sur l'échafaud. Aussi, dès que la nouvelle des événemens du 9 thermidor arriva à Nîmes, Bourdon se brûla la cervelle au sein de la société populaire. Ce nom a été fatal à la France.

BOURDON (LÉONARD-JEAN-JOSEPH), fils d'un premier commis des finances, naquit à Orléans, vers 1760. Il avait fait de bonnes études, et avait fondé à Paris, où il s'était fixé, une maison d'éducation. En 1789, Bourdon, qui jouissait de quelque réputation comme instituteur, adopta les nouvelles doctrines, et se montra, après le 14 juillet, l'un des plus fermes défenseurs de cette liberté, que l'on n'avait point encore confondue avec la licence. Par une sorte de vanité philanthropique, Bourdon sollicita et obtint de l'assemblée constituante l'autorisation de donner l'hospitalité à un centenaire du Mont-Jura; il le faisait servir par ses élèves, afin de leur inspirer de bonne heure le respect et la vénération que mérite la vieillesse. Une telle conduite devait attirer sur lui l'attention publique. On crut à sa vertu. Électeur de Paris, en 1792, il fut nommé simultanément, par les départemens de l'Oise et du Loiret, député à la convention nationale. Avant l'ouverture de la session, il avait reçu de la commune de Paris la mission de se rendre à Orléans, où la nouvelle des événemens du 10 août avait d'abord excité le mécontentement, pour faire adhérer cette ville à toutes les mesures prises par l'assemblée législative. Ce n'était là qu'une partie de sa mission: l'autre consistait à transférer à Paris les prisonniers d'état, destinés à être jugés par la haute-cour. Mais leur arrêt fut prononcé et exécuté par les auteurs des journées de septembre: ils furent impitoyablement massacrés sur la route. Il est horrible de penser que Bourdon, sous la responsabilité duquel se trouvaient alors les prisonniers, paraisse avoir été d'intelligence avec les bourreaux. Ce qui ne laisse que bien peu de doute à cet égard, c'est le conseil qu'il donna à Fournier, dit l'Américain, conducteur de l'escorte et chef des assassins, de déclarer qu'il était déjà près de Versailles quand on lui transmit le décret de l'assemblée législative, en vertu duquel les prisonniers devaient être conduits à Saumur et non à Paris. Bourdon, au sein de la convention, ne déguisa plus la perversité qu'il avait long-temps dissimulée, et qui, à cette fatale époque, était la sauvegarde naturelle des acteurs du drame révolutionnaire. Il déclara dans l'assemblée que les lois qu'elle rendrait seraient sans effet, si toutes les administrations n'étaient recomposées à la hauteur des circonstances. Il proposa que l'on interdît à Louis XVI, détenu au Temple, la triste consolation d'épancher sa douleur au sein de sa famille. Il prétendit que ce n'était point sur des actes publics qu'il fallait juger ce prince : il vota la mort sans appel, et manifesta une barbare impatience de voir l'exécution suivre de près le jugement. Chargé d'une nouvelle mission à Orléans, sa conduite fut de nature à réveiller avec plus d'horreur les souvenirs que le massacre des prisonniers y avait laissés. Le 16 mars 1793, ses partisans lui donnèrent un repas qui dégénéra en orgie. Bourdon en sortit, complétement ivre, à onze heures du soir. Passant devant un corps-de-garde, il se prit corps à corps avec la sentinelle, qui, selon lui, avait voulu le tuer, et cria : *A l'assassin!* Lorsque l'on vint à son secours, on ne le trouva point blessé; mais il prétendit que la pointe de la baïonnette, dont la sentinelle avait voulu le percer, s'était arrêtée sur une pièce de cinq francs, toute neuve, qu'il avait dans son gousset, de sorte que l'*effigie de la liberté* aurait paré le coup porté à son défenseur. Cette malheureuse rixe, qui n'était que ridicule, occasiona l'arrestation et la mise en jugement, non-seulement de la sentinelle et de sa famille, l'une des plus considérées d'Orléans, mais encore de tous les citoyens qui, ce jour-là, étaient de garde, comme ayant participé à un complot contre la vie d'un député. Ce fut en vain qu'Albite, présent lorsque la rixe eut lieu, déclara que son collègue était l'agresseur, tous ces infortunés furent traduits au tribunal révolutionnaire. Orléans était dans la consternation. Les parens des accusés les suivirent à Paris; tous, en répandant des larmes, supplièrent Bourdon, au nom de l'*humanité*, de revenir sur ses premières dépositions. Mais cet homme atroce, appelé comme témoin, ne parla que pour aggraver les charges. Deux jours après l'arrivée des prévenus à Paris, le redoutable tribunal les condamna à mort : ils étaient au nombre de neuf. Les familles de ces infortunés, auxquelles se réunirent les sœurs mêmes de Bourdon, se portèrent à la convention, implorant encore la clémence du monstre; mais pendant ce temps, les fatales charrettes conduisaient leurs pères, leurs frères ou leurs enfans au supplice. Aux cris des supplians, l'assemblée garda un profond silence; un seul député de la Montagne le rompit, pour déclarer que la convention ne pouvait revenir sur un jugement: Bourdon resta impassible, et la convention passa à l'ordre du jour. Sans doute il faut du courage pour retracer de semblables horreurs; et la mission du biographe de la terreur est un devoir qui ne serait que rigoureux, s'il ne devait pas être utile à ses concitoyens. Bourdon fut élu secrétaire de la convention le 8 août 1793, et presque dans le même temps président des jacobins, digne et affreuse récompense de ses crimes. Il appuya d'abord la formation d'une armée révolutionnaire, et demanda qu'il y en eût une dans chaque département. Comme dans ce temps malheureux beaucoup de détenus se donnaient la mort pour sauver la fortune de leurs familles, Léonard Bourdon, conjointement avec Bourdon de l'Oise, fit décréter que les biens des suicidés, ainsi que ceux des condamnés, appartiendraient à la république. Les tyrans de Rome n'avaient pas inventé une telle cupidité! Il défendit Vincent et Ronsin, ses dignes amis, et proposa leur mise en liberté, le 9 pluviôse an 2 (28 janvier 1794); mais Robespierre fit rejeter cette proposition par le comité de salut public. Vincent et Ronsin furent guillotinés le 4 ventôse suivant: c'est de ce moment que date la haine si légitime de Bourdon et de Robespierre. Ce dernier en donna bientôt des preuves à son antagoniste, qui, après l'exécution d'Hébert, osa demander aux jacobins l'épuration des autorités. Robespierre saisit cette occasion pour adresser à Bourdon les reproches les plus virulens; il alla même jusqu'à lui dire qu'il ne le croyait pas étranger à la dernière conspiration. Cette sortie, à laquelle Bourdon ne s'attendait pas, le fit trembler, et suffit pour expliquer le parti qu'il prit au 9 thermidor. Dans cette journée où l'odieux Robespierre fut renversé, Bourdon se joignit à ceux qui l'attaquèrent avec le plus d'énergie. Ce jour même, la convention l'adjoignit à Barras, pour commander la garde nationale. Ce fut lui qui conduisit la force-armée à l'Hôtel-de-Ville, où Robespierre s'était retiré; il dispersa les suppôts du tyran, et s'empara sans résistance de tous les chefs. Mais Bourdon, en détruisant le tyran, n'était qu'un bourreau qui en tuait un autre. Il était bien loin de vouloir détruire la tyrannie; il essaya, au contraire, de la concentrer de nouveau au sein du comité de salut public; ses succès et ceux de ses partisans ne furent pas de longue durée, et bientôt les thermidoriens reprirent un ascendant nouveau. En attendant, Bourdon, se remontrant dans toute sa difformité, fit décréter par la convention que le corps de Marat serait transféré au Panthéon, et fut lui-même le digne ordonnateur de cette pompe infâme, qui eut lieu le 12 septembre 1794. Cependant l'étoile du crime pâlissait, et de jour en jour l'opinion publique s'ameutait contre Léonard Bourdon; il la connut lui-même, lorsqu'au sein de la convention il se plaignit des calomnies de Fréron, parce que celui-ci avait dit dans son *Orateur du peuple* que Bourdon avait fait conduire à la mort les chefs des plus estimables familles d'Orléans. Alors Legendre, reprenant la série des crimes de Bourdon, le traita hautement d'assassin, aux applaudissemens universels de la convention et des tribunes. Cette circonstance, qui devait être un avertissement pour lui, ne le ramena pas à des principes plus modérés; et lorsque l'insurrection du 12 germinal an 12 (20 juillet 1797) éclata, il parut démontré qu'il en était l'un des chefs, ce qui donna lieu à son arrestation : dès le lendemain, le comité de sûreté générale le fit conduire au château de Ham. C'était pour le soustraire au glaive de la loi. Le bienfait d'une criminelle amnistie rendit à la liberté, le 4 brumaire an 4 (25 octobre 1795), celui qui n'avait jamais connu ni la pitié, ni le remords. Mais sa renommée sanguinaire le suivit au conseil des cinq-cents. Dans cette assemblée, le 20 juillet 1797, Boissy-d'Anglas traita Bourdon d'assassin révolutionnaire, et se plaignit de ne pouvoir faire un pas dans Paris sans être effrayé de son aspect. Un affreux jeu de mots substituait à son prénom de *Léonard*, celui de *Léopard;* ce qui n'empêcha pas l'odieux directoire de nommer Bourdon son agent à Hambourg, après le 18 fructidor an 5. Bourdon avait fondé, en 1795, l'*École des élèves de la patrie.* Cet établissement tomba lorsqu'il ne fut plus soutenu par la convention. L'imagination est également épouvantée d'un tel fondateur et d'une pareille protectrice. Cet homme, dont le nom est immortel dans les fastes de l'atrocité, mourut en 1805, à Paris. On ne peut comprendre qu'elle singulière affinité a pu exister entre le besoin de détruire les hommes et le plaisir de les instruire. En 1805, Léonard Bourdon dirigeait encore à Paris une école primaire. Il a publié les ouvrages suivans : *Mémoire sur l'instruction et sur l'éducation nationale*, 1789, in-8°; *Recueil des actions civiques des républicains français,* quatre n°, 1794, in-8°; *le Tombeau des imposteurs, ou l'Inauguration du temple de la vérité,* sans-culottide dramatique en trois actes, 1794, in-8°. Moline et Valcourt ont travaillé avec lui à cette détestable production.

BOURDON-DE-VATRY (Marc-Antoine), né en 1761. Son père était premier commis des finances : l'abbé Terray lui ôta sa place, et lui fit expier, par un petit séjour à la Bastille, le double crime d'avoir fait imprimer sans permission un projet de réforme, et d'avoir refusé de livrer l'imprimeur à la vindicte ministérielle. On connaît de M. Bourdon père plusieurs mémoires importans sur les subsistances, sur l'impôt, et sur d'autres matières d'utilité publique. Le jeune Bourdon-de-Vatry, qui faisait ses études au collége d'Harcourt lorsque cette injustice frappa son père, la ressentit vivement, et conçut dès ce moment, pour l'arbitraire, une horreur qui s'accrut avec l'âge. A 19 ans, il partit de Brest pour l'Amérique, comme secrétaire-général de l'armée de mer, qui décida de l'indépendance des États-Unis. Il entra ensuite dans l'administration de la marine, devint chef de l'administration des colonies, et, sous le ministère de M. Pléville-le-Peley, fut envoyé à Anvers, avec le titre d'agent maritime. Ce fut lui qui, aidé des conseils de M. Sganzin, donna l'idée des beaux travaux exécutés depuis pour le rétablissement du port d'Anvers. A l'arrivée de M. Bourdon-de-Vatry dans ce port, il n'y existait d'autre établissement maritime qu'un bureau d'inscription pour le classement des marins. Il ne fallut que huit mois au zèle infatigable du nouvel administrateur, pour jeter les premières bases de la prospérité du pays. Vers cette époque, M. Sieyes, qui, deux ans avant, avait signé le traité de réunion de la Belgique à la France, vit, en se rendant de Berlin à Paris, où il allait prendre son poste au directoire, les surprenantes améliorations déjà opérées, et s'arrêta deux jours à Anvers, pour avoir une conférence avec l'auteur de ces utiles travaux. M. Bourdon-de-Vatry faisait alors une tournée d'inspection, par ordre du gouvernement, dans tous les ports de la Manche et de l'Océan, et ne put voir M. Sieyes. Toutefois, lorsque celui-ci fut nommé président du directoire, il se souvint de ce qu'il avait vu à Anvers, et, sur sa proposition, l'agent maritime de ce port fut appelé au ministère de la marine, en remplacement de l'amiral Bruix, qui était allé prendre le commandement des armées navales de France et d'Espagne. M. Bourdon-de-Vatry signala son entrée dans ses nouvelles fonctions par les sondes de l'Escaut, dont il confia le soin à l'ingénieur Beautemps-Beaupré. Il s'entendit ensuite, avec le général Bernadotte, alors ministre de la guerre, pour ravitailler l'armée du général Championnet, et réussit à lui faire parvenir 4 millions de rations qui la sauvèrent. L'Angleterre, dont les vaisseaux couvraient toutes les mers, se trouvait isolée. Si jamais une descente fut praticable, ce fut alors. Les ministres de la marine et de la guerre ne purent communiquer leurs vues sur la possibilité de cette entreprise, à un gouvernement faible, incertain, irrésolu, dont les délais et les indiscrétions eussent fait avorter les plans les mieux combinés. Ils furent donc obligés de cacher leurs opérations au directoire; et l'un des plus singuliers phénomènes politiques de l'Europe, fut sans doute de voir les deux premiers ministres forcés d'employer la ruse pour le bien de l'état. Quelques mouvemens insurrectionnels dans l'Ouest, et les vents contraires, arrêtèrent tout à coup l'entreprise. Cependant, M. Bourdon-de-Vatry ne se découragea pas. Voulant soustraire le général Bruix aux embarras que devaient nécessairement lui causer l'incertitude et l'hésitation du directoire-exécutif, le nouveau ministre prit sur lui d'expédier un courrier à l'amiral, de lui enjoindre de regarder comme non avenus tous les ordres précédens, de s'arrêter à la seule idée de rentrer le plus tôt possible dans l'Océan, d'aller débloquer l'escadre espagnole commandée par l'amiral Meljarego, qu'une division anglaise retenait à l'île d'Aix; enfin, de conduire à Brest toutes ces forces réunies. Toutes ces dispositions furent exécutées, et le directoire n'en eut connaissance qu'après le départ du courrier, porteur de la dépêche qui les prescrivait. Le ministre fit ensuite venir à Paris les deux amiraux français et espagnol, Bruix et Massaredo, et ce fut devant eux que le projet de descente fut présenté au directoire. On hésitait, on discutait, lorsque le général Bonaparte arriva d'Égypte, fit la révolution du 18 brumaire, et mit sa volonté à la place de toutes les incertitudes. Devenu premier consul, il refusa la démission que M. Bourdon-de-Vatry lui offrait, et le nomma ministre de la marine et des colonies. Le projet de descente, soumis au premier consul, fut alors traité par lui d'*expédition de luxe;* deux ans plus tard, on tenta de le mettre à exécution; il n'était plus temps. Dans cette circonstance et dans plusieurs autres, l'opiniâtre volonté de Bonaparte s'irrita des résistances de M. Bourdon-de-Vatry. Par exemple, lorsqu'il fut question d'envoyer à Malte deux vaisseaux chargés de vivres, toutes les dispositions nécessaires avaient été arrêtées par le ministre; le premier consul changea la disposition prise pour le commandement de l'expédition, qu'il voulut confier au contre-amiral Perrée, alors prisonnier de guerre sur parole, et malade dans sa famille. L'exécution de ces nouveaux ordres ayant éprouvé du retard, les Anglais eurent connaissance des préparatifs faits à Toulon, et le convoi fut attaqué et pris, à peu de distance du port, après un combat opiniâtre dans lequel l'amiral Perrée perdit la vie. Enfin, une scène violente, à l'occasion d'un munitionnaire-général dont le ministre demandait que les comptes fussent réglés, mit fin à ce combat inégal; M. Bourdon fut remplacé. Bientôt les événemens prouvèrent que son opposition aux vues du chef du gouvernement était fondée sur les vrais intérêts de la France : on perdit Malte. Au lieu d'une ambassade qui lui était offerte, M. Bourdon-de-Vatry préféra les fonctions qu'il avait occupées à Anvers; il y fut en effet renvoyé avec le titre d'ordonnateur-général des mers du Nord. Après avoir, pendant huit mois, travaillé avec succès à relever le commerce de l'Escaut, il fut destitué, revint à Paris, et ne put savoir quelle était la cause de cette disgrâce. Envoyé ensuite à Lorient, comme chef de l'administration maritime il fut destiné peu de temps après à la préfecture maritime du Havre. Alors se préparait la fatale expédition de Saint-Domingue. M. Bourdon-de-Vatry en prévit les suites, et osa les annoncer. La suppression de la préfecture qu'il occupait fut résolue, et n'eut lieu cependant que sept ou huit mois après. Il passa à la préfecture de Vaucluse, puis à celle de Maine-et-Loire. Les ponts de la Durance et du Rhône, le lycée d'Avignon, la levée de la Loire réparée, les ponts de Cé remis en état, les routes faites à neuf, attestent le zèle et l'activité de cet habile administrateur. Il avait tout disposé pour le dessèchement de l'Authion et du Layon, pour la construction d'un grand pont sur la Loire, à l'entrée de Saumur, et pour d'autres travaux utiles, quand il reçut l'ordre de partir pour Gênes. Son administration dans ce pays laissa pour monumens un grand nombre d'établissemens publics, plusieurs routes nouvelles, de beaux ponts sur la Scrivia et sur le Pô. La reconnaissance des Génois éleva un buste de marbre à M. Bourdon. Rentré en France en 1814, il dut à M. Malouet, ministre de la marine, la direction du personnel de ce ministère, qui lui fut confiée, avec le titre d'intendant des armées navales. Il eut à lutter dans cette place contre les prétentions et les intrigues d'une foule de noms héraldiques, et se conduisit avec une fermeté qui honore son caractère. Au retour de Napoléon, il fut envoyé, en qualité de commissaire extraordinaire, dans la septième division militaire, et nommé ensuite à la préfecture de l'Isère, où il se fit remarquer par une modération dont il avait donné des preuves éclatantes quand il était plus puissant. Deux mois avant sa nomination au ministère, deux principaux employés de la marine avaient été destitués et enfermés dans les prisons du Temple. Ces deux employés, dont l'un était fils d'un ancien ministre, l'avaient persécuté à plusieurs époques. M. Bourdon-de-Vatry obtint du directoire non-seulement leur mise en liberté, mais leur réintégration dans leur emploi. Ses ennemis ont constamment rendu justice à sa générosité. Depuis le second retour du roi, il n'a été appelé à aucune fonction. La médiocrité de sa fortune, après avoir occupé des postes éminens, offre l'exemple d'une administration irréprochable. M. Bourdon-de-Vatry est dédommagé de son honorable obscurité, par l'estime et la reconnaissance de ses concitoyens. Ses deux fils ont servi de bonne heure leur patrie, l'un dans la marine, l'autre dans un régiment de hussards.

BOURDON-DE-L'OISE (François-Louis), procureur au parlement de Paris, avant la révolution, était fils d'un cultivateur du village de Remy, près de Compiègne. Cet homme violent et emporté, qui manifestait dans toutes ses opinions l'exaltation d'une imagination en délire, destiné à être l'un des coriphées du parti révolutionnaire, se fit remarquer par sa fureur à l'attaque du château des Tuileries, le 10 août 1792. La manière dont il parvint à la convention nationale est assez singulière. Il avait pour concurrent Léonard Bourdon, qui fut nommé en même temps par le collège électoral de l'Oise et par celui du Loiret. Léonard Bourdon opta en faveur de la députation du Loiret, et François-Louis Bourdon, candidat de l'Oise, favorisé par la conformité du nom (bien qu'il n'appartînt pas à la même famille), se présenta comme s'il eût été nommé, et fut admis à la convention, sans que jamais personne ait réclamé contre cette admission. Lorsque Louis XVI fut traduit à la barre de l'assemblée, Bourdon-de-l'Oise demanda que les défenseurs du peuple, mutilés en combattant pour la cause de l'égalité, sur la place du Carrousel, fussent confrontés avec ce prince. Bourdon provoqua en duel son collègue Cambon, pour avoir émis quelques opinions selon lui trop favorables au monarque détrôné. Il vota la mort, se prononça violemment contre l'appel et le sursis, se livra aux plus violentes imprécations, et appela toutes les vengeances du peuple sur les députés qui hésiteraient à répandre le sang du dernier roi. Il fut l'un des plus ardens dénonciateurs de ses collègues Brissot, Guadet, Vergniaud et Gensonné, contre lesquels il demanda un décret d'accusation pour avoir, en transigeant avec la cour, pris des mesures dont l'effet était de prévenir et d'empêcher la révolution du 10 août. Il osa même, au sein de la représentation nationale, menacer Guadet de l'échafaud. Après avoir coopéré au décret d'accusation rendu au 31 mai contre vingt-deux représentans du peuple, il fut chargé de surveiller les opérations de l'armée de l'Ouest, et se rendit à Orléans pour cet effet. Jusqu'alors il ne s'était point écarté de la ligne tracée par Robespierre, avec lequel il paraissait dans une parfaite intelligence; cependant, ayant destitué,

pour cause d'incapacité, le général Rossignol qui s'était laissé battre par les Vendéens, Robespierre en témoigna beaucoup de mécontentement; et, dans une explication très-vive qu'il eut depuis avec lui, il lui reprocha, en désignant Marat, de ne point aimer les républicains, parce qu'en effet Bourdon-de-l'Oise et Marat, quelle que fût d'ailleurs la conformité de leurs principes, ne furent jamais amis. Bourdon défendit hautement le régime de la terreur: dans l'assemblée il fit publiquement à l'abbé Grégoire (aujourd'hui ancien évêque de Blois) le reproche d'avoir voulu *christianiser* la révolution. (Étrange destinée de ce prélat, qui fut repoussé de la chambre des députés de 1819, pour cause prétendue d'*indignité!*) Ce fut sur la demande de Bourdon-de-l'Oise, qu'on arrêta les fermiers-généraux, qui furent traduits au tribunal révolutionnaire et condamnés à mort. Il se déchaîna, avec sa fureur ordinaire, contre le ministre de la guerre Bouchotte, et son adjoint d'Aubigny, ce qui n'était pas propre à réconcilier avec lui Robespierre, qui les protégeait de tout son crédit. Cette mésintelligence devait produire des résultats. Bourdon avait accusé de modérantisme Hérault de Séchelles. Dénoncé à son tour comme chef de parti, aux jacobins, par Hébert et par Robespierre, il cessa d'assister aux séances de cette société, et fut exclu de celle des cordeliers. Dès lors il commença à croire que sa tête était menacée, et que, pour la soustraire à la hache révolutionnaire, que lui-même avait suspendue sur celles de tant d'autres, il n'avait d'autre moyen que celui de se prononcer ouvertement contre le tyran de l'assemblée qui tyrannisait la France. C'est ce qu'il fit avec toute l'énergie qu'on lui connaissait. Les 8 et 9 thermidor, il seconda avec succès Tallien, Legendre, Le Cointre de Versailles et Léonard Bourdon. Depuis cette époque, changeant tout-à-fait de système, cet homme, qui ne semblait inspiré que par le génie de la destruction, se déclara l'ennemi mortel des sociétés populaires, et le protecteur des nobles et des prêtres. Il devint, comme cela devait être, un réacteur forcené. Comment néanmoins expliquer le contraste qui lui faisait, dans le même temps, au mois de décembre 1794, demander le rapport de la loi par laquelle les ex-nobles devaient se tenir éloignés de Paris, et l'établissement d'une autre loi pour que les biens des pères et mères d'émigrés fussent confisqués au profit de la nation ? On cite de lui un mot dont pourrait s'honorer un patriote vertueux : Brival se plaignait de ce qu'au milieu de tant de crimes *inutiles*, on n'avait pas pris encore une certaine mesure qui lui semblait nécessaire à l'affermissement de la république. « Il n'y a point de cri- » mes utiles », dit Bourdon. Cette réponse prouve qu'il avait réfléchi à ceux qu'il avait commis, et que la peur l'avait, comme tant d'autres, entraîné dans la carrière du crime. Aussi il appuya fortement pour la déportation de ses anciens complices Billaud-Varennes, Barère et Collot-d'Herbois. Il avait combattu les insurrections du 12 germinal et du 1er prairial an 3, qui coûtèrent la vie au représentant Ferraud, massacré dans le sein de la convention, et aux représentans Bourbotte, Romme, Soubrany, Duquesnoy, Gougeon et Duroy, condamnés par une commission militaire, comme auteurs de l'insurrection. Bourdon avait proposé qu'on les fusillât, sans jugement, dans la salle même de la convention. Ils avaient pourtant été ses amis, si des complices peuvent être des amis. D'après la mobilité ou plutôt la tourmente des opinions de Bourdon, on le voit cherchant à justifier l'atroce conduite de Carrier, tandis qu'il voudrait envoyer à l'échafaud le général républicain Rossignol, dont le plus grand crime était l'incapacité ; et lorsqu'on proposa l'arrestation de Joseph Lebon, il demanda l'ajournement de cette mesure. La convention, attaquée par les sections de Paris, le 13 vendémiaire an 4, ayant triomphé de ses ennemis, elle fit faire des recherches exactes de ceux qui avaient participé à cette insurrection, et étaient parvenus à sortir de Paris. Bourdon, envoyé à Chartres à cet effet, s'y conduisit avec une excessive rigueur. Les incohérences de caractère de ces grands terroristes sont des abstractions monstrueuses qui ont échappé aux observations des sages, et doivent vivre dans la mémoire des hommes, comme des productions singulières et fatales d'une grande convulsion de la société. Bourdon fut du nombre des conventionnels qui passèrent au conseil des cinq-cents ; comme il s'y occupa beau-

coup d'assignats et de biens nationaux, on a prétendu que sa fortune en avait reçu un accroissement considérable. Déterminé à se ranger toujours du parti du plus fort, après quelques hésitations, il se réfugia sous la bannière des *clichiens :* dès lors sa marche réactionnaire ne fut plus incertaine ; il aurait, s'il l'avait pu, anéanti tout ce qui avait été républicain. Le directoire, qui bientôt le considéra comme l'un de ses plus dangereux ennemis, se vengea de ses violentes diatribes, après le 18 fructidor, en l'inscrivant sur la liste des déportés qu'il envoya à Cayenne. On cite encore de lui, à cette occasion, des paroles mémorables qu'il adressa à ses compagnons de voyage : « En quel-
» que lieu de la terre que vous vous
» trouviez, on vous plaindra; vous
» aurez des consolateurs, vous....
» mais Bourdon-de-l'Oise!!.... »
Sa douleur se concentra, et ses remords hâtèrent probablement sa mort. Quelque temps après son arrivée à Sinnamary, il expira loin de cette France dont il aurait dû être arraché plus tôt.

BOUREL (Nicolas), membre de la légion-d'honneur, naquit en 1776, à Langres, département de la Haute-Marne. Il fit toutes les guerres de la révolution, et s'y fit remarquer par des prodiges de valeur. Maréchal-des-logis au 2ᵐᵉ régiment des chasseurs à cheval, il servait dans l'armée du général Moreau, lorsque, le 9 brumaire an 4, aidé de peu de monde, il chargea les dragons de Valdeck avec une telle impétuosité qu'il les rompit, en tua un de sa main, et poursuivit le régiment jusqu'aux portes de la ville : là il soutint un nouveau combat contre des troupes hessoises, dont il fit le commandant prisonnier, et contribua puissamment, dans cette occasion, à faire déposer les armes à 400 hommes. A l'affaire de Bruchette, le 24 floréal an 4, il chargea les hussards de Blankestein, à la tête de son régiment; combattit seul contre deux officiers qu'il sabra, et parvint à dégager le chef d'escadron Muller, accablé par le nombre, et au moment de tomber entre les mains de l'ennemi. Aidé seulement de trois autres braves, à Stokach, le 15 floréal an 8, Bourel fit prisonniers 600 Autrichiens. Un si brillant courage dut éprouver les coups de la mauvaise fortune. Bourel, outre plusieurs blessures, fut deux fois prisonnier des Autrichiens. La deuxième fois, après sept mois de captivité, il parvint à s'échapper et à traverser toute l'Allemagne, sans être reconnu, mais non sans courir mille dangers. De retour en France, il reçut, le 15 prairial an 12, l'étoile de la légion-d'honneur, et mourut le 12 vendémiaire an 14.

BOURGEAT (N.), jeune littérateur, naquit vers 1795, à Grenoble (Isère), et mourut à Paris en 1818, ayant à peine atteint sa 23ᵐᵉ année. Il annonçait des talens, et nous croyons devoir placer ici son nom, bien qu'il n'ait pas eu le temps d'y attacher beaucoup de gloire. On ne peut songer sans affliction au grand nombre de jeunes gens qui, dans l'intervalle du demi-siècle qui vient de s'écouler, ont été enlevés à la fleur de l'âge, et au moment où leur génie commençait à se révéler. Parmi la foule de noms plus ou moins célèbres sur lesquels l'ami des lettres porte avec intérêt son attention, nous citerons Malfilâtre, Gilbert, Dorange, et Millevoye. Bourgeat était né sans fortune. Ayant perdu son père de bonne heure, et étant livré à lui-même, il n'étudia que par goût, par intervalle, et comme dit Jean-Jacques Rousseau, à *bâtons rompus*. Sa mère, à un âge déjà avancé, restant sans ressources, il vint à Paris, donna des leçons, comme professeur, et parvint, en redoublant de zèle et d'activité, non-seulement à soulager cette mère chérie, à vivre lui-même, toutefois bien médiocrement, mais encore à faire son droit. Il s'attacha à plusieurs journaux, devint un des plus laborieux collaborateurs du *Mercure de France*, et remporta un prix à une académie de province. Ces travaux étaient au-dessus de ses forces ; des privations nombreuses, le chagrin de ne pouvoir donner à sa mère tous les secours dont elle avait besoin, altérèrent sa santé. Bientôt il mourut d'une fièvre adynamique. Bourgeat, dont le cœur était plein des plus nobles sentimens, aimait son pays. Heureux peut-être d'être mort si jeune ! La vie n'avait pas encore perdu pour lui ses illusions, ni la patrie sa grandeur. M. Auguis a rédigé sur sa courte existence une *Notice* pleine d'intérêt, à laquelle on peut reprocher néanmoins quelques inexactitudes.

BOURGEOIS (N.), député à la convention nationale, par le département d'Eure-et-Loir. Dans le procès du roi, après avoir déclaré qu'il reconnaissait la culpabilité de ce prince, il feignit une maladie, et s'absenta de l'assemblée lors du jugement. Il défendit, en 1795, les membres de l'ancien comité du salut public, et se plaignit que l'on mettait trop de passion dans les poursuites ; demanda la mise en liberté de toutes les personnes qui étaient encore détenues pour délits révolutionnaires ; partagea l'avis de ceux qui s'opposèrent à ce que la convention fût renouvelée, et passa néanmoins de la convention au conseil des anciens, dont il sortit au mois de mai 1797. Il s'est retiré à Châteaudun, et n'a depuis rempli aucune fonction publique.

BOURGEOIS (Pierre-Pascal) est né à Amiens, où il fit ses études. Sorti du séminaire à 22 ans, il fut nommé, en 1791, professeur de logique au collège de cette ville, et obtint successivement la chaire de grammaire générale à l'école centrale du département de la Somme, et celle de grammaire latine au collège d'Amiens. Il conserva cette dernière jusqu'en 1811, qu'il fut mis à la retraite. Depuis ce temps, M. Bourgeois n'a pas cessé de donner des leçons particulières de littérature. Son goût pour l'anglais, dont il a fait une étude approfondie, le détermina à composer une grammaire de cette langue qu'il publia sous le titre de : *Méthode analytique pour apprendre la langue anglaise*, in-8°, 1800, réimprimée en 1818 et 1819. Cet ouvrage, rédigé sur un plan neuf, est généralement estimé, et forme un cours complet de langue anglaise.

BOURGOING (JEAN-FRANÇOIS, BARON DE), naquit à Nevers, le 20 novembre 1748, d'une famille ancienne du Nivernais, entra à l'École militaire en 1760, et s'y fit remarquer par son application et par un travail facile. Pâris Duverney, fondateur et directeur de cet établissement, conçut l'idée de diriger quelques-uns de ses élèves dans la carrière diplomatique. Le jeune Bourgoing fut choisi pour aller étudier le droit public dans une université allemande. Il arriva à Strasbourg, en 1764, et suivit avec assiduité les leçons de plusieurs professeurs distingués, et notamment celles du célèbre Schœflin. En 1767, il fut reçu officier au régiment d'Auvergne, et attaché à la légation de France près la diète de l'empire. Le ministre plénipotentiaire ayant demandé un congé, et le secrétaire de la légation ayant été appelé à des fonctions plus élevées, M. de Bourgoing se trouva, à 19 ans, chargé de la correspondance avec le ministère, et s'en acquitta, pendant deux ans, avec un talent bien au-dessus de son âge. Ce début brillant promettait un avancement rapide, mais une généreuse imprudence faillit lui fermer pour toujours la carrière politique. Ayant reçu du duc de Choiseul un ordre dont l'exécution répugnait à ses principes, il osa se permettre des représentations; ces représentations furent accueillies, mais il fut renvoyé à son régiment (1770), où il passa près de sept années, pendant lesquelles il se li-

vra à de nouvelles études. Enfin, en 1777, M. de Montmorin, ambassadeur en Espagne, le demanda à M. de Vergennes, pour premier secrétaire de légation. Le principal ministère de cette puissance venait d'être renouvelé, et il s'agissait de pressentir ses dispositions relativement à l'importante querelle de l'Amérique septentrionale avec sa métropole. La mission de MM. de Montmorin et de Bourgoing eut le plus heureux résultat. L'Espagne embrassa, de concert avec la France, la cause de l'indépendance des États-Unis; et en octobre 1783, l'ambassadeur quitta Madrid, laissant à M. de Bourgoing les fonctions de ministre et le titre de chargé d'affaires, qu'il conserva jusqu'à l'arrivée du duc de La Vauguyon, au mois de mai 1785. A la fin de cette année, M. de Bourgoing obtint un congé, revint en France, s'y maria en 1786, et fut nommé, en 1787, ministre plénipotentiaire en Basse-Saxe. Il signa, en cette qualité (1789), un traité de commerce avec Hambourg. Au mois de juin 1790, il fut rappelé à Paris. Il était désigné pour l'ambassade de Madrid: il revint néanmoins à Hambourg, en juin 1791, et ce ne fut qu'en janvier 1792, qu'il quitta cette résidence pour aller remplir en Espagne les fonctions de ministre plénipotentiaire. Le nouveau gouvernement de la France cessa bientôt ses relations amicales avec le gouvernement espagnol. Le ministre continua néanmoins de résider à Madrid, retardant de tous ses efforts une guerre qui éclata après son départ, au mois de mars 1793. De retour à Paris, il y resta peu de temps. Une loi rendue à la suite du 31 mai bannit les nobles de la capitale. M. de Bourgoing se retira à Nevers ; ses concitoyens l'élurent membre de leur conseil municipal. Quinze ans après, le collége électoral de la Nièvre le nomma, en son absence, et à l'unanimité, candidat au sénat-conservateur. C'est ainsi que, dans l'empressement de lui donner des marques d'estime, ses concitoyens l'appelaient, selon les circonstances, tantôt aux fonctions les plus modestes de l'administration municipale, tantôt aux premières dignités de l'état. Après le 9 thermidor (juillet 1794), la loi qui défendait aux nobles le séjour de la capitale fut révoquée. M. de Bourgoing revint à Paris, et au commencement de 1795, il fut envoyé à Figuières, pour y prendre part aux négociations d'un traité de paix avec l'Espagne. Sous le directoire, étant sans emploi, et ne recevant pas même la pension qui lui était due, il consacra ses loisirs à des travaux historiques d'un haut intérêt. Nous n'entrerons pas ici dans l'examen des titres littéraires de M. de Bourgoing, parce que cela nous entraînerait hors des bornes que nous nous sommes prescrites ; nous dirons simplement qu'il s'est acquis, comme savant et comme écrivain, une réputation que le temps ne peut qu'augmenter, parce qu'elle est fondée sur l'alliance d'un caractère et d'un talent également recommandables. Nous donnerons plus bas la liste de ses écrits, dont le plus important est son *Tableau de l'Espagne moderne,* qui parut pour la première fois en 1789, et qui fut bientôt après traduit en plusieurs langues, mais auquel il n'attacha son nom qu'en 1797, lors d'une seconde édition avec des corrections et des additions considérables. Le 18 brumaire interrompit les travaux du philosophe, et rouvrit la carrière à l'homme d'état. Nommé ministre plénipotentiaire en Danemark, il partit en mars 1800 pour Hambourg, où il resta cinq mois occupé de négociations très-importantes. De là il se rendit à Copenhague, qu'il quitta, l'année suivante, pour aller remplir les mêmes fonctions à Stockholm. Il y prononça, le 29 septembre 1801, à son audience de réception, un discours dont quelques phrases semblaient annoncer le retour, en France, du système monarchique. Ces paroles firent beaucoup de sensation, et attirèrent à M. de Bourgoing des reproches très-vifs de la part du premier consul, qui ne voulait pas encore froisser les idées républicaines. Il conserva pourtant ses fonctions jusqu'en 1803, qu'il revint à Paris par congé. Une disgrâce complète l'y attendait ; et il vit encore une fois, après tant de travaux et de services, sa carrière interrompue. Nous dirons, dans l'article suivant, à quelle circonstance, bien douce pour son cœur, il dut d'être nommé, en 1807, envoyé extraordinaire et ministre plénipotentiaire près du roi de Saxe. Il éprouva de nouveaux déplaisirs dans cette mission, pendant laquelle il fut atteint de la maladie qui termina ses jours, le 20 juillet 1811, âgé de 63 ans. Il servait l'état depuis quarante-quatre ans. Les talens d'un négociateur habile, le savoir d'un publiciste consommé, l'amabilité d'un homme du monde, et la dignité d'un homme d'état, s'unissaient chez lui à la bonté du cœur, à la simplicité, et nous dirons presque à la candeur de caractère. La vie diplomatique n'avait pu altérer sa loyauté, ni affaiblir son ardent amour pour la justice. Elle était à ses actions ce que la sincérité était à ses écrits. Il réclamait sans cesse pour le faible auprès du puissant. Aussi l'estime fut son partage, et jamais la faveur. Il dut même à sa vertu d'honorables disgrâces. M. de Bourgoing était associé correspondant de l'institut, des académies de Stockholm, de Copenhague, etc. Chevalier de Saint-Lazare et de Saint-Louis, avant la révolution, il avait reçu depuis la décoration de chevalier, puis celle de commandant de la légion-d'honneur et l'étoile polaire de Suède. Il a publié : 1° *Nouveau Voyage en Espagne, ou Tableau de l'état actuel de cette monarchie*, 1789, 3 vol. in-8°; deuxième édition, 1797, 3 vol. in-8°; troisième édition, 1803, sous le titre de *Tableau de l'Espagne moderne*, 3 vol. in-8° et atlas; quatrième édition, sous le même titre, avec des augmentations, 1807 3 vol. in-8° et atlas; 2° *Mémoires historiques et philosophiques sur Pie VI et sur son pontificat, jusqu'à sa retraite en Toscane*, 1798, 2 vol. in-8°; deuxième édition, 1800, 2 vol. in-8°, continuée jusqu'à la mort de Pie VI; 3° *Histoire des Flibustiers*, traduit de l'allemand de M. Archenholz, a- vec un avant-propos, et quelques notes du traducteur, Paris, 1804, in-8°; 4° *Histoire de l'empereur Charlemagne,* traduction libre de l'allemand du professeur Hegewisck, avec un avant-propos, quelques notes et un supplément du traducteur, 1805, in-8°; 5° en société avec M. de Musset de Cogners, *Correspondance d'un jeune militaire, ou Mémoires du marquis de Lusigny et d'Hortense de Saint-Just*. Cet ouvrage a eu plusieurs éditions; il en a paru une à Londres, sous ce titre : *Les Amours d'un jeune militaire, et sa Correspondance avec Mlle de Saint-Just*. 6° Il a traduit de l'allemand l'*Agathocrator* de Basedow, traité sur l'éducation des princes, Yverdun, 1777, in-8°; 7° il a aussi traduit et augmenté de notes *la Botanique pour les dames et les amateurs des plantes*, par Batshs, Weymar, 1799, in-8°, avec les planches. 8° M. de Bourgoing a donné un assez grand nombre d'opuscules; 9° il a publié une édition des voyages du duc de Châtelet en Portugal, 1808, 2 vol. in-8°; 10° enfin il fut éditeur de la correspondance de Voltaire avec le cardinal de Bernis. Sa famille possède quelques manuscrits renfermant des notions sur les diverses contrées qu'il a habitées, des traductions, etc.

BOURGOING (Armand-Marc-Joseph, baron de), fils aîné du précédent, né à Nevers, le 27 décembre 1786, fut un des premiers élèves de l'École militaire de Fontainebleau. Il en sortit pour entrer dans le 4me régiment de dragons, et se trouva à la bataille d'Austerlitz. Il se distingua à un passage du Danube à Gunzbourg, et se fit également remarquer dans la campagne de Prusse et de Pologne, à la bataille de Golymin. Napoléon, voyant le nom de ce jeune officier sur les rapports de l'armée, se souvint du père, qui était alors en disgrâce. Le duc de Bassano, ami du baron de Bourgoing, rappela à l'empereur, avec cette présence d'esprit qui tant de fois servit sa bienveillance, que, quelques jours auparavant, le jeune Bourgoing lui avait déclaré qu'il parviendrait à servir son père, ou qu'il périrait sur le champ de bataille. Napoléon, vivement ému, nomma sur-le-champ M. de Bourgoing le père son ministre en Saxe, et donna au fils la décoration de la légion-d'honneur. Quelques jours après, le jeune Bourgoing fut très-grièvement blessé à Eylau, et sauvé miraculeusement par un ministre luthérien. En 1808, aide-de-camp du général Lauriston, il suivit, en cette qualité, l'empereur dans la campagne d'Espagne et d'Autriche, et fixa plusieurs fois son attention par son intrépidité. En 1811, il devint aide-de-camp du maréchal Ney, et reçut, à l'ouverture de la campagne de Russie, la décoration d'officier de la légion-d'honneur. Fait prisonnier dans la retraite, par l'effet de son dévouement pour son général, il fut conduit à Cazan, et ne put rentrer en France qu'après la restauration. Il reprit ses fonctions auprès du maréchal Ney; mais il quitta cet état-major au 20 mars. En 1818, il fut compris au nombre des chefs d'escadron composant le corps royal d'état-major,

et nommé chevalier de Saint-Louis, en 1820. Il est en outre décoré des ordres de Saint-Henri de Saxe et de l'Épée de Suède.

BOURGOING (Paul, chevalier de), frère puîné du précédent, né en 1792, fut aussi élève de l'École militaire, et fit avec distinction les campagnes de 1812, de Russie et d'Allemagne, et de France en 1813, comme officier dans la garde impériale, et comme aide-de-camp du duc de Trévise. En 1816, il est entré dans la carrière diplomatique, et a été successivement secrétaire de légation à Berlin, à Munich et à Copenhague, où il est maintenant. Dans un roman agréablement écrit (*le Prisonnier en Russie*, Paris, 1816), il a mêlé à quelques fictions le récit des aventures de son frère Armand dans la campagne de Moscow, et des détails intéressans par leur fidélité, sur la désastreuse retraite de notre armée. Il doit à ses services militaires la décoration de la légion-d'honneur et celle de Saint-Henri de Saxe. Un frère des deux précédens, le chevalier Honoré de Bourgoing, suit comme eux la carrière des armes.

BOURGUIGNON-DUMOLARD (Claude Sébastien), né le 21 mars 1760 à Vif, arrondissement de Grenoble. Vers le commencement de la révolution, il remplissait, à Grenoble des fonctions administratives et judiciaires. Après les événemens du 31 mai 1793, il fut incarcéré comme chef des fédéralistes du Midi. Ayant obtenu son élargissement, et s'étant réfugié à Paris pour se soustraire aux effets de la loi des *suspects,* il quitta le nom de Dumolard, sous lequel il était le plus connu, et ne conserva que son nom de famille. Lié d'intérêt et d'affection au parti qui renversa Robespierre, il reçut et exécuta la mission périlleuse d'apposer les scellés sur les papiers des deux frères de ce nom, avant leur arrestation. Il fut alors nommé secrétaire-général du comité de sûreté générale, où il avait déjà été employé auparavant, et il contribua de tout son pouvoir à faire mettre en liberté un grand nombre de victimes. Ensuite il fut successivement chef de division au ministère de l'intérieur, secrétaire-général du ministère de la justice, et commissaire du directoire près le tribunal de cassation. Il se fit remarquer dans les occasions importantes où il prit la parole. L'entrée de Gohier au directoire, après la sortie de Treillard, de la Reveillère Lépaux et de Merlin de Douai, plaça M. Bourguignon au ministère de la police. Quelque temps avant le 18 brumaire, il fut remplacé par Fouché de Nantes, ce nouveau ministre étant de caractère à mieux seconder les desseins des membres du directoire qui préparaient cette journée. M. Bourguignon fut alors régisseur de l'enregistrement et des domaines; mais après le 18 brumaire, le premier consul lui retira cet emploi. Il rentra dans la magistrature, et devint successivement conseiller à la cour de justice criminelle, magistrat de la haute-cour impériale, enfin conseiller à la cour royale de Paris. On a prétendu que lors de l'affaire du général Moreau, il avait opiné pour la condamnation à mort; mais il est certain qu'en considération des services rendus par ce général, M. Bourguignon fut d'avis qu'il ne lui fût infligé d'autre peine que celle de deux années de détention, bien qu'il ne doutât pas de l'intelligence de Moreau avec Pichegru et Georges Cadoudal. Après la seconde rentrée du roi, on lui donna sa retraite, avec le titre de conseiller honoraire; il était cependant encore dans la force de l'âge et du talent. Il a publié des ouvrages de jurisprudence fort estimés : *Manuel d'instruction criminelle,* in-4°, 1810, et 2 vol. in-8°, 1801; *Dictionnaire raisonné des lois pénales de France,* 3 vol. in-8°, 1811; trois *Mémoires sur le jury,* publiés en 1802, 1804 et 1808, dont le premier a été couronné en l'an 10, par l'institut. Chénier a fait un éloge mérité de ces mémoires, dans son *Tableau historique de la littérature française.* M. Bourguignon-Dumolard est encore aujourd'hui un des avocats consultans les plus distingués du barreau de Paris.

BOURGUIGNON (Henri-Frédéric), fils du précédent, est né à Grenoble, le 30 juin 1785. Entré de bonne heure dans la carrière de la magistrature, dès le mois de janvier 1811, il était substitut du procureur impérial près le tribunal de 1re instance du département de la Seine, et il a conservé cette place malgré les événemens de 1814 et de 1815. Ce jeune magistrat, dont les principes ne sont pas aussi généralement loués que l'esprit et les talens, est auteur de quelques jolis vaudevilles.

BOURIENNE (Louis-Antoine-Fauvelet de), ex-secrétaire de

l'empereur Napoléon, ex-chargé d'affaires à Hambourg, ex-préfet de police, et membre de la chambre de 1815, né à Sens le 9 juillet 1769, fut élevé à l'école de Brienne, où il eut pour condisciple Bonaparte, dont il devint, dit-on, à cette époque, l'ami et le confident. M. de Bourienne quitta l'École militaire en 1788, pour aller étudier le droit et les langues étrangères à l'université de Leipsick; de là, s'étant rendu en Pologne, il ne revint en France qu'en 1792. Nommé alors secrétaire de légation à Stutgard, il partit pour sa destination quelques jours avant le 10 août. La guerre qui éclata entre la France et l'Allemagne, fit bientôt cesser ses fonctions : il reparut un moment à Paris en 1793; mais il retourna bientôt à Leipsick, où il se maria. Comme une cause étrangère à la politique avait déterminé sa résidence dans cette ville, les émigrés ne le considéraient point comme étant de leur parti. Ses intelligences avec un agent de la république française firent naître des soupçons sur lui, et l'électeur de Saxe ordonna l'arrestation de l'un et de l'autre. Après soixante-dix jours de captivité, M. de Bourienne reçut, avec sa liberté, l'ordre de quitter immédiatement la Saxe. Il revint dans sa patrie, où sa conduite fut jugée de diverses manières. Cependant il n'eut pas beaucoup de peine à se faire rayer de la liste des émigrés, sur laquelle on l'avait inscrit dans le département de l'Yonne; mais il est probable qu'il inspirait peu de confiance au gouvernement, puisqu'on le laissa dans l'oubli jusqu'au mois de juin 1797. Alors commençait à s'élever cette gloire colossale, fondée sur une suite de triomphes dont l'histoire n'offre point d'exemples. Bonaparte acquérait trop d'importance pour que M. de Bourienne négligeât l'occasion de lui rappeler leurs anciennes liaisons d'amitié. Il lui écrivit donc une lettre dans laquelle il demanda l'autorisation de se rendre auprès de sa personne, et un emploi qui pût l'y fixer. Cette demande fut parfaitement accueillie; le général de l'armée d'Italie engagea son compagnon d'études à venir le trouver à Gratz, en Styrie, où, dès qu'il arriva, il devint son secrétaire intime. Depuis cette époque, M. de Bourienne suivit son maître dans toutes ses expéditions, et vint s'établir avec lui au palais des Tuileries. Jamais confident d'un chef d'état n'avait joui de plus de confiance; sous ce rapport M. de Bourienne ne craignait point de rivaux, et le crédit qui naît de la faveur, le fit nommer conseiller-d'état, le 20 juillet 1801. On dut s'étonner de voir une intimité fondée sur tant d'intérêts cesser tout à coup. Le fait est que M. de Bourienne se trouva compromis par les opérations de la maison Coulon, dans les affaires de laquelle il était intéressé. La banqueroute de cette maison ayant divulgué le secret d'une association qui jusqu'alors avait été ignorée, le premier consul en prit de l'humeur : il ne lui parut pas convenable que le dépositaire des secrets de l'état fût intéressé dans des affaires de banque et de fournitures, et il éloigna M. de Bourienne de son cabinet. Sa disgrâce paraissait devoir durer long-temps : cependant l'intervention de ses amis, spécialement celle de Fouché, et sans doute un reste de bienveillance de Bonaparte, le firent nommer chargé d'affaires de France à Hambourg, en y joignant le titre d'envoyé extraordinaire près le cercle de Basse-Saxe. M. de Bourienne fut encore dénoncé à l'empereur dans ces nouvelles fonctions : d'autres fonctionnaires furent aussi compromis et destitués. M. de Bourienne seul conserva sa place. Il continua de résider à Hambourg jusqu'en 1813, alors les désastres de nos armées obligeaient tous les agens français à évacuer l'Allemagne. Rentré en France, il n'attendit pas que la fortune eût décidé du sort de son ancien ami pour prendre parti contre lui. Il avait déjà sacrifié ses affections aux intérêts de la restauration, quand le 30 mars 1814 décida qu'il avait pris le parti le plus utile. Il en eut bientôt la preuve, car il obtint dès lors, par le moyen du prince de Talleyrand, président du gouvernement provisoire, la direction générale des postes. Au retour du roi il fut cependant obligé de céder cette place à M. Ferrand; mais il fut nommé conseiller-d'état honoraire. Il resta sans emploi jusqu'au 12 mars 1815, qu'il devint préfet de police : c'était dans la circonstance périlleuse où Napoléon avait mis le gouvernement en sortant de l'île d'Elbe. Ce fut en cette qualité que quatre jours après, c'est-à-dire, le 16 du même mois, M. de Bourienne signa l'ordre d'arrêter le duc d'Otrante, (Fouché), qui lui avait rendu les plus notables services. Le duc d'Otrante au reste trouva le moyen de se soustraire à l'exécution de cet ordre, en s'évadant avec l'aide de M. Félix Desportes, dont il signa trois mois après la proscription, avec ce courageux désintéressement qui alors a signalé tant d'éclatantes conversions. Napoléon étant arrivé à Paris malgré M. de Bourienne, celui-ci se rendit à Gand, où sa courte administration trouva de nombreux censeurs. Il ne fut pas admis dans le conseil du roi; cependant après la seconde restauration, il fut nommé conseiller-d'état en service ordinaire, et appelé à en remplir les fonctions le 17 septembre 1815. Dans le même mois M. de Bourienne fut élu à la chambre des députés par le collége électoral du département de l'Yonne. Dévoué aux nouveaux intérêts qu'il a embrassés, il s'est assis au côté droit, et n'a pas cessé de voter avec la majorité. Réélu en 1821, il se montre plus que jamais partisan du système opposé à celui auquel il fut redevable de sa première fortune. Il est difficile de saper avec moins de ménagement les institutions libérales, qu'il ne l'a fait dans son rapport sur le budget de 1821. Les sciences, les lettres, les arts, rien de ce qui tient à la philosophie et à la gloire de la nation n'y est épargné. Son économie accorde à peine la pension alimentaire aux modestes établissemens qui leur sont consacrés; il est vrai qu'il va au-devant des missionnaires et des ignorantins, dont les besoins sont jusqu'à présent un peu plus étendus que les services. On a attribué à M. de Bourienne l'*His-*

toire de Bonaparte, par un homme qui ne l'a pas quitté depuis quinze ans; et le *Manuscrit de Sainte-Hélène*. Il a désavoué formellement le premier de ces ouvrages, et nous osons, avec ou sans son aveu, le décharger de toute responsabilité par rapport au second. Il avait publié, en 1792, l'*Inconnu*, drame en 5 actes et en prose, traduit de l'Allemand; et en 1816, des *Observations sur le budget*.

BOURKE (JEAN-RAYMOND-CHARLES), lieutenant-général, né à Lorient, département du Morbihan, le 12 août 1773, issu d'une famille originaire de France, qui suivit Guillaume-le-conquérant en Angleterre, et revint en France avec les Stuarts, en 1688. Le chef de cette famille commandait un régiment de son nom, qui se distingua à l'affaire de Crémone. Charles Bourke entra au service à l'âge de 14 ans, le 1er juillet 1787, en qualité de sous-lieutenant dans le régiment de Welsh, de la brigade irlandaise, et fit partie de l'expédition de la Cochinchine, en 1788. Rentré en France en mai 1790, il partit en novembre 1791, avec le second bataillon du régiment de Welsh pour Saint-Domingue, où l'expédition n'arriva qu'en mai 1792, ayant été forcée de relâcher aux Canaries. Le 12 août 1792, il fut blessé d'un coup de feu à la poitrine, en défendant le poste de Genton. Nommé lieutenant de grenadiers le 7 septembre 1792, déporté de Saint-Domingue avec MM. Blanchelande, d'Esparbès, et une soixantaine d'officiers, il fut compris avec eux dans le décret de la convention du 30 mai 1793, qui déclara qu'il n'y avait pas lieu à les poursuivre. Nommé adjoint aux adjudans-généraux attachés à l'armée des côtes de Cherbourg, Charles Bourke fut destitué par le comité de salut public en 1794. Réintégré en qualité de capitaine de grenadiers au 92me régiment, en brumaire an 4, il devint chef de bataillon dans la brigade étrangère, le 15 fructidor an 6, et s'embarqua à la même époque sur l'escadre commandée par le capitaine de vaisseau Bompart, destinée à l'expédition d'Irlande; il fut fait prisonnier à bord du vaisseau qu'il montait, par l'amiral Warens, après un combat de six heures. Nommé, en l'an 8, commandant supérieur de Lorient, Port-Louis et arrondissement, en remplacement du général Humbert, il fut désigné, en l'an 10, pour faire partie de l'expédition de Saint-Domingue, aux ordres du général en chef Leclerc. Chargé de seconder, à la tête d'une colonne de 300 hommes de marine, le général Humbert dans la prise du port de Paise, cette opération réussit. Le succès en fut justement attribué à Charles Bourke, qui, à la suite de cette affaire, fut nommé premier aide-de-camp du général en chef, et ne cessa de remplir avec distinction des missions importantes pendant la guerre. Il commanda l'avant-garde du corps d'armée du général Debelle, et fut blessé d'un coup de baïonnette au bas-ventre, à la première attaque de la Crête-à-Pierrot. A la seconde, il fut chargé de diriger la marche de la division Boudet, et commanda la réserve de l'armée. Le colonel Péthion, depuis président de la république haïtienne, commandait un des corps de cette réserve. Après la prise du fort, Charles Bourke fut envoyé en mission à la Jamaïque auprès des commandans des forces anglaises, et fut nommé colonel le 22 messidor an 10. L'année suivante, il commanda la brigade chargée de couvrir le Cap, et fut blessé, le 7 vendémiaire an 11, à l'attaque de cette ville, par les Noirs révoltés. De retour en France, il fut nommé colonel-aide-de-camp du général Davoust, commandant le 3me corps de l'armée d'Angleterre, en fructidor an 11, et prit part, en cette qualité, à toutes les affaires de flottille qui ont eu lieu depuis Flessingue jusqu'à Ambleteuse, et notamment à celle de messidor an 13, sous le cap Grinez. Pendant la campagne d'Autriche de 1805, à la tête de 100 chevaux des 1er de chasseurs et 7me de hussards, le colonel Bourke culbuta l'ennemi, et s'empara des deux premières pièces de canon russes qui furent prises dans cette guerre. A la bataille d'Austerlitz, il commandait une partie du 15me léger, et soutint toute la journée, avec avantage, appuyé par la division Bourcier, l'effort de l'ennemi, qui voulait prendre en flanc l'armée française par sa droite. Dans la campagne de Prusse, il fut chargé, le 12 octobre 1806, de pénétrer à Maümbourg avant le coucher du soleil, ce qu'il exécuta à la tête de 100 chevaux du 1er de chasseurs; il s'empara aussi d'un équipage de pont sur la Saale, et porta les postes de cavalerie légère jusqu'à Freybourg. En récompense de cette belle action, le grade de général de brigade lui fut offert, mais il préféra être nommé commandant de la légion-d'honneur. Le 14 octobre, lors des batailles d'Eylau et d'Auerstaedt, le colonel Bourke fut chargé, par le maréchal Davoust, au débouché du défilé de Kosen, de prendre le commandement de tout ce qu'il y avait de cavalerie, pour faire une reconnaissance, et enlever des prisonniers, *coûte qui coûte*. Il s'avança jusqu'à ce qu'il eût rencontré toute l'armée ennemie, qu'il trouva en bataille, et il enleva à sa vue 11 dragons et un officier supérieur. Pendant cette même journée, il fut blessé, à la tête du 85me régiment, d'une balle qui lui traversa le poignet. En 1809, dans la deuxième campagne d'Autriche, le 19 avril, pendant la bataille de Thaun, il commandait une partie du 48me, le seul régiment qui restât en réserve. Le 23 avril, à deux heures après midi, à la vue des deux armées, il monta, à la tête des grenadiers des 25me et 85me de ligne, à l'assaut de la place de Ratisbonne, par la brèche imparfaite que l'artillerie avait ouverte. Après avoir occupé la ville pendant une heure, il fut culbuté et rejeté sur l'escarpe. Dans une seconde attaque, il parvint à s'emparer d'une porte de la ville, qu'il ouvrit à l'armée : 3,000 Autrichiens furent faits prisonniers. A la fameuse bataille de Wagram, il eut deux chevaux tués, et fut nommé général de brigade sur le champ de bataille. Après cette campagne, il reçut ordre de se rendre à Anvers, pour être employé contre l'armée anglaise débarquée dans l'île de Walcheren. Le 15 novembre 1809, il entra à la tête de sa brigade dans le fort de Batz, et le 15 décembre, même année, à Flessingue. Il passa à l'armée d'Espagne en 1810, fut nommé au commandement de la 2me brigade de la division Reille, dans la Navarre, et commanda en chef à l'affaire de Lumbier, où il eut en tête toutes les bandes de Mina ; il les culbuta et les mit dans une déroute complète. Après l'affaire de Lerinec, le général Bourke passa avec la division Reille à l'armée d'Arragon, commandée par le général Suchet, et prit part au siége de Valence. Nommé gouverneur de Lérida, il fut chargé d'opérations militaires dans la Haute-Catalogne, et fut blessé d'un coup de feu à la tête, et d'une balle à travers le genou, à l'affaire de Roda, contre le baron d'Eyroles. Le général Bourke fut nommé lieutenant-général le 7 novembre 1813, et gouverneur de Wesel le 19 du même mois. Il défendit cette place contre l'armée prussienne, commandée par le prince de Hesse-Hombourg, jusqu'à la rentrée du roi, époque à laquelle il reçut l'ordre de la remettre. Il ramena en France toute sa garnison et 40 bouches à feu. Le 5 mai 1815, il fut nommé gouverneur des places de Givet et de Charlemont. Chargé par le gouvernement royal de défendre Givet, il s'y maintint jusqu'au 31 décembre contre les attaques de l'armée prussienne, commandée par le prince Auguste de Prusse. Il ne remit cette place à l'armée russe, qu'en exécution des traités de Paris. Depuis cette époque, le général Bourke est employé en qualité d'inspecteur-général d'infanterie ; il est un des membres de la commission de révision des règlemens militaires.

BOURLIER (LE COMTE J. B.), né à Dijon le 1er février 1761, entra fort jeune dans la carrière ecclésiastique, et obtint un bénéfice assez considérable que la révolution lui fit perdre. Il ne s'en montra pas moins partisan de la liberté, et prêta, sans hésiter, serment à la constitution civile du clergé. Quoique pendant le régime de la terreur il se conduisît avec beaucoup de prudence, il fut au moment d'être l'une des victimes de cette horrible époque. Nommé, après le concordat de 1801, évêque d'Évreux, il devint, en 1802, administrateur des hospices de cette ville, et reçut de l'empereur la décoration de la légion-d'honneur, le titre de baron, enfin celui de comte de l'empire. En 1806, le corps électoral de la Seine-Inférieure le nomma candidat au corps-législatif. Au mois de janvier 1813, il fut élu député par le département de l'Eure, et nommé sénateur, le 5 avril de la même année. Le 7 juin 1814, le roi lui conféra les honneurs de la pairie. N'ayant rempli aucune fonction pendant les *cent jours*, il rentra à la chambre des pairs après la seconde restauration.

BOURMONT (LOUIS-AUGUSTE-VICOR, COMTE DE GAISNE DE), lieutenant-général, est né vers 1773, au château de Bourmont, en Anjou. Le comte de Bourmont était officier aux gardes-françaises; il émigra, et alla rejoindre l'armée de Condé. Ce prince le jugea digne d'être chargé d'une mission secrète qui avait pour but de préparer des moyens insurrectionnels dans les départemens de l'Ouest. Après avoir rempli ce message à la satisfaction de S. A., il demeura auprès d'elle jusqu'à la fin d'octobre 1793, époque où il la quitta définitivement pour se rendre au quartier-général de M. de Scépeaux, qui commandait une partie des forces des insurgés de la Vendée. La recommandation de l'un des premiers chefs de l'émigration, contribua sans doute à faire obtenir au comte de Bourmont le grade de major-général de l'armée, et la place de membre du conseil supérieur que venaient d'établir les insurgés du Maine. Au mois de décembre de la même année, il fut chargé, par le vicomte de Scépeaux, de se rendre en Angleterre, afin d'y solliciter des secours que le ministère anglais avait promis. Sa négociation eut peu de succès; le seul avantage qui en résulta pour lui fut l'honneur d'être admis au château d'Édimbourg, devenu la résidence de M. le comte d'Artois. Le prince l'accueillit favorablement, parut charmé de ses manières, et voulut se donner le plaisir de l'armer chevalier, en lui accordant l'accolade et la croix de Saint-Louis. Cette cérémonie était autrefois une prérogative royale; mais les usages monarchiques se sont tellement modifiés, que M. de Bourmont, en recevant l'ordre de chevalerie des mains d'un prince, reçut en même temps l'autorisation de le conférer aux gentilshommes qui défendaient dans la Vendée le régime des priviléges, et particulièrement à M. le vicomte de Scépeaux. Lorsque le général Hoche parvint, par sa fermeté et sa prudence, à pacifier la Vendée, en 1796, le comte de Bourmont sollicita et obtint la permission de repasser en Angleterre, où il travailla avec une ardeur incroyable à rassembler tous les élémens d'une nouvelle guerre civile. En effet, il revint en France, dès que les hostilités recommencèrent dans l'Ouest, et commanda, en 1799, dans le Maine, une division de chouans. Le 16 octobre de la même année, le comte de Bourmont entra, à la tête de sa division (nous avons dit de *chouans*, et non pas de *Vendéens*), dans la ville du Mans, chef-lieu du département de la Sarthe. « Il est » impossible, assure un témoin o- » culaire, de comparer la conduite » de ces troupes, dans cette mal- » heureuse ville, autrement qu'à » celle des Tartares de Gengis- » Kan. Les prisons publiques fu- » rent ouvertes, et des scélérats » condamnés à mort recouvrèrent » leur liberté. On pilla toutes les » caisses publiques et beaucoup » de particuliers; le pillage en nu- » méraire et autres effets fut éva- » lué à 953,000 francs; la poste » aux lettres fut dévastée; les pa- » piers, les registres des adminis- » trations furent incendiés; mais » ce qui est une perte irréparable, » c'est la destruction de soixante » volumes in-folio contenant l'his- » toire du Mans depuis 1481. Ce

« précieux dépôt, que l'on conser-
» vait à l'Hôtel-de-Ville, fut livré
» aux flammes avec plus de cent
» registres de l'état civil des ci-
» toyens ; et ce que l'on ne se rap-
» pellera jamais qu'avec le senti-
» ment de la plus profonde hor-
» reur, c'est que des soldats bles-
» sés de la 40me demi-brigade furent
» égorgés dans leurs lits. » Les revers nombreux qui vinrent balancer les faibles succès des insurgés, les obligèrent à un nouvel armistice, dont le terme expira avant que la pacification fût réglée. Le comte de Bourmont ayant fait reprendre les armes à sa division, s'avançait sur Morlaix, quand la nouvelle de la soumission de l'un des chefs qui, par capitulation, venait de déposer les armes avec le corps qu'il commandait, suspendit sa marche. Sa communication avec l'armée de Georges Cadoudal était coupée ; il conçut parfaitement qu'il n'avait pas assez de forces pour résister aux républicains qui se trouvaient devant lui, et il prit le parti de suivre l'exemple de MM. de Châtillon et de Laprèvalaie. M. de Bourmont fit donc sa soumission à la république, et, de plus, dépêcha un courrier à Georges pour l'engager à faire aussi la sienne ; mais ce dernier, qui était loin de goûter cet avis, commença dès ce moment à considérer sa conduite comme une véritable défection ; et il l'en punit à sa manière, en faisant fusiller plus tard, en 1801, M. de Becdelièvre, beau-frère de M. de Bourmont, sous prétexte qu'il était dévoué au premier consul. Le comte de Bourmont, qui paraissait décidé à ne plus servir la cause royale, vint s'établir à Paris. Il avait épousé Mlle de Becdelièvre, d'une ancienne famille de Bretagne. Il ne s'occupa plus que de captiver les bonnes grâces de Bonaparte, et il y parvint ; il sut même bientôt se rendre nécessaire. Le 3 nivôse an 9, après l'explosion de la machine infernale dirigée contre le premier consul, au moment où il se rendait à l'Opéra, M. de Bourmont alla le trouver dans sa loge, et chercha à lui persuader que cet attentat était l'œuvre des jacobins. Cette dénonciation, qui avait rendu le comte de Bourmont suspect au ministre de la police, Fouché, porta ce ministre à le faire surveiller. Ses soupçons s'étant accrus, il le fit arrêter en 1803. M. de Bourmont fut d'abord conduit au Temple, d'où on le transféra à la citadelle de Dijon, et quelque temps après à celle de Besançon, où il resta jusqu'au mois de juillet 1805, qu'il s'échappa et passa en Portugal. Il eut encore des amis assez puissans auprès du gouvernement, pour faire lever le séquestre apposé sur ses biens ; sa famille s'était réunie à lui à Lisbonne, lorsqu'en 1810 l'armée française, commandée par le duc d'Abrantès (Junot), s'empara de ce pays. M. de Bourmont intéressa assez vivement le général pour se faire comprendre dans la capitulation, lors de l'évacuation du Portugal par les Français ; et parvint par ce moyen à rentrer en France à la suite de l'armée. Il est à remarquer qu'à cette époque le ministère de la police n'était plus occupé par le duc d'Otrante. Fixé à Paris, M. de Bourmont pa-

rut se dévouer de bonne foi au gouvernement impérial, reconnaissant que « le vœu de tous les » royalistes était rempli, et que » c'était un grand malheur d'avoir » versé tant de sang français pour » arriver au seul résultat que se » fussent jamais proposé les chefs » éclairés des armées de l'Ouest. » Avec de tels sentimens, M. de Bourmont ne pouvait manquer d'obtenir de l'avancement, et Napoléon le nomma d'abord colonel-adjudant-commandant à l'armée de Naples, et quelque temps après, général de brigade. C'est en cette dernière qualité qu'il fit les campagnes de 1813 et 1814; il se signala, pendant la première, sous les murs de Dresde, et, pendant la seconde, à la belle défense de Nogent, où, se trouvant enfermé avec 1200 hommes, il résista à tous les efforts des armées alliées. Napoléon le récompensa par le grade de général de division. Cependant la journée du 30 mars 1814 vint changer les destinées de la France; M. de Bourmont ne fut pas des derniers à se déclarer en faveur de l'ancienne dynastie. Le 30 mai suivant, il fut nommé, par le roi, au commandement de la 6me division militaire, à Besançon, où il se trouvait en 1815, lorsque Napoléon, revenant de l'île d'Elbe, débarqua le 1er mars, à Cannes en Provence. Le comte de Bourmont eut ordre de rejoindre le maréchal Ney : il fut témoin de l'entière défection des troupes, et assista à la lecture de cette fameuse proclamation qui conduisit à la mort l'infortuné maréchal. Cependant, quelle que fût l'opinion du comte de Bourmont, il s'empressa d'offrir ses services à Napoléon, dès que celui-ci se fut replacé sur le trône, et parvint, par des sollicitations très-puissantes sur l'esprit de ce monarque, à obtenir le commandement de la 2me division du corps d'armée aux ordres du général comte Gérard, dans la Flandre. C'était prendre le plus long pour aller à Gand. M. de Bourmont quitta l'armée française, le 15 juin 1816, la veille de le seconde bataille de Fleurus. Le 9 septembre de la même année, il fut nommé commandant de l'une des divisions de la garde royale.

BOURN (SAMUEL), auteur de plusieurs sermons peu recherchés, ne doit pas être confondu avec *Vincent Bourne* (et non pas *Bourn*, comme l'écrit la *Biographie universelle*), poète latin, plein de délicatesse, d'élégance et de grâces. Né vers le milieu du 18me siècle, à Birmingham, il embrassa la cause et les principes des *dissidens* anglais, devint l'un de leurs pasteurs les plus estimés, et mourut à Norwich en 1796. Josué Toulmin, autre ecclésiastique de la même croyance, a publié les *Mémoires* de Bourn, en 1808. En Angleterre, une manie assez bizarre fait multiplier les mémoires et les biographies particulières, qui n'ont d'intérêt que celui qu'y prennent les familles et les amis des personnes qui en sont l'objet, et que le poète *Cowper* comparait aux étincelles errant et mourant sur un papier que la flamme vient de consumer. Le seul souvenir que Samuel Bourn ait laissé est sa longue dispute avec ce fameux Chandler, qui passa sa vie entière à disputer. Il s'agissait de savoir si les peines de l'autre vie seront éternelles, ou si un terme leur doit être assigné : l'un des docteurs soutenait qu'un million d'années suffirait ; l'autre alléguait les passages formels de la Bible où l'enfer est donné pour inextinguible. La chose n'est pas encore décidée pour tout le monde.

BOURNON-MALLARME (CHARLOTTE), née à Metz en 1755, montra, dès sa plus tendre jeunesse, un goût très-vif pour la littérature. En 1815, elle avait publié plus de trente ouvrages, la plupart *lettres* ou *romans*, traduits ou imités de l'anglais, offrant de l'intérêt, et qui presque tous ont eu, à Paris, plusieurs éditions. Ce qui est peut-être digne de remarque, c'est que le premier ouvrage que Mme Bournon-Mallarme mit au jour fut un *Traité d'éducation :* elle avait alors 24 ans. On lit dans une biographie que cette dame fut enfermée à la Bastille pour un écrit politique qu'elle aurait, conjointement avec un sieur Cahaisse, publié en 1770. S'il n'y a pas erreur de date à l'année de la publication de cet écrit, ou à celle de la naissance de Mme Bournon-Mallarme, elle n'aurait eu alors que 15 ans, ce qui rend ce fait peu vraisemblable. Ses ouvrages l'ont fait admettre à l'académie des Arcades de Rome. On remarque parmi les principaux : *Lettres de milady Lindsey, ou l'Epouse pacifique*, 1780, 2 vol. in-12; *Clarice Weldone, ou le pouvoir de la vertu*, 1780, 2 vol. in-12; *Anna Rose-Trée, histoire anglaise*, 1783, 2 vol. in-12; *Tout est possible à l'amitié, ou Histoire de Love-Rose et de Sophie Mostain*, 1787, 2 vol. in-12; *les deux Borgnes, ou lady Justina Dunbar*, 3 vol. in-12; *Edouard et Henry*, 3 vol. in-12; *Helena Aldemar*, 4 vol. in-12; *le Naufrage, ou les deux Richard*, 5 vol. in-12; *Charles et Arthur*, 3 vol. in-12; *Egbert Nevil*, 3 vol. in-12, 1815.

BOURRAN (LE MARQUIS JOSEPH DE). Il est difficile d'apprécier la conduite de M. de Bourran au commencement de la révolution. Député de la noblesse d'Agen aux états-généraux, il s'opposa vivement à la réunion des trois ordres ; et quand ses collègues protestèrent contre ces mesures qui confondaient la noblesse avec la roture, il ne signa aucune de leurs protestations. Les deux partis n'ont qu'à choisir l'un de ces deux actes pour regarder M. de Bourran comme un des leurs ; au reste, sa conduite pendant la révolution fut sage et modérée, et il eut le bonheur de n'être en butte à aucune persécution. En 1799, il devint sous-préfet de Villeneuve d'Agen, et, en 1809, membre du corps-législatif.

BOURRÉE-DE-CORBERON (P. D.), d'une ancienne famille de robe, né à Paris vers 1717, fut successivement conseiller au parlement et président de la chambre des enquêtes. Il protesta, en 1791, avec la majeure partie des membres de sa compagnie, contre les décrets de l'assemblée constituante, bien qu'il se fût d'abord prononcé en faveur des principes de la révolution. Cette protestation, quoique peu connue, servit de prétexte pour le faire déclarer suspect, en 1793. Le 21 avril 1794, il fut condamné à mort par le tribunal révolutionnaire de Paris. Le 18 mai de la même année, Philippe-Pierre de Corberon, son fils, ex-aide-major des gardes françaises, périt aussi sur l'échafaud.

BOURRU (EDME-CLAUDE), ancien doyen de la faculté de médecine de Paris, a traduit de l'anglais plusieurs ouvrages de *Gilchrist, Blacktree,* etc. Il a donné en latin : *De aquis medicatis ad Merlanges,* deux ouvrages estimés sur les maladies vénériennes, et un *Eloge historique de M. Camus* (1772, in-8). En avril 1816, il fut nommé associé titulaire de la société de médecine, en remplacement du docteur Jeanroy. M. Bourru est âgé d'environ 95 ans.

BOURSAULT - MALHERBE (JEAN-FRANÇOIS), député à la convention nationale, descend non du poëte Malherbe, comme quelques biographes semblent l'insinuer en confondant ces deux noms, mais du poëte Boursault, auteur d'*Esope à la cour,* et d'*Esope à la ville.* Malherbe est le nom de guerre sous lequel M. Boursault cachait son nom propre, pendant le temps qu'il exerçait la profession de comédien. Avant la révolution, M. Boursault était directeur du théâtre de Marseille, et alla à Palerme en établir un, sous les auspices du vice-roi de Sicile, Caraccioli. Revenu en France au commencement de la révolution, il en adopta les principes avec toute la chaleur qu'y pouvait mettre un honnête homme, et chercha à les propager par les ouvrages qu'il fit représenter sur le *Théâtre de Molière,* théâtre qu'il avait fondé à Paris, et qui fut peu suivi. Nommé, en 1792, électeur de Paris, et bientôt après député suppléant à la convention nationale, il ne prit son rang dans cette assemblée qu'après le jugement de Louis XVI. Ce fut donc par un sentiment de pure malveillance que le comte de Barruel-Beauvert l'accusa depuis, dans ses *Lettres sur quelques particularités de l'histoire,* d'avoir voté la mort de cet infortuné prince. Au surplus, M. de Beauvert, attaqué en calomnie, fut obligé de se rétracter. M. Boursault remplissait une mission dans l'Ouest, quand l'assemblée électorale, qui l'avait nommé, l'accusa, devant la convention, d'avoir employé des moyens illicites pour augmenter sa fortune, que l'on disait très-considérable. Instruit de cette dénonciation, il écrivit à l'assemblée pour l'engager à se faire faire un rapport sur ce sujet. La convention ordonna le rapport; mais il ne fut jamais fait, et l'on n'en parla plus. Après le 9 thermidor, M. Boursault fut envoyé en Bretagne pour y calmer l'agitation des esprits et réunir les opinions diverses. Il le tenta sans doute, mais il obtint peu de succès de ses démarches. Il défendit la convention pendant les journées du 12 germinal et du 1ᵉʳ prairial an 3, invoqua l'appui des tribunes, et se joignit aux pétitionnaires qui demandaient que l'on poursuivît les meurtriers de Ferraud. Il appuya fortement l'arrestation de son collègue Esnu-Lavallée, et celle du général Rossignol, relativement à la conduite que l'un et l'autre avaient tenue dans la Vendée, et aux désastres qui s'étaient ensuivis. Prudhomme, dans son *Histoire des crimes de la révolution*, reproche à M. Boursault la conduite qu'il a tenue lors de sa mission dans le département de Vaucluse; mais les autres biographes, qui citent Prudhomme comme autorité, ajoutent : *Que ses assertions ne méritent elles-mêmes qu'une confiance très-réservée.* Sorti des fonctions législatives, M. Boursault reprit ses premières spéculations, et forma, dans la salle dont il était propriétaire, sous le nom de *Théâtre des Variétés étrangères,* un établissement uniquement consacré à la représentation de pièces traduites. Des mesures générales l'avaient privé des ressources qu'il trouvait dans l'exploitation de cette entreprise, quand il fut chargé par la police du nétoiement de la capitale; il ne dédaigna pas un revenu que n'avait pas refusé Vespasien. Il est devenu de plus adjudicataire de la ferme des Jeux. Pour se consoler probablement de ces deux exploitations, M. Boursault se livra à la culture des plantes exotiques. Son jardin est sans contredit le plus riche et le mieux soigné des établissemens de ce genre qui sont à Paris, et peut-être en Europe.

BOUSMARD (A. DE), émigré français, major-général, au service de Prusse. Cet officier était capitaine au corps royal du génie, à l'époque de la convocation des états-généraux, où il fut député par la noblesse du bailliage de Bar-le-Duc. Il embrassa d'abord, mais avec retenue, les principes de la révolution. Il demanda que l'on passât outre sur la question des passe-ports à délivrer aux députés, observant qu'on ne perdrait pas beaucoup en laissant aller ceux qui voudraient se retirer. Singulière réflexion d'un homme qui, quelques années plus tard, devait non-seulement s'éloigner de son poste, mais même quitter sa patrie! En 1790, il proposa la mention honorable pour les communes qui se signaleraient dans l'acquittement des contributions patriotiques. L'année suivante, il opina pour que le droit de paix et de guerre fût laissé au roi; et il parla dans la discussion sur la constitution civile du clergé. Rentré au service, après la session de l'assemblée constituante, il fit partie de la garnison de Verdun. On vit alors combien ses principes étaient changés : il signa la reddition de la place, et suivit l'armée prussienne, dans laquelle il prit du service. Bientôt il s'éleva au rang des premiers ingénieurs de cette puissance. Pendant le siége de Dantzick, il commandait le génie; et la veille de la reddition de cette ville, il fut tué d'un éclat d'obus lancé par les batteries françaises, qu'il aurait dû contribuer à diriger. Cette mort d'un officier français dans les rangs ennemis, rappelle involontairement celle du général Moreau, dirigeant l'artillerie russe contre ses anciens compagnons d'armes. Bousmard avait alors 60 ans. Grand admirateur de Vauban, il fut un de ses plus zélés défenseurs. On lui doit un ouvrage important et estimé, du moins à plusieurs égards, sur la défense des places, l'*Essai général de fortification et d'attaque, ou défense des places*, dans lequel ces deux sciences sont expliquées, et mises, l'une par l'autre, à la portée de tout le monde, 4 vol. in-4°, et 1 vol. in-fol. de planches, 1797 à 1803, dédié au roi de Prusse. Le quatrième volume, qui a pour titre particulier *Traité des tentatives à faire pour perfectionner les fortifications*, forme seul un ouvrage original; les trois autres tomes ne sont qu'une sorte de commentaire des *manuscrits* de Cormontaigne. On a encore de Bousmard un mémoire couronné par la société royale de Metz, sur cette question: *Quels seraient les moyens de multiplier les plantations de bois, sans trop nuire à la production des substances?* in-8°, 1788.

BOUSQUET (N.). A l'époque de la révolution, il abandonna la profession de médecin qu'il exerçait à Mirande, pour entrer dans la carrière politique. Après avoir été maire de cette ville, et administrateur du département de l'Hérault, il entra à l'assemblée législative, comme député de ce même département. Celui du Gers le nomma ensuite à la convention nationale. Dans le procès de Louis XVI, il vota la mort sans sursis. Il fut envoyé en mission à l'armée des Pyrénées-Orientales, et dans le département de la Haute Loire. Depuis ce temps, il est resté étranger aux affaires publiques.

BOUSQUET (N.), homme de lettres et jurisconsulte. On a de lui: 1° *Des conseils de famille, avis de parens, tutelles et curatelles*, 2 vol. in-8°, 1813; 2° *des Fonctions des juges de paix en matière civile, non contentieuse*, in-8°, 1813; 3° *Oraison de Cicéron pour Marcellus*, in-8°, 1802; 4° *Oraisons choisies de Cicéron*. Cette traduction estimée, dont la seconde édition a paru en 1802, in-8°, est surtout remarquable par la fidélité, et souvent par l'élégance. M. Bousquet est neveu de M. Desèze, premier président de la cour de cassation.

BOUSSARD (LE BARON), général de division, commandant de la légion-d'honneur, servit d'abord comme simple soldat, se distingua dans les campagnes de la révolution, et ne dut les différens grades qu'il obtint successivement, qu'à son mérite et à son courage. En 1806, il contribua spécialement à la destruction d'une colonne prussienne, commandée par le général Bila, au combat d'Anclam, et mérita, la même année, les suffrages de l'armée, pour la manière dont il se conduisit à Pultusck, où il fut blessé. En 1810, il fit des prodiges de valeur en Espagne; attaqua surtout, avec une intrépidité remarquable, et mit en fuite l'armée qui venait pour faire lever aux Français le siége de Lérida. Le combat de Vinarox, et la bataille de Sagonte, en 1811, mirent le comble à sa gloire militaire. En 1812, accablé par le nombre, il fut fait prisonnier au passage du Guadalaviar; mais l'ennemi ne l'eut pas long-temps en son pouvoir: le général Boussard fut délivré avant la fin de l'action, et montra jusqu'à sa mort, arrivée en 1813, cette bravoure audacieuse et communicative qui signala sa brillante carrière.

BOUSSARD (André-Joseph), général de brigade, chevalier de la légion-d'honnneur, né le 13 novembre 1758, à Binch, dans le Hainaut, postérieurement département de Jemmapes. Il fit ses premières armes dans les rangs autrichiens, où il devint officier; mais quand ses compatriotes secouèrent le joug de l'Autriche, il se réunit à eux, et servit jusqu'en 1789 avec le grade de capitaine. Au mois de juillet 1791, Boussard s'enrôla sous les drapeaux français, fut d'abord lieutenant, puis, le 1er octobre 1792, capitaine d'une compagnie de dragons du Hainaut. Sa bravoure lui fit obtenir, au mois de mars 1793, le grade de lieutenant-colonel. Il était à la tête de son régiment, lorsqu'au combat de La Roche il fut attaqué par un corps considérable de cavalerie et d'infanterie autrichiennes, contre lequel il se défendit pendant huit heures, sans avoir à regretter plus de 40 hommes, et opéra sa retraite dans le meilleur ordre, après avoir fait éprouver à l'ennemi une perte considérable. Ayant été nommé chef d'escadron au 20me régiment de dragons, le lieutenant-colonel Boussard alla rejoindre cette immortelle armée d'Italie, qui, sous les ordres du général Bonaparte, ne comptait ses combats que par ses victoires. A Mondovi, le 27 germinal an 4, il chargea la cavalerie piémontaise, la mit en déroute, et reçut trois blessures en se précipitant au milieu des ennemis : il n'avait avec lui que deux escadrons de son régiment. Son courage parut avec le plus grand éclat le 18 thermidor, à la célèbre bataille de Castiglione, où il enleva un piquet de hussards, après avoir, à la tête d'un faible détachement, lutté pendant trois jours contre des masses considérables. Avec deux escadrons du 20me, que l'Adda séparait d'un corps nombreux d'Autrichiens, il se jeta dans le fleuve, le traversa à la nage, et, par cette audace, répandit l'épouvante parmi les troupes ennemies, qui prirent la fuite. Nommé chef de brigade, le 18 nivôse an 5, il fut, quelque temps après, l'un des officiers que le général Bonaparte choisit pour l'accompagner dans l'expédition d'Égypte. Les talens qui avaient fait remarquer Boussard en Italie, le firent encore remarquer sur les bords du Nil. Il prit part à toutes les actions qui eurent lieu dans ces contrées, et qui furent si glorieuses pour les armes françaises; il se distingua surtout aux journées d'Alexandrie, de Cheybresse, des Pyramides, et d'Aboukyr. Le 1er vendémiaire an 9, il fut nommé général de brigade par Menou, alors général en chef. Le 30 ventôse, sous les murs d'Alexandrie, il culbuta, à la tête de sa brigade, la première ligne des Anglais, et les eût défaits entièrement, si les blessures qu'il avait reçues pendant l'action ne l'eussent forcé de quitter le combat. Après l'évacuation de l'Égypte, le général Boussard fut confirmé dans son grade par un arrêté des consuls, lors de son retour en France, en l'an 10, et nommé l'un des commandans de la légion-d'honneur, à l'époque de sa création. Depuis lors, ce brave guerrier a été perdu de vue.

BOUSSARD (N.). Devant la côte de Dieppe, en 1778, la tempête allait fracasser un vaisseau; Boussard, pilote-lamaneur du port, se jette, au milieu des flots en fureur, avec une corde qu'il avait attachée au rivage, nage jusqu'au navire, y attache son câble, aide l'équipage à regagner terre, soutient les hommes à qui la force manque, nage avec eux, les conduit, et touche au rivage avec quinze personnes qu'il a sauvées. Épuisé, il tombe sans connaissance. On le rappelle à la vie à force de secours. A peine a-t-il repris ses sens qu'il entend le cri d'un matelot qui, dans l'obscurité, n'a pu rejoindre ses camarades, et est au moment de périr. Boussard se relève, plonge de nouveau dans la mer, cherche et trouve le malheureux, et le rapporte au rivage. L'enthousiasme accueillit le récit de cette action du plus grand héroïsme; le roi la récompensa par une pension sur sa cassette. A Rome on aurait érigé une statue à celui qui aurait sauvé seize citoyens. On croit que Boussard vit encore.

BOUSSION (Pierre). Il était médecin à Lausanne. En 1789 il vint en France, où la sénéchaussée d'Agen le nomma député suppléant aux états-généraux. La démission d'Escure-de-Peluzat le fit entrer à l'assemblée constituante, et il s'y joignit aux partisans des idées constitutionnelles. En 1790, il présenta un projet, qui fut admis, pour la répression des troubles dans les provinces; et vers le commencement de 1791, il fut nommé secrétaire de l'assemblée. Il loua la conduite patriotique du département de Lot-et-Garonne, et du régiment de Royal-Pologne, pendant les troubles du Midi. Il s'opposa aux poursuites provoquées par le ministre Montmorin, contre l'imprimeur du *Moniteur;* et fit décréter que les ecclésiastiques qui rétracteraient le serment à la constitution seraient privés de leur traitement. A la convention nationale, il vota dans le procès de Louis XVI, pour la mort et contre le sursis. En 1794, il fit le rapport sur les papiers saisis dans l'armoire de fer, et sur tous ceux qui avaient servi dans le procès du roi. En 1795 (an 3), Boussion fut envoyé dans les départemens de la Gironde, de la Dordogne, et de Lot-et-Garonne. Devenu membre du conseil des anciens, il cessa de faire partie de cette assemblée en mai 1798. Il exerçait encore, en 1816, sa profession de médecin.

BOUTEILLIER (Charles-François) était conseiller de préfecture à Nantes, lorsqu'il fut élu membre du corps-législatif. Il parla sur l'importation des fers étrangers, pour laquelle il se prononça, et sur l'exportation des grains.

BOUTERWEK (Frédéric), philologue allemand, disciple de Kant, a porté la métaphysique dans la poésie, dans la critique et dans la morale. Il s'est livré avec succès à ces recherches sur la partie morale de la critique, à ces subtiles distinctions et à ces analyses de la pensée, qui ont un attrait particulier pour les hommes de son pays. Les Allemands traitent l'âme et l'intelligence comme les alchimistes traitent la nature; ils lui font subir des opérations qui doivent, selon eux, produire des merveilles, mais qui, en résultat, ne font qu'augmenter le nombre des théories fausses ou ridicules : quelquefois cependant ils atteignent, sans le vouloir, à des vérités nouvelles et à des rapports inattendus. Dans son *Parallèle entre le génie grec et le génie moderne* (Gottingue, 1790); dans son petit ouvrage écrit en latin, sur le *sentiment du Vrai (De sensu Veri)*, 1797, in-8°; dans ses différens traités sur l'esthétique, sur la philosophie, sur Kant, dont il adopte ou modifie tour à tour le système, sur la métaphysique, sur l'apodictique et sur la critique, on trouve de la finesse, de l'érudition, et une admiration sentie et raisonnée, mais un peu trop enthousiaste, des doctrines de Kant. Ses premiers ouvrages n'annonçaient pas le théoriste subtil; l'un est un commentaire assez long et assez obscur, écrit en latin, sur *la Succession lalodiale et féodale*; l'autre est une tragédie fort ennuyeuse, intitulée *Ménécée, ou Thèbes sauvée*. Les *Lettres à Théoclès*, qui ont suivi cette tragédie germanico-grecque, ont eu plus de succès ; et *le comte de Donamar*, roman métaphysique, où l'auteur a fort bien peint les mœurs de certaines classes de la société allemande, a produit une vive sensation, et contribué pour beaucoup à la réputation de son auteur. Né en 1766, à Goslar, conseiller du duc de Saxe-Weymar, et professeur de philosophie à Gottingue, Bouterweck joint à un nom justement recommandable ces titres dont l'Allemagne croit honorer les hommes de mérite, et qu'ils honorent eux-mêmes, en ne les refusant pas.

BOUTHILLIER (Charles-Léon, marquis de), lieutenant-général, membre de l'assemblée constituante. Il naquit en 1743, entra au service dès sa jeunesse, et montra du talent dans l'administration militaire. Maréchal de camp en 1789, il fit partie des états-généraux, comme député de la noblesse du Berri. M. de Bouthillier avait alors plus de 45 ans; ses habitudes ne lui permettaient guère de sentir les inconvéniens du système des privilèges; indigné de la réunion projetée des trois ordres, il s'y opposa fortement dans la séance des députés de la noblesse le 18 mai. Cependant les représentans du tiers-état, s'étant constitués en assemblée nationale, et ayant fait serment de ne se séparer qu'après avoir reformé les institutions de la France, la noblesse sentit la nécessité, à l'exemple du clergé, de nommer des commissaires pour opérer le rapprochement des trois ordres. Elle choisit entre autres M. de Bouthillier, qui du reste ne changea point de principes. Le 19 janvier 1790, il présenta, au nom du comité militaire, un projet d'organisation de l'armée. Trois mois après il condamna toutes les opérations de l'assemblée sur les finances; et, protestant contre la réunion des biens du clergé au domaine de l'état, il déclara d'un ton d'inspiration que les acquéreurs de biens nationaux ne pourraient pas les conserver. Devenu membre du comité militaire, il s'occupa souvent des armées. En 1791, il alla en mission dans la 22ᵐᵉ division militaire, composée des départemens de la Mayenne, de la Sarthe, etc.; il était de retour, lorsque Louis XVI fut arrêté à Varennes. Le surlendemain, il prêta serment de fidélité aux décrets de l'assemblée, mais dans le cas seulement où ils seraient revêtus de la sanction du roi. Depuis cette époque jusqu'à la fin de la session, il fut en opposition avec la majorité, et n'hésita point à signer les protestations du 12 et du 15 septembre, contre les actes de l'assemblée. Bientôt M. de Bouthillier émigra : il devint major-général dans l'armée de Condé ; mais il s'y attira des reproches très-graves, et une haine à laquelle il se peut que l'envie ait eu quelque part. Malgré cela, il conserva toute la confiance du prince, et ne le quitta qu'après la dissolution de l'armée. Rentré en France vers cette époque, il y vécut dans une retraite paisible, sous la protection du gouvernement impérial. Après la première abdication, il fut nommé commandeur de l'ordre de Saint-Louis ; et il signa, en mars 1815, l'adresse présentée au roi par les chevaliers de cet ordre.

BOUTHILLIER (Léon, comte de), fils du précédent, émigra fort jeune, et suivit son père à l'armée de Condé. Après la révolution du 18 brumaire il rentra en France, et fut nommé en 1809 auditeur au conseil-d'état. En 1811, il quitta la sous-préfecture d'Alba, département de la Stura, pour celle de Minden, département de l'Ems-Supérieur. En 1814, il fut nommé par le roi préfet du Var, et officier de la légion-d'honneur.

Instruit du débarquement de Napoléon, M. Bouthillier fit de vains efforts pour suspendre la marche de ce prince, et se crut obligé de quitter la France; il y rentra après la bataille de Waterloo ; au mois d'août suivant il fut nommé préfet du département du Bas-Rhin. M. de Bouthillier, doué d'ailleurs d'une véritable capacité en administration, et de cette activité qu'il avait également puisée à l'école impériale, ne s'est souvenu à Strasbourg que de son émigration, et y a soutenu de tout son pouvoir, alors discrétionnaire, la politique funeste de 1815. L'ordonnance du 5 septembre 1816, si désirable en 1821, mit un terme salutaire et malheureusement temporaire au triomphe de la faction, qui composait la *chambre introuvable*. M. de Bouthillier ne devait pas échapper à cette contre-révolution constitutionnelle, et fut destitué malgré l'influence des protections les plus puissantes. Il fut remplacé par M. Decazes, frère du ministre, et il n'a reparu sur la scène politique qu'en 1820, où la résurrection du système de 1815, due à la violation de la loi électorale, l'a appelé naturellement aux honneurs de la députation. M. de Bouthillier siège à l'extrême droite, et si l'on peut être étonné de trouver en lui un membre aussi silencieux du parti auquel il est si dévoué, il trouve sa justification dans l'activité du travail des commissions, et notamment dans le dernier service qu'il vient de rendre à sa cause, en qualité de rapporteur sur la loi relative aux élections.

BOUTRAIS (François), né à

Vendôme le 17 mai 1763, était en l'an 5 capitaine à la terrible 57me demi-brigade. A l'affaire du Pescantino, près de Vérone, il se signala sous les yeux de toute l'armée, en traversant, à la tête de 400 hommes, quatre fois l'Adige à la nage, malgré le feu le plus terrible, pour aller chercher une barque sur la rive opposée. Mille louis avaient été offerts pour récompense ; le capitaine Boutrais, joignant le désintéressement à la valeur, les refusa. Au siége de Vérone, il ne se fit pas moins remarquer, lorsqu'il établit la communication avec le fort Saint-Félix. Ce fait d'armes, de l'aveu des généraux, décida la reddition de la ville, qui ouvrit ses portes le 3 floréal an 5. Le capitaine Boutrais a été décoré, en 1804, de la croix d'officier de la légion-d'honneur. Il vit maintenant retiré dans un village près de Vendôme.

BOUTROUE (Louis-Martial-Stanislas), conventionnel, naquit à Chartres, le 11 mars 1757. Administrateur du département de la Sarthe, il en eut plusieurs fois la présidence, qu'il occupait encore, lorsqu'en 1792 il fut nommé député à la convention natiole, où il siégea pendant toute sa durée ; il vota la mort dans le procès du roi, et fit partie de plusieurs des comités de cette assemblée, notamment de ceux d'instruction et de salut public. Rentré dans sa commune lorsque la convention fut dissoute, ses concitoyens le nommèrent président du canton de Montmirail, sous l'empire de la constitution de l'an 3 ; ce fut le dernier emploi qu'il occupa. S'étant défait de son étude de notaire, il vivait paisible à la Ferté-Bernard, lorsque les *cent jours* arrivèrent. Les nuages qui avaient obscurci les derniers mois de la première restauration, lui ayant inspiré des craintes, il signa l'acte additionnel, mais il refusa tout emploi, notamment celui d'une des sous-préfectures de la Sarthe. Tombé malade d'une hydropisie de poitrine, lorsque la loi d'amnistie condamna au bannissement les conventionnels dit *votans*, il sollicita un sursis : le préfet, M. Jules Pasquier, après avoir fait constater son état, à plusieurs reprises, et avec toutes les précautions nécessaires pour bien s'en assurer, venait de lui annoncer qu'il avait appuyé sa demande près du ministre de la police, lorsque, vingt-quatre heures après, il lui marque qu'il est informé que sa maladie est simulée, et qu'il va le faire transporter à l'hôpital du Mans... Douze heures après la réception de cette lettre, le 28 février 1816, à l'âge de 59 ans, le malheureux proscrit avait succombé. Sa mort n'apaisa point l'esprit de parti. Le fanatisme et cet esprit déplorable, s'agitèrent sur son cerceuil ; ils lui firent refuser les cérémonies religieuses, et essayèrent, mais inutilement, de le priver de la sépulture des chrétiens.

BOUTROUE (Jules-Alexandre-Léger), colonel, frère du précédent, naquit également à Chartres, le 20 avril 1760. Avant la révolution, il avait servi dans le régiment de Rohan-Soubise. Il partit comme volontaire, lorsque la guerre fut déclarée, et il fut nommé capitaine dans le 1er bataillon de la Sarthe, lors de sa formation, le 3 septembre 1791. Dès le mois de janvier suivant, il passa sous-lieutenant au 33me régiment d'infanterie, et peu après il devint lieutenant. Il parvint successivement au grade de chef du 1er bataillon du Mont-Terrible, de chef de brigade de la 65me, puis de la 68me, et fut fait prisonnier à Kehl, à la fin de l'an 4, et à la désastreuse bataille de Novi, en l'an 7. Devenu colonel du 56me régiment, et nommé membre, puis officier de la légion-d'honneur en l'an 12, il eut la jambe cassée par un boulet de canon, à l'affaire de Caldiero, près Vérone, le 9 brumaire an 14, et mourut des suites de cette blessure, dans cette dernière ville, le 14 frimaire suivant (5 décembre 1805), à l'âge de 45 ans. Le plus ancien colonel de l'armée, lorsqu'il fut tué, M. Boutroue en était aussi l'un des plus braves : il fut chargé plusieurs fois de commandemens importans, notamment de la place de Turin, où il se fit aimer et estimer ; comme il fit admirer sa valeur partout où il combattit, et particulièrement à la tête de l'avant-garde du fameux corps de grenadiers d'élite, commandé par le général Oudinot. Le colonel Boutroue était dévoué à sa patrie, et ce fut par amour pour elle qu'il quitta la carrière du notariat et qu'il partit volontairement pour les armées. Il a laissé un fils, élève des écoles militaires de Laflèche et de Saint-Cyr.

BOUTTEVILLE-DUMETZ, député à l'assemblée constituante. Avant la révolution il était avocat à Péronne ; l'estime dont il jouissait le fit nommer aux états-généraux, par le tiers-état de cette ville. Ses discours parurent un peu diffus ; mais on ne lui contesta pas le premier des mérites dans un citoyen, l'attachement aux intétêts de la patrie. Au commencement de 1790, il fit renvoyer au comité de constitution, la réclamation de Robespierre en faveur de l'égalité politique, ainsi que le projet d'interdire aux députés l'élection à une prochaine législature. Peu de temps après il fut nommé commissaire pour l'aliénation des domaines du clergé. La tentative que fit Louis XVI pour passer les frontières engagea M. Boutteville à voter la suspension de l'autorité royale, jusqu'à ce que la constitution fût achevée. Lorsqu'on révisa l'acte constitutionnel il se plaignit vivement des atteintes portées à la liberté de la presse ; et il demanda la mise aux voix des divers articles du projet. Après la session de la convention nationale, dont il n'avait point fait partie, il fut employé comme commissaire aux armées et près les tribunaux ; il devint membre du conseil des anciens, et en l'an 5 (1797), secrétaire de ce conseil. Il parla en faveur de la levée de 200,000 hommes ; défendit la résolution qui suspendait la vente des biens nationaux, et fit adopter celle qui avait rapport aux retraites des militaires. Membre du tribunat, où il parla plusieurs fois sur l'organisation judiciaire, après la dissolution de ce corps, il fut nommé juge à la cour d'appel d'Amiens ; il y obtint, en 1811, la présidence d'une des chambres. Pendant les *cent jours*, le collège électoral de l'arrondissement de Péronne le nomma député à la chambre des représentans ; il n'y parla point, mais il vota toujours avec la minorité.

BOUVARD (Alexis), l'un des astronomes les plus zélés et les plus laborieux dont s'honore aujourd'hui l'Observatoire de Paris, est né dans le Haut-Francigny, au pied du Mont-Blanc, le 27 juin 1767. Le commerce auquel ses parens le destinaient n'eût aucun attrait pour lui; il vint à Paris en 1785, étudia les mathématiques, se livra à l'étude de l'astronomie, et devint bientôt assez instruit pour être admis à l'Observatoire en 1793, provisoirement et en attendant l'organisation définitive qu'on se proposait de donner à cet établissement, ce qui n'eut lieu qu'en 1795, par la création du bureau des longitudes. Alors M. Bouvard y fut nommé en qualité d'astronome-adjoint; il devint membre de l'Institut en 1803, membre du bureau des longitudes en 1804, et membre de la légion-d'honneur en 1810. Ses observations, imprimées d'abord annuellement dans les volumes *de la Connaissance des temps*, paraîtront désormais dans des volumes d'un format plus commode, avec celles que font journellement les astronomes, habitant comme lui l'Observatoire. Il a eu la plus grande part à la rédaction et à la publication des douze derniers volumes *de la Connaissance des temps*, auxquels ont aussi coopéré quelques-uns des astronomes du bureau des longitudes. Il a découvert huit comètes dont il a calculé les élémens paraboliques; il a été le collaborateur de M. Laplace, qui, pour son grand ouvrage de *la Mécanique céleste*, s'était reposé sur lui des recherches de détail et des calculs purement astronomiques, qui prendraient trop de temps à l'analyste qui n'y est pas également familiarisé. En 1808, il fit imprimer de nouvelles tables des planètes Jupiter et Saturne, pour lesquelles il avait profité des nouvelles recherches analytiques de M. Laplace, et de toutes les bonnes observations qu'on avait pu faire depuis la composition des tables publiées en 1792. Ce travail avait fait décerner à M. Bouvard une mention honorable, au concours décennal. Déjà en 1800 il avait partagé avec l'astronome allemand M. Burg, le prix proposé par l'Institut pour la détermination des moyens mouvemens de la lune. Il a joint des notes à l'ouvrage de l'astronome arabe Ebn-Iounis, traduit par M. Caussin. Enfin il va faire paraître une édition encore perfectionnée de ses tables de Jupiter et de Saturne ; il promet d'y joindre bientôt de nouvelles tables de la planète Uranus. La révolution de cette planète est de 84 ans, elle n'a été découverte qu'en 1781. On n'avait que huit ans d'observations quand on composa les tables qui depuis ce temps ont servi aux calculs de tous les astronomes. Il y a tout lieu d'espérer que les soins et l'habileté de M. Bouvard, aidés de 40 années de bonnes observations, et des observations un peu moins sûres peut-être, mais beaucoup plus anciennes qu'on a depuis trouvées dans les recueils de Lemonnier et de Bradley, donneront, à cette nouvelle publication, un degré de précision qui s'accroîtra successivement, à mesure que la planète aura accompli sous nos yeux une partie plus considérable de sa lente période.

BOUVENOT (L'ABBÉ DE), prêtre avant la révolution, et médecin depuis. Desservant à Saint-Jean-Baptiste de Besançon, M. Bouvenot prêta serment à la constitution civile du clergé en 1790, et devint, après le 9 thermidor, procureur de la commune. Le général Féraud le comprit au nombre des habitans de cette ville qu'il dénonça, comme voulant ouvrir leurs portes au prince de Condé. Arrêté et jeté en prison, il y resta quelques mois; rendu à la liberté il vint à Paris, où il se fit recevoir docteur en médecine. Cette dernière carrière lui a été aussi honorable qu'utile. Il est un des collaborateurs du grand *Dictionnaire des sciences médicales.* Ses *Recherches sur le vomissement* (1802, in-8°) sont estimées.

BOUVENOT (PIERRE), frère du précédent, était avocat à Besançon, lorsqu'il fut nommé administrateur du département du Doubs. Élu en 1791, à l'assemblée législative, il n'y fut point remarqué. Après la session, il rentra dans ses foyers, où il reprit l'exercice de sa profession d'avocat. Il est aujourd'hui président du tribunal de première instance à Arbois.

BOUVENS (L'ABBÉ DE), grand-vicaire et secrétaire de M. de Conzié, évêque d'Arras, émigra avec lui. A Londres, il fut constamment attaché à la chancellerie de *Monsieur,* alors comte d'Artois. On lui doit plusieurs oraisons funèbres, celle du *duc d'Enghien*, écrite avec prolixité; celle d'*Edgeworth Firmont*, qui eût demandé une parole plus énergique, plus apostolique et plus éloquente; celle de *Marie-Joséphine de Savoie, reine de France et de Navarre*, (1814). C'est à Londres que l'abbé de Bouvens a prononcé les deux premiers de ces discours. Il est rentré en France avec le roi, dont il est aujourd'hui l'un des aumôniers.

BOUVET (LE BARON, FRANÇOIS-JOSEPH), vice-amiral, né à Lorient en 1753, fils d'un capitaine de vaisseau. Il commença le service de mer à l'âge de 12 ans, et fit les campagnes de l'Inde sur la flotte aux ordres du célèbre bailli de Suffren. En 1782, enseigne de vaisseau, il servit dans les ports en France jusqu'en 1793, qu'il fut nommé capitaine de frégate. Son avancement fut rapide à cette époque. Il parvint bientôt au grade de contre-amiral, et commanda une division de l'escadre expéditionnaire chargée d'opérer une descente en Irlande, sous les ordres de l'amiral Morard de Galles. Investi fortuitement du commandement en chef, par la séparation de la frégate, qui portait l'amiral et le major-général Bruix, commandant en second l'expédition, Bouvet, après avoir touché à la baie de Bantry, point du débarquement, revint en France, sans l'opérer, et fut destitué par le directoire. (*Voyez* BRUIX.) Sa disgrâce dura jusqu'au gouvernement consulaire. Après le 18 brumaire, le contre-amiral Bouvet fut chargé de conduire une escadre à la Guadeloupe ; il contribua à l'établissement du nouveau régime colonial, et revint à Brest, où il fut nommé commandant de la marine, puis préfet maritime. Dans les *cent jours*, le contre-amiral Cosmao le remplaça à Brest. En 1816, le ministre du Bouchage fit nommer M. Bouvet, vice-amiral; mais 18 mois après, il fut mis à la retraite d'ancien préfet maritime, au traitement de 6000 fr.

BOUVET DE CRESSÉ (Auguste-Jean-Baptiste), successivement élève de l'Oratoire, soldat, marin, chef d'imprimerie et maître de pension à Paris. Il se battit vaillamment, d'abord contre les Anglais à coups de canon, et ensuite contre les journalistes parisiens à coups de plume. Dans la seconde partie de cette vie si différente de la première, il a publié quelques ouvrages estimables, où la recherche de l'esprit se fait néanmoins trop souvent remarquer : *Ferval ou le Gentilhomme rémouleur* (1802, in-12), l'*Eloge de Goffin* (1812, in-8°), plusieurs brochures en vers et en prose contre MM. Dussault, Hoffmann et Étienne, dont la plume l'avait blessé; enfin différens opuscules latins sur des sujets de circonstance. Né à Provins en 1772, il étudia à l'Oratoire, s'enrôla dans les troupes de la marine à Brest, obtint au concours la place de chef d'imprimerie de l'armée navale, et ne quitta le service qu'après s'être distingué par une action mémorable. Le 1er juin 1794, la flotte française sous les ordres du contre-amiral Villaret-Joyeuse, partie du port de Brest, est rencontrée par l'escadre anglaise. Le combat s'engage. Cinq vaisseaux ennemis enveloppent la *Montagne*, vaisseau amiral sur lequel Bouvet de Cressé était embarqué ; la *Montagne*, après un long et rude combat, est dans l'état le plus déplorable, et pour comble de malheur, le feu prend à des caisses remplies de cartouches. M. Bouvet de Cressé voyant l'effroi qui s'empare du petit nombre de braves qui restent encore, conçoit le dessein de sauver le vaisseau et ses glorieux débris; dans ce moment l'amiral anglais s'approche et se dispose à tenter l'abordage. M. Bouvet de Cressé, qui a déjà reçu trois blessures et dont le bras est en écharpe, demande au contre-amiral français la permission de balayer le pont du vaisseau amiral ennemi. « Mais vous vous ferez tuer, répond » Villaret-Joyeuse. »—« Tout pour » la patrie, réplique l'intrépide jeu-» ne homme. » Le contre-amiral lui serre la main. M. Bouvet de Cressé se glisse, monte en rampant de degré en degré, et sans être intimidé par les Anglais, qui, du haut des dunes, tirent sur lui avec des espingoles et presque à bout portant. Les vêtemens criblés de balles, son chapeau percé en trois endroits et malgré cinq nouvelles blessures, il atteint le but qu'il s'est proposé en mettant le feu à une caronnade de 36, à tribord, qui balaie en effet le pont de l'amiral anglais, et le force de s'éloigner à toutes voiles. Un décret de la convention nationale constate cette action héroïque. Mais depuis cette époque, M. Bouvet de Cressé en sollicite en vain la récompense, et, par une fatalité inexplicable, la décoration de la légion-d'honneur, noble récompense de tous les genres de mérite, donnée si souvent avec tant de libéralité, ne décore point encore la poitrine de ce brave. Fixé à Paris, M. Bouvet de Cressé se consacra à l'instruction publique et devint le chef d'un pensionnat distingué. Avec de tels titres à la reconnaissance de ses concitoyens, on pourrait être moins sensible à l'injustice et surtout aux petites blessures de l'amour-propre. M. Bouvet de Cressé peut se consoler de cette réflexion, en songeant qu'Achille n'était vulnérable qu'au talon.

BOUVET-DE LOZIER (A. H.), fils d'un ancien intendant de l'île de Bourbon, est né à Paris en 1769. Il avait le grade d'officier d'infanterie à l'époque de la révolution. Il fit partie de la première émigration, et servit dans l'armée de Condé, d'où, après quelques campagnes, il se retira en Angleterre. Revenu en France avec le grade d'adjudant-général de l'armée royale, il s'y trouvait en 1804, lors de la conspiration de Georges Cadoudal et de Pichegru; il fut arrêté comme l'un des conjurés, et n'hésita pas à déclarer au grand-juge qu'il n'était venu à Paris que pour y préparer le rétablissement des Bourbons, en renversant le gouvernement consulaire. Il avait essayé de se suicider en entrant dans la prison; un porte-clé parvint à l'en empêcher. Il fut condamné à mort, le 10 juin 1804; mais sa sœur, présentée par la princesse Murat au premier consul, devenu empereur, sollicita et obtint sa grâce; il fut seulement détenu au château de Bouillon l'espace de quatre ans; il quitta la France en 1808. Après le retour du roi, en 1814, M. Bouvet-de-Lozier fut nommé maréchal-de-champ, membre de la légion-d'honneur et chevalier de St-Louis, puis commandant militaire de l'île de Bourbon. Étant dans cette île en 1815, il fit arrêter l'officier qui y portait la nouvelle des événemens du 20 mars, et les dépêches de Napoléon.

BOUVIER (Claude-Pierre, baron), né à Dôle, en Franche-Comté, le 9 novembre 1759. Son père, l'un des négocians les plus estimés de cette province, le destina au barreau. Dans les 16me et 17me siècles, leur famille avait fourni un grand nombre de docteurs en droit des plus distingués de l'université du comté de Bourgogne. En 1787, M. Bouvier devint lui-même membre de celle de Dijon. Il professa toujours les principes d'une liberté sage, mais il cessa d'exercer en 1792, n'ayant pas voulu prêter le serment exigé des fonctionnaires par la constitution de 1791; il souscrivit pour le rachat des domaines de la couronne; s'offrit pour otage de Louis XVI et de sa famille, et pour être l'un des défenseurs de ce monarque infortuné, lorsque la convention nationale le mit en jugement. Arrêté en vertu de la loi des suspects, et détenu pendant neuf mois au château de Dijon, M. Bouvier ne recouvra la liberté qu'après le 9 thermidor de l'an 2. Il remplit les fonctions de président du district de Dôle pendant l'an 3, et celles de président de l'administration centrale de son départemeut (le Jura), pendant les années 4 et 5. Menacé d'être déporté par suite de la révolution du 18 fructidor, il ne fut que destitué de la présidence de l'administration centrale. Retiré à Dôle, il fut appelé immédiatement à présider la commission administrative des trois hospices, et des autres établissemens de bienfaisance de cette commune. Il avait principalement contribué à conserver tous les biens de ces établissemens, d'une valeur de plus de 800,000 francs. Deux années après, il fut nommé maire de Dôle par le premier consul, et il en remplit les fonctions pendant neuf années. Après son exercice, la ville a donné le nom de ce magistrat à l'une de ses rues. M. Bouvier vint siéger au corps-législatif en 1809. Le collège électoral de son département qu'il avait présidé, l'avait aussi nommé candidat au sénat. Il fut l'un des vice-présidens du corps-législatif en 1810. Sous le gouvernement impérial, il a été nommé membre de la légion-d'honneur, baron et procureur impérial à la cour de Besançon. Membre de la chambre des députés en 1814, il s'y montra tout-à-fait indépendant dans ses opinions, ne se réglant que sur sa conscience. Après la session de 1814, M. Bouvier fut nommé par le roi officier de la légion-d'honneur. Il a continué ses fonctions à la cour de Besançon pendant les *cent jours;* il n'accepta pas les articles additionnels aux constitutions, s'opposa à tout séquestre sur les biens des Français qui s'étaient absen-

tés depuis le départ du roi, ne toléra aucune arrestation arbitraire, fit cesser toutes celles qui avaient été exécutées, et ne souffrit aucune violation des droits que les constitutions avaient garantis à tous les citoyens. Après le retour du roi, il se conduisit de la même manière, se plaignit hautement des mesures acerbes de l'administration, dénonça le désarmement opéré dans plusieurs communes du Jura par les ordres du préfet Dumesnil, poursuivit les agens de la force publique pour les vexations qu'ils avaient commises dans l'exécution de ce désarmement, contint l'exagération des hommes de 1815, paralysant toutes leurs entreprises, et tempérant, autant qu'il le put, les rigueurs des lois désastreuses. M. Bouvier n'hésita pas à signaler aux ministres du roi l'organisation de ces sociétés secrètes, dont le but était de livrer la France à de nouvelles agitations. « Ces af-
» filiations, écrivait-il au garde-
» des-sceaux, le 8 décembre 1815,
» se rattachent à des comités cen-
» traux établis dans les principales
» villes, et qui, dans la hiérarchie
» de cette institution singulière,
» sont destinés à transmettre l'im-
» pression qu'ils reçoivent eux-
» mêmes d'un centre unique et plus
» actif encore.... Il est raisonna-
» ble de prévoir qu'il arrivera, si
» l'on n'y prend garde, un moment
» où le roi, entouré exclusive-
» ment sans le savoir des agens de
» cette secte, trompé sur les hom-
» mes et sur les évènemens, aura
» la main forcée dans tous ses
» choix et dans tous ses actes,
» par le concours irrésistible des

»moyens dont cette association »dispose. » Ces actes furent récompensés par une ordonnance royale du 28 mars 1816, qui destitua M. Bouvier des fonctions qu'il remplissait à la cour de Besançon. Rappelé en juillet 1818, et envoyé en la même qualité de procureur-général à la cour de Limoges, il fut nommé, au mois d'octobre suivant, pour aller présider le collège électoral de la Haute-Saône; mais il ne tarda pas à être remplacé à la cour de Limoges. Les fonctions que M. Bouvier a remplies pendant près de vingt années avant sa nomination au corps-législatif et aux fonctions de procureur-général, avaient toutes été gratuites; il a prouvé qu'il préférait la considération à la fortune, et la sienne est loin de s'être accrue pendant la révolution. Il vit retiré à la campagne où il s'occupe de terminer un ouvrage sur notre législation criminelle.

BOUVIER-DES-ÉCLAZ (Joseph), maréchal-de-camp, chevalier de Saint-Louis, etc., né le 3 décembre 1758, à Belley, département de l'Ain. Il entra au service comme simple dragon, le 7 novembre 1778; il passa par tous les grades. En 1789, il devint adjudant-sous-officier ; en 1792, lieutenant à l'armée du Rhin, où il fit les campagnes de 1792 et 1793, sous les ordres des généraux Custine et Beauharnais. Capitaine à l'armée de Sambre-et-Meuse, il se distingua à la bataille de Fleurus, et, en l'an 4, devant Bamberg. Il fut fait chef d'escadron sur le champ de bataille de Friedberg, le 28 ventôse an 5.

L'année suivante, il servit dans l'armée d'Helvétie, commandée par Masséna, et en l'an 7, dans l'armée du Rhin, sous les ordres de Moreau. Il se battit avec courage à Hohenlinden, en l'an 9; et trois ans après, il fut major du 17me régiment de dragons. En 1806, il obtint le grade de colonel; et en 1807, il fut nommé officier de la légion-d'honneur. Il passa en Espagne avec le grade de général de brigade, et se fit remarquer aux affaires de la Gebora, de Santa-Marta et de Villalba. Le maréchal Soult, qui estimait ses talens et son courage, le proposa pour commandant de la légion-d'honneur. En 1814, il fut nommé chevalier de Saint-Louis.

BOUVIER-DUMOLARD (LE CHEVALIER), né en 1781, à Sarguemines, département de la Moselle. Il fut d'abord attaché à la sous-préfecture de Sarrebruck. En faisant une tournée dans les départemens, l'empereur remarqua le jeune Bouvier-Dumolard, qui était de la garde d'honneur, et peu de temps après, ce prince le nomma auditeur au conseil-d'état. Vers la fin de 1805, M. Bouvier-Dumolard eut l'intendance de la Carinthie, et celle de la Saxe, ainsi que des principautés de Cobourg et de Schwartzbourg; il fut ensuite envoyé en qualité de commissaire près la république de Raguse, et enfin, chargé de travailler à l'organisation du gouvernement vénitien; plus tard, il obtint la sous-préfecture de Sarrebruck. Il était préfet du Finistère en 1810; et en 1812, il passa au département de Tarn et Garonne. On accusa ce fonctionnaire d'avoir intercepté, en 1814, les dépêches du gouvernement provisoire, et d'avoir ainsi occasioné le combat inutile, mais si glorieux pour la valeur française, que le maréchal Soult avait livré sous les murs de Toulouse. Dans une prétendue histoire de cette campagne, M. Beauchamp, écrivain mal instruit et malintentionné, se permit d'accréditer ces bruits. M. Bouvier-Dumolard l'attaqua comme calomniateur; il plaida lui-même sa cause, et confondit son adversaire, dans un discours qui excita un vif intérêt. Après le 20 mars 1815, il fut nommé à la préfecture de la Sarthe, et immédiatement après à celle de la Meurthe. A son entrée dans ce département, des voleurs l'attaquèrent auprès de Nancy, et lui enlevèrent une somme considérable et plusieurs bijoux d'un grand prix. Il s'occupa sans délai de l'organisation des bataillons de la garde nationale, et sut remplir ses devoirs de fonctionnaire public, sans commettre de vexations. Bien qu'il eût été nommé à la chambre des représentans par l'arrondissement de Thionville, il n'abandonna la préfecture que quand les Autrichiens occupèrent Nancy. Alors M. Bouvier-Dumolard se rendit à Paris; et dans la séance du 30 juin, il s'éleva fortement contre le rapport fait à l'assemblée portant que l'ennemi n'avait envahi dans le département de la Meurthe que Château-Salins, occupé par 2 à 3,000 Bavarois et Wurtembergeois. M. Bouvier-Dumolard comprenait difficilement qu'on ignorât ou qu'on dis-simulât à ce point la situation des affaires. Il les fit connaître sans aucune réticence : « Je ne serais » pas ici, ajouta-t-il, si le premier » administrateur du département » eût pu rester à son poste. » Malgré sa constante modération, et quoiqu'il fût trop jeune pour avoir participé aux erreurs de la révolution, M. Bouvier-Dumolard a été compris dans l'ordonnance du 24 juillet 1815. Le gouvernement, revenu à des mesures moins rigoureuses, l'a ensuite autorisé à vivre retiré dans Hazebruck, où il possède des propriétés. M. Bouvier-Dumolard a publié deux *Mémoires* : l'un sur son procès avec M. Beauchamp, et le second au sujet de l'inscription de son nom sur la liste des exilés. Il a de plus fait insérer dans les journaux, en 1819, une lettre pleine de noblesse et d'énergie, en réponse aux insinuations de quelques écrivains, qui lui reprochaient d'avoir obtenu, par des moyens peu convenables, son rappel en France.

BOUVILLE (LE MARQUIS DE), membre de la chambre de 1815, s'est plaint à la tribune que la *faiblesse était le défaut du siècle et le principal ressort de ses contemporains.* Voici de quelle manière M. le marquis de Bouville s'y est pris, pour éviter ce grand tort de la faiblesse. Conseiller au parlement de Rouen, il fut député en 1789 aux états-généraux. Non-seulement il signa toutes les protestations de la noblesse contre les actes de l'assemblée constituante; mais il en rédigea même quelques-unes. Son énergie n'était pas encore parvenue au point d'intensité, où nous l'avons vue en 1815; car après avoir un peu hésité, il prêta le serment civique, et finit, en émigrant, par suivre le conseil d'une prudence assez vulgaire. Aussi prit-il soin, après la restauration, de réparer cette faute, hommage honteux, mais passager, à la faiblesse du siècle. Membre de la fameuse chambre de 1815, où le département de la Seine-Inférieure l'avait envoyé, pendant cette session, il déploya une âpreté d'opinions, et l'un de ces caractères violens qu'on n'a retrouvés qu'en 1820. On le vit s'efforcer de prouver que l'évasion du comte de Lavalette tenait au plus vaste complot; il assura que l'indulgence que l'on semblait montrer et les lenteurs de la procédure, étaient des signes certains d'une collusion criminelle, et il appela toute la sévérité du gouvernement sur cet heureux attentat. Il eut même l'énergie de réclamer, de vouloir la liberté illimitée d'opinions et un pouvoir presque arbitraire pour une chambre, qui, suivant lui, devait connaître aussi bien les intérêts du roi que le roi lui-même. Panégyriste des membres de cette commission, qui fit et commenta la liste des *trente-huit*, il trouva leur décision d'autant plus admirable, qu'étant plus vague elle était plus forte. Jamais il ne s'écarta des sentimens et des votes de cette majorité, toujours immobile dans ses opinions, toujours constante dans le mépris des droits de la nation, toujours aveugle aux progrès et à la marche des siècles, toujours fidèle dans son judicieux dévouement au pouvoir absolu.

BOVES, fut l'un de ces monstres que les royalistes de l'Amérique méridionale, indifférens sur les moyens, pourvu qu'ils parvinssent à leur but, employèrent, en 1814, à soulever les esclaves, dans l'espérance de relever leur parti abattu. Dans cette guerre si féconde en horreurs, Boves sut se faire remarquer parmi les scélérats qu'une horrible politique fit employer avec tant de persévérance. Appuyé des secours du gouverneur de Guayana, il pénétra avec Rosette, homme féroce comme lui, dans la partie de l'Est de l'immense province de Caracas. Bientôt attirés par l'espérance du pillage, se réunirent autour de ces chefs les malfaiteurs et autres brigands qu'enfantent les discordes civiles, et aussitôt ils commencèrent à remplir leur épouvantable mission. Les vallées de Tuy et d'Aragua furent en peu de temps le théâtre de tous les crimes; la mort et l'incendie, tous les genres de cruautés, ravagèrent une étendue de 400 milles, depuis l'Orénoque jusque près de Caracas. Tout ce qui, dans cette vaste contrée, refusa de se réunir à Boves, fut massacré. C'est par la terreur que ce scélérat était parvenu à se former un corps d'environ 8,000 hommes, avec lesquels il s'était emparé de la Vittoria; lorsque enfin Bolivar (*voyez* ce nom), que son éloignement avait empêché de s'opposer aux progrès des brigands, arriva; il leur fit éprouver une défaite complète, et les força à se retirer. La soif du sang et des richesses enflammait Boves. Ayant reçu des renforts que lui amena Rosette, il se porta encore sur Caracas, et perdit une seconde bataille; elle le rejeta sur Los Elanos. Bolivar, voulant profiter de ces nouveaux avantages, et anéantir le cruel auxiliaire des royalistes, le poursuivit imprudemment dans une position toute favorable à ce chef de bande, qui, pouvant déployer une cavalerie nombreuse dont Bolivar était dépourvu, battit à son tour les indépendans, et pénétra à Caracas et à la Guayra. Par suite de ces succès, la ville de Valencia fut réduite à capituler. Sans respect pour un traité fait sous la foi des sermens et sous les auspices de la religion, à l'issue même de la messe solennelle qu'il avait fait célébrer, l'auxiliaire des royalistes, l'exécrable Boves, fit arrêter le commandant de la place, un grand nombre d'officiers et de citoyens, et les fit fusiller sur-le-champ. Il marcha ensuite, avec Moralès, contre les débris de l'armée républicaine, qui, sous les ordres de Rivas et de Bermudez, s'était reformée dans Mathurin. Il fut battu; mais de nouveaux secours le mirent à même d'attaquer avec succès les indépendans devant Urica, le 5 décembre 1814. C'est là que mourut les armes à la main l'homme affreux qui eût dû monter sur un échafaud, si trop souvent la politique ne légitimait les plus honteux excès. Boves ne rendit des services aux royalistes, que parce qu'il fut le ministre de leurs vengeances. Les faibles succès qu'il obtint n'empêchèrent pas le triomphe de la liberté, aujourd'hui souveraine dans la métropole et dans les colonies.

BOWDOIN (JAMES), gouverneur de Massachussets, naquit à Boston, en 1727, de William Bowdoin, riche commerçant. Le véritable nom de sa famille était *Beaudouin;* et son père, protestant français, était encore un de ces fugitifs industrieux, dont l'édit de Nantes peupla tous les coins du globe. *Beaudouin* père alla d'abord en Irlande, et passa de là en Amérique, où il fit fortune, sous le nom *anglesé* de *Bowdoin.* Après deux ans de séjour à Falmouth, aujourd'hui Portland, il alla, en 1790, à Boston. Ce départ fut pour lui comme une inspiration heureuse : dès le lendemain, tous les habitans de Casco (baie fertile et peuplée, où se trouve situé Portland) furent égorgés par les Indiens. Son fils, qui l'accompagnait, fit ses études à Harvard, acquit du crédit et de la considération, fut nommé l'un des représentans de Boston, à l'assemblée générale, en 1756, se prononça comme l'un des plus zélés amis du peuple, et finit par effrayer l'autorité, qui, en 1769, le destitua. Le gouverneur Bernard déclara officiellement qu'un *whig* aussi déterminé ne pouvait siéger au conseil. Ses concitoyens le réélurent l'année suivante; et l'administration eut à choisir entre Bowdoin conseiller, et Bowdoin représentant. Après bien des difficultés, on crut pouvoir l'admettre à la chambre. Quand l'Angleterre, par la voie du gouverneur Gage, prétendit appuyer de sophismes révoltans ses droits aux taxes arbitraires, ce fut Bowdoin qui répondit. On le destitua de nouveau. La résistance une fois établie et organisée, la révolution commence. Des députés des divers cantons se réunissent à Philadelphie. Bowdoin, le premier qui eût été généralement choisi, est obligé, pour cause de santé, de se laisser remplacer par le fameux Hanckock. Cependant il continue, par ses écrits et ses conseils, à influer sur les résolutions de ses compatriotes. En 1775, à force de prudence et de fermeté, il aurait sauvé Boston, si la perfidie anglaise n'avait rompu le traité. On sait avec quelle infamie le général Gage a faussé sa parole. Bowdoin, après avoir, dans plusieurs fonctions élevées, fait preuve de patriotisme et de talens, fut nommé, en 1785, gouverneur de Massachussets, à la place de Hanckock. Une probité sévère, quelques écrits redoutables au pouvoir par la plus invincible logique, et un grand zèle pour la cause nationale, le firent toujours remarquer. Son discours à l'occasion de la nouvelle constitution des États-Unis, mérite d'être lu ; c'est une éloquence austère, dont les annales de la vieille Europe offrent bien peu d'exemples. Il se retira ensuite, et se livra tout entier aux sciences et à la littérature, qui avaient occupé sa jeunesse. Il devint l'un des écrivains les plus célèbres de son pays, fut long-temps président de l'académie des sciences et des arts de Philadelphie, et mourut en novembre 1790, regretté de tous ses concitoyens.

BOY (Adrien-Simon), fils d'un chirurgien de Champlitte en Franche-Comté, embrassa lui-même cette profession, dans laquelle il se distingua. Son père est auteur d'un ouvrage estimé et qui a pour titre : *Abrégé sur les maladies des femmes enceintes*. On doit à Simon Boy l'hymne célèbre qui commence par ce vers :

Veillons au salut de l'empire !

et plusieurs brochures sur diverses parties de son art. Il mourut, en 1793, à Alzey, près Mayence, étant chirurgien en chef de l'armée du Rhin.

BOYAVAL (Charles-Louis-Laurent), cultivateur du département du Nord, quitta ses travaux et sa ferme pour siéger à la convention nationale. Dans le procès du roi, il vota la mort sans sursis. Après avoir fait partie du conseil des anciens, il fut nommé commissaire du directoire, et inspecteur des forêts à Arlon. Le reste de sa vie nous est inconnu.

BOYAVAL (J. P.) Ce monstre naquit à Saint-Amans, département de la Lozère, vers 1759. Il apprit le métier de tailleur, fut soldat au service de l'Autriche, déserta, revint en France, et était, en 1789, commissaire-greffier de la commune de Paris. En 1792, Boyaval vivait aux dépens d'une femme riche, et prenait le titre de lieutenant d'infanterie légère. Accusé de faire des enrôlemens pour l'étranger, lorsque la première coalition se forma contre la France, il fut arrêté. C'est alors que montrant à nu toute la perversité de son cœur, il mit le comble à son infamie, en se chargeant du rôle d'espion de prison. Il offrit, en cette qualité, ses services au tribunal révolutionnaire, qui les accepta. Il ne se borna pas au rôle de dénonciateur, mais, fabriquant des complots, pour les dénoncer, il exerça contre ses compagnons d'infortune, pendant tout le régime de la terreur, la plus meurtrière des calomnies. La fureur en lui était devenue demence. Chargé de dresser une liste des personnes impliquées dans la conspiration prétendue qui devait éclater au Luxembourg, il osa dire publiquement qu'en remettant sa liste, il avait parlé avec tant d'éloquence aux juges, que de cinquante-neuf accusés, aucun n'avait été trouvé innocent. Vil parodiste de Caligula, il se vantait de faire tomber les têtes de ceux qui lui déplaisaient; il arracha, dit-on, par la violence, les faveurs d'une infortunée dont il venait de faire guillotiner le mari. Il se glorifiait d'être l'ami et le confident de Fouquier-Tainville, et d'être admis à des séances nocturnes du comité de salut public. Peu de jours avant le 9 thermidor, étant toujours au Luxembourg, on le chargea de faire une nouvelle liste de *deux cents* conspirateurs, dont la plupart périrent le jour même que Robespierre fut renversé. La chute du tyran devait amener la punition de tous les instrumens de la tyrannie. Boyaval, qui, dans les accès de son effroyable vanité, avait divulgué lui-même ses crimes, en reçut le prix, le 17 floréal an 3. Ce scélérat n'avait que 26 ans. Les agens provocateurs nous sauront gré d'avoir recueilli les hauts faits d'un de leurs plus illustres devanciers, et l'honnête homme d'avoir fait connaître le traitement que leur réserve la justice, quelque tardive qu'elle puisse être.

BOYCE (WILLIAM), célèbre organiste de la chapelle royale de Saint-James, naquit à Londres, en 1710, et y mourut en 1799. Élève du docteur Gréen, il fit, sous ce maître, des progrès rapides que n'arrêta point la surdité dont il fut attaqué. En 1749, il fut reçu docteur en musique par l'université de Cambridge, et nommé, en 1759, organiste, compositeur de la chapelle royale, et chef de la musique de S. M. Britannique. Ses *oratorio*, ses symphonies, ses motets sont très-estimés. On cite particulièrement l'oratorio intitulé : *Complainte de David sur la mort de Saül*, 1736; une *ode pour la fête de sainte Cécile*, 1790; une *musique funèbre* pour l'orgue, 1751. En 1768, il avait publié une très-belle édition des meilleures compositions anglaises pour l'église. Ce recueil honore son goût et son impartialité. Quoique porté, par son penchant, à la composition de la musique religieuse, Boyce a beaucoup travaillé, et avec succès, pour le théâtre.

BOYD (HUGUES), né en 1746, à Bally-Castle, dans le comté d'Antrim en Irlande, n'a pas atteint, au milieu des agitations d'une vie pénible, toute la renommée à laquelle il aurait pu prétendre. Doué d'un esprit actif, d'une imagination ardente, d'une élocution facile et d'une mémoire prodigieuse, il lut beaucoup, étudia peu, et se lança dans le grand monde, armé par l'indépendance de son caractère contre les séductions du pouvoir. Sans aucun soin de l'avenir, et dès sa jeunesse livré à cette intempérance bachique, dont les excès ont abrégé sa vie, il ne tarda pas à dissiper son modique patrimoine, et ses plus belles années se passèrent à chercher des ressources contre l'indigence dont il était menacé, lorsqu'il eut le bonheur de rencontrer une riche héritière qu'il épousa. Le premier usage qu'il fit de cette plénitude de liberté, à laquelle le rendait sa fortune, fut de se déclarer contre le ministère, et d'attaquer ses actes sous les noms supposés de *Whig* et de *Freeholder* dans les feuilles publiques les plus en vogue à cette époque. C'est un emploi très-honorable, c'est presque une fonction publique en Angleterre que celle de journaliste de l'opposition. Les hommes qui se dévouent à cet office, sentinelles avancées de l'opinion publique, peuvent même en ce pays être accusés, persécutés, mais du moins n'y sont-ils jamais deshonorés, flétris, bâillonnés par une infâme censure. Hugues Boyd se distingua dans ces rangs périlleux, et soutint plusieurs procès aux frais desquels subvinrent des souscriptions particulières : néanmoins ce fut aux dépens de sa fortune qu'il s'acquit une patriotique célébrité, qui le réduisit à passer aux Indes, en 1781, avec le titre modeste de secrétaire de lord Macartney, gouverneur de Madras. Envoyé, l'année suivante, à Ceylan, en qualité d'ambassadeur près du roi de Candy, à l'époque où les Anglais s'étaient rendus maîtres de Trinquemale, il fut pris au retour par les Français : conduit à Bourbon, et relâché sur parole, il retourna à Madras. En quittant ce gouvernement, où il fut remplacé par sir Archibald Campbell, lord Macartney nomma Hugues Boyd à la place de *master attendant* (capitaine de port). Il l'exerça pendant plusieurs années de la manière la plus honorable, et rédigea pendant tout ce temps une feuille publique, intitulée le *Madras-Courier*, où se trouvent enfouis une foule de morceaux d'histoire, de politique et de littérature qui suffiraient pour lui assigner un rang parmi les écrivains les plus distingués de son pays. Il repassa en Europe, en 1794, et mourut peu de temps après en Irlande, à l'âge de 49 ans : l'Angleterre honora en lui un des plus habiles défenseurs de ses libertés. Indépendamment de ses écrits polémiques dont nous avons parlé, il a publié *des Mélanges*, et la *Relation de son ambassade à Candy*. Il existe un ouvrage dont la publication anonyme a fait la réputation de cinq ou six personnes; nous voulons parler des *Lettres de Junius*, attribuées tour à tour à Samuel Duyer, à Lée, à John Dunninq, à Burke, et enfin à Hugues Boyd : aux preuves rapportées par Dundas-Campbell dans une vie de Boyd, placée à la tête de ses œuvres, et qui semblent donner beaucoup de poids à l'opinion qui attribue à ce dernier les lettres de Junius, nous ajouterons que l'auteur de cet article, qui a vécu pendant deux ans à Madras dans l'intimité de Boyd, lui a souvent entendu parler de ces lettres avec une affection toute paternelle, et qu'il les lui a récitées toutes de mémoire sans jamais avoir recours au recueil imprimé qu'il avait dans sa bibliothèque. Cette circonstance peut passer pour un nouvel indice même aux yeux de ceux qui savent que Boyd était doué d'une si étonnante mémoire, qu'assistant à un plaidoyer, il retint le discours du défenseur, qui ne dura pas moins de deux heures et demie, qu'il le fit imprimer le soir même, et qu'il se trouva parfaitement conforme à l'original, auquel on le compara le lendemain : Boyd savait par cœur Homère tout entier.

BOYÉ (CHARLES-JOSEPH) naquit le 11 février 1762, dans l'électorat de Trèves, et suivit, étant très-jeune, ses parens qui vinrent, en 1773, s'établir à Saint-Mihiel, département de la Meuse. Il s'enrôla, le 12 février 1778, dans le régiment de hussards de Conflans, devint bientôt sous-officier, et obtint le grade de capitaine, le 29 octobre 1791. Il se distingua aux combats de Voitou et de la Croix-aux-Bois, vers le camp de la Lune; fit partie de l'armée qui assiégea Namur, et se distingua particulièrement à la bataille de Nerwinde, en chargeant, à la tête de son régiment, les cuirassiers ennemis de Nassau-Ussingen. Chef d'escadron, le 21 mai 1793, il prit part au siége de Valenciennes, à la bataille de Honshcoote, et dans diverses autres occasions, principalement lorsque, chargé de la prise d'une redoute ennemie, il l'attaqua avec une telle impétuosité, qu'il allait l'emporter, si un régiment de cavalerie ennemie, que masquait le retranchement, n'eût chargé à l'improviste son escadron, trop faible pour repousser victorieusement cette contre-attaque. Cependant, comme il n'était arrivé jusqu'à la redoute que par des défilés étroits, il ne put opérer sa retraite qu'en se faisant jour à travers une ligne d'infanterie ennemie qui lui fermait le passage. Ce projet, exécuté aussitôt que conçu, sous le feu de l'infanterie et la charge de la cavalerie, lui coûta trente hommes, de soixante-dix qu'il avait; son cheval fut tué. Chef de brigade, le 6 floréal an 2, et général le 22 du mois suivant, il se trouva à la célèbre bataille de Fleurus. Sous le général Kléber, il eut le commandement du centre de l'armée de Sambre-et-Meuse, et s'empara des villes de Saint-Tron et de Tongres, après en avoir chassé l'ennemi. Il faisait encore partie de l'armée de Sambre-et-Meuse, lorsqu'elle passa le Rhin. Le général Boyé se trouva aux batailles de Zurich, d'Engen, de Moertzkirch de Hohenlinden. Ce fut lui qui, dans cette dernière bataille, dirigea l'attaque sur les grenadiers hongrois, fait qui fut honorablement mentionné dans une lettre du général en chef. Le général Boyé prit part à toutes les actions brillantes qui, pendant les années 8 et 9, eurent lieu sur le Rhin; il défendit avec succès, contre le prince de Reuss, les ponts du Lech, près d'Augsbourg, et la position de Fribourg. Nommé commandant de la légion-d'honneur, il commandait, en 1805, la 16ᵐᵉ division militaire, dans le département du Nord.

BOYELDIEU, musicien-compositeur. (*Voyez* BOÏELDIEU.)

BOYER (Pierre-François-Xavier), lieutenant-général, commandeur de la légion-d'honneur, chevalier de Saint-Louis et de la Couronne-de-Fer, né à Belfort, en 1760, fut un de ces guerriers que la révolution *fit sortir de terre*, suivant l'expression d'un poète lyrique. Ses études ayant été toutes littéraires, il n'avait jamais pensé à suivre la carrière des armes; mais l'invasion des étrangers, en 1792, éveilla son jeune courage. Il se rendit, en qualité de volontaire, à l'armée des Pyrénées; passa rapidement par tous les grades, devint adjudant-général, fit les campagnes d'Italie, d'Égypte et de Syrie, et se distingua constamment par la valeur la plus brillante. Dans cette dernière campagne, il découvrit au milieu du désert de Faïoum, des ruines précieuses pour l'histoire de l'antiquité : ce qui prouve que l'amour des sciences et des arts peut s'allier à l'amour de la gloire militaire dans le cœur des soldats français. Il accompagna ensuite les généraux Leclerc et Rochambeau à Saint-Domingue, en qualité de chef d'état-major de l'armée expéditionnaire, et remporta plusieurs avantages sur Toussaint-Louverture. Le général Leclerc, au moment de sa mort, chargea Boyer de transmettre au premier consul ses dernières volontés. Fait prisonnier dans la traversée, par une frégate anglaise, le général Boyer fut conduit à Londres, et bientôt après échangé. Dans les campagnes de Prusse, de Pologne, d'Allemagne, d'Espagne, de Saxe et de Russie, il donna des preuves nouvelles de son courage et de ses talens : l'assaut de Naugarten et la prise de Marbourg, lui firent le plus grand honneur. Quand l'empereur eut abdiqué, le général Boyer envoya du quartier-général de Plessis-le-Haur, où il venait de battre l'ennemi, son adhésion aux actes du sénat. Pendant les *cent jours*, il fut chargé de l'organisation d'un corps franc dans le département de la Côte-d'Or. Poursuivi par la police, après la seconde restauration, il chercha un refuge de l'autre côté du Rhin : il est revenu en France après le ministère du général Clarke, son persécuteur, a été replacé dans son grade sur l'état de disponibilité, et vit retiré à la campagne avec sa femme et ses enfans.

BOYER (Jean-Baptiste-Henri-Nicolas), frère du précédent, est né à Belfort, le 9 juillet 1775. Il entra au service, comme volontaire, dans le 10me bataillon du Doubs, en frimaire an 2; passa hussard dans le 1er régiment, en l'an 3, et fut fait sous-lieutenant sur le champ de bataille à Arcole, où il reçut à la tête une blessure grave. Aide-de-camp du général de brigade Lannes en l'an 4, lieutenant en l'an 5, capitaine au 4me de chasseurs à cheval en l'an 6, chef d'escadron au 13me de cavalerie en l'an 8, major au 10me de hussards en 1807, adjudant-commandant en 1809, général de brigade en 1813, il a reçu ces différens grades sur le champ de bataille, et à la suite d'actions d'éclat : en l'an 8, il obtint un sabre d'honneur. Le général Boyer a servi aux armées d'Italie, de Hollande, du Rhin et à la grande-armée;

et s'est particulièrement distingué aux batailles d'Arcole, d'Alckmaer, d'Hohenlinden, d'Austerlitz, dans la campagne et conquête de Prusse et de Pologne. Il mourut, en 1813, des suites de blessures graves qu'il avait reçues à la bataille de Leipsick, où il commandait la cavalerie du 5™° corps; il était officier de la légion-d'honneur, et chevalier de l'ordre du mérite militaire de Bavière.

BOYER (ALEXIS, BARON), l'un des premiers chirurgiens de l'Europe, né à Uzerche, dans le Limousin, le 27 mars 1760, vint à Paris en 1779, et suivit les leçons de chirurgie de Desault. Il obtint, cinq années après, le premier prix de l'école pratique, et fut honoré d'une distinction plus précieuse encore, il partagea avec Desault l'enseignement de l'anatomie. Des cours particuliers d'anatomie, de physiologie et de chirurgie augmentèrent sa réputation, que d'excellens ouvrages élémentaires et de grands services rendus à l'enseignement devaient bientôt consolider. M. Boyer obtint au concours, en 1787, la place de chirurgien gagnant-maîtrise à l'hospice de la Charité, et l'occupe encore en qualité de chirurgien en chef adjoint. Il fut nommé professeur de médecine opératoire à l'école de santé, dès sa création; mais il garda peu de temps cette partie de l'enseignement, et se chargea de la clinique externe, qui lui attira un grand nombre d'élèves. Les leçons cliniques de M. Boyer, non moins estimées, non moins suivies que celles de Desault, ont formé beaucoup de chirurgiens habiles. Ce professeur a rempli, depuis 1804 jusqu'en 1814, la place de premier chirurgien de l'empereur; il a fait, en 1806, la campagne de Pologne, et a reçu, en 1807, la croix de la légion-d'honneur. On a de lui les ouvrages suivans : 1° *Mémoire adressé au concours de l'académie royale de chirurgie, en 1791, sur cette question : Déterminer la meilleure forme des aiguilles destinées à la réunion des plaies et à la ligature des vaisseaux, et la manière de s'en servir dans les cas où leur usage est indispensable.* Les aiguilles que M. Boyer préfère ont une courbure uniforme, circulaire, et représentent une demi-circonférence. Le corps ou partie moyenne doit être applati de la convexité à la concavité de l'instrument; le bord est arrondi; la pointe n'est ni trop ni trop peu aiguë, et n'offre que des tranchans latéraux qui forment, en divergeant, un angle dont les côtés se prolongent jusqu'à six lignes environ de la pointe proprement dite; enfin la tête, aplatie dans le même sens que le corps, est percée d'une ouverture quadrilatère, dont la direction est transversale à la longueur de l'aiguille. Le travail de M. Boyer est fort complet; les différentes espèces de sutures, et les divers procédés opératoires que la ligature des artères réclame, y sont décrits avec le plus grand soin. La suppression de l'académie de chirurgie priva son mémoire du prix qui lui était destiné : cet ouvrage a été inséré dans le troisième volume du recueil de la société médicale d'émulation. 2° *Traité complet d'Anatomie, ou Description de toutes les parties du corps humain*, 1797-1799, 4 vol. in-8°, 4.me édition, 1816; bon traité élémentaire, mais qui maintenant exige quelques changemens; on y désirerait un peu de physiologie, la synonymie des organes, des descriptions moins longues de quelques parties; mais il possède, et au plus haut degré, le mérite principal des traités d'anatomie, celui de l'exactitude. 3° *Traité des maladies chirurgicales et des opérations qui leur conviennent*, Paris, 1814 et années suivantes, 6 vol. in-8°; le septième volume va paraître. Cet ouvrage était attendu depuis long-temps; il est digne de son auteur. Exactitude minutieuse dans la description des maladies, exposé détaillé des méthodes thérapeutiques, observations intéressantes, tout fait de ce cours de chirurgie un excellent traité élémentaire. Il n'est pas susceptible d'analyse. M. Boyer n'a pas fait l'étalage facile d'une grande érudition. Tout est pratique dans son ouvrage, qui est bien supérieur aux autres traités généraux de chirurgie, même les plus récens, et qui long-temps dispensera d'en faire de nouveaux. C'est l'ouvrage d'un grand praticien, qui s'occupe moins de nous dire ce que les autres ont fait, que de nous apprendre ce qu'il convient de faire. Plusieurs appareils mécaniques, inventés par M. Boyer, sont d'un usage journalier dans les hôpitaux; ceux qu'il a imaginés pour l'extension continuelle et permanente des membres inférieurs, lorsque le fémur est fracturé; pour contenir les fragmens de la rotule, et ceux de la clavicule, lorsque ces os sont rompus; pour guérir les torsions congéniales des pieds des enfans, remplissent parfaitement leur but, et ont été adoptés généralement. 4° M. Boyer a continué, avec MM. Roux et Corvisart, l'ancien *Journal de médecine, chirurgie et pharmacie*. Ce recueil périodique est passé en d'autres mains; il est rédigé aujourd'hui par MM. Béclard, Rostan, Cloquet, etc. 5° Le *Dictionnaire des sciences médicales* contient beaucoup d'articles de chirurgie de M. Boyer; ils paraissent extraits du traité des maladies chirurgicales. On trouve dans l'un des premiers volumes du Journal complémentaire de cette encyclopédie, un Mémoire du même auteur, sur les fistules de l'anus. M. Richerand a publié, en 1803, les leçons de M. Boyer sur les maladies des os, 2 vol. in-8°.

BOYER (ANTOINE-THÉODORE), né à Cordes (Tarn), le 1.er avril 1769. Après avoir terminé ses études, il prit le parti des armes. Il était aide-de-camp à l'armée des Pyrénées-Orientales, lorsque, à l'affaire du 1.er nivôse an 2, il fut frappé d'une balle qui lui traversa le corps. Forcé par cette blessure de quitter le service, il occupa différentes places administratives, jusqu'à ce que son rétablissement lui permît de solliciter de nouveau de l'emploi dans les armées. En 1806, capitaine au 6.me régiment de cuirassiers, il fit les campagnes de cette année, de 1807 et de 1808 en Prusse, et celle d'Autriche en 1809. Il obtint peu de temps après le commandement de la gendarmerie du département du Pô. Aujourd'hui il est en non-activité. Membre de la légion-d'honneur, et retiré à la campagne, M. Boyer cherche à supporter un repos forcé, en cultivant les lettres. Il a donné plusieurs ouvrages, et entre autres une traduction des *Bucoliques de Virgile,* dont les journaux ont rendu un compte favorable.

BOYER (J.), médecin distingué à Turin, et connu par un *Traité d'Anatomie,* en 4 vol. in-8°. En 1797, étant jeune encore, il tenta de faire une révolution en Sardaigne. Arrêté et traduit à une commission militaire, il fut fusillé au mois de septembre de la même année.

BOYER, président de la république d'Haïti, mulâtre, né au Port-au-Prince, île Saint-Domingue. Il était déjà chef de bataillon dans la légion de l'*Egalité*, à l'époque où les Anglais s'emparèrent du Port-au-Prince. Boyer ne voulut point servir les oppresseurs de sa patrie. Fidèle à la république française, il se retira à Jacmel avec les commissaires Polverel et Santhonax, et avec le général Beauvau, également mulâtre, qui prit le commandement de cette place. Après la mort de ce général, Boyer lui succéda dans son commandement, et sous les ordres du général Rigaud, alors chef de la race mulâtre (*voyez* Rigaud), il fit la guerre la plus active à l'invasion anglaise. Des actions d'éclat le firent remarquer au blocus du fort *Biroton,* à la belle défense de *Léogane,* dans plusieurs affaires périlleuses qui eurent lieu à *la Grande-Anse,* et à celle surtout où fut blessé le général anglais qui s'appelait aussi Boyer.

A cette époque, deux rivalités funestes à la couleur blanche ensanglantaient la colonie. Rigaud, à la tête des hommes de couleur, soutenait l'indépendance de la république contre le fameux Toussaint Louverture, qui avait soulevé les Africains contre l'autorité des blancs, et qui poursuivait dans les mulâtres le sang qu'ils en avaient reçu. Boyer suivit la cause de Rigaud, et l'accompagna dans le voyage qu'il fit au Cap pour s'aboucher avec le général Hédouville et prendre de concert des mesures contre la révolte de Toussaint. Dans cette guerre implacable, Boyer, devenu général de brigade, se fit particulièrement distinguer par son intrépidité, la rapidité de ses mouvemens, et d'importans services. Toussaint fut vainqueur dans cette lutte terrible, où Rigaud fut si malheureux. Boyer, à qui le sentiment de la fidélité était si naturel, voulut partager l'infortune de son général et quitta Saint-Domingue avec lui. Ils reparurent ensemble dans cette colonie à la suite de l'expédition du général Leclerc; Rigaud ayant été renvoyé en France par ce général, Boyer résolut de s'attacher exclusivement aux intérêts de sa couleur, et de concourir avec la race noire réconciliée avec la sienne, à l'affranchissement de sa patrie. La loi, qui à cette époque maintenait l'esclavage dans nos colonies, au mépris des principes décrétés par l'assemblée constituante et des habitudes contractées depuis douze années, laissa l'armée française isolée sur cette terre meurtrière, et la livra tout à coup à tous les périls résultant de l'insurection générale des Noirs et des mulâtres. Le nouveau gouvernement français, le gouvernement consulaire, trahissait la cause de la république, celle de la liberté, et brisait ainsi les sermens qui lui avaient dévoué naturellement toutes les races mélangées. Boyer fut donc le déserteur d'une usurpation véritable, et préféra sa patrie à ses oppresseurs. La colonie fut évacuée par les Français sous le règne de l'affreux Dessalines. Boyer, ainsi que Péthion, (*voyez* Péthion), fut réduit à l'inaction que leur commandait la prudence, pour ménager les intérêts de leur couleur; mais ils entretenaient dans le silence une conspiration morale parmi les mulâtres et les Noirs un peu éclairés, et conservaient ainsi, pour de meilleures circonstances, les moyens de renverser l'horrible despotisme sous lequel gémissait la colonie au nom de l'indépendance. En effet, la chute de Dessalines et la création de la république dans la partie de l'ouest de Saint-Domingue, furent l'ouvrage de ces deux habiles citoyens, qui préparaient ainsi le grand œuvre de la liberté générale d'Haïti. Péthion prit les rênes de cette république, et Boyer le seconda puissamment dans le gouvernement, dans l'administration, et dans la guerre. Il était alors général de division, commandant au Port-au-Prince, capitale de l'état nouveau, et chef de l'état-major-général de l'armée. Par l'habileté de ses mesures, et l'activité de ses opérations, il sut préserver et défendre les frontières des attaques de Christophe, digne successeur de Dessalines, et de toutes les entreprises faites par les Noirs contre le gouvernement du président Péthion. De tels succès étaient dus à la sévère discipline que Boyer établit dans l'armée de la république, et à la tactique inconnue à celle de Christophe, qui fit constamment résister sa petite armée au choc des masses considérables des forces africaines. Christophe avait le nombre et l'argent. Péthion avait pour lui la sagesse, l'intelligence, le dévouement, et Boyer. Celui-ci a acquis une gloire digne des plus grands généraux d'Europe, dans le siége mémorable que soutint le Port-au-Prince contre l'armée de Christophe. A la tête d'une poignée d'hommes de sa couleur, qui périrent presque tous, Boyer, par d'incroyables efforts, repoussa les hordes nombreuses qui avaient déjà pénétré dans la ville. et qui portaient partout l'incendie et la destruction. La reconnaissance publique s'attacha dès lors à Boyer; et quand Péthion, à son lit de mort, usant du droit que lui donnait la constititution, nomma Boyer, son collaborateur et son ami, pour successeur, il remplit sa dernière obligation envers sa patrie. Ce choix fut unanimement accueilli, et chaque jour le nouveau président justifia l'estime de Péthion et la confiance des citoyens. Il a eu la gloire de bannir le despotisme de la terre de Haïti, et la monstrueuse monarchie fondée par le féroce Dessalines s'est écroulée sous l'odieux Christophe. La force a succombé sous les principes ; le triomphe de la vraie liberté est dû à des hommes nés esclaves! C'est par cette noble carrière que l'Amérique s'élève insensiblement, dans sa vaste étendue, au-dessus des vieilles institutions de l'Europe, et menace la caducité des métropoles, de toutes les ressources que donnent une jeunesse déjà virile, et une terre jalouse de produire pour des hommes libres. Le président Boyer a un caractère impétueux comme les hommes de sa couleur, mais tempéré par les conseils d'une raison constante et éclairée. Il est remarquablement versé dans la science du gouvernement et les connaissances administratives. Il a les passions des grandes âmes, la gloire, la liberté, non pour lui seul, mais pour ses concitoyens et pour lui. L'état que Péthion avait fondé, devra au président Boyer le rang que sa position locale et la nature de ses institutions lui assignent parmi les sociétés politiques du monde.

BOYER-FONFRÈDE (*voyez* FONFRÈDE).

BOYER-PEYRELEAU (EUGÈNE-ÉDOUARD, BARON DE), colonel de cavalerie en non-activité, officier de la légion-d'honneur, est né à Alais, département du Gard. Trois Biographies ont parlé de lui, et toutes trois de la manière la plus inexacte; elles ont altéré jusqu'à son nom. En 1793, il achevait ses études, quand la réquisition l'appela sous les drapeaux; il fit, avec le 9.me régiment de dragons, toutes les campagnes d'Italie, et obtint ses grades successivement et sur le champ de bataille. Aide-de-camp de l'amiral Villaret-Joyeuse, il le suivit, en 1802, à la Martinique, dont il venait d'être nommé capitaine-général. Devenu peu de temps après chef d'état-major de l'amiral, le brave Boyer-Peyreleau le seconda dans les circonstances difficiles où les Français se trouvèrent. Une épidémie terrible venait de ravager la Martinique et Sainte-Lucie : les Anglais, profitant du désordre, de la faiblesse et des maladies qui régnaient dans la garnison, attaquèrent et prirent Sainte-Lucie; mais ils se contentèrent de bloquer la Martinique, et de la harceler par des débarquemens fréquens et partiels. Le baron Boyer-Peyreleau, après avoir partagé les travaux et exécuté d'une manière brillante les ordres souvent périlleux de son général, fut chargé, en 1805, de reprendre aux Anglais le *Fort-Diamant*, le plus important des Antilles; c'était un rocher à pic, que la nature et dix-huit mois de travaux extraordinaires semblaient avoir rendu inexpugnable, et que les Anglais avaient surnommé le *Gibraltar des Antilles*. Le baron Boyer-Peyreleau, à la tête de 200 hommes du 82.me régiment, enleva ce fort au bout de trois jours d'attaque. Les journaux anglais rendirent justice à la bravoure d'un ennemi et d'un Français; et cette époque compte peu de faits d'armes plus brillans que celui-là. Cependant la Martinique, réduite à ses propres forces, continuait de soutenir le genre de guerre le plus désastreux et le plus cruel : elle avait déjà souffert des pertes considérables, quand, en 1809, une expédition formidable vint l'attaquer : 12,000 hommes, 82 bâtimens et une immense quantité d'artillerie, effectuèrent le débarquement sur plusieurs points. Le courage lutta contre le nombre. Les Anglais bombardèrent le fort Bourbon, dont les approches avaient été vaillamment défendues. Tout ce qui environnait le fort était déjà écrasé; le magasin à poudre allait sauter et faire sauter la ville. On capitula. Le baron Boyer-Peyreleau avait pris une part glorieuse à cette longue et honorable défense. Cependant le malheur des événemens fut imputé à crime à l'amiral Villaret-Joyeuse. Le baron Boyer-Peyreleau, son ami, le suivit en France, et sacrifia ses espérances d'avancement à la défense de son chef. Il l'accompagna ensuite à Venise. En 1812, il alla rejoindre l'armée en Russie. Nommé adjudant-commandant, puis chef d'état-major de la vieille garde, il se distingua plus d'une fois dans cette campagne malheureuse; le duc de Dantzick eut souvent l'occasion de louer sa bravoure. Il entra ensuite dans le corps de cavalerie du général Latour-Maubourg, et fut chargé, sous les ordres du lieutenant-général Castel, de protéger la retraite des troupes françaises de Leipsick à Mayence. Il fut un de ceux qui montrèrent le plus de courage dans ces sanglantes affaires de janvier, février et mars 1814, qui retardèrent la marche des troupes coalisées. Après la restauration, nommé commandant en second de la Guadeloupe, il prit possession du commandement de cette colonie, en octobre 1814. Les événemens du 20 mars se firent sentir jusque dans l'hémisphère où le baron Boyer-Peyreleau se trouvait alors. Un bâtiment de guerre, expédié par le gouvernement impérial, vint apporter à la Guadeloupe le drapeau tricolore; et cette colonie, à qui l'idée de retomber sous le joug britannique était insupportable, se réunit à la France. Le jour même où le commandant en second proclamait cette réunion, la bataille de Waterloo se livrait en Belgique : un conseil de guerre, le premier qui ait siégé à Paris, le condamna à mort. Cette peine fut d'abord commuée en une détention de vingt ans. Il sortit de prison après y avoir passé trois ans; fut rétabli sur les cadres de l'armée, et classé parmi les colonels de cavalerie à demi-solde. Il avait été fait maréchal-de-camp à la bataille de Saint-Dizier, où Napoléon commandait en personne, quelques jours avant l'entrée des alliés à Paris.

BOYGNES ou BOUYGNES (J. P.), député du Lot à la convention. Dans le procès du roi, il vota pour la réclusion, mais en déclarant qu'il ne se reconnaissait pas juge compétent, et qu'il ne prononçait que comme législateur. Il avait opiné contre l'appel au peuple, et vota ensuite pour le sursis. Il entra au conseil des cinq-cents; fut, après le 18 brumaire, nommé juge au tribunal de Gourdon, et disparut de la scène politique, après y avoir laissé une trace honorable de son nom.

BOYSEN (Frédéric-Éberhard), célèbre orientaliste allemand, naquit à Alberstadt, où son père était ministre luthérien. Destiné aussi à l'état ecclésiastique, il reçut dans sa famille les premières et les plus solides instructions. Ses progrès dans ses études furent si rapides, qu'il fut bientôt cité pour sa profonde érudition. Boysen mourut le 4 juin 1800; il avait publié les ouvrages suivans: 1° *Traduction du Koran*, avec des notes en allemand, Halle, 1773, grand in-4°; deuxième et troisième éditions, 1775-1776; 2° *Monumenta inedita rerum germanicarum, præcipuè Magdeburgicarum et Halberstadensium*, tom. I, Leipsick et Quedlinbourg, 1761, in-4°; 3° *Lettres théologiques*, en allemand, 2 vol. in-8°, Quedlinbourg, 1765 et 1766; 4° *Histoire universelle*, Halle, 1767 à 1772, 10 vol. in-8°; 5° *Vie de Frédéric Eberhard Boysen*. Plusieurs de ses ouvrages, dont nous n'annonçons point les titres, ont paru sous le nom de Jean-Samuel Kuhn.

BOZECK (Joseph), membre de l'institut de mécanique des états de Bohême, mérite d'occuper une place parmi les hommes qui de nos jours se sont fait un nom distingué par des inventions utiles. Il a composé, en 1815, une voiture qui était mise en mouvement par la force de l'eau réduite en vapeur; ensuite il a travaillé à une barque qui devait remonter l'eau par le même moyen. L'histoire de l'industrie qui crée de nouvelles jouissances ou de nouveaux secours pour l'homme, est peut-être plus intéressante que celle de la politique qui enchaîne les peuples, ou de la guerre qui les dévore.

BRAAD (Jean), ecclésiastique, poète et savant, est auteur d'une histoire estimée de *Newcastle-sur-la-Tynne*, sa ville natale. On estime aussi un petit poëme dont le sujet est néanmoins singulier pour un prêtre, c'est l'*Amour illicite*. Braad a donné des mémoires qui ont été imprimés dans le recueil de la société des antiquaires de Londres dont il était secrétaire. Il naquit en 1743, et mourut en 1806.

BRACK (Fortuné), chef d'escadron de cavalerie légère, officier de la légion-d'honneur, et chevalier de Saint-Louis, est né à Paris en avril 1789. Élève du Prytanée français, il entra à l'École-Militaire de Fontainebleau, en 1806, et passa sous-lieutenant au 7me de hussards en 1807. Aide-de-camp du général Ed. Colbert, en 1809, il fut nommé légionnaire après la bataille de Wagram. Capitaine, en 1813, il entra bientôt comme chef d'escadron dans les lanciers rouges de la vieille garde. La campagne de la Belgique, en 1814, lui fournit de nouvelles occasions de se faire remarquer dans plusieurs reconnaissances difficiles, notamment à Hoogstraaten et dans la défense de Lille. A Waterloo, il eut deux chevaux tués, et fut demandé par le général Domon pour commander le 9me régiment de chasseurs à cheval qui était sans colonel. Lors de la retraite de l'armée sur Paris, il garantit avec succès la Malmaison des entreprises des partis ennemis. Il passa la Loire avec la garde impériale. Après le licenciement, il fut mis en non-activité.

BRACKENHOFFER (N.), cet honorable citoyen, membre de la légion-d'honneur, était maire de Strasbourg lorsqu'il fut nommé, au commencement de 1815, par le département du Bas-Rhin, membre de la chambre des représentans. Au mois de septembre de la même année, il fut porté, par un nouveau vœu de ses concitoyens, à celle des députés si tristement fameuse, et où la majorité, comme en 1820, opprima la minorité dans laquelle on comptait M. Brackenhoffer. Encore membre de la chambre actuelle, il n'a point cessé de faire partie de cette minorité, mais il a cessé d'être maire de Strasbourg.

BRACQ (Martin-Joseph), licencié en droit et en théologie, naquit à Valenciennes, le 7 septembre 1743. Il était curé de Ribecourt près de Cambrai, lorsqu'il fut appelé à l'assemblée constituante, où il représenta le clergé du Cambresis. Il apporta dans ses fonctions législatives ces intentions droites, cette supériorité de raison, cette douceur et cette modestie qui ont honoré sa vie entière. Le 10 juin 1789, la chambre du clergé le nomma l'un des commissaires chargés de se concerter avec le roi, relativement à la cherté progressive des grains. Le 19 juin de la même année, il vota pour la vérification des pouvoirs en commun, et depuis ce moment il fit constamment partie de cette honorable majorité qui, par son adhésion à la cause du peuple, assura le triomphe de la liberté. M. Bracq fut toujours fidèle à ses principes religieux; mais il était trop éclairé pour croire que l'amour de la patrie et la soumission aux lois nouvelles, fussent inconciliables avec les devoirs de son état. Il prêta le serment prescrit aux ministres des cultes. Sans aucune ambition, il refusa l'épiscopat, comme il avait, quelques années auparavant, refusé une cure de 18,000 francs de revenu, que le garde-des-sceaux, M. de Miroménil, voulait lui faire obtenir; et à la fin de la session de l'assemblée constituante, il reprit à Ribecourt ses humbles fonctions pastorales. Lorsqu'il ne lui fut plus possible de les exercer, l'administration municipale de Cambrai l'appela dans cette ville, pour y diriger le dépôt des monumens des arts; il devint aussi membre du jury des écoles centrales et des écoles primaires. Aussitôt que les orages de la révolution furent calmés, les habitans de Ribecourt le réclamerent pour exercer parmi eux les fonctions de juge-de-paix. Il venait d'être réélu à cette magistrature paternelle, lorsqu'il mourut le 22 décembre 1801. M. Bracq était un homme vertueux et bienfaisant. Son profond savoir pouvait l'élever à des places supérieures et l'y maintenir, mais il fuyait l'éclat et trouvait sa félicité dans l'oubli : il semblait redouter que le bien qu'il faisait ne trahît son obscurité. Véritable homme de Dieu, plutôt qu'homme d'église, il fut bon chrétien et bon citoyen.

BRADFORD (William), avocat et poète américain. La poésie ne s'est pas encore acclimatée, au milieu d'une civilisation presque nouvelle et d'un peuple commerçant. L'étude des lois y est au contraire générale, parce qu'elle tend à éclairer tous les citoyens sur leurs droits réciproques. Bradford se distingua parmi les nombreux avocats de son pays, par un grand sens, un talent rare pour la discussion, une diction pure, concise, animée. Quant à ses poésies, elles sont assez élégantes, mais peu originales, ce qui pourrait étonner; car l'originalité est le caractère commun aux peuples nouveaux. Mais il faut observer que l'Amérique, luxueuse et sévère, philosophique et marchande, offre un singulier mélange de mœurs sobres, d'usages mercantiles, et présente une civilisation incomplète d'un côté, et fort avancée de l'autre. C'est une terre vierge conquise par un vieux peuple. Bradford né à Philadelphie, en septembre 1775, fut élevé au collège de Nassau-Hall à Princeton, et étudia ensuite la jurisprudence. Il embrassa vivement la cause de la patrie, devint major sous le général Roberdeau, accepta une compagnie sous le colonel Hampton, et fut nommé bientôt après député-payeur-général, avec le titre de lieutenant-colonel. Forcé par sa mauvaise santé de quitter le service, il donna sa démission, revint chez lui, acheva ses études de jurisprudence, et brilla long-temps au barreau. Quand la nouvelle constitution de Pensylvanie eut amené la reformation des cours de justice, Bradford fut nommé l'un des juges de la cour suprême. Il devint ensuite attorney-général des États-Unis, et mourut dans ce poste. Homme aimable, probe, désintéressé, plein d'honneur, il fut l'un des citoyens les plus distingués de son pays. Ses *Recherches sur le degré de nécessité de la punition de mort en Pensylvanie*, font honneur à son humanité autant qu'à son érudition.

BRAGANCE (DON JUAN DE), duc de Lafoëns, neveu du roi Jean V de Portugal, naquit en 1719. Il fut d'abord destiné à l'état ecclésiastique, et fit des études analogues. A la veille de prendre les ordres, il témoigna une répugnance si prononcée, que le roi, son oncle, ne voulut point le contraindre, mais il ne lui dissimula pas son mécontentement. Les exercices du corps, les lettres, l'étude des langues, faisaient ses délices. La poésie nationale avait pour lui un charme particulier. Son esprit, son amabilité et les agrémens de sa figure, réunis à tous les avantages que donnent une haute naissance et une grande fortune, lui procurèrent des succès marqués dans la société. Quelques aventures galantes, en achevant d'indisposer le roi, firent sentir à don Juan qu'il devait momentanément s'éloigner de la cour. Il demanda et obtint l'autorisation de voyager. Il passa d'abord en Angleterre, où il rechercha l'amitié des savans, et fut reçu membre de la société royale des sciences. En Allemagne, il fit la guerre de *sept-ans*, comme volontaire dans l'armée autrichienne, et se distingua à la bataille de Maxen. Don Juan, retiré ensuite à Vienne, s'y concilia l'estime et l'amitié de Marie-Thérèse et de Joseph II. Dans cette ville, il se livra entièrement aux lettres et aux sciences, et bientôt reprit le cours de ses voyages, dont le désir de s'instruire était toujours l'objet. Il parcourut toute l'Allemagne, la Suisse, l'Italie, la France, la Grèce, l'Asie-Mineure, l'Égypte, la Pologne, la Russie, la Suède, le

Danemark et la Laponie. Partout il reçut l'accueil le plus distingué, et plus particulièrement de Gustave III, de Catherine II, et du grand Frédéric. Enfin Marie Ire étant montée sur le trône de Portugal, elle rendit à Don Juan le duché de Lafoëns, dont la possession lui avait été refusée après la mort de son frère aîné. Il revint alors à Lisbonne, et y fonda l'académie royale des sciences. Il ne tarda point à obtenir la place de généralissime des armées de Portugal et de grand-maître de la maison royale ; mais en 1801 il se retira des affaires, et ne conserva que la place de président de l'académie. Il mourut le 16 novembre 1806, regretté comme le bienfaiteur de son pays et comme un des hommes qui, par leurs lumières et leurs grandes qualités, en faisaient l'ornement et la gloire.

BRANCAS-CERESTE (LE DUC ALBERT DE), pair de France, émigra en 1791, et fit, en 1792, partie de l'armée du prince de Condé. Lorsque cette armée, ou plutôt ce corps, eut cessé d'exister, M. de Brancas prit du service en Hollande, dans les hulans britanniques. Rentré en France sous le gouvernement consulaire, il devint sous l'empire chambellan de Napoléon. Le 16 janvier 1814, il prêta serment à l'empereur en qualité d'adjudant-commandant de la garde nationale parisienne. Nommé, après le retour du roi, maréchal-des-logis dans la 2me compagnie des mousquetaires, il reçut la croix de Saint-Louis le 22 août 1814, et fut appelé à la chambre des pairs dans le courant de la même année. Le 26 octobre 1815, M. de Brancas fut nommé colonel de la légion de l'Aisne.

BRANCHU (ALEXANDRINE-CHEVALIER, Mme) première cantatrice du grand Opéra de Paris, et l'un des plus beaux talens qui aient paru sur la scène lyrique. Élevée à l'ancien conservatoire de musique et par les soins particuliers du célèbre professeur Garat, Mme Branchu débuta en 1801 au théâtre de l'Opéra, où elle donna dès lors toutes les espérances qu'elle a depuis réalisées. Une voix brillante et pure, une intelligence rare, une sensibilité profonde, et par-dessus tout le talent d'émouvoir, porté au plus haut degré, proclamèrent en elle la rivale de Mme Saint-Huberty, dont le souvenir régnait encore sur un théâtre que cette dernière avait quitté depuis dix ans. Des malheurs domestiques que Mme Branchu devait ressentir plus vivement qu'une autre, en l'éloignant de la scène à diverses reprises, n'ont fait que suspendre le cours des nouveaux succès qui l'attendent dans une carrière qu'elle n'a encore parcourue qu'à moitié, et où elle n'a point de rivale.

BRAND (CHRISTIAN), célèbre peintre de paysages, naquit à Vienne en Autriche, le 15 novembre 1722, et mourut dans cette capitale, le 12 juin 1795. Cet artiste, fils de Chrétien Helfgott Brand, bon paysagiste, fut élève de son père. Ses talens précoces avaient tellement charmé l'empereur François Ier, que ce prince, après l'avoir chargé d'orner de peintures les murailles du château de Luxembourg, le nomma peintre de sa chambre, et directeur de l'académie des paysages. On cite comme une chose singulière que Brand n'était jamais sorti de son pays. Indépendamment du paysage, il a réussi encore dans d'autres genres, et l'on cite parmi ses plus beaux tableaux : la *Bataille de Hockirken;* les *Quatre Elémens;* le *Château d'Austerlitz* et le *Marché de Vienne.* Cet artiste remarquable par la vérité de son coloris ne prenait que la nature pour modèle, et groupait admirablement ses figures.

BRAND (N.), avocat anglais, et l'un des plus beaux caractères de la chambre des communes, est doué d'une élocution agréable et facile, à laquelle il joint une logique serrée et une force d'argumentation très-affligeante pour les ministres. Souvent il a présenté à la chambre les pétitions du pauvre et de l'orphelin; et la chambre, triomphant de cette impatience despotique, si naturelle aux corps délibérans de nos jours, a constamment écouté avec intérêt les réclamations de ce membre. Au-dessus de la corruption, par sa fortune autant que par la noblesse de son caractère, M. Brand marche avec persévérance sur la ligne d'une opposition sage et ferme. Il doit à un esprit cultivé, à des avantages extérieurs, à une amabilité peu commune, des succès de société qui n'ont jamais nui à sa réputation de député intègre. Son éloquence est moins entraînante que persuasive; ce ne sont point les chaînes de Démosthènes, mais le miel qui coulait de la bouche de Xénophon. Les ministres daignent l'appeler quelquefois l'*honorable et savant préopinant.*

BRANDÈS (Jean-Christian), fut un de ces hommes qu'une imagination ardente, des passions fougueuses, une éducation mal dirigée, entraînent dans des excès que l'on condamne souvent sans se donner la peine d'examiner s'il faut les attribuer à de grands vices ou seulement à la lutte d'un caractère fortement prononcé contre les coups de la fortune. Brandès naquit à Stettin en 1735, d'une famille pauvre. Confié à une tante dévote, et traité avec une sévérité que sa légèreté et son ardeur naturelle lui faisaient trouver plus injuste encore, il ne sortit d'entre ses mains que pour se livrer à tous les écarts d'une jeunesse avide de plaisirs et d'indépendance. Sans aucune espèce de principes, il échappa cependant aux poursuites de la justice, et vécut en vagabond pendant plusieurs années. Lui-même raconte naïvement dans ses mémoires (*Mon Histoire,* 3 vol. *in-8°*), ses vicissitudes et sa misère. Tour à tour mendiant, bateleur, valet d'un charlatan de campagne, commis d'un magasin de charbon, gardeur de cochons, portefaix, il erra en Pologne, en Prusse, en Poméranie. Le combat de quelques sentimens honnêtes contre les vices qui naissent inévitablement d'une si misérable existence, est admirablement tracé par lui-même, dans ses mémoires. Couvert de haillons, chassé comme un vagabond de tous les lieux où il se trouvait, dévoré d'une fièvre ardente, il passait les fleuves à la nage, errait dans les bois, où il vécut quelque temps à la manière des sauvages, et finit par retourner à la maison paternelle: son père et sa mère qui le croyaient mort, accueillirent avec tendresse ce nouvel enfant prodigue. Cependant le souvenir de l'évasion et des erreurs de Brandès le poursuivait dans sa ville natale; et les hommes, qui ne pardonnent qu'à la richesse et à la puissance, lui firent durement sentir ses fautes. Il quitta une seconde fois ses compatriotes, et préféra supporter de nouveau la misère, à encourir chaque jour les reproches et les humiliations de ces hommes si cruellement sévères. Après avoir beaucoup souffert, il entra au service d'un gentilhomme de Lubeck, qui, lui trouvant des dispositions heureuses, lui fit donner un peu d'éducation, et lui procura quelquefois le plaisir du théâtre. Brandès prit le goût de la comédie, et s'attacha à une troupe de comédiens ambulans. Dans cette nouvelle carrière il n'eut encore aucun succès, et sa fortune ne s'améliora que lorsqu'il se hasarda d'écrire. Le poète dramatique se développa tout à coup dans cet homme illettré. Lessing, Ramler, Engel et Mendelsohn devinrent ses amis. Une actrice aimable, spirituelle, et douée de beaucoup de sensibilité, Charlotte Koch, n'hésita point à lui donner sa main. Bientôt Minna, leur fille, aussi remarquable par sa beauté que par sa voix, ajouta à leur fortune et à leur renommée. La tragédie de *Miss Fanny ou le Naufrage*, l'opéra d'*Ariane à Naxos*, le *Marchand anobli*, comédie, firent la réputation de Brandès comme écrivain. Si dans ces ouvrages on ne trouva ni cette pureté classique, ni cette profondeur d'observation qui n'appartiennent qu'aux philosophes dramatiques, aux Molière, aux Voltaire, aux Shakespeare, du moins y remarqua-t-on un naturel de dialogue, une vivacité d'action et une vérité de peinture qui lui assurent un rang distingué parmi les écrivains qui ont travaillé pour le théâtre. La fortune, qui lui prodiguait ses faveurs lorsqu'il était dans la force de l'âge, ne lui épargna point les chagrins dans la vieillesse. Il perdit en peu de temps sa femme et sa fille. Ce double malheur qu'il sentit vivement, le plongea dans une douleur profonde et dans une insouciance qui détruisirent rapidement ses ressources pécuniaires. Il mourut en 1799, pauvre, malheureux, et presque ignoré : triste rapport entre sa jeunesse et sa vieillesse!

BRANDÈS (Ernest). Homme d'état et homme de lettres. Observateur fin et profond, il étudia son siècle et les hommes avec un soin et un talent particuliers. Cette étude philosophique lui fut souvent utile; et bien qu'elle soit nécessaire à ceux qui sortent de la classe commune, cependant elle est assez rare pour être remarquée. Brandès naquit à Hanovre en 1758. Il fit ses études à l'université de Gottingue, devint secrétaire du cabinet de Hanovre, et fut chargé de la direction de l'université où il avait été élevé. Il rendit aux maîtres qui lui avaient prodigué leurs soins, et à l'université elle-même, tous les bons offices que la reconnaissance peut inspirer. Heyne et Blumenbach, beaux-frères de Brandès, étaient les deux plus célèbres professeurs de cette université, l'une de celles de l'Allemagne qui ont donné le plus de savans et d'hommes de mérite. Il fit quelques voyages ; se lia intimement avec Burke, et revint à Hanovre, où il fut nommé conseiller intime du cabinet. Il mourut le 15 mai 1810, laissant une réputation singulière par le contraste des élémens qui la constituaient, la finesse et la probité. Dans ses ouvrages, Brandès aime à rattacher des vues très-étendues à des observations minutieuses. Ses *Remarques sur les Femmes* (1787), ses *Traités sur l'esprit du temps, en Allemagne, vers la fin du 18.ᵐᵉ siècle*, et sur la *Coutume de se faire tutoyer par ses enfans*, portent surtout ce caractère. Son *Analyse des ouvrages de Burke sur la Révolution française*, et celle des *Mémoires de l'abbé Barruel sur le jacobinisme*, offrent des vues plus étendues et plus vraies. La morosité, la misanthropie, l'amertume de quelques réflexions doivent être pardonnées à un homme qui a vu de près et avec l'intention de tout approfondir, les hautes classes d'une société en effervescence. Brandès, malgré les préjugés qui sont l'atmosphère inévitable d'une cour allemande, a su se faire quelques idées justes sur la révolution française. Il est vrai qu'il les a mêlées à beaucoup de conjectures et à quelques erreurs. (*Voyez* ses *Considérations politiques sur la Révolution française*.) Il a réfuté l'abbé Barruel avec un succès complet mais facile : les faits détruisent aisément les mensonges. Rehberg et Heyne ont fait deux éloges de Brandès, où l'on trouve un peu trop de ces exagérations dont les auteurs d'éloges savent ordinairement si peu se défendre.

BRANDRETH (Jérémie), Anglais, inconnu avant le funeste rôle qu'il remplit pendant les troubles qui agitèrent, en 1817, le comté de Nottingham, où il était né. Il exerça successivement plusieurs professions, que son esprit inquiet et son caractère turbulent ne lui permirent pas de continuer ; mais à peine entra-t-il dans la carrière insurrectionnelle qu'on le choisit pour chef. Au surplus, on croit généralement que le mouvement qu'il dirigeait, et qui n'eut pour résultat que le pillage et la dévastation de quelques fabriques, avait d'autres chefs qui eurent soin de ne pas se mettre en évidence. Brandreth, par son audace et sa férocité, était bien digne de commander ses farouches associés ; il l'avait prouvé en tuant de sa propre main un malheureux ouvrier qui avait voulu mettre quelque opposition à ses violences. Son caractère inflexible ne se démentit point pendant le temps qu'il demeura en prison. Convaincu du crime de *haute trahison*, ainsi que celui que l'on considérait comme son lieutenant, le 7 septembre 1817, ils eurent l'un et l'autre la tête tranchée, et leurs corps, selon l'usage anglais, furent coupés en quatre quartiers. Ce spectacle, digne des temps de la plus antique barbarie, inspira aux Anglais autant d'indignation que d'horreur. On a lu dans plusieurs feuilles publiques de Londres, que le compagnon d'infortune de Brandreth avait déclaré, avant d'expirer, que l'insurrection dont ils étaient victimes avait été préparée par les intrigues de la police. Ces journalistes prétendaient même qu'un ministre puissant n'y était point étranger.

BRANDT (Joseph), né dans le Haut-Canada, sauvage de la nation des Onnontagués, fut conduit à Philadelphie, par un Anglo-Américain qui l'avait fait prisonnier avec sa famille. Brandt, encore enfant, inspira de la pitié et de l'affection à son maître : ce dernier, qui n'avait pas d'enfans, l'adopta et le mit au collége d'Harvard, où il se distingua bientôt par une grande application et une rare aptitude. Il devint très-fort en grec, et traduisit dans la langue de son pays natal l'évangile de saint Mathieu. Alors éclata la mémorable guerre de l'indépendance américaine. Brandt, dont les compatriotes, gagnés par l'Angleterre, s'étaient déclarés contre la nouvelle république, servit dans l'armée anglaise, et, par une bravoure extraordinaire, mérita un avancement rapide. Malgré son éducation européenne, l'indomptable férocité du sang indien se montrait toujours. En voici un exemple. Un jour que des Américains prisonniers étaient conduits dans la tente du général, on le vit s'élancer sur l'un d'eux, l'étendre mort d'un coup de tomahawk, et s'écrier : *Ah ! j'avais besoin de son sang!* En vain les officiers anglais qui l'entouraient, cherchèrent-ils à lui montrer la perfidie et la lâcheté de son action : *Vous vous rassemblez dix mille pour assassiner vos ennemis*, leur répondit-il froidement : *moi j'en tue un ; quelle est la différence ?* Brandt devint capitaine, et après la guerre d'Amérique reçut du roi d'Angleterre une pension assez forte, en considération de ses longs services. Il existe encore aujourd'hui, retiré dans une petite habitation semi-barbare et semi-européenne, sur les bords du lac Ontario. Son caractère et ses mœurs offrent un mélange de civilisation et de férocité. Brandt est entouré d'esclaves, qu'il condamne à mort, à la moindre désobéissance; mais hospitalier, généreux, nourrissant tous les pauvres qui réclament sa pitié, partageant sa journée entre la chasse, la culture d'un grand jardin potager, et la lecture des meilleurs ouvrages anglais, cet homme est à la fois religieux, barbare, philosophe, guerrier. Il lit la Bible toute la journée ; et il a tué son fils de sa propre main. Il est à craindre que la civilisation n'ait gâté ce sauvage.

BRANICKI (F.-X.), noble polonais, excellent général et grand-maréchal de la couronne, joignait à tous les avantages que donnent la nature, des talens supérieurs et une fortune immense, ce qui le fit parvenir de bonne heure aux premières places de l'état. En 1792, il jouissait de la faveur populaire, faisait partie de la confédération patriotique, et paraissait vouloir contribuer à la délivrance de son pays ; mais bientôt il se déclara en faveur des Russes, sans que les motifs en fussent bien connus. On crut que le désir de conserver sa fortune l'avait déterminé : il en fut autrement. Son palais fut mis au pillage; cependant on regretta ses talens et sa valeur. Il avait quitté Varsovie, lors de l'insurrection du mois d'avril 1794; au mois d'août suivant, le tribunal criminel de cette ville le somma de comparaître pour se justifier, dans l'intervalle d'un mois au plus tard. Il ne comparut point, et fut condamné à mort comme traître à la patrie. Il se mit alors directement sous la protection des Russes ; et fut, dans le mois de janvier 1795, élevé au rang de général en chef de leur armée, par l'impératrice Catherine II.

BRARD (C. PROSPER), naturaliste et ingénieur de l'école des mines de Paris, a fourni, par ses recherches laborieuses dans de fréquens voyages, une partie précieuse des minéraux qui sont au Muséum d'histoire naturelle. Il a aussi travaillé long-temps sous la direction de M. Faujas de Saint-Fond, professeur distingué de cet établissement. Les principaux ouvrages de M. Brard sont : 1° *Manuel du minéralogiste et du géologue voyageur*, 1805, in-8°; 2° *Traité des pierres précieuses*, 1808, 2vol. in-8°; 3° *Histoire des coquilles terrestres et fluviatiles qui vivent dans les environs de Paris*, 1815, in-12, ornée de dix gravures.

BRASCHI (JEAN-ANGE), pape. *Voyez* PIE VI.

BRASCHI (LE DUC), neveu du pape Pie VI, naquit en 1748 à Césène, petite ville de la Romagne, d'une famille noble et pauvre, vint à Rome, quand son oncle fut élu souverain pontife. Le neveu du pape est le prince viager de la tiare, comme le fils d'un roi est le prince héréditaire de la couronne. Aussi entre-t-il tout de suite en jouissance de tous les droits et prérogatives qui constituent l'apanage du népotisme ; espèce de patrimoine qui n'exige ni aïeux, ni postérité, et que saint Pierre n'a pas institué, quoiqu'il eût des neveux. Le jeune Braschi, qui était laïc, fut créé duc, et fut marié à une très-jolie personne de la famille Falconieri : son frère, qui était abbé, fut fait cardinal, et prit le titre bien connu de cardinal neveu ; c'est comme si on disait le dauphin de l'église. Le mariage du duc Braschi fut célébré à Rome avec une pompe souveraine. Doué d'une figure noble, et d'un caractère affable, il fit avec grâce et dignité les honneurs du palais pontifical. Il fut souvent admis aux affaires du gouvernement, et il y fut justement distingué par la franchise et la droiture qui l'ont toujours caractérisé. A l'époque fatale des violences du directoire contre le pape et le gouvernement de l'église, le duc Braschi fut compris dans la proscription de son oncle : ses biens furent confisqués, et il n'en conserva une partie que par la condescendance des commissaires français, qui trompèrent la tyrannie directoriale en faisant qualifier ces biens de propriété dotale de la duchesse Braschi. Après la mort de son oncle, et l'élection de Pie VII, le duc Braschi reparut à la cour de Rome. Et quand Pie VII, par une triste similitude avec son prédécesseur, eut été emmené captif en France, le duc Braschi se rendit à Paris, pour y défendre les intérêts de la ville de Rome ; il était maire de la capitale du monde chrétien, devenue chef-lieu d'un département français. Son voyage fut utile à ses administrés. Il revint à Rome, où la sagesse, la justice et le patriotisme ont constamment honoré son administration. On peut dire qu'il sacrifia aux intérêts de ses compatriotes l'éloignement, que l'atroce persécution dont son oncle avait été la victime, lui avait inspiré quelques années plus tôt pour le gouvernement français. Il se fit une loi de céder aux circonstances pour servir sa patrie, et il servit loyalement le gouvernement de Napoléon. Cette faiblesse, qui lui fut injustement reprochée par ceux mêmes qui en profitaient, n'est pas le témoignage le moins honorable de sa vie. Les autorités françaises du gouvernement de Rome n'ont cessé de rendre justice à la probité du duc Braschi, et à son amour pour son pays, et d'appeler sur lui la bienveillance de Napoléon, en sollicitant son admission au sénat. Leurs efforts ne furent pas heureux, et elles contribuèrent peut-être à adoucir le chagrin que le duc Braschi éprouvait des refus constans de Napoléon, par les égards et la confiance qui signalèrent en toute occasion leurs relations habituelles avec le maire de Rome. Après la réintégration du pape sur le trône pontifical, le duc Braschi, voué à la retraite où il eut la sagesse de se renfermer, succomba à un accès de goutte, en 1818. Peu de temps avant, la duchesse Braschi était morte à Naples. Le duc Braschi a laissé deux enfans : une fille mariée au comte Bonacorsi, dont le père était membre du sénat conservateur; et un fils qui n'a pas encore atteint l'âge de majorité.

BRASCHI (LE CARDINAL), frère du précédent, né aussi à Cesène en 1753, fut appelé au cardinalat par son oncle Pie VI, après avoir parcouru la carrière de la judicature, dans tous ses emplois. Il occupa la place importante de secrétaire des brefs, et de protecteur de la religion de Malte. Il fut de bonne heure tourmenté par la goutte, et perdit l'usage de ses membres. Compris dans l'expulsion des cardinaux, il eut la liberté de se retirer à Cesène. Après le retour du pape, il revint à Rome, où il est mort en 1820. Il s'était chargé de l'éducation du jeune Braschi son neveu, et continuait ainsi après la mort du duc le sentiment de la tendre affection qu'il lui avait portée pendant sa vie, et notamment dans les dernières années, où malgré la différence de leurs positions politiques, il ne cessa de mettre à sa disposition toutes les ressources pécuniaires qui lui étaient restées de sa fortune passée.

BRAULT (LE BARON CHARLES), évêque de Bayeux, membre de la légion-d'honneur, né à Poitiers, chef-lieu du département de la Vienne. Ce prélat sut montrer, dans un mandement qu'il publia à l'occasion de la célèbre bataille d'Austerlitz, cet amour de l'humanité, cet attachement à la patrie, cet esprit de tolérance et de paix qui seuls font reconnaître les vrais ministres de l'Évangile. Il serait à désirer que tous ceux qui font l'éloge des dépositaires du pouvoir s'attachassent à conserver le même esprit. Ce respectable prélat avait été sacré le 25 avril 1802.

BRAUN (Henri), bénédictin philosophe, entreprit, mais en vain, de réformer le système vicieux d'éducation qui était en usage dans la Bavière sa patrie. Né à Trossberg, le 17 mars 1732, il fut admis, à l'âge de 18 ans, dans l'ordre de Saint-Benoît. Appelé à Munich, en 1757, pour professer l'allemand, la poésie et l'éloquence, il ne tarda pas à être nommé membre de l'académie des sciences de cette ville. Bientôt il fit paraître plusieurs ouvrages sur l'éducation publique, qui lui valurent, en 1777, la direction générale des lycées, des gymnases et des autres écoles publiques de la Bavière et du Haut-Palatinat. Il voulut mettre à profit l'influence que lui donnait cette place pour opérer la réforme de l'enseignement qu'il avait long-temps méditée. Mais rebuté par l'obstination de la routine, qui persistait à confier exclusivement l'exercice de l'instruction publique aux ordres religieux, il aima mieux, bien qu'il fût moine lui-même, renoncer à ses fonctions de directeur, plutôt que de voir se perpétuer un abus aussi pernicieux. Depuis lors Braun consacra tout son temps à composer et à publier des livres. Il avait commencé à traduire la *Bible* d'après la version latine appelée *Vulgate;* mais sa mort, arrivée le 8 novembre 1792, ne lui permit pas d'achever cet important travail. Tous les ouvrages de Braun sont écrits en langue allemande ; nous citerons seulement : 1° *Le Patriote bavarois*, écrit périodique, 1769, 2 vol. in-8°; 2° *Plan pour la nouvelle organisation des écoles en Bavière*, 1770, in-8°; 3° *Elémens d'arithmétique*, à l'usage des écoles, 1770, in-8°; 4° *Elémens de latin*, 1778, in-8°; 5° *Histoire de la réformation des écoles bavaroises*, 1783, in-8°; 6° *Epistolaire pour les Allemands*, 1787, in-8°; 7° *L'année ecclésiastique catholique*, 1785, 2 vol. in-8°; *Synonymes latins*, 1790, in-8°; 9° Enfin, on doit à Henri Braun des éditions de plusieurs classiques latins, tels que *César, Salluste*, etc., destinées aux jeunes étudians.

BRAUN (Placide), savant bibliographe, né le 11 février 1756, à Pottingen, en Bavière, est bénédictin, bibliothécaire et archiviste du chapitre de Saint-Ulric et de Sainte-Afra à Ausbourg. Ses principaux ouvrages sont : 1° *Notitia historico-litteraria de libris ab artis typographicæ inventione usque ad annum 1479 impressis, in bibliothecâ monasterii ad ss. Ulricum et Afram Augustæ extantibus : accedunt 8 tabulæ æneæ 60 primorum typographorum alphabeta continentes*, 1788 et 1789, 2 vol. in-4°. La bibliothèque confiée aux soins de M. Braun est extrêmement précieuse par l'ancienneté des éditions qu'elle contient. La plus ancienne date qu'on remarque sur les livres qui s'y trouvent, est celle de 1468; mais il y a encore cent soixante-cinq ouvrages sans date, que l'on croit avoir été publiés antérieurement. Les autres livres cités par M. Braun vont jusqu'à l'année 1500, et il donne dans onze planches la figure des caractères alphabétiques employés dans plus de soixante impressions du 15me siècle ; en sorte que sa notice est très-utile pour faire connaître l'origine de l'imprimerie. 2° *Notitia historico-litteraria de codicibus manuscriptis in bibliothecâ monasterii ss. Ulrici et Afræ extantibus; cum anecdotis historico-diplomaticis*, 1791 à 1796, 6 vol. in-4°. C'est une notice curieuse sur les manuscrits que renferme cette même bibliothèque, avec un appendix contenant des anecdotes très-intéressantes pour l'histoire et pour la diplomatie. 3° On doit encore à M. Braun la *Vie de saint Ulric*, évêque d'Ausbourg, celle de *sainte Afra*, martyre, et celle de *saint Lambert*. Ces trois ouvrages sont écrits en langue allemande.

BRAUNE (François-Antoine), botaniste allemand, a décrit un grand nombre de plantes, et a fait connaître leurs qualités médicinales : Sa *Flore de Saltzbourg* est un ouvrage important sous ce double rapport. Plusieurs Annuaires et recueils périodiques renferment de lui des *Notices* et des *Fragmens* de beaucoup de mérite. M. Braun est né à Zell, dans le Pinzgau, en 1766, et est aujourd'hui secrétaire du gouvernement de Saltzbourg au département des mines.

BRAYER (Michel, baron), lieutenant-général, né le 29 décembre 1769, embrassa l'état militaire dès l'année 1784. Il fut adjudant-major au 3me bataillon du Puy-de-Dôme en 1792, puis capitaine de grenadiers. Il devint, en l'an 8, chef de bataillon, pour sa belle conduite à Kelmuntz, en Bavière. Dans cette même campagne, le général Moreau lui confia le commandement des grenadiers réunis de la division Ney, au combat de Hag. Il rendit de grands services à l'armée, et fit particulièrement, à la tête d'un de ses bataillons, une charge contre une colonne autrichienne qui fut mise en déroute, et à laquelle il fit un grand nombre de prisonniers. A la bataille de Hohenlinden, il se fit remarquer avec son régiment, en marchant au secours de la division Legrand, qui se trouvait fortement compromise à l'extrême gauche de l'armée ; il défit l'ennemi, le rejeta dans le bois, et lui prit 4 pièces de canon. Le général Moreau, pour récompenser sa conduite, le nomma colonel ; mais cette nomination ne fut point approuvée par le premier consul. Major au 9me régiment de ligne, lors de la création de ce grade, il fut bientôt appelé au commandement d'un régiment de grenadiers de la division Oudinot. Dans la campagne contre l'Autriche, en 1805, on le vit, à la tête de ses braves grenadiers, au combat de Holabrun, près de Vienne, enfoncer l'aile gauche de l'arrière-garde russe, lui prendre 4 pièces de canon et 800 hommes. A la bataille d'Austerlitz, il manœuvra à la tête de son régiment, avec la rapidité de l'éclair, et contribua à la reddition d'un corps russe de 8000 hommes qui s'était imprudemment enfoncé dans un défilé. A la suite de cette fameuse journée, il fut élevé au grade de colonel du 2me régiment d'infanterie légère. En Prusse, pendant la campagne de 1807, le maréchal Lefebvre lui confia le commandement de son avant-garde (10me corps d'armée). Il se signala au combat de Marienwerder, à la tête d'un escadron du 4me de cuirassiers et d'un escadron de chevau-légers de Darmstadt, en attaquant un corps de 800 dragons prussiens, sorti de Dantzick ; il lui fit 500 prisonniers, parmi lesquels se trouvaient 15 officiers, dont 2 colonels. Pendant le siége de Dantzick, le colonel Brayer fut chargé de s'emparer de la langue de terre de Pilau : il avait sous ses ordres un bataillon de son régiment, et deux bataillons de Saxons, dont un de grenadiers. Il passa la Vistule, en présence d'un ennemi dont les forces étaient de beaucoup supérieures aux siennes, et vint bloquer Dantzick sur la rive droite de ce fleuve. Le 15 mai, il contribua à faire avorter l'attaque générale des Russes, dans la sortie qu'ils firent du fort de Wexelmunden : l'ennemi laissa 3000 morts sur le champ de bataille, et demanda une suspension d'armes de quelques heures pour les enterrer. Brayer fut nommé officier de la légion-d'honneur, à la fin de ce siége. Il fut particulièrement cité avec son régiment pour la bravoure avec laquelle il se montra à l'affaire de Heilsberg, où il soutint deux charges de cavalerie russe, qui furent victorieusement repoussées avec une perte considérable. Grièvement blessé à cette action. Il passa en Espagne, en 1808.

A la bataille de Burgos, il donna de nouvelles preuves de courage et de talent, et fut, par suite, nommé commandant de la légion-d'honneur. L'affaire de Saint-Vincent-de-la-Barque lui fait beaucoup d'honneur. Chargé de poursuivre les restes de l'armée espagnole, il les accula contre le pont de cette ville, et, avec son seul régiment, il attaqua ce corps fort de 10,000 hommes. Bientôt il enlève le pont, fait bon nombre de prisonniers, et prend plusieurs navires chargés d'artillerie, munitions, armemens et habillemens. Il se distingua encore à la bataille de la Corogne, où les Anglais furent défaits. En Portugal il contribua à l'enlèvement du camp retranché qui couvrait Oporto, et fut nommé général de brigade à l'issue de cette campagne. Il rendit également des services à la bataille d'Ocana ; pendant qu'on attaquait le centre de l'armée ennemie, le général Brayer passait rapidement le ravin en dessous de cette ville, et, par cette manœuvre hardie, se trouvait sur ses derrières. A l'attaque de la Sierra-Morena, qui le fit citer honorablement, il enleva le Pina-Peros (clef de l'entrée de l'Andalousie), avec les braves des 28me léger et 103me de ligne ; cette attaque fut couronnée du plus grand succès. L'artillerie, les munitions, et un bon nombre de prisonniers restèrent en notre pouvoir. Pendant que l'armée était en Andalousie, il fut chargé par le duc de Dalmatie d'aller communiquer avec le 2me corps, qui se trouvait en position en avant de Mérida, et d'observer la place de Badajos.

Le général Brayer, à la tête de cinq bataillons d'infanterie légère et de deux régimens de dragons, traversa les plaines immenses de l'Estramadure, en présence de l'armée espagnole sous les ordres de la Romana, remplit sa mission, et revint à Séville. A la bataille de l'Albuera, il se distingua d'une manière brillante à la tête de sa brigade; deux fois il enleva à la baïonnette la position des Anglais; mais il fut repoussé par des forces supérieures. Il allait tenter une troisième attaque, lorsqu'il fut atteint d'une balle qui lui fractura la jambe gauche. A peine pouvait-il marcher à l'aide de béquilles, qu'il reparut sur les champs de batailles de la Silésie en 1813, et y donna de nouvelles preuves de courage. Il fut promu, à l'affaire de Runtzlan, au grade de général de division. Il occupa avec sa division un plateau important à la bataille de Katzbach, appuyant le retour du 11ᵐᵉ corps, qui était repoussé par des forces supérieures ennemies. Il conserva sa position, et parvint par sa résistance prolongée à faciliter ce corps dans son mouvement rétrograde. Il prit part également avec sa division aux trois batailles qui eurent lieu devant Leipzick; à la dernière, un boulet lui fit une forte contusion à la cuisse. Après les désastres de cette bataille, il figure encore sur le champ de Hanau, avec les faibles débris de sa division. Dans la campagne mémorable de 1814, il a défendu, avec ces faibles débris, le territoire sacré de la patrie jusqu'à l'époque de l'abdication de l'empereur. Au retour du roi, il reçut la croix de Saint-Louis, et à la fin de janvier 1815, il fut désigné pour aller prendre le commandement de la subdivision de Lyon. A la rentrée de Napoléon, il fut nommé successivement commandant d'une division de la garde, gouverneur de Versailles et de Trianon, comte et pair de France. Il fut envoyé dans l'Ouest pour y apaiser les troubles; il contribua beaucoup à la pacification de cette contrée. Au second retour du roi, compris dans l'ordonnance du 24 juillet, il se réfugia en Prusse, reçut de la part du monarque étranger un accueil favorable. Depuis il passa aux États-Unis et dans l'Amérique méridionale. Le gouvernement indépendant de Buénos-Ayres lui ayant fait la proposition de servir sa cause, il l'accepta pour des motifs qui sont entièrement en faveur de sa patrie. Ce gouvernement doit à ses soins l'ordre et la discipline qui ont été introduits dans son armée, et les succès qu'elle obtint dans différentes circonstances pendant qu'il y était employé. Comme ses intentions étaient toutes françaises, et que tout en servant l'indépendance de l'Amérique, il voulait aussi être utile à la France qui lui a toujours été chère, l'intrigue, la malveillance et la jalousie provoquées par un certain cabinet lui attirèrent beaucoup de désagrémens, et l'obligèrent de quitter ce pays, qui depuis s'est livré à toutes les horreurs de la guerre civile. Le général Brayer, condamné à mort par contumace, par le 1ᵉʳ conseil de guerre de la 1ʳᵉ division militaire, a été compris dans la loi d'amnistie du 12 janvier 1816; et rappelé par ordonnance royale du 25 juin dernier, il est rentré dans tous ses droits, titres, grades et honneurs.

BRÉARD (JEAN-JACQUES), vice-président du département de la Charente-Inférieure, en 1790. Il fut nommé, en 1791, à l'assemblée législative, d'où il passa, l'année suivante, à la convention nationale. Dans la session de l'assemblée législative, il demanda un décret d'accusation contre Gauthier, Malvoisin et Marc fils, comme embaucheurs pour l'armée des princes. En février 1792, il fit un rapport sur les troubles d'Avignon; le 8 juillet, il s'éleva avec force contre le journal rédigé par Mallet du Pan; et le 30 août, il provoqua un décret pour la confiscation des biens de ceux qui fomenteraient les troubles. Membre de la convention, il fut nommé commissaire, pour retirer du greffe du tribunal du 10 août, les pièces relatives à Louis XVI, dont il vota la mort sans appel ni sursis. Il demanda même l'envoi dans les départemens du procès-verbal de condamnation; mais il s'opposa au décret de bannissement proposé contre la famille des Bourbons. L'assassinat de Michel Le Pelletier, le porta à proposer des visites domiciliaires. Bréard fut nommé secrétaire le 24 janvier, président le 8 février, et peu après membre des comités de sûreté générale et de salut public. Le 25 mai, il s'éleva contre le ministre Bouchotte, et prit en même temps la défense de Marat, qu'il croyait, disait-il, *pur, mais égaré*. Le 16 avril, il dé- nonça et fit décréter d'accusation Polverel et Santhonax, commissaires à Saint-Domingue. Le 23 juillet, il voulut qu'on assimilât aux émigrés, et qu'on les traitât comme tels, tous les citoyens qui se réfugieraient dans une ville rebelle. Le 4 août, nommé de nouveau président, il provoqua un décret d'arrestation contre les étrangers suspects. Envoyé à Brest pour y diriger l'organisation de l'escadre, les mesures qu'il ordonna furent sages et modérées. Après avoir rempli cette mission, il rentra à la convention. Le 13 avril 1794, il appuya Saint-Just qui demandait l'expulsion de Paris, de tous les nobles. La veille du 9 thermidor, Bréard s'opposa à l'impression du discours de Robespierre, et, le 11, entra au comité de salut public. Il fit rendre la liberté à Polverel et à Santhonax, dont un an auparavant il avait demandé l'arrestation. Le 22 thermidor, Fouquier-Thinville fut amené à la barre, comme complice de Robespierre. Bréard l'interpella vivement. Cependant il se garda bien de confondre avec le tyran les anciens membres des comités réélus, et dont quelques-uns sans doute n'étaient pas moins coupables, mais qui alors avaient une grande influence. A commencer de cette époque, la carrière législative de Bréard ne fut marquée que par des traits honorables. Il appuya fortement la demande de secours faite par les habitans de Bédouin, victimes des fureurs de Maignet, et provoqua des mesures sévères contre les membres du comité révolutionnaire de Mantes, que venait d'acquitter le tribunal révolutionnaire de Paris. Le 4 janvier 1795 (15 nivôse an 3), il rentra au comité de salut public, rendit justice à la pureté des intentions de l'ancien ministre Garat, et eut une grande part au décret qui instituait une fête annuelle, en l'honneur des vingt-un girondins morts le 31 octobre, sur l'échafaud. Membre du conseil des anciens, par suite de la réélection des deux tiers conventionnels, il fut successivemement nommé secrétaire et président de ce conseil, où il eut peu l'occasion de se faire remarquer. Après la résolution du 18 brumaire, Bréard devint membre du nouveau corps-législatif, dont il sortit en 1803; il a cessé dès lors de prendre part aux affaires publiques.

BRÉARD-NEUVILLE (N.), docteur en droit-canon, a traduit les *Pandectes de Justinien;* sans ce dernier titre, bien fait assurément pour appeler quelque intérêt sur M. Bréard-Neuville, nous eussions passé sous silence un nom qui pourrait sembler déplacé dans une biographie qui n'est point du tout canonique.

BRECHTEL (Henri-Ignace), lieutenant-colonel d'artillerie, officier de la légion-d'honneur, chevalier de Saint-Louis, né le 1er février 1786, à Bülzheim, département du Bas-Rhin. Dès sa jeunesse, il montra beaucoup de goût pour l'étude, et bientôt une vocation prononcée pour les armes. Il fut admis, le 18 brumaire an 11, à l'école Polytechnique. Deux ans après, il passa à l'école d'artillerie et de génie de Metz, et fut nommé lieutenant en second dans le 3me régiment d'artillerie à cheval, le 9 mars 1806. Il partit aussitôt pour la campagne de Prusse, se distingua à Schleitz, à Jéna, à Halle, à Lubeck, à Eylau et à Heilsberg, où l'empereur lui accorda la décoration de la légion-d'honneur, et lui donna des éloges qu'il mérita de nouveau à la mémorable bataille de Friedland, en combattant, le bras en écharpe, à la tête de l'artillerie de la division Latour-Maubourg. En 1808, il entra en Espagne avec la division Milhaud, et rendit d'importans services à Burgos, Ciudad-Réal, Santa-Crux, Talaveyra et Almonacid. Décoré de la croix d'officier de la légion-d'honneur, après cette dernière affaire, il prit une part active aux combats qui précédèrent la bataille d'Ocana, dans laquelle un boulet de canon lui fracassa la jambe. Le maréchal duc de Dalmatie cherchait à le rassurer sur la gravité de sa blessure; l'intrépide Brechtel lui répondit : « M. le maréchal, » c'est une jambe de moins; mais » cela n'empêchera pas d'être sous » peu à cheval et combattant. » Brechtel supporta courageusement l'amputation, et, fidèle à sa promesse au maréchal, il fut recevoir de nouvelles blessures dans les campagnes de Russie et de Saxe. Il avait été nommé capitaine au commencement de 1810, et chef d'escadron dans le mois de juin 1812. Il était major, quand il mérita d'être nommé, par Napoléon, le *brave des braves,* à la bataille de la Bérésina, où toute l'armée fut témoin du courage et de l'activité qu'il déploya, lorsqu'il concourut, avec la division Legrand, dont il commandait l'artillerie, à soutenir le passage du pont. Le major Brechtel, qui est resté, jusqu'aux derniers coups de fusil tirés contre la France, au rang de ses défenseurs, était en 1813 à la tête de l'artillerie de Spandaw, et commandait, en 1815, la place de Neuf-Brissac, pendant son blocus. Retiré aujourd'hui en Alsace, il n'attend que le signal de la patrie, pour sacrifier, à sa gloire, à son indépendance et à sa prospérité, le reste d'un sang tant de fois versé pour elle.

BRÉE (MATHIEU VAN), premier peintre du prince royal des Pays-Bas, et premier professeur à l'académie royale d'Anvers, membre de la société royale des beaux-arts de Gand, et de l'institut royal des Pays-Bas, est né à Anvers, vers 1773. Il étudia la peinture d'abord dans cette ville, et ensuite à Paris, sous M. Vincent; exposa, au concours de 1798, la *Mort de Caton;* retourna quelque temps après dans son pays, et ne tarda point à réaliser les espérances qu'avait fait concevoir de lui cette composition. C'est alors qu'il fit paraître plusieurs grands tableaux, parmi lesquels on remarque: Le *Tirage au sort des jeunes Athéniennes dévouées au Minotaure*, et le *Départ de Régulus pour Carthage;* plus tard, le *Baptême de saint Augustin*, la *Piscine*, le *duc de Brunswick sur son lit de mort.* Il fit aussi un tableau représentant l'*Entrée à Anvers du premier consul Bonaparte et de Joséphine.* Impératrice, cette princesse le nomma l'un de ses peintres. En 1816, il exécuta, pour le baron de Keverberg, gouverneur d'Anvers, le *Dévouement de Jeanne Sébus*, scène touchante de la terrible innondation du Rhin, en 1809. En 1817, M. van Brée a exposé son chef-d'œuvre au salon de Gand, le *Dévouement de van der Werff*, bourguemestre de Leyde, en 1576. C'est dans ce tableau surtout qu'on a pu remarquer l'art avec lequel il dispose ses groupes, l'énergie de son pinceau, et une vivacité de coloris, qui rappelle quelquefois son célèbre compatriote Rubens, et qui n'existe point dans ses premières productions. Il a exposé depuis *Guillaume Ier de Nassau, prince d'Orange, réclamant, en 1578, devant le conseil de Gand, la mise en liberté de plusieurs prisonniers catholiques;* et *Rubens présenté à Juste Lipse, par Mme Moretus, fille de Plantin,* etc. M. Mathieu van Brée conçoit ses sujets avec grandeur, en distribue les parties avec habileté, et, à l'exemple de David, observe scrupuleusement la vérité du costume. Doué d'une grande facilité, on l'a vu quelquefois improviser les plus vastes compositions : c'est ainsi qu'il présenta, dans le temps, à l'empereur Napoléon et à Marie-Louise, les *Manœuvres de la flotte sur l'Escaut, devant Anvers.* Cette production, servant de pendant à celle de l'entrée du premier consul, et exécutée dans l'espace de quelques heures, fut accueillie avec distinction, et l'artiste reçut pour récompense une bague contenant un beau camée antique d'une grande valeur. M. Mathieu van Brée a exécuté ensuite un tableau représentant l'*Entrée de Napoléon dans Amsterdam, au moment où les magistrats lui présentent les clefs de la ville.* Cet artiste s'est encore occupé d'architecture et de sculpture; on estime son buste du baron de Keverberg. La passion de M. van Brée pour les beaux-arts, qu'il veut étudier sur leur terre classique, l'a engagé récemment à entreprendre un voyage en Italie.

BRÉE (Philippe-Jacques van), peintre distingué, frère et élève du précédent, est né à Anvers, le 13 janvier 1786. Il y fréquenta l'académie, et vint continuer ses études à Paris, sous les premiers maîtres. De là il se rendit en Italie, pour se perfectionner; quitta Rome, en 1818, et revint à Paris, où il réside. Il fit exposer au salon du Louvre, en 1817, *Marie de Médicis et le jeune Louis XIII, devant Rubens peignant son tableau de l'enfantement, dans la galerie du Luxembourg*: le mérite de cette production la fit acheter, par ordre de Louis XVIII; *Pétrarque surpris par Laure à la fontaine de Vaucluse*; en 1819 : *Marie Stuart allant à la mort*, tableau acheté pour le palais de Saint-Cloud. On a regretté que cet artiste n'ait pas obtenu la permission d'exposer un tableau, dont la description était déjà insérée dans la notice du salon : il représente *Deux rois des Francs livrés aux bêtes féroces par l'empereur Constantin, dans l'amphithéâtre de Trèves, et bravant la mort avec un courage héroïque;* ce qui justifie ce mot de Tacite, que les *Gaulois pouvaient mourir, mais non pas être domptés.* M. P. J. van Brée s'était déjà fait connaître très-avantageusement par les *Voyageurs orientaux*, exposés en 1811, au salon de Bruxelles, et la *Religieuse espagnole*, composition gracieuse et touchante, dont la politique religieuse ne permit pas l'exposition. Il a également exposé au salon de Gand, en 1812, *Atala trouvée par le P. Aubry, pendant l'orage.* Et en 1820 : *La reine Blanche faisant rejeter à son enfant* (saint Louis) *le lait que lui avait donné une dame de la cour, et disant :* « Souffrirai-je qu'on m'ôte la qualité de mère que je tiens de la nature? » Ce tableau a été acheté pour le roi des Pays-Bas. *Ververt.* M. P. J. van Brée a exposé la même année, au salon d'Amsterdam, *Marie Leczinska,* fille du roi Stanislas, âgée d'un an, sauvée par des Polonais, et trouvée dans une écurie, au fond d'une auge; l'*Atelier de M. van Dael*, peintre de fleurs à Paris; et l'*Intérieur d'une chapelle de saint François,* à Ripa-Grande, à Rome.

BRÉGUET (Abraham-Louis), horloger de la marine royale, membre de l'institut (académie des sciences), du bureau des longitudes, de la société d'encouragement pour l'industrie nationale, du conseil royal des arts et manufactures, etc., membre de la légion-d'honneur, né à Neufchâtel, en Suisse, le 10 janvier 1747, commença à se livrer au travail de l'horlogerie à l'âge de 10 ans, vint à Paris en 1762, et s'y distingua par une rare intelligence dans son art. Il prit sur ses travaux le temps d'étudier les mathématiques sous l'abbé Marie, dont il fut le disciple affectionné; il se fit ensuite connaître en perfectionnant les *montres perpétuelles* (qui se remontent d'elles-mêmes par le mouvement qu'on leur donne en les portant). Cette invention paraît due, suivant quelques auteurs, à un ecclésiastique français, ou à un artiste de Vienne, en Autriche, selon d'autres, qui en font remonter la date au milieu du 17me siècle. Quoi qu'il en soit, ces sortes de montres ne pouvaient être remontées que par une marche longue et même pénible, et d'ailleurs elles se dérangeaient et manquaient continuellement. M. Breguet les recomposa sur de meilleurs principes, et leur procura la plus parfaite régularité; il en exécuta, vers 1780, pour la reine de France, pour le duc d'Orléans, la duchesse de l'Infantado, etc. Ces pièces étaient à secondes, à quantième, à équation et à répétition, sonnant les minutes. Ces perfectionnemens furent promptement imités, mais sans succès; M. Breguet a seul réussi à leur donner l'exactitude et la solidité nécessaires, et a continué exclusivement à en exécuter pour plusieurs amateurs. Ces pièces n'ont besoin aujourd'hui que d'être portées pendant un quart d'heure de marche sur trois jours, pour être toujours suffisamment remontées; et si l'on cesse de les porter, elles marchent trois jours, bien qu'au repos. Plusieurs ont été portées pendant sept à huit ans, sans avoir été nettoyées ni même ouvertes, et sans avoir éprouvé la moindre altération. Ces succès n'étaient encore que le prélude de ceux que M. Breguet obtint bientôt après, par une foule de combinaisons ingénieuses ou savantes; il imagina le *parc-chute*, qui garantit de fracture le régulateur de ses montres, lorsqu'elles tombent, ou qu'elles éprouvent des chocs violens : des *cadratures* de répétition d'une disposition nouvelle et plus sûre, laissant plus de place pour les autres parties de mécanisme, dont une montre peut être chargée. Les timbres renfermés anciennement dans les boîtes des montres à répétition, ou à réveil, exigeaient, pour être entendus, des ouvertures pratiquées exprès à la boîte, qui laissaient entrer la poussière, cause d'une destruction rapide. M. Breguet imagina les *ressorts-timbres,* qui ont seuls été employés depuis, et qui sonnent d'autant mieux, que la boîte est plus exactement fermée. Cette invention a donné naissance aux montres, cachets, tabatières et *boîtes à musique,* et a été la source d'une industrie très-productive, répandue aujourd'hui dans toute l'Europe. Les dispositions modernes les plus avantageuses pour la bonté du mécanisme intérieur des montres, ainsi que les nouvelles formes des boîtes, des cadrans, les distributions agréables et commodes, des aiguilles, des quantièmes, etc., sont toutes sorties originairement de ses ateliers, et ont été copiées partout. Il serait difficile d'énumérer la quantité prodigieuse de perfectionnemens et d'inventions, soit pour l'utilité, soit pour l'agrément, que M. Breguet a introduits dans l'horlogerie, dont les uns ont été aussi favorables au commerce en général, que les autres ont été utiles au progrès de cet art. Mais c'est moins encore dans les ouvrages destinés à l'usage civil, que M. Breguet s'est fait remarquer, que dans les habiles inventions dont il a enrichi la science de *la mesure du temps,* appliquée à l'astronomie, à la navigation et à la physique. Il a composé à cet effet plusieurs *échappemens libres,* tels que l'échappement *à force constante* et *à remontoir indépendant,* le meilleur connu; l'échappement dit *naturel;* l'échappement *à tourbillon,* qui annulle les effets des différentes positions; l'échappement *à hélice,* qui n'a pas besoin d'huile, etc., etc. Il a exécuté un très-grand nombre de *chronomètres* de poche, de pendules astronomiques, de *montres* ou *horloges marines,* dont les constructions diverses lui sont *propres,* et dont plusieurs ont surpassé, en solidité et en précision, comme pour la beauté du travail, tout ce qui a paru de plus parfait en ce genre, de l'aveu des savans et des connaisseurs, consigné dans divers ouvrages (*Revue d'Édimbourg,* et *Journal de physique et de chimie,* etc.). C'est le seul artiste en France qui ait pu établir la fabrication de ces instrumens en manufacture. La ville de Paris lui doit la plus belle horlogerie de l'Europe, malgré les difficultés de sa position pour les fabriques; il a su y réunir les plus habiles ouvriers, qu'il a toujours traités en père, et soutenus généreusement. L'exposition de 1819, au Louvre, presque improvisée, a trouvé dans son établissement une grande quantité de productions nouvelles, les unes très-importantes pour la science, les autres singulièrement rares, par les difficultés vaincues, et la beauté de l'exécution. On y voyait une *horloge astronomique double,* dont les deux *mouvemens* et les deux *pendules,* absolument séparés, s'influencent néanmoins de manière à se régler mutuellement, et à acquérir l'un par l'autre une marche beaucoup plus régulière qu'on ne pourrait l'obtenir d'un seul, quelque parfait qu'il fût. Cette pièce est aujourd'hui dans le cabinet du roi. Un *chronomètre* double, de poche, du même genre, contenant deux garde-temps, dont la perfection singulière, due à cette réunion, a été éprouvée par des expériences spéciales, citées dans un rapport fait à l'institut. Le prince-régent d'Angleterre en possède une pareille, de M. Breguet. M. *Garcias,* négociant espagnol à Londres, et amateur distingué, eut la première. Des *chronomètres* de poche, des *horloges marines,* d'une construction nouvelle améliorée, réunissant la solidité à la plus grande exactitude. Une de ces *horloges* appartient actuellement à M. le duc d'Angoulême, une autre a été acquise par le bureau des longitudes de Londres. Une *horloge marine,* servant de pendule de cheminée, *à tourbillon,* portant un autre *chronomètre de poche,* à plusieurs effets, déjà très-parfait, mais dont cette horloge régularise encore plus la marche. Cet ouvrage, destiné à servir comme monument de l'état actuel de l'horlogerie en France, sous les rapports de la composition et de la perfection de main-d'œuvre, appartient à M. le comte de *Sommariva*, et fait partie de sa précieuse collection de diverses productions des arts. Une *pendule sympathique*, sur laquelle se place à volonté, comme sur un porte-montre, une répétition de poche; la pendule est un meuble très-riche d'appartement, dont la disposition neuve a toute la précision d'une horloge marine. Soit que la montre avance ou qu'elle retarde, il suffit de la placer sur cette pendule avant midi ou avant minuit, pour qu'à ces deux époques les aiguilles de la montre soient subitement remises, à la vue, sur l'heure et la minute de la pendule, et qu'en peu de jours, le mouvement intérieur de la montre soit lui-même réglé aussi exactement que par les soins d'un habile horloger. Une pièce semblable de M. Breguet, avait déjà été envoyée en présent, au grand-seigneur, à Constantinople, par l'empereur Napoléon. Plusieurs pendules de *voyage*, à répétition, *réveil*, mouvemens de la lune, et quantième complet, richement ornées et construites sur les principes, et avec les soins d'un bon *garde-temps*. Un *compteur militaire* sonnant, pour régler le pas de la troupe, et dont le mouvement s'accélère ou se ralentit à volonté. Un *compteur astronomique*, renfermé dans le tube d'une lunette d'observation, qui rend sensibles à la vue les 10mes de seconde, et permet d'apprécier même les 100mes de seconde. Ces deux dernières pièces ont paru pour la première fois. Plusieurs montres à l'usage civil, simples ou à répétition, à secondes, etc., sous des formes aussi nouvelles qu'agréables et élégantes, ayant la précision des *chronomètres*, et aussi durables par l'emploi des rubis dans toutes les parties frottantes. Entre autres, une petite montre de cou, à l'usage des dames, contenue dans une double boîte, le tout d'une ligne et demie d'épaisseur, et de onze lignes de diamètre. La montre est établie sur les principes des meilleurs garde-temps, avec un échappement libre et les trous garnis en rubis. Elle est à quantième : la double boîte porte sur le bord douze boutons saillans, et au milieu du fond une aiguille extérieure aussi saillante, mobile au doigt dans un sens, mais s'arrêtant dans l'autre sur l'heure marquée par la montre, lorsque celle-ci est renfermée dans la double boîte. Ce moyen, qui permet de consulter en secret la montre, et de savoir l'heure et les quarts par le tact, tient lieu d'une répétition. M. Breguet a construit plusieurs pièces de ce genre, de diverses dimensions, qu'il appelle *répétitions au tact*. La physique doit à M. Breguet l'invention d'un nouveau thermomètre métallique, infiniment plus sensible que tous les autres instrumens de ce genre, surtout pour le développement subit et instantané du calorique, ou pour son absorption; l'aiguille y est suspendue à une longue lame pliée en hélice, composée de trois métaux superposés et adhérens entre eux, et qui n'a qu'un 50me, et souvent qu'un 100me de ligne d'épaisseur. Il est l'auteur de plusieurs idées neuves, dont il a aidé d'autres artistes, et entre autres du mécanisme solide et léger des *télégraphes* établis par M. *Chappe*. M. Breguet a exécuté une grande partie de ses travaux, conjointement avec son fils, qui suit la même carrière. La France retrouvera dans celui-ci l'héritier de l'instruction, du goût et du génie actif de ce célèbre artiste; ils s'occupent tous deux, dit-on, de recueillir, dans un ouvrage consacré à leur art, les principes et les expériences qui les ont dirigés dans leurs savans et utiles travaux. Nous terminerons cet article en faisant observer que les sciences et les arts ont trouvé, dans leurs ateliers et dans l'usage gratuit de leurs instrumens, des secours généreux; et que leurs conseils et leurs méditations ont souvent indiqué et facilité des perfectionnemens, dont leur désintéressement et leur modestie ont toujours laissé ignorer la source.

BREISLAK (SCIPION), administrateur, sous l'empereur Napoléon, des nitres et poudres du royaume d'Italie, et, en 1816, rédacteur du journal littéraire intitulé : *Bibliotheca italiana*. Il a fait paraître, en 1801, à Paris, *Voyages dans la Campanie*, 2 vol. in-8°, ouvrage dans lequel il prouve que les sept montagnes de Rome formaient autrefois le cratère d'un volcan. En 1811, il a donné, en italien, *Introduction à la Géologie*, 2 vol., qui a été citée comme le premier cours de géologie dans cette langue. tandis que la France, disaient quelques compatriotes de M. Breislak, n'en possédait point encore. Cette assertion est pour le moins hasardée; mais l'ouvrage n'en est pas moins digne d'estime : il annonce dans l'auteur des connaissances réelles en physique et en minéralogie. Il a joint à son *Introduction* une liste de tous les volcans de notre âge, et la mesure des principales hauteurs de la terre.

BREISSAND (JOSEPH, BARON). Né à Sisteron, département des Basses-Alpes, le 2 avril 1770, il entra, le 19 mars 1786, comme volontaire, au régiment d'Aquitaine, et en sortit le 9 octobre 1787. Nommé capitaine en 1791, et chef de bataillon en 1792, il servit sans interruption jusqu'en l'an 3. Blessé dangereusement à l'attaque du *petit Mont-Cenis*, il quitta le corps; rentra, le 9 thermidor an 4, dans la 19me demi-brigade de ligne, et fit toutes les campagnes d'Italie et de l'armée des Alpes, où son habileté et son sang-froid le firent remarquer. Il commanda plusieurs places en Italie, entre autres Pérouse (en l'an 7). Ce fut lui qui, par son courage et sa prudence, apaisa l'insurrection de cette ville; les habitans reconnaissans chargèrent un sculpteur habile de faire le buste du commandant, à qui ils en offrirent une copie; elle est entre les mains de sa veuve, fille de l'illustre général Desaix. Employé à l'armée des Grisons et à celle de Batavie, il fut nommé par le général Brune, qui se connaissait en braves, chef de brigade, puis commandant du

55ᵉ régiment d'infanterie de ligne; il se signala, depuis 1806 jusqu'en 1810, par de beaux faits d'armes en Allemagne et en Italie. Attaqué par plus de 4,000 Autrichiens, dans Pordenone, il leur opposa une résistance héroïque, leur disputa pendant six heures le terrain, et, environné de cadavres, couvert de blessures, soutenu par ses sapeurs, tous blessés, se défendant avec la crosse d'un fusil qu'il ne pouvait recharger, il fut fait prisonnier par des Hongrois. L'archiduc Jean, frappé de son courage, lui offrit sa protection. Breissand demanda que ses compagnons d'armes fussent traités avec égard, et qu'on lui rendît son épée et sa décoration qui lui avaient été prises dans le combat. L'archiduc lui accorda tout, et lui présenta sa propre épée. Ce fait authentique se trouve consigné dans tous les papiers publics de cette mémorable époque. Il fut fait baron de l'empire, avec une dotation de 4,000 francs. Dans la campagne de 1811, en Espagne, il fut nommé gouverneur de la province d'Avila, et sut concilier l'humanité avec ses devoirs. Son désintéressement et sa loyauté lui méritèrent l'estime et l'admiration des Espagnols. Il fit ensuite la campagne de Russie, comme général de brigade, fut nommé commandant de la légion-d'honneur, et reçut, au siége de Dantzick, plusieurs blessures, des suites desquelles ce brave guerrier mourut le 2 décembre 1813.

BREITKOPF (JEAN-GOTTLOB), imprimeur célèbre, a mérité les honneurs d'une biographie particulière (un vol. in-18), où se trouve indiqué, dans un ordre fidèle, le nombre des poinçons, des types et des matrices, des presses, des formes et des caractères qu'il employait. Littérateur estimable, érudit, auquel on ne peut reprocher qu'un peu de diffusion, infatigable dans la recherche des antiquités et des curiosités qui se rapportaient à son art, inventeur de plusieurs perfectionnemens utiles, il méritait un historien plus sensé, moins partial, et surtout moins prolixe. Breitkopf naquit à Leipsick, le 23 novembre 1719. Son père, imprimeur-libraire, eut beaucoup de peine à le décider à embrasser un état qui devait lui inspirer, quelques années après, une passion si vive. Au lieu d'étudier le mécanisme typographique, il lisait Cicéron et argumentait en latin avec des moines. M. Hansius, son biographe et son ami, nous apprend qu'un jour, à Breslaw, certains moines, scandalisés d'entendre un laïque s'exprimer avec une élégance et une précision inusitées dans leur couvent, lui reprochèrent ce qu'ils appelaient sa rhétorique, et se servirent de cette singulière locution : *Vestra Dominatio loquitur per phrases.* (*Votre Domination parle par phrases.*) Breitkopf garda toujours le souvenir de l'espèce de reproche des moines; et peut-être ce reproche lui fit-il penser que la parfaite inutilité des discussions théologiques, est loin de valoir l'amélioration d'une industrie utile au genre humain. Quoi qu'il en soit, il se livra dès lors à l'art typographique, étudia les moyens de donner aux caractères des formes agréables et régulières, épura les lettres allemandes, appliqua l'heureuse invention des caractères mobiles à l'impression de la musique, des cartes géographiques, de la langue chinoise, des cartes à jouer, des papiers de tenture, et reçut, pour tous ces perfectionnemens, dont le nombre et la diversité ont quelque chose d'étonnant, les félicitations bien méritées de plusieurs académies et de la cour de Rome. Une immense collection de livres *principes*, d'éditions remarquables, de cartes et de gravures, de caractères et d'alphabets; l'imprimerie la plus complète de l'Europe; une fonderie qui fournissait les deux hémisphères; deux fabriques, pour les cartes à jouer et les papiers de tapisserie; plusieurs ouvrages précieux et d'une vaste érudition; tels furent les fruits de la patience, du talent et du travail de Breitkopf. Il publia, sur presque toutes ces matières, des essais, entre lesquels on distingue son *Histoire de l'invention de l'Imprimerie* (Leipsick, in-4°), et son *Traité de la Bibliographie et de la Bibliophilie* (1793, in-4°). Son titre principal à la reconnaissance publique est l'invention des caractères mobiles pour l'impression de la musique. Il mourut à Leipsick, le 28 janvier 1794.

BRÈME (Arborio-Gattinara, marquis de), d'une des plus anciennes maisons du Piémont, fut chargé par le roi de Sardaigne, Victor-Amédée III, de plusieurs missions importantes. Il était ambassadeur à Vienne, à l'époque du couronnement de l'empereur Léopold II; il l'avait été précédemment à la cour de Naples; enfin il fut, en 1791, l'un des plus ardens coopérateurs de cette convention de Pilnitz, où l'on projeta, mais sans succès, l'asservissement de la France. Trompé dans ses espérances, M. de Brème eut encore le chagrin de voir bientôt, par les résultats de la guerre, son roi forcé par les Français de s'expatrier, ce qui dut augmenter son aversion pour une révolution qu'affermissaient de jour en jour leurs armes victorieuses. Cependant comme il possédait de grands biens dans l'une des provinces du royaume d'Italie, Napoléon voulut se l'attacher, en le nommant conseiller-d'état. Le marquis de Brème ne fut point insensible à cette faveur, et montra beaucoup de zèle pour son nouveau maître. Il devint, pendant la guerre avec l'Autriche, commissaire-général des subsistances de l'armée. Peu de temps après, le vice-roi, Eugène de Beauharnais, le nomma ministre de l'intérieur; mais lorsque l'empereur Napoléon arriva à Milan, en 1806, M. de Brème cessa de conserver le portefeuille, et reçut le grand-cordon de l'ordre de la Couronne-de-Fer. Deux ans après il fut nommé comte, et président du sénat d'Italie. Les événemens de 1814 ayant ramené le roi de Sardaigne dans ses états, le marquis de Brème se rendit à Turin, et chercha à rentrer dans les bonnes grâces de ce monarque. Il y parvint par la protection du comte de Marsan, son parent, et malgré l'opposition des premiers seigneurs de la cour. Il obtint alors le titre de grand-trésorier de l'ordre de Saint-Maurice. Le marquis de Brème à quatre fils qui tous remplirent des fonctions sous le gouvernement impérial.

BRÈME (L'ABBÉ LOUIS DE), chevalier de l'ordre de la Couronne-de-Fer, ex-aumônier du vice-roi d'Italie, Eugène de Beauharnais, est le second fils du precédent. Il naquit à Turin vers 1781, et montra, dès sa plus tendre jeunesse, les plus heureuses dispositions pour devenir courtisan. Son père, qui le destinait au sacerdoce, lui fit donner une éducation convenable à cet état, mais néanmoins assez brillante, puisqu'il eut pour maître le célèbre abbé de Caluso, qui lui inspira le goût des sciences et des lettres. Il n'avait que vingt-deux ans, lorsque, par une faveur spéciale, il fut ordonné prêtre. Le jeune abbé fut présenté par son père à la cour de Milan, et le vice-roi, charmé de ses manières, ne tarda pas à le nommer aumônier de sa chapelle. Habile courtisan, il ne manquait jamais l'occasion de se rendre agréable à la vice-reine. On cite encore la *canzone* qu'il adressa à cette princesse, en 1811, lorsqu'elle était aux eaux d'Abano. L'abbé de Brème était passé au conseil-d'état du royaume d'Italie; il obtint aussi l'emploi de sous-gouverneur des pages, et reçut de l'empereur Napoléon la décoration de l'ordre de la Couronne-de-Fer. Lorsque les événemens de 1814 eurent fait rentrer le royaume d'Italie sous la domination autrichienne, il prétendit que la maison des pages, quoiqu'elle n'eût pas été destinée, dans le principe, au service de l'empereur d'Autriche, pouvait être conservée. Le général autrichien, comte de Bellegarde, goûta ce raisonnement, et l'abbé de Brème remplit encore pendant quelque temps les fonctions de sous-gouverneur; mais cet établissement finit par être détruit. Un ouvrage intitulé : *Novelle letterarie*, a depuis peu paru à Milan, sous le nom du chevalier de Brème.

BRÉMOND-D'ARS (LE COMTE DE), fut nommé en 1789, par la noblesse de la sénéchaussée de Saintes, député suppléant aux états-généraux. Il ne tarda pas à prendre séance dans l'assemblée constituante, où il remplaça M. Latour-Dupin, démissionnaire. Le comte Bremond-d'Ars est du nombre de ceux qui improuvèrent les actes de cette célèbre assemblée, en signant les protestations des 12 et 15 septembre 1791. Le reste de sa vie nous est inconnu.

BREMONTIER (NICOLAS-TH.), inspecteur-général des ponts et chaussées, membre de la légion-d'honneur, naquit en 1738. Ses nombreux et utiles travaux lui ont mérité l'estime du monde savant, et la reconnaissance des agriculteurs. C'est à son génie observateur et à l'étude approfondie qu'il avait faite de la physique et de l'histoire naturelle, que l'on doit les procédés ingénieux aux moyen desquels, en fixant les dunes du golfe de Gascogne, il sut arrêter les progrès de ces amas de sables qui, s'accroissant d'années en années, ont couvert une grande partie du terrain compris entre l'embouchure de la Gironde et celle de l'Adour. Grâces à Bremontier, on n'a plus rien à redouter de ce fléau dévastateur qui, malgré la lenteur de sa marche, pouvait avec le temps inspirer de vives alarmes, même à la ville de Bordeaux. Ainsi d'une contrée qui n'offrait qu'un désert aride et sauvage, on commence à tirer d'excellens vins, et l'on y voit une grande quantité de pins maritimes, dont la cime s'élève au-dessus des autres arbres : d'autres fruits, d'autres plantes pourront y être cultivés; et bientôt tout ce terrain, rendu à la culture, sera l'un des plus fertiles de la France. Bremontier a fait connaître ses procédés avec des détails curieux, dans les savans mémoires qu'il a adressés à la société d'agriculture dont il était membre, et qui ont donné lieu à un rapport des commissaires de cette société, qui le fit publier en 1806, sous ce titre : *Rapport sur les différens mémoires de M. Bremontier, inspecteur-général des ponts-et-chaussées chargé de la 10.me division, et sur les travaux faits pour fixer et cultiver les dunes du golfe de Gascogne, entre l'Adour et la Gironde, par MM. Gillet-Laumont, Tessier et Chassiron*. La connaissance de la minéralogie n'était point étrangère à Bremontier : un travail sur ce sujet, auquel il a pris beaucoup de part, se trouve imprimé dans le tome vi du *Magasin encyclopédique*. Il mourut à Paris, au mois d'août 1809.

BRENET (Henri-Catherine), membre de la chambre des députés en 1815, est né à Moissey, en Franche-Comté, le 23 novembre 1764. Il se livra exclusivement à l'étude de la médecine et se rendit à cet effet à Besançon, puis à Paris. Il se prononça contre les principes de la révolution, et fut arrêté en 1793. Transféré au château de Dijon, dont il eut l'adresse de se sauver, il reparut après plusieurs années et fut employé dans les hôpitaux militaires. De retour à Dijon, il y reprit sa profession de médecin jusqu'en 1815, qu'il fut nommé député par le département de la Côte-d'Or. Il vota toujours avec la majorité de cette chambre, se plaignit de ce qu'on ne mettait pas assez de rigueur dans l'exécution des ordonnances, attaqua nominativement M. Royer-Collard, qui prétendait que la prérogative royale était usurpée par la chambre, et soutint que le moral de la religion ne pouvait être remplacé que par les salutaires effets de la crainte. Heureusement la France n'est pas encore assez désespérée pour en être réduite au régime du docteur Brenet.

BRENIER-DE-MONTMORAND (N.), lieutenant-général, commandant de la légion-d'honneur. Au commencement de la révolution, il s'enrôla comme simple soldat, et montra dans ses nombreuses campagnes autant de bravoure que d'intelligence; il obtint tous ses grades sur le champ de bataille. Au mois de mai 1811, lorsque les Français opéraient leur retraite d'Espagne, le brave Brenier, alors général de brigade, enfermé dans Almeyda, avec une garnison de quinze cents hommes, manquant de vivres et sans espoir d'être secouru, avait reçu l'ordre de détruire le matériel de la place. Après avoir prolongé la défense au-delà des bornes que prescrit le courage ordinaire, il fit miner les fortifications, y mit le feu, et au moment de l'explosion, s'ouvrant avec sa petite troupe un chemin à travers l'armée anglaise forte de 45,000 hommes, il alla rejoindre l'armée du maréchal Masséna qui le croyait perdu. Les bataillons que Brenier avait culbutés furent couverts de honte; et son action, comparable aux plus beaux traits de courage cités dans l'histoire, fut récompensée par le grade de général de division. Le général Brenier, soutenant toujours cette réputation de sang-froid et de valeur qui lui mérita l'estime de ses compatriotes et l'admiration des étrangers, se distingua encore à la bataille de Lutzen, où il fut blessé en 1813. En février 1814, nommé commandant de la 16.me division militaire, il se rendit à Lille, et mit cette ville en état de défense. Au mois de juillet de la même année, le roi le nomma chevalier de Saint-Louis. Il avait le commandement de Brest au mois de mars 1815, et fut, comme tant d'autres, entraîné par le torrent qui reporta Napoléon sur le trône. Le désir d'être utile à sa patrie fut toujours le motif qui détermina la conduite du général Brenier. Par sa fermeté et sa sagesse, il sut maintenir la tranquillité à Brest, où il contribua à faire reconnaître sans trouble l'autorité royale, après les résultats de la funeste bataille de Waterloo. Enfin il mérita que la municipalité en corps lui fît hommage d'une épée. Le 21 octobre 1815, le roi nomma le général Brenier commandant de la 7.me division militaire à Grenoble; il fut depuis remplacé dans ce commandement par le général Donadieu, qui y a laissé aussi des souvenirs.

BRÉQUIGNY (Louis-George-Oudard Feudrix de), membre de l'académie française et de celle des inscriptions et belles-lettres, naquit en 1716, à Granville en Normandie. Plein de zèle pour l'étude, infatigable dans le travail, et brûlant du désir d'étendre ses connaissances et d'ajouter aux nôtres, il leva un coin du voile qui couvre encore une partie des événemens et des hommes de l'antiquité. En 1759, l'académie des inscriptions et belles-lettres admit Bréquigny au nombre de ses membres. Il était déjà digne de cet honneur et le devint davantage, en publiant, sur la fondation de l'empire musulman, un excellent mémoire, fruit de ses entretiens avec les savans, de ses longues méditations, et de la connaissance approfondie qu'il avait acquise des langues orientales. Dans ce mémoire, rempli de détails intéressans, il fait de Mahomet un portrait qui contraste singulièrement avec tous ceux que jusqu'alors les écrivains d'Europe nous avaient donnés de ce législateur. D'après les recherches de Bréquigny, Mahomet n'était point, avant qu'il fondât une religion et un empire, un simple conducteur de chameaux; il ne reçut point, pour établir l'*islamisme*, les conseils d'un prétendu moine nestorien; il ne dut qu'à son génie ambitieux les bizarres conceptions de son fameux *ko-*

ran ; enfin s'il fut un imposteur, il est probable qu'il ne fut pas un fanatique ignorant : des éclaircissemens sur l'origine et les mœurs du soi-disant prophète achèvent de le faire connaître. A l'appui de ce mémoire, Bréquigny publia bientôt après deux autres ouvrages non moins curieux, sous ces titres : *Essai sur l'histoire de l'Yémen*, et *Table chronologique des rois et des chefs arabes*. Dans ces deux ouvrages, l'exactitude des dates, conformément à la chronologie, est généralement reconnue. En 1763, Bréquigny fut chargé par le gouvernement français d'aller recueillir en Angleterre des titres relatifs à la France ; titres que depuis long-temps on conservait dans la tour de Londres, et dont la remise avait probablement été stipulée dans le traité de paix qui venait de se conclure entre les deux puissances. Il arriva à Londres au mois de mai 1764. Conduit dans un grenier d'une vaste étendue, un énorme monceau de papiers que couvrait un lit de poussière, s'offrit à sa vue dans une longueur de dix toises, ayant plus de quatre pieds de haut. Procédant aussitôt à l'examen et à la mise en ordre de ces papiers, Bréquigny, malgré son activité, employa trois ans à ce travail ; il dut extraire et copier un grand nombre de pièces originales qui, ne se trouvant point dans les recueils de Cambdin, de Rimer, de Huane et de Morton, furent tirés des coffres de l'échiquier. Au surplus, ces pièces qui contiennent tous les titres des droits qu'exerça la France sur des provinces qu'elle possédait comme apanage ou par aliénation, sont tellement précieux à cause de leur authenticité, que leur recouvrement est une véritable conquête : le catalogue en avait été donné par Thomas Carte. Indépendamment des ouvrages déjà cités, Bréquigny avait entrepris en 1754, conjointement avec Villevaut, une continuation de la *Collection des lois et ordonnances des rois de la troisième race*. Depuis cette époque jusqu'en 1790, il en fit paraître cinq volumes. Laurière et Secousse avaient publié les neuf premiers, et M. Pastoret, de l'Institut, aujourd'hui pair de France, a mis au jour le quinzième, en 1811. L'ancien droit public et particulier de la France se trouve compris dans cet important ouvrage sous le titre de *Chartrier général*. Bréquigny, aidé de M. Mouchet, avait, dans l'intervalle, publié par ordre du gouvernement, les *Titres, chartres et diplômes des rois de France*, formant trois volumes de la *Table chronologique*. Il continua aussi, sur la demande de M. Bertin, ministre d'état, et toujours avec M. Mouchet, des *Mémoires sur les Chinois*, des PP. Amiot, Bourgeois, etc., 1776 à 1789, 14 vol. in-4°. Cet important ouvrage ne fut malheureusement pas imprimé. Il renferme de nouveaux éclaircissemens sur la religion, les mœurs, les productions et les arts d'un peuple antique, ainsi que la précieuse correspondance du ministère français avec quelques ex-jésuites, missionnaires à la Chine, quand leur ordre était anéanti en Europe. Nous citerons encore, avant de terminer cette notice, quelques-uns des ouvrages que Bréquigny a donnés seul et qui lui appartiennent, savoir : 1° *Histoire des Révolutions de Gènes*, 1750, 3 vol. in-12; 2° *Vies des anciens orateurs grecs*, suivies de réflexions sur leur éloquence, 1752, 2 vol. in-12; 3° *Catalogus manuscriptorum codicum collegii Claromontani*, 1764, in-8°; 4° *Strabonis rerum geographicarum libri 17 ad fidem manuscriptorum recognita, adnotationibus et indicibus adjunctæ sunt tabulæ tomus primus*, Paris, 1763, 1 vol. in-4°. Les savans regrettent que les autres parties de cet ouvrage n'aient point paru, attendu que dans la première, l'auteur semble n'avoir pas tiré tout le parti possible de son sujet. Le caractère aimable et liant de Bréquigny faisait rechercher avec empressement sa société; il aimait à faire part de ses connaissances à ceux qui le consultaient. Ses derniers jours s'écoulèrent tranquillement au sein de l'amitié, chez Mme du Boccage, où il s'était placé comme pensionnaire. Ce laborieux et judicieux érudit mourut à Paris le 3 juillet 1795; il était, depuis 1772, membre de l'académie française.

BRESSON (Jean-Baptiste-Marie-François), fut nommé, lors de la division de la France en départemens, administrateur du district de Darney, département des Vosges, et ensuite député suppléant à l'assemblée législative. Il n'y siégea point; mais il se fit remarquer à la convention nationale par le courage avec lequel il émit son opinion dans le procès de Louis XVI. Il refusa de prononcer comme juge, et vota comme législateur pour la détention et l'exil à la paix. Compris dans le décret porté à la suite du 31 mai contre les girondins, il parvint à se soustraire à l'exécution de ce décret, et rentra à la convention après la chute de Robespierre. En 1795 il fit partie du conseil des cinq-cents, et cessa d'y siéger en 1798. Il fut nommé, en 1806, juge au tribunal de première instance d'Épinal; ce fut le terme de sa carrière politique.

BRESSY (Joseph), docteur en médecine à Montpellier, s'est fait particulièrement connaître par l'application des vapeurs grasses au traitement de la pulmonie. On a de lui : 1° *Recherches sur les vapeurs*, in-8°, Paris, 1789, 2° *Essai sur l'électricité de l'eau*, in-8°, 1797; 3° *Théorie de la contagion, et son application à l'inoculation de la vaccine*, in-12, 1802.

BRET (Antoine), avocat et littérateur, naquit à Dijon, en 1717. Il s'exerça dans plusieurs genres littéraires, tels que la fable, la poésie, la comédie, le roman, et fut médiocre dans tous ces genres; Bret serait même déjà oublié s'il n'avait donné une assez bonne édition des *Œuvres de Molière*, avec des notes grammaticales, historiques et critiques, 1773, 6 vol. in-8°. Ce commentaire, que les gens de lettres ne dédaignent point, a été corrigé dans deux éditions que M. Petitot en a publiées, en 1813 et en 1817; et M. Auger en a beaucoup profité pour la nouvelle édition de Molière, qu'il a fait paraître en 1820. Les autres ouvrages de Bret sont:

1° *Cythéride*, 1743, in-12; 2° *Lycoris, ou la Courtisane grecque*, 1746, in-12; 3° *la belle Allemande*, 1745, in-12; 4° *le......, histoire bavarde*, 1749, in-12; 5° *Essai de Contes moraux et dramatiques*, 1765, in-12; 6° *Mémoire sur la vie de Ninon de Lenclos*, 1751, in-12; 7° *Comédies*, savoir: *la double Extravagance; le Faux généreux; l'Ecole amoureuse*, en un acte; *le Jaloux*, en 5 actes; *l'Entêtement*, en un acte; *la fausse Confiance*, etc., 1765, in-12, et 1778, 2 vol. in-8°; 8° *Fables orientales*, et *Poésies diverses*, 1772, in-8°. 9° Bret a fourni aussi un assez grand nombre d'articles au *Journal encyclopédique*, à la *Gazette de France*, et à d'autres ouvrages périodiques. Il mourut dans la 75ᵐᵉ année de son âge, le 25 février 1792. Doué d'un caractère indépendant, Bret avait vu avec plaisir l'aurore de la liberté luire sur la France. On raconte que long-temps avant l'époque de la révolution, étant allé visiter le château d'un seigneur de la Bourgogne, le gentillâtre, infatué de sa naissance et de sa richesse, s'empressa de le prévenir que jamais ses vassaux ne s'asseyaient ni ne se couvraient devant lui: « Comment! s'écria Bret avec vi- » vacité, ces bonnes gens n'ont » donc ni c.. ni tête! » En même temps il mit son chapeau, et s'assit dans un fauteuil.

BRETEUIL (Louis-Charles-Auguste le Tonnelier, baron de), naquit, le 7 mars 1730, à Preuilly en Touraine. Pauvre, quoique appartenant à une famille noble, il prit d'abord du service, et entra, par la protection de son oncle, l'abbé de Breteuil, dans la gendarmerie en qualité d'officier; en 1758, il fut premier cornette des chevau-légers de Bourgogne. Des qualités réelles, mais surtout une grande activité, le firent remarquer de Louis XV, qui l'envoya, en 1759, auprès de l'électeur de Cologne, avec la qualité de ministre plénipotentiaire: ce fut pendant cette mission qu'il obtint le brevet de colonel de cavalerie. Le nouveau diplomate ne remplit pas sa mission avec toute l'adresse qu'on pouvait en espérer; car loin de chercher à détruire les craintes qu'avait inspirées aux princes allemands l'alliance de la France avec la cour de Vienne, il se prononça ouvertement contre le système politique de Henri IV et de Louis XIV, en faveur des puissances secondaires de l'Allemagne. Le baron de Breteuil n'en obtint pas moins, en 1760, l'ambassade de Russie, et il eut en même temps l'ordre de rendre compte des instructions, même verbales, que lui donnerait le duc de Choiseul, au chef du ministère secret, le comte de Broglie, qui avait engagé, quoique avec peine, Louis XV de le faire entrer dans les secrets de ce gouvernement occulte. Quelque temps après, arriva la révolution qui fut terminée par la mort violente de Pierre III. Pendant les dernières années de la guerre de *sept ans*, ce prince s'était lié à la coalition de l'Angleterre avec la Prusse; il était donc de l'intérêt de la France de favoriser, du moins secrètement, le parti de Catherine II. Le baron de Breteuil ne crut pas devoir se mettre au-dessus des circonstances difficiles au milieu desquelles il se trouvait ; il ne prêta point à Catherine 100 mille écus qu'elle lui avait fait demander, et partit même le lendemain pour revenir en France. Un courrier qu'il reçut en route, et qui l'informa de l'issue des événemens de Russie, l'engagea à retourner à Saint-Pétersbourg, où l'impératrice l'accueillit avec bonté, malgré le ressentiment qu'elle ne cessa de conserver pour le refus qui lui avait été fait. En France même, la conduite de l'ambassadeur fut loin d'être applaudie, et pour se justifier il écrivit à Versailles : « Que la révolution pouvait ne pas réussir, et qu'il se serait trouvé à Pétersbourg à la merci de Pierre III, et avec des instructions de Louis XV, qui lui défendaient de se mêler des révolutions de la cour de Russie. » Le baron de Breteuil passa ensuite à l'ambassade de Suède, pendant laquelle il jeta les fondemens de la diète de 1769; à celle de Hollande et de Naples ; enfin il fut envoyé, en 1775, par Louis XVI, à celle de Vienne, où il remplaça le cardinal de Rohan, qui lui avait été préféré par Louis XV pour occuper ce poste honorable, préférence que l'orgueil du baron ne pardonna jamais, et dont il ne s'est que trop cruellement vengé. En 1778, il contribua, au congrès de Teschen, à éteindre l'embrasement qui menaçait toute l'Europe. A son retour, en 1783, on lui confia le département de Paris et de la maison du roi, avec le titre de ministre d'état. La capitale lui dut alors une grande partie de ses embellissemens. Ce fut lui qui fit abattre les maisons bâties sur les ponts, qui fit construire le marché des Innocens, etc., etc. Il rendit la liberté à une foule de prisonniers d'état, et adoucit le sort des autres, sans cependant parvenir à faire aimer sa personne et son ministère. Sa brusquerie, sa rudesse, son esprit vindicatif, faisaient oublier tout ce qu'il pouvait faire de bien. D'ailleurs on n'ignorait pas plus son penchant pour l'arbitraire, que l'intérêt qu'il portait à l'Autriche, dont les gens sensés redoutaient depuis long-temps l'influence sur le cabinet de Versailles. Chargé de l'affaire du collier, il la dirigea avec tant de maladresse qu'elle tourna entièrement au préjudice de la reine. On a attribué à sa haine contre le cardinal de Rohan les fautes qu'il commit dans cette circonstance : on a prétendu même que ce fut par ses conseils que le prélat fut arrêté en habits pontificaux. L'opinion publique le contraignit à se justifier; mais il ne persuada personne. Enfin la mésintelligence qui survint entre lui et M. de Calonne, jointe au mécontentement que lui causèrent les changemens apportés par M. de Brienne, le déterminèrent à donner sa démission. Il se retira emportant l'estime du roi et de la reine, avec lesquels il ne cessa pas d'être en rapport. Aux premières étincelles de la révolution, il se prononça fortement contre elle, et fut regardé comme l'auteur de plusieurs mesures énergiques proposées dans le conseil de Versailles. Après le renvoi de M. Necker, en 1789, il fut placé à la tête du ministère, et essaya vainement d'engager le roi à se retirer à Compiègne, avec les troupes cantonnées à Versailles. L'affaire du 14 juillet contraignit Louis XVI à rappeler M. Necker; le baron de Breteuil alors émigra, et se retira d'abord à Soleure, et ensuite dans les environs de Hambourg. En 1790, Louis XVI lui confia une négociation secrète auprès des puissances du Nord, dont le but était, dit-on, de rétablir la monarchie française sur ses anciennes bases. La constitution changea les intentions du monarque; mais le baron de Breteuil n'en fut pas moins accusé d'avoir continué à agir suivant les instructions qu'il avait reçues précédemment. On a ensuite prétendu qu'il s'était prononcé pour un gouvernement à l'instar de celui d'Angleterre, composé de deux chambres. En 1792, la convention lança contre lui un décret d'accusation auquel il s'était soustrait par la fuite. Rentré en France en 1802, il y vécut paisible, et mourut le 2 novembre 1807. Le baron de Breteuil passait pour avoir un caractère prononcé, mais tranchant. Les uns lui ont accordé un jugement droit, et d'autres un esprit faux. Sa conduite politique prouve également l'un et l'autre. Bertrand de Molleville, dans son histoire de la révolution, a donné sur sa dernière opération diplomatique des renseignemens d'une haute importance.

BRETEUIL (LE COMTE DE), né le 29 mars 1781, neveu du précédent. Il fut successivement élève d'ambassade au ministère des affaires étrangères, attaché à la liquidation de Mayence, secrétaire d'ambassade à Stuttgard, auditeur au conseil-d'état, et intendant de la province de Styrie, puis de la Basse-Carniole. Préfet de la Nièvre, en 1810, et préfet des Bouches-de-l'Elbe, en 1813, il ne rentra en France qu'après la première restauration, en 1814. Le roi le nomma maître des requêtes au mois de juin de la même année. Pendant les *cent jours*, M. de Breteuil fut nommé préfet de la Nièvre; mais il n'accepta pas ces fonctions. Après le second retour du roi, il devint maître des requêtes en service extraordinaire, et préfet d'Eure-et-Loir. Il est aujourd'hui préfet de la Sarthe.

BRETON, notaire à Paris, membre du côté droit de la chambre des députés, a, dans la session de 1817, proposé un amendement à la loi des élections, qui tendait à priver une partie des électeurs (les moins imposés) de leurs droits constitutionnels; dans celle de 1818, il a voté contre le projet de loi relatif au canal de l'Ourcq. M. Breton est un des honorables membres auxquels la France a été redevable, en 1819, de la suspension de la presse et de la liberté individuelle, ainsi que de la nouvelle loi des élections. Enfin dans la session de 1820, il a voté comme dans toutes les autres sessions avec la majorité.

BRETON (JEAN-BAPTISTE-JOSEPH), sténographe et rédacteur du *Journal des Débats*, pour les articles qui ont rapport aux tribunaux et aux discussions législatives. Cet écrivain des plus laborieux, a fait paraître une foule d'ouvrages, dont une grande partie traduit de l'anglais et de l'allemand. En voici la liste (nous ne pouvons cependant affirmer qu'elle soit complète) : *Agathina ou la Grossesse mystérieuse*, traduit de l'anglais de Fox, 2 vol. in-8°, 1800; *l'Homme singulier, ou Emile dans le monde*, imitation de l'allemand d'Auguste Lafontaine, 2 vol. in-12, 1801; *Stanley, ou les deux Frères*, traduit de l'anglais de mistriss Parsons, 4 vol, in-12, 1801; *la Visite nocturne*, traduit de l'anglais, de Maria-Régina Roche, 6 vol. in-18, 1801; *le Buffon des écoles*, traduit de l'anglais, de G. Mavor, 2 vol. in-12, 1802; *Voyage en Piémont*, in-8°, 1802; qui fait suite, ainsi que le *Voyage dans la ci-devant Belgique et sur la rive gauche du Rhin*, 2 vol. in-8°, 1802, aux voyages dans les départemens de la France, par Joseph Lavallée. La traduction de l'ouvrage de Campe, intitulé, *Voyage d'un allemand au lac Onéida, dans l'Amérique septentrionale, pour l'instruction et l'amusement de la jeunesse*, 1803, in-18, est le premier volume de la collection qui a pour titre : *Bibliothéque géographique et instructive des jeunes gens, ou Recueil de voyages intéressans pour l'instruction et l'amusement de la jeunesse*, 36 vol. in-18, traduit de l'anglais et de l'allemand. *Abrégé du voyage du jeune Anacharsis*, 2 vol. in-12, 1805; *Romans, contes, anecdoctes et mélanges*, traduit de l'allemand d'Auguste Lafontaine, 1809. *Elise, ou les Papiers de famille*, traduit du même, 4 vol. in-12, 1809; *Bibliothéque historique*, 40 vol. in-18, 1809-1812; *les Étourderies, ou les deux Frères*, 4 vol. in-12, 1810, traduit d'Auguste Lafontaine. *Nouveau voyage au Mexique*, traduit de l'anglais du major Pike, 2 vol. in-8°, 1811; *la Chine en miniature*, 6 vol. in 12, 1811-1812; *Procès de la veuve Morin*, in-8°, 1812; *Amélie, ou le Secret d'être heureux*, traduit d'Auguste Lafontaine, 2 vol. in-12, 1812; *Nouveaux élémens de littérature*, en partie traduit de l'allemand d'Eschenbourg, 6 vol. in-12, 1812; *la Russie*, 6 vol. in-18, 1812; *Affaire de l'empoisonnement de Choisy*, in-8°, 1814; *l'Illyrie et la Dalmatie*, traduit de l'allemand de Haiquet, 2 vol. in-18, 1814; *Campagnes de Bonaparte, en 1812, 1813 et 1814*, traduit de l'allemand, in-8°, 1814; *les Soirées du vieux tilleul*, traduit de Campe, 2 vol. in-18, 1815; *l'Espagne et le Portugal, ou mœurs, usages et coutumes des habitans de ces royaumes*, avec un précis historique et 54 planches, représentant 12 vues et un grand nombre de costumes différens, 6 vol. in-18. *Relation des événemens qui se sont passés en France, depuis le débarquement de Napoléon Bonaparte, au 1er mars 1815, jusqu'au traité du 20 novembre, suivie d'observations sur l'état présent de la France et sur l'opinion publique*, traduit de l'anglais de miss Héléna-Maria Williams, accompagnée d'anecdotes et d'observations critiques.

BRETON (Luc-François) naquit à Besançon, en 1731. Il apprit d'abord la sculpture en bois. S'étant rendu à Rome, il travaillait, pour vivre, à des ornemens d'architecture. Mais comme il avait le goût des arts, il fréquentait les ateliers des plus célèbres sculpteurs; ses progrès furent rapides. Bientôt il remporta le premier prix à l'école de Saint-Luc, sur la composition d'un bas-relief représentant *l'Enlèvement du Palladium*. Admis comme pensionnaire à l'école française, il donna la *Mort du général Wolf*, en bas-relief, et peu de temps après la statue colossale de *saint André* (placée devant l'église de Saint-Claude-des-Bourguignons). Il revint dans sa patrie, où il exécuta quelques travaux, et mourut en 1800. On reproche à Breton de manquer de génie; mais il avait beaucoup de goût et d'intelligence. Peu d'artistes peuvent lui être comparés pour l'exécution. Il existe de lui *deux Anges adorateurs*, en marbre, placés dans l'église de Saint-Jean de Besançon; dans celle de Saint-Pierre, une *Descente de croix*, en pierre de tonnerre; deux statues en pierre, à l'Hôtel-de-Ville; le *buste de Cicéron*, et un *saint Jérôme*. Des ouvrages en assez grand nombre sont sortis de son ciseau; mais ils ont été détruits à la révolution. On regrette surtout le magnifique tombeau de *la Baume*, que l'on admirait à Nîmes. Breton était associé de l'institut.

BREVANNES (LE COMTE HENRI-LEPILEUR DE) émigra en 1792, et revint en France après l'établissement du gouvernement consulaire. Nommé, le 8 janvier 1814, commandant de la 7me légion de la garde nationale de Paris, il prêta serment de fidélité le 16 du même mois, et reçut la croix de la légion-d'honneur dans le mois de septembre de la même année. Les sentimens qu'il manifesta à l'époque du débarquement de Napoléon, le firent choisir pour organiser les volontaires royaux; ce que le peu d'empressement des sujets et le 20 mars ne lui permirent pas d'exécuter. En septembre 1815, il a été du nombre des candidats proposés pour la chambre des députés. On a du comte de Brevannes : la traduction du poëme du *Printemps*, par Kleist, suivi de *l'Amour*, poëme en deux chants, in-8°, 1794; *les Adieux d'Hector et d'Andromaque*, in-8°, 1807; une tragédie en trois actes, intitulée : *Tippoo-Saïb ou la Destruction de l'empire de Mysore*, 1813.

BREZ (JACQUES), ministre protestant, né à Middelbourg, en 1771, et mort dans cette ville en 1798, a publié : 1° *Flore des insectophiles*, précédée d'un Discours sur l'utilité de l'étude de l'insectologie, in-8°, Utrecht, 1791; 2° *Voyages intéressans pour l'instruction et l'amusement de la jeunesse*, dans le goût du recueil de M. Campe, in-8°, Utrecht, 1792; 3° *Histoire des Vaudois habitant les vallées occidentales du Piémont*, 2 vol. in-8°, 1796. Tous ces ouvrages sont écrits en français. Brez a joint au dernier une traduction du *Catéchisme des Vaudois*, et des fragmens d'un poëme en langue vaudoise, datés de l'an 1100.

BRÉZÉ (LE MARQUIS DE), grand-maître des cérémonies de France sous Louis XVI, est connu par la célèbre réponse de Mirabeau, lorsqu'il vint, dans la séance du 23 juin, pour dissoudre l'assemblée du tiers-état : « Allez dire à votre maître, s'écria Mirabeau d'une voix tonnante, que nous sommes ici par la volonté du peuple, et que nous n'en sortirons que par la puissance des baïonnettes. » Cette apostrophe énergique pétrifia le dignitaire de la cour, en même temps qu'elle électrisa l'assemblée. Profitant aussitôt de cet enthousiasme, Mirabeau fit décréter que la personne des députés était inviolable, et que quiconque tenterait d'exécuter contre eux des ordres tyranniques, était, par le fait même, déclaré infâme et traître à la patrie.

BRIAL (MICHEL-JEAN-JOSEPH), membre de l'institut (académie des inscriptions et belles-lettres), né à Perpignan, le 26 mai 1743, était, avant la révolution, religieux de la congrégation de Saint-Maur. On doit à ce savant : 1° une édition du *Supplément aux œuvres du P. Laberthonie, pour la défense de la religion chrétienne contre les incrédules*, 1811, in-12 ; 2° *l'Éloge historique de D. P. D. Labat, religieux bénédictin*, 1803, in-8° ; 3° *Recueil des historiens des Gaules et de la France*, tom. XII, XIII, XIV, XV, XVI, XVII et XVIII, in-fol. 4° M. Brial est l'un des quatre membres chargés, par l'académie des inscriptions, de continuer *l'Histoire littéraire de la France*, in-fol., commencée par les religieux de la congrégation de Saint-Maur ; il a eu part aux tomes XIII, XIV et XV de cet ouvrage, ainsi qu'aux *nouveaux Mémoires de l'Académie*. La simplicité de ce savant est égale à son habileté. C'est le doyen des hommes utiles, et peut-être aussi des hommes modestes.

BRICENO (NICOLAS), colonel au service du nouveau gouvernement de Vénézuéla, naquit dans l'Amérique méridionale. Il embrassa avec chaleur la cause de l'indépendance, se joignit à Bolivar (*voyez* ce nom), qu'il seconda dans plusieurs occasions importantes. Chargé par ce chef de s'emparer de la province de Barinas, en 1813, de brillans succès couronnèrent d'abord cette tentative ; mais bientôt attaqué par une forte division espagnole, le colonel Briceno fut complètement battu. Prisonnier, il fut envoyé à la mort par ordre de Tiscar, gouverneur de Barinas pour le roi d'Espagne.

BRICHE (N., VICOMTE), prit du service dès les premières années de la révolution, et fut nommé colonel du 10me régiment de hussards dans les campagnes d'Allemagne qui précédèrent la guerre d'Espagne. En 1808, il entra dans ce pays avec l'armée française, et y donna des preuves de valeur en différentes circonstances, notamment à la bataille d'Ocana ; au passage de Fuente de Cantos, où il enleva six pièces de canon à l'ennemi après l'avoir dispersé ; et enfin à la bataille de la Gebora, où il mérita que sa conduite fût mentionnée honorablement dans les bulletins officiels de l'armée. Il avait obtenu le grade de général de brigade le 27 décembre 1809, et la croix de commandant de la légion-d'honneur par suite de l'affaire de la Gebora. Élevé au grade de général de division, le 13 novembre 1813, il se distingua de nouveau dans la campagne de France, en 1814, pendant laquelle il battit les Cosaques près d'Épinal, et à l'attaque du pont de Clerci près de Troyes. Nommé chevalier de Saint-Louis dans le mois de juillet 1814, il obtint aussitôt le commandement du département du Gard. Il fut exposé à de grands dangers, en mai 1815, pour s'être opposé au mouvement favorable à Napoléon, et que son débarquement avait provoqué. Commandant de la 9me division militaire à Montpellier, après les événemens du mois de juin, le vicomte Briche s'exprima dans sa proclamation avec une modération qui ne fut pas toujours d'accord avec sa conduite; souvent elle donna lieu de croire qu'il conservait du ressentiment des désagrémens qu'il avait éprouvés, en mars 1815. Dans le mois de juillet 1816, il présida la commission militaire qui condamna à mort le général Mouton-Duvernet. On a pensé que le vicomte Briche aurait pu s'autoriser de la déclaration d'incompétence des maréchaux de France, dans le procès du maréchal prince de la Moskowa, pour ne pas prendre part à la mort d'un de ses anciens frères d'armes.

BRICOGNE (N.), maire de Paris, et négociant fort estimé pour sa probité et son instruction. Il fut, dès les premiers jours de la révolution, président de la section des Lombards, dans laquelle il exerçait une grande influence, par ses talens et par son caractère. Long-temps incarcéré en 1793, il fut, peu après le 9 thermidor, nommé président de sa municipalité, et lors de la réorganisation des mairies, en l'an 8 (1800), il fut nommé, par le premier consul, maire du 6me arrondissement. Devenu le doyen des maires de Paris, il donna sa démission, en 1816, et mourut en 1820, dans un âge avancé. Deux de ses fils se sont fait remarquer, dans l'administration des finances.

BRICOGNE (N.), fils aîné du précédent, maître des requêtes au conseil-d'état, premier commis des finances, directeur des fonds du trésor royal, et membre du conseil du département de la Seine, est auteur de plusieurs ouvrages sur les finances. Admis, en 1802 (an 10), surnuméraire au trésor public, sous le ministère de M. Barbé de Marbois, il parcourut rapidement les grades inférieurs. En 1806, M. Mollien le nomma premier commis du trésor, et le mit à la tête du bureau général. Il le chargea de poursuivre le recouvrement d'une somme de 140 millions, due au trésor par une compagnie de banquiers, déficit qui avait causé la disgrâce de M. de Marbois. En 1810, M. Bricogne obtint la décoration de la légion-d'honneur. En 1814, étant premier commis des finances, il publia, sous le titre d'*Opinion d'un créancier de l'état*, une réponse à M. Gaudin, ancien ministre des finances, et à M. Ganilh, député, qui avaient attaqué le budget présenté par le nouveau ministre, M. Louis. Ses doctrines de l'économie politique, et les principes du crédit public appliqués aux finances, avaient alors le mérite de la nouveauté. Ce qui n'était pas moins nouveau dans un écrit sur les finances, c'était un style animé, qui ne manquait ni de correction ni d'ornement, une grande clarté dans les calculs, des faits curieux, des traits spirituels et mordans, des critiques hardies, des répliques vigoureuses, et une discussion variée, parsemée de réflexions graves ou plaisantes, judicieuses ou malignes, qui dégénèrent trop souvent en railleries. Ces qualités et ces défauts attirèrent sur l'*Opinion d'un créancier de l'état* plus d'attention que n'en obtiennent ordinairement les écrits sur les finances. On sut gré à l'auteur d'être parvenu à mettre ces arides discussions à la portée du lecteur, en leur donnant quelque attrait, et de s'être montré financier instruit sans être obscur ni ennuyeux. Depuis 1814, M. Bricogne a été tour à tour le défenseur ou l'adversaire des ministres des finances qui se sont succédé, et des diverses compagnies d'assurance, tontines, caisses hypothécaires, etc., qui se sont établies ou qui ont été seulement projetées. Il n'y a pas eu de controverse financière ni de discussion de budget dans laquelle il n'ait publié quelque brochure gaie ou sérieuse, ou des articles de journaux dans les *Débats* ou la *Gazette de France*. Les qualités et les défauts que nous avons fait remarquer dans ses premiers écrits se retrouvent dans tous les autres. En 1815, dans une brochure intitulée : *Examen impartial du budjet*, il attaqua le budjet présenté par le ministre Corvetto. Il proposa le premier de recourir aux emprunts, et d'ajouter au budget des rentes à négocier, en refusant les nouveaux impôts. Il n'exerçait plus alors de fonctions dans le ministère des finances. Nommé, en 1816, maître des requêtes au conseil-d'état, il défendit, dans quelques écrits, les emprunts et les budjets de M. Corvetto, contre MM. Ganilh, Lafitte, Casimir-Perrier, etc. En 1819, M. Bricogne attaqua le budget, le système politique, et jusqu'à la personne de M. Louis, dans plusieurs pamphlets qu'il fit paraître successivement. Le plus remarquable, *la Situation des finances au vrai*, démontrait la facilité d'un dégrèvement de 50 millions sur la contribution foncière, dont cinq millions pour la ville de Paris, de laquelle il était récemment devenu conseiller municipal. Un maître des requêtes attaquer un ministre ! Un financier proposer un dégrèvement de contribution, et en fournir les moyens ! L'étonnement fut grand dans le public, et le scandale extrême dans l'administration. M. Bricogne fut rayé du conseil-d'état. En 1820, M. Roy, ministre des finances, l'a rappelé au trésor royal, et lui a confié la direction des fonds. A sa rentrée, M. Bricogne découvrit un déficit de 1,800,000 fr. volés au trésor par un caissier nommé Matheo, dont les journaux annoncèrent la fuite, mais dont l'arrestation et la condamnation sont encore attendues. Cependant les journaux viennent d'annoncer (en juillet 1821) qu'il va être jugé par contumace. Si nous voulions faire à présent la part à la critique, nous pourrions dire, d'après les bruits publics, que personne n'a une plus haute opinion du mérite de M. Bricogne que M. Bricogne lui-même ; qu'il n'est pas un modèle de reconnaissance ; qu'oublieux des leçons qu'il a reçues dans l'enfance de ses talens, il fait sans retenue sentir sa férule à ses propres maîtres; que son ambition est trop patente; que ses attaques sont acerbes, ses répliques acrimonieuses, et parfois violentes; que l'on reconnaît identité de plume et dans ses œuvres et dans leur annonce publiée par les journaux, ce qui pourrait donner lieu de penser qu'à l'exemple de Lemierre, M. Bricogne fait quelquefois ses affaires lui-même pour qu'elles soient mieux faites; qu'il force parfois les chiffres à plier à ses raisonnemens ; nous pourrions même appuyer ces observations par des traits assez connus, nous pourrions relater enfin certaines saillies que ses ennemis sans doute lui prêtent. A les en croire, il aurait dit, par exemple, à un ami qui le félicitait sur l'accroissement de sa fortune : « Cela devait être; » j'ai épousé une femme riche, et » vingt bons procès. » Il aurait répondu à quelqu'un qui lui faisait toucher au doigt une erreur de calcul, et lui disait : Vous vous êtes trompé. — « Je l'ai voulu ! » Mais donner trop de créance à ces anecdotes, ce serait porter trop loin peut-être la crédulité ; aussi ne les consignons-nous ici que comme des traits que le lecteur ne lira pas sans rire, et dont M. Bricogne rira sans doute le premier.

BRIDAN (CHARLES-ANTOINE) naquit, en 1730, à Ruvière en Bourgogne. Le goût qu'il montra dès son enfance pour le dessin, engagea ses parens à l'envoyer à Paris, où il se livra à la sculpture. En 1753, il remporta le grand prix, et alla à Rome étudier les grands maîtres. De retour à Paris, après trois ans de séjour en Italie, il fut agrégé, en 1764, à l'académie de peinture, dont il fut reçu membre en 1772. Ce laborieux et habile artiste y exerça, pendant trente ans, les fonctions de professeur, et mourut, le 28 avril 1805, épuisé par un travail trop assidu. On a de lui le groupe du *Martyre de saint Barthélemi*, et celui de l'*Assomption de la Vierge*, qui se trouvent dans la cathédrale de Chartres, ainsi que des bas-reliefs en marbre qui ornent le chœur de cette église. On admire, au Louvre, ses statues du *maréchal de Vauban*, et du *chevalier Bayard*, ainsi que celle de *Vulcain*, dans le jardin du Luxembourg. On regarde cette dernière comme un des chefs-d'œuvre de la sculpture moderne. Le buste de *Cochin*, curé de *Saint-Jacques*, et fondateur de l'hospice qui porte son nom, est le dernier ouvrage de Bridan; il l'entreprit par ordre du gouvernement.

BRIDEL (PHILIPPE-SYRACH), né à Milden en Suisse, a d'abord été prédicateur de l'église française à Bâle, et ensuite pasteur au château d'Oix, dans le canton de Berne. M. Bridel s'est livré avec succès à la littérature française, et a donné différens ouvrages intéressans : 1° *Mélanges helvétiques*, Lausanne et Bâle, 1787 et 1797,

4 vol.; ils renferment : *les Muses helvétiennes, les Infortunes du jeune chevalier de Lalande, mort à Lausanne, le 1ᵉʳ février 1778; Poésies helvétiennes, et Étrennes helvétiennes et patriotiques;* 2° *Délassemens poétiques*, in-8°, 1788; 3° *Course de Bâle à Brienne, par les vallées du Jura, avec une carte de la route*, in-8°, Bâle, 1789; 4° *Recueil de paysages suisses, dessinés, d'après nature, dans une course par la vallée d'Oberhasli et les cantons de Schwitz et d'Uri, par Lory, Lafond et Zehender*, in-fol., Berne, 1797. Il a joint à cet ouvrage un itinéraire pour les artistes, pour les amateurs de voyages pittoresques, et des remarques minéralogiques.

BRIDGEWATER (LE DUC DE). *Voyez* ÉGERTON.

BRIDPORT (LORD H. HOOD), frère cadet de lord Hood, obtint, en 1756, le commandement du vaisseau *le Prince-George*, de 90 canons. Il combattit ensuite dans la guerre de l'indépendance de l'Amérique, et se distingua près de Gibraltar, en 1782. Son expédition, en 1793, dans la Méditerranée, fut beaucoup moins honorable; après avoir pris paisiblement possession de Toulon, il se hâta de l'évacuer à l'approche de l'armée française; mais il ne se borna point à cette retraite que l'art de la guerre flétrit rarement: il incendia les arsenaux, et les vaisseaux qu'il ne put emmener. Il fit voile ensuite pour la Corse, qu'il occupa avec autant de facilité que Toulon, mais dont il ne tarda pas à être chassé tout aussi ignominieusement. En 1794, il réunit son escadre à celle de lord Howe, et assista, le 1ᵉʳ juin, au combat d'Ouessant, où il commandait une division de la flotte anglaise. C'est alors qu'il fut nommé pair d'Irlande, et qu'il prit le titre de lord Bridport. En 1795, il obtint le commandement d'une flotte, et reçut l'ordre d'attaquer les Français à leur sortie de Brest. S'étant mis à leur poursuite avec des forces très-supérieures, il les atteignit, le 23 juin, devant le port Louis, et leur enleva trois vaisseaux. Le 27 du même mois, il fit effectuer la fameuse descente de Quiberon, et fut nommé, en avril 1796, vice-amiral et lieutenant de l'amirauté. Lord Bridport fut ensuite chargé d'une expédition dans les Indes occidentales; mais ayant, en 1799, laissé sortir la flotte de Brest, que l'on croyait destinée contre l'Irlande, le mécontentement que lui en témoigna son gouvernement le décida à donner sa démission. Il se retira à Bath, où il mourut en 1816, dans sa 92ᵐᵉ année.

BRIENNE (LE CARDINAL DE). *Voyez* LOMÉNIE.

BRIÈRE-SURGY (LE BARON), président de la cour des comptes, était auditeur à la chambre des comptes avant la révolution. Cette chambre ayant été supprimée en 1791, il devint commissaire de la comptabilité, et fut, en 1792, membre du conseil-général du département de Paris. En 1793, il fut incarcéré au Luxembourg, et ne dut sa liberté qu'à la chute de Robespierre. Lorsqu'on eut remplacé la commission de comptabilité nationale par la cour des comptes, M. Brière-Surgy fut nommé président de la troisième chambre, en septembre 1807. A cette faveur l'empereur ajouta le titre de baron, et la décoration de l'ordre de la Réunion; mais au commencement d'avril 1814, le baron Brière-Surgy adhéra à la déchéance de ce prince. Après le retour du roi, il fut confirmé dans ses fonctions de président, reçut la décoration de la légion-d'honneur, et, nonobstant son nouveau serment, signa l'adresse présentée à Napoléon, le 25 mars 1815, par les présidens de la cour des comptes. Le baron Brière-Surgy a conservé ses titres et emplois, et a obtenu depuis une attribution de plus, celle de surveillant de la caisse d'amortissement.

BRIEZ (N.), nommé en septembre 1792, par le département du Nord, député à la convention nationale. Dans le procès du roi, il vota la mort, ajoutant : « Dans » le cas où la majorité serait pour » la réclusion, je fais la motion » expresse que si, d'ici au 15 avril, » les puissances n'ont pas renoncé » au dessein de détruire notre li-» berté, on leur envoie sa tête. » En mission à l'armée du Nord, il en fut rappelé, au sujet de sa correspondance avec le prince de Cobourg, relativement aux commissaires livrés par le général Dumouriez. Briez parvint à se disculper; fut conservé dans sa mission, et était dans Valenciennes avec Cochon (depuis comte de l'Apparent), pendant le siége de cette ville par les Autrichiens. Il y montra du courage, mais n'en fut pas moins accusé par Robespierre de ne pas s'y être fait tuer, lorsqu'à son retour il reprocha au comité de salut public, dans un mémoire sur la reddition de cette place, de ne prendre aucune des mesures que nécessitait le danger des circonstances. Robespierre n'attaquait Briez que parce qu'il savait que l'accusation était concertée entre lui et plusieurs autres députés. Briez, atterré par ce reproche, demanda lui-même un autre rapport au sujet de la reddition : « Que ce rapport soit sévère, dit-» il, et si je suis trouvé coupable, » que ma tête tombe! » Membre du comité des secours publics, il obtint des secours en faveur des indigens, des parens des défenseurs de la patrie, et la remise gratuite par le Mont-de-Piété des objets de peu de valeur. Quelques jours après, il fit un rapport sur les désordres commis par les Autrichiens dans les communes envahies, et fit à la suite accorder des indemnités aux habitans de ces communes, ainsi qu'aux réfugiés belges et allemands. Le 4 juin 1794, il fut nommé secrétaire de la convention, puis envoyé en mission dans la Belgique, après la révolution du 9 thermidor. Il mourut peu de temps avant l'établissement du gouvernement directorial.

BRIFAUT (Charles), littérateur et poète, est né à Dijon, vers 1780, de parens pauvres. Son père était un honnête artisan. L'abbé Volfius, celui qui fut évêque constitutionnel de Dijon, frappé des dispositions heureuses du jeune Brifaut, se plut à les développer par une éducation toute libérale, qu'il dirigea et dont il fit les frais. Nous consignons ici ce fait, parce qu'il honore également le protecteur et le protégé. M. Brifaut justifia par ses progrès l'intérêt qu'il avait inspiré à un homme aussi recommandable. Son talent pour la poésie s'annonça de bonne heure par des pièces fugitives qui ne manquaient ni de grâce ni d'élégance. S'étant fixé à Paris, il trouva dans le comte Berlier, conseiller-d'état, un patronage aussi utile qu'éclairé. Il travailla pour les journaux, et notamment pour la *Gazette de France*. Son premier titre littéraire est sa tragédie de *Ninus second*. Quelques situations fortes et attachantes, des vers généralement bien tournés, firent réussir cette pièce, bien qu'elle pèche souvent par l'invraisemblance, et malgré la critique acerbe de Geoffroy. Avant de la livrer au théâtre français, M. Brifaut y avait fait recevoir, vers 1807, une tragédie de *Jeanne Gray*, celle qui a été si mal accueillie en 1814, et dont, par des considérations assez difficiles à deviner, le gouvernement impérial n'avait pas permis la représentation. M. Brifaut a donné depuis au second théâtre français une troisième tragédie, intitulée : *Charles de Navarre* (Charles-le-Mauvais). Mieux accueillie que *Jeanne Gray* ; cette pièce n'a pourtant obtenu qu'un succès bien faible. Les principaux ouvrages de M. Brifaut sont : 1° *La journée de l'hymen*, 1810, in-4°. C'est son meilleur ouvrage. 2° *Ode sur la naissance du roi de Rome*, 1811, in-4°. Ces deux pièces, imprimées séparément, ont aussi été insérées dans le recueil qui a pour titre : *L'hymen et la naissance*, imprimé chez Firmin Didot en 1812. 3° *Rosemonde*, poëme en trois chants, 1813, in-8° ; 4° *Ninus II*, tragédie en cinq actes, 1814 et 1815, deuxième édition, in-8° ; 5° *Jeanne Gray*, tragédie jouée en 1814, et restée manuscrite ; 6° *Stances sur le retour de Louis XVIII*, mises en musique par Mme de B....., en mai 1814 ; 7° *Charles de Navarre*, tragédie, imprimée en 1820. M. Brifaut a fait aussi, de moitié avec M. Dieulafoi, un opéra d'*Olympie*, que M. Spontini a mis en musique, et qui a été représenté sans succès en 1820. M. Brifaut fait partie de la commission de censure.

BRIGANT (JACQUES LE), ami du *premier grenadier de France*, de l'immortel Latour-d'Auvergne, il mériterait à ce titre seul une place dans la mémoire des hommes. Il y a des droits personnels, comme philosophe, érudit et grammairien. Jacques Le Brigant naquit, le 18 juillet 1720, à Pontrieux, d'un négociant estimé. Reçu avocat au parlement de Bretagne, il s'occupa beaucoup moins de procès que d'antiquités celtiques, et crut, de très-bonne foi, avoir découvert dans la langue des vieux celtes, l'origine de toutes les langues du monde : il appuya de toutes les preuves, c'est-à-dire de toutes les probabilités qu'il tira péniblement des analogies les plus éloignées, un des systèmes les plus bizarres qu'on ait encore conçus. Sa vie entière fut consacrée à élever ce monument hypothétique en l'honneur des Bretons et des Celtes. Le Brigant a publié, en faveur de sa théorie, une foule de dissertations et de traités presque tous remarquables par la richesse de l'érudition, la vigueur du style, et la hardiesse, pour ne pas dire la témérité des conjectures. On distingue dans ce nombre *le Prospectus de la langue primitive conservée*, 1 vol. in-8°, où il démontre par les raprochemens les plus singuliers, que le shanskrit, l'arabe, l'hébreu, le grec, le latin, le chinois, le caraïbe, le français, l'anglais etc., ne sont que les dialectes du celtique. Voltaire était mort, on n'a pas assez ri de l'identité des mots *faire*, ΠΟΙΚΕΟ, *to do, verz*, etc., prouvée par la transmutation de l'*y* en *g*, en *d*, en *v*, et successivement en tous les caractères de tous les alphabets. Son audace étymologique ne fut point ralentie par l'anecdote suivante qui mérite d'être rapportée. Court de Gébelin, qui était élève de Le Brigant, mais qui avait un peu resserré l'immense étendue du système de son maître, apprit un jour à ce dernier qu'un jeune insulaire de l'Océanique, dont personne n'entendait la langue, venait d'arriver à Paris. Le Brigant voulut le voir: on lui présenta le sauvage au milieu d'une société nombreuse, et le grammairien celtique traduisit sans hésiter la conversation qui s'établit entre eux; — *il me dit bonjour, — il me demande comment je me porte; — il se félicite d'être à Paris...* Le savant interprète allait continuer, mais un grand éclat de rire vint l'interrompre, et Court de Gébelin s'empressa de lui en donner l'explication: l'indigène de l'Océanique était né aux environs du Palais-Royal, et les paroles qu'il avait prononcées, forgées à plaisir, n'appartenaient à aucune langue. — *Qu'est-ce que cela prouve?* continua Le Brigant sans se déconcerter, *ne vous ai-je pas dit, messieurs, qu'il n'y a pas, qu'il ne peut y avoir, en aucun lieu du monde, un son articulé qui ne soit celtique d'origine?* Peu de temps après, afin de consacrer cette réponse mémorable, il fit graver ces mots sur son cachet *celticâ negatâ, negatur orbis*; ce qui peut se traduire ainsi: *détruisez mon système et le monde s'écroule.* Les autres ouvrages les plus curieux de Le Brigant, sont une dissertation sur les *Brigantes*, peuple celte, dont il était l'homonyme, et se croyait peut-être le seul descendant (1762 in-8°); *un Glossaire breton*, (Brest, 1774); *une Grammaire élémentaire de la langue bretonne*, pleine d'observations précieuses; *un mémoire sur la Langue des Français*, (1787). Indépendamment des ouvrages qu'il a publiés, Le Brigant a laissé plusieurs manuscrits; on doit désirer que M. de Kergariou, qui s'en est rendu acquéreur, se décide à les mettre au jour. Ce savant Breton avait eu de deux mariages vingt-deux enfans; mais ses filles étaient mariées loin de lui, et cinq de ses fils, parvenus à l'âge d'homme, étaient morts au champ d'honneur, en défendant leur patrie : la conscription vint réclamer le dernier enfant qui lui restât. Isolé dans ses vieux jours, cet homme vénérable avait conçu une tristesse profonde, dont son ami, l'illustre Latour-d'Auvergne, ne tarda pas à pénétrer la cause. Celui-ci, retiré du service à 50 ans, couvert de gloire et de blessures, vivait auprès de Le Brigant, dans une retraite studieuse; il en sort un jour sans prévenir son ami, se rend à l'armée de Sambre-et-Meuse, et y remplace comme soldat le jeune fils de Le Brigant, qu'il renvoie à son vieux père : action touchante et sublime que nous voyons se reproduire deux fois dans la vie du héros breton, et qui n'a point de modèle dans les plus beaux temps de l'antiquité. Le Brigant persécuté pendant la révolution, comme girondin et fédéraliste, se sauva plus d'une fois par la noble fermeté de son caractère. Il est mort à Tréguier, le 3 février 1804.

BRIGANTI (Vincent), né à Naples, se livra fort jeune à l'étude de la médecine, devint professeur de botanique à l'université royale de Naples, et ne tarda point à jouir d'une réputation aussi flatteuse que méritée. Parmi plusieurs bons ouvrages, on cite plus particulièrement celui dans lequel il donne une explication du *Système de Linnée*. M. Briganti doit à son seul mérite son admission à la société royale des sciences de Naples, à l'institut d'encouragement, etc. Constamment attaché à la cause de Ferdinand, mais sage et modéré, il n'éprouva, sous les gouvernemens qui succédèrent à celui de ce prince, aucune persécution et ne perdit aucune de ses places. Il serait à désirer que cet exemple de modération donné par des gouvernemens dits usurpateurs, eût trouvé des imitateurs plus nombreux parmi les souverains légitimes.

BRIGNOLE (Antoine, marquis de), patricien génois, fut d'abord auditeur au conseil-d'état de l'empereur Napoléon. Sous-préfet à Savonne, dans le mois de mars 1813, malgré la difficulté des circonstances, il sut se concilier l'estime et l'affection des habitans. Nommé, en 1814, ministre plénipotentiaire au congrès de Vienne, par la ville de Gènes, pour réclamer son ancienne indépendance, il le fit avec une énergie remarquable; rappela les traités qui avaient été faits, et invoqua la justice au nom de laquelle seulement les puissances coalisées avaient promis d'agir. Tous les efforts du marquis de Brignole furent néanmoins inutiles. De retour dans son pays, il fut nommé ministre d'état par le roi de Sardaigne. Dans le mois d'avril 1816, il a obtenu la place de chef de l'université royale. Il est frère de la duchesse de Dalberg et fils de la marquise de Brignole, femme remarquable par sa beauté, ses grâces, son esprit, et surtout par sa courageuse fidélité. Attachée au palais de l'impératrice Marie-Louise, elle ne s'est pas séparée, au jour du malheur, de la princesse dont elle avait partagé la prospérité. Elle est morte dans le noble exil qu'elle s'imposa en la suivant à Vienne.

BRIGODE (Romain, baron de), est né à Lille en 1775. En 1803, il fut nommé auditeur au conseil d'état; en 1805, député au corps-législatif; en 1810, exclu de cette assemblée par le décret qui fixe pour l'avenir l'âge des députés à 40 ans. Élu, après le retour du roi, en 1815, membre de la chambre des députés, par le département du Nord, et réélu deux fois depuis cette époque, le baron de Brigode, qui siége au côté gauche, s'y fait remarquer par la justesse de ses vues et la sagesse de ses principes : il a voté contre les lois d'exception et contre le nouveau système électoral. Celles de ses opinions qui ont fixé le plus particulièrement l'attention de la chambre, sont : sur la liberté des journaux en 1817, sur la loi de recrutement en 1818, contre le monopole des tabacs et sur le délit de la presse en 1819, contre la censure des journaux, sur les indemnités à accorder aux départemens qui ont été occupés par l'ennemi, sur les douanes en 1820. Enfin il a parlé dans la plupart des grandes questions politiques, et presque tous les objets de localités qui intéressaient son département. Dans son discours sur la liberté des journaux, il dit : «Tou- »tes les fois que la liberté de la »presse fait l'objet d'une ques- »tion, elle est invoquée par les »faibles, redoutée par les forts : »j'entends par-là ceux dont les o- »pinions sont en faveur : et de là »résulte pour elle une prévention »déjà favorable aux yeux des hom- »mes généreux et impartiaux, de »tous ceux qui éprouvent une é- »gale répugnance à faire des op- »primés et des oppresseurs.» Pour défendre le projet de loi sur le recrutement de l'armée, examinant la situation actuelle de l'Europe, le baron de Brigode démontre clairement que de cette situation naissent des besoins réels auxquels se joignent les vœux de toutes les nations pour la paix, la liberté et la garantie réciproque de leurs droits. Il convient que la réduction des armées pourrait un jour être la suite de ces besoins et de ces vœux, que les gouvernemens assez sages pour se mettre en harmonie avec l'opinion des peuples, seront nécessairement les plus forts. Il insinue par-là que les trônes soutenus par l'amour et la reconnaissance seront inébranlables. Cependant il convient que le temps de diminuer nos forces militaires n'est point encore arrivé, puisque malgré la situation actuelle de l'Europe et le vœu général des nations, aucune puissance n'en donne l'exemple dans ses états. Il conclut donc à l'adoption de la loi du recrutement, qu'il considère comme devant assurer l'indépendance nationale. Dans la discussion du projet de loi sur le tabac, contre lequel il se prononce fortement, il disait : « Faites des lois qui »soient les conséquences naturel- »les de nos institutions fonda- »mentales, de nos chartes, de nos »droits, et de nos libertés ; sacri- »fiez-leur, s'il le faut, en les fai- »sant, les intérêts du petit nom- »bre à ceux du plus grand : vous »agissez dans l'ordre légal et »conformément à l'ordre des »choses où nous vivons mainte- »nant. Dans cette hypothèse, au- »cune réclamation raisonnable ne »peut s'élever, aucune aussi ne se »fait entendre.» M. de Brigode, dans la discussion sur les douanes, demanda que le gouvernement formât une commission pour l'examen et la comparaison des cotons filés, français et anglais ; et l'exécution entière de la loi, relativement à ces derniers cotons dont nos fabriques peuvent fournir les mêmes numéros. Il proposa aussi l'établissement d'une fabrique expérimentale à l'instar des fermes dont les perfectionnemens agricoles ont retiré tant d'utilité. Il invoqua, de la part du gouvernement, une sollicitude et des soins qui jusqu'alors s'étaient trop peu manifestés, et dont l'industrie et le commerce éprouvent le besoin réel. Enfin il demanda à la douane des condamnations un peu plus fréquentes et des transactions plus rares. Les bornes d'une notice biographique ne nous permettent pas de retracer ici l'éloquent discours de M. de Brigode, en faveur des départemens ci-devant occupés par l'ennemi. Il réclame l'indemnité promise (2,400,000 francs), non comme une juste compensation de ce que nos contrées ont supporté pour le salut de la France, mais comme un faible témoignage du souvenir des bons exemples qu'elles ont donnés et des services qu'elles ont rendus à la patrie. Par ce qu'on vient de lire, on voit combien le baron de Brigode est digne du peuple dont il a constamment défendu les intérêts, surtout si l'on considère qu'il a préféré, à la carrière administrative et lucrative que lui promettait sa place d'auditeur, celle de député au corps-législatif, où il fut porté à l'âge de trente ans.

BRIGODE (Louis-Marie-Joseph, comte de), pair de France, frère du précédent, né à Lille, en 1777. Membre du conseil-général du département du Nord, en l'an 10, il fut nommé à 23 ans maire de Lille, en l'an 11, immédiatement après le premier voyage que le premier consul fit en cette ville. Il fut compris dans la première nomination des chambellans, lorsqu'on s'occupa de former la maison civile de l'empereur avant le couronnement, et fut un des officiers chargés d'aller chercher le pape pour cette cérémonie. Cependant M. de Brigode conserva la mairie de Lille. Son administration a laissé des souvenirs honorables. Elle fut constamment remarquable par un entier dévouement au chef du gouvernement, et un zèle soutenu pour les intérêts de ses administrés, du commerce et de l'industrie. Dégagé de son serment par l'abdication de Fontainebleau, il le prêta au roi, et ne lui fut pas moins fidèle; car il donna sa démission de maire de Lille le 23 mars 1815, et quitta cette ville. Rappelé à ses fonctions par l'ordonnance du 7 juillet 1815, il reparut à Lille le jour même de sa soumission. Nommé pair par l'ordonnance du 17 août 1815, il a toujours montré depuis lors un attachement exclusif à la charte. Dans le procès du maréchal Ney, il fut un des cinq membres de la chambre qui s'abstinrent de voter, parce que leur conscience n'était pas suffisamment éclairée, ou qu'ils ne se croyaient pas compétens. Le 21 décembre 1815, il proposa des modifications à la loi relative à la perception provisoire des impôts, afin que les départemens et les communes eussent la libre disposition des centimes additionnels et de leurs revenus. Le 25 février

1817, il parla en faveur de la liberté de la presse, et contre le projet qui en suspendait l'usage. Le 8 janvier 1818, il s'opposa à la résolution de la chambre des députés relative au mode de leur admission, parce qu'elle lui paraissait contraire à l'article 38 de la charte. Le 4 mars 1819, il parla en faveur du projet de loi qui fixait au 1er juillet le commencement de l'année financière, attendu que, si l'époque ordinaire des sessions n'était pas changée, la charte serait violée chaque année, en ce que la chambre des pairs ne pouvait discuter le budget. Il avait publié, peu de temps auparavant, un écrit en faveur de la loi du 14 mars, qui établit dans les départemens des livres auxiliaires de la dette publique. Dans la session de 1819, il s'opposa à toutes les lois d'exception. Il reproduisit l'amendement proposé dans la chambre des députés par M. Lacroix-Frainville, pour que des conseils fussent donnés aux individus détenus par ordre ministériel. Cet amendement ayant été rejeté, il demanda, avec aussi peu de succès, que les mêmes détenus pussent appeler près d'eux un ministre de leur religion. M. de Brigode a toujours voté en faveur des lois qui consacraient les institutions conformes aux principes de la charte, et contre celles qui lui paraissaient leur être contraires. On ne peut deviner pourquoi deux Biographies, qui semblent rédigées par des écrivains constitutionnels, lui ont adressé le double reproche d'être à la fois *ministériel* et *ultra*. Elles sont tombées dans une autre erreur, en désignant le comte de Brigode comme le cousin du baron de Brigode, député. Comme nous l'avons dit, il en est le frère.

BRILLAT-SAVARIN (LE CHEVALIER) était, avant la révolution, avocat à Belley. En 1789, le tiers-état du bailliage du Bugey le nomma député aux états-généraux. Pendant la session de l'assemblée constituante, il s'opposa à l'institution des jurés, et s'éleva fortement contre l'abolition de la peine de mort. Compris dans les mesures contre les fédéralistes, il s'échappa, et se réfugia dans l'Amérique du nord. Rentré en France après la chute de Robespierre, il obtint, en l'an 6, la place de commissaire du directoire, près le tribunal criminel de Versailles. Peu de temps après, il fut appelé à la cour de cassation, où il a su se maintenir sous les différens gouvernemens qui se sont succédé depuis cette époque. On a de M. Brillat-Savarin : *Vues et projets d'économie politique*, in-8°, 1802; et une brochure sur le choix des juges, qui a pour titre : *Fragment d'un ouvrage manuscrit*, intitulé: *Théorie judiciaire*, 1808.

BRINK (JEAN-TEN), né à Amsterdam, étudia la littérature sous le célèbre régent Richée Van Ommeren, et puisa dans ses leçons ce goût pour la poésie ancienne qui l'a fait connaître lui-même avantageusement. Admis à l'université de Leyde, où il avait obtenu une bourse, il fut obligé de consacrer une partie de son temps à la théologie. Cependant nourri des anciens, imbu de leurs principes généreux et éclairés, il s'attacha au parti des patriotes contre le stathouder, lors de la révolution de Hollande. Dans le mois de juin 1795, il prononça un discours civique, analogue aux circonstances, et le fit imprimer d'après les vives instances de ses concitoyens. Peu de temps après, il abandonna la carrière politique malgré le succès que lui promettait ce début, et il reprit la culture des lettres. Nommé professeur de littérature grecque et latine, à l'académie de Harderwyk, il conserva cette place jusqu'à la suppression de cette académie, en 1811; devint régent d'une école latine jusqu'en 1814; et fut enfin, à cette époque, nommé professeur de littérature ancienne à l'académie de Groningue. Ses principaux ouvrages sont, la traduction en hollandais de Salluste et des *Catilinaires* de Cicéron in-8°, 1790; un discours latin intitulé : *Oratio de græcorum romanorumque scriptorum studio hac etiam philosophiæ luce præstantissimo*, in-4°, Harderwyk, 1799; un discours en latin sur l'étude de la langue grecque (*Pro græcæ linguæ studio*), in-4°, Harderwyk, 1801. La *Cyropédie* de Xénophon, traduit en hollandais, in-8°, Amsterdam, 1808. Une traduction très-estimée en vers hollandais de la *Médée* d'Euripide, Amsterdam, 1813. En 1814, M. Ten Brink, bien revenu sans doute de ses vieilles erreurs de liberté et d'indépendance, a publié une brochure en hollandais, intitulée : *Nouvelle tyrannie française, à l'usage des écoles*, in-12, Amsterdam, 1814. En 1815, de plus en plus ami des anciennes doctrines, qui ne sont pas les plus chères aux peuples libres, il a donné une autre édition de son ouvrage, dans laquelle il s'efforce de démontrer que non-seulement les puissances alliées étaient autorisées, mais même qu'elles étaient obligées de chasser Napoléon du trône de France par la force des armes. Cette production de M. Ten Brink n'a point prouvé qu'il possédât comme publiciste les connaissance étendues qu'on ne peut lui refuser en littérature. D'ailleurs on sera toujours étonné qu'un homme de mérite consacre sa plume à inspirer à la jeunesse des sentimens de haine pour une nation entière. Ces sortes de diatribes ne sont propres qu'à perpétuer entre les peuples des ressentimens réciproques : car quel peuple aujourd'hui n'a pas été tour à tour conquérant ou conquis, et victime, auteur ou complice d'une invasion ?

BRION (don Louis), né vers 1781 dans la colonie hollandaise de Curaçao, servit d'abord dans la marine de Vénézuéla, et se fit ensuite naturaliser citoyen de Carthagène. Brion était déjà connu par son zèle pour la cause de l'indépendance américaine, lorsque les succès du général Arismendi, dans l'île de la Margarita, relevèrent, en 1816, la cause de Bolivar (*voyez* ce nom). Cet illustre chef s'associa Brion, dont les richesses et le zèle lui furent de la plus grande utilité, et qui eut le commandement en chef des forces maritimes des indépendans, dirigées sur la Margarita. Arrivé près de cette île, Brion eut à soutenir contre les Espagnols un combat sanglant dans lequel il fut blessé, mais où il fut vainqueur; l'ennemi, après avoir perdu plusieurs vaisseaux, fut obligé de se retirer. Par suite de cette victoire, Brion fut élevé au rang d'amiral de l'escadre américaine, et il n'a pas cessé de combattre les oppresseurs de la liberté de sa patrie; il leur a causé des pertes incalculables par le grand nombre des prises qu'il a faites sur eux. L'amiral Brion aura une place honorable dans les nouveaux fastes de la gloire, que l'indépendance de l'Amérique espagnole a ouverts à ces vertus patriotiques, que l'on veut en vain proscrire dans cette Europe, où elles ont produit les plus beaux âges de l'histoire ancienne et moderne.

BRIOT (Pierre-Joseph), né en 1771, à Orchamp en Franche-Comté, fut reçu avocat en 1789; professeur de rhétorique en 1790, il se rendit à l'armée avec ses élèves dès que la guerre fut déclarée à la révolution. Une violente maladie, qui fut suivie d'une longue convalescence, le rappela au sein de sa famille, après la première campagne, et le rendit aux lettres qu'il professait avec distinction à Besançon. L'énergie avec laquelle Briot se prononça dans les sociétés populaires, contre la terreur et l'anarchie; les écrits qu'il publia courageusement contre Marat et Robespierre, fixèrent l'attention de ses concitoyens, qui, en 1793, le députèrent près de la convention. Là il fut le malheureux témoin de la proscription qui frappa les Girondins, le 31 mai; ce qui ne l'empêcha pas de s'exprimer hautement en faveur des proscrits de cette fatale journée. Le discours qu'il prononça, le 11 juin suivant, à la convention, pour remplir la mission dont l'avait chargé son département, le rendit bientôt l'objet de la même proscription, à laquelle il n'échappa qu'en allant, comme tant d'autres bons citoyens, choisir une mort utile à sa patrie, sous les drapeaux invincibles qui, alors, la défendaient d'une autre tyrannie. Après la campagne, qu'il fit comme aide-de-camp du général Reède, et dans laquelle fut prise la ville de Montbelliard, Briot fut chargé par les représentans du peuple de négocier l'introduction en France de la première manufacture d'horlogerie qu'elle ait eue, et qu'elle ait encore aujourd'hui. Il fut assez heureux pour décider deux mille horlogers suisses et genevois à venir s'établir à Besançon, dans les momens les plus orageux de nos troubles civils. Cette manufacture fut organisée par ses soins, et il fut nommé agent du gouvernement près de cet utile établissement. Briot s'était constamment élevé, et au péril de sa vie, contre les hommes de sang qui déshonoraient la cause de la liberté. Il s'attira encore de nouveau la haine des comités révolutionnaires. Une violente altercation qu'il eut à la société populaire de Besançon, avec Robespierre jeune, fut le prétexte d'une nouvelle proscription, à laquelle il ne put se soustraire; il fut arrêté. C'était à cette époque où le parti aristocratique, qui semblait renaître de sa propre destruction, s'allia à la Gironde, par le sentiment d'une proscription commune. Alors l'émigration gouvernait la ville de Lyon. Le républicain Briot rompit hautement avec le parti fédéraliste, et, dans ce péril de la cause de la liberté, il prêcha avec vigueur le ralliement à la convention, comme point central de tous les intérêts de la patrie. Mais, toujours fidèle à la dignité du vrai républicain, il s'éleva en même temps, avec la plus vive énergie, contre les mesures violentes et l'exagération des fauteurs de l'anarchie, et dut à cette probité politique sa troisième proscription. Rendu à la liberté par le 9 thermidor, Briot reconnut bientôt que l'aristocratie s'était encore emparée de ce grand événement, et marchait à grands pas à la contre-révolution. Le même sentiment qui l'avait porté à quitter la Gironde pour la convention, le reporta tout à coup dans les rangs des patriotes persécutés, et le rendit fier de mériter d'être proscrit encore avec ceux qui avaient été injustes envers lui, au temps de leur puissance. Cette conduite généreuse fut pour lui la source des plus cruelles persécutions, de la part des réacteurs; et, cette fois, ce fut comme *terroriste* qu'il fut décrété d'arrestation. Dans sa prison il brava les assassins et *les compagnons de Jésus*, réclama énergiquement sa mise en accusation, demanda des juges et ne put en obtenir. La convention, qui craignit d'être accusée elle-même, ordonna sa mise en liberté. Après prétendue amnistie du 4 brumaire, Briot fut nommé officier municipal à Besançon. Il fut ensuite appelé à Paris, en qualité de chef au ministère de la police générale, sous Merlin; et il donna sa démission, lorsqu'il vit que la politique du directoire était également contraire aux intérêts de la justice et à ceux de la patrie. Peu de temps après avoir quitté sa place au ministère de la police, il fut de nouveau proscrit par le parti aristocratique et par le directoire. Il courut encore se réfugier dans son exil accoutumé, et prit rang dans le 8me régiment de hussards. Il fut fait prisonnier deux fois dans la fameuse retraite de Moreau, et deux fois il s'échappa. De retour à Besançon, Briot fut nommé, par le directoire, accusateur public près le tribunal criminel de son département, et fut appelé, en l'an 6, à siéger au conseil des cinq-cents; il s'y prononça ouvertement pour les conseils contre le directoire, pour la liberté contre l'intrigue, pour les intérêts généraux contre les intérêts particuliers. On a beaucoup parlé du refus qu'il fit de boire *au 22 floréal an 6*. Ce toast est une fable pitoyable dans la vie politique de Briot, qui alors s'expliqua d'une manière plus claire et plus vigoureuse contre l'autorité directoriale, et qui rompit enfin d'une manière éclatante et avec le directoire et avec Merlin lui-même, pour lequel il avait une affection particulière. Le 3 juillet 1798, Briot fit passer à l'ordre du jour sur la demande en sursis présentée au conseil des cinq-cents, pour l'exécution du marquis d'Ambert, condamné à mort, comme émigré, par la commission militaire. Il motiva son opinion sur ce que le corps-législatif n'était autorisé par la constitution à accorder ni sursis ni grâce. On ne peut reprocher à Briot d'avoir été cruel, ayant lui-même été quatre fois proscrit par ceux qui couvraient la France de leurs vengeances. Il a toujours regardé comme un crime capital, l'émigration armée à la solde de l'étranger; et membre alors du corps-législatif, il fut impérieusement entraîné à sacrifier à la loi la pitié qui lui était naturelle. Quand il était proscrit par le gouvernement de sa patrie, il allait se venger de ses oppresseurs, en se battant pour elle dans les rangs de ses défenseurs. Nommé secrétaire de l'assemblée, Briot proposa, le 18 septembre, la création d'une commission chargée des mesures législatives dans le cas de guerre, et prononça, à ce sujet, un discours très-remarquable, dont voici les traits principaux : « Déjà le » cri de guerre se fait entendre. » Les ennemis ont prononcé ce » mot : eh bien ! nous acceptons » la guerre ; notre gloire, notre in- » térêt l'exigent, et la liberté de » l'Europe nous appelle au champ » du combat. Nos bras s'énervent, » nos finances s'épuisent, le peuple » est impatient de voir son sort as- » suré. Il veut la paix ou la guerre, » parce que toute autre situation » ne sert qu'à prolonger ses maux, » et à lui rendre insupportable le » fardeau des contributions ; par- » ce que, dans ses mains, le bron- » ze et l'airain accélèrent la paix, » bien plus que toutes les ruses de » la diplomatie. Apprenons aux » rois ennemis, que les législa- » teurs de la France sont prêts à » la guerre, et qu'ils organiseront » la régénération des peuples..... » Il faut que l'Italie soit libre et » républicaine : il nous faut une » barrière entre la Russie et l'Au- » triche : il nous faut un point de » contact entre l'Égypte, l'Inde et » le Levant : il faut révolutionner » la Sicile, pour avoir Malte et » Corfou : nous garantirons aux » Italiens leur liberté et leur in- » dépendance, et ils oublieront » leurs malheurs pour se rallier à » nous. Florence deviendra la ca- » pitale d'une nation, ennemie im- » placable de l'Autriche, et alliée » reconnaissante de la grande na- » tion. » Le 12 novembre, Briot fit décréter que les prêtres condamnés à la déportation, qui ne se présenteraient pas dans le délai d'un mois pour subir leur peine, seraient traités comme émigrés. Mais, le 29 avril 1797, il s'éleva en faveur des naufragés de Calais (le duc de Choiseul, le comte de Montmorency, aujourd'hui membres de la chambre des pairs), contre la proposition aussi injuste qu'atroce du citoyen Duviquet, qui prétendait que la loi portée contre les émigrés rentrés devait leur être appliquée dans toute sa rigueur (*Moniteur*, 12 floréal an 7). Le discours que Briot prononça, à cette occasion, sauva la vie à soixante-deux prévenus d'émigration, mais détruisit les espérances de ce parti, en même temps qu'il confondit la politique du directoire. Dans le cours de cette session, Briot se fit remarquer par une opinion dans laquelle il se porta accusateur du ministre Talleyrand. Ce fut à la suite de cette opinion, qu'il s'engageait à soutenir légalement, que ce ministre donna sa démission. Briot défendit aussi avec un grand talent la liberté de la presse, cause toujours perdue et toujours reproduite, sans laquelle aucun peuple ne peut se flatter d'avoir la liberté ; cause à jamais sacrée, parce qu'elle est devenue nécessaire, indispensable à la société nouvelle. Ce fut après, que Briot dénonça le ministre Fouché, et apprit le premier à la France, dans une lettre qu'il écrivit à Baudin des Ardennes, que les cruautés attribuées, à Lyon, à Collot-d'Herbois, appartenaient toutes à Fouché ; cette lettre fut publiée avec toutes les preuves de cette assertion, qui resta sans réplique, et malheureusement sans souvenir. L'époque de cette importante publication est remarquable ; peu de jours après, le général Bonaparte aborda à Fréjus, revenant d'Égypte. Cependant l'attaque était si directe contre Fouché, qu'elle lui imposa la nécessité de se rapprocher de Briot. Il y eut une négociation conditionnelle, qui explique la protection que Fouché accorda, après le 18 brumaire, à Briot, qui fut un des plus ardens antagonistes de cette révolution. Toutefois il se montrait de jour en jour plus opposé au directoire, qui chercha vainement tous les moyens de le dépopulariser ; Briot contribua puissamment, par la publication d'une autre lettre au député Bailleul, dès l'ouverture de la séance du 28 prairial, à la journée du 30, qui renversa Merlin, Rewbell et Laréveillère-Lepaux. Ce jour, il fallait vaincre, ou partir pour le désert pestilentiel de Sinnamari, genre de mort lent et cruel, que le directoire avait adopté. Dans les premiers jours de juin, Briot parla avec indignation des dilapidateurs, et y comprit Schérer. Il reprocha aux directeurs d'entourer d'espions les membres de la représentation nationale, et demanda la responsabilité des ministres, que l'on demande encore aujourd'hui. Le 26 juillet, il appuya la suppression du mot *anarchie* dans la formule du serment à prêter par les députés, et ajouta qu'il ne voulait pas rechercher si une haine profonde pour le régime de la terreur, ne provenait pas de la haine pour la république. Le 2 août, il présenta trois mémoires sur les malheurs de l'armée d'Italie, et fit décréter un message au directoire, pour connaître le résultat des poursuites ordonnées contre le général en chef Schérer et contre le commissaire Rapinat. Peu de jours après, il dénonça à l'assemblée le danger d'une conspiration royaliste, et déclara que les républicains sauraient bien sauver la patrie. Dans les séances suivantes, il récapitula toutes les causes des malheurs de la France, lut à l'assemblée une lettre de l'accusateur public du département du Doubs, relative aux trames des royalistes, attaqua vivement la conduite de l'ancien directoire, lui reprocha avec justice la honteuse cession de la ville de Venise à l'Autriche, stipulée dans le traité de Campo-Formio ; le sacrifice de cet état républicain à une domination despotique; enfin le départ du général Bonaparte pour l'Égypte, départ où il reconnaissait toute l'influence du ministre Pitt : « Le génie de Bonaparte, » dit Briot, effrayait à la fois l'Angle-» terre et les anciens directeurs. » Aux approches du 18 brumaire, l'esprit républicain de Briot se révolta contre une telle entreprise; il la dénonça ainsi au conseil des cinq-cents : « Il se prépare un coup » d'état : on veut livrer la répu-»blique à ses ennemis : peut-être » les *directeurs* des calamités pu-»bliques ont-ils un traité dans u-» ne poche et une constitution » dans l'autre. Si l'acte que je viens » d'annoncer se consomme, si le » corps-législatif est comprimé, il » faut que le peuple se lève et se »sauve lui-même. » Il demanda ensuite l'appel nominal sur la proposition de déclarer la patrie en danger. Briot persista courageusement dans son opposition républicaine, à la séance du 18 : il avait juré la constitution; ce jour-là il remplit tout son serment, et il dut tomber avec elle. Ce ne fut pas sa faute, si le général Bonaparte ne fut pas arrêté et fusillé à Saint-Cloud. Aussi Briot fut-il un des vingt-deux condamnés dans cette journée. Mais Bonaparte, qui le connaissait, le classa parmi ceux qui ne furent déportés qu'à l'île de Rhé. Peu de temps après, Briot dut à l'amitié de Lucien Bonaparte d'être nommé secrétaire-général du département du Doubs, et fut ensuite envoyé à l'île d'Elbe, en qualité de commissaire du gouvernement. Mais une intrigue le fit rappeler. Ce rappel était injuste, et il déclara au premier consul que s'il n'était pas renvoyé à l'île d'Elbe, il cesserait de servir. Bonaparte lui rendit sa place; c'était à l'époque où il prévoyait la rupture du traité d'Amiens. Briot était en guerre ouverte avec le général Rusca, gouverneur de l'île, et renouvelait sans cesse l'offre de sa démission. Le premier consul voulut rétablir la paix entre les deux premiers fonctionnaires, et chargea de cette mission un aide-de-camp du ministre de la guerre. Briot fut inflexible, et répondit à cet envoyé : « Dites au premier consul » que tant que je serai vivant à » l'île d'Elbe, elle n'appartiendra » ni aux Anglais ni au général » Rusca ; et que, puisque le géné-» ral Bonaparte est obligé à des » ménagemens avec ses généraux, » je donne de nouveau ma démis-» sion. » Peu de temps après, étant de retour à Paris, il fut nommé à une direction des droits-réunis, qu'il refusa, et persista à demander justice contre le général Rusca, qui en effet fut destitué. L'empire était établi. Briot, toujours républicain, averti qu'il était l'objet d'une surveillance spéciale, en raison de ses opinions et de l'affection particulière qu'il portait hautement à Lucien, demanda un passe-port, et se rendit à Naples. Il y fut nommé, par le roi Joseph, intendant des Abruzzes, et ensuite des Calabres. Sous le roi Joachim, Briot fut nommé conseiller-d'état, peu après la belle résistance qu'il dirigea, en Calabre, contre l'invasion anglaise, en 1809. Toujours Français, il refusa constamment d'obéir au décret de Joachim qui prescrivait la naturalisation aux Français employés dans le royaume. Ce décret fut bientôt annulé par l'empereur. En 1814, le roi eut l'idée impolitique d'ordonner de nouveau cette mesure. Ce malheureux prince était déjà dans les mains de ceux qui devaient le perdre. Briot opposa de nouveau à cette injonction toute la fermeté de sa résolution ; et, dans une séance du conseil-d'état, présidée par le roi lui-même, il émit à ce sujet une opinion qui fit une sensation profonde. Le moment de servir Joachim, en servant contre la France, était arrivé pour les Français de Naples. La presque totalité refusa. Briot et sa famille en donnèrent l'exemple. Devenu libre par le traité de paix générale de 1814, il reprit sa place au conseil-d'état. Mais, à l'ouverture de la dernière campagne de Joachim, Briot la désapprouva hautement, par le même sentiment qui l'avait toujours attaché aux intérêts de ce prince, et il refusa de le suivre à son quartier-général. Cependant il lui resta fidèle, et ne revint en France qu'après que le roi et sa famille eurent quitté le royaume. Pendant son séjour à Naples, Briot avait refusé, sous le dernier règne, une place plus importante que celle de conseiller-d'état ; et, toujours attaché aux principes d'égalité qui avaient signalé en France sa vie politique, il avait refusé des titres de noblesse et toute décoration. Absent alors de France, Briot était parfaitement étranger aux événemens des *cent jours ;* et malgré cette conduite, il n'a pas été à l'abri de quelques persécutions de la part de la faction aristocratique, son ancienne ennemie. Il lui a opposé, pour défense, la franchise et la fermeté de son noble caractère. Depuis cette époque, Briot s'est exclusivement occupé d'agriculture et de théories relatives à l'établissement des associations industrielles. Il a publié divers écrits politiques, un traité élémentaire de littérature, un de législation, et quelques brochures sur l'économie politique. Il possède en portefeuille des mémoires très-intéressans sur sa mission législative, et sur le 18 brumaire, ainsi que des documens importans sur le royaume de Naples, et les événemens dont il a été témoin dans ce pays.

BRISSAC (Louis-Hercule-Timoléon de Cossé, duc de), capitaine-colonel des cent-suisses, gouverneur de Paris, pair de France, etc., etc., fut, en 1791, nommé commandant de la garde constitutionnelle du roi. Décrété d'accusation, lors du licenciement de ce corps, comme ennemi de la constitution, il fut envoyé dans les prisons d'Orléans, et périt dans le transport des prisonniers de cette ville à Versailles, où ils avaient été conduits par les Marseillais. Le duc de Brissac se défendit longtemps, et ce ne fut qu'après avoir reçu plusieurs blessures qu'il succomba sous les coups des assassins. Delille, dans le 3.ᵐᵉ chant du poëme de *la Pitié,* a célébré ses vertus et sa mort. C'était un homme de peu d'esprit, mais d'un grand courage, d'une loyauté et d'une constance inébranlables. Il avait été l'un des courtisans les plus assidus de Mᵐᵉ du Barry, au temps de sa faveur. Les consolations qu'il n'a cessé de lui prodiguer dans sa disgrâce, sans s'inquiéter du mécontentement de la cour, sont honorables dans un courtisan qu'on avait pu croire uniquement dévoué à la favorite; et concilient l'estime publique à une liaison qui n'avait pas d'abord été généralement approuvée. La fidélité était là du courage; cette vertu, qualité dominante dans le caractère du duc de Brissac, se manifesta avec plus d'éclat encore par le dévouement avec lequel, dans les circonstances les plus périlleuses de la révolution, il servit Louis XVI qui l'avait jugé d'abord un peu sévèrement.

BRISSAC (Timoléon de Cossé, duc de), de la même famille que le précédent, ne commença à paraître que sous le gouvernement impérial, d'abord comme chambellan de *Madame*, mère de l'empereur; puis en 1809, comme préfet du département de Marengo. Dans ces dernières fonctions, il acquit la réputation d'un bon administrateur. Préfet du Doubs depuis 1812, il se distingua, en 1813, par son patriotisme, dans la mesure de défense qu'il prit contre l'invasion des puissances du Nord. En 1814, M. de Brissac ayant été un des premiers à adhérer à la déchéance de l'empereur, il fut nommé pair de France par le roi; et comme il ne fit point partie de la chambre des pairs pendant les *cent jours*, il fut du nombre des pairs réintégrés ou confirmés après la seconde restauration. En septembre 1815, il présida le collége électoral du département du Bas-Rhin. Dans les sessions de la chambre des pairs, il s'est constamment montré partisan des anciennes institutions, et ne s'est plus souvent que de la noble exception sociale dont il fait partie.

BRISSON (Mathurin-Jacques), physicien, censeur royal, membre de l'académie des sciences et de l'institut, descendait de *Barnabé Brisson*, président à mortier au parlement de Paris, pendu par les *seize* en 1591. Il naquit, le 30 avril 1723, à Fontenay-le-Comte, en Poitou (Vendée). Il étudia de bonne heure la physique et l'histoire naturelle, sous la direction du savant Réaumur, qui l'admit peu après à partager ses travaux, et les soins d'un cabinet bien précieux pour ces deux sciences. A la mort du célèbre abbé Nollet, arrivée en 1770, Brisson, qui était devenu son élève et bientôt son ami, le remplaça, soit pour professer la physique expérimentale au collége de Navarre, soit pour enseigner la physique et l'histoire naturelle aux enfans de France. Plus tard, le gouvernement le chargea d'armer de paratonnerres les principaux édifices publics, et de s'assurer si les autres physiciens, qui avaient déjà établi plusieurs de ces appareils, avaient exécuté leur opération avec la précision convenable. « La dernière fois que Brisson vint avec l'institut aux Tuileries (c'était vers 1805), dit M. Delambre dans l'éloge de ce savant, l'empereur mit la conversation sur le système d'*ossification* de Hérissant, et avança que le dernier degré d'ossification conduisait à la mort. Ah! sire,

» répondit Brisson, en riant, à » chaque instant je sens que je » m'ossifie. » La fin de la longue carrière de Brisson fut marquée par des accidens graves. Quelque temps après avoir été blessé grièvement par un cabriolet, il fut frappé d'une attaque d'apoplexie si violente, qu'elle le priva du jugement, du savoir, et même de la mémoire, au point qu'il oublia tout-à-fait la langue française, et ne pouvait plus prononcer que quelques mots du patois qu'il parlait en Poitou, dans sa première jeunesse. « Ainsi, dit en-» core M. Delambre, après un in-» tervalle de 80 ans, il se trouvait » au point d'où il était parti : ses » derniers jours ont ressemblé aux » premiers. Exempt de trouble » et d'inquiétude, il sortit de la » vie comme il y était entré, sans » crainte, sans espérance, et peut-» être sans trop s'en apercevoir » lui-même. » Il mourut le 23 juin 1806. Les principaux ouvrages de Brisson sont : 1° *Le Règne animal*, divisé en neuf classes, 1756, in-4°, avec figures. Ce tableau de zoologie ne contient que les deux premières classes, les quadrupèdes et les cétacés : Allamand en a donné une traduction latine, Leyde, 1762, in-8°. 2° *Ornithologie, ou Méthode contenant la division des oiseaux en ordres, sections, genres, espèces, et leurs variétés*, latin et français, sur deux colonnes, 1760, Paris, 6 vol. in-4°, avec plus de 220 planches : c'est la troisième classe du système animal. Cette histoire naturelle des oiseaux, contenant la description de 1,500 espèces, et la gravure de 500, dont 320 n'avaient jamais été gravées ni même décrites, était la plus complète avant la publication de celle de Buffon, qui ne lui est pas moins supérieure sous ce rapport, que par le détail des mœurs et par le charme du style. 3° *Dictionnaire raisonné de physique*, 1781, 2 vol, in-4°, avec atlas. Malgré les augmentations considérables que l'auteur fit à la seconde édition publiée en 1800, 4 vol. in-4°, cet ouvrage est resté bien au-dessous des connaissances actuelles dans une science qui a fait en peu de temps des progrès si rapides. 4° *Observations sur les nouvelles découvertes aérostatiques, et sur la probabilité de pouvoir diriger les ballons*, 1784, in-8° et in-4°; 5° *de la Pesanteur spécifique des corps*, 1787, in-4°. C'est le tableau le plus exact et le plus étendu qui existe sur cette matière : les physiciens le considèrent comme un ouvrage classique. 6° *Elémens, ou Principes physico-chimiques, à l'usage des écoles centrales*, 1789 à 1800, 4 vol. in-8°; 7° *Principes élémentaires de l'histoire naturelle et chimique des substances minérales*, 1797, in-8°; 8° *Instruction sur les nouveaux poids et mesures*, an 7 (1799), in-8°; 9° *Instruction sur les nouveaux poids et mesures, comparés aux mesures et poids anciens*, an 8 (1800), in-18, stéréotype. Ce petit traité se recommande par la clarté et la précision. 10° *Système du règne animal, et ordre des oursins de mer*, 1754, 3 vol. in-8°. C'est une traduction du latin de Jacques-Théodore Klein, célèbre naturaliste prussien. 11° *Histoire de l'é-*

lectricité, traduite de l'anglais du docteur Priestley, avec des *notes* critiques, 1771, 3 vol. in-12. « Ja-
»mais traducteur, dit le savant
»que nous avons déjà cité, n'a
»moins mérité le reproche d'ado-
»ration ou d'engouement pour
»son auteur original. Brisson pa-
»raît n'avoir entrepris son travail
»que pour venger Nollet, attaquer
»Franklin, et rabaisser son his-
»torien (Priestley) alors peu con-
»nu. » 12° Enfin, divers *Mémoires* importans, qui ont été imprimés dans les collections de l'académie des sciences et de l'institut. Plusieurs des ouvrages de Brisson ayant été adoptés pour les lycées et les colléges de France, à cause de leur doctrine aussi saine que lumineuse, ont été également admis dans les universités et dans d'autres écoles de l'Italie, de l'Angleterre, de la Hollande, de l'Allemagne et même de la Russie. M. Delambre a lu l'éloge de Brisson à la séance publique de l'institut, du 5 avril 1807.

BRISSON (Mabios) exerça, au commencement de la révolution, quelques fonctions municipales. Après avoir été procureur-syndic du département de Loir-et-Cher, il fut nommé, en septembre 1791, député à l'assemblée législative, et l'année suivante, à la convention nationale. Dans le procès du roi, il vota la mort. Cessant ses fonctions législatives, lors de l'établissement du gouvernement directorial, il fut nommé commissaire du pouvoir exécutif dans son département, puis obtint la place de juge au tribunal de Blois, qu'il a conservée jusqu'à sa mort, arrivée quelques années avant la restauration.

BRISSOT (Jacques-Pierre), né le 1ᵉʳ janvier 1754 au village d'Ouarville près de Chartres. Son père était aubergiste ; cependant sa fortune lui permit de donner à tous ses enfans une excellente éducation. Le jeune Brissot fit de bonnes études ; on l'élevait pour le barreau ; mais il avait reçu de la nature une autre destination. Son goût pour la littérature se déclara de bonne heure ; il s'attacha spécialement à l'étude des langues, étude qui ne semble s'occuper que des mots, mais qui exerce le raisonnement et alimente la pensée ; il se perfectionna dans la langue anglaise, l'une des plus fécondes en chefs-d'œuvre de tous les genres. Brissot, dans ses voyages, donna une forme anglaise au surnom qui le distinguait de ses frères, et au lieu d'Ouarville, il se fit nommer *de Warville*. Il avait quitté l'étude de la procédure, et s'était rendu à Boulogne pour prendre part à la rédaction du *Courrier de l'Europe :* mais la publication de ce journal fut bientôt arbitrairement arrêtée. En 1780, il publia sa *Théorie des lois criminelles* (2 vol. in-8°), ouvrage d'un grand intérêt, surtout à l'époque où il parut, et qui fut favorablement accueilli en France et dans l'étranger. Deux discours qu'il composa sur le même sujet furent couronnés l'année suivante par l'académie de Châlons-sur-Marne. C'est dans l'intérêt de la liberté publique que Brissot étudiait la législation, et relevait les vices de toutes les institutions favorables au despotisme. De 1782

Brissot Conventionel.

à 1786, il publia les dix volumes de la *Bibliothèque philosophique sur les lois criminelles*. Ces recherches et ces travaux ne suffisaient pas à l'activité de son esprit; il s'occupait aussi des sciences naturelles. La métaphysique même, que nous nommons aujourd'hui *idéologie*, eut part à ses méditations. Son ouvrage intitulé : *De la Vérité, ou Méditation sur les moyens de parvenir à la vérité dans toutes les connaissances humaines* (in-8°, 1782), fut bien reçu en Angleterre, et jugé diversement en France. Quelques critiques, d'une bonne foi suspecte, ne lui pardonnèrent pas d'avoir indiqué le témoignage des sens pour moyen général de discerner le vrai. Le continuateur de Fréron le traita même d'*écrivain séditieux*, injure banale que les partisans de l'erreur ont adressée dans tous les temps aux amis de la vérité. Ce fut aussi en 1782, que Brissot entreprit à Londres sa *Correspondance universelle sur ce qui concerne le bonheur des hommes et de la société*. Le but de cet ouvrage périodique était de répandre en France des principes politiques avoués par la raison. Il fut saisi, et cet acte despotique occasiona à l'auteur une perte assez considérable. Son zèle n'en fut point refroidi : son *Tableau des sciences et des arts de l'Angleterre* fut suivi presque immédiatement de celui de la *Situation des Anglais dans les Indes orientales, et de l'état de l'Inde, d'après le rapport du comité de la chambre des communes*, etc. (in-8°, 1784, 1785). Étant revenu en France, Brissot fut mis à la Bastille. On allégua pour motif quelques libelles anonimes dont il n'était pas l'auteur; mais le véritable motif se trouve dans les principes de liberté qu'il professait, et dont le ministère français redoutait la propagation. Ce motif n'était pas avoué; aussi Brissot ayant démontré qu'on lui attribuait faussement les écrits qui servaient de prétexte à sa détention, il fut mis en liberté. On lui fit promettre d'abandonner le *Journal des lycées de Londres*, et le lycée même qu'il voulait établir à Paris, pour mettre en rapport les savans, et surtout les publicistes des diverses parties de l'Europe. Ces vexations multipliées ne firent qu'ajouter à son aversion pour l'arbitraire. Dès 1785, à l'occasion des mouvemens de la Valachie, il publia deux lettres à Joseph II, sur *le droit d'émigration*, et sur *le droit d'insurrection*. Il prétendait que les peuples qui ne jouissent d'aucun droit, ne sont liés par aucun devoir envers leurs oppresseurs, et qu'en conséquence les habitans de la Valachie avaient le droit de se soustraire au joug ignominieux des Turcs. Chaque année, Brissot faisait paraître un nouvel ouvrage; athlète infatigable, il ne cessait de combattre en faveur de la raison. En 1786, il publia ses *Lettres philosophiques sur l'histoire d'Angleterre* (2 vol. in-8°), et un *Examen du Voyage du marquis de Chastellux, dans l'Amérique septentrionale* (1 vol. in-8°). Cet examen était une déclaration de guerre contre l'aristocratie. L'affranchissement de la patrie de Washington, modifia l'opinion de Brissot sur la constitution de l'Angleterre; il lui préférait hautement la constitution fédérale, et les constitutions particulières des États-Unis. Il publia, en 1787, un ouvrage sous le titre : *De la France et des États-Unis, ou de l'Importance de la révolution de l'Amérique pour le bonheur de la France* (1 vol. in-8°). Cette production, généralement estimée, fut traduite en anglais, et il s'en fit plusieurs éditions, soit à Londres, soit dans les États-Unis. Ce fut vers cette époque que s'organisa la *Société des amis des Noirs*, dont il fut l'un des fondateurs et l'un des membres les plus actifs. Il n'a cessé de réclamer l'émancipation des malheureux Africains, et l'abolition de la traite. On lui attribua dans le temps une brochure sans nom, ayant pour titre : *Point de banqueroute, ou Lettre à un créancier de l'état*. Mais quelques personnes, dont l'autorité est respectable, en font honneur à Clavière. Quoi qu'il en soit, elle était dirigée contre les intentions qu'on supposait à l'archevêque de Sens (Loménie), et elle valut une lettre-de-cachet à celui qui en était regardé comme l'auteur. Brissot se réfugia en Angleterre, d'où il passa bientôt aux États-Unis. Il songeait à s'établir dans cette naissante république, assez peu civilisée pour ne pas confier à des prêtres le soin de son gouvernement, et pour ignorer les lettres-de-cachet, lorsque les événemens de 1789 rappelèrent l'écrivain fugitif dans sa patrie. Peu après son arrivée, il publia un *Plan de conduite pour les députés du peuple*. Nommé membre du premier conseil municipal de la ville de Paris, le 14 juillet, il reçut en cette qualité les clefs de la Bastille. Il fut dans la suite président du comité des recherches de cette même municipalité; place qui lui suscita de dangereuses et violentes inimitiés. Il avait entrepris, au commencement de la révolution, un journal intitulé : *Le Patriote français*. Ce journal, consacré au développement et à la défense des principes de la liberté, ne s'écarta jamais de son but, et resta constamment fidèle à la cause nationale. L'auteur, malgré les accusations mensongères de ses ennemis, était respecté comme un homme rempli de lumières, de probité et de patriotisme. Lorsque l'assemblée constituante eut terminé ses travaux, et qu'il fut question d'élire les députés à l'assemblée législative, Brissot fut désigné candidat, et obtint les suffrages des électeurs de Paris. Ici commence pour lui une carrière toujours pénible et souvent glorieuse : par la nature de ses principes et par son caractère, il se trouva dans le rang des hommes qui regardaient l'émigration et les tentatives des réfugiés de Coblentz pour soulever l'Europe contre leur patrie, comme un crime digne de la vengeance des lois. Convaincu que les ministres de Louis XVI conspiraient, sans doute en le trompant, contre les droits de la nation, et qu'il existait dans l'intérieur une faction toujours prête à renverser les nouvelles institutions, il combattit les divers ministères, jusqu'à celui de Roland. Cependant, la première coalition était formée; elle paraissait inévitable, et il ne voulait pas que la France fût prise au dépourvu. Le discours qu'il prononça à ce sujet est très-distingué par l'énergie et par l'étendue des vues politiques. Il est remarquable que Robespierre s'éleva hautement contre la proposition de Brissot; ce fut là le premier acte d'une hostilité, que la mort seule put satisfaire. Brissot s'était lui-même séparé, ainsi que le parti connu sous le nom de *girondin*, des constitutionnels, dont M. de La Fayette était le chef, et qui voulaient maintenir la monarchie sur les bases posées par l'assemblée constituante. Ceux-ci pressentaient les sanglantes catastrophes qui devaient suivre le renversement de la constitution. Les girondins, plus confians ou plus aveugles, se reposaient sur la sincérité de leur patriotisme, sur la pureté de leurs intentions, et ne voyaient pas que la génération, d'abord élevée sous le despotisme et corrompue par l'aristocratie, ne pouvait encore distinguer la liberté de la licence. Ils croyaient la république possible, et ils ont été peut-être les seuls véritables républicains. Ainsi disposés, ils applaudirent à la journée du 10 août, dont ils étaient loin de prévoir toutes les conséquences. Brissot avait été nommé membre de la convention par le département d'Eure-et-Loir. Les crimes de septembre lui inspirèrent, ainsi qu'à ses amis, une juste horreur; et il ne cessa de provoquer contre leurs auteurs la sévérité des lois. Ce fut à cette époque que la convention se trouva partagée entre les jacobins et les girondins, qui protestaient également de leur attachement à la république, et qui s'accusaient tour à tour de vouloir la renverser. Brissot se distingua dans cette lutte par sa fermeté, et l'ascendant que lui donnaient sa réputation de publiciste et son talent d'écrivain. Il faut avouer que le parti de la Gironde, supérieur à ses adversaires par l'éloquence de la tribune et le respect des lois, ne l'égalait ni en audace, ni en activité, ni en prévoyance. Un mouvement terrible était imprimé à la nation; ceux qui voulaient le ralentir, devaient succomber devant les hommes qui s'efforçaient d'en accroître la rapidité. Nulle transaction ne pouvait alors être possible, entre un passé irrévocable et un présent qui venait d'éclore au milieu des tempêtes. Les girondins parlaient d'humanité et de justice: les jacobins invoquaient les passions, et faisaient de la vengeance une divinité populaire; leur triomphe était assuré. Ils forcèrent les girondins de donner à la révolution ce qu'ils regardaient comme sa plus forte garantie, le supplice d'un roi. C'était un abîme entre la république et l'Europe monarchique. La Gironde recula un moment devant cette effrayante perspective; mais elle fut entraînée, soit par la force des choses, soit par sa propre faiblesse, et le malheureux Louis XVI fut la victime dévouée aux dieux infernaux. Brissot vota l'appel au peuple; cette mesure une fois rejetée, il s'abandonna à sa destinée et vota la mort. Cependant, les inimitiés qui existaient contre lui devenaient de jour en jour plus vives. Un de ses collègues, nommé Gasparin, le dénonça comme royaliste; cette accusation absurde fut aisément repoussée, et Brissot ne perdit point la confiance de son parti. Ce parti était en majorité; mais il se laissait éblouir par des succès de tribune, et semblait ne pas s'apercevoir des progrès et de la consistance du parti qui siégeait à la partie la plus élevée de la salle de la convention, et qui fut désigné sous le nom de *la Montagne*. Brissot s'occupait de la situation de la république, relativement aux puissances étrangères. Il fit le rapport sur les actes d'hostilité que l'Angleterre avait commis contre la France, ce qui entraîna la déclaration de guerre contre cette puissance et contre la Hollande. Ses professions de foi républicaines, ses rapports, ses discours où respirait le plus ardent patriotisme, rien n'affaiblissait la haine de ses ennemis. On lui attribuait faussement une lettre écrite à l'ancien intendant de la liste civile; on dénonçait comme criminelles ses anciennes liaisons avec Dumouriez, et même avec M. de La Fayette. Les deux partis, toujours en présence, en étaient venus à un tel point d'exaspération, qu'un déchirement devenait inévitable. Les jacobins, battus à la tribune, s'assuraient des masses, et préparaient une journée décisive. Elle arriva le 31 mai, et ce fut pour la première fois que, dans le sein de l'assemblée, la force matérielle créa le pouvoir d'un parti. Dès lors, il fut aisé de prévoir le règne de la terreur, et l'ajournement indéfini de la vraie liberté. Le 2 juin 1793, un décret d'arrestation fut lancé contre Brissot. Il restait calme, et ne voulait rien faire pour éviter la mort à laquelle il était résigné depuis long-temps. Il fallut les plus vives instances de l'amitié, pour qu'il se décidât à se diriger vers la Suisse, muni d'un passe-port de négociant. Arrêté à Moulins, il écrivit à la convention bien plus pour manifester ses sentimens, que dans l'espoir de la justice. Sa fermeté ne se démentit pas un seul moment. Ramené à Paris, détenu à la Force, décrété d'accusation le 3 octobre, il fut traduit, ainsi que vingt de ses collègues, devant le tribunal révolutionnaire. La haine, la vengeance, la proscription, présidaient à ce tribunal de sang, devant lequel toute défense était illusoire, toute justice était méconnue. Brissot parla avec une tranquillité remarquable, et beaucoup d'élévation. La sérénité de son front ne fut altérée ni quand il entendit son arrêt, ni aux approches du supplice. Il témoigna seulement le regret d'avoir commis quelques erreurs dans sa carrière politique, et de laisser sa famille dans le dénûment. Il était âgé de 40 ans lorsqu'il périt. Brissot fut encore calomnié après sa mort; mais en l'an 4, le conseil des cinq-cents prit une résolution solennelle qui vengea sa mémoire, et qui est la plus forte réponse qui puisse être faite à ses détracteurs. Cette assemblée, sur le rapport de Bailleul, accorda à la veuve de Brissot un secours annuel de 2,000 livres. Brissot aimait sincèrement la liberté: toutes ses pensées, tous ses efforts, tendaient à l'établir en France; mais n'étant averti par aucune expérience, il se livra, comme tant d'autres, à de séduisantes illusions qui ne devaient point se réaliser. Il voulait la république: utopie des âmes fortes, et que la corruption de la vieille Europe ne permettra peut-être jamais. Heureux s'il n'eût point quitté le nouveau-monde, s'il fût resté citoyen de cette grande et vraie république, où la liberté, qui est dans les mœurs comme dans les lois, s'appuie sur l'intérêt de tous, sur la justice, la raison et l'humanité!

BRISSOT-THIVARS (Louis-Saturnin), neveu du précédent, est né en 1792. Il a fait en qualité de payeur la campagne de Russie. Pendant les *cent jours*, il a organisé à Rouen une compagnie de gardes nationales à cheval. Après la seconde restauration, son père, qui était payeur-général dans cette ville, fut destitué. Pour lui, il fut obligé de quitter la France en 1816. Réfugié à Bruxelles, il travailla au *Mercure surveillant*, puis au *Libéral*, et il fonda ensuite le *Constitutionnel* d'Anvers. Le gouvernement des Pays Bas avait pris un arrêté qui imposait sur les bâtimens arrivant dans l'Escaut, des droits onéreux qu'on ne payait pas dans les ports de la Hollande. Le commerce de la Belgique, et particulièrement celui d'Anvers, firent à ce sujet de vives réclamations, qui furent d'abord repoussées. M. Brissot-Thivars embrassa la cause des Belges, et parvint à faire rapporter cet arrêté. Peu de temps après, un négociant étant mort dans les prisons, victime des violences que la régie des impôts indirects lui avait fait éprouver, M. Brissot-Thivars prit de nouveau la défense du commerce. Alors il lui fut enjoint de quitter les Pays-Bas. Il y resta caché pendant sept à huit mois, continuant à écrire dans le *Constitutionnel* d'Anvers; mais les recherches devenant plus actives, il rentra en France. Lorsqu'on imagina qu'un coup de pistolet avait été tiré sur le général Wellington, M. Brissot-Thivars fut arrêté et mis en jugement, comme atteint et convaincu d'avoir publié une brochure dans laquelle il avait abordé le premier la question du rappel des *bannis*. Il rédigea ensuite, de concert avec M. Chatelain, auteur du *Paysan et du Gentilhomme*, le *nouvel Homme gris*, feuille périodique qui eut beaucoup de succès. Il est maintenant à la tête d'un établissement connu sous le nom de librairie constitutionnelle. On a de lui: le *Guide électoral*, ou biographie politique et législative des députés, depuis 1814 jusqu'en 1819 inclusivement, 2 vol. in-8°, première et deuxième années.

BRIZARD (Jean-Baptiste, Britard dit), l'un des meilleurs acteurs tragiques dont s'honore le théâtre français, fut d'abord peintre; il était élève de Carle Vanloo. Mais il abandonna bientôt la peinture pour cultiver l'art théâtral. Un événement malheureux dont il faillit être victime, fit une grande impression sur son esprit. Il voyageait sur le Rhône:

la petite barque qui le portait chavira ; il saisit un anneau de fer des piles du pont, resta ainsi suspendu en attendant du secours, et sa frayeur fut telle, que ses cheveux blanchirent long-temps avant l'âge. Ces cheveux blancs, qui ajoutaient à l'expression d'une figure noble, calme et mélancolique, portèrent souvent à un haut degré l'illusion de la scène. De l'intelligence, plus de pathétique que de chaleur peut-être, mais toujours de la dignité, mais toujours l'expression noble et simple des affections tendres ; tels sont à peu près les caractères de cet acteur qui remplaça le fameux Sarazin et qui le fit oublier. Le vieil Horace de Corneille, le roi Léar de Ducis, et Henri IV, dans la *Partie de chasse*, de Collé, étaient ses triomphes. Brizard, qui était né à Orléans, le 7 avril 1721, mourut à Paris, le 30 janvier 1791. Ducis, dont il avait senti et si bien fait sentir le génie, en parle ainsi dans une note insérée dans la *Gazette de France*, le 11 octobre 1814. « Brizard, acteur célèbre, homme simple et touchant de bonté, bon mari, bon père, bon citoyen. C'était, sur la scène, le vieil Horace, don Diègue, Burrhus et Narbas vivans. La nature lui avait accordé une heureuse et noble figure, la tête la plus paternelle, ornée de bonne heure des plus beaux cheveux blancs. Quand il disait, dans le Roi Léar : *Je fus père*, on fondait en larmes. Je le tiens de La Harpe. On disait dans Paris : *Allons voir le roi Brizard*. Quand il criait : *Mes enfans!* dans Montaigu ; *Cythéron!* dans OEdipe ; *Les ingrats!* dans Léar ; il déchirait l'âme. » Il n'y a rien à ajouter à cet éloge.

BRIZARD (GABRIEL), s'est fait passer pour abbé, et a profité sans scrupule des avantages du petit-collet, à une époque où ce costume conduisait à tout. Les ecclésiastiques ne lui reprochèrent point cet envahissement de leurs droits, sans doute en faveur d'un beau traité historique où il s'efforça d'excuser l'horrible journée de la Saint-Barthélemy. Brizard, au lieu d'imiter ce bon abbé de Caveyrac qui avait franchement soutenu la légalité du massacre, en rejeta perfidement le blâme et la honte sur l'esprit du siècle, l'influence des étrangers, et ce qu'il appelle le *Délire universel de l'Europe*. Son ouvrage (Paris, 1790, deux parties in-8°) fut publié très-peu de temps après la représentation de *Charles IX*, de Chénier. Une telle insulte aux opinions qui régnaient alors, et à toute vérité historique, ne fut cependant suivie, et il faut le dire à la louange des hommes de cette époque si souvent calomniés, d'aucune persécution et d'aucune vengeance. D'abord attaché au parti philosophique, Brizard avait vécu dans la société des gens de lettres, qui dirigeaient ou suivaient dans sa marche rapide la révolution naissante. Un éloge hardi et spirituel de l'abbé de Mably, éloge qui partagea, avec celui de Lévêque, le prix décerné par l'académie des belles-lettres, avait mis le sceau à sa réputation littéraire que plusieurs bons ouvrages avaient commencée. Le fameux généalogiste et juge d'armes d'Hozier de Sériguy, a composé un petit ouvrage tout exprès pour prouver que l'*Histoire généalogique de la maison de Beaumont, en Dauphiné*, par Brizard (Paris, de l'imprimerie du cabinet du roi, 2 vol. in-fol.), est « l'un des meilleurs ou- » vrages historiques que possède » la littérature moderne. » Quelque imposante que soit une telle autorité, il est permis de croire qu'un style assez pur et une marche sage ne suffisent pas pour constituer un chef-d'œuvre historique. La force de la pensée, l'intérêt puissant de l'action, et le choix du sujet, sont aussi nécessaires ; et les annales de quelques évêques et de quelques intendans de provinces étaient peu faites pour inspirer l'intérêt et soutenir l'attention. Parmi les autres ouvrages de Brizard, on distingue *deux lettres* adressées aux notables (1787) ; une *Notice sur l'abbé de Saint-Non*, et une *Analyse du Voyage de Sicile et de Naples*, dont ce dernier était auteur (1787) ; une dissertation fort curieuse sur l'*Amour de Henri IV pour les lettres* (1785), et un *Éloge de Charles V, roi de France* (1768). Peu d'énergie dans l'âme et dans la pensée, a laissé une trace de mollesse et de langueur dans les écrits de Brizard, qui cependant cherchait assez souvent l'effet académique, et trouvait quelquefois, si ce n'est la beauté, du moins l'éclat de l'expression. Son éloge de Mably commence d'une manière singulière : « Non, » notre siècle n'est point la lie des » siècles, etc., etc. » Plutôt rhéteur qu'éloquent, Brizard se trouve déjà confondu parmi les écrivains dont les recueils biographiques garderont seuls le souvenir. Il naquit vers 1730, et mourut en 1793.

BRIZÉ-FRADIN, né en 1767, à Liége, est auteur de la *Loi physique appliquée à l'artillerie de la marine*, in-8° (1811), et de la *Chimie pneumatique appliquée aux travaux sous l'eau*, in-8° (1811). Dans ce dernier ouvrage, il indique le moyen de secourir les personnes submergées sous la glace.

BRO (Louis), officier de la légion-d'honneur, né à Paris, le 17 août 1781, est fils d'un notaire de cette ville. A l'âge de 16 ans, il s'embarque à Toulon pour rejoindre l'expédition d'Égypte, mais les croisières anglaises le forcent de rentrer. Il s'engage comme simple hussard (1er régiment), et part avec l'expédition de Saint-Domingue, sous les ordres du général Leclerc. Il était lieutenant, lorsqu'il fut pris le 7 frimaire an 12, par les Anglais, à l'évacuation du Cap, et renvoyé en France par suite de blessures graves. Il fait les campagnes d'Autriche en 1805, et de Prusse et de Pologne, en 1806 et 1807. Capitaine aide-de-camp du maréchal Augereau, il passe, après la bataille d'Eylau, au 7me de hussards, et fait les campagnes de Friedland et de Wagram. Blessé à cette dernière bataille, il devient, en 1811, chef d'escadron au 7me de hussards, pour être employé comme capitaine aux chasseurs à cheval de la garde à la grande-armée, dont il partage les travaux en 1812 et en 1813. Nommé major, il commande successivement divers corps de cavalerie, notamment sous le général Pajol au combat de Montereau, où il est nommé officier de la légion d'honneur. Colonel par décret du 5 avril 1814 daté de Fontainebleau, il prend, en cette qualité, le 26 avril 1815, le commandement du 4ᵐᵉ de lanciers. Grièvement blessé de plusieurs coups de sabre, en attaquant la gauche anglaise, le 18 juin, il est forcé de remettre ce commandement; le 9 juillet, il passe la Loire, et est licencié avec l'armée. Il est aujourd'hui en non activité, et ne touche que le traitement de lieutenant-colonel.

BROCCHI (JEAN-BAPTISTE), savant géologue et minéralogiste italien, fut nommé inspecteur des mines du royaume d'Italie. Il est auteur de plusieurs ouvrages, parmi lesquels on distingue son *Traité sur les mines de fer du département de la Mella* (le Bressan); son mémoire *Sulla Valle di Fassa*, (en Tyrol) qui, par les matières renfermées dans son sol, présente à l'étude de la géologie et de la minéralogie des avantages précieux; cette partie du Tyrol se trouvait réunie au royaume d'Italie, à l'époque où parut l'ouvrage, en 1811. A la suite de quelques autres opuscules, M. Brocchi a publié, en 1814: *Conchigliologia fossile subapennina con osservazioni geologiche sugli Apennini e sul suolo adjacente*, Milan, 2 vol. in-4°.

BROCHANT DE VILLIERS (A. J. M.), minéralogiste distingué, membre de l'institut, et ingénieur des mines, est né à Paris vers 1774. Après avoir été élève de l'école des mines, il voyagea en Allemagne en 1797 et 1798, et acheva ses études dans cette science, à Freyberg en Saxe, sous le célèbre géologue Werner. Vers 1804, il fut nommé professeur à l'école des mines de Pezai, et en 1815, à celle de Paris. L'année suivante, l'institut l'appela dans son sein, pour remplir la place vacante, par la mort du minéralogiste Duhamel, à l'académie des sciences, section de minéralogie. Les principaux ouvrages de M. Brochant sont: 1° *Traité élémentaire de minéralogie*, suivant les principes du professeur Werner, 1801 et 1802, 2 vol. in-8°, et 1808, deuxième édition. Ce livre est cité très-honorablement dans le rapport fait à l'institut sur les progrès des sciences, au nom de la classe des sciences mathématiques et physiques. 2° *Description géologique de la Tarantaise*, en Savoie; 3° *Mémoire sur les Gypses de transition*. Ce mémoire a été lu à l'institut, lors de la candidature de M. Brochant. 4° Enfin il est le rédacteur en chef du *Journal des mines*.

BROCHET (J. E.), ancien juré au tribunal révolutionnaire, était, avant la révolution, dans les gardes de la connétablie. Membre du club des cordeliers, il y fut l'un des plus ardens apologistes de Marat; dans l'excès de son zèle, il parodia, en l'honneur de ce misérable, quelques hymnes religieux, et obtint du garde-meuble un vase d'assez grand prix pour y déposer son cœur. Brochet fit dans le même club la proposition de demander un décret d'accusation contre Brissot, et donna, lors du jugement d'Hébert, des renseignemens qui incriminaient fortement cet accusé. Il s'attacha à la cause de Robespierre. Après le 9 thermidor Brochet fut incarcéré; cependant il recouvra la liberté quelque temps après. Arrêté de nouveau sur la demande de sa section, il ne redevint libre qu'à l'époque du 13 vendémiaire. A la suite de l'explosion de la machine infernale, dirigée contre la personne du premier consul, les jacobins ayant été d'abord soupçonnés de cet attentat, Brochet fut compris dans la mesure de déportation ordonnée par un sénatus-consulte; il était alors marchand épicier. Arrêté et conduit à Oléron, il fut embarqué pour les îles Séchelles, d'où le bruit de sa mort se répandit; cependant, en 1815, sa présence à Paris a démenti cette nouvelle.

BROCKELSBY (RICHARD), médecin anglais. Il ne s'est pas élevé jusqu'à ces grands systèmes, qui donnent à la science une face nouvelle; mais il a éclairci quelques détails, et placé quelques jalons utiles. Né en 1722, dans le comté de Sommerset, il étudia d'abord à Édimbourg, passa en Hollande, et reçut à Leyde des leçons du docteur Gaubius; il soutint en latin, en 1745, une thèse *sur la Salive saine et maladive* (Leyde, 1745). Il revint à Londres, et fut nommé, en 1758, médecin de l'armée anglaise, qu'il suivit dans la guerre de *sept-ans*. De retour dans son pays, il y exerça avec succès sa profession, et mourut en 1797. Outre plusieurs mémoires curieux, insérés dans les *transactions philosophiques*, sur *l'Eau de Selts*, sur *le Poison des Indiens*, sur la *Musique des anciens*, si mal connue et si vantée, il a donné un *Essai sur la Mortalité des bêtes à cornes*, in-8° (1746), et des *Observations médicales et économiques, depuis 1738 jusques en 1763, tendant à la réforme et à l'amélioration des hôpitaux*, in-8°, 1764.

BROGLIE (VICTOR-FRANÇOIS, DUC DE), était issu d'une des plus illustres familles du Piémont, une des sept qui fondèrent la ville et république de Chiery, célèbre dans les guerres d'Italie des 13me et 14me siècles. Né le 19 octobre 1718, il suivit son père sous le nom de comte de Broglie dans la guerre de 1733; et quoiqu'il eût à peine 15 ans, il se signala au siège de Pizighitone, et ensuite aux affaires sanglantes de Parme et de Guastalla. Dépêché pour porter au roi l'annonce du gain de cette dernière bataille, il fut fait colonel du régiment de Luxembourg, n'ayant pas encore 16 ans accomplis, et continua à servir en cette qualité jusqu'à la fin de la guerre d'Italie, qui fut terminée l'année suivante. La guerre ayant recommencé en 1741, le comte de Broglie entra en Allemagne à la tête du régiment de Luxembourg, et servit d'abord sous le lieutenant-général comte de Gassion, et commanda les troupes qui enlevèrent Prague à l'escalade. Cette importante et audacieuse entreprise lui fit le plus grand honneur. Pendant l'hiver qui sépara la campagne de 1741 et celle de 1742, le comte de Broglie commanda un fort détachement de grenadiers dans un corps destiné à établir une communication entre l'armée française et celle du roi de Prusse. Il fut employé ensuite au siége d'Égra, et contribua par son activité à la reddition de cette place, qui rouvrait la communication entre la France et l'armée de Bohême. Le comte de Broglie fut chargé d'en apporter la nouvelle, et fut nommé brigadier des armées du roi. Il continua de servir dans cette armée pendant la campagne de 1742, et y reçut deux blessures. Vers la fin de cette année il passa avec le maréchal, son père, en Bavière, et servit comme major-général de l'armée qui défendait cet électorat. Au printemps de 1743, il servit avec distinction dans l'honorable retraite à laquelle fut forcée cette armée par la supériorité de l'ennemi, et le défaut de secours de la part de la cour de France. Nous croyons devoir faire ici une remarque qui appartient à l'histoire. Le maréchal de Broglie avait successivement envoyé un grand nombre de courriers pour avertir de l'extrême détresse dans laquelle il se trouvait, et de l'impossibilité dans laquelle il serait de pouvoir résister plus long-temps à un ennemi trop supérieur, s'il ne recevait pas promptement des renforts. Aucune réponse ne lui fut faite ; la cour désirait secrètement qu'il se retirât, mais ne voulait pas en donner l'ordre, pour ne pas déplaire à l'empereur Charles VII. Le maréchal, qui prévoyait bien qu'il serait sacrifié, ne s'en détermina pas moins à sauver son armée en la ramenant sur le Rhin, ce qu'il fit avec le succès le plus complet, n'ayant pas perdu une seule pièce de canon, de l'immense train d'artillerie qu'il conserva à la France. A son arrivée il perdit le commandement de l'armée, celui d'Alsace, et fut envoyé en exil, où il mourut deux ans après. Le comte de Broglie continua à servir sur le Rhin, pendant les campagnes de 1743, 1744 et 1745. En 1744 il s'était distingué à la reprise des lignes de Weissembourg, qu'il escalada à la tête de son régiment sous les ordres du maréchal de Coigny. A la fin de 1745, il fut fait maréchal-de-camp. Son père étant mort quelques mois auparavant, le fils sera désormais désigné sous le nom de duc de Broglie. Il fit, avec son nouveau grade, les campagnes de 1746, 1747, et 1748 dans l'armée de Flandre, commandée par le roi en personne. Il se trouva aux batailles de Raucoux, de Lauffelt, et à plusieurs des nombreux siéges qui eurent lieu à cette époque ; il eut le commandement de quelques-uns, et mérita fréquemment les éloges du maréchal de Saxe, et du roi lui-même. La paix ayant été faite en 1748, le duc de Broglie fut promu cette même année au grade de lieutenant-général. Depuis cette époque jusqu'à l'année 1757, il fut employé à des inspections, et s'occupa dans sa retraite à se préparer au commandement des armées, auquel il devait prétendre un jour. La guerre, dite de *sept-ans*, ne commença pour la France sur le continent qu'en 1757. Le duc de Broglie commanda une division sous les ordres du maréchal d'Estrées, et se trouva à la bataille d'Hastenbeck, au gain de laquelle il contribua efficacement. Il fut ensuite détaché de cette armée, qui avait passé sous les ordres du maréchal de Richelieu, avec un corps envoyé pour renforcer l'armée aux ordres du prince de Soubise, qui, de concert avec l'armée de l'empire, entrait en Saxe pour en chasser les Prussiens. Il joignit le prince de Soubise peu de jours avant la bataille de Rosbach. Il fit tous ses efforts pour combattre les funestes conseils qui amenèrent cette désastreuse journée, et sauva les débris de l'armée par une brillante charge, à la tête de 18 escadrons, parmi lesquels le général Loyd cite les régimens de Lameth, Bourbon et Fitz-James. Le frère du duc de Broglie, le comte de Revel, major-général de l'infanterie, périt dans cette déplorable journée. La convention de Closter-Seven ayant été rompue, et les alliés ayant repris les armes, le comte de Clermont, prince de la branche de Condé, succéda, dans le commandement de l'armée d'Allemagne, au maréchal de Richelieu. Le duc de Broglie fut employé, pendant l'hiver, sur le Bas-Wéser, où il contint l'ennemi, qui s'efforçait de couper la ligne occupée par notre armée, ce à quoi il réussit plus tard, lorsque le duc de Broglie eut reçu une autre destination. Ce succès des alliés entraîna l'évacuation du pays d'Hanovre, et la retraite de l'armée française derrière le Rhin. En 1754, le duc de Broglie servit dans l'armée qui, sous les ordres du prince de Soubise, devait s'emparer de la Hesse. Après l'occupation de Cassel, le duc de Broglie, qui commandait l'avant-garde, rencontra, sur les hauteurs de Sundershausen, l'arrière-garde ennemie, aux ordres du prince d'Isenbourg, l'attaqua, et après un sanglant combat, dans lequel fut tué le célèbre partisan de Vert, il mit les ennemis dans une entière déroute. Le roi, pour lui témoigner sa satisfaction, lui fit présent de 4 des pièces de canon qu'il avait prises. Peu de temps après, il eut une grande part aux succès du combat de Lutzemberg, qui valut le bâton de maréchal de France au prince de Soubise. Pendant l'hiver, il eut, par intérim, le commandement de l'armée qui avait pris ses quartiers sur les bords du Rhin et du Mein, en avant de Francfort. Le prince Ferdinand de Brunswick était avantageusement placé entre ces deux rivières, et épiait une circonstance favorable pour attaquer les Français. Au mois d'avril 1759, il se porta sur Francfort avec des forces très-supérieures. Le duc de Broglie n'eut que vingt-quatre heures pour réunir ses cantonnemens sur la position de Berghen, qu'il avait choisie, et dont cette ville formait le centre ; la droite était appuyée au Mein. La bataille dura depuis le matin jusqu'à cinq heures après midi : le plus grand carnage eut lieu dans les vergers qui se trouvent en avant de la ville. Le duc de Broglie fit attaquer le centre de l'armée ennemie, commandé par le prince d'Isenbourg, qui fut enfoncé ; et ce général étant resté mort sur le champ de bataille, le prince Ferdinand ordonna la retraite, et ne dut le salut de son armée qu'aux forts qui la protégèrent. Le roi, pour récompenser le service signalé que le duc de Broglie venait de rendre, lui fit présent de 6 pièces de canon, et l'empereur (François Ier) le créa prince du saint-empire romain. Le duc de Broglie fit la campagne de 1759, sous les ordres du maréchal de Contades, et se trouva à la bataille de Minden, dont la perte entraîna la retraite de l'armée française jusque sur la Lahn, et le rappel du maréchal de Contades. Le duc de Broglie le remplaça, et fut fait maréchal de France : il n'était âgé que de 41 ans. La cour ne se flattait pas que l'on pût prendre des quartiers d'hiver en avant du Mein : le maréchal de Broglie l'entreprit et y réussit; et dès le commencement de la campagne de 1760, il marcha en avant, surprit au prince Ferdinand le passage de la Lahn, et poussa les ennemis jusqu'à Corbach, où il les battit. Après cette victoire, il occupa la Hesse et une partie du pays d'Hanovre, et y prit ses quartiers d'hiver. Au mois de février 1761, le prince Ferdinand entra dans la Hesse avec des forces supérieures; ce qui obligea le maréchal de Broglie à se replier sur Francfort, laissant néanmoins son frère, le comte de Broglie, dans la ville de Cassel, et le comte de Vaux, depuis maréchal de France, dans celle de Gottingue. Mais, le mois d'après, il reprit l'offensive, battit le prince héréditaire de Brunswick à Ziegenhayn et à Grimberg, et força les alliés à lever le siége de Cassel, dont la défense honora beaucoup le comte de Broglie, celui de Marbourg, et le blocus de Gottingue. Des succès si rapides excitèrent la jalousie. On partagea en deux l'armée d'Allemagne, et Mme de Pompadour fit donner le commandement de la principale armée au prince de Soubise; le maréchal de Broglie ne resta qu'avec environ 25,000 hommes dans la Hesse. Le prince de Soubise s'avança des bords du Rhin à travers la Westphalie, se laissa tourner par l'ennemi au camp d'Unna, et perdit toute communication avec la France et avec ses magasins. Le maréchal de Broglie opéra sa jonction avec cette armée, au moment où elle manquait entièrement de subsistances. Le prince Ferdinand se retira, et prit position près le village de Willinghausen. Le 15 juillet, le maréchal de Broglie s'approcha de la position de l'ennemi, qu'on avait résolu d'attaquer le lendemain. Dès le soir même il s'empara, après un très-vif combat, du village qui couvrait la position du prince Ferdinand. Le prince de Soubise devait attaquer, de son côté, vers la pointe du jour ; mais il ne sortit pas de son camp : ce qui donna au prince Ferdinand la possibilité de se porter avec toutes ses forces contre le maréchal de Broglie, qui, après avoir soutenu longtemps un combat si disproportionné, se replia en bon ordre, et prit position à une demi-lieue de l'ennemi. Ainsi fut perdue l'occasion de détruire en un seul jour l'armée des alliés, qui, acculée à la Lippe, n'avait qu'un seul point pour effectuer sa retraite. Cette affaire causa, comme il est facile de le penser, une vive mésintelligence entre les deux généraux. La cour, déterminée d'abord par les faits, parut approuver la conduite du maréchal de Broglie, puisqu'elle fit passer sous ses ordres la plus grande partie des troupes. Il traversa le Wéser à leur tête, et leva des contributions sur le pays d'Hanovre et de Brunswick. Vers la fin de la campagne, au moment où il repassait le fleuve pour prendre ses quartiers d'hiver, il fut attaqué à Eimbeck par le prince Ferdinand, qu'il repoussa vivement. De retour à Paris, en 1762, la querelle s'engagea entre les deux maréchaux. Le prince de Soubise, qui avait pour lui la favorite, l'emporta sur le guerrier. Celui-ci fut exilé dans sa terre de Broglie, et y fut suivi par les regrets de l'armée et l'assentiment public, qui éclata d'une manière non équivoque au spectacle, lorsque Mlle Clairon prononça ces vers de Tancrède :

C'est le sort d'un héros d'être persécuté.
Je sais que c'est le mien, de l'aimer davantage.

Depuis la paix de 1763, le maréchal de Broglie était considéré comme le premier général de l'Europe. Il eut le bon esprit de vivre retiré dans ses terres. Il venait très-rarement à la cour, et y était toujours reçu avec la plus grande distinction. Le roi lui avait conféré le gouvernement de Metz, Toul et Verdun, autrement dit *des Trois-Evêchés*, regardé comme le premier commandement militaire de France. L'empereur Joseph II étant venu à Paris, et n'y ayant pas trouvé le maréchal de Broglie, alla lui faire visite chez lui, en Normandie, et y passa deux jours. Lorsque les affaires politiques commencèrent à agiter la France, le maréchal ne dissimula pas

sa désapprobation de la conduite de la cour. Nommé pour faire partie de la *cour plénière*, il ne s'y rendit point, quoiqu'il fût à Paris, ce qui lui attira les acclamations publiques. En 1789, lorsqu'on se décida à faire venir des troupes à Paris et à Versailles, pour comprimer les états-généraux, M. le prince de Broglie, l'âme du parti aristocratique, indiqua le maréchal pour commander l'armée, ne se dissimulant pas le danger de résister à l'énergie nationale qui était portée au plus haut point. Le maréchal, alors retiré à Broglie, fut averti par sa famille du piége qui lui était tendu ; mais il accepta, ne croyant pas, comme militaire, pouvoir désobéir au roi. Il fut nommé ministre de la guerre, et s'empressa de supprimer les ordonnances du *conseil de la guerre*, qui étaient toutes en opposition avec l'esprit de l'armée. Celle de ces suppressions qui fut accueillie avec le plus d'enthousiasme fut *celle des coups de plat de sabre*. Nous ne rapporterons pas ici les événemens qui se passèrent dans la capitale et sous ses murs, ni l'énergique conduite des habitans de Paris : ces grands événemens appartiennent à l'histoire nationale. La noble et vigoureuse contenance de l'assemblée constituante et les événemens de la capitale ayant imposé aux ennemis de la liberté publique, le roi ordonna le départ des troupes. Le maréchal de Broglie les reconduisit en Lorraine et en Alsace. M. de Bouillé, qui commandait en second à Metz, et qui aspirait déjà à jouer un rôle principal, le détourna de se rendre dans cette ville ; il se reti-

ra à Luxembourg. A l'entrée des Prussiens en Champagne, il commanda, sous les princes, l'armée des émigrés. On sait quel fut le résultat de cette campagne ; il fit disparaître le prestige attaché aux armes prussiennes, et commença cette série de victoires qui porta les armes françaises à un point de gloire auquel aucune nation moderne ne s'était élevée. L'armée des émigrés ayant été licenciée à Liége, à la fin de novembre 1792, le maréchal se retira à Dusseldorf, ensuite à Pyrmont, jusqu'en 1798, qu'il passa en Russie. Retiré en Allemagne, en 1802, il se fixa à Munster, où il mourut le 29 mars 1804, au moment où le consul Lebrun venait de lui écrire, au nom du premier consul : « Le vainqueur de Ber-
» ghen ne doit pas hésiter à ren-
» trer dans sa patrie, qu'il a si glo-
» rieusement servie, sous le gou-
» vernement de l'homme qui a re-
» levé les statues de Turenne et du
» grand Condé. » Le maréchal de Broglie, à l'exemple de Maurice de Saxe, a laissé des traces de ses méditations militaires : M. de Bourcet a publié les *Mémoires de la guerre de sept-ans* (1790), extraits des papiers du maréchal; et un plus grand ouvrage, fruit précieux de ses longues recherches et des travaux de beaucoup de savans, géographes, ingénieurs, etc., est encore inédit. C'est un état comparatif des travaux militaires, offensifs et défensifs, de l'Angleterre et de la France. Il forme 2 vol. in-folio avec 1 vol. d'atlas.

BROGLIE (MAURICE-JEAN-MADELEINE, ABBÉ DE), frère du prince Victor-Amédée-Marie, né le 6 septembre 1766, au château de Broglie, émigra à l'époque de la révolution. Réfugié en Pologne, il obtint la place de prevôt de Posen ; rentra en France, en 1803, et fut nommé, à l'établissement du gouvernement impérial, aumônier ordinaire de l'empereur. Évêque d'Acqui (Piémont), en 1805, il publia, après la bataille d'Austerlitz, un mandement remarquable, dans lequel il fait le plus grand éloge du vainqueur : « Le Dieu des armées, dit-il, se
» rit des téméraires efforts et des
» coupables projets des ennemis ;
» il les a livrés entre les mains du
» héros qu'ils avaient osé défier,
» et leur chute a été complète.
» Son amour pour la paix avait
» long-temps retenu son bras ;
» mais lorsque le bien de ses peu-
» ples a nécessité la marche de
» ses armées, il s'est élevé com-
» me un géant qui parcourt la car-
» rière. Ces nations qui se croyaient
» invincibles, sont terrassées aussi-
» tôt qu'attaquées ; les empires
» croulent sous ses pas ; les armées
» ennemies sont réduites au néant,
» et leur dispersion ressemble à
» celle de la paille qui est le jouet
» des vents. » Dans le mois de mars 1807, M. de Broglie remplaça M. Fallot de Beaumont à l'évêché de Gand, où ses talens et l'austérité de ses mœurs lui méritèrent la vénération publique. Pendant le concile national de 1809, M. de Broglie montra l'opposition la plus marquée aux volontés de l'empereur, et même il refusa la décoration de la légion-d'honneur, à cause du serment qu'il lui fallait prêter de maintenir l'intégrité de l'empire, dans lequel étaient alors com-

pris les états du pape. Cette conduite mécontenta Napoléon, qui l'envoya à Vincennes, où il resta jusqu'en 1814. Rendu à la liberté, il retourna à Gand reprendre ses fonctions; mais il se trouva de nouveau en opposition avec le pouvoir temporel. La liberté des cultes était déclarée par la loi fondamentale de l'état: il publia des instructions pastorales, sous le titre de *Jugement doctrinal*, pour engager ses diocésains à ne point prêter le serment prescrit par la constitution, parce qu'ils ne pouvaient le faire, disait-il, sans trahir les plus chers intérêts de l'Église. Ce n'est qu'avec étonnement qu'on voit dans le 19me siècle un homme instruit, et affectant dans la vie civile le mépris des préjugés, professer que: « Jurer d'observer et de maintenir une loi qui attribue au souverain, et à un souverain qui ne professe pas notre sainte religion, le droit de l'instruction publique, les écoles supérieures, moyennes et inférieures, c'est lui livrer à discrétion l'enseignement public dans toutes ses branches, c'est trahir hautement les plus chers intérêts de l'Église catholique... Jurer de maintenir la liberté des opinions religieuses, et la protection égale accordée à tous les cultes, n'est autre chose que jurer de maintenir de protéger l'erreur contre la vérité, etc., etc. » Plusieurs prêtres ignorans et factieux secondant les intentions de leur évêque, déclarèrent qu'ils refuseraient les sacremens à ceux qui se soumettraient au serment prescrit, et frappèrent d'une telle crainte les habitans crédules et fanatiques de ce pays, que plusieurs fonctionnaires publics préférèrent donner leur démission que de se soumettre à la constitution. Le désordre était à son comble, et le gouvernement, pour l'arrêter, sévit enfin contre M. de Broglie, qui trouva un asile en France. Cité, le 10 juin 1817, devant la cour d'assises de Bruxelles, il fut condamné par contumace, le 8 novembre suivant, à la déportation, comme coupable d'avoir publié des bulles du pape sans les avoir soumises à l'approbation du gouvernement, et pour avoir, par des écrits, provoqué directement à la désobéissance aux lois. M. de Broglie mourut à Paris, au mois de juillet 1821.

BROGLIE (le prince Amédée-Victor de), membre de la chambre des députés, est le second fils du maréchal. Né au château de Broglie, le 28 octobre 1772, il fut d'abord destiné à l'état ecclésiastique; mais comme la révolution changea bien des destinations, en 1789, il émigra avec son précepteur, et alla rejoindre son père dont il fut d'abord aide-de-camp; chargé en même temps de la correspondance (en 1792), il fut en relations directes avec les princes français et le duc de Brunswick. Il commanda aussi une compagnie de grenadiers, dans l'un des 8 régimens formés sur les bords du Rhin, et désignés sous le nom de *Cocardes blanches*. Ces régimens, dans lesquels on avait vainement espéré que viendraient se rendre une grande quantité de déserteurs français, ne s'élevèrent jamais à plus de 120 hommes, y compris les officiers et la musique : ils étaient à la solde de l'Angleterre. En 1793, *Monsieur*. devenu régent, ayant nommé le maréchal de Broglie ministre de la guerre, le prince de Broglie fut chargé de tout le détail de ce ministère jusqu'en 1794. En 1795, il devint, après la mort du prince de Revel, son frère, colonel du régiment Maréchal-de-Broglie, qui était aussi à la solde de l'Angleterre. Ce régiment fut licencié peu de temps après. Le prince de Broglie fit la campagne de 1796 contre la France, servit pendant quelques jours dans celles de 1797 et 1799, et fut trois semaines en activité dans celle de 1800. En 1799 il avait été décoré de la croix de Saint-Louis, nommé gentilhomme d'honneur de M. le duc d'Angoulême, lors de son mariage, et maréchal-de-camp au moment où l'armée de Condé cessa d'exister. Il revint en France, où il épousa, sous le gouvernement consulaire, l'une des plus riches héritières du département de l'Orne. Il vivait paisiblement dans ses propriétés, lorsqu'en 1813 l'empereur lui fit proposer, dit-on, de le mettre à la tête d'un régiment de gardes-d'honneur. Il n'accepta point. Cependant un annuaire militaire le porte depuis cette époque sur la liste des maréchaux-de-camp, ce qui est visiblement une erreur. Depuis le retour du roi, en 1814, le prince de Broglie a été chargé par la cour de diverses missions. Inspecteur de cavalerie lorsque Napoléon revint de l'île d'Elbe, il cessa ses fonctions et se retira en Normandie. Après le second retour du roi, le duc de Broglie fut chargé de licencier les vétérans et les fédérés rassemblés dans le département de l'Orne. En 1815, le corps électoral de ce département le nomma membre de la chambre introuvable ; il a siégé au côté droit, 2me section, et voté constamment dans le sens de la majorité de cette chambre. Renommé en 1818, il n'a pas changé de côté, et pendant cette session et les suivantes il a voté toutes les lois d'exception. Le prince de Broglie passe pour un ultra modéré, et un ministériel violent.

BROGLIE (Charles-Louis-Victor, prince de), né en 1758, fils aîné du maréchal duc de Broglie, entré au service à 14 ans, dans le régiment de Limousin infanterie, y servit comme sous-lieutenant, puis comme capitaine. Aide-major-général au camp de Vossieux, commandé par son père, il fut ensuite nommé colonel à 22 ans, un an avant l'âge prescrit par les ordonnances, comme un hommage que le roi voulait rendre aux grands services de son père. L'année d'après, il fut nommé colonel en second du régiment d'Aunis. Désirant faire la guerre d'Amérique, qui électrisait alors tous les esprits, le prince de Broglie obtint de passer, avec le même grade de colonel en second, dans le régiment de Saintonge, qui partait pour la Nouvelle-Angleterre. Pendant la traversée, il se trouva, à bord de *la Gloire*, au combat que cette frégate et celle de *l'Aigle* livrèrent au vaisseau anglais *l'Hector*, qui, par suite des dommages qu'il éprouva dans ce combat, l'un des plus opiniâtres et des plus célèbres de cette guerre, coula à fond peu de jours après. A la fin de l'année 1782, l'indépendance des États-Unis étant assurée, quoiqu'elle ne fût pas encore reconnue, l'armée française fut embarquée à Boston, et transportée à la Nouvelle-Espagne, pour y attendre les troupes des Antilles, et les forces combinées de France et d'Espagne qui devaient se rendre à *Porto-Cabello*, afin d'opérer l'attaque de la Jamaïque. Le prince de Broglie fit cette campagne sous les ordres du lieutenant-général baron de Viomesnil. L'immensité des forces dont la France et l'Espagne menaçaient les colonies anglaises ayant amené la paix de 1788, le prince de Broglie revint, sur l'escadre de M. le comte de Vaudreuil, à Saint-Domingue, puis en France, et fut nommé, à son arrivée, colonel commandant du régiment de Bourbonnais. En 1788, il occupa la place de chef de l'état-major de l'infanterie, au camp de Metz. Député aux états-généraux, par la noblesse de la Haute-Alsace, il fit partie de la minorité; il défendit les intérêts populaires, et ne cessa de combattre pour les principes et la cause de la liberté. Membre des comités militaire et des rapports, il proposa divers projets de lois, et entre autres celui qu'adopta l'assemblée, sur l'organisation de l'artillerie. A l'époque de la révision, il fut nommé président de l'assemblée constituante. En 1792, la guerre ayant éclaté, Victor de Broglie fut employé, comme maréchal-de-camp, dans l'armée de Luckner, puis, comme chef de l'état-major, dans celle du duc de Biron. A cette époque, le général Desaix, célèbre depuis par ses services comme par sa mort, était son aide-de-camp. Vers la fin de 1792, s'étant refusé à prêter un autre serment que celui de *fidélité à la nation et au roi*, il fut contraint de quitter l'armée et rentra en France. Peu après, il fut conduit dans les prisons de Langres, où des hommes féroces tentèrent de renouveler les scènes qui avaient ensanglanté, le 2 septembre, les prisons de Paris. Rendu momentanément à la liberté, et demeurant fidèle à ses principes, il continua de résider en France. Arrêté de nouveau dans sa terre de Saint-Remy, conduit à Paris, traduit au tribunal révolutionnaire, il périt le 22 messidor de l'an 2, en montrant la plus inébranlable fermeté, et sans avoir jamais démenti la pureté des sentimens patriotiques dont, quelques jours plus tard, il aurait recueilli le fruit, en servant de nouveau son pays. Victor de Broglie a laissé quatre enfans de son mariage avec Mlle de Rosen, arrière petite-fille du maréchal de France de ce nom. Le plus jeune de ces enfans, son seul fils, est Victor, duc de Broglie, actuellement pair de France. (*Voyez* l'article suivant.)

BROGLIE (Achille-Charles-Léonce-Victor, duc de), pair de France, fils de Victor de Broglie, membre de l'assemblée constituante, né en 1785. Il était âgé de neuf ans, lorsqu'il perdit son père; condamné par le tribunal révolutionnaire; sa mère, près de subir le même sort, parvint à s'échapper des prisons de Vesoul, par les soins d'un ancien et fidèle domestique qui la conduisit en Suisse, d'où elle revint aussitôt après le 9 thermidor, et dirigea l'éducation de son fils. Il n'est pas inutile de remarquer ici, moins par rapport à Victor de Broglie, que pour l'intérêt général de la société, que si l'éducation de ce jeune homme fut couronnée de quelques succès, ils furent dus en partie à l'utile et à jamais regrettable institution des écoles centrales qui existaient alors, et qui permirent aux parens de Victor, en les lui faisant fréquenter, de combiner ensemble les avantages de l'éducation publique et ceux de l'éducation particulière ; il acquit dans ces écoles l'amour du travail, le respect pour les hommes distigués, et par-dessus tout la connaissance pratique des droits et des devoirs de l'égalité. Vers la fin de son éducation, les premiers goûts de Victor de Broglie se portèrent vers la littérature ; il rechercha la société des hommes de lettres, et inséra quelques articles dans les ouvrages périodiques de cette époque. Se livrant ensuite à des études plus sérieuses, il fut nommé auditeur au conseil-d'état en 1809, et attaché à la section de l'intérieur ; chargé de missions dans les pays occupés par nos armées, il exerça successivement les fonctions d'intendant en Illyrie, et de membre de l'administration de la partie espagnole, dont le siége était à Valladolid ; il fut ensuite attaché, en 1812, à l'ambassade de Varsovie, et alla rejoindre de là M. de Narbonne, ambassadeur à Vienne ; il le suivit au congrès de Prague, revint en France en 1813, et prit séance à la chambre des pairs en juin 1814. Dans les différens postes que Victor de Broglie avait remplis, il n'avait vu que des occasions de s'instruire ; l'ambition des places, des honneurs et de la fortune, ne fut jamais la sienne ; celle de savoir et de se rendre utile fut la seule qui le distinguât : il ne laissa échapper aucune occasion de mettre à profit dans la carrière parlementaire, et les connaissances qu'il avait précédemment acquises, et celles qu'il a continué d'acquérir par des études opiniâtres dirigées plus particulièrement vers les théories sociales les plus élevées et les diverses législations positives au moyen desquelles les peuples libres ont cherché à les mettre en pratique. Trop jeune pour prendre part aux délibérations de la chambre des pairs, pendant la durée de la première restauration, il ne s'y fit pas moins remarquer par des opinions dictées par un zèle éclairé pour la cause de la liberté. Parvenu à l'âge de trente ans, précisément à la veille du jour où devait se prononcer le jugement du maréchal Ney, dont il avait suivi tous les débats sans y prendre voix délibérative, il revendiqua comme un droit ce que d'autres peut-être auraient pu considérer comme un fardeau pénible ; combattit à plusieurs reprises, dans cette nuit mémorable, en faveur de l'accusé, et fut du très-petit nombre des pairs qui votèrent l'absolution pure et simple. Immédiatement après, commença la discussion de la loi d'amnistie que Victor de Broglie attaqua sous le double point de vue de l'arbitraire qu'elle consacrait en maintenant les listes de proscription du 24 juillet, et de l'imperfection d'une amnistie remplie d'exceptions et de faux-fuyans. En parlant de l'ordonnance du 24 juillet, « ceux, disait-il, » qui ne peuvent se défendre d'un » peu de chaleur dans ce qu'ils » croient la cause de la liberté, » c'est-à-dire, de la souveraine » justice, se préparèrent dès le » premier instant à combattre un » acte aussi contraire aux lois » qu'affligeant par les rapproche-» mens qu'il suggère. » En parlant des personnes envoyées devant les tribunaux, par la première des listes, il disait : « dans une ques-» tion où le monarque est lui-mê-» me partie, on envoie en son nom » devant des juges, qui? des accu-» sés? des prévenus? non des *cou-» pables*. C'est ainsi qu'ils demeu-» rent qualifiés dans une liste du » caractère le plus solennellement » officiel. Dans quelle alternative » a-t-on placé des juges intègres? » Supposez un seul innocent sur » la fatale liste (et vous le devez » pour tous, puisqu'ils ne sont pas » condamnés): l'acquitter mainte-» nant, ce ne sera pas aux yeux » du grand nombre satisfaire au » cri de la conscience, remplir un » devoir, ce sera lever l'étendard » d'un parti. » A l'égard des bannis, il prédisait à la chambre des pairs le sort qui leur était réservé dans l'étranger. « J'ai pensé, di-» sait-il en terminant son discours » à ce sujet, j'ai pensé que lors-» que l'honneur, la fortune, la vie » des hommes étaient pour ainsi

» dire en suspens, la loi de l'an-» tiquité prenait vigueur, et qu'on » était obligé d'avoir un avis. J'ai » dit le mien; j'ai rompu le silen-» ce dont je m'étais fait un devoir » aussi long-temps que vous avez » discuté cette législation provi-» soire qui régit maintenant la » France, et dont le bienfait sera » grand, s'il égale les sacrifices » que nous lui faisons..... Je vote » contre le projet de loi, et contre » l'ordonnance du 24 juillet, en » demandant une amnistie plus » complète et plus régulière. » Cette opinion de M. Victor de Broglie acquerra un nouveau prix aux yeux de ceux qui se souviendront de la nature et de la violence des passions qui agitèrent alors la société, et plus particulièrement les chambres. Victor de Broglie a constamment montré les mêmes sentimens philosophiques, la même profondeur de pensées exprimées avec un talent qui acquérait chaque jour de nouvelles forces, dans les nombreuses opinions qu'il a prononcées à la chambre des pairs, et dont plusieurs ont été publiées; et dans les brillantes improvisations plus nombreuses encore, par lesquelles il a pris part à presque toutes les discussions importantes: elles ne sont malheureusement connues du public que par les analyses tronquées, insérées dans le *Moniteur*. En soutenant la loi du 5 février 1817, concernant les élections, il déclarait que ce projet de loi l'avait « réconcilié jus-» qu'à un certain point et pour un » temps, du moins, avec la rigueur » des conditions imposées par la » charte. » Le 8 février suivant, en défendant la liberté individuelle des citoyens contre la loi qui la livre chaque année à l'arbitraire ministériel, il dit ce mot qui fit fortune et qu'on a souvent répété depuis, parce que l'application en est toujours aussi juste : « Je » laisse le soin de faire l'éloge de » la liberté à ceux qui travaillent » à en obtenir le sacrifice : j'ai re- » marqué que c'était un dernier » devoir envers elle, une sorte » d'oraison funèbre dont les mi- » nistres de tous les pays s'acquit- » tent en termes fort convena- » bles. » Ce fut encore dans cette séance qu'il prit l'engagement de soumettre un jour à la chambre des remarques sur l'état de notre législation criminelle, concernant le droit d'arrêter et de détenir, ainsi que ses propositions sur les moyens de faire disparaître les a- bus sans nombre de cette partie de nos codes : engagement qu'il n'aurait pu tenir jusqu'ici sans compromettre sa généreuse en- treprise, mais dont la méditation habituelle lui a donné les moyens de rendre les services les plus es- sentiels à l'humanité, soit dans les réunions officielles ou libres auxquelles il a pris part, soit dans le comité de surveillance des pri- sons dont il est membre, soit en- core dans les commissions de la chambre des pairs, dans ses dé- bats législatifs, et plus spéciale- ment encore dans ses délibéra- tions comme cour judiciaire. Le 25 février 1817, il combattit un projet de loi sur les écrits saisis, avec une force de raisonnement et une connaissance profonde des principes régulateurs d'une bon- ne législation sur la presse, qui annonçaient d'avance ce qu'il montrerait de talent et de savoir. Dans le rapport de la loi définitive qu'il présenta à la chambre le 8 mai 1819, il fit sentir avec l'ironie la plus piquante, combien était ab- surde la saisie préalable fondée sur les poursuites dirigées contre l'ouvrage considéré comme un délinquant distinct de son auteur. Il comparait cette manière d'agir à celle des éphores qui avaient condamné la guitare du musi- cien Therpandre « à être pendue » parce que son maître avait ajou- » té à cet instrument une corde » nouvelle. » On remarque dans cette opinion une phrase sur la police, qui est frappante de véri- té : « les gouvernemens actuels, » selon M. de Broglie, ont une » singulière manie ; ils veulent » tout savoir et savoir tout seuls ; » il en résulte un grand malheur, » c'est que le public ignore les » faits et le gouvernement les o- » pinions. » Depuis cette époque, M. de Broglie a pu parler en con- naissance de cause de « cette sin- » gulière manie des gouvernemens » de vouloir tout savoir. » Un de ses domestiques, acheté par la po- lice, lui livrait les papiers de son maître. Ce fait a été rendu public et ne prouve autre chose que l'a- vilissement du pouvoir. Une dis- cussion à peu près du même gen- re, qui s'éleva le 29 décembre de la même année, sur la censure des journaux, lui fournit l'occa- sion de donner aux gouvernemens des conseils dont le nôtre aurait pu profiter ; il soutint qu'un gou- vernement naissant était plus pro- pre qu'aucun autre à émanciper les journaux ; « et, disait-il, je

» n'appelle liberté de la presse que
» celle des journaux », parce que
ce gouvernement ayant à réparer
des maux qui n'étaient pas de son
fait, pouvait seul en affronter le
choc. « Si vous entreprenez de la
» garrotter, ajoutait-il, elle se re-
» lèvera plus hardie; et comme un
» forçat révolté, elle jettera à la
» tête de ceux qui croient la te-
» nir, les fers qu'elle aura brisés.»
Les lumières que Victor de Broglie avait ainsi répandues, à plusieurs reprises, sur la législation
de la presse, et qu'il devait à l'é-
tude approfondie des lois en vigueur chez les peuples libres,
ainsi qu'à ses propres méditations,
le firent nommer rapporteur du
projet de loi sur les délits de la
presse, soumis à la chambre des
pairs, le 8 mai 1819. Les amis de
la liberté s'en réjouirent, il ne
démentit pas leurs espérances.
Vers cette époque, il avait commencé à accorder quelque confiance à un ministère qui semblait promettre à la France des
institutions conformes aux principes constitutionnels, qui parlait
d'*égalité* en soutenant le projet
de loi sur l'avancement militaire,
d'abolition de la censure, et de
Procédure par jurés pour les délits de la presse; à un ministère
enfin, qui avait efficacement concouru au rejet de la proposition
de M. Barthélemy, relative à la
modification du système électoral, proposition combattue par
M. de Broglie, dans la séance du
2 mars 1819. En le nommant de
la commission chargée de l'examen du projet de loi sur la presse, et ensuite rapporteur, ses collègues n'ignoraient pas qu'il avait

contribué, plus que personne, à la
rédaction de ce projet de loi, dans
les conférences préparatoires te-
nues chez le garde-des-sceaux.
La société connue sous le nom
des *Amis de la liberté de la presse*, dont M. de Broglie était alors
membre, et dont il avait été l'un
des fondateurs, l'avait souvent
entendu développer sur ce sujet
des idées profondes et philosophiques, qui se retrouvent dans
ce rapport. L'analyse de ce savant
travail exigerait trop d'étendue :
il suffira de dire qu'il repose sur
le principe que la presse « ne doit
» être considérée que comme sim-
» ple instrument propre à servir
» au bien et au mal, » et que la législation doit la confondre avec
tous les moyens de publication,
quels qu'ils soient, au moyen desquels des crimes ou délits peuvent être commis. On connaît le
procès qui fut intenté contre la
société des Amis de la presse. M.
de Broglie s'en était retiré au moment de l'accusation. Cette retraite parut au moins prématurée. On
ignore les motifs qui décidèrent
M. de Broglie dans cette occasion.
Huit mois s'étaient à peine écoulés, et déjà le ministère proposait
la loi destinée à rétablir la censure, *à exhumer*, ainsi que le disait
M. de Broglie le 26 février 1820,
ce vieil expédient décrié; il fit de
vains efforts pour s'opposer à l'a-
doption de cette loi, en déclarant
aux ministres « qu'elle ne serait
» propre qu'à les tromper sur leur
» position, à les discréditer, à les
» affaiblir; que la censure ne pour-
» rait devenir un instrument re-
» doutable que si elle appartenait
» à un gouvernement qui se jetât

» dans les bras d'un parti violent, » et qui plaçât d'un côté la violen-» ce et de l'autre une licence effré-» née. » Le ministère ne s'effraya pas de cette prédiction : la loi fut adoptée ; et la nation peut maintenant juger laquelle des deux alternatives prévues par M. de Broglie s'est réalisée la première. Ses travaux sur la législation de la presse, sur les garanties à donner à la liberté des citoyens, sur la réforme de nos lois criminelles, n'empêchèrent pas M. de Broglie de prendre part à toutes les discussions importantes, qui s'élevèrent dans la chambre des pairs sur diverses branches de l'administration. Le 25 avril 1818, il prononça, sur la contrainte par corps, une opinion dans laquelle il démontre que la détention perpétuelle, et même la détention prolongée au-delà d'un terme modéré, est une offense gratuite faite à l'humanité sans aucun avantage réel pour le commerce. Le 4 mai 1819, en soutenant un projet de loi qui avait pour objet de fixer le commencement de l'année financière à une époque plus convenable, il répondait à ceux qui mettaient en question la constitutionnalité de cette mesure : « En vérité, j'éprouve quelque » embarras à poser une semblable » question devant une chambre » qui a déjà voté deux fois depuis » huit ans la suspension de l'arti-» cle 4 de la charte (la liberté individuelle), et quatre fois la sus-» pension de l'article 8 (la liberté » de la presse). » Lorsqu'il fut question de donner aux porteurs d'inscriptions sur le grand-livre, la faculté d'opérer les transferts de ces effets publics dans les chefs-lieux des départemens, comme à la bourse de Paris, et de créer dans cette vue ce qu'on appela dans le public *les petits grands-livres*, M. de Broglie, qui crut cette mesure utile, la défendit le 13 avril 1819, en homme familiarisé avec les matières les plus abstraites de l'économie politique, et habitué à réfléchir sur leurs rapports avec les mœurs publiques : ses observations sur le crédit, sur l'agiotage, sur l'usure et le prêt à intérêt, sur la circulation des capitaux, considérée principalement dans ses rapports avec l'existence d'une dette publique, se font remarquer par leur exactitude et leur clarté. Examinant à cette occasion les obligations réciproques de la société, et des propriétaires du sol, il ne craignit pas d'envisager cette question sous un point de vue opposé aux prétentions de ceux qui placent, pour ainsi dire, l'état tout entier dans la propriété foncière. On a pu juger précédemment quelles étaient les causes qui avaient momentanément rapproché Victor de Broglie des hommes qui occupaient ou conseillaient le ministère, et qui étaient connus sous le nom de *doctrinaires*. Ces hommes promettaient à la France des constitutions fondées sur les principes constitutionnels, sur l'expérience des peuples libres, sur toutes les théories philosophiques. M. de Broglie ne voyait, dans ses communications avec eux, qu'un moyen de contribuer à faire jouir son pays de ces institutions, de ces perfectionnemens, objets de ses plus chères études. Il se fit illusion sur les véritables intentions de ceux qu'il serait inexact d'appeler ses nouveaux amis politiques, puisqu'il ne cessa jamais de *révérer leurs adversaires,* ainsi qu'il le dit dans la chambre des pairs, de les considérer comme ses seuls, ses plus sûrs amis. Cette illusion le conduisit à concourir avec les hommes en pouvoir à un projet de réforme de notre système électoral; et quoique celui qui fut adopté différât de beaucoup de celui, bien moins impopulaire, auquel il avait adhéré, il le soutint dans la chambre des pairs, le 26 juin 1820. Il eut soin cependant, dans cette opinion, de manifester hautement sa désapprobation de la conduite du gouvernement à cette époque, et notamment à l'occasion des troubles de juin. « Je » me sens profondément blessé, » dit-il, de l'indifférence hautaine » avec laquelle le gouvernement a » constamment accueilli le récit » de ces scènes de douleur..... Je » me plains de n'avoir pas entendu » s'échapper un regret, pas une » parole sensible, pas un accent » de douleur constitutionnelle, à » la vue de l'autorité civile sans » force et de la capitale en proie » aux soldats. » Il mit d'ailleurs à son vote la condition que le gouvernement dissoudrait la chambre, et ferait ainsi un appel à l'opinion de toute la France, qui, disait-il, *ne subissait le nouveau système électoral qu'en frémissant.* Quoi qu'il en soit, l'opinion de M. de Broglie fut une erreur fatale, ainsi que l'événement l'a prouvé. Tous les maux dont la France gémit, ou dont elle est menacée, viennent du rapport de cette loi d'élection qu'on a justement appelée *nationale,* parce que la nation y trouvait des garanties assurées de liberté et de repos. M. de Broglie ne prévoyait pas sans doute ces tristes résultats. Éclairé par l'expérience, son patriotisme lutte aujourd'hui contre les malheureuses conséquences du nouveau régime électoral. Il n'existe pas de documens authentiques desquels on puisse extraire une notice des travaux de M. de Broglie dans la chambre des pairs siégeant comme cour de justice, pendant la session actuelle. Personne n'ignore cependant les éloges que ses collègues de toutes les opinions ont donnés à la sagacité, à la pénétration, à la connaissance profonde des lois criminelles, des formes protectrices, qu'il a déployées dans cette circonstance solennelle. Chaque jour de conseil, dans des improvisations de plusieurs heures, écoutées avec un vif intérêt et pleines d'aperçus neufs et lumineux, il a mis au jour tout ce que le talent a de plus élevé, tout ce que le zèle pour l'humanité a de plus ardent, pour combattre en faveur des accusés contre les subtilités de l'accusation, les préventions de l'esprit de parti et les ruses de la politique. Il peut être permis de citer ici une anecdote touchante, non pour en faire un sujet de louanges pour M. de Broglie, mais pour l'exemple des hommes revêtus d'un caractère public. On sait que la cour des pairs fait chaque jour un appel nominal; que les membres qui ne sont pas présens à ce moment précis, sont privés du droit de siéger pendant le reste du procès. Mme de Broglie était dans les douleurs de l'enfantement au moment même où son mari ne pouvait plus différer de se rendre à l'audience : elle usa de tout l'empire que leur tendresse mutuelle lui donne sur son esprit pour exiger son départ; il la quitta, arriva à l'instant où se terminait l'appel nominal, reçut un quart d'heure après la nouvelle de la naissance de son premier fils, et eut le bonheur ce jour-là de faire acquitter encore un prévenu. Mme de Broglie est fille de Mme de Staël et petite-fille de M. Necker : leur union fut contractée en Italie, deux ans avant la mort de Mme de Staël.

BRON (ANDRÉ-FRANÇOIS, BARON), maréchal-de-camp, commandant de la légion-d'honneur, chevalier de Saint-Louis, est né à Vienne, département de l'Isère, le 30 novembre 1758. Il montra de bonne heure son inclination pour l'état militaire, et s'enrôla à l'âge de 19 ans dans le régiment du Roi, dragons. Sa conduite dans ce corps fut des plus régulières, et le fit passer successivement par les grades inférieurs, jusqu'à celui d'adjudant, qu'il obtint le 1er mai 1789. La révolution française, dont la journée du 14 juillet favorisa tous les développemens, rendit parmi les troupes l'avancement plus rapide. Dès-lors le mérite n'eut plus à craindre de passe-droit; Bron fut nommé sous-lieutenant le 15 septembre 1791, lieutenant le 1er juin 1792, et capitaine le 1er avril 1793. Il avait fait les campagnes de ces trois années à l'armée du Var et à celle des Pyrénées-Occidentales, et s'était distingué également dans toutes. A l'affaire du 24 juillet 1793, à la tête de 100 dragons du 18me régiment, il exécuta une charge qui culbuta l'état-major espagnol, mit en déroute un régiment de cavalerie, et fit prisonnier un régiment d'infanterie. Dans cette action, il reçut deux coups de sabre et un coup de pistolet. Il fit les campagnes suivantes avec le même succès, et fut nommé chef d'escadron au 24me régiment de chasseurs à cheval, le 21 ventôse an 2. Il passa à l'armée d'Italie, et participa, sous les ordres du général Bonaparte, aux immortelles campagnes des années 4 et 5. A Storo, sur les bords du lac d'Iséo, avec un escadron de chasseurs de son régiment, il prit sept pièces de canon et deux bataillons autrichiens. Au combat de Brouck, le 1er floréal an 5, il fut fait chef de brigade sur le champ de bataille. En Égypte, où il avait suivi le général Bonaparte, il se fit remarquer au combat de Salahié. A la tête du 3me de dragons, il dégagea le 7me de hussards, enveloppé par un corps nombreux de Mamelucks, et fut nommé, par suite de cette affaire, général de brigade. La valeur qu'il déploya en soutenant avec succès la retraite de l'infanterie et de l'artillerie françaises, à l'affaire du 22 ventôse, contre les Anglais, lui mérita les éloges du général en chef. Il eut, dans ce combat, un cheval blessé et un autre tué sous lui. L'armée d'Orient étant rentrée en France, le général Bron fut de nouveau employé en Italie. Il a commandé la cavalerie à l'armée de Naples, fait les campagnes de Prusse en 1807, d'Autriche en 1809, et d'Espagne en 1810 et 1811, sous les ordres du maréchal Soult. Il s'est distingué à la bataille d'Albuera, ce qui lui a valu le titre de baron. Il fut fait prisonnier le 29 octobre 1811, à l'affaire d'Arrogo de Molinos, par les Anglais; affaire qui lui a mérité les éloges du général en chef. Dans cette action, il repoussa, à la tête de la compagnie d'élite du 20me régiment de dragons, par deux charges consécutives, les hussards hanovriens; il facilita ainsi la retraite de l'infanterie du général Girard, attaquée par des forces très-supérieures. Il fut dans cette affaire culbuté, blessé, fait prisonnier et conduit en Angleterre, où il est resté jusqu'en 1814. En 1815, il a été mis à la retraite.

BRONGNIART (Auguste-Louis), professeur de chimie et de pharmacie, fit de bonne heure de grands progrès dans ces deux sciences, obtint la chaire du muséum d'histoire naturelle de Paris, et la remplit avec distinction. La clarté de sa méthode, et l'intérêt qu'il savait inspirer pour l'étude, lui attirèrent constamment un grand concours d'auditeurs, jusqu'à sa mort arrivée dans cette ville, le 4 ventôse an 12 (24 février 1804). Il avait été apothicaire de Louis XVI, et pendant la révolution, pharmacien militaire. On a de ce savant : 1° *Tableau analytique des combinaisons et des décompositions des différentes substances par les procédés de la chimie*, 1778, in-8°. C'est un aperçu curieux des parties constitutives de chaque matière naturelle. 2° *Journal des sciences, arts et métiers*, 1792. Il travaillait à cette feuille, en société avec Hassenfratz. 3° Divers *Mémoires*, la plupart sur des objets chimiques ou pharmaceutiques, insérés dans les journaux et dans d'autres ouvrages périodiques.

BRONGNIART (Alexandre-Théodore), architecte distingué, naquit à Paris le 15 février 1739. Son père, pharmacien dans cette ville, le destinant à la profession de médecin, lui fit faire des études analogues; mais une passion innée pour les beaux-arts engagea bientôt le jeune Brongniart à renoncer à cette carrière, pour se livrer exclusivement à l'architecture. Élève de l'habile architecte Boullée, il se montra digne de son maître, et ce fut vers 1773 qu'il commença à construire les édifices qui lui ont assigné, dans son art, le rang distingué qu'il y occupe. Nous citerons d'abord l'hôtel ou petit palais du duc d'Orléans, l'hôtel de Mme Montesson, l'hôtel de Bondi, aujourd'hui Frascati; l'hôtel de la princesse de Monaco. De 1778 à 1785, on éleva, sur les plans et sous la direction de Brongniart, l'hôtel de la Massais, l'hôtel de Saint-Foix, les bains souterrains de l'hôtel de Besenval, l'église des Capucins, chaussée d'Antin; l'hôtel du prince de Condé, l'hôtel des archives de l'ordre de Saint-Lazare, l'hôtel des écuries de Monsieur, l'hôtel du prince Masseron, et plusieurs belles maisons particulières. Vers le même temps, Brongniart construisit la salle de spectacle rue de Louvois. Un peu plus tard, il fut choisi pour aller bâtir à Bordeaux une seconde salle de spectacle, que les circonstances ne permirent pas d'achever. Il fit exécuter, dans les environs de Paris, plusieurs maisons de campagne de personnages marquans. Parmi les jardins qu'il a dessinés, nous citerons seulement le parc de Maupertuis, appelé *l'Élysée*. C'est un des premiers qu'on ait disposé d'une manière pittoresque et naturelle, très-différente de la manière des anciens jardins français. Il se distingua dans l'art de composer les ornemens qui doivent décorer les monumens. Il donna beaucoup de dessins de meubles élégans et commodes, tant à des fabricans particuliers qu'au garde-meuble de la couronne, auquel il était attaché en qualité d'inspecteur. En composant, pour la manufacture de porcelaine de Sèvres, un grand nombre de formes et de décorations, il contribua puissamment à en épurer le style. Vers 1777, Brongniart avait été élu membre de l'académie d'architecture. Il devint ensuite architecte des bâtimens dépendans de la police; architecte du ministère des affaires étrangères, de l'hôtel des Invalides et de l'École militaire. Pendant les dix ans qu'il exerça ces deux dernières places, il fit les grandes avenues qui établissent, au midi, des communications nombreuses entre l'École militaire, les Invalides, les nouveaux boulevarts et la rue de Vaugirard, qui ouvrent des points de vue étendus de ce côté, et qui l'embellissent de plantations et de promenades. Il parvint à assainir les différentes parties de l'hôtel des Invalides. Il construisit, dans l'École militaire, le corps-de-logis où se trouve le manége, et celui qui lui correspond à l'ouest. Mais le palais de la Bourse est, des travaux de Brongniart, le monument qui a mis le sceau à sa réputation. Ce bel édifice, digne de l'architecture des Grecs, réunit la solidité, l'élégance et la commodité des distributions. L'auteur avait d'abord adopté l'ordre ionique, comme le plus convenable, par son caractère, à la destination de ce palais. Mais, à peine les fondations étaient-elles terminées, que des augmentations, survenues à l'organisation du tribunal de commerce, exigeant des distributions plus étendues dans le premier étage, pour transformer en bureaux et en salles d'assemblées des pièces destinées primitivement à de simples magasins, l'architecte fut obligé de remplacer l'ordre qu'il avait choisi par un autre plus élevé : il adopta l'ordre corinthien. C'était le 24 mars 1808 que Brongniart avait posé la première pierre de ce bel édifice, auquel il ne put malheureusement travailler que pendant cinq années, étant mort le 7 juin 1813, à l'âge de 75 ans. La direction des travaux publics, l'administration même du département, et un grand nombre d'artistes distingués, s'empressèrent d'honorer sa mémoire. Les ouvriers qui travaillaient aux constructions du palais de la Bourse avaient demandé, avec instance, que le convoi traversât le palais. Lorsque le corps fut introduit, tous les ouvriers quittèrent leurs travaux, se rangèrent, la tête découverte, autour du char, et saluèrent dans le silence de la douleur les restes inanimés d'un homme qui n'eut pas seulement des talens : c'était le dernier hommage des fils adoptifs d'un bon père de famille. Le convoi s'achemina ensuite vers le cimetière de l'Est, dit du P. la Chaise, dont le plan et les dispositions, tout à la fois simples et nobles, étaient encore l'ouvrage récent de Brongniart. Son corps y fut déposé, dans un monument voisin de ceux qu'il avait érigés lui-même pour plusieurs grands personnages.

BRONGNIART (ALEXANDRE), fils du précédent, célèbre naturaliste, membre de l'institut, ingénieur des mines, et directeur de la manufacture royale de porcelaines de Sèvres. Né en 1770, il fit d'excellentes études, s'adonna particulièrement à l'histoire naturelle, et fut élève des mines, sous la direction de M. Sage. Dès l'âge de 24 ans, il fut nommé ingénieur des mines, et, en 1796, professeur à l'école centrale de Paris. Il fit ensuite des cours à l'école des mines, en remplacement de M. Haüy. Nommé, en 1800, directeur de la manufacture de porcelaines de Sèvres, il reçut du roi, en janvier 1815, la décoration de la légion-d'honneur, après l'exposition des porcelaines au Louvre, et, la même année, l'ordre de la Réunion lui fut conféré par Napoléon, à son retour de l'île d'Elbe. Le 21 novembre, il fut élu membre de l'institut, première classe, et le 21 mars 1816, confirmé par le roi dans cette nomination, en qualité de membre de l'académie des sciences, section de minéralogie. Les principaux ouvrages de M. Brongniart sont : 1° *Traité élémentaire de minéralogie*, avec des applications aux arts, 1807, 2 vol. in-8°. Cet ouvrage offre un grand nombre de notions géologiques. 2° *Mémoire sur le nouveau minéral nommé Glauberite*, lu à l'institut en 1810; 3° *Essai sur la minéralogie géographique des environs de Paris*, avec une carte, 1811, in-4°. Cet ouvrage a été fait en société avec M. Cuvier. 4° *Essai sur une détermination et une classification minéralogique des roches mélangées*. Ce traité, inséré dans le *Journal des mines* de 1813, a été traduit en allemand et en italien. 5° *Notice pour servir à l'histoire géognostique du Cotentin*, lu à l'institut en 1813; 6° *Mémoire sur les corps organisés fossiles nommés Trilobites*. Ce mémoire, lu à l'institut en 1814, et augmenté de nouvelles observations en 1819, est un exemple des secours que la zoologie prête à la géologie. 7° *Myologie comparée de plusieurs espèces de singes*, travail présenté à l'institut en 1796; 8° *Essai d'une classification naturelle des reptiles*, avec la description et la figure de plusieurs espèces. Cette nouvelle classification, communiquée à l'institut, et publiée dans les mémoires des savans étrangers, en 1805, est maintenant adoptée par tous les naturalistes. 9° *L'Introduction de l'Histoire naturelle des insectes*, par M. de Tigny; 10° *Cours de zoologie*, faits au lycée et à l'école centrale des Quatre-Nations, de 1794 à 1802; 11° *Cours de minéralogie et de géologie*, faits au lycée, à l'école centrale des Quatre-Nations, à l'école des mines et à la faculté des sciences, depuis 1794 jusqu'en 1821; 12° *Voyages géologiques*, en France, en Angleterre, en Allemagne, en Suisse, dans les Alpes, dans le Jura, en Italie, etc. 13° *Mémoire sur le gisement des euphotides et des serpentines*, dans les Apennins, 1820; 14° *Mémoire sur l'art de l'émailleur*, inséré dans les *Annales de chimie*; 15° *Mémoire sur les couleurs vitrifiables tirées des oxydes métalliques*, inséré dans le *Journal des mines*.

BROSSELARD (Emmanuel), né à Paris, en 1763, avocat, électeur en 1789, et successivement membre du conseil-général de la commune, officier municipal et commissaire du gouvernement près les tribunaux civils de Paris, avait publié, en 1787, une *Ode sur la mort du prince de Brunswick*. Il fit paraître, en 1792, sous le titre *des Devoirs*, une traduction de l'ouvrage de Cicéron, vulgairement appelé les *Offices*; un vol. in-8°, avec des notes et une vie de Cicéron. L'intention d'approprier cet ouvrage aux besoins du temps se fait sentir dans toutes ses parties. Il en a été donné une seconde édition, en 1797, avec le texte en regard, 2 vol. in-12. Cette traduction est très-estimée, et la préface dont elle est précédée annonce un écrivain distingué et un excellent citoyen. M. Brosselard, après l'installation du directoire, et pendant une période de quatre années, fut rédacteur en chef du *Républicain français*, journal in-folio qui prit le titre de *Chronique universelle*, quand il en devint aussi l'éditeur. Il fut porté sur la liste de déportation au 18 fructidor, et rayé à la seconde lecture, grâces à deux voix de ses amis. Le journal fut compris dans la suppression en masse qui suivit de près la révolution du 18 brumaire an 8 (9 novembre 1799). Quelque temps après, M. Brosselard proposa et fit agréer au gouvernement consulaire l'établissement d'un bureau de législation étrangère, au ministère de la justice; il en fut nommé chef. Cet établissement ne survécut guère au ministère de M. Abrial, qui l'avait créé. Mais pendant sa courte existence, M. Brosselard a publié, en société avec Weiss et Lemierre-d'Argy, la traduction du *Code général pour les états prussiens*, 1801, 5 vol. in-8°. Le roi de Prusse fit remettre aux auteurs de cette traduction une lettre flatteuse et la grande médaille d'or de son académie. Le code dont il s'agit ici est un des plus beaux monuments de la législation. Il comprend, dans un seul et même cadre, et enchaînées les unes aux autres, toutes les matières sans exception qui sont susceptibles d'être réglées par les lois; exemple encore unique. En somme, les principes en sont généreux et à la hauteur des lumières du siècle. Mais, pour éviter le danger des innovations, les dispositions de ce code ne doivent recevoir leur application que dans les cas où les coutumes provinciales n'ont rien statué; ce qui en restreint singulièrement les effets. Il ne faut pas le confondre avec le *Code Frédéric*, compilation indigeste qui parut vers 1760. Celui-ci, commencé, il est vrai, par les ordres du grand Frédéric, à la suite de l'affaire du meunier Arnold, fut d'abord présenté au public en projet, avec invitation aux hommes éclairés de tous les pays, de faire connaître leurs observations, et ne fut promulgué qu'à la fin du siècle dernier. Dans le célèbre procès du Dictionnaire de l'Académie, M. Brosselard a publié des *observations* qui furent particulièrement remarquées, et dont on ne parle ici que parce que la question avait quelque chose de littéraire. Enfin, on lui attribue une traduction de l'allemand, qui a paru sous le nom supposé de *Thyrion;* c'est celle de la *Vie de Frédéric-le-Grand,* roi de Prusse, par Ch. Hammerdorfer, 1787, in-8°. M. Brousselard a constamment été employé au ministère de la justice. Il y remplit, en ce moment, la place de chef du bureau des grâces.

BROTIER (André-Charles), neveu du savant Gabriel Brotier, auteur des *Commentaires sur Tacite,* et des *Appendices* qui remplissent les lacunes que l'on rencontre trop souvent dans cet admirable historien, et qu'au caractère du style comme à celui de la pensée, on croirait avoir été fournis par lui-même. André Brotier naquit à Taunay, en Nivernais, dans l'année 1751. Ses études terminées, il embrassa l'état ecclésiastique, et obtint, quelque temps après, une chaire de mathématiques à l'École militaire. Mathématicien profond, il ne se livrait pourtant pas exclusivement aux sciences; les lettres et la botanique occupaient encore une partie de son temps. On a de lui la traduction d'*Aristophane,* insérée dans la nouvelle édition du *Théâtre des Grecs,* dirigée par lui, 13 vol. in-8°, Paris, 1785, et une traduction de *Plaute,* inédite. Il a terminé avec de Vauvilliers la belle édition du *Plutarque* d'Amyot, commencée par son oncle, Gabriel Brotier, et a publié trois ouvrages posthumes de lui : édition des *OEuvres morales de La Rochefoucault,* renfermant ses maximes, ses pensées, et d'autres pièces qui n'avaient point encore été imprimées, in-8°, 1789. L'abbé Brotier y rétablit plus de cinquante maximes qu'il prétend inexactes dans celle de l'imprimerie royale, faite par ordre du ministre Turgot, en 1778, d'après le manuscrit original fourni par Mme la duchesse d'Enville, petite-nièce de La Rochefoucault. *Paroles mémorables,* in-8°, 1790; *Manuel d'Epictète, nouvellement traduit du grec, précédé d'un discours sur la vie et la morale d'Epictète,* Paris, 1794. En 1791, l'abbé Brotier était le principal rédacteur du *Journal général de France,* sous la direction de l'abbé Fontenay, auquel il succéda. Après la journée du 10 août, il se retira, et vécut ignoré jusqu'au commencement de l'an 4. A cette époque, il fut impliqué dans la conspiration royaliste de Lemaître, et fut néanmoins acquitté. En l'an 5, il ne fut pas aussi heureux. Accusé de complicité dans l'affaire de Lavilleheurnois, il fut condamné à mort comme coupable d'embauchage et de conspiration, par une commission militaire, qu'il récusa en vain. Son défenseur parvint à faire commuer la peine capitale en une détention de dix ans. Mais lors de la révolution du 18 fructidor, l'abbé Brotier fut compris, avec ses complices, dans le nombre des déportés à Cayenne. Une commune infortune ne fortifia point l'amitié qui devait unir les conjurés. L'abbé Brotier vécut assez mal avec Lavilleheurnois et Duverne de Presle. Cependant, par suite de l'influence qu'il acquit près des administrateurs en chef de la colonie, son humeur naturellement difficile se calma, et il contribua même, autant qu'il le put, à adoucir le sort des autres déportés. Il mourut le 13 septembre 1798.

BROUARD (ÉTIENNE, BARON), né à Vire, département du Calvados. Il quitta le barreau de fort bonne heure, et fut fait capitaine d'un des premiers bataillons de volontaires qui aient été formés. Nommé, en 1793, par le général Dampierre, adjoint à l'état-major de l'armée du Nord, puis par le gouvernement adjudant-général et général de brigade, il n'accepta qu'en l'an 13 ce dernier grade, qui lui fut deux fois offert. Il fit partie de l'expédition d'Égypte, et resta à Malte en qualité de chef d'état-major de la division qui formait la garnison de cette île. Ce fut lui qui, lors de la révolte des Maltais, après la ruine de la flotte française dans la rade d'Aboukyr, marcha contre les insurgés, les chassa de la ville et sauva la garnison. Déjà les soldats qui occupaient plusieurs postes avaient été massacrés. Dans beaucoup d'autres circonstances, le général Brouard, entraîné par son zèle, se chargea d'expéditions périlleuses auxquelles rien ne l'obligeait, que son désir de conserver Malte à la France. Dans une sortie qu'il fit à la tête d'un faible détachement, il reçut un coup de feu qui lui fracassa la mâchoire inférieure. Il y avait, à Malte, assez de vivres pour deux ou trois années, assez de médicamens pour suffire au traitement des malades pendant le même espace de temps; et cependant les vivres scandaleusement dilapidés, tous les moyens de préserver Malte de la famine négligés, forcèrent bientôt à la reddition de cette place importante, que la disette seule pouvait livrer à l'ennemi. Le général Brouard fit, à ce sujet, au général en chef Vaubois, des observations, et les consigna depuis dans un mémoire imprimé: ces observations n'eurent aucun résultat utile. L'insurrection éclata, et les Anglais, devenus maîtres de Malte, tinrent dans leurs mains, déjà trop puissantes, cette clef du commerce de la Méditerranée. Le général Brouard s'embarqua sur *le Guillaume-Tell*, sous prétexte de revenir en France pour rétablir sa santé; mais plutôt, ainsi qu'il l'avoue dans son mémoire, pour ne pas être témoin du triomphe des ennemis de son pays. Le contre-amiral Decrès, depuis ministre de la marine, commandait *le Guillaume-Tell*. A peine sorti du port, ce vaisseau fut attaqué par la frégate anglaise *la Pénélope*, deux vaisseaux de ligne et un fort brick. Seul contre trois, le vaisseau français soutint le combat, avec le plus grand courage ; il perdit la moitié de son équipage, tous ses mâts, tous ses agrès, et ne se rendit qu'à la dernière extrémité : les deux vaisseaux de ligne anglais étaient hors de combat. Le général Brouard, qui n'était cependant que simple passager, prit à l'action une assez grande part pour recevoir des remercîmens publics du contre-amiral et une lettre flatteuse du ministre de la marine. Il fit ensuite les campagnes d'Italie, où il se fit de nouveau remarquer, ainsi que dans celle de Pologne, en 1806. Chargé par l'empereur de chasser les Russes de leurs retranchemens au passage du Bug, il se porta à la tête de sa demi-brigade, et fut blessé à la tempe d'un coup de biscayen, qui le priva de l'usage de l'œil gauche. Créé lieutenant-général pendant les *cent jours*, et député par la ville de Nantes à la chambre des représentans, il méritait, comme tel, la mention perfide que la *Biografie des hommes vivans* a faite de lui; cette biographie passe sous silence la vie militaire de ce général, et ne le représente qu'à son début dans la carrière politique, où l'avaient conduit des circonstances critiques qu'il est bien facile aujourd'hui de calomnier.

BROUGHAM (Henri) est né à Londres, vers 1779. Il commença par travailler à quelques journaux, et entre autres à l'*Edimburg-Review*; une saine érudition, un style piquant, le distinguèrent bientôt de la foule des journalistes anglais. Il se fit recevoir avocat, et obtint la même distinction au barreau. Si l'on crut pouvoir lui reprocher une élocution trop fleurie, cette critique, prononcée par des avocats anglais, devient presque un éloge. La sèche et rebutante déclamation de *Chancery-Lane*, n'avait rien de commun avec les oraisons cicéroniennes de Brougham et d'Erskine. Ils encoururent tous deux le même blâme; cependant il est à propos de remarquer que l'ambition et même l'incohérence de quelques métaphores (caractère et défaut de l'éloquence irlandaise) déparent assez souvent les belles productions de ce dernier orateur. Chez Brougham, on trouve à la fois plus d'élégance, de concision, et moins de chaleur factice. Devenu membre du parlement, Brougham n'avilit point ses nobles qualités, et ne vendit point au pouvoir l'indépendance de son talent. Satisfait d'acquérir une popularité honorable, et de soutenir les droits de la vérité, du patriotisme et de la raison, il résista constamment à toutes les offres et à toutes les séductions. Orateur habile, toujours simple et sage dans ses mouvemens les plus hardis, il s'était distingué dans plusieurs occasions, et avait acquis l'estime générale, lorsque les persécutions dirigées contre l'épouse du prince de Galles, lui offrirent une gloire plus périlleuse, et lui assignèrent dans l'histoire de son pays et de son temps, une place bien honorable. Conseil de la princesse, il la défendit pied à pied contre les attaques dont elle était l'objet. L'histoire contemporaine, qui ne peut prononcer sur la chose *non jugée*, sans discuter le fond de ce honteux et long procès, trouve dans le mode d'accusation, dans la série des attaques, une perfidie et une combinaison de méchancetés qui l'épouvantent. En respectant le voile qui couvre encore la conduite morale d'une femme trop long-temps persécutée, la simple humanité gémit à l'aspect d'une jeune épouse exilée deux jours après son mariage, isolée dans son palais, séparée de son enfant, restée seule sur la terre, après que ses parens, descendus dans la tombe, l'ont laissée au pouvoir d'une cour étrangère et d'une famille ennemie. Brougham déploya, dans cette occasion, toutes les ressources de son beau talent, et toute la persévérance d'une probité que les longueurs, les ennuis, les dégoûts multipliés à dessein ne purent fatiguer. Soit que l'on voulût enlever à son auguste cliente les moyens pécuniaires de soutenir son rang d'une manière convenable; soit que la princesse demandât à son mari la triste permission d'embrasser sa fille une fois par mois; soit qu'elle adressât au vieux roi, son beau-père, des lettres pleines de tendresse et de douleur, Brougham dirigeait toutes ses démarches. Le peuple, qui avait des larmes pour le malheur de la princesse de Galles, avait, pour son défenseur, une admiration vive qui ne s'est point démentie, et que partageaient les adversaires les plus violens de la liberté publique et les accusateurs de la princesse. Lord Castlereagh lui-même, le mystérieux Castlereagh, dans un de ces discours ministériels que font toujours remarquer le vague des idées et l'insuffisance de l'expression, loua d'une manière très-intelligible, contre son ordinaire, les intentions, le dévouement et le talent de Brougham. Mais cet hommage était un piége que ne méconnurent point les membres de l'opposition et le défenseur lui-même. Brougham répondit par un projet de bill qui ne pouvait être pris en considération au milieu d'une chambre trop accessible à tous les genres de corruption. En 1816, ce jurisconsulte célèbre vint en France, et put y continuer ses observations sur le despotisme ministériel. Quelque temps après il retourna en Angleterre, où la mort de Georges III, et le retour de la princesse, devenue reine, rendirent son ministère nécessaire à sa noble cliente. De nouvelles accusations, recueillies avec l'implacable zèle de la plus violente inimitié, la foule des témoins mercenaires, arrivés par cargaisons, le pouvoir d'un époux devenu roi, le mécontentement du peuple excité par ces imputations partout flétrissantes, mais surtout dans un pays où l'hypocrisie de la morale est en si grand honneur, tout rendait la tâche du défenseur extrêmement difficile. Son talent s'éleva encore; et, parmi les plus beaux modèles de l'éloquence, on doit citer le dernier plaidoyer de Brougham pour la reine. Au moment où nous écrivons, il est encore occupé à la défendre, même après l'absolution prononcée. Tantôt réclamant contre un outrage, tantôt prouvant l'injustice d'une démarche, tantôt demandant le redressement d'un tort, il est obligé de descendre à toutes ces minuties puériles auxquelles la haine s'attache en désespoir de cause, et d'écarter toutes ces persécutions secondaires, si avilissantes pour les persécuteurs, et si cruelles pour la victime. Versé dans les sciences physiques, profondément instruit dans le droit de son pays, habile dans la science de l'économie politique, Brougham est l'un des orateurs les plus distingués du siècle. Outre plusieurs discours imprimés, et quelques brochures sur les circonstances, il a publié deux ouvrages qui ont eu plusieurs éditions: *De l'état de la nation*, et *Recherches sur la Politique coloniale*, tous deux distingués par la finesse des vues et par l'élégante concision du style.

BROUSSAIS (François-Joseph-Victor), médecin, naquit à Saint-Malo (Ille-et-Vilaine), le 17 octobre 1772. Son père, qui était chirurgien, lui fit faire ses humanités au collége de Dinan. La révolution survint. Il servit pendant quinze mois, d'abord comme grenadier, puis comme sous-officier, et fut successivement employé, durant les trois premières années de la république, comme chirurgien-sous-aide, dans l'hôpital de la marine militaire, à Saint-Malo, dans les hôpitaux de Brest, et à bord des vaisseaux français. Son père lui avait enseigné les premiers élémens de la chirurgie; deux professeurs de Brest, MM. Billard et Duret, lui apprirent l'anatomie. Bichat avait commencé ainsi; il ne devint médecin qu'après avoir été anatomiste et chirurgien habile. M. Broussais, nommé chirurgien de seconde classe (aujourd'hui, aide-chirurgien-major), exerça pendant deux ans les fonctions attachées à ce titre, sur une corvette de l'état; quitta le service en 1798; et, de retour dans ses foyers, donna tout son temps à l'étude de la botanique, de la matière médicale, et à la lecture des livres de médecine. Il vint à Paris, en 1799, suivit pendant quatre ans les différens cours sur les sciences médicales, et soutint, en l'an 11, une thèse sur la *fièvre hectique, considérée comme dépendante d'une lésion d'action des différens systèmes sans vice organique*. (Voir la *Collection des Thèses de l'École de médecine de Paris*, format in-8°.) S'étant fait recevoir médecin, il exerça pendant deux ans dans la capitale, et augmenta, par la lecture des meilleurs ouvrages, ses connaissances déjà très-étendues. Il sollicita et obtint ensuite une place de médecin militaire dans les armées; et pratiqua successivement la médecine dans les hôpitaux de la Belgique, de la Hollande, de l'Autriche et de l'Italie. Trois années de ce service altérèrent sa santé; il vint à Paris pour la rétablir, et ce fut à cette époque (en 1808) qu'il publia l'*Histoire des phlegmasies, ou inflammations chroniques, fondée sur de nouvelles observations de clinique et de pathologie*, 2 vol. in-8°. A peine avait-il fait paraître cet ouvrage important, qu'il se rendit au poste que la confiance du gouvernement lui avait assigné. On le vit, pendant six ans, à l'armée d'Espagne, médecin principal, et cependant toujours occupé à recueillir des observations nouvelles dans les hôpitaux militaires; car il regardait ce travail comme le seul moyen d'atteindre au but qu'il s'était proposé en entrant dans les armées, celui de vérifier, par l'observation, les effets des remèdes, et, par l'ouverture des cadavres, l'exactitude ou la fausseté de tout ce qu'on enseignait dans les écoles, et de tout ce qu'il avait lu dans les livres de médecine et de chirurgie. En 1814, M. Broussais s'établit à Paris, où sa famille s'était fixée. Dans la même année, il fut désigné comme 2ᵐᵉ professeur à l'hôpital militaire du Val-de-Grâce, érigé, pour la seconde fois, en hôpital d'instruction. Il entra en fonctions en 1815, et à partir de cette époque, il joignit aux leçons qu'il donnait dans cet hôpital, l'enseignement particulier de la médecine. M. Broussais, décoré depuis 1812 de l'ordre de la Réunion, fut nommé, en 1815, chevalier de la légion-d'honneur. Il publia, en 1817, la seconde édition de l'*Histoire des phlegmasies chroniques*, et l'*Examen de la doctrine médicale généralement adoptée, et des systèmes modernes de nosologie*, 1 vol. in-8°. Le premier de ces ouvrages fixa, aussitôt qu'il parut, l'attention des médecins, par un mérite d'observation fort rare, et par le nombre et la nouveauté des faits qu'il renferme. Peu de monographies présentent autant d'exactitude, et sont aussi complètes. Narrateur fidèle de ce qu'il a vu, M. Broussais fait succéder à l'histoire des maladies des réflexions d'un haut intérêt, sur les phénomènes qu'elles ont présentés. La forme biographique ne nous permet pas de faire un exposé raisonné de la doctrine de M. Broussais; en voici les bases principales : « Les traits caractéristiques des » maladies, dit ce médecin, doi- » vent être puisés dans la physio- » logie. Formez un tableau aussi » animé du malheureux livré aux » angoisses de la douleur; dé- » brouillez-moi, par une savante » analyse, les cris souvent confus » des organes souffrans; faites-moi » connaître leurs influences réci- » proques; dirigez habilement mon » attention vers le douloureux mo- » bile du désordre universel qui » frappe mes sens, afin que j'aille » y porter avec sécurité le baume » consolateur qui doit terminer » cette scène déchirante. » Voilà ce que M. Broussais a voulu faire. Observateur infatigable, excellent physiologiste, il a lié intimement l'histoire des lésions des organes à celle de leurs fonctions; il n'a négligé aucun moyen pour découvrir la vérité, et il l'a demandée, non aux systèmes, mais aux faits. Un grand nombre d'ouvertures de cadavres, exécutées avec un soin inconnu ou dédaigné avant Bichat, lui a révélé les secrets les plus importans. Tous les organes, dit M. Broussais, communiquent entre eux, et de la manière la plus intime, par les nerfs et les vaisseaux sanguins; « l'affection de l'un d'eux est vi- » vement ressentie par les autres. » La vie ne se maintient, dans tous » les animaux à sang chaud, que » par une excitation continuelle » des substances qui nourrissent » les organes, et des fluides qui ne » contiennent pas des matériaux » nutritifs. Voilà les agens de cette

» excitation. » Qu'est-ce en effet qu'une maladie? C'est la rupture de l'équilibre des forces qui maintiennent, dans chaque organe, le degré nécessaire à l'exercice de ses fonctions; il ne peut les remplir avec régularité s'il est excité trop fortement, ou s'il ne l'est pas assez. Lorsqu'un organe est le siége d'une irritation vive, son état de souffrance est exprimé par le trouble de ses fonctions, et les phénomènes de l'irritation des tissus qui sympathisent avec lui; il s'empare des forces des autres organes, et montre une surabondance de vie, tandis que les autres parties du corps tombent dans une langueur, une débilité plus ou moins grande, suivant la nature des parties malades et la constitution du sujet. Si un tissu, un organe, a été long-temps malade, les parties qui ont la même structure, et qui, par conséquent, remplissent les mêmes fonctions, ont de grandes dispositions à contracter le même genre de maladie. Ces lois pathologiques sont fécondes en conséquences importantes. M. Broussais les développe avec une grande sagacité dans sa pathologie, où, en relevant les erreurs d'autrui, il met en évidence des vérités nouvelles. Sa doctrine a pour elle de fortes probabilités ; son mérite spécial ne consiste pas en théories ingénieuses, mais dans son utilité pratique. Tout médecin qui la méditera, reconnaîtra bientôt qu'elle promet et fait obtenir un plus grand nombre de guérisons que celles auxquelles elle a succédé; cependant elle a eu le sort des plus belles découvertes : lorsqu'elle parut, elle souleva tous les préjugés; les auteurs n'en parlèrent pas dans leurs ouvrages; les journaux la dédaignèrent, les chaires des professeurs furent muettes. Néanmoins cette doctrine faisait des prosélytes, elle marchait chaque jour à des conquêtes nouvelles; l'envie alors se montra; elle chercha à priver M. Broussais de ses plus beaux titres de gloire : ce qu'il avait dit, d'autres l'avaient dit; des livres ignorés furent exhumés, et des écrivains obscurs traités d'hommes de génie. Quoi qu'on en ait dit, la doctrine médicale de M. Broussais est nouvelle. Mais que les médecins ne l'adoptent pas sans un long examen, qu'ils la soumettent à l'épreuve de l'expérience, c'est ce que l'intérêt de la science et celui de l'humanité commandent, et ce que M. Broussais lui-même doit désirer. L'expérience, comme le temps, perfectionne les ouvrages du génie. Des faits découverts ou mieux observés modifient sans cesse les théories; et la nouvelle doctrine médicale, soumise à cette loi générale, subira sans doute des changemens qui ajouteront à son exactitude; mais elle ne subira pas le sort des systèmes qui ont tenu lieu si long-temps d'expérience en médecine: elle vivra, car elle repose sur des fondemens inébranlables, sur les faits; elle est la conséquence de l'alliance étroite de la médecine, de la physiologie et de l'anatomie pathologique. Outre les trois ouvrages déjà cités, M. Broussais a composé encore beaucoup d'articles séparés, de mémoires, d'analyses, qui ont été insérés, depuis 1807, dans le *Bulletin de la société médicale d'émulation*, dans les *Mémoires* de cette société (7™° et 8™° volumes), et dans le *Journal universel des sciences médicales*. Les dissertations que renferment les mémoires de la société médicale d'émulation, traitent *de la circulation capillaire,* et *des usages du foie et de la rate.* Deux de celles qu'il a données au *Journal universel des sciences médicales*, sont fort remarquables : ce sont des *réflexions sur les fonctions du système nerveux en général, sur celles du grand sympathique en particulier, et sur quelques autres points de physiologie :* M. Broussais démontre, 1° que toute sensation externe, pour peu qu'elle ait d'intensité, parvient dans les viscères comme la peau; 2° que le centre sensitif (l'organe cérébral) perçoit des sensations à l'occasion de ce qui se passe dans les viscères. Il a déterminé avec une précision admirable les rapports qui existent entre le grand sympathique et les nerfs de l'appareil *cérébro-rachidien*. En 1820, la place de médecin en chef, premier professeur à l'hôpital militaire d'instruction de Paris, étant devenue vacante, par le passage de M. Desgenettes qui l'occupait au conseil de santé des armées, M. Broussais l'a obtenue. Ce médecin prépare une seconde édition de son *Examen*, et la troisième des *Phlegmasies chroniques*; plusieurs sociétés savantes, nationales et étrangères, l'ont nommé leur correspondant ; et deux de ses élèves. MM. de Caignou et Guémont, ont publié ses *Leçons sur les phlegmasies gastriques* (vol. in-8°, Paris, 1819).

BROUSSE-DES-FAUCHERETS (JEAN-LOUIS). Jusqu'au jour où la révolution éclata, il n'avait été que ce qu'on appelle homme du monde. Aimable et spirituel, et écrivant en vers avec facilité, il avait obtenu de grands succès dans la société par des comédies composées pour elle, et dans lesquelles il montrait plus de talent qu'il n'en faut pour être applaudi là où il n'est pas possible d'être sifflé. En 1789, il donna une autre application aux facultés de son esprit plus brillant que solide. Ayant attiré sur lui l'attention par quelques discours prononcés dans la section des Blancs-Manteaux, dont il était membre, il fut nommé membre de la commune de Paris, puis, après la journée du 14 juillet, lieutenant de maire au bureau des établissemens publics; en 1790, il publia un compte rendu sur l'administration de Paris. Membre du département en 1791, il perdit cette place en 1793. La modération de ses opinions l'avait rendu suspect; il n'échappa au mandat d'arrêt lancé contre lui, et probablement à la mort, qu'en se condamnant à une réclusion volontaire. Sorti de sa retraite après le 9 thermidor, il resta quelques années étranger aux affaires. En 1800, le préfet de la Seine, M. Frochot, attacha Des-Faucherets à son administration, comme chef du bureau des hospices civils de Paris. En 1806, il fit partie du conseil de censure, et exerça cette place jusqu'à sa mort, arrivée le 18 février 1808. Il avait

62 ans. On a de Brousse-des-Faucherets différentes pièces de théâtre : 1° l'*Avare cru bienfaisant*, comédie en cinq actes et en vers, 1784; 2° *Cassandre le pleureur*, opéra-comique, joué au théâtre Italien; 3° le *Mariage secret*, comédie en trois actes et en vers, 1786; 4° le *Portrait, ou le Danger de tout dire*, comédie en un acte et en vers, 1786; 5° *la double Clef, ou Colombine mannequin*, parade en deux actes et en vers, melée d'ariettes; 6° les *Dangers de la présomption*, comédie en cinq actes et en vers, 1798; 7° l'*Astronome*, opéra-comique en deux actes et en prose, 1799; 8° *la Punition*, opéra en un acte, musique de Chérubini, 1799; 9° en commun avec M. Roger, *la Pièce en répétition*, comédie en deux actes et en prose, 1801; 10° avec le même, *Aristote gouverneur, ou le Triomphe du génie*, 1808. A sa mort on a trouvé dans ses papiers quelques autres pièces, du nombre desquelles devait être une comédie en cinq actes et en vers, intitulée le *Timide, ou l'Ennemi de lui-même*; des chansons, des contes, etc. La meilleure de ses productions est *son Mariage secret*, pièce conçue avec originalité, et écrite avec esprit; elle est restée au répertoire du Théâtre-Français. Cette jolie comédie, qui méritait de réussir partout, avait été composée, ainsi que les autres, pour une scène moins imposante. C'est le seul des ouvrages de Des-Faucherets qui n'ait pas perdu à changer de théâtre. Ses autres pièces, qui ne sont pas d'ailleurs sans mérite, manquent de la force et du piquant nécessaires pour enchaîner un auditoire non obligé à la complaisance. Le style de Des-Faucherets n'a pas toujours les qualités requises pour le genre auquel il s'est livré. On lui désirerait souvent plus d'élégance, de correction et de véritable gaieté. La société a encore plus perdu en lui que les lettres. Il a laissé un souvenir ineffaçable dans le cœur de ses amis, de ceux surtout dont il sut avec tant de persévérance et tant de courage, soigner la longue infortune. Un des collaborateurs de cet ouvrage, dont il a pendant deux années consolé la captivité, se trouve heureux de payer à sa mémoire l'hommage d'une juste reconnaissance, et de s'honorer ainsi du sentiment personnel qu'il avait eu le bonheur d'inspirer à Des-Faucherets.

BROUSSIER (Jean-Baptiste), lieutenant-général, grand-officier de la légion-d'honneur, né dans les environs de Bar-sur-Ornain, au mois de mai 1766. Ses parens, qui avaient l'intention de le faire entrer dans l'état ecclésiastique, l'envoyèrent au séminaire de Toul, mais il avait d'autres dispositions que la révolution favorisa bientôt. Dès que la patrie appela ses défenseurs sous les drapeaux, le jeune Broussier répondit à sa voix. En 1792, il était capitaine d'un bataillon de la Meuse, et fit sa première campagne sous les ordres du général Beurnonville. Il servit successivement dans les armées du Nord, de Sambre-et-Meuse, et d'Italie, se distingua dans toutes les affaires, reçut plusieurs blessures, et conquit tous ses grades sur les champs de bataille. Général de brigade à l'armée de Naples, en 1799, il n'avait avec lui que la 17ᵐᵉ demi-brigade et quelques chasseurs à cheval, quand il fut attaqué par 10,000 mille hommes. Conservant toute sa présence d'esprit, il sut attirer l'ennemi dans une embuscade, où il le défit complétement. Cette déroute eut lieu aux *Fourches-Caudines*, où jadis les Romains, vaincus par les Samnites, déposèrent les armes et passèrent sous le joug. Le général Broussier, digne émule et ami de son général en chef, Championnet, battit à diverses reprises l'armée du cardinal Ruffo, finit par la détruire, et contribua beaucoup à la conquête du royaume de Naples. Victime du parti qui voulait la perte de Championnet, il partagea sa disgrâce, fut traduit avec lui devant un conseil de guerre, sur des inculpations qui paraissent dénuées de fondement; mais la révolution du 30 prairial an 7 ayant mis cette procédure au néant, il fut réintégré dans son grade. Nommé commandant d'armes de la place de Paris, au mois d'avril 1804, il reçut du premier consul le titre de commandant de la légion-d'honneur, et le grade de général de division. Dans la campagne de 1809, il commanda un corps de l'armée d'Italie, battit les Autrichiens près de Leybach, et leur enleva cette ville. S'étant réuni avec sa division à la grande-armée d'Allemagne, le général Broussier se trouva à la célèbre bataille de Wagram, où il recueillit de nouveaux lauriers. En 1812, les plaines de la Moskowa furent aussi les témoins de sa valeur. Après la désastreuse bataille de Leipsick, en 1813, il fut nommé commandant supérieur de Strasbourg et du fort de Kehl; mais les circonstances rendirent inutiles ses efforts, pour mettre ces deux points en état de défense. Une attaque d'apoplexie a terminé l'honorable carrière du général Broussier, à la fin de mars 1814.

BROUSSONET (Pierre-Marie-Auguste), naquit à Montpellier le 28 février 1761. Fils de François Broussonet, professeur de médecine à l'école célèbre de cette ville, il fut reçu docteur à 18 ans; aussitôt après l'université demanda pour lui la survivance de son père. Une excellente thèse sur la respiration (*Variæ theses circà respirationem*, Montpellier, 1778), qu'un étranger (Ludwig) n'a pas dédaigné de réimprimer dans un recueil de thèses choisies, justifiait cette démarche. Cependant le ministre opposait à la demande de l'université, sinon des refus, du moins des délais. Broussonet vient à Paris, sollicite quelque temps, et bientôt, dégoûté des tergiversations du ministère, abandonne les antichambres pour les livres, et croit pouvoir parvenir, par une autre route, à la fortune et à la réputation. Attaché à la méthode rigoureuse de Linnée que les magnifiques descriptions de Buffon décréditaient, il entreprend de la réhabiliter en France, va étudier à l'étranger les cabinets les plus riches, et commence par visiter l'Angleterre, où Banks l'accueille avec bienveillance, et lui prodigue les conseils dont son avide inexpérience avait besoin. C'est chez Banks qu'il commença son travail sur les poissons, et c'est à Londres que parut (1782) son *Ichtyologiæ decas prima.* Il y décrit, avec la plus minutieuse exactitude, dix espèces rares, dont cinq inconnues. La société royale de Londres lui ouvre ses portes; il revient à Paris; et malgré le préjugé qui repoussait alors le système qu'il avait embrassé, Daubenton le fait son suppléant au collége de France, son adjoint à l'école vétérinaire, et *contribue plus que tout autre* (dit M. Cuvier dans l'Éloge historique de Broussonet) à le faire recevoir malgré sa jeunesse à l'académie ; il fut élu le 1er juin 1785. Avant sa réception, il avait lu à l'académie une foule de mémoires, auxquels la science doit des renseignemens et des lumières ; il avait donné la description de *vingt-sept espèces de chiens de mer,* dont un tiers était auparavant inconnu, un *Plan d'ichtyologie* extrêmemement vaste, des *Mémoires* sur *les vaisseaux spermatiques des poissons,* sur *le loup de mer,* sur *le voilier,* sur *le silure trembleur,* poisson électrique, et doué de la même faculté engourdissante que la torpille ; enfin, une *Comparaison des mouvemens des plantes avec les mouvemens des animaux ;* un mémoire fameux sur *les Dents,* où il établit le premier que l'homme est par ses dents frugivore aux trois cinquièmes et carnivore pour le reste; un autre Mémoire sur *la respiration des poissons,* dont il expliqua le premier les minutieux phénomènes ; et un autre sur *l'Hedysarum gyrans,* plante bizarre, dont les folioles latérales s'abaissent et s'élèvent spontanément, comme si une volonté cachée vivait dans sa tige. Broussonet avait aussi perfectionné les belles expériences sur les salamandres aquatiques, faites par Spallanzani et Bonnet (que la *Biographie universelle* appelle *Bouvet*). Peu après sa réception à l'académie des sciences, nommé secrétaire de la société d'agriculture par Berthier de Sauvigny, intendant de Paris, qu'il avait connu à Londres, il parut quitter la route où il avait déjà recueilli les fruits de son exactitude et de sa patience, et se livra presque exclusivement à l'amélioration des procédés agricoles, aux travaux de la société, et à l'étude des nouvelles formes de style que demandaient ses nouvelles fonctions. Le même succès suivit ses efforts. Auteur de l'*Année rurale* (1787, 1788, 2 vol. in-8°), et de plusieurs Mémoires intéressans, qui se trouvent dans la collection de la société; collaborateur utile de la *Feuille du Cultivateur,* il se distingua aussi comme orateur: ses *Éloges* de *Buffon,* de *Blaveau,* de *Turgot,* se font lire encore après ceux qu'ont écrits d'Alembert, Condorcet et Fontenelle. Il faut sans doute un grand talent pour marcher d'un pas ferme entre l'ennui des ménagemens que le commerce de la société exige, et les inconvéniens d'une trop grande sincérité. Pour juger le génie, pour montrer ses progrès, ses variations, ses écarts, ses rapports ou ses contrastes avec le caractère individuel, son influence sur le siècle, ou sa lutte avec le siècle; pour rendre en quelque sorte palpables les phénomènes abstraits de l'intelligence, et nous faire assister aux opérations de la pensée, comme à un spectacle animé, il ne faut certainement pas une dose ordinaire de talent et d'éloquence. Ce fut Broussonet qui fit venir d'Espagne le premier troupeau de mérinos; et du Levant, les premières chèvres d'Angora. En 1789, il publia une *Histoire des découvertes et des voyages faits dans le Nord*, traduite de l'anglais de J. R. Forster. La révolution commença; et le paisible naturaliste fut cruellement frappé du contre-coup de ce grand événement. Républicains et royalistes persécutèrent, comme à l'envi, un homme qui ne s'était occupé jamais que d'expériences et d'observations. Nommé, en 1789, électeur de Paris; bientôt après chargé, ainsi que tous les autres électeurs, d'exercer à l'Hôtel-de-Ville une magistrature temporaire; témoin de l'assassinat de ce même Berthier, son protecteur et son ami; il veilla ensuite à l'approvisionnement de la capitale de concert avec Vauvilliers, et tous deux furent vingt fois près de perdre la vie. On nomme Broussonet membre de l'assemblée législative; mais déjà frappé de terreur, il ne s'y fait point remarquer; et dès que cette assemblée est dissoute, il se retire à Montpellier. La Montagne et la Gironde se heurtent bientôt. Cette dernière s'empare de Broussonet, malgré sa résistance; le 31 mai fait triompher la Montagne; et Broussonet, jeté en prison, s'échappe par miracle. Son évasion, et les circonstances qui la suivirent, tiennent du roman. Il quitte ceux qui l'entourent, sous le prétexte d'herboriser; gravit des roches, passe à travers les patrouilles républicaines, nu, mourant de faim, ne buvant que de la neige fondue, heurtant des cadavres; enfin, accablé de lassitude, d'inquiétude et de besoin, il est rencontré par un pâtre qui le soutient, et le conduit en Espagne. Echappé à ce danger, le corps épuisé, l'âme abattue, il parvient cependant jusqu'à Madrid, mais sans habits, sans argent, et sans autre nourriture que celle de la charité, qu'il n'obtient pas toujours. A Madrid, les botanistes Ortega et Cavanille lui prodiguent des secours; Banks lui envoie un crédit de mille louis, à recevoir dans toutes les grandes villes d'Europe. Noble action, plus digne de l'admiration des hommes que la plus sublime découverte! Si des étrangers accueillaient et soutenaient le Français fugitif, des Français impitoyables le forcèrent à fuir plus loin encore. Des émigrés royalistes, du nombre de ceux dont M. Cuvier accuse éloquemment l'aveugle et barbare politique, firent expulser cet émigré tardif, qui n'était qu'un homme de mérite dans le malheur, et qui n'avait pour titres que son génie et son exil. Broussonet fut donc obligé de s'embarquer pour les Indes, sur un vaisseau anglais, que la tempête force de relâcher à Lisbonne. Le duc de la Foëns, prince du sang et président de l'académie des sciences de Lisbonne, le cache, non dans sa bibliothéque, mais dans celle de cette compagnie. Il y passe quelque temps, occupé à faire des extraits d'anciens voyages manuscrits, et à apprendre le portugais. Enfin, les émigrés de Lisbonne découvrent sa retraite. Ils le dénoncent à l'inquisition, comme franc-maçon; lancent contre lui et contre le prince qui le protégeait des brochures, où ils sont tous deux accusés de jacobinisme, et se rendent si redoutables que Broussonet, pour se soustraire à leur inimitié et aux persécutions, part en qualité de médecin, à la suite de l'ambassadeur extraordinaire des États-Unis à Maroc. Cette horrible conduite, assez habilement déguisée par certains biographes, a été peinte éloquemment par l'honorable député dont nous avons déjà parlé. C'est dans les états barbaresques que Broussonet va chercher un peu de repos et de liberté. Là, il se livre à ses goûts et à ses études. En vain ses amis lui écrivent-ils que la France a changé de face; chassé de Maroc par la peste, il ne quitte cette ville que pour accepter le consulat des Canaries; et déjà il demandait celui du Cap, qui l'éloignait encore de la France, lorsque M. Chaptal, son parent, le força presque à revenir dans sa patrie, occuper une des chaires de l'école de Montpellier. Des chagrins profonds, causés par des pertes domestiques, se joignirent aux traces d'une chute autrefois mal guérie. Une légère paralysie le frappa; traité avec soin par un de ses amis, il recouvra bientôt l'usage de ses sens, mais il perdit une portion de la mémoire. Ce phénomène, l'un des plus bizarres qu'offrent les annales physiologiques, mérite toute l'attention des hommes de l'art et des hommes méditatifs. Broussonet ne perdit que la mémoire des substantifs; épithètes, verbes, adverbes lui étaient restés; il se rappelait les qualités, les formes, et les désignait à merveille; mais quand il fallait nommer les choses, les mots ne se présentaient plus. Mort peu de temps après (21 juillet 1808), il fut remplacé à l'institut par M. Geoffroy Saint-Hilaire. Un large ulcère à la surface du cerveau, du côté gauche, se découvrit au scalpel des anatomistes, et sembla expliquer le mystère de sa maladie. L'Héritier, son ami, lui consacra, sous le nom de *Broussonetia*, le mûrier à papier qu'il avait apporté d'Oxford en France. Entre autres manuscrits précieux, Broussonet a laissé une belle *Flore des Canaries*, qui contient seize cents plantes. Un frère d'Auguste Broussonet, ne voulant pas se contenter de l'illustration roturière que ce savant avait répandue sur sa famille, a prouvé victorieusement qu'il descendait d'un cardinal du 15me siècle, appelé *Brissonet*, et est parvenu à obtenir la haute faveur de prendre ce nouveau nom. Malheureusement pour M. *Brissonet*, qui est sans doute un bon citoyen, un vieux chroniqueur a découvert que ce *Brissonet*, cardinal, avait obtenu le chapeau pour avoir trahi son pays et son prince. Il y a même dans la roture des origines plus nobles.

BROWN (ANDRÉ), éditeur des premières gazettes qui répandirent en Amérique l'esprit de li-

berté. C'était un Irlandais, qui, né vers l'an 1744, s'était enrôlé dans un régiment anglais, et était passé en Amérique, comme simple soldat. Le service lui déplut, et il s'établit dans Massachussets. Bientôt adoptant les principes et embrassant vivement la cause de son nouveau pays, il déploya un grand courage et de l'habileté, aux affaires de Lexington et de Bunker's-hill, et servit sous le général Gates, avec bravoure et gloire. A la fin de la guerre, le soldat retraité fonda un pensionnat de demoiselles. « Son carac-
» tère, dit naïvement un biogra-
» phe américain, était fort irrita-
» ble ; les jeunes pensionnaires fa-
» tiguèrent une patience que le
» canon n'épouvantait pas. » Il quitta cet établissement, et fut le premier éditeur de la *Gazette fédérative*, qui servit aux patriotes pour donner au public les instructions politiques qui lui manquaient, et les avis que leur dictaient le zèle et l'expérience. En 1793, la fièvre jaune qui vint frapper Philadelphie, força toutes les industries de suspendre leurs travaux, et toutes les presses de s'arrêter. Brown eut le courage de continuer son journal, au milieu du silence et de la désolation générale. Il changea plus tard le titre de cette feuille, qu'il nomma *Journal de Philadelphie*. Une heureuse idée lui fit accueillir les réclamations, les projets, les discussions de tous les partis ; ce qui fit une espèce de lice ouverte et libre, et lui donna une vogue extraordinaire. Devenu opulent, André Brown avait atteint sa quarantième année, quand une catastrophe affreuse vint le frapper. Le feu prit la nuit dans son imprimerie, placée dans un corps de logis du bâtiment qu'il habitait : sa femme, ses enfans, sa fortune périrent dans les flammes ; et lui-même, à moitié brûlé, ne survécut que quelques jours à cet épouvantable désastre. On ensevelit ensemble tous les membres de cette famille infortunée.

BROWN (Thomas), habile graveur en pierres, est né à Londres, vers 1750. Étant en France, au commencement de la révolution, il exécuta un très-beau camée, représentant l'union des trois pouvoirs. Son œuvre est peu considérable, mais fort recherché. On distingue parmi les sujets qu'il a traités, une *Tête du comte de Moira*, un *Amour sur un dauphin*, et une *Nymphe assise*. Le talent de Brown n'a pas suffi pour lui créer une fortune indépendante. Il est obligé, dans sa vieillesse, de donner des leçons de dessin, à Londres.

BRUCE (Jacques), célèbre voyageur, descendait, par les femmes, de ces rois d'Écosse, défenseurs patriotes de leur couronne usurpée. Toute sa destinée fut singulière. Dévoré d'ambition, il fit d'abord sa fortune : mais ce but, que la plupart des hommes se proposent pour terme unique, ne lui suffit pas ; ce qu'il voulait surtout, c'était la gloire. Il crut l'obtenir en consacrant sa vie à la recherche des sources inconnues du Nil, et finit par se lasser même de la célébrité qu'il s'était acquise par ses recherches. La mort, qui avait épargné Bruce au milieu des peuples barbares, sous les colonnes mouvantes d'un sable embrasé, sous le dévorant samoûn des déserts, vint le frapper chez lui, au sein de sa famille, par le plus déplorable accident. Au détour d'un escalier, il tomba, et mourut sur-le-champ. Il était né à Kinnaird, comté de Sterling, en Écosse, le 14 décembre 1730. Sa jeunesse fut oisive, indécise et agitée. On le destina au barreau ; il négligea les études nécessaires à cette profession. On le maria à la fille d'un riche négociant ; il se livra au commerce, et tout en cultivant les beaux-arts, il acquit une prompte opulence par des spéculations hardies. Déjà il avait formé des plans de voyages, quand la perte de sa femme lui fit chercher, dans d'autres projets, un soulagement et une distraction. Cependant, il se mit bientôt à voyager, et il traversa, plutôt qu'il ne visita, l'Espagne et le Portugal. Son goût pour l'extraordinaire et le mystérieux, lui fit apprendre l'arabe, et même l'éthiopien ou géen. Il voulut parcourir les manuscrits arabes de l'Escurial, et la fit demander en permission au gouvernement, qui la lui refusa. Le besoin de se distinguer porta Bruce, à son retour d'Espagne, à suivre le conseil que lui donna lord Halifax, de tenter la découverte des sources du Nil. Dès lors ses études, ses biens, tous ses moyens, toutes ses facultés, furent dirigés vers ce but. Il obtint, comme pouvant lui donner des facilités dans ce périlleux voyage, le titre de consul anglais à Alger : mais combien d'obstacles lui restaient à vaincre ! Traverser des contrées fécondes en monstres de toute espèce, pénétrer chez des nations inconnues, à la fois barbares et perfides; se frayer une route, là où toutes les cartes géographiques se taisaient, c'est ce que l'audacieux Bruce entreprit, et ce qu'il acheva, non sans des peines infinies. Tunis, Tripoli, Rhodes, Chypre, la Syrie, les belles ruines de Palmyre, et les ruines de Balbec, sur lesquelles l'histoire est muette, l'arrêtèrent peu. Il voulait atteindre ces sources du Nil, que l'antiquité avait couvertes de tant de mystères, et que Lucain avait divinisées. Après avoir couru des dangers sans nombre, il parvint à Gondaar, capitale du pays, et découvrit en effet une source : elle était gardée par des prêtres et honorée d'un grand culte; on eût dit que ces peuples sauvages se doutaient de la vénération de l'ancienne Europe pour les sources de leur fleuve. Bruce embrassa la terre d'où il croyait voir jaillir le Nil. Quelle eût été sa douleur et son étonnement, s'il eût reconnu que la source qu'il avait découverte ne donnait naissance qu'à l'une des branches de ce fleuve, et que même cette source, nommée *Astapus*, avait été déjà visitée par Paez! Pendant deux jours, il fut dans l'enchantement. Mais bientôt il compara tant de maux et de fatigues à leur résultat : il prit sa découverte en pitié et maudit son voyage. Il faut voir avec quelle naïveté il raconte son désenchantement, et le refroidissement de sa passion pour les découvertes ! Pour parvenir au faible résultat qu'il avait obtenu, il lui avait fallu gagner la bienveillance des naturels, apprendre leur langue, et consentir à occuper une place importante à la cour du roi Nubien. Mais toutes les cours des rois se ressemblent. L'envie, la haine, l'intrigue, allaient le frapper, quand il s'échappa; et de nouveau lancé au milieu des déserts les plus horribles, il finit par arriver dans la Haute-Égypte, et de là en Angleterre. D'autres chagrins l'y attendaient. Ses compatriotes, et non des Nubiens, ses parens, et non des sauvages, avaient dilapidé sa fortune, et quelques savans lui contestèrent jusqu'à ses découvertes. Ne trouvant pas l'espèce humaine moins avide et moins cruelle sous l'empire de la civilisation que sous celui de la barbarie, après s'être remarié, il vécut en solitaire avec sa nouvelle épouse. La rédaction et la révision de ses voyages l'occupa jusqu'à sa mort, arrivée en avril 1794. Les *Voyages de Bruce aux sources du Nil* (Londres, 1768 et 1772, Édimbourg, 1790, in-4°) ont été traduits en français par Castera (Paris, 1790 à 1791, 5 vol. in-4°; M. Henry en a ensuite donné un *Abrégé*), et en allemand par Wolkmann. La seconde édition, donnée par le fameux libraire A. Murray, contient beaucoup d'additions importantes, et une vie de l'auteur, longue comme toutes les notices biographiques anglaises, mais curieuse par le ton de franchise et de vérité qui y règne. Quant aux voyages eux-mêmes, écrits d'un style souvent recherché, romanesque, bizarre, ils ne laissent pas d'être très-intéressans à la lecture, et précieux pour la science. Une rare érudition, des détails curieux sur les mœurs africaines, quelques découvertes singulières en botanique et en minéralogie, une histoire curieuse des rois Abyssiniens, en font un monument honorable à la mémoire de Bruce. Mais le grand but de son voyage a été manqué. La source du vieux Nil est encore inconnue aujourd'hui; et la science, comme l'Harpocrate égyptien, a encore, sur ce sujet, le doigt sur la bouche.

BRUCE (Michel), dont le nom est déjà célèbre dans l'Histoire des voyages, est né d'une famille honorable; fils d'un commerçant de Londres, et neveu du voyageur, après avoir fait d'excellentes études à Oxford, il partit d'Angleterre, à peine âgé de 18 ans, vêtu de l'habit musulman dont l'usage lui était familier; il visita la plus grande partie de l'Asie, la Syrie, la Judée, la Turquie, le Mont-Liban et l'Égypte; il avait pour compagne de voyage, une jeune femme, spirituelle, aventureuse et hardie. Les deux voyageurs traversèrent les déserts de l'Arabie à la tête d'une caravane, et ne se quittèrent qu'après avoir fait un mutuel échange des connaissances qu'ils avaient recueillies dans les contrées qu'ils avaient parcourues. M. Bruce revint en Europe, et se trouvait en France vers le commencement de l'année 1815 : une gloire plus réelle que celle qu'il s'était déjà acquise, l'attendait dans ce pays. Dans sa longue Odyssée, à travers les contrées les plus barbares,

M. Bruce n'avait sans doute rien observé d'aussi bizarre que le spectacle qu'offrait la France à cette triste époque. Attaché au parti de la liberté, ou, si l'on veut, de l'opposition anglaise, il ne dissimula ni sa pensée, ni ses sentimens, sur l'état déplorable où se trouvait alors réduite une nation naguère maîtresse du continent européen; et ce fut à la noble franchise, à l'indépendance de son opinion, que le voyageur anglais fut redevable de l'accueil distingué qu'il reçut dans la capitale de la France, où quelques-uns de ses compatriotes avaient trop bien justifié la haine dont ils étaient l'objet. Les artistes, les savans et les femmes, recherchèrent M. Bruce avec un égal empressement. Un esprit vif, une figure noble, et surtout une âme exaltée, multipliaient chaque jour ses succès. Il était en France depuis plus d'un an, lorsqu'il apprit (en janvier 1815) l'évasion de M. de Lavalette, au moment où l'on dressait à Paris l'échafaud où cet homme excellent devait périr. Résolu d'achever l'ouvrage d'une épouse courageuse, M. Bruce, qui toutefois ne connaissait pas M. de Lavalette, fit part à ses deux nobles amis, Wilson et Hutchinson (*voyez* ces deux noms), du projet qu'il avait formé de faire sortir M. de Lavalette de l'asile que le courage d'une autre femme lui avait ouvert, mais où les bourreaux pouvaient à tout moment l'atteindre. Ces trois généreux Anglais prirent des mesures si justes et si promptes, que soixante heures après son évasion de la Conciergerie, la victime était en sûreté sur une terre étrangère. Chez tous les peuples du monde une pareille action ne doit trouver que des admirateurs; dans la France de 1815, elle trouva des accusateurs et des juges! Un procès fut intenté à M. Bruce et à ses deux *complices;* de longs interrogatoires auxquels il donna lieu, et qui, publiés à Londres, y furent un objet d'interminables risées; des articles de journaux dans toutes les langues de l'Europe, des injures, des menaces, des éloges, des débats honorables pour les accusés, et finalement un arrêt qui les condamnait à trois mois de prison : telle fut l'issue d'une affaire que l'histoire jugera en dernier ressort, et qui même a déjà été jugée par le roi, à qui ces trois hommes généreux ont préparé le bonheur de rendre la vie à l'un de nos meilleurs citoyens. Parmi les partisans d'une justice absolue, les plus clémens traitèrent M. Bruce d'extravagant et de romanesque : malheur et honte aux hommes pour qui une belle action sort de la sphère des idées accoutumées! En Angleterre Bruce reçut les félicitations des hommes de tous les partis. Lord Wellington lui-même, qu'un souvenir bien différent doit poursuivre, déjeuna chez la duchesse de Besborough avec le sauveur de Lavalette: et les *torys* qui violeraient le plus volontiers la charte de Guillaume, respectèrent, dans l'action de Bruce, le premier des articles de l'éternelle charte de l'humanité. M. Bruce a laissé à Paris des amitiés qui lui seront fidèles, et dont le retour de M. de Lavalette a doublement consacré le souvenir. La famille Bruce fait remonter son origine aux rois d'Ecosse, dont elle porte le nom. Ses armes constatent cette prétention. Elle porte pour devise ce mot latin : *Fuimus* (nous avons été).

BRUEYS - D'AIGAILLIERS (François-Paul, comte de), contre-amiral sous le gouvernement de la république française, et nommé vice-amiral par arrêté du directoire-exécutif, en date du 23 germinal an 6, naquit d'une famille distinguée à Uzès, département du Gard, en 1760. Il était déjà lieutenant de la marine royale et chevalier de Saint-Louis, lorsque les premiers symptômes de la révolution éclatèrent. Fidèle aux drapeaux de la patrie, il n'émigra point, et fut nommé, en 1792, capitaine de vaisseau. Dans la même année, un vaisseau de 74, faisant partie de l'armée navale réunie dans la Méditerranée sous les ordres de l'amiral Truguet, lui fut confié. Il sut y maintenir la discipline, et mériter la confiance et le respect des marins, provoqués sans cesse, à cette terrible époque, à des excès coupables. L'amiral lui rendit toujours justice, et lui donna des éloges mérités. Brueys ne quitta son vaisseau que lorsque les passions révolutionnaires, dominant le gouvernement lui-même, l'amiral et tous les capitaines de vaisseaux, sous ses ordres, qui n'avaient d'autres torts que le hasard de la naissance, et d'avoir fait partie du corps de la marine avant la révolution, furent destitués ou plutôt renvoyés. Brueys alors se retira dans ses foyers. Il ne rentra en activité de service qu'à l'époque de l'installation du directoire, et lorsque l'amiral Truguet, nommé ministre de la marine, obtint le rappel en secret de tous les anciens officiers de la marine qu'il avança en grade, et auxquels il confia le commandement des ports, des escadres et des vaisseaux de guerre. Brueys, remis en activité dans le grade de contre-amiral, reçut, en 1796, le commandement d'une escadre de six vaisseaux de ligne, chargée de conserver Corfou, de protéger l'Adriatique, et de seconder les opérations du général Bonaparte en Italie. Ce général en chef avait demandé au ministre de la marine Truguet un amiral sur lequel il pût compter. Brueys, qui lui fut envoyé, remplit sa mission avec autant de zèle que d'intelligence. C'est au retour de cette mission et après la paix de Campo-Formio, qu'on résolut l'expédition d'Égypte; Brueys eut le commandement de la flotte qui devait assurer le succès de cette mémorable entreprise. L'expédition partit de Toulon dans le mois de juin, s'empara de Malte, après une courte résistance, et arriva dans la rade d'Aboukyr, où le débarquement s'opéra, sans avoir été atteinte par la flotte anglaise qui s'était mise à sa poursuite, et ne s'était point aperçue que la flotte française l'avait dépassée, en prenant par le nord de l'île de Candie, pendant que les Français prenaient par le midi. La présence de la flotte ne paraissait plus nécessaire en Égypte, et l'on s'étonnerait avec raison que Brueys y eût prolongé son séjour, s'il n'était naturel de penser qu'entièrement subordonné au général en chef, il avait pu en recevoir des ordres qui s'opposaient à son retour en France. Cependant, des personnes dignes de foi ont pensé que Bonaparte, ayant retiré de la flotte tout ce qui pouvait concourir au succès de son expédition, avait autorisé l'amiral à retourner en France ; mais on a dit aussi que l'amiral s'étant dépouillé de vivres et d'hommes pour faciliter les projets du général en chef à leur première exécution, les équipages de ses vaisseaux et ses ressources en vivres étaient devenus très-faibles, et qu'il attendait les premiers succès et l'établissement de l'armée au Caire, afin de réclamer du général Bonaparte des hommes et des vivres pour accepter ou même provoquer le combat, si l'amiral Nelson était rencontré dans son retour en France. Quoi qu'il en soit de ces différentes versions, Brueys pensa qu'il serait inexpugnable dans une ligne embossée, après surtout les mesures qu'il avait prises. L'événement prouva malheureusement combien il s'était trompé. Il n'est pas hors de propos, puisqu'il s'agit d'un des plus grands événemens de la guerre maritime de cette époque, de dire que Brueys fit approuver cette résolution de combattre à l'ancre, par un conseil de guerre, tenu à bord de son vaisseau amiral : néanmoins, dans le conseil, son vice-amiral Duchayla soutint, avec de forts argumens, et une opiniâtreté énergique qui était le résultat d'une profonde conviction, que le système était mauvais, et que le seul moyen de combattre Nelson avec succès, ou du moins à armes égales, c'était de le combattre à la voile. Mais dans ces deux systèmes opposés, chacun jura de combattre à outrance, si l'ennemi se présentait. L'amiral Nelson parut avec sa flotte, et attaqua Brueys, le 1er août 1798 (14 thermidor an 6), avec une audace telle, qu'il rendit inutiles des dispositions qui paraissaient excellentes. Contre toute attente, l'amiral anglais passa entre la côte et la flotte républicaine, dont, par cette manœuvre hardie, il coupa la ligne d'embossage, et plaça l'avant-garde, commandée par le vice-amiral Duchayla, entre deux feux. On sait avec quelle bravoure se défendit ce vice-amiral, qui, blessé à mort, ne put préserver son vaisseau de tomber aux mains d'un ennemi si supérieur, et dans un ordre de bataille qu'il avait fortement désapprouvé. Brueys lui-même, perdant l'espoir de vaincre, ne songea plus qu'à chercher une mort digne de son courage et de la nation qu'il servait. Il la trouva bientôt, en donnant aux braves qui l'entouraient l'exemple du dévouement le plus héroïque. Déjà atteint par deux balles, on voulait l'enlever pour le faire panser. « Un amiral français, dit-il, doit » mourir sur son banc de quart. » Il continuait de donner ses ordres avec le plus grand sang-froid, quand un boulet de canon vint le frapper mortellement. Au moment où il rendait le dernier soupir, une explosion épouvantable fit sauter en l'air le vaisseau qu'il montait (*l'Orient*, de 120 canons). Si l'imprévoyance de Brueys, plutôt que des ordres supérieurs, avait causé sa mort et la perte de notre flotte, il aurait en mourant glorieusement effacé, autant qu'il était en son pouvoir, des torts involontaires, et son nom n'en passerait pas moins à la postérité, avec celui de tant de braves qui ont succombé pour la patrie.

BRUGMANS (Sebald-Justinus), né à Franker, province de Frise, en 1763. Médecin et naturaliste, c'est un des savans dont la Hollande moderne s'honore le plus. Il ne faut pas s'étonner de chercher en vain ce nom vénérable, dans une *Biographie* qui n'a oublié ni un baron russe, ni le plus mince diplomate de la plus petite principauté. Mais pour nous et pour la postérité, le dévouement du génie au bien des hommes, l'humanité charitable, l'union d'un grand talent et d'une belle âme, sont des titres suffisans à l'attention. Brugmans étudia à l'université de Leyde. Ses parens en voulaient faire un militaire, la nature en disposa autrement. A 18 ans, il fut reçu docteur en philosophie; à 19 ans, il remporta à l'académie de Dijon un prix sur une question qui touchait à la fois à la botanique, à l'économie rurale et à la philosophie. Un an après, il en remporta un autre à l'académie de Bordeaux, sur une question d'économie rurale et d'intérêt pour les Landes; et un autre encore un an après, à l'académie de Berlin, sur une question de la même nature, mais d'intérêt général. A 22 ans, il avait remporté trois couronnes académiques. En 1786, il fut nommé professeur de botanique à Leyde. Trouvant que l'étude des productions de notre continent était trop dédaignée, il s'occupa spécialement de la flore indigène, quoiqu'il fût aussi familiarisé que quelque savant que ce fût avec la flore de toutes les parties du globe. L'universalité de ses connaissances fut cause qu'on ajouta la chaire de professeur d'histoire naturelle à celle dont il était en possession. L'occupation que lui donnait l'enseignement de ces deux sciences ne l'empêchait pas cependant de se livrer à la médecine, et de former diverses collections entre lesquelles on admirait surtout son *Cabinet d'anatomie comparée*, dont toutes les pièces ont été préparées par lui, et dont M. Cuvier a fait la mention la plus honorable. Le docteur Brugmans ne cessa de travailler à cette collection, qu'après avoir visité le muséum d'histoire naturelle de Paris. Mais ayant admiré le vaste répertoire du jardin des Plantes, il ne vit plus qu'avec une sorte de désespoir le fruit, d'ailleurs prodigieux, de ses seuls travaux, et l'abandonna de dépit. Indépendamment de deux chaires qu'il remplissait, il fut ultérieurement appelé à occuper celle de chimie, et s'y montra égal à ce qu'il était dans les autres; il avait aussi été nommé professeur de physique et de philosophie. Après la révolution de 1795, il lui fallut joindre à tant de travaux, ceux que lui imposèrent les fonctions administratives auxquelles il fut appelé. Ce fut lui qui organisa le service de santé des armées hollandaises, et qui, conjointement avec des commissaires français, organisa le service des hôpitaux militaires. L'exécution du plan qu'il avait conçu lui fut confiée, et il la dirigea d'une manière aussi honorable pour son humanité que pour ses lumières. Utile à tous les hommes, il fut estimé de tous. Ses institutions furent exceptées de toutes les réformes. Le roi Louis l'avait non-seulement réintégré dans ses fonctions, mais même l'avait appelé auprès de lui, comme premier médecin, avec le titre de conseiller-d'état. Napoléon ne le traita pas avec moins de considération. Brugmans fut nommé par lui membre de la légion-d'honneur, et recteur de l'académie de Leyde, à laquelle le prince accorda, par égard pour son chef, une dotation de 100,000 francs. Sous le roi actuellement régnant dans les Pays-Bas, ce savant a encore trouvé la même estime ou plutôt la même justice. Brugmans fut nommé inspecteur-général du service de santé militaire, non-seulement pour l'armée de terre, mais aussi pour la marine et les colonies. Il en a rempli les devoirs, pour le soulagement de l'humanité entière. La mémorable bataille de Waterloo lui en fournit l'occasion. Sans faire distinction des uniformes, il donna ses soins aux soldats de toutes les nations. Des chirurgiens prussiens ayant refusé de panser des Français gisant dans les hôpitaux, en qualité d'inspecteur-général *il leur commanda d'être humains;* bien plus, il leur en donna l'exemple, et lui-même procédant au pansement de ces malheureux : « Je ne vois ici que des blessés, disait-il en leur prodiguant ses secours. » Pendant qu'il traitait ainsi des ennemis, il sauvait d'un danger imminent ses concitoyens. Plus de 30,000 cadavres étendus sur le champ de bataille, ou vomis continuellement par les hôpitaux, auraient infailliblement occasioné des maladies pestilentielles. La terre ne pouvait les consommer que lentement. Malgré l'opposition de l'ignorance et de la superstition, Brugmans les brûla, et préserva ainsi son pays du fléau le plus terrible après la guerre. Tous les souverains alliés, le roi de France excepté, décorèrent Brugmans de leurs ordres. Il n'avait pourtant pas combattu contre les Français. Cet homme recommandable à tant de titres, est mort à Leyde, le 22 juillet 1819. Les frères *Michaud* n'en ont pas parlé dans leur *Biographie :* il n'y avait que du bien à en dire ! M. Bory de Saint-Vincent a consigné dans les *Annales générales des sciences physiques,* l'éloge de Brugmans : c'est un morceau aussi honorable pour le savant qui l'a écrit, que pour le savant qui en est l'objet. Les principaux ouvrages de Brugmans sont : 1° Une dissertation sur cette question proposée par l'académie de Dijon : *Indiquer quelles sont les plantes vénéneuses qui infectent souvent les prairies, avec les moyens les plus prompts et les plus avantageux d'en substituer d'utiles, de manière que le bétail y trouve une nourriture saine et abondante.* 2° Une dissertation sur cette question proposée par l'académie de Bordeaux : *Déterminer les signes sensibles qui pourraient faire reconnaître aux observateurs les moins exercés, les temps où les arbres, et principalement les chênes, cessent de croître, et où ils vont commencer à dépérir.* 3° Un mémoire sur l'*Ivraie*. 4° Un discours sur l'utilité d'une connaissance plus exacte des plantes indigènes. (*De accuratione plantarum indigenarum notitia maximè commendanda.*) 5° Avec plusieurs autres savans hollandais, pharmacopée batave (*Pharmacopea batava*). 6° Des observations sur la *Natation des poissons* (dans les mémoires de l'institut de Hollande). 7° Une édition in-folio du *systema naturæ* de Linné. 8° Enfin le docteur Brugmans est auteur d'un excellent *Eloge de Boerhaave*, qui passe pour le meilleur de ses ouvrages.

BRUIX (Eustache), amiral de France, colonel-général-inspecteur des côtes de l'Océan, ministre de la marine, grand-officier et chef de la 13ᵐᵉ cohorte de la légion-d'honneur, d'une famille originaire de Béarn, naquit à Saint-Domingue, en 1759. Plusieurs de ses ancêtres avaient acquis de la considération en servant dans les armées de France et d'Espagne. Jaloux de leur ressembler, et se sentant des dispositions pour le service de la marine, il passa fort jeune en Europe, et vint à Paris, où il fit ses premières études. En 1776, il s'embarqua, comme simple volontaire, sur un vaisseau marchand. Deux ans après, il fut nommé garde de la marine, et servit, en cette qualité, sous les ordres de M. de Cardaillac, son oncle, qui commandait une frégate en croisière sur les côtes d'Angleterre. Plus tard il se trouva à bord de *l'Annibal*, avec M. de la Motte-Piquet. Pendant la guerre d'Amérique, il servit sous les amiraux de Guichen, d'Estaing, de Grasse et de Vaudreuil, et suivit le comte de Guichen pendant la savante campagne qu'il fit contre Rodney, le plus célèbre et le plus heureux des amiraux anglais de cette époque. Dans une bataille livrée à ce dernier, Bruix eut, pour la première fois, l'occasion d'observer d'une manière générale la tactique navale, objet constant de ses méditations : il montait *la Médée*, et se fit remarquer dans cette action par une conduite digne d'éloges. Il avait le grade d'enseigne, et se trouvait à bord du vaisseau *l'Auguste*, lorsque la paix vint désarmer les braves qui avaient si brillamment soutenu, pendant cette guerre, l'honneur du pavillon français. En 1784, on donna à son génie actif les moyens d'être toujours utile à la navigation, en le nommant commandant du *Pivert*, à Saint-Domingue, où il s'était rendu avec M. Laborde. Il fut ensuite désigné pour seconder M. de Puységur dans ses savantes observations, et dans la formation des cartes destinées à faire mieux connaître les côtes et le débouquement de Saint-Domingue. La confection de ces cartes a duré quatre ans ; elles sont précieuses par leur exactitude, et font le plus grand honneur aux officiers qui en ont été les coopérateurs. Nommé, en 1786, lieutenant de vais-

L'Amiral Bruix

seau et membre de l'académie de marine, Bruix eut, en 1791 et 1792, le commandement du brick *le Fanfaron*, en croisière dans la Manche ; et à la fin de 1792, il remplit, avec la frégate *la Sémillante*, une mission aux Indes occidentales. Le 1er janvier 1793, il fut nommé capitaine de vaisseau, et prit le commandement de *l'Indomptable*. Peu après les officiers nobles de la marine, suspects au gouvernement d'alors, furent tous destitués ; il partagea leur disgrâce. Sans état et sans fortune, il eut besoin, pour soutenir sa famille au sein de l'humble retraite qu'il s'était choisie dans la *rivière* de Brest, de se créer des ressources par ses connaissances et son activité. Rappelé au service après le combat du 2 juin 1793 (13 prairial an 2), il eut le commandement de *l'Éole*, et passa ensuite, avec le titre de major-général, sur l'escadre de l'amiral Villaret-Joyeuse, qui sortit pour aller dégager le général Vence, attaqué près de Groix. Quand l'expédition contre l'Irlande fut résolue, Bruix fut nommé major-général de l'armée navale sous les ordres de l'amiral Morard de Galles, et bientôt après contre-amiral. Le ministre de la marine, Truguet, dont il avait mérité la confiance, le consulta sur le lieu le plus favorable au débarquement des troupes commandées par le général Hoche, et la baie de Bantry fut le point choisi. Un second point, la rivière de Shanon, fut désigné, dans le cas où les vaisseaux séparés ne pourraient atteindre Bantry. Sans entrer dans les détails de cette expédition, qui devait porter un coup si décisif à l'Angleterre, et dont les élémens avaient été réunis à Brest avec tant de secret et de persévérance, il suffit de dire que l'armée navale, ayant complétement déjoué la surveillance des croisières de l'ennemi, parvint en vue de Bantry, par un vent favorable, à la fin de novembre 1796. Mais, par une fatalité trop remarquable dans les projets les mieux combinés, à peine l'armée navale est-elle sortie de Brest, à l'insu de l'ennemi, que, dès la première nuit, elle se partage en deux divisions. L'une passe par *l'Ivoise*, et l'autre par le *Bec du Ratz*. Dans cette nuit, l'amiral, le général Hoche et Bruix, embarqués sur la même frégate, se trouvent séparés et hors de vue de l'armée. Le lendemain matin, les deux divisions se retrouvent, se rallient, et cherchent en vain la frégate de l'amiral. Bouvet se trouve le plus ancien des contre-amiraux Richery et Roselly. Les vaisseaux mettent en panne ; les capitaines se rendent à bord du contre-amiral Bouvet, tiennent conseil, ouvrent leurs paquets secrets, et le conseil décide de se rendre à Bantry. Des pourparlers inutiles firent perdre un temps précieux. Le vent était favorable ; Bouvet aurait dû, en faveur de son commandement fortuit, faire signal pour Bantry, où l'on n'arriva que le surlendemain. Le vent augmentait, il fallait entrer aussitôt dans la baie. Au lieu de cela, on s'occupe d'évolutions, et l'on forme des lignes de bataille, pour entrer dans un port ouvert et sans défense. La journée se perd, et une seule division entre avec le contre-amiral Bouvet. Le vent, comme on devait s'y attendre en hiver, augmenta dans la nuit, et les vaisseaux qui n'avaient pu entrer se tinrent en croisière à l'abri de la côte. Deux d'entre eux arrivent à l'embouchure de la rivière de Shanon, et communiquent amicalement avec les habitans. Le temps s'était calmé; les vaisseaux qui étaient dehors entrent dans Bantry, et n'y trouvent plus le contre-amiral Bouvet, qui avait dans sa division le général Grouchy, commandant en second les troupes de terre. Cette division, sans attendre la frégate qui portait Morard de Galles, Hoche et Bruix, s'était décidée à retourner en France. La seconde division, qui venait d'entrer à Bantry, crut devoir prendre le même parti; et quand la frégate de l'amiral se présenta à Bantry, ce qui était infaillible, il y apprend l'arrivée et le départ de l'expédition. Le désespoir des généraux Morard de Galles, Hoche et Bruix, fut égal au mécontentement du directoire et du ministre Truguet, qui avait si habilement conçu cette grande opération. Celui-ci, d'après l'assurance qui lui fut donnée par le général Hoche du désir qu'il avait de reprendre le même commandement, forcé d'ailleurs de conserver la plupart des chefs de la flotte, crut devoir éviter le scandale d'un conseil de guerre, qui eût dévoilé à l'ennemi ce qu'il était si important de lui cacher : mais il ne put garantir le contre-amiral Bouvet de la destitution. L'amiral lui-même avait à se reprocher d'avoir contrevenu à l'arrêté de 1795, provoqué également par le ministre Truguet, qui défendait aux amiraux de porter leur pavillon sur des frégates, et leur enjoignait de les arborer sur les plus gros vaisseaux, hors le cas d'une bataille navale, etc. Le gouvernement garda le silence sur cette infraction, première cause de la séparation de la flotte, et de la non-réussite de l'expédition. Peu de temps après, le contre-amiral Bruix fut nommé ministre de la marine, et, sous son ministère, vice-amiral. C'était à l'époque de la fameuse expédition d'Égypte. Le nouveau ministre conçut et exécuta lui-même un grand projet, qui pouvait avoir d'importans résultats. Les Anglais, qui depuis long-temps bloquaient le port de Brest, ayant été forcés par un coup de vent de prendre le large, le vice-amiral Bruix fit sortir la flotte française; et déjà, après avoir franchi le détroit de Gibraltar, cette flotte déployait ses voiles dans la Méditerranée. Toutefois le but de cette campagne audacieuse sembla tout naturellement se rattacher à secourir l'Égypte. La correspondance de Bonaparte en Égypte, récemment imprimée sur les originaux, paraît prouver que le général en chef attendait du ministère de Bruix, auquel il avait puissamment contribué avant son départ, de grands efforts maritimes pour lui apporter les secours dont il avait un si pressant besoin. Instruit que le vice-amiral Bruix avait momentanément quitté le portefeuille, pour prendre la direction active d'un grand mouvement maritime, et qu'il était heureusement arrivé dans la Méditerranée avec des forces aussi imposantes, Bonaparte dut l'attendre avec confiance, et la France en partager l'espoir. Mais on fut subitement informé de l'apparition inattendue du vice-amiral dans les ports de Toulon et de Gènes, et le mouvement de la flotte de Brest ne fut plus regardé que comme une bravade sans but et sans gloire. On dut croire cependant que Bruix, sachant qu'il était suivi par la flotte anglaise, et signalé dans toute la Méditerranée, n'avait pas osé aller tenter en Égypte la fortune qui, malgré les forces de Nelson, y avait porté Bonaparte, et risquer, pour un avantage incertain, le sort de la seule flotte qui restât à la France. Quoi qu'il en soit, pour donner à son expédition un motif qui pût occuper et satisfaire le public, excuser Bruix auprès du directoire, ou excuser le directoire lui-même, le vice-amiral revint de suite sur ses pas, sollicita et obtint que l'escadre espagnole quitterait les ports d'Espagne pour le suivre à Brest. Le gouvernement parut se féliciter de cette jonction, qui cependant pouvait prendre la couleur d'une garantie injurieuse pour la fidélité espagnole. Mais les hommes éclairés ne virent dans cette réunion de forces navales entassées à Brest, qu'un moyen d'épuiser toutes les ressources de ce port, sans avantages réels. Ils jugèrent, au contraire, combien il allait devenir avantageux à l'Angleterre de n'avoir plus qu'un seul port à surveiller, et d'être dispensée des nombreuses croisières qu'elle était forcée de tenir sur les côtes de l'Espagne, et notamment devant les ports du Ferrol, de Cadix et de Carthagène. Les opérations particulières devinrent tout-à-fait impossibles par cette jonction, qui ne fut qu'une véritable marche théâtrale; et la Méditerranée fut fermée à toute tentative dont le salut de l'armée française en Égypte devait être le perpétuel objet. On oublia aussi l'expédition d'Irlande, et l'armée navale unie de France et d'Espagne fut bloquée plus que jamais. Bonaparte, devenu consul, se détermina cependant à envoyer du secours en Égypte. Il fit équiper à Rochefort une escadre de huit vaisseaux de ligne, qui fut chargée de toutes les munitions de guerre et de tous les objets les plus nécessaires à l'armée du Caire. Cette expédition fut confiée au vice-amiral Bruix. Mais, au moment de mettre à la voile, tout étant embarqué, l'ennemi renforça sa croisière; et tandis que Bruix travaillait sans relâche à préparer ses moyens pour tromper la vigilance des Anglais, il tomba malade, et résigna son commandement, qui fut donné au contre-amiral Decrès, alors préfet maritime à Lorient. Tous les retards et la difficulté de sortir, conduisirent à l'époque du traité d'Amiens, et cette expédition ne sortit point. Enfin lorsque Napoléon eut renouvelé le hardi projet d'une descente en Angleterre, Bruix fut nommé amiral de la flottille rassemblée à Boulogne et dans les ports environnans. Ses longs et pénibles travaux avaient épuisé sa santé; il fut obligé de revenir à Paris, où il mourut, le 18 mars 1805, à peine âgé de 45 ans. Dans un de ses momens de loisir, Bruix avait composé un petit ouvrage intitulé : « Essai sur » les moyens d'approvisionner la » marine par les seules produc- » tions du territoire français. » Il a fait, en outre, divers amendemens instructifs à la tactique de Dupavillon ; et lorsque la mort vint le surprendre, il achevait une *tactique* savante pour les évolutions d'une flottille. Une *Notice historique sur Eustache Bruix*, a été publiée par son secrétaire intime, M. Mazères. L'amiral Bruix était d'une très-petite taille, d'une complexion ardente et délicate. Son âme était noble, élevée, passionnée. Son esprit était cultivé, piquant, éclairé, et portait l'empreinte de la mobilité de ses organes. De rares et d'honorables qualités distinguaient son caractère naturellement inégal. On rapporte qu'à l'époque où il commandait le brick le *Fanfaron*, ayant eu le malheur de gagner tout l'argent de ses camarades, et les voyant très-affectés de cette perte, il mit leur argent et le sien dans son chapeau, et leur dit : « Je suis trop honnête pour vous » rendre ce que je vous ai gagné, » mais je serais trop malheureux » d'être plus riche que vous. » Aussitôt il jeta le chapeau dans la mer, et l'égalité d'humeur reparut à bord avec celle de la fortune. L'amiral Bruix fut toujours aussi désintéressé, et l'anecdote du chapeau se renouvela plusieurs fois dans sa vie. Aussi n'a-t-il laissé pour fortune à sa veuve et à ses enfans que la mémoire de ses services, et un nom sans reproche, qui sera toujours cher à ses nombreux amis et à ses compatriotes.

BRUN - DE - VILLERET (LE GÉNÉRAL), né au Malzieu, département de la Lozère, le 13 février 1773, est fils d'un magistrat qui le destinait au barreau. Imbu des préjugés aristocratiques, il donna d'abord, avec toute l'ardeur du jeune âge, dans les idées contre-révolutionnaires, et s'attira, dans sa province, des persécutions qui l'obligèrent à s'en éloigner après le 18 fructidor. Le séjour de Paris rectifia ses idées; et comme la gloire des armes françaises frappa vivement son imagination, il embrassa l'état militaire. Son éducation avait été soignée ; quoiqu'il n'eût jamais eu d'autre instituteur que sa mère, il se trouva connaître assez les mathématiques, pour être reçu, en l'an 6, à l'école d'artillerie. Il en sortit en l'an 7, fit la campagne de la Nort-Hollande, et fut envoyé à Boulogne, où il mérita la confiance du général Soult, qui se l'attacha en qualité d'aide-de-camp. Il suivit cet illustre général à Austerlitz, Iéna, Eylau, et à la campagne de Friedland. Il y devint capitaine et chef de bataillon. Employé dans des négociations auprès du roi de Saxe, il reçut, de la main même de ce prince, l'ordre de Saint-Henri. Ayant suivi en Espagne le duc de Dalmatie (Soult), il fit, en 1809, la pénible campagne d'Oporto, et après le retour de l'armée en Galice, il fut choisi par le général en chef pour aller rendre compte à l'empereur du résultat de cette malheureuse, mais glorieuse expédition. Il n'eut pas de peine à justifier la conduite des troupes; cette campagne avait été marquée par une série de prodiges; cependant Napoléon feignait d'être prévenu contre le duc de Dalmatie. Le général, qui ne pouvait savoir à quel point les démarches du maréchal, en cette occasion, avaient été convenues entre lui et l'empereur avant la séparation d'Astorga, fit tous ses efforts pour détruire ces impressions défavorables, et dut croire y avoir puissamment contribué, lorsque après diverses conférences, en apparence extrêmement orageuses, il fut réexpédié à la fin d'octobre 1809, vers le duc de Dalmatie. Il portait à ce brave un brevet de major-général, qui le mit en mesure de former un vaste plan de campagne; de diriger, vers un même but, les efforts de tous les corps d'armée d'Espagne, et de gagner cette fameuse bataille d'Ocagna qui rendit la France maîtresse de tout le midi de la péninsule ibérique, à l'exception de Cadix. Il prit une part très-active aux opérations de l'armée du Midi, et fut cité plusieurs fois avec éloge dans les rapports insérés au *Moniteur*, sur la bataille de Gébora, et sur le siége de Badajoz. Pendant le séjour du duc de Dalmatie en Andalousie, il fut chargé de diverses missions auprès de l'empereur; missions délicates et bien périlleuses dans l'exécution, car il ne faisait pas un seul voyage sans être attaqué à plusieurs reprises par les guérillas. Cerné une fois au-dessous de Sainte-Ildefonse par 400 Espagnols, il se défendit pendant trois heures, derrière les débris d'un mur, quoique son escorte ne se composât que de 60 soldats badois. Il perdit 20 hommes, ses effets, tous les chevaux du détachement, mais il conserva ses dépêches, et, plus heureux que le général Lejeune, il eut l'avantage d'être enfin dégagé par la garnison de Ségovie, qui, au bruit du feu, accourut à son secours. Dans un de ces voyages, il obtint le grade d'officier de la légion-d'honneur; dans un autre, celui de colonel. L'empereur ayant été à même d'apprécier son dévouement, le recevait toujours avec bienveillance; et lorsqu'il le vit arriver à Dresde avec le duc de Dalmatie, il le nomma spontanément général de brigade, et l'employa sur-le-champ au 12me corps en cette qualité, quoique cet officier ne fût colonel que depuis dix mois. La bataille de Wurchen se donna deux jours après, et le général Brun de Villeret fut chargé d'une attaque importante sur la droite. Il enleva rapidement trois positions, eut deux chevaux tués, la lame de son sabre fut brisée dans sa main, et il reçut deux contusions. Sa brigade se composait de quatre bataillons italiens et de deux bataillons français, tous de nouvelle levée. Cette brigade fut malheureusement réduite à moitié dans la funeste journée d'Iuterboch, où le général Brun de Villeret eut encore deux chevaux tués. Le maréchal Ney le laissa en qualité de gouverneur dans la forteresse de Torgau, qui allait être abandonnée à elle-même. Il se renferma dans la place, où il vit arriver, peu de jours après, M. de Narbonne, qui était chargé par l'empereur de ce gouvernement, et qui lui remit une commission de commandant de la garnison. La place fut assiégée ; 25,000 Français, malades, estropiés, et convalescens pour la plupart, se trouvèrent, par suite de la bataille de Leipsik, entassés dans une petite ville qui ne compte que 4000 âmes de population. Une maladie terrible se déclara; pendant deux mois on perdit de 250 à 300 hommes par jour. La ville était bombardée toute la nuit, et personne ne songeait à se rendre. Le général Brun de Villeret reçut de grandes marques de confiance de la part des deux gouverneurs qui se succédèrent : il fut chargé de négocier la capitulation, et après l'avoir signée, il se chargea de la rompre, parce que la mortalité ayant enlevé plus de monde qu'on ne l'avait calculé, il se trouva qu'en sortant on aurait laissé six livres de mauvais pain par individu : c'était la ration de six jours. On se serait cru déshonoré, si l'on avait ainsi avancé le terme prescrit par la nécessité; et cependant, à cette époque, les ennemis ravageaient les plaines de la Lorraine et de la Champagne, et l'on avait déjà perdu 18,000 hommes dans la place, par suite de l'épidémie ou par le feu des assiégeans ; enfin la prolongation de la défense ne peut plus être d'aucun poids dans la balance des affaires générales. Lorsqu'un peuple a eu des institutions militaires aussi fortes, il a le droit de s'en souvenir et de les rappeler à l'Europe. Le général Brun de Villeret parvint à faire accepter, au général ennemi Tauenzien, une nouvelle capitulation, mais elle ne fut pas observée ; les blessés et les non combattans qui devaient rentrer en France, furent retenus prisonniers de guerre à Leipsik. Le général Dutaillis, successeur de M. de Narbonne, et le général Brun de Villeret, furent arrêtés, et tenus pendant quelque temps au secret, sous le prétexte qu'ils avaient fait jeter des fusils dans l'Elbe après la capitulation. Rentré en France par suite de la restauration, le général Brun de Villeret fut nommé commandant du département de la Lozère, et ensuite appelé par le duc de Dalmatie, ministre de la guerre, en qualité de secrétaire-général. Il avait épousé Mlle de La Fare, nièce de MM. de Bruges; il se trouvait avoir par conséquent des relations avec l'ancienne cour; et la *Biographie* des frères Michaud prétend que ces relations ne furent pas étrangères à la nomination du duc de Dalmatie, comme ministre de la guerre. Le fait est qu'elles eurent assez d'influence sur le général Brun de Villeret, pour l'empêcher d'accepter du service pendant les *cent jours* ; il se retira dans ses foyers. Cette retraite, et le refus qu'il fit de se rendre à l'armée, portèrent le ministre de la guerre à donner l'ordre de l'arrêter; mais les résultats de la bataille de Waterloo empêchèrent l'exécution de cette mesure, et suscitèrent au général Brun de Villeret des embarras d'une autre nature. Le duc de Dalmatie crut devoir chercher un asile chez son ancien aide-de-camp. Il arriva au Malzieu au moment où le département venait de se prononcer pour la cause royale ; le parti royaliste conçut les plus vives inquiétudes de l'arrivée d'un pareil personnage. Des colonnes de gardes nationales se dirigèrent de tous les côtés sur la résidence du général Brun de Villeret; sa maison fut cernée, l'hôte illustre qu'elle renfermait fut sur le point d'éprouver le sort de l'infortuné maréchal Brune, et le département de la Lozère aurait eu un grand crime à expier, si le général Brun de Villeret, sa famille et ses amis n'avaient employé tour à tour la fermeté et la ruse, pour déjouer les projets des assassins. Échappé comme par miracle aux premiers efforts d'une populace furieuse, le maréchal Soult voulut se rendre à Mende, auprès des autorités constituées, et ce parti manqua de lui devenir funeste. Il n'y parvint qu'à travers mille dangers; il fut incarcéré en arrivant, et pendant plus de vingt jours sa vie fut exposée à des tentatives homicides; le général Brun de Villeret le couvrit plusieurs fois de son corps et tira l'épée pour le défendre. Il ne le quitta que lorsque tout fut devenu tranquille, et lorsqu'au moyen d'un ordre du ministre de la police, le maréchal Soult put se mettre en route pour le département du Tarn. Le duc de Dalmatie était encore à Mende, lorsque le général Brun de Villeret reçut l'ordre de prendre le commandement de la Lozère et de l'Ardèche, au nom de M. le duc d'Angoulême. Dès lors, le calme se rétablit, et le général Brun de Villeret exerça ces fonctions jusqu'au moment où tous les pouvoirs de cette nature furent révoqués par le gouvernement. Les élections de 1815 eurent lieu. Le général Brun de Villeret aurait réuni, deux mois auparavant, tous les suffrages aristocratiques. Son dévouement à son ancien bienfaiteur, fut un motif d'exclusion aux yeux de ce parti, et il devint le candidat du parti libéral. Il lui manqua sept voix pour être nommé député; il fut encore balloté vainement en 1816; mais le préfet de 1815 ayant été destitué, la compression cessa, et en 1817 ce général fut nommé représentant de son département à une forte majorité. Le général Brun de Villeret a toujours parlé et voté dans une direction constitutionnelle ; il a été ministériel en 1818 et 1819, c'est-à-dire pendant tout le temps que le ministère a marché dans cette ligne. Il s'en est séparé en 1820, lorsqu'il a été question de changer la loi des élections et de voter des lois d'exception. Il a été signalé à cette occasion comme un des défenseurs des libertés publiques, ce qui ne l'a point empêché de continuer à les défendre, toutes les fois qu'il a paru à la tribune. Il a parlé, en 1818, contre la proposition tendante à faire revivre les rentes possédées autrefois par les émigrés; et il a plaidé la cause des religieuses, en faveur desquelles il a fait admettre, dans le budjet, une allocation annuelle de 300,000 francs. Il a constamment défendu les droits de l'armée, et il a insisté dans tous ses discours pour que sa force correspondît au rang que la France doit avoir en Europe. Il a demandé avec instance un code rural; et son vœu, quoiqu'il n'ait pas été accueilli, a été répété à plusieurs reprises par tous les conseils-généraux. Il a soutenu avec chaleur les intérêts des fabriques de serge de son département, en s'opposant, dans plusieurs occasions, à l'abolition des droits sur les cotons. Enfin il a réclamé, au nom de toute la France, contre l'abandon que paraissait faire le trésor à la ville de Paris, d'une créance de dix-huit millions; et c'est à lui que l'on doit la réintégration des deux tiers de cette dette au budjet de 1821. La vue très-affaiblie du général Brun de Villeret ne lui permet plus de lire à la tribune, et il ne saurait par conséquent prononcer de longs discours; mais ce qu'il dit est toujours écouté avec bienveillance, parce que ses pensées sont justes, et qu'il évite avec soin de blesser les amours-propres. Son opinion est, en ce moment, celle d'une minorité bien faible; mais dans la majorité même, on rend justice à sa modération.

BRUNE (Guillaume-Marie-Anne), naquit à Brives, département de la Corrèze, le 13 mars 1763. Son père était avocat; son oncle officier dans un régiment de cavalerie, et chevalier de Saint-Louis. Une antique probité, une vieille réputation de savoir et de vertus, étaient les seuls titres de noblesse de sa famille. Après avoir fait ses études sous les doctrinaires de Brives, le jeune Brune vint à Paris étudier le droit. Le fruit de quelques années passées dans l'étude de la procédure, fut un *Voyage pittoresque et sentimental dans quelques provinces de France*, ouvrage que Brune publia sous le voile de l'anonime (1788), et qui ne manque ni d'élévation, ni de grâce. Ce fut par un petit livre frivole, que débuta un homme que ses aptitudes et sa destinée appelaient au grade de maréchal de France. La révolution vint arracher Brune à son goût pour la littérature. Animé d'un zèle ardent pour la liberté qui s'alliait en lui avec l'amour de l'ordre, il se fit inscrire des premiers sur les registres de la garde nationale. Doué d'une figure martiale, d'une haute taille et d'une force remarquables, sa place, était dans les grenadiers. Une petite imprimerie qu'il essaya ensuite de monter, n'eut aucun succès. Il embrassa l'état militaire, s'enrôla dans le 2me bataillon de Seine-et-Oise, et fut fait, le 18 octobre 1791, adjudant-major du même bataillon. Nommé l'année suivante adjoint aux adjudans-généraux, il reçut, quelque temps après, avec le titre de commissaire-général, une mission qui eût offert à l'intrigue et à l'ambition des moyens faciles d'élévation ou de fortune. Brune, à peine chargé de cette mission, redemanda son premier grade, et fut envoyé au camp de Maux. A Valmy et dans l'Argongne, il avait pris part aux importantes opérations de Dumouriez et de Kellermann. Nommé, en 1792, adjudant-général surnuméraire, avec le grade de colonel, et quelque temps après, adjudant général, colonel en pied, il fut em-

Brune.
Maréchal de France.

ployé à l'armée de Belgique, lors de ces triomphes inaccoutumés qui jetèrent l'Europe dans son premier étonnement, et de ces revers inattendus qui suivirent la bataille de Nerwinde. Les mêmes soldats qui venaient de remporter de si grands avantages, étaient dispersés en Flandre, et trois armées entières se trouvaient rompues. Brune fut chargé de rallier celle du Nord. A cette mission difficile succéda une autre mission non moins importante, et qui fut couronnée du même succès. Un corps d'insurgés du Calvados, commandé par le général Wimpfen, s'était avancé jusqu'à Vernon. Brune, à la fois chef d'état-major et commandant d'avant-garde, repoussa en peu de jours cette petite armée. Cette action eût porté Brune au ministère, s'il se fût prêté aux avances qui lui furent faites; mais c'était de gloire, de périls, et non de pouvoir qu'il était avide. Nommé général de brigade, il se trouva à la bataille de Hondscoote, et d'après les ordres du comité de salut public, alla rétablir la tranquillité dans Bordeaux, où il laissa un souvenir d'autant plus honorable, qu'il eut à y combattre beaucoup d'abus, et à y étouffer bien des haines. Après avoir rempli plusieurs missions et postes militaires, il fut nommé commandant de l'une des divisions du corps stationné à Paris sous les ordres du général Bonaparte Chargé ensuite de seconder le représentant Fréron envoyé dans les départemens du Midi, pour arrêter la réaction aristocratique, il réprima les crimes dont ces contrées étaient le théâtre, et prévint l'effusion du sang, à Nice, à Marseille, et dans cette même ville d'Avignon, où, vingt ans après, le sien devait être si lâchement répandu. Brune rentre ensuite à l'armée de l'intérieur, et, de service au camp de Grenelle, se distingue, par sa fermeté, dans l'affaire du 10 septembre 1796. Dans cette même année, une brigade qu'il obtint dans la division Masséna, au moment où le général Bonaparte venait de s'ouvrir la Lombardie, lui offrit le moyen de se faire connaître comme officier-général : il se distingue à Rivoli par le fait d'armes le plus brillant. A la tête du 75me régiment de grenadiers, il repousse, tourne, écrase les Autrichiens, au village de Saint-Michel, en avant de Véronne : sept balles frappent ses habits ; aucune ne le blesse. Il se montre partout ; il contribue, par des manœuvres savantes, au succès de la journée ; et le général en chef le retient plusieurs jours au quartier-général (malgré les réclamations de Masséna), pour conférer avec lui sur les prochaines opérations. A Feltres, à Bellune, dans les gorges de la Carinthie, sur les sommités des Alpes Noriques, la division Masséna soutint et livra plusieurs glorieux combats, auxquels Brune eut la plus grande part. Tous les prodiges de la dernière campagne appartiennent à cette division. Après les ratifications du traité de Léoben, Masséna fut envoyé à Paris, et laissa Brune commander la division à sa place. Nommé général de division sur le champ de bataille, il reçut, le 17 août, les lettres qui lui annonçaient ce grade, et remplaça, dans le commandement de la deuxième division active, Augereau, qui était rentré en France. Il établit son quartier à Brescia et à Véronne, où il sut tempérer la rigueur nécessaire de ses devoirs, calmer les passions, et vaincre, à force de justice et d'humanité, la résistance morale de ceux que la force avait soumis. Brune, à son retour en France, après la paix de Campo Formio, fut nommé par le directoire ambassadeur près de la cour de Naples. Mais il aima mieux suivre la carrière militaire, que de s'engager dans les routes tortueuses de la diplomatie. Il fut nommé commandant en chef des troupes dirigées contre la Suisse. Cette expédition courte et brillante, *attacha*, de l'aveu du directoire, *de nouveaux rayons de gloire au nom français*, et valut à celui qui la dirigeait cet éloge flatteur de la part de M. de Talleyrand : « Tout ce qui sait appré- » cier ici les hommes, écrivait-il » à Brune après le succès, trouve » que vous avez atteint la perfec- » tion de conduite en Suisse, et » pense que les plus belles desti- » nées vous sont réservées. » La prise de Fribourg, celle de Soleure et le combat de Neuenheck, eurent bientôt décidé du sort de la campagne. Brune, en apportant de la rapidité et de la vigueur dans ses diverses opérations militaires, sut montrer un grand respect pour les propriétés, et toute l'adresse que devait posséder celui que les lettres du directoire accusaient de simplicité et d'inertie, parce qu'il était à la fois prudent, et ami d'une politique généreuse. Le nombre des cantons augmenté, la suprématie de certains cantons abolie, telles furent les suites de cette expédition singulière, où un peuple qui se croyait libre prétendait imposer sa liberté à une nation qui, dès-long-temps, avait conquis la sienne. Nommé, après cette expédition, commandant de l'armée d'Italie, en remplacement de Berthier, Brune joignit à ce commandement celui de l'armée de Masséna, et ceux des différentes îles de la mer Ionienne. C'était un poste difficile. Les troupes de Rome en insurrection, les Français insultés à Vienne, la Ligurie et le Piémont en proie à des troubles, à des assassinats, à des supplices, et prêts à se livrer la guerre ; les Grisons qui penchaient vers l'empereur d'Autriche ; une armée française bien inférieure aux besoins de la guerre ; des milices nationales qui se rassemblaient en Toscane, et des troupes réglées que le roi de Naples ne cessait de lever : tels étaient les obstacles du présent, les menaces de l'avenir. Brune battit les insurgés à Pérugia, à Città-di-Castello, et à Ferentino ; sauva Parme d'une insurrection, fit respecter la France sur tous les points, défendit les frontières avec fermeté, agit dans l'intérieur avec une vivacité qui déconcerta les ennemis, étouffa les révoltes, exécuta rapidement les embarquemens pour l'Égypte, plaça sous le séquestre les différentes places prises par les partis piémontais, et fit remettre à la France, comme dépôt de garantie, la citadelle de Turin. C'est sans doute le chef-d'œuvre de l'habileté que de se faire livrer par l'ennemi même, la clef du pays pour la soumission duquel on combat. Malheureusement quelques chances nouvelles arrachèrent à la France les fruits de ce triomphe ; l'Europe prenait une attitude menaçante ; Aboukir venait de voir la perte de notre flotte ; l'alliance de l'Autriche et de la Russie se consommait. L'Italie, enhardie, se révolta sur plusieurs points ; à Milan, l'insurrection fut violente ; et Brune, obligé de quitter cette ville, passa en Hollande, où le gouvernement batave lui déféra le commandement en chef de l'armée. De trop longs détails militaires ne nous sont point permis, bien qu'ils devinssent presque nécessaires ici pour rendre sensible tout le mérite de ce général, victime d'un double assassinat dans sa personne et dans sa gloire. Cette bataille de Bergen, la première où nous ayons battu les Russes ; cette retraite de Beverwyck, où Brune sauva l'armée par une retraite prompte, exécutée dans un ordre parfait ; cette flottille improvisée de bâtimens armés qui balaya en quelques jours le Zuyderzée ; la reprise de Hoorn, Euckhuysen, Medemblick ; enfin l'évacuation de la Hollande, la défaite des alliés, la capitulation imposée au duc d'York, l'occupation du Helder, tels sont les principaux résultats de cette campagne conduite avec autant d'héroïsme que de sagesse, et où il fallut défendre sur une vaste étendue de pays, mille points accessibles, avec un corps de troupes infiniment trop faible pour les besoins du moment. Le nom de Helder fut donné à une rue de Paris, et Brune reçut de Bonaparte une armure complète, avec l'épée du commandement et du gouvernement de Hollande. Après ces mémorables exploits militaires, Brune passa dans la Vendée ; pacifia les départemens de l'Ouest, et laissa, partout où il était appelé à séjourner, le souvenir d'un homme juste et humain. Remplacé à l'armée de l'Ouest par son ami Bernadotte (aujourd'hui roi de Suède), il commanda, pendant trois mois, l'armée de réserve, dite des *Grisons*, et passa ensuite à l'armée d'Italie. Cette armée, après une longue oscillation ; après une suite d'armistices, de légères hostilités et de débats interminables entre les généraux en chef, enleva tout à coup les trois camps retranchés de l'ennemi à la Volta, et toutes ses positions sur le Mincio ; passa ce fleuve et s'empara de ses deux rives ; traversa l'Adige ; et, de concert avec l'armée de Macdonald qui venait de rejoindre la sienne, après avoir gravi le *Splugen*, descendu le *Cardinal*, et traversé d'horribles précipices, il prit Vicence, Montebello, passa la Brenta, et se fit céder toutes les places qui se trouvaient sur sa route. Il divisa ensuite son armée pour soumettre en même temps la Haute et la Basse-Italie, et prépara la paix de Lunéville. Brune, avant de quitter ce commandement, stipula la mise en liberté des Cisalpins détenus en Autriche pour opinions politiques : action généreuse ; preuve d'un sage amour de la liberté ; nouveau gage de la plus louable tolérance. Son armée fut confiée aux généraux Murat et Moncey; il vint à Paris, rentra au conseil-d'état, dont il était membre depuis sa fondation, et fut nommé président de la section de la guerre. Pendant qu'il s'occupait de travaux d'organisation et de législation, sa ville natale donnait son nom à un quai orné d'arbres sur la Corrèze ; le jury d'instruction de Turin lui décernait un buste en marbre, exécuté avec un rare talent par le sculpteur Comolli; la ville de Véronne faisait frapper une médaille en son honneur ; et celle de Brescia lui envoyait un sabre d'or. Nommé ensuite ambassadeur près la cour ottomane, il trouva dans cette mission de grandes difficultés ; des intrigues de cours rivales ; des souvenirs trop récens ; des préventions funestes dont il ne triompha pas entièrement ; en vain demanda-t-il pour l'empereur des Français ce titre qui, dans le protocole de la sublime Porte, était spécial à l'empire de Russie, et qui depuis fut accordé sans peine. Cependant la noblesse de son caractère, la dignité de sa représentation, ses qualités brillantes, lui obtinrent une sorte de crédit personnel, qui remplaça presque le crédit politique dont les circonstances le privaient. Il fonda les premières relations de la France avec la Perse, favorisa le commerce et l'industrie de son pays, fit connaître, à Constantinople, les beaux produits des fabriques françaises, recueillit et communiqua des notions géographiques et politiques fort intéressantes, et revint en France en 1805; il avait été nommé maréchal de l'empire et grand'croix de la légion-d'honneur. Envoyé à Boulogne pour commander l'armée des côtes de l'Océan et la flottille, il présida à la construction de quelques forts, à l'essai de ces fusées à la *Congrève,* qui détruisirent plusieurs maisons, à trois bombardemens et à plusieurs opérations secondaires. La tranquillité des côtes ne fut d'ailleurs troublée que par quelques tempêtes qui permirent à nos soldats de sauver des naufragés anglais; entre les deux derniers bombardemens, le diplomate anglais, lord Lauderdale, qui venait de rompre les conférences, passa, comme pour prouver au monde le respect des Français pour le droit des gens; toute sûreté lui fut accordée ; tous les égards lui furent prodigués; et la bonne foi nationale donna aux nations un exemple dont elles n'ont pas toujours profité. Nous touchons à la campagne de Poméranie, et à la disgrâce de Brune : éclatante injustice qui fut d'autant plus opiniâtre et implacable, qu'elle était plus impossible à justifier. Remplacé à l'armée de Boulogne par le général Gouvion-Saint-Cyr, il arriva à Hambourg, en 1807, comme gouverneur des villes anséatiques, reçut ensuite le commandement du corps de réserve de la grande-armée, et eut, avec le roi de Suède, cette conférence singulière, tenue à Schlatkow, près d'Anklam, et dont la calomnie tira un parti si perfide. Là le roi de Suède, entreprenant de convertir le maréchal, et se livrant à des discussions de la plus haute philosophie, à des abstractions que l'on ne s'attendait guère à trouver dans cette circonstance, provoqua, de la part de Brune, des réponses de la même espèce, des abstractions, des applications et des exemples. L'histoire n'en laisse pas manquer, et l'argumentation est une arme à toutes mains. Brune se tira en homme d'esprit de ce mauvais pas ; mais il ne put empêcher Napoléon de ressentir un vif chagrin, au récit de cette conversation. Brune, après avoir forcé l'ennemi à Martenshagen, voit sa disgrâce commencer ; le gouvernement des villes anséatiques est distrait de son gouvernement. Cependant Stralsund, l'une des places les plus importantes de l'Europe, est laissée à la discrétion des Français. Aucun excès n'y est commis. Une flottille, créée avec des barques amenées sur des chariots, enlève ensuite de vive force l'île de Dænholm; elle allait attaquer l'île de Rugen, quand une convention, signée par Brune et M. de Toll, général en chef de l'armée suédoise, nous livre cette île et toutes les îles adjacentes. Les Anglais venaient de prendre Copenhague; et ce revers, senti profondément par l'empereur, lui fit mettre en oubli la belle conduite de Brune en Poméranie. Dans son armée, composée de corps italiens, espagnols, hollandais, belges, badois, bavarois, de Wurtzbourg, de Nassau, il sut maintenir la plus sévère discipline. A Stettin, la princesse Élisabeth de Prusse fut traitée par lui avec les plus grands égards; à Pazewalk, la maison du vieux général prussien Kalkreuth fut préservée comme un temple. Par un oubli de toute dignité militaire, qui fait aussi peu d'honneur aux puissances ennemies de la France, qu'au caractère personnel du général Blucher, en 1814, ce fougueux Prussien mit dans l'état de dévastation le plus complet la maison du maréchal Brune, à Saint-Just, près de Méry-sur-Seine, en Champagne. La mauvaise fortune avait à exercer sur Brune de cruelles compensations; dans les termes mêmes de l'honorable convention qu'il avait signée, on chercha et l'on ne manqua pas de trouver matière à accusation. L'oubli des titres de l'empereur, mentionnés dans la signature seulement et non dans le texte, et les mots d'*armée française* et d'*armée suédoise*, fréquemment employés dans le traité, suffirent pour échafauder une accusation frivole. Berthier, par ordre de l'empereur, écrivit à Brune une lettre de rappel, où il lui disait *que depuis Pharamond pareil scandale ne s'était vu*. On prétendit que Brune avait eu l'intention de flatter les idées du roi de Suède; et le soupçon, grossi par sa propre injustice, s'étendit au loin. Retiré dans ses foyers, Brune présida, en 1807, le collége électoral de l'Escaut; et, persécuté, en 1811, par la haine invétérée d'un ministre, il fut sur le point de perdre la plus grande partie de sa fortune. En vain Berthier le flattait du retour de l'amitié de l'empereur; ce dernier ne pouvait pardonner à Brune un tort qui était peut-être le sien propre. Un courageux ministre défendit cependant le maréchal en disgrâce. Inactif et malheureux témoin des dernières manœuvres de l'armée, en 1814, il s'était réfugié à Paris, lors de la première invasion; et il fit bientôt son hommage au roi, qui accueillit Brune avec bonté, et lui donna la croix de Saint-Louis. En 1815, il ne fut point, comme on l'a dit, un des premiers à saluer Napoléon, qui se contenta de le placer au corps d'observation, sur le Var. Il ne fut pas des derniers à faire reconnaître le roi par les troupes qui se trouvaient sous ses ordres. Telle est la vie d'un guerrier qui ne hasarda rien, et obtint beaucoup ; qui dut tout à ses talens, et peu à la fortune ; brave soldat, grand négociateur et habile capitaine. Il nous reste à faire un bien pénible récit, celui de sa mort. Ce guerrier, fameux par tant de succès, ce maréchal que la victoire n'abandonna pas une seule fois sur le champ de bataille, poursuivi, au nom du roi, comme une bête féroce, sur la route de Toulon à Avignon, fut préservé deux fois de la mort par des hussards hongrois qu'avait envoyés le général Nugent ; mais à Avignon il succomba. La maison où il se réfugia, sous la sauvegarde publique (l'autorité semblait impuissante), fut cernée par une multitude en fureur; et des misérables, pénétrant par le toit et par toutes les issues, dans la chambre où était le maréchal, frappèrent un cœur que le canon et le fer des ennemis avaient épargné. Le corps de Brune, après avoir été traîné dans les rues, et outragé par la populace en délire, fut jeté dans le Rhône, puis laissé exposé pour servir de pâture aux plus vils animaux. Cet odieux procès-verbal, qui s'associait au crime en le dissimulant ; cette procédure non moins odieuse, où, par un bouleversement de toutes les idées de justice et d'humanité, par l'oubli de toute pudeur, le crime sembla trouver des encouragemens, et où la plainte qui s'élevait du tombeau de Brune parut gêner l'autorité locale : tels sont les matériaux que nous léguons à l'histoire. Elle sera forcée de dire : L'un des généraux qui aient fait le plus d'honneur à la France, fut assassiné par des Français ; et sa cendre, vengée tardivement, mais enfin vengée par une voix éloquente (voir le plaidoyer de M. Dupin) et par un jugement solennel, fut encore troublée par la calomnie, autre crime plus odieux, assassinat moral, pour lequel les hommes n'ont pas de nom, et les lois n'ont point de glaive.

BRUNEAU (MATHURIN), soi-disant *Charles de France*. Fils d'un sabotier, il aima mieux être fils de roi, et se donna Louis XVI pour père. C'est en cette qualité qu'il a fixé l'attention publique, pendant les deux premiers mois de 1818. Il résulte de la procédure intentée contre lui, qu'il est né en 1784, à Vezins, près de Cholet, où son père faisait des sabots. Sentant de l'aversion pour ce métier, qu'on lui avait appris de bonne heure, le jeune Mathurin abandonna sa famille, en 1795, pour *faire son tour de France*. Partout où il alla, il se donna pour le *fils du baron de Vezins*; et, malgré ce titre, la comtesse de Turpin-Crissé le prit à son service pendant plusieurs mois. Ici se trouve une lacune dans l'emploi de son temps. En 1803, n'ayant pas d'asile, il fut arrêté comme vagabond, et renfermé à Saint-Denis, près de Paris, dans la maison de répression. Remis en liberté, ce baron s'embarqua à Lorient, comme aspirant-canonnier dans le 4me régiment d'artillerie de la marine. Arrivé aux États-Unis, il déserta pour se faire garçon boulanger. Il a déclaré s'être marié à cette époque avec une riche Américaine, dont il avait des enfans ; mais il n'a pu justifier ces faits. Au mois de septembre 1816, il revint en France, et débarqua à Saint Malo avec un prétendu passe-port d'Amérique, où il était qualifié de *Charles de Navarre, citoyen des États-Unis*. De cette époque datent ses hautes prétentions. Il alla dans son département (Maine-et-Loire), où il chercha à se faire passer pour *Louis XVII, dauphin de France*. Plus tard, dérogeant à ses hautes prétentions, il réussit à persuader à la veuve Philippeaux, qui avait un fils aux armées, qu'il était lui-même ce fils, et il se fit donner par elle une somme de 800 fr. ; mais la fourberie ayant été reconnue, on incarcéra Mathurin Bruneau. Alors reprenant son auguste caractère, il adressa, de sa prison, au gouverneur de l'île anglaise de Guernesey, une lettre signée *Dauphin-Bourbon*, par laquelle il l'invitait à faire connaître au gouvernement britannique la captivité du *fils de Louis XVI*. Les autorités locales interceptèrent cette lettre, et firent transférer Bruneau dans la prison de Rouen. Il s'y lia avec un sieur Branzon, condamné à la réclusion, et dont il fit son secrétaire. Celui-ci écrivit à la duchesse d'Angoulême, au nom du soi-disant *Louis XVII*, et parvint à intéresser, en faveur de ce personnage incertain, un assez grand nombre de personnes plus ou moins considérables, qui lui fournirent des secours abondans. On réussit même à créer, à Paris, une société chargée de recueillir les dons volontaires destinés au prétendu *dauphin ;* mais les chefs de cette association furent saisis par la police. Bruneau n'interrompit pas néanmoins le cours de ses réclamations. Cependant le gouvernement le fit traduire, avec son secrétaire et ses agens principaux, devant la police correctionnelle de Rouen, au mois de février 1818. Cette cause extraordinaire attira un concours prodigieux d'auditeurs, qui remarquèrent, dans les réponses de Bruneau, un mélange incohérent de grossièreté, d'arrogance, et d'aliénation. Enfin, le 19 du même mois, le tribunal, après avoir déclaré Mathurin Bruneau convaincu d'usurpation de nom, d'escroquerie et de vagabondage, le condamna, 1° à être détenu pendant cinq ans ; 2° à subir deux nouvelles années de détention, pour sa conduite turbulente et pour ses outrages envers ses juges ; 3° à être remis, après ces sept années, entre les mains de l'autorité militaire, qui prendrait contre lui, comme déserteur, le parti qu'elle jugerait convenable. Bruneau entendit son jugement avec le calme de l'indifférence, et ne se pourvut point en cassation, non plus que ses coaccusés. On annonce, au moment où nous écrivons cet article, que pour mettre fin à la correspondance qu'il n'a cessé d'entretenir depuis sa condamnation, Mathurin Bruneau a été traduit, le 14 mai 1821, dans la prison de Caen, d'où il est parti, le 20 du même mois, pour être transféré au château fort du Mont-Saint-Michel, ville du département de la Manche, située sur un rocher qui s'avance dans la mer.

BRUNET (JEAN-BAPTISTE), né à Valensoles, en Provence, fut nommé général de brigade au commencement de la révolution, et fit, en 1792, la campagne de Savoie, sous le général Anselme, dont il commandait l'avant-garde. En 1793, le général Brunet obtint le commandement de l'armée d'Italie, en remplacement du général Biron. Le 8 juin, il battit les Sardes; mais des revers, qu'il éprouva à l'attaque du camp des Fourches et à celle de Saorgio, décidèrent la convention à envoyer le général Cartaux, pour le remplacer. Des soupçons planaient à cette époque sur le général Brunet; on l'accusait de n'avoir pas été étranger à la reddition de Toulon aux Anglais; et l'on citait à l'appui de cette assertion de prétendues intelligences qu'il aurait eues avec le procureur-général-syndic du Var, et le refus qu'il aurait fait de seconder les opérations des députés dans ce département. Arrêté, par ordre de Barras, il fut transféré à l'Abbaye et traduit au tribunal révolutionnaire, qui le condamna à mort, le 6 novembre 1793.

BRUNET (N.), fils du précédent, se distingua à la tête de la 25me demi-brigade d'infanterie légère, et servit long-temps, sous les ordres du duc de Dantzick, à l'armée de Sambre-et-Meuse, où il fut nommé général de brigade. Il fit partie de l'expédition de Saint-Domingue, en 1801, et obtint le commandement de l'avant-garde du général Rochambeau. En 1802, il s'empara des forts de l'Anse, de la Liberté et de la Hougue, et ce fut par son ordre, et dans sa division, que fut arrêté, aux Gonaïves, le fameux Toussaint-Louverture, qui servait sous ses ordres. Commandant de la place du Môle, il y fut attaqué le 18 novembre, et laissa pénétrer jusqu'aux portes les noirs, dont il fit alors un horrible carnage. Le général Brunet eut ensuite le commandement de la partie du sud et de l'ouest de l'île, après la mort du général Watrin, et celui des Cayes-Saint-Louis, après le départ de Desbarreaux. Fait prisonnier à son retour en Europe, par les Anglais, le général Brunet ne rentra en France qu'en 1814. En 1815, il commandait dans l'armée sous les murs de Paris, et signa l'adresse à la chambre des représentans.

BRUNI (ANTOINE-BARTHELEMI), musicien-compositeur distingué, est né à Coni, en Piémont, le 2 février 1759. Il étudia le violon sous le célèbre Pugnani, et excella bientôt sur cet instrument. Il apprit ensuite la composition à Novarre, sous la direction de Speziani. Venu de bonne heure en France, il s'y fit naturaliser, et fut nommé chef d'orchestre du théâtre de *Monsieur*, à l'époque où cet établissement fut créé. Il remplit successivement les mêmes fonctions à l'Opéra-Comique et à l'Opéra-Buffa, quand ce dernier théâtre fut réorganisé, en 1800. Personne ne dirigeait un orchestre avec plus d'aisance et de précision : ce talent rare et bien précieux lui avait été transmis par son habile maître Pugnani. Il avait été aussi appelé, par le gouvernement, à la commission temporaire des arts, pour la partie de la musique. Les ouvrages dramatiques de M. Bruni lui ont fait encore plus de réputation. Les principaux sont, 1° *L'Ile enchantée*, opéra en trois actes; 2° *Coradin*, en trois actes; 3° *Célestine*, en trois actes ; 4° *Spinette et Marini*, en un acte; 5° *Le Mort imaginaire*, en un acte ; 6° *L'Officier de fortune*, en deux actes; 7° *Le Sabotier*, en un acte; 8° *Claudine, ou le Petit commissionnaire*, en un acte; 9° *Tout par hasard*, en un acte; 10° *Le Sargines de village*, en un acte; 11° *La Rencontre en voyage*, en un acte ; 12° *L'Esclave*, en un acte; 13° *L'Auteur dans son ménage*, en un acte; 14° *Le Major Palmer*, en trois actes; 15° *Tobern, ou le Pêcheur suédois*, en deux actes, etc. Les autres compositions musicales de M. Bruni ont toutes pour objet le violon : elles consistent en 4 œuvres de *sonates*, 28 œuvres de *duo*, 10 œuvres de *quatuor*, plusieurs *concerto*, etc. La musique instrumentale de ce compositeur n'est pas moins recherchée des amateurs, que sa musique dramatique n'est estimée des gens de goût.

BRUNSWICK (Ferdinand, duc de), naquit, le 11 janvier 1721, de Ferdinand-Albert, duc de Brunswick-Wolfenbutel, et d'Antoinette-Amélie, sœur de l'empereur Charles VI. Après divers voyages en France, en Hollande et en Italie, il entra, en 1740, au service de la Prusse, gouvernée alors par le grand Frédéric. Sorti d'une maison dans laquelle les vertus militaires semblent héréditaires, il ne tarda point à s'élever au rang des meilleurs généraux de son temps. Cependant il ne trouva dans la première guerre de Silésie aucune occasion de se signaler; mais, en 1744, à la reprise des hostilités, il mérita les éloges, et obtint de grandes récompenses du monarque prussien pour sa belle conduite à la prise de Prague, et à la bataille de Soor, où il fut légèrement blessé. Dans la guerre de *sept ans*, le duc de Brunswick sut se placer au nombre des chefs les plus renommés. Après la rupture du traité de Closter-Séven, que le maréchal de Richelieu avait eu le bonheur de forcer le duc de Cumberland à conclure, mais dont il avait manqué l'exécution, pour avoir changé cette capitulation toute militaire en une convention politique, le duc de Brunswick réunit les troupes anglo-hanovriennes à son armée, força les Français d'évacuer la rive droite du Rhin, et se porta audacieusement derrière Crevelt, où il remporta sur eux différens avantages. Vaincu à son tour à Bergen l'année suivante, il répara cet échec par la victoire de Minden. En 1762, il contraignit les Français à se retirer du pays de Hesse, et quitta le service en 1763, après la conclusion de la paix. Une médiocre pension du roi d'Angleterre fut toute la récompense qu'il obtint des services importans qu'il avait rendus dans cette guerre, pendant laquelle il se fit une réputation non moins méritée, par sa noblesse et le désintéressement de sa conduite, que par ses succès militaires. Retiré à Brunswick, Ferdinand s'occupa, avec une sollicitude toute philanthropique, de l'institution de la franche-maçonnerie, et devint grand-maître d'une partie des loges de l'Allemagne. On ne s'étonnera point de cette prédilection pour une société dans laquelle il retrouvait tous les sentimens dont était pénétré son cœur humain et charitable. Mais une preuve que les hommes, souvent les plus éclairés, ne sont point à l'abri de la faiblesse et de l'erreur, c'est la facilité avec laquelle il se laissa surprendre au charlatanisme des illuminés, qui ne sont point des francs-maçons, bien qu'ils prétendent que ces deux sociétés ont entre elles une grande analogie. Les illuminés sont désireux d'honneurs, de pouvoir et de fortune; les francs-maçons sont simplement charitables. Ceux-ci secondèrent les vues bienfaisantes du prince; les illuminés furent enrichis de ses bienfaits. Le duc Ferdinand mourut, le 3 juillet 1792, le jour même du départ de son neveu pour la téméraire expédition de Champagne.

BRUNSWICK-LUNEBOURG (CHARLES-GUILLAUME-FERDINAND, DUC DE), naquit le 7 octobre 1735, à Brunswick. Héritier du prince Charles, duc régnant, il reçut une éducation digne du rang qu'il devait occuper un jour. Ses précepteurs furent Hirchmann, Gærtner et Jérusalem, et il eut pour gouverneur le conseiller Walmoden. Sous d'aussi habiles maîtres, le jeune prince fit les progrès les plus rapides, et eut bientôt acquis des connaissances étendues dans toutes les sciences, et principalement dans celles qui ont rapport à l'état militaire, ainsi que dans les langues modernes. Il fit ses premières armes sous le grand Frédéric et sous le prince Ferdinand, ses oncles et ses modèles. Dès son début, il annonça que « la nature le destinait à devenir un héros. » Ainsi s'exprimait Frédéric lui-même, après la bataille d'Hastembeck, où ce jeune prince sauva l'armée de Cumberland, en enlevant, l'épée à la main, une batterie française. On ne peut nier que les succès brillans qu'obtint le duc de Brunswick, jusqu'à la révolution française, époque à laquelle il passait pour le premier capitaine de l'Europe, ne parussent justifier la prédiction du roi de Prusse; et cette réputation immense, peut-être l'eût-il conservée, sans les fautes qu'il commit dans les campagnes de Champagne, en 1792, et plus encore dans celle de Prusse, en 1806, où sa mort, toute glorieuse qu'elle est, n'eût point garanti de sa ruine la monarchie prussienne, qui ne dut alors son salut qu'à la générosité du vainqueur. Mais n'anticipons pas sur les événemens, et reportons-nous à l'armée d'Hanôvre. En 1758, Brunswick, avec un faible détachement, passa le Wéser devant toute l'armée française, et prépara ainsi les avantages que remporta le prince Ferdinand dans la campagne du Bas-Rhin, pendant laquelle le jeune prince, à la tête de l'avant-garde, ne cessa de donner des preuves de son courage et de son habileté. Il se distingua surtout au passage du Rhin à Crevelt, à Korback, en 1760, où il reçut une blessure, en soutenant la retraite de ses troupes devant toute l'armée du maréchal de Broglie, et à Emsdorff, où il fit un grand nombre de prisonniers. Le prince héréditaire de Brunswick montra surtout qu'il possédait cette qualité, qui seule distingue le véritable courage, le sang-froid dans un danger imminent, lorsque, envoyé à la tête de 15,000 hommes pour s'opposer au maréchal de Castries, et pour faire le siége de Wésel, il fut obligé de se retirer de Klostercamp, dans lequel il avait surpris les Français pendant la nuit. Le pont qu'il avait établi sur le Rhin, avait été détruit par une crue subite des eaux; il ne témoigne aucune inquiétude; et tandis que les ouvriers reconstruisent le pont, devant lequel son armée est rangée en bataille, il impose à son ennemi par la fermeté de sa contenance. Pour parler de tous ses faits d'armes, il faudrait rappeler toutes les actions qui eurent lieu dans cette guerre de *sept ans*, si vantée de nos vieux militaires. Après la paix, le prince de Brunswick s'occupa, par des voyages, à augmenter le nombre de ses connaissances. Il parcourut la France et l'Italie, et partout il étonna les savans eux-mêmes par sa profonde érudition. En 1770 et 1771, il parcourut avec le grand Frédéric la Westphalie, la Silésie et la Moravie. La guerre de la succession de Bavière, en 1778, donna un nouveau lustre à sa gloire militaire. Duc souverain de Brunswick, en 1780, par la mort de son père, il ne montra pas moins d'habileté dans le gouvernement de ses états, qu'il ne l'avait fait à la tête des armées. Éloigné, par la jalousie de Frédéric-Guillaume II, des affaires de la Prusse, à la tête desquelles son mérite, encore plus que son rang, l'appelait, il ne s'occupa que du bonheur de ses sujets. Le duché lui dut plusieurs établissemens utiles; et les savans, les artistes et les hommes de lettres, des bienfaits et une protection spéciale. En 1787, le duc de Brunswick soutint par les armes la cause du stathouder, contre les patriotes de la Hollande. La France avait pris, mais faiblement, le parti de ces derniers. Le duc, voyant son incertitude, entra tout à coup dans la Hollande, à la tête de 20,000 Prussiens, et s'empara d'Utrecht, de La Haye et d'Amsterdam. La hardiesse de cette expédition fit le plus grand honneur au duc. Mais la révolution française approchait, et les réputations anciennes devaient bientôt échouer devant les grands talens que cette époque allait produire. Jugé le premier général de l'Europe, le duc de Brunswick eut le commandement en chef de l'armée coalisée prussienne et autrichienne, formée en vertu du traité de Pilnitz. Dès le mois d'août 1792, il entra dans la Lorraine à la tête de 95,000 hommes, parmi lesquels on comptait 20,000 émigrés français, sous les ordres du prince de Condé. La France, sans armée, livrée aux discordes civiles, en proie à la trahison, semblait devoir succomber sous des forces aussi imposantes. Dès l'ouverture de la campagne, Longwy et Verdun s'étaient rendus, pour ainsi dire, sans résistance. Déjà le parti de l'émigration voyait ses espérances se réaliser, et se disposait à recevoir les Prussiens dans la capitale. Déjà il voyait s'effectuer les menaces répandues dans le manifeste du duc de Brunswick contre les auteurs de la révolution, lorsque Dumouriez alla prendre le commandement de l'armée française. Les affaires alors changèrent de face. Ce général sut profiter habilement des dispositions de résistance que le manifeste prussien avait inspirées aux esprits; il répara les fautes de ses prédécesseurs, et bientôt il réduisit ses adversaires à une inaction parfaite. L'illusion était détruite, et la France était sauvée. Ces Prussiens si vantés, ce général qui partout devait enchaîner la victoire, n'essuyèrent plus que des revers. Toutefois, après quelques légers engagemens dans lesquels ils furent battus, les alliés pénétrèrent en Champagne par les défilés de Grand-Pré que venaient d'abandonner les Français, et par celui de la Croix-aux-Bois, dont les Autrichiens s'étaient emparés. Ce mouvement, quoique tardif, pouvait encore devenir très-fatal à la France, si ses ennemis eussent su profiter de la supériorité que leur donnaient le nombre et la discipline, et de l'avantage d'une puissante cavalerie dans des plaines immenses. Mais la jonction des généraux Beurnonville et Kellermann avec Dumouriez, l'échec du poste des Islettes, et surtout la perte de la bataille de Valmy, achevèrent de détruire la confiance des coalisés. Les Prussiens s'étaient attendus, d'après les promesses des émigrés, à être reçus avec enthousiasme. Trompés dans leurs espérances, ils s'en plaignirent; mais ceux-ci, à leur tour, leur reprochèrent d'avoir gâté leur cause, en soulevant contre elle les esprits par leur indiscipline. Tous ces motifs, et une maladie, fruit de l'intempérance du soldat prussien, déterminèrent le roi de Prusse à négocier avec Dumouriez; et, malgré l'opposition de plusieurs généraux, entre autres Clairfayt et les chefs de l'armée de Condé, il conclut, d'après les conseils du duc de Brunswick, une capitulation par laquelle l'armée coalisée devait sortir de la France, sans être inquiétée dans sa retraite. Ce traité, dont aujourd'hui même on ne connaît pas plus toutes les conditions que les véritables causes, et qui fut si amèrement reproché au roi de Prusse par les émigrés, excita des plaintes très-graves contre Dumouriez lui-même, de la part des patriotes. Les premiers l'attribuaient à la lâcheté; les autres pensaient que l'armée coalisée n'aurait pas dû sortir des plaines de la Champagne. Les émigrés fulminèrent contre le duc de Brunswick, qui publia une déclaration, dans laquelle il répondit qu'il se justifierait. Cette justification, quoique un peu tardive, serait curieuse à connaître. Quoi qu'il en soit, le roi de Prusse, qui, d'après ses engagemens, ne devait plus prendre part à la guerre, s'établit sur le Rhin, par suite de l'irruption de Custines en Allemagne. Le duc de Brunswick, qui commandait l'armée, força d'abord les Français à se retirer sur la rive gauche, et forma aussitôt le siège de Mayence, ville dont il s'empara après trois mois d'une résistance opiniâtre. Il fut encore vainqueur dans les lignes de Weissembourg et à Kayserslautern; mais ensuite quelques échecs qu'il éprouva, notamment la levée du siège de Landau, et une certaine rivalité avec le général autrichien Wurmser, le décidèrent à demander sa démission. Il l'obtint, au commencement de 1794, et écrivit alors au roi de Prusse une lettre dans laquelle il attribuait la non-réussite des opérations dirigées contre la France à la mésintelligence qui régnait parmi les coalisés. Après le traité de Bâle, en 1795, conclu par ses conseils, entre la France et la Prusse, le duc de Brunswick reprit la vie paisible qu'il menait avant 1787, et s'occupa uniquement de l'administration de ses états. Les émigrés français, et particulièrement ses anciens rivaux, les maréchaux de Castries et de Broglie, reçurent chez lui l'hospitalité la plus généreuse. Le premier y termina sa carrière, et le duc lui fit élever un monument funèbre. Naturellement ennemi de la guerre, la crainte seule que lui inspirèrent les rapides conquêtes des Français, qui déjà occupaient les pays limitrophes de son duché, le décida à faire un voyage à Saint-Pétersbourg, au commencement de 1806, afin de s'assurer un allié puissant, avant de prendre un parti extrême. Enfin les hostilités commencèrent à la fin de 1806. Le vieux duc, chargé du commandement de l'armée, mit dans ses opérations toute la lenteur de son âge; mais il n'avait plus affaire aux Français de la guerre d'Hanôvre : déjà il avait perdu son avant-garde, qu'il refusait encore de le croire. L'imminence du péril lui rend cependant un peu d'énergie. Le 14 octobre, Auerstaedt est attaqué; il se met à la tête des grenadiers pour repousser son ennemi; mais, atteint d'une balle dans les yeux, sa retraite décida la victoire des Français à Iéna. Le duc de Brunswick, malgré l'inquiétude qui le dévorait, malgré les souffrances les plus cruelles, resta quelques jours à Blankenbourg, où il espérait rallier son armée. Trompé dans son attente, il fut bientôt contraint de se retirer à Brunswick, et enfin à Altona, sur le territoire danois, où il mourut le 10 novembre suivant. Ce malheureux prince paraît avoir prévu les revers qui devaient flétrir les lauriers qu'il avait cueillis dans sa jeunesse. D'ailleurs il n'aimait pas la guerre; et s'il la fit dans les derniers temps, on peut dire qu'il y fut entraîné par la force des circonstances. En 1786, il disait à Mirabeau, qui alors se trouvait à Brunswick : « Jamais homme sen- » sé, surtout en avançant en âge, » ne compromettra sa réputation » dans une carrière si hasardeuse, » s'il peut s'en dispenser. Je n'y ai » pas été malheureux ; peut-être » aujourd'hui serais-je plus habi- » le, et pourtant infortuné. » Mirabeau, qui savait apprécier toutes les belles qualités du duc de Brunswick, s'exprimait ainsi sur ce prince, dans une lettre au ministre : « Sa figure annonce pro- » fondeur et finesse. Il parle avec » précision et élégance ; il est pro- » digieusement laborieux, ins- » truit, perspicace. Ses correspon- » dances sont immenses, ce qu'il » ne peut devoir qu'à sa considé- » ration personnelle ; car il n'est » pas assez riche pour payer tant » de correspondans, et peu de ca- » binets sont aussi bien instruits » que lui. Ses affaires en tout gen- » re sont excellentes. Il a trouvé » l'état surchargé de près de 40 » millions de dettes, par la prodi- » galité de son père ; et il a telle- » ment administré, qu'avec un re- » venu d'environ 100,000 louis, et » une caisse d'amortissement où » il a versé les reliquats des subsi- » des de l'Angleterre, dès 1790 il » aura liquidé toutes les dettes. Re- » ligieusement soumis à son mé- » tier de souverain, il a senti que » l'économie était sa première » ressource. Sa maîtresse, Mlle de » Hartfeld, est la femme la plus » raisonnable de sa cour ; et ce » choix est tellement convenable, » que le duc ayant montré derniè- » rement quelque velléité pour u- » ne autre femme, la duchesse s'est » liguée avec Mlle de Hartfeld pour » l'écarter. Véritable Alcibiade, il » aime les grâces et les voluptés ; » mais elles ne prennent jamais » sur son travail et sur ses devoirs, » même de convenance. Est-il à » son rôle de général prussien ? » personne n'est aussi matinal, » aussi actif, aussi minutieusement » exact que lui. Enivré de succès » militaires, et universellement » désigné comme le premier dans » cette carrière, il désire sincère- » ment la paix, et semble ne vou- » loir plus s'exposer aux chances » de la guerre. » Une brochure qui a pour titre : *Campagne du duc de Brunswick contre les Français, en 1790, traduite de l'allemand d'un officier prussien*, un vol. in-8°, a été imprimée à Paris, en l'an 3, et en 1809, à Tubingen, un *Portrait biographique de Charles-Guillaume-Ferdinand, duc de Brunswick*, en allemand, un vol. in-8°. Le premier de ces ouvrages n'est qu'un véritable pamphlet, et le second un froid panégyrique.

BRUNSWICK-WOLFENBUTTEL-OELS (Frédéric – Auguste de), frère du précédent, étudia sous les mêmes maîtres que ce prince, mais se livra plus particulièrement à la littérature. Il fit les dernières campagnes de la guerre de *sept ans*, sous les ordres de son oncle, le duc Ferdinand, et se distingua dans différentes actions. Il entra ensuite au service du roi de Prusse, et partagea son temps entre les lettres et les devoirs de son état, sur lequel il fit différens ouvrages relatifs à la tactique, à la défense des places, etc. On a encore de lui la traduc-

...e quelques tragédies et co-
...es, des discours, et autres
...ages, parmi lesquels on dis-
...ue: *Considerazioni sopra le
...use della grandezza dei Roma-
...*, traduit de Montesquieu, in-8°,
...erlin, 1764; et *Riflessioni critiche
sopra il carattere e le gesta d'A-
lessandro Magno*, in-8°, Milan,
1764, traduit en français par Er-
man. Ce prince mourut à Wei-
mar en 1805, regretté des savans
et des artistes, dont il était le protecteur.

BRUNSWICK-OELS (Frédéric-Guillaume), fils du duc Charles-Guillaume-Ferdinand, tué à
la bataille d'Iéna, manifesta de
bonne heure sa passion pour l'é-
tat militaire. Dès sa jeunesse, il
avait formé le projet d'augmenter le nombre de ses troupes,
mais dans une proportion qui n'é-
tait point d'accord avec ses ressources et la population des é-
tats de son père, qui s'y opposa.
Il commença à donner des preuves de son courage et de ses talens dans la guerre en 1805, époque à laquelle il était sur les frontières de la Bohême, avec une division. Sommé de se rendre par
des corps nombreux qui l'entouraient, il s'ouvrit un passage au
milieu d'eux, manœuvra avec la
plus grande habileté pour parvenir jusqu'à la mer, où, avec la
même activité, il rassembla des
vaisseaux sur lesquels il s'embarqua, lui et ses troupes. La campagne de 1806, dans laquelle il
perdit son père et ses états, alluma, dans son âme, cette soif
de vengeance qui ne s'éteignit
qu'avec sa vie, dans les plaines
de Fleurus. La guerre ayant été
transportée de l'Allemagne dans
la Péninsule, il se distingua autant par son animosité que par sa
bravoure, à la tête du corps qu'il
commandait, et qui était appelé,
de la couleur de l'habillement
qu'il portait, *le Corps noir*. Le
duc de Brunswick ne fut pas des
derniers à prendre les armes lors
du retour de Napoléon, en 1815.
Il assistait au bal que donnait la
duchesse de Richmont, le 15 juin,
lorsqu'il fut informé de l'entrée
des Français sur le territoire belge. Après en avoir obtenu l'autorisation du général Wellington,
il rassembla ses troupes, qui se
trouvaient cantonnées dans les
environs de Bruxelles, et déploya
une telle activité, qu'à la pointe
du jour il se trouvait déjà à quatre lieues de cette ville. Bientôt
il rencontra l'avant-garde de l'armée française. Il l'attaqua avec
fureur; deux blessures qu'il reçoit ne font qu'augmenter son a-
charnement; mais blessé à mort
par une balle qui le frappa dans
la poitrine, transporté loin du
combat, il expira bientôt. Ses
troupes vengèrent sa mort, à Waterloo, d'une manière que l'honneur réprouve. L'histoire ne laissera point ignorer la férocité a-
vec laquelle elles se sont compor-
tées pendant quatre jours envers
des ennemis accablés par le nombre, blessés, gisant sur le champ
de bataille. Le duc de Brunswick
avait épousé une princesse de Nassau, sœur du roi régnant des Pays-
Bas.

BRUYÈRE-CHALABRE (le
comte de), député, en novembre
1815, par le département de l'Aude. Il proposa, dans la discussion

BRU

sur la loi du 9 novembre, relative aux écrits et aux ouvrages dits séditieux, un article supplémentaire, par lequel les fonctionnaires publics seraient responsables de l'exécution de cette loi. Dans la session de 1816 à 1817, il se prononça contre la loi d'élection proposée à cette époque. Dans celle de 1818 à 1819, à l'occasion d'une pétition adressée à la chambre, avec cette' syscription: *Aux Représentans du Peuple français*, il s'écria : « Nous ne sommes pas » les représentans de la nation » française. » La même année, il s'éleva contre les pétitions en faveur des *bannis*, et assura, à ce sujet, que la majorité de la chambre *introuvable* de 1815 était composée des *hommes les plus respectables*. Dans la session suivante, M. Bruyère-Chalabre a continué de voter avec le côté droit, et n'a cependant pas été réélu en 1820, tant il a trouvé de rivaux.

BRUYÈRES (COMTE), général de division, etc., prit du service dans la cavalerie, passa par tous les grades, et fut enfin nommé colonel du 25.me régiment de chasseurs, avec lequel il se distingua dans les célèbres campagnes d'Allemagne, et principalement à la bataille d'Iéna. En décembre 1806, il obtint le grade de général de brigade, fit en cette qualité la campagne de 1809, et fut blessé au combat de Znaïm, en Moravie, où il se signala par des traits de la plus rare intrépidité. En 1812, il eut le commandement d'une division, sous les ordres du roi de Naples, et exécuta les charges les plus brillantes sur les Russes, à Ostrowno et à la Moskowa. Le général Bruy veaux services pagne de Saxe, rieusement sa vie Bautzen, où il eu emportée d'un boule

BRUYSET (JEAN-M frère PIERRE-MARIE). Le naquit à Lyon le 7 févrie et exerça avec distinction l. fession d'imprimeur et de libr Il fut emprisonné, après le si de cette ville, en 1793, ainsi qu Pierre-Marie, son frère, comme ayant participé, l'un et l'autre, à la défense de cette place contre l'armée de la convention. Jean-Marie, afin de suppléer à la disette des assignats et de l'argent, avait donné l'idée de créer un papier-monnaie, auquel on donna le nom de *billets obsidionaux*. Il tomba malade en prison, et fut transporté dans une infirmerie. *Pierre-Marie* parut seul devant les juges; on lui présenta les billets obsidionaux signés *Bruyset*: il répondit que cette signature était la sienne, et se laissa condamner sans trahir un secret qui, en l'arrachant à l'échafaud, y eût conduit son frère. Ce dévouement était d'autant plus admirable, que Pierre-Marie avait une femme et plusieurs enfans, qu'il fit recommander à celui pour lequel il se sacrifiait. Les deux frères étaient dignes l'un de l'autre, et celui qui survécut adopta et regarda comme les siens propres les enfans de son frère. Obligé de quitter le commerce de la librairie, en 1808, Jean-Marie devint, en 1812, inspecteur de l'imprimerie et de la librairie à Lyon; fonction qu'il n'a remplie qu'une année. Depuis ce moment, il vécut retiré au sein de sa famille, et cultivait les lettres, lorsqu'il leur fut enlevé par une attaque de goutte, le 16 avril 1817. Bruyset avait été membre de l'ancienne académie de Lyon; et il en fit encore partie lorsque cette société se forma de nouveau, en 1796. Il fut aussi de la société physico-économique de la Haute-Lusace, et de l'académie de Berlin. Bruyset est auteur et éditeur d'un grand nombre d'ouvrages, notamment du *Dictionnaire d'histoire naturelle* de Valmont de Bomare, à qui il payait, en conséquence, une pension de 1200 fr. Il a laissé inédites des traductions de *Justin* et de *Virgile*, et il en préparait une de *Tite-Live*, dont le roi avait déjà agréé la dédicace. Bruyset a travaillé encore à la *Gazette littéraire*, au *Journal étranger*, par l'abbé Arnaud, et au *Dictionnaire historique* de Chaudon et Delandine. Le gendre de Bruyset, *Jean-François-Anne Buynand*, né aux Échelles, près d'Ambérieux, le 19 novembre 1773, et mort le 26 novembre 1811, était associé avec son beau-père. Il a traduit de l'espagnol d'Olavidès *Le Triomphe de l'Evangile* (an 13), 1805, 4 vol. in-8°, dont la veuve Buynand publie une nouvelle édition. Il a aussi donné *Le Plutarque de l'enfance*, 1810, in-12, dont la 3ᵐᵉ édition a paru en 1816. C'est un choix fait avec goût des traits les plus intéressans des Vies de Plutarque.

BRYAN (N.), fut l'un de ces hommes auxquels le langage relevé n'a pas donné de nom, mais que l'expérience d'une révolution si fertile en grandes choses et en basses intrigues, a flétri du sobriquet de *moutons*, anobli tout récemment de la qualification d'*agens provocateurs*. Cette dernière dénomination toute française, convient mieux au rôle que ce misérable vient de jouer en Angleterre. Payé, en novembre 1820, par la police, pour exciter le peuple à des actes séditieux, pour imprimer, afficher et distribuer des placards et des billets tendant à provoquer les citoyens à la révolte, il a été découvert, dénoncé, livré à la justice et à l'animadversion publique, par un avocat nommé Pearson. Au moment où nous écrivons cette notice, l'affaire est devant les tribunaux; et lord Castlereagh vient de protester à la chambre des communes qu'il n'avait aucun rapport avec l'espion Bryan. Malheureuse la nation à qui des piéges si atroces sont tendus! heureuse pourtant quand il lui est permis de les découvrir et de les briser! Ce n'est pas sans raison que ce Bryan est mentionné dans notre *Biographie*. Nous avons annoncé que quelques-unes de ses pages seraient sacrifiées à recueillir les titres d'infamies, dont l'horreur salutaire doit être utile aux hommes.

BUACHE (JEAN-NICOLAS), né vers 1740, à la Neuville-au-Pont, département de la Marne. Élève de son oncle, Philippe Buache, il fut admis de bonne heure au dépôt des cartes et plans de la marine, et remplaça d'Anville, comme premier géographe du roi. Membre de l'académie des sciences à cette époque, M. Buache fut attaché au bureau des longitudes, et fit, au commencement de la révolution, partie de la commission chargée de recueillir les objets d'arts, les livres et les cartes qui se trouvaient dans les établissemens nationaux. M. Buache fut ensuite nommé professeur de géographie à l'école normale, membre de l'institut, et enfin conservateur hydrographe en chef au dépôt de la marine, place qu'il a conservée sous le gouvernement royal. On lui doit une *Géographie élémentaire ancienne et moderne*, qui est encore très-estimée, malgré les changemens dont elle serait aujourd'hui susceptible, 2 vol. in-12, Paris, 1769—1772; et un *Mémoire sur les limites de la Guyanne française, du côté de la Guyanne portugaise*, dans lequel il prouve que la côte située entre le cap Nord et le fleuve Oyapock, doit appartenir à la France. Il a encore inséré différens autres mémoires dans les recueils de l'académie des sciences et de l'institut, parmi lesquels des *Éclaircissemens géographiques sur la Nouvelle-Bretagne, et sur les côtes septentrionales de la Nouvelle-Guinée*, 1787; des *Observations sur la géographie de l'Anonime de Ravennes*, 1801; et enfin dans le tome VI (1806) des *Mémoires de l'Institut*, classe des sciences mathématiques et physiques; des *Recherches sur l'île Antillia, et sur l'époque de la découverte de l'Amérique*. Le but de ce Mémoire est de démontrer que cette île Antillia n'est rien autre chose que l'une des Açores, « qu'elle n'est » point une des îles de l'Amérique, et qu'ainsi l'Amérique n'é- » tait point connue avant le pre- » mier voyage de Christophe Co- » lomb. »

BUBNA (COMTE DE), né en Bohême. D'abord chambellan de l'empereur d'Autriche, il prit ensuite du service dans l'armée, et ne tarda point à obtenir le grade de feld-maréchal-lieutenant. La finesse de son esprit et la politesse de ses manières engagèrent François II à lui confier une mission diplomatique en France, à la fin de l'année 1812. Il fut présenté à Napoléon à son retour de la campagne de Russie, et le vit encore à Dresde dans le mois de mars 1813. L'Autriche se déclara bientôt contre la France, et le comte de Bubna fut employé à l'armée. En décembre de la même année, il fut chargé du commandement du corps d'armée qui pénétra en France par Genève. La reddition de cette ville, qui n'opposa aucune résistance aux Autrichiens, permit à ceux-ci de lancer des partisans sur le territoire de l'ancienne Franche-Comté. Dans une de ces expéditions, des éclaireurs poussèrent leurs reconnaissances jusqu'aux portes de Bourg-en-Bresse; ils furent reçus par les habitans à coups de fusil. L'armée entière ne tarda point à paraître. Les habitans de Bourg ayant tout à craindre pour la résistance patriotique qu'ils avaient opposée, envoyèrent une députation d'ecclésiastiques au comte de Bubna, qui, dans cette circonstance, déploya une modération qui était conseillée par la politique autant que par l'humanité. L'esprit d'équité exige cependant que nous rapportions la proclamation que le comte de Bubna adressa aux habitans du département de l'Ain : « Des habitans de votre chef-lieu » ont osé prendre les armes con- » tre les troupes alliées, et leur » résister sous ses murs. Ils ont » été obligés de s'enfuir de la ville » et de l'abandonner à mon pou- » voir. Leurs noms me sont con- » nus. Vous connaissez aussi les » lois de la guerre : j'aurais pu » disposer de leurs vies et de leurs » propriétés ; mais sourd à tout » esprit de vengeance, je les mé- » nagerai avec une modération » qui leur inspirera le repentir de » leur conduite. J'apprends, à ma » grande surprise, que des mal- » veillans ont répandu le bruit » que j'ai mis le feu à la ville. Ve- » nez, trop crédules habitans, re- » tournez dans les murs de Bourg ; » vous y verrez régner la tranquil- » lité et l'ordre ; vous y verrez éta- » blie une administration provi- » soire. J'en appelle aux citoyens » de cette ville : ils ont été té- » moins de la générosité avec la- » quelle j'ai arrêté un combat qui » pouvait leur devenir pernicieux : » c'est ainsi qu'agissent les trou- » pes des armées alliées. » Le temps a fait connaître toute l'étendue de cette modération. Le général autrichien s'avança aussitôt sur Lyon, que défendait le maréchal Augereau avec un corps sorti de l'armée d'Espagne. Pendant assez long-temps les deux armées restèrent dans l'inaction, et, à quelques légères escarmouches près, on pouvait dire que la guerre, sur ce point, se faisait en combats de civilités entre les deux chefs. Cependant, les généraux Desaix et Marchand, à la suite de plusieurs victoires de Napoléon, s'emparèrent de Carouge et se portèrent sur Genève, dont une partie des habitans, effrayés des châtimens que pouvait leur attirer leur défection, se réfugia en Suisse, tandis que d'autres offrirent leurs services au commandant de la place, qui les refusa, malgré la faiblesse de sa garnison. Ce mouvement avait fait reprendre l'offensive au duc de Castiglione, lorsque les généraux autrichiens de Hesse-Hombourg et Bianchi vinrent renforcer le comte de Bubna. Il y eut alors plusieurs combats très-vifs ; les Autrichiens entrèrent dans Lyon, à la suite de l'affaire qui eut lieu aux portes de cette ville. Après l'évacuation du territoire français, le comte de Bubna retourna à Vienne ; mais il vint rejoindre l'armée des alliés au mois d'avril 1815. Il eut le commandement d'un corps d'armée sous le général Frimont, et fut opposé au maréchal Suchet, qui l'avait repoussé jusque dans les gorges de la Maurienne, lorsque la nouvelle de la déplorable bataille de Waterloo contraignit les Français à se retirer sur Lyon. Les habitans de cette ville voulaient prendre les armes ; un parlementaire du comte de Bubna courut même de grands dangers ; mais les autorités de cette ville parvinrent à arrêter un mouvement qui pouvait avoir des suites funestes. Cependant le général autrichien, qui n'avait plus les mêmes craintes, et sans doute un peu moins d'humanité que lors de la première invasion, se mon-

tra beaucoup plus sévère. Il forma d'abord, comme gouverneur de la province, une commission militaire chargée de juger, dans les quarante-huit heures, tous ceux qui *troubleraient l'ordre public;* et ordonna, sous peine d'être transférés en Hongrie, à tous les militaires isolés de sortir de Lyon. Il imposa ensuite sur cette ville une contribution de deux millions, qui cependant ne fut pas payée. Après la conclusion des nouveaux traités, le comte de Bubna retourna à Vienne, et reçut de l'empereur d'Autriche, comme marque de sa satisfaction, une fort belle terre, située en Bohême. Homme de cour et négociateur adroit, le comte de Bubna possède des qualités plus propres à la diplomatie qu'à l'art militaire. Il parle le français avec une grande facilité, et a, dans la conversation avec ses inférieurs, un ton de raillerie qui lui a quelquefois attiré des réponses piquantes. On cite celle-ci de M. Odier, l'un des plus habiles praticiens de l'Europe, chez lequel il était logé à Genève. Il appelait constamment le docteur, *mon petit médecin*; « M. le comte, répli-
»qua un jour celui-ci, la plaisan-
»terie doit avoir des bornes ; que
» diriez-vous, si je vous appelais
»*mon grand général?* »

BUCKINGHAMSHIRE (baron Hobart). *Voyez* Hobart.

BUCQUET (César), simple meunier. Il perfectionna les moutures, procura aux pauvres du pain meilleur et plus substantiel, et épargna 1,200 livres de farine, c'est-à-dire 1,600 livres de pain par jour, à l'hôpital général de Paris, dont il était le meunier. Ce philanthrope pratique n'est point pour cela sorti de l'obscurité d'où l'auraient dû tirer ses sentimens généreux et son utile perfectionnement; on ignore le lieu et la date de sa naissance; on sait à peine qu'il mourut au commencement du 19me siècle. L'abbé Beaudeau l'a cité avec raison comme un des bienfaiteurs de l'humanité ; nous le citons aussi par le même sentiment de justice et de gratitude, et parce que Bucquet a publié plusieurs ouvrages utiles. Son *Mémoire sur les moyens de perfectionner les moulins, et sur la mouture économique*, a remporté l'accessit sur cette question, que l'académie des sciences avait proposée en 1786; et son *Traité pratique de la conservation des grains, des farines et des étuves domestiques*, imprimé en 1783, in-8°, serait encore bon à consulter.

BUFFON (H. M. L. M., comte de), fils du célèbre naturaliste, naquit, en 1764, à Montbard. Il entra fort jeune dans la carrière des armes, et était major en second du régiment d'Agénois, à l'époque de la révolution. Sa première femme l'engagea dans le parti du duc d'Orléans. Instruit des causes de ce dévouement, le comte de Buffon abandonna bientôt le parti de ce prince; se déclara contre lui hautement, divorça avec sa femme, et épousa la nièce du célèbre Daubenton. Arrêté comme suspect, en 1793, il fut enveloppé dans la prétendue conspiration du Luxembourg, et condamné à mort, le 20 juillet 1794, par le tribunal révolutionnaire. Le comte de Buffon alla au supplice avec courage. Sur l'échafaud, il s'écria : « Citoyens, je me nom- »me Buffon.... » Ce furent ses dernières paroles. Il n'avait point hérité du génie de son père. Le grand Frédéric, admirateur passionné de ce dernier, vit le fils dans sa jeunesse; et en le présentant aux dames de sa cour : « Voi- »là, mesdames, dit-il, le fils de »l'illustre Buffon; mais ce n'est »pas son meilleur ouvrage. » Dans le monde, on l'appelait souvent *le petit-fils de son grand-père*, et il en riait lui-même. Il a laissé un fils nommé Victor, qui a servi avec honneur dans l'armée française, et a été aide-de-camp du général Junot.

BUGET ou BUGEY (LE BARON), maréchal-de-camp, commandant de la légion-d'honneur et chevalier de St-Louis, est fils d'un chirurgien de Bourg-en-Bresse, qui le destinait à l'état ecclésiastique. Il s'enrôla, au commencement de la révolution, dans un bataillon de volontaires. A l'époque du siége de Toulon, en 1793, il était déjà parvenu au grade de chef de brigade. Il passa ensuite à l'armée d'Italie, où il se distingua, et obtint le grade de général de brigade, le 10 juillet 1798. En 1799, il eut le commandement de la forteresse de Céva, qu'il fut obligé de rendre à l'armée austro-russe, et fut, après l'établissement du gouvernement consulaire, employé dans le département des Ardennes, et de là à Toulouse. Envoyé en Espagne, au commencement de cette guerre, le général Buget s'y distingua dans différentes circonstances, et notamment au siége de la place de Lérida, à la reddition de laquelle il contribua, en montant un des premiers à l'assaut. Il resta en Espagne jusqu'à la rentrée des armées en France.

BUGNET (PIERRE-GABRIEL), architecte, né à Lyon, est mort le 5 novembre 1806. Il a construit la prison de cette ville, appelée *Prison de Roanne*, édifice non moins remarquable par l'épaisseur de ses murs, que par l'art avec lequel on a triomphé des difficultés locales pour lui donner le caractère convenable. Bugnet se réfugia à Charly, village près de Lyon, pendant la terreur de 1793. Dénoncé et traduit, au commencement de thermidor an 2, devant le tribunal du district de Saint-Genis, il allégua, pour preuve de patriotisme, qu'il avait fourni le plan de la prison de Roanne. « Comment, s'écria le »président Dumanoir, tu oses te »vanter d'avoir fait construire ce »bâtiment, à la honte de l'huma- »nité ! monstre, tu en tâteras; » et il ordonna de l'y conduire. Bugnet n'en *tâta* pas ; car, au même instant, on reçut la nouvelle de la chute de Robespierre.

BUIRE (MARIE-LOUIS-NICOLAS, PRINCE PRE DE), né le 15 février 1730, à Péronne, a servi dans l'artillerie, et a été député aux états-généraux par le bailliage de cette ville. Il mourut en 1816, regretté des honnêtes gens, et des pauvres, dont il fut le bienfaiteur.

BUISSON (MATHIEU-FRANÇOIS-RENÉ), naquit, en 1776, à Lyon. Parent de Bichat, il fut son disciple, et ensuite son collaborateur. Ce célèbre médecin mourut avant que Buisson fût reçu docteur, mais il était déjà connu. Il avait partagé le premier prix dans un concours, et venait de terminer sa dissertation inaugurale, intitulée : *De la division la plus naturelle des phénomènes physiologiques considérés dans l'homme,* avec un *Précis historique sur M. F. X. Bichat*, in-8°, Paris, 1802. Partant de cette pensée de M. de Bonald : « L'homme est une intel-» ligence servie par des organes, » Buisson s'occupe surtout, dans son ouvrage, de faire ressortir les différences qui existent entre l'homme et la brute. On doit encore à ce médecin le quatrième volume, en entier, de l'*Anatomie descriptive* de Bichat; il avait travaillé aux trois premiers avec M. Roux, auteur du cinquième. Buisson commençait un traité complet de physiologie, lorsqu'il fut atteint d'une maladie de langueur à laquelle il succomba au mois d'octobre 1805. Partisan du système de Bichat, dont il n'était point indigne d'être l'élève, et avec lequel il eut le rapport d'une fin prématurée, il n'avait point adopté indistinctement tous les principes de son maître, et avait relevé plusieurs de ses erreurs, que Bichat reconnut lui-même avant de mourir.

BULOW (Henri de). Ce fameux tacticien allemand, homme d'esprit et de génie, vécut et mourut malheureux. C'était un de ces hommes que les Anglais et les Allemands désignent si énergiquement par le mot *excentrique*. En effet, leurs passions et leurs pensées sont bien loin du centre des passions et des pensées communes. La société leur reproche ce penchant pour l'isolement, cette espèce de force répulsive qui les jette hors de toute mesure. Henri de Bulow, fils d'un homme riche, fut élevé à l'académie militaire de Berlin ; entra, dès l'âge de 15 ans, dans le régiment de Thiele (infanterie), alors en garnison à Berlin ; et se fatigua bientôt de cette machinale et régulière activité du service. Cependant la carrière militaire était celle de son choix. Il crut pouvoir concilier la diversité de ses penchans, en passant dans la cavalerie ; cette arme plaisait davantage à son caractère hardi, bouillant, amoureux de l'éclat. Les exercices de l'équitation l'occupèrent d'abord et le charmèrent ; mais bientôt le même ennui vint le saisir. Son âme ardente avait besoin d'aliment. Il se mit à vivre en solitaire ; et loin de ses camarades, il lut et relut Polybe, Tacite, J. J. Rousseau. Bulow se pénétra des pensées de ces trois écrivains, et, comme cela arrive communément aux têtes méditatives, comparant sa vie réelle avec les plus hautes spéculations, il sentit plus vivement tous les dégoûts inséparables de son état. Les Pays-Bas venaient de s'insurger contre Joseph II : ce fut une carrière de gloire et d'indépendance, que Bulow crut voir s'ouvrir devant lui. Il demande son congé, part pour la Flandre, obtient facilement une place dans un régiment belge, ne trouve aucune occasion de se distinguer, languit et s'irrite dans le repos, voit la chute du gouvernement insurgé, et revient dans son pays avec quelques illusions de moins, mais prêt à en poursuivre mille autres. En effet, il assiste, par hasard, à la représentation d'une tragédie, s'éprend d'une vive passion pour le théâtre, et veut devenir directeur de troupe. Comédiens, décorations, costumes, bientôt tout le nécessaire et le luxe des représentations dramatiques est rassemblé par lui : le nouveau théâtre va être ouvert. Mais tout à coup quelques difficultés élevées par un magistrat du lieu, et les réflexions de Bulow sur la tache qu'il allait imprimer à son nom militaire et à sa noblesse allemande, rompirent ce projet, aussi brusquement quitté que conçu. Il vend tout l'appareil scénique, renonce au théâtre, et se résout à chercher une terre étrangère, où le préjugé ne soit pas toujours là pour entraver ce qu'il appelle l'indépendance de l'homme. Son frère entre dans ses vues, et s'embarque avec lui pour l'Amérique. Mais ces brillantes fictions, que l'imagination des hommes de génie leur présente sans cesse, s'évanouissent trop facilement. La perfection sociale, que Bulow demandait à l'Amérique, et qu'il espérait d'un peuple nouveau, il fut loin de l'y trouver. On assure que, partisan des doctrines exaltées du sectaire Swedenborg, il les prêcha lui-même dans des conventicules américains ; mais il a toujours gardé le silence sur cette particularité de sa vie, et plus d'un auteur de mémoires a prétendu que sa conduite libre et quelquefois désordonnée repoussait une telle assertion. « Mais, comme dit Montaigne, il ne faut pas juger les » hommes tout d'une pièce, eux » qui sont faits de pièces toutes » rapportées. » Désabusé sur l'Amérique, Bulow revient pauvre dans sa patrie, et se livre sans réserve à ses premières méditations. Baerenhorst venait de publier sur l'art militaire cet ouvrage, où il cherche à faire sentir l'utilité de la théorie dans les campagnes, le peu d'usage que les modernes en ont fait, et le fruit qu'ils retireraient de cette étude. La lecture de ce livre donne aux idées de Bulow un nouveau cours. Il mêle aux calculs matériels de son devancier, des idées métaphysiques, de hautes abstractions, quelquefois des rêves algébriques. Il distingue, par une analyse nouvelle, la stratégie de la tactique, donne de celle-ci des principes clairs et profonds, et enfin, pour dernier résultat, croit trouver et démontrer que toutes les opérations militaires se réduisent à la forme du triangle. L'*Esprit du nouveau Système de Tactique*, tel était le titre de l'ouvrage de Bulow, arma aussitôt contre lui la routine et l'amour-propre de tous les partisans de la vieille théorie des bataillons prussiens : on lui suscita des persécutions qui portèrent dans son âme les premiers germes d'une misanthropie farouche. Des démarches vaines qu'il fit long-temps pour obtenir un emploi (qu'il méritait à plus d'un titre) dans l'administration civile ou militaire, achevèrent de le rebuter. Les hommes en place auxquels il s'adressa, lui dirent qu'il était un homme à systèmes, un réformateur dangereux, un *révolutionnaire*, parce que sa pensée avait osé toucher à quelques théories à peine connues. Il eut recours à sa plume pour vivre, fit, sur *l'argent*, une dissertation dont les principes se trouvaient chez un vieil auteur suédois ; publia la traduction allemande des *Voyages de Mungo-Park*, et resta longtemps dans la dépendance d'un libraire, qui plus d'une fois mit sa fierté à de cruelles épreuves. Il regrettait la vie active, et par une grande violence de caractère, il s'attirait de fréquens désagrémens. Le dernier ouvrage qu'il publia en Allemagne, pour son libraire, fut une *Histoire de la guerre de* 1800, fort mal payée, et pour laquelle il n'eut de renseignemens que la *Gazette de Hambourg*. Mécontent de sa patrie, il part alors pour l'Angleterre, et va trouver *la plus exécrable des nations*, dit-il lui-même, *mais la seule qui ait de l'énergie, et qui apprécie l'énergie*. Nouvelle espérance également déçue. Un de ses amis lui prête les fonds qui lui manquent. Il arrive à Londres, commence un *Journal sur l'Angleterre*, qu'il fait publier en Allemagne, et qui n'a aucun succès ; il dépense en peu de temps son argent, fait des dettes, est détenu à King's-Bench ; enfin, après six mois d'un séjour triste et une longue captivité, trouve moyen de se libérer, et vient à Paris. L'ordre équestre germanique, qui craignait d'être médiatisé, charge Bulow de la commission secrète de veiller à ses intérêts ; il reste trois ans à Paris, avec ce caractère qui n'était ni public ni reconnu, et y menant une vie assez obscure. Son originalité paraît le quitter dans cette ville, où une sociabilité exercée et un goût exquis s'occupent sans cesse d'effacer les aspérités de certains esprits mal cultivés ou naturellement farouches. Cependant il se lie avec plusieurs personnes suspectes, et reçoit de la police un ordre de quitter la capitale. Voici une preuve nouvelle de la singularité de son caractère. Arrivé à Berlin, il signale son retour par un pamphlet en faveur de ce même BONAPARTE, qui venait de le chasser de France, de ce Bonaparte dont il détestait l'ambition, et dont il avait dit plus d'une fois : *L'âme de cet homme est froide jusqu'à la cruauté*. Il soutint vivement que Bonaparte avait justement agi, en créant et s'appropriant le trône impérial. On répandit qu'il était espion de Bonaparte ; chose ridicule à supposer. Ses ennemis le calomnièrent ; et, poursuivi du destin, poursuivi des hommes, il nourrit, dans la solitude, la plus profonde aversion pour la société. Les *Principes de la guerre moderne*, la *Tactique moderne*, l'*Histoire du prince Henri de Prusse*, et le *Journal militaire*, ouvrages qui sortirent rapidement de sa plume, portent le cachet d'une philosophie exaltée et d'une ironie sanglante. Il prenait plaisir à donner l'essor à sa verve satirique, et se vengeait par le mal qu'il disait, du mal qu'il avait souffert. Sa plume énergique retraçait sans pitié, sans ménagement, les torts des grands, les faiblesses des petits, les lâchetés de tous. Les hommes qui s'occupent peu si on les maltraite, lorsqu'on les amuse, encouragèrent l'écrivain : la réputation et la fortune, qui s'étaient refusées à ses travaux sérieux, utiles, vinrent couronner les saillies de son esprit atrabilaire. Le gouvernement, qui jusque-là s'était contenté de laisser Bulow dans l'oubli, prit occasion d'une *Histoire de la guerre de* 1805, remplie, comme tous ses ouvrages, de satires plus ou moins violentes, pour lui susciter une persécution ouverte ; des ministres étrangers demandèrent la punition de l'auteur : petite mesure accoutumée, perfectionnement de la politique moderne, addition nécessaire au système déjà si étendu de Machiavel. Bulow, informé qu'on va l'arrêter, ne prend aucune mesure pour échapper à ses ennemis. On le jette en prison. Des médecins appelés pour examiner l'état de son cerveau, déclarent qu'*il n'y a pas folie, mais un grand érétisme, et que l'air et la liberté lui sont nécessaires*. C'est une des consultations médicales les plus humaines qu'on puisse citer. A peine la faculté a-t-elle quitté la prison, que Bulow improvise un discours qui étonne les prisonniers par la lucidité de ses vues et la force de ses raisonnemens. Il trace sur le sable la position des Prussiens entre la Saale et l'Elbe, et démontre qu'ils seront battus par la seule force des choses. L'événement réalise la prophétie. Bulow n'en est pas moins traduit devant un tribunal, qui lui demande compte des hardiesses de sa pensée et des extravagances de son génie. Il va être condamné à une prison perpétuelle, quand les victoires des Français forcent le gouvernement à le transférer de Berlin à Colberg. Sur la route, le peuple le prend pour le conseiller Lombard, le couvre de boue ; et le prophète militaire, à la persécution duquel rien ne manquait, écrit à ses amis : *Je triomphe : reconnaissez-moi pour prophète ! Je viens d'être traité en véritable Ezéchiel.* Transporté à Kœnisberg, Bulow n'a laissé, depuis ce moment, aucune trace dans l'histoire de l'Europe. On ne sait chez quel peuple et dans quel cachot il a fini ses jours. Quoi qu'il en soit, on ne peut s'empêcher de regretter que tant de facultés brillantes aient trouvé une destinée si misérable. Il avait de grands torts ; il était hardi au milieu des sots, novateur parmi les routiniers ; impatient du joug près de ceux qui l'imposent ; il avait du génie, et il le savait. M. Tranchant de Laverne a traduit, en 1803, l'*Esprit du Système de la Guerre moderne*, que le général Jomini venait de combattre avec vigueur. On reproche à cet ouvrage d'avoir recommandé ces lignes de défense, trop étendues pour ne se pas rompre sur tous les points, et ces *retraites excentriques*, dont les Prussiens firent, en 1806, le déplorable essai. L'ouvrage qui donne le plus de détails sur cet homme malheureux et singulier, a été publié à Berlin, en 1807 (sous la date de 1806, Cologne) : *Portrait de Henri de Bulow ; ses talens, son génie, sa vie extraordinaire ; son arrestation et son procès.* On conteste avec raison l'authenticité d'un ouvrage publié sous son nom, après sa mort, intitulé *le*

Swedenborgianisme, avec cette épigraphe : *Nunc permissum est.* Bulow, qui connaissait la France, n'eût pas dit que c'était l'endroit d'Europe où cette doctrine avait le plus de sectateurs ; il n'aurait pas non plus fixé l'époque de l'avénement de la Nouvelle-Église aux années 1817 et 1818. Il ne faut pas confondre le malheureux Bulow, qui avait du génie, avec un abbé du même nom, qui fit peu de bruit et vécut en repos.

BUONAROTTI (MICHEL), gentilhomme et littérateur florentin, est issu de la famille que le célèbre peintre, *Michel-Ange*, a tant illustrée au 16me siècle. Passionné pour la liberté, il embrassa avec une extrême chaleur les intérêts de la révolution française, ce qui le fit exiler de sa patrie par le grand-duc Léopold, depuis empereur, qui l'avait décoré de l'ordre de Saint-Étienne. Retiré en Corse, il fit paraître un journal sous le titre de l'*Ami de la Liberté italienne*. En septembre 1792, il se rendit à Paris, avec Salicetti, qui venait siéger à la convention nationale. Après avoir été admis au club des jacobins, il fut nommé, en 1793, commissaire en Corse, où il courut de grands dangers, lorsque, au mois de mai, Paoli livra l'île aux Anglais. Vers le même temps, il présenta à la convention le vœu des habitans de l'île Saint-Pierre, voisine de la Sardaigne, pour leur réunion à la république française, et il obtint de cette assemblée un décret qui le naturalisait Français. La même année, il fut envoyé en mission dans la ville de Lyon, à l'époque où le procureur de la commune Châlier venait d'être condamné à mort : sa mission était d'empêcher l'exécution de ce jugement. Mais loin d'y réussir, la fuite seule put le dérober au même sort, dont on le menaçait lui-même. Il se réfugia à Nice, où les conventionnels, Ricord et Robespierre le jeune, étaient en mission. Ils le placèrent d'abord dans le tribunal militaire de l'armée d'Italie, et plus tard ils le nommèrent agent de la république dans les pays conquis vers cette frontière. Après la révolution du 9 thermidor an 2 (27 juillet 1794), Buonarotti fut arrêté et traduit dans les prisons de Paris, où il resta jusqu'après les événemens du 13 vendémiaire an 4 (18 octobre 1795). Appelé à commander dans la petite ville de Loano, près de Savone, il fut accusé d'avoir fait séquestrer, pour satisfaire une haine personnelle, les biens du marquis de Palestrino, auquel on l'accusait même d'avoir adressé une lettre outrageante : le gouvernement français, sur la dénonciation que lui transmit son ministre à Gènes, retira à Buonarotti le commandement de Loano. Revenu à Paris, Buonarotti se fit recevoir dans la société populaire du Panthéon, dont il devint bientôt président. Alors il se lia avec Drouet et Babeuf, et fut traduit avec eux devant la haute-cour convoquée à Vendôme. Loin de repousser l'accusation dont il était l'objet, il préconisa hautement le système démocratique de Babeuf, et déclara, avec franchise et fermeté, qu'il avait coopéré à son plan d'insurrection contre la tyrannie directoriale. Bien que l'accusateur national eût pris contre lui des conclusions aussi sévères que contre Babeuf, le jury ne le condamna qu'à la déportation. On rapporte que l'envoyé de Toscane lui ayant donné à entendre qu'un simple bannissement serait substitué à la déportation à la Guyane, pourvu qu'il promît de se retirer à Florence, il répondit : «Qu'il aimait » mieux rester dans sa patrie adop- » tive, pour jouir des restes de la » liberté mourante (*vestigia morientis libertatis*).» On l'enferma, avec quelques-uns de ses co-accusés, dans le fort de Cherbourg, où ils restèrent détenus jusqu'au 28 ventôse an 8 (14 mars 1800). A cette époque, ils furent transférés dans l'île d'Oléron, en vertu d'un arrêté des consuls. Bientôt après, par un autre arrêté, Buonarotti fut mis en surveillance dans une ville des Alpes-Maritimes, où il était encore en 1806. Il se retira ensuite à Genève ; et déjà, depuis plusieurs années, il y professait paisiblement les mathématiques et la musique, lorsqu'en 1814, les magistrats genevois, ne trouvant pas sans doute que cet ami de la liberté eût été persécuté assez long-temps, voulurent le forcer à chercher un autre asile; mais il parvint heureusement à éluder l'exécution de l'ordre arbitraire qui l'expulsait d'un territoire réputé libre d'après les principes de sa législation.

BUQUET, nommé colonel du 75ᵉ régiment d'infanterie de ligne, le 10 février 1807, passa en Espagne en 1808, et se distingua, par son courage, à la bataille de Talavera de la Reyna. Blessé et fait prisonnier dans l'action, il fut conduit sur les pontons de Cadix, dont il s'échappa, avec un grand nombre d'officiers, après l'arrivée des troupes françaises devant cette ville. Buquet obtint ensuite le grade de général de brigade. En 1815, il fut nommé, par le département des Vosges, à la chambre des représentans, et choisi, dans le mois de juillet de la même année, par le gouvernement provisoire, comme premier inspecteur-général de la gendarmerie. Le général Buquet, commandant de la légion-d'honneur, et chevalier de Saint-Louis, est en non-activité.

BURCKHARDT (Jean-Charles), l'un des nos plus savans astronomes, est né à Leipsick, le 30 avril 1773; il s'appliqua de bonne heure à l'étude des mathématiques. L'astronomie de Lalande décida sa vocation. Une lunette non achromatique, de cinq pieds, qu'il trouva chez son père, servit à ses premières observations; ce secours étant loin de suffire, il se livra principalement aux calculs, surtout à ceux des éclipses de soleil et d'étoiles pour la détermination des longitudes géographiques. Pour se mettre en état de lire les astronomes de tous les pays, il étudia le français, l'anglais, l'italien, l'espagnol, le hollandais, le suédois et le danois. Il écrivit sur l'*analyse combinatoire*, dont il s'était occupé avec le professeur Kindenburg. Ce savant le mit en relation avec M. le baron de Zach, qui le reçut dans son observatoire du mont Seeberg, près de Gotha. Là M. Burckhardt trouva la facilité qu'il avait long-temps désirée de se familiariser avec tous les instrumens de l'astronomie moderne. M. de Zach travaillait alors à rectifier les ascensions droites des principales étoiles ; il trouva en M. Burckhardt un collaborateur zélé, actif et intelligent. Cette association dura depuis le mois de février 1795 jusqu'en novembre 1797. Charles Dalberg, alors coadjuteur de Mayence, depuis évêque de Constance et prince-primat, connut et sut apprécier le mérite du jeune savant, et lui envoya le diplôme de membre de son académie. En réponse, M. Burckhardt lui fit passer une dissertation sur l'usage *des lignes trigonométriques pour les sommes d'angles au moyen de l'analyse combinatoire*. Ce mémoire a paru dans le tome II des actes de l'académie de Mayence. Après s'être ainsi occupé pendant près de deux ans de toutes les parties, soit théoriques, soit pratiques, de l'astronomie, à l'observatoire de Seeberg, M. Burckhardt voulut connaître les pays et les savans étrangers. M. de Zach le recommanda fortement à Lalande, qui le reçut avec empressement dans sa maison, le 15 décembre (1797). Le doyen des astronomes insistait alors principalement sur la nécessité des observations et des calculs des comètes. M. Burckhardt le charma par la promptitude avec laquelle, sur trois observations données, il savait déterminer une orbite, et tous les élémens d'une comète. Lalande se félicita hautement de l'acquisition qu'il venait de faire. Il fit coopérer M. Burckhardt à tous ses travaux, et aux observations que faisait alors son neveu Lefrançois-Lalande, à l'observatoire de l'École-Militaire, et le regarda comme un second neveu. Le duc de Saxe-Cobourg-Meiringen conféra à M. Burckhardt le titre de son conseiller d'ambassade, quoiqu'il se doutât très-bien que le nouveau conseiller s'occuperait peu de diplomatie. Il avait une autre ambition, celle d'arriver à l'institut et au bureau des longitudes. Dans ce dessein, sans négliger ses autres occupations, il traduisit en allemand les deux premiers volumes de la *Mécanique céleste*, auxquels il ajouta quelques notes pour en faciliter l'intelligence. Le 20 décembre 1799, il reçut des lettres de naturalisation, qu'on n'avait pas attendues pour le nommer astronome adjoint du bureau des longitudes. Ces nominations alors se faisaient à la pluralité par les seuls membres du bureau, et n'avaient aucun besoin d'être confirmées par l'autorité. La classe des sciences physiques et mathématiques de l'institut avait indiqué pour sujet du prix de l'an 1800, la théorie de la comète de 1770. Cette comète offrait une singularité sans exemple : on n'avait pu en représenter les observations, qu'au moyen d'une ellipse, qui aurait dû la faire reparaître tous les cinq à six ans, ou deux fois en onze ans. Près de trente ans s'étaient écoulés sans qu'elle se fût remontrée. M. Burckhardt en discuta avec soin toutes les observations connues, il s'en procura d'autres

Sir Francis Burdett

qui n'avaient pas encore vu le jour : il essaya des paraboles, des ellipses, et même des hyperboles en grand nombre, et se vit toujours ramené à cette ellipse de cinq ans et demi, telle, à fort peu de chose près, qu'elle avait été déterminée d'abord par Lexell. Il restait à expliquer pourquoi la comète n'avait pas reparu. Serait-elle devenue un cinquième satellite de la planète Jupiter, dont elle a dû passer très-près? On n'en peut rien savoir, car à une pareille distance, sa petitesse la rendrait invisible. Sans cesser d'être une comète et de circuler autour du soleil, aurait-elle éprouvé dans ses élémens et dans sa distance périhélie des altérations telles qu'elle serait presque impossible à revoir, ou du moins très-difficile à retrouver, parce qu'on ignorerait les temps où elle doit se rapprocher de notre planète? C'est une question qui exigerait des calculs effrayans, par leur longueur. Sans recourir à ce moyen, M. Burckhardt a su nous indiquer des causes extrêmement probables, qui ont pu empêcher les astronomes d'apercevoir cette planète à ses divers retours depuis l'an 1770. A cette occasion, M. Burckhardt a fait diverses améliorations à la méthode du docteur Olberg, qu'il avait précédemment adoptée pour ces recherches qui avaient toujours paru si longues et si difficiles. M. Burckhardt eut le prix académique; il consistait en une médaille d'or du poids d'un kilogramme. Son mémoire a paru dans le volume de l'institut pour 1806. Cette année même il avait été reçu dans la classe des sciences physiques et mathématiques, section d'astronomie. En 1818 il fut nommé membre du bureau des longitudes. Depuis la mort de Lalande, il occupe l'observatoire de l'École-Militaire, où il fait continuellement des observations que diverses raisons l'ont empêché jusqu'ici de publier. On a de lui : 1° *Methodus combinatorio-analytica evolvendis fractionum continuarum valoribus maximè idonea*, Leipsick, 1794, in-4°. 2° La *Mécanique céleste* de La Place, traduit en allemand, 2 vol. in-4°, Berlin, 1801-1802. 3° *Tables de la lune*, insérées dans les *Tables astronomiques*, publiées en 1812 par le bureau des longitudes, Paris, in-4°. 4° *Table des diviseurs pour tous les nombres du deuxième million, ou, plus exactement, depuis* 1,020,000 à 2,028,000, *avec les nombres premiers qui s'y trouvent*, Paris, 1814, in-4°. 5° *Tables des nombres premiers et des diviseurs des nombres du troisième million, depuis* 2,028,001 à 3,035,299; in-4°, ibid., 1816. Il existe dans les *Éphémérides* du baron de Zach, des articles plein d'intérêt de M. Burckhardt.

BURDETT (sir Francis), le plus célèbre et le plus populaire des membres de l'opposition anglaise. Idole du peuple, il est respecté des ministres. Modeste et presque timide, il parle avec une simplicité animée, un ton naturellement insinuant, et une énergie sans effort. A la vue de ce défenseur désintéressé des libertés anglaises, l'enthousiasme du peuple éclate toujours avec une sorte de fureur. Cet ami dévoué de la liberté publique, est le seul descendant d'un noble et fameux croisé (sir William Burdett), et possesseur d'une immense fortune. Élevé à Westminster, il épousa, en 1793, la fille d'un banquier, et fut élu, en 1796, membre de la chambre des communes, pour Boroughbridge. Les espérances qu'il avait données se réalisèrent bientôt. En vain les ministres, toujours attentifs à séduire les jeunes orateurs, employèrent-ils, pour gagner Burdett, leurs intrigues accoutumées. Le jeune ami de l'opposition demanda des réformes, parla souvent sur le régime des prisons, exigea des éclaircissemens explicatifs des intentions ministérielles, attaqua dans leurs racines les plus graves abus de l'administration, *suivit* (ce sont ses expressions) *la trace sanglante des divers ministres en Irlande,* éleva courageusement la voix en faveur de ce malheureux pays, et dut à sa défense de l'*habeas corpus,* que l'on suspendait sans cesse, plusieurs traits de la plus sublime éloquence. Aux élections de 1802, un si *rude joûteur* (comme diraient Montaigne et Jean-Jacques Rousseau) eut à combattre tout ce que le gouvernement put imaginer d'intrigues. Peu s'en fallut qu'il ne succombât; quelques votes seulement décidèrent sa nomination. Il prouva en effet que les ministres avaient eu raison de le craindre. Il soutint le droit déligibilité des ecclésiastiques, éclaira l'incapacité despotique d'Addington, se lia d'amitié avec Fox, et après la mort de ce grand homme, lui rendit un noble hommage, en refusant de le remplacer, parce qu'il ne se croyait pas digne de cet honneur. Élu, en 1807, pour Westminster, il n'a pas cessé depuis ce temps de représenter ce bourg, et de demander vivement la réforme parlementaire. On l'a vu poursuivre, avec le même zèle, tous les chefs du parti ministériel, *bêtes dévorantes,* disait-il, *qui se jetaient sur la patrie comme sur une proie.* L'incarcération d'un président de club, nommé Gales Jones, faite sur la motion d'un membre de la chambre des communes, que cet homme obscur avait injurié personnellement, fut pour Burdett un nouveau sujet de réclamation. Il ne se contenta pas de demander la mise en liberté de Jones; il publia une lettre énergique, dans laquelle il accusa la chambre d'*usurpation de pouvoir*. Le peuple se souleva, et la chambre, dominée par ses passions, lança contre Burdett un mandat d'arrêt. L peuple en foule alla défendre le domicile de Burdett. Un corps nombreux de troupes réglées fut envoyé, et se retira presque aussitôt. Pendant trois jours, le peuple veilla à sa sûreté, mais, suivant l'usage anglais, cassa nombre de vitres, et fit retentir Londres de ses cris. Cependant le peuple, qui n'est pas aussi patient que le ministère, se fatigue d'une énergie momentanée; un sergent profite d'un moment favorable, et bien secondé par ses soldats, pénètre chez Burdett, et conduit le membre de l'opposition à la tour de Londres. Il y subit une courte détention, qui augmenta encore sa popularité. Rendu à la liberté, il refusa le triomphe que ses nombreux cliens voulaient lui décerner. Toujours fidèle aux mêmes principes, il attaqua tour à tour Wilberforce et Wellington, et conserva sur les esprits un ascendant que son indolence naturelle ne parvint pas même à lui faire perdre. C'est le seul défaut qu'on lui reproche.

BUREAUX DE PUSY (JEAN-XAVIER), né à Port-sur-Saône, en Franche-Comté, le 7 janvier 1750. Officier des plus distingués du génie, avant la révolution, il fut, en 1789, nommé député aux états-généraux, par la noblesse du bailliage d'Amont. Sa nomination, d'abord contestée par les députés de son ordre, fut reconnue sans peine par la chambre du tiers-état, lorsque celle-ci eut obtenu par sa fermeté la vérification des pouvoirs en commun. Bureaux de Pusy, doué d'une raison supérieure, et possédant des connaissances étendues dans les sciences, sut se faire remarquer au milieu des grands talens de cette époque glorieuse de la régénération française. Son éloquence à la tribune, ses travaux dans les comités, et la pureté de ses principes, furent appréciés par l'assemblée constituante, qui trois fois l'éleva à la présidence. On le vit, en septembre 1789, combattre le mode du recrutement par conscription, et celui du remplacement. En janvier 1790, il présenta un projet pour la division de la France en départemens, dont l'adoption opéra une fusion si utile des droits, des lois, des coutumes et des impôts, qui différaient si bizarrement d'une province à l'autre. Au mois de juillet de la même année, lors de la discussion sur les troubles qui avaient éclaté à Besançon, il proposa la dissolution du parlement de cette ville, comme provocateur de cet événement. Il s'opposa ensuite avec force à ce que les détails de l'organisation de l'armée fussent confiés au pouvoir exécutif; parla sur la fixation du nombre des officiers, et proposa la réunion de l'arme du génie à celle de l'artillerie. Peu de temps après, il présenta un travail sur l'administration des ponts et chaussées, avec des articles additionnels au projet proposé par le ministère des finances. Au commencement de février 1791, Bureaux de Pusy réclama contre l'insertion de son nom, qui avait été porté, en 1790, sur la liste des membres du club monarchique. Dans le mois de mai suivant, il fit la proposition d'exiger des officiers le serment de fidélité à la constitution. C'est encore lui qui demanda l'établissement de la garde constitutionnelle du roi. Enfin, c'est à lui, mais surtout à M. Alexandre Lameth, que la France fut redevable de la nouvelle organisation de l'armée. Il fut aussi l'un des créateurs du Code militaire, et fit un rapport intéressant sur les places fortes. Après la session de l'assemblée constituante, Bureaux de Pusy alla servir, comme capitaine du génie, dans l'armée commandée par son ami, le général La Fayette. Dans le mois de juillet 1792, Guadet l'accusa, à l'assemblée législative, d'avoir, après la journée du 20 juin, proposé au maréchal Luckner de marcher sur Paris. Bureaux de Pusy, mandé à la barre, déposa les dépêches des généraux Luckner et La Fayette, et confondit ses accusateurs. Après la journée du 10 août, il se trouva contraint de manquer à ses sermens ou de prendre la fuite. Ce dernier parti lui parut préférable, et il quitta la France, avec MM. Alexandre Lameth, Latour-Maubourg et de La Fayette. Comme eux, il fut arrêté en pays neutre, et il partagea pendant cinq ans leur captivité dans Magdebourg et dans Olmutz, où ils furent détenus au secret avec une extrême rigueur. Le marquis de Gallo, touché des larmes de Mᵐᵉ de Pusy, qui depuis long-temps sollicitait en vain la permission de partager la prison de son mari, avait enfin obtenu de l'empereur d'Autriche la liberté de Bureaux de Pusy ; mais celui-ci refusa constamment de séparer son sort de celui de ses compagnons d'infortune, et leur a toujours laissé ignorer cette rare preuve d'attachement. Après le traité de Campo-Formio, il obtint sa liberté, alla d'abord à Hambourg, puis passa aux États-Unis d'Amérique, et fit voir toute l'étendue de ses connaissances dans le génie, par son projet de défense de la côte de New-Yorck, qui néanmoins ne fut pas mis à exécution. Il donna, dans cette circonstance, une nouvelle marque de son désintéressement et de sa délicatese, en refusant des grades et des émolumens considérables, pour établir et diriger une école spéciale du génie : il crut devoir ne pas accepter une telle mission sans l'autorisation du gouvernement français, donnant ainsi un témoignage de dévouement à sa patrie, quoiqu'elle l'eût traité comme émigré, et dépouillé de tous ses biens. La révolution du 18 brumaire rendit Bureaux de Pusy à la France. Quelque temps après, il obtint la préfecture de l'Allier, puis celle du Rhône ; fut, en 1804, élu, par ce département, candidat au sénat-conservateur, et décoré, la même année, de la croix d'officier de la légion-d'honneur. Nommé préfet du département de Gènes, à la réunion de ce pays à la France, il y rendit d'éminens services par ses talens en administration, et par les soins qu'il apporta à éteindre toute espèce de division. Bureaux de Pusy exposa même volontairement sa vie, pour apaiser une sédition, en allant seul au-devant de 10,000 Parmesans révoltés contre la France, qui s'étaient jetés en armes sur le territoire de Gènes, dans l'espoir d'en soulever les habitans, et de grossir ainsi leur parti. Bureaux de Pusy, par ses égards, sa déférence, sa franchise, avait acquis la confiance de ceux d'entre les Génois à qui des vertus civiques, des lumières, des talens, l'éloquence de la chaire, donnaient de l'influence : tous voulurent être ses auxiliaires, et, par eux, il répandit de toutes parts des instructions claires, des exhortations paternelles et des promesses d'amnistie, dont la sûreté était garantie par le caractère des hommes qui les faisaient. Bientôt

Edmond Burke

les révoltés se retirèrent soumis: aucun Génois ne s'était joint à eux, et pas une goutte de sang ne fut répandue. Mais Bureaux de Pusy, qui était parti malade, revint mourant, et, quelques jours après, le 2 février 1806, une fièvre maligne l'enleva à sa famille et à ses administrés, qui sentirent aussi vivement sa perte que s'ils eussent prévu le sort qui les attendait huit ans plus tard. D'utiles réformes qu'il commençait à introduire dans l'administration lui permettaient déjà de jouir du fruit de ses travaux; et comme dans sa carrière politique il n'avait jamais eu d'autre ambition que celle d'être utile; il n'emporta d'autre regret que celui de n'avoir pu faire tout le bien qu'il se proposait.

BURKE (Edmond), l'un des hommes les plus célèbres du siècle dernier, offre dans son caractère et dans sa vie une réunion de contrastes étonnans. Ami de la liberté spéculative, ennemi déclaré de la révolution et de ses principes, orateur véhément, métaphysicien subtil, membre actif et redoutable de l'opposition, ami, protégé, partisan d'un ministre; il a été un sujet perpétuel d'étonnement pour ses contemporains, et reste un sujet de désespoir pour ses biographes. Né à Dublin, le 1ᵉʳ janvier 1730, de parens qui venaient d'abjurer la religion catholique, pour échapper aux persécutions des prêtres anglicans. (MM. Laporte et Villenave, dans leur article *Burke*, dans la *Biographie universelle*, tom. VI, lui donnent pour père un avocat protestant. Ce fait est inexact. Le père de Burke était catholique, et notaire; il ne put garder sa charge qu'en changeant de communion). Il commence son éducation chez un quaker, la termine à l'université de Dublin; et malgré une assiduité remarquable, ne trahit par aucune marque précoce, le génie et les grands talens dont il fit preuve par la suite. Un nommé Lucas, apothicaire, publie à Dublin, en 1749, quelques pamphlets, où il développe ses dangereuses doctrines; Burke, à peine échappé du collége, croit en apercevoir le poison caché, et compose une espèce de parodie des pamphlets de Lucas. L'imitation du style de l'apothicaire était si parfaite, que chacun y fut trompé. Après avoir vainement postulé une chaire à l'université de Glasgow, il se rend à Londres en 1753, étudie quelque temps la jurisprudence; et résolu de ne plus être à charge à sa famille il écrit pendant long-temps pour les journaux et les recueils périodiques. Ce travail, joint aux études obligées de la jurisprudence, épuise sa santé; une maladie de nerfs le met aux portes du tombeau. Le docteur Nugent, son ami, l'emmène et le soigne dans sa propre maison. L'amitié commença la guérison de Burke, l'amour l'acheva. La fille du bienfaisant docteur plait au jeune malade, il l'épouse et recouvre la santé. Quelque temps après, rendu à la philosophie et à la dialectique, il publie une nouvelle parodie, dirigée contre les opinions et les écrits de Bolingbroke, sous ce titre: *Réclamation en faveur des droits naturels de la société*, par *lord B.* Burke avait emprunté à ce philosophe et son style, et ses principes, et sa méthode : il n'avait fait qu'exagérer les conséquences de son système, mais avec tant d'adresse que la parodie, inaperçue par le vulgaire, passa long-temps pour une déclamation sérieuse contre les maux de la société ; c'est dans ce sens que plusieurs éditeurs l'ont réimprimée et que plusieurs écrivains l'ont citée. Le public ne fut averti du talent de Burke qu'en 1758, lorsque cet auteur publia son *Essai du Sublime et du Beau*. Dans aucun traité de métaphysique le paradoxe n'avait été poussé plus loin ; jamais plus imperceptibles nuances ne furent déterminées avec plus de soin, et développées avec plus d'éloquence. Burke donne l'empire du sublime à la *terreur* ; et comme s'il prenait pour génie des arts l'archange de Milton, il fait régner sur toutes nos jouissances intellectuelles la douleur, les ténèbres, l'immensité. Suivant lui, le domaine du *beau* est la grâce, la délicatesse, la douceur. Pénétrant ainsi beaucoup plus loin que Longin, appréciateur des seuls effets littéraires, Burke a osé interroger les sources mêmes de tout ce qui ébranle ou émeut l'âme humaine, et demander compte à la nature de ses combinaisons et de ses moyens. La moindre des propriétés de sa plume concise, ferme, brillante, n'est pas d'avoir attaché autant de charme que d'intérêt à cette investigation profonde, minutieuse et méthodique. Cet ouvrage, deux fois traduit en français, par *L. Lagentie de Lavaisse*, en 1803, et postérieurement par un traducteur moins froid, plus exact, et plus habile, a été apprécié dans un pays dont il heurte de front le goût, les penchans et les doctrines. Burke, déjà rangé par cet ouvrage au nombre des plus grands écrivains de sa nation, admiré du sévère Johnson, devenu l'ami du célèbre Reynolds, est bientôt recherché de la meilleure société de Londres. En 1785, il conçoit le plan de ce *Registre annuel*, continué depuis avec succès. La rédaction de ce recueil ouvre à Burke la carrière politique. La protection de deux hommes en place commence sa fortune ; et de cette époque date le combat de toute sa vie, entre la reconnaissance due à ses patrons et la saine libéralité de ses principes. En 1761, lord Halifax l'emmène avec lui en Irlande ; Rockingham, ministre, qui devait le portefeuille à une souplesse inconnue au grand Chatham, fait de Burke son secrétaire particulier, en 1765. Élu quelque temps après, par le bourg de Wendover, membre du parlement, il reçoit du même marquis de Rockingham, pour dernière faveur, une somme considérable, sous la forme délicate d'un prêt. Elle lui sert à acheter une jolie maison de campagne, qu'il a conservée jusqu'à la fin de sa vie. Si Burke, après tant de bienfaits du ministre, ne se dévoue pas aux mesures du gouvernement, il faut lui accorder quelque force d'âme. Une grande lutte commence à propos pour l'éprouver : c'est la lutte de l'Amérique et de l'opposition, contre la couronne d'Angleterre

et ses agens. Burke ne cesse de donner à Rockingham tous les témoignages possibles d'affection et de reconnaissance; et cependant on le voit consacrer à la défense des colonies, à l'abolition des taxes iniques, la plus vive éloquence dont le parlement anglais eût encore retenti. Si d'un côté, après que lord North eut remplacé Rockingham, Burke, dans son *Tableau du dernier ministère*, se montre dévoué à son bienfaiteur déchu; d'un autre, on le voit, dans ses *Réflexions sur les causes des mécontentemens actuels*, combattre de tout le pouvoir de sa dialectique et de son ironie sanglante, l'influence secrète, éternel et invisible ressort de l'esclavage constitutionnel; on le voit s'opposer avec une noble véhémence à l'expulsion de Wilkes (*voyez* WILKES), et embrasser la défense des non-conformistes, qui demandaient aux communes, vengeance des persécutions d'un gouvernement fanatique avec hypocrisie. Sa voix éloquente brille parmi les Fox, les Shéridan, les Chatham. Lord Cavendish, après avoir entendu son premier discours, se lève et s'écrie : *Grand dieu ! quel homme est-ce là !* Transport singulier chez un vieillard, mais que l'on conçoit, après avoir jeté les yeux sur ces pages entraînantes, terribles de chaleur et d'indignation, où Burke rejetait l'impôt du timbre. « Les A-
»méricains, avait dit un membre,
»ne sont que des enfans rebelles ;
»la malédiction de leurs pères est
»sur leur tête. » — « Des enfans
»rebelles ! reprend Burke; oui,
»mais ce sont nos enfans ! S'ils
»nous demandent du pain, leur
»donnerons-nous une pierre ? S'ils
»nous demandent à partager no-
»tre liberté, leur répondrons-
»nous : *Restez esclaves !* S'ils veu-
»lent se créer une fière indépen-
»dance, fondée sur le terrain so-
»lide des mœurs et de la vertu,
»leur dirons-nous : *Voilà le bour-
»bier de la servitude où chaque
»jour nous nous enfonçons, des-
»cendez-y avec nous ?* S'ils se tour-
»nent avec le respect de l'adora-
»tion vers notre charte de liberté,
»oserons-nous, Messieurs, leur
»en offrir les parties faibles, ini-
»ques, honteuses ? » A ces mots, l'assemblée garda un profond silence. Ce parlement funeste à l'Angleterre, est enfin dissous. Burke réélu par le bourg de Malton, grâce à la constante amitié de Rockingham, l'est ensuite de nouveau par les négocians de Bristol. Ce fut aux élections de Bristol qu'il prononça ce fameux discours contre la guerre d'Amérique, dont l'éloquence, plus populaire, n'est pas moins admirable que celle de ses opinions parlementaires. Il continue à combattre l'injuste guerre contre l'Amérique, et son éloquence toujours admirée échoue contre l'intérêt et l'intrigue. Rockingham est rappelé. Burke est fait conseiller privé et payeur-général des armées. Mais ayant perdu son protecteur, il disparaît momentanément de la scène politique. Le ministère de Shelburne, et cette *coalition*, inventée par Burke lui-même comme moyen de fusion entre les partis, firent bientôt place à l'administration de Pitt, que Burke attaqua dès le berceau. Il

était dans la destinée bizarre de cet homme d'état, de toujours concourir à la formation des ministères, et de toujours leur être opposé, comme si l'ambition et la raison eussent alternativement dominé son âme inquiète. Ici se place un grand événement de la vie de Burke, le procès d'Hastings. Ce Verrès de l'Inde anglaise, plus affreux et plus vil que son modèle, trouva pour accusateur, un homme doué d'une parole moins académique que Cicéron, mais sans contredit plus effrayante, plus énergique, plus impressive. Le tribunal et les témoins eux-mêmes furent glacés de terreur, quand Burke accumulant les images les plus déchirantes, les larmes et la fureur dans les yeux, invoqua le dieu de justice, et montra « les hommes entassés com- » me des balles de laine, les vier- » ges outragées en plein tribunal, » la volupté sanglante du despote, » la charrue teinte de sang, le sein » maternel arraché avec des bam- » bous fendus, et la mort,... ô der- » nière et indicible horreur !... La » mort introduite aux sources mê- » mes de la vie ! » Que devint Hastings? Il n'échappa pas sans doute à cette éloquence vengeresse et au châtiment des hommes? Il fut absous: il était riche. En 1788, Burke se rangea du parti de l'opposition, qui repoussait, lors de la première maladie du roi, la proposition de limiter l'autorité nouvelle du régent. Dans cette circonstance, où l'opposition fut impopulaire, Burke, entraîné par sa véhémence accoutumée, laissa échapper des expressions injurieuses contre la personne royale, expressions qu'on ne manqua pas de relever. Bientôt après, la révolution française éclate. Cette grande catastrophe émeut le parlement anglais; et ce Burke qui a soutenu l'indépendance américaine avec tant de constance et de chaleur, ne voit dans les premiers, mais terribles efforts de la liberté française, que le prélude d'un chaos social. Il se prononce contre les innovations de la France, avec une fureur d'énergumène qui ne connaîtra plus ni bornes ni mesure. Depuis ce temps, la vie de Burke est toute consacrée à repousser les principes de la révolution française qu'il a constamment professés jusqu'ici. Son indignation va jusqu'à l'horreur; une irritation violente le saisit toutes les fois qu'on lui parle de la nouvelle république. Ses *Réflexions sur la révolution française*, suivies de plusieurs pamphlets écrits dans les mêmes vues, donnèrent à l'opinion publique, en Angleterre, une grande et fatale impulsion. Le contre-coup en est parvenu jusqu'à notre époque; et l'animosité de nos dernières guerres a, en grande partie, sa source dans cet ouvrage, où se trouvent quelquefois une ignorance singulière des faits, et toujours une confusion fausse et dangereuse des nobles pensées et des erreurs du temps. En vain Th. Payne, dans ses *Droits de l'homme*, et Priestley, dans ses *Lettres*, cherchèrent-ils à arrêter, par la seule force d'une raison saine, mais trop froide, ce que lord North appelait *le torrent de lave* d'Edmond Burke. Que Burke ait été entraîné par ces préjugés de jeunesse qui long-temps auparavant lui avaient fait attaquer Lucas et Bolingbroke, ou que l'ambition de léguer des titres et du crédit à son fils unique l'ait décidé à cette dernière apostasie; c'est un point sur lequel l'historien ne peut encore prononcer. Quoi qu'il en soit, Burke, à 60 ans, avait placé sur la tête de ce fils toutes ses espérances : la mort le lui enleva; et quelques mois après il le suivit au tombeau, le 8 juillet 1797. Aimable, probe, généreux, protecteur des beaux-arts et de l'industrie, aimant à recevoir et à prodiguer la flatterie et les louanges; doué d'une grande perspicacité et d'une finesse d'esprit extraordinaire, qui ne l'empêchèrent pas de marcher toute sa vie sur une ligne équivoque; il a laissé une réputation européenne, et un nom que l'histoire gardera, sans pouvoir jamais sans doute lui donner sa place exacte et précise, si ce n'est comme orateur. Considéré sous ce rapport, il a son rang à la tête des plus grands génies de sa nation. Fox est nerveux et raisonneur; Shéridan, brillant et caustique; Pitt, habile sophiste et grand maître de l'argumentation; Burke est entraînant, énergique, irrésistible. Né en Irlande, chez un peuple passionné, il a le premier porté dans l'éloquence anglaise, grave, forte, mais froide et stérile, un luxe d'images, une véhémence d'émotion, inconnus jusqu'à lui. Rien de plus rapide et de plus concis que son discours. A une sentence qui se grave profondément dans la pensée, succède une image pleine d'éclat,

un mouvement inattendu. Ses œuvres ont été recueillies pendant sa vie (1792), et après sa mort (1797); elles contiennent ses *Discours*, ses *Réflexions*, ses *Pamphlets* divers. Elles ont presque toutes été traduites en français, et nous n'en donnerons pas ici la longue liste. Les *Lucubrations philosophiques*, attribuées à Burke, et publiées en 1790, sont généralement regardées comme apocryphes. Ses *Réflexions sur la révolution de France* ont été deux fois traduites en français; les deux traductions manquent de chaleur, de concision et d'élégance. Plusieurs probabilités sembleraient fortifier l'opinion de ceux qui le soupçonnent d'être l'auteur des *Lettres de Junius*. La similitude du style, l'âcreté de la satire, la force du raisonnement, la profonde connaissance des hommes et des choses, l'érudition en jurisprudence, sont comme des témoignages moraux irrécusables. Le caractère même de Burke favorise cette conjecture. Il était homme à ensevelir son secret avec lui, à s'envelopper de mystère, à savourer en silence un triomphe connu de lui seul. N'était-ce pas Burke, d'ailleurs, qui s'écriait aux communes : « Eh bien ! messieurs, ce » Junius, avec quelle audace il se » rit des projets et des menaces de » la cour! Il passe à travers les » édits, comme les insectes d'A- » nacharsis à travers la toile d'a- » raignée. Il plane au-dessus de » tout, choisit ses victimes, fond » tour à tour sur les nobles pairs, » sur nous-mêmes, sur vous, ho- » norable président ! Il vous tient » tout palpitant dans sa serre cruel-

» le ! Pourvu qu'il serve le peuple, » il ne craint rien ! Ah ! messieurs, » s'il siégeait ici, au milieu de » nous, qu'il serait facile à reconnaître à sa franchise, à son audace, à son dévouement ! » Tous les biographes ont passé sous silence un trait fort honorable à la mémoire de Burke. Un jeune Persan, nommé Émin, qu'une suite de circonstances singulières avait conduit à Calcutta, y fut frappé de la supériorité des industries et des mœurs européennes. Pauvre, ignoré, il se décide, malgré sa famille, à passer en Angleterre ; il veut y étudier les causes de la supériorité de l'Europe sur son pays. On le reçoit, comme matelot, à bord d'un vaisseau anglais. Il se trouve enfin à Londres sans ressources. Burke rencontre par hasard le jeune Persan. Émin se promenait tristement dans le Parc. Burke lui-même y apportait de douloureuses rêveries. C'était au commencement de sa carrière ; il n'avait encore rien publié que dans les journaux ; l'argent lui manquait. Après une conversation assez longue, Burke mène le jeune Persan dans son réduit, au troisième, et le supplie d'accepter une demi-guinée ; la guinée entière était tout ce qu'il possédait. Bientôt Émin, connu de quelques grands seigneurs, aidé par Burke, qui avait plus d'amis que de richesses, et par un travail opiniâtre, triompha de la mauvaise fortune, et retourna dans son pays avec un fond de connaissances, de l'aisance, et ce qui vaut peut-être mieux, le souvenir d'une action généreuse. Tous ces détails se trouvent dans la *Vie d'Emin*, publiée il y a quelque temps à Londres.

BURNS (Robert.) Un laboureur écossais, en traçant son sillon, se met à chanter, dans son patois, ses amours et ses peines, la fièvre de son génie et l'orgueil de son indigence. Les regards de toute l'Angleterre se fixent sur le comté d'Ayr et sur le chaume qui couvrait Burns. Il naquit, le 25 janvier 1759, d'un fermier pauvre des bords de la Doon. La nature fut son maître, et le travail seul développa ses heureuses dispositions. Burns, malheureux dans ses entreprises de fortune, ayant eu sa maison brûlée, se disposait à passer à la Jamaïque ; et pour subvenir aux frais de la traversée, il avait publié (1786) ses œuvres poétiques à Kilmarnock, lorsqu'une lettre de Blacklock, poète écossais, né comme lui dans les dernières classes de la société (*Voyez* Blacklok) l'engagea vivement à se rendre à Édimbourgh. Burns suivit ce conseil, fut accueilli de tout ce qu'Édimbourgh avait de plus distingué ; et, après un séjour de deux ans dans cette ville, retourna dans son pays natal, où il acheta une petite ferme et épousa une jeune fille qu'il avait séduite quelques années auparavant. La révolution française venait d'éclater. Burns embrassa de toute la chaleur de son âme ces espérances brillantes qu'elle offrait, et ces nobles pensées dont elle remplissait tout ce qu'il y avait d'esprits généreux en Europe. Il commençait à éprouver l'effet des persécutions que la hardiesse de ses opinions avaient attirées sur lui, lorsqu'il mourut au mois de juin 1796, à peine âgé de 38 ans. Toute l'Écosse prit part à la mort de ce poëte villageois. Une sorte de culte fut rendu à sa mémoire ; on fit, en 1800, une somptueuse réimpression de ses œuvres ; les nombreuses éditions de ses poésies sont répandues dans toute l'Angleterre ; quelques fragmens échappés aux premiers éditeurs ont été publiés séparément sous ce titre : *Reliques de Burns.* Les poëmes de Burns sont des odes, des chansons, des satires, presque toutes écrites dans le dialecte écossais. Sa versification est ferme, son expression simple et pittoresque, son invention souvent bizarre, mais toujours piquante et neuve. Les biographes français, sans en excepter l'exact Suard, ont donné de sa vie et de son talent une idée d'autant plus imparfaite, que sans doute ils avaient éprouvé quelque difficulté à lire ses poëmes, écrits dans un dialecte doux, sonore, mais assez peu connu.

BURTHE (André), d'une famille irlandaise réfugiée en France, entra au service, comme simple soldat, dans la cavalerie, et s'éleva, par ses talens et son courage, au grade de colonel, qu'il obtint dans le 5.ᵐᵉ régiment de hussards. Sa conduite à la bataille d'Austerlitz lui mérita la croix de commandant de la légion-d'honneur. Il continua à servir avec distinction dans la campagne suivante ; passa, en 1808, en Espagne, et fit preuve d'une rare intrépidité à la prise meurtrière de Sarragosse. Le 30 octobre 1809, il fit une charge des plus brillantes sur la cavalerie espagnole au passage de la Sègre, et détruisit, en 1810, l'avant-garde de l'armée ennemie qui se portait sur Lérida. Nommé général de brigade, à la fin de la même année, il fit la malheureuse campagne de Russie, où il fut blessé et fait prisonnier. Ce ne fut qu'en 1815 qu'il reparut à l'armée. Le 16 juin, il se distingua à la bataille de Ligny ; et le 30, il eut une grande part à la prise de deux régimens prussiens à Versailles. Il est maintenant en disponibilité.

BUSCHING (Antoine Frédéric), géographe célèbre, naquit le 24 décembre 1724, dans la petite ville de Stadthagen en Westphalie, et mourut à Berlin le 28 mai 1793. Son père, qui exerçait la profession d'avocat dans sa ville natale, l'envoya à l'école publique, où il reçut une éducation très-superficielle. Heureusement pour lui que le savant théologien Hauber, qui donnait gratuitement des leçons particulières aux élèves dans lesquels il remarquait des dispositions favorables, le prit en amitié. C'est aux soins de ce professeur qu'il fut redevable de ses premiers progrès dans les sciences ; principalement dans les mathématiques et les langues anciennes. Ce fut chez lui que Busching commença le grand travail géographique qu'il s'était imposé. Son exactitude et son talent, déjà connus par la *Description des duchés de Holstein et de Sleswig,* qu'il avait publiée en 1752, engagèrent plusieurs personnages illustres à lui ouvrir leurs bibliothèques. Les savans n'hésitèrent pas à l'environner de leurs lumières. La cour désirait qu'il ne quittât point la capitale du Danemark; mais l'article de sa géographie qui devait traiter de l'Allemagne étant l'un des plus importans, il fallait nécessairement qu'il la parcourût pour recueillir tous les matériaux qui lui étaient indispensables. En 1754, il vint à Halle, où, dans un cours public, il expliqua la nature des divers gouvernemens de l'Europe; de là il se rendit à Gottingue, où il venait d'être nommé professeur extraordinaire de philosophie. Appelé à Pétersbourg, par les vœux du congrès luthérien de la paroisse de Saint-Pierre, il alla y remplir les fonctions de second pasteur de cette église, en 1761. Il y demeura quatre ans, pendant lesquels il rendit le nouveau lycée, dont on l'avait nommé directeur, l'un des plus florissans du Nord. En 1766, la réputation de Busching le fit appeler à Berlin pour y prendre la direction du gymnase. Sa destinée était de rendre brillans tous les établissemens de ce genre qui seraient confiés à ses soins. Il fut traité avec distinction par le grand Frédéric, et par la reine son épouse, qui souvent l'admit à sa table. Il mourut, au milieu de ses importantes occupations, d'une hydropisie de poitrine. Il a publié un grand nombre d'ouvrages dont les principaux sont : *Magasin pour l'Histoire et la Géographie des temps modernes*, 22 vol. in-4°, 1767, 1788, et *Nouvelle description de la terre*.

BUTTURA (ANTOINE), poète italien, né à Vérone le 27 mars 1771, vint chercher un asile en France, en 1799, à l'époque où les troupes austro-russes firent une irruption en Italie, et renversèrent les républiques naissantes, dont le génie de la liberté venait de jeter les fondemens dans cette belle contrée. M. Buttura avait débuté en Italie par quelques sonnets, suivant l'usage du pays, et par la traduction des *Vénitiens*, tragédie de M. Arnault. Il s'annonça à Paris par des pièces lyriques très-remarquables, et par une traduction en vers italiens de l'*Art poétique* de Boileau, traduction dans laquelle l'original conserve tout son nerf et toute sa précision, qualité rare dans les poëmes italiens. Un suffrage unanime fut la récompense de ce beau travail : les Italiens en approuvèrent le style; et les Français, charmés de trouver en lui un digne appréciateur du législateur de leur parnasse, le félicitèrent d'avoir su dépouiller toute prévention contre cet injuste détracteur de l'auteur de la *Jérusalem délivrée*. Encouragé par un succès si flatteur, M. Buttura ne tarda pas à faire paraître la traduction en vers italiens de l'*Iphigénie en Aulide* de Racine. En 1811, il publia à Paris un volume de ses *Poésies*, où se trouvent des odes pleines d'enthousiasme, et la plupart consacrées à la gloire de la France. En prose italienne, il a publié à Milan, en 1816, un *Essai sur l'histoire de Venise*, dont les journaux italiens ont fait le plus grand éloge. En prose française, il fit paraître à Paris, en 1819, un *Tableau de la littérature italienne*, qui n'est que l'introduction d'un cours que M. Buttura a fait à l'Athénée, et qu'il paraît dans l'intention de faire imprimer.

BUZOT (François-Nicolas-Léonard), membre de l'assemblée constituante et de la convention, se fit remarquer par un esprit élevé, un caractère audacieux, une fermeté rare et un zèle ardent pour la liberté. Les discours pleins de force et d'éloquence qu'il prononça à l'assemblée constituante, le placèrent parmi ses meilleurs orateurs et nos meilleurs citoyens. Son talent fut encore plus remarquable à la convention, parce qu'il y parla presque toujours contre une majorité passionnée. Né à Évreux en 1760, il y remplissait les fonctions d'avocat, quand le tiers-état de cette ville le députa aux états-généraux. Il signala son entrée dans cette assemblée en s'élevant contre les priviléges du clergé et de la noblesse, et en faisant mander à la barre le garde-des-sceaux, accusé d'avoir retardé l'envoi des lois. Il demanda qu'on établît, dans l'assemblée même, un tribunal chargé de juger les crimes de lèse-nation, et vota pour l'institution du jury. Quand on proposa de rédiger pour la nation un acte où seraient exposées les bases constitutionnelles, Buzot fut d'avis d'y substituer une instruction claire et plus à la portée du peuple. Il parla à diverses reprises en faveur de la réunion du comtat Venaissin. Lorsqu'il s'agit de décider si les prêtres insermentés seraient autorisés à continuer leurs fonctions, Buzot, après avoir combattu Treilhard, vota pour la négative, et fit adopter l'ordre du jour. Il s'éleva avec force contre ceux qui voulaient interdire le droit de pétition aux sociétés ou communautés. Nommé, en septembre 1791, vice-président du tribunal criminel de Paris, il se lia avec Brissot et avec Roland, chez qui se réunissaient alors les députés de la Gironde et les principaux membres d'un parti qui, sous le nom de *girondin*, fut depuis si célèbre par son patriotisme, ses talens et sa proscription. Buzot se fit généralement estimer par la justesse de son esprit, sa franchise et son courage. Il fut nommé, en 1792, député à la convention nationale par le département de l'Eure. A cette époque, déjà marquée par l'influence de Robespierre et d'un parti ultra-révolutionnaire, il se prononça fortement contre un ordre de choses qu'il qualifia justement de *régime tyrannique*. Il s'éleva, le 28 septembre, contre Robespierre, et l'accusa d'aspirer à la dictature. Le 8 octobre suivant, Buzot demanda qu'une garde fût destinée à protéger la convention, et proposa d'ordonner que chaque département serait tenu d'envoyer, à cette assemblée, autant de fois quatre hommes d'infanterie et deux de cavalerie, qu'il aurait nommé de députés. Il prononça, à cette occasion, un discours remarquable par l'énergie des pensées et la pureté des principes. Il y définit les bases sur lesquelles doit être fondée l'existence d'une république. Il s'étonne de la résistance opposée au nom du peuple à la formation de la garde départementale, et prétend que les factieux seuls peuvent improuver une innovation destructive de leur influence. Peu de jours après, il fit décréter le bannissement des émigrés à perpétuité, et vota la peine de mort contre ceux qui tenteraient de rétablir la royauté. Lors du procès de Louis XVI, Buzot proposa l'appel au peuple, que d'inutiles efforts ne purent faire adopter, et vota ensuite pour la mort avec sursis. Mais il s'opposa à ce qu'on rendît un décret d'accusation contre Marat, prétextant que ce serait lui donner une trop grande importance, et s'éleva contre la proposition de Cambacérès, tendant à accorder à la convention l'exercice de tous les pouvoirs. En mars 1793, les girondins comptèrent Buzot parmi leurs plus courageux partisans. Les menaces de ses adversaires, les poignards levés des tribunes, n'arrêtèrent jamais les élans de son patriotisme. Son âme, fière et indépendante, s'animait au milieu des invectives réitérées de Robespierre, de Danton, de Billaud et de Marat, et semblait envier la gloire de mourir pour la liberté. Ce dévouement parut imposer à la convention, et il fut porté à une forte majorité au nouveau comité de salut public. De nombreuses pétitions, dont plusieurs du faubourg Saint-Antoine, furent dirigées contre lui. Elles ne purent parvenir à l'atteindre jusqu'au 31 mai. Il fut, à la suite de cette journée, mis en arrestation dans son domicile. Étant parvenu à tromper la surveillance de ses gardes, il se retira à Évreux, où il organisa une sorte d'insurrection des corps administratifs et municipaux contre la convention, de concert avec quelques autres proscrits du 31 mai, qui insurgèrent dans le même dessein les départemens du Calvados et de la Manche. La correspondance qu'il entretenait avec eux fut interrompue par la défaite, à Vernon, de la petite armée qui se dirigeait sur Paris, sous les ordres de Puysaye. Il se sauva alors à Quimper ; et après avoir couru les plus grands dangers dans sa fuite avec ses compagnons d'infortune, Louvet, Salle, Guadet, Péthion, Barbaroux, etc. (*voyez* ces noms), il parvint à s'embarquer pour Bordeaux, où il se tint caché pendant plusieurs mois, avec Péthion. Durant son exil, il fut successivement décrété d'accusation, déclaré traître à la patrie et mis hors la loi, sur la proposition de Saint-Just et de Barrère. Une lettre que se fit écrire le côté gauche de la convention, portant que l'armée catholique et royale défendait le système de l'union départementale, fit ordonner contre Buzot de nouvelles poursuites. Il fut arrêté que sa maison serait rasée et remplacée par un poteau où serait écrit : *Ici demeurait le scélérat Buzot, qui a conspiré la perte de la république.* L'activité des recherches l'obligea de quitter l'asile où il s'était réfugié. C'était à cette affreuse époque, où l'affreux décret qui prononçait la mort contre tous ceux qui donnaient asile à un proscrit, était proclamé et rigoureusement exécuté. Il partit avec Péthion : forcés long-temps d'errer dans les campagnes et dans les bois, un violent désespoir semble avoir mis fin à leurs jours. Quelques habitans de Castillon les trouvèrent dévorés en partie par les loups, dans un champ près de Saint-Émilion. Les observations faites sur leurs cadavres ont fait reconnaître qu'ils s'étaient empoisonnés. Tous les compagnons de Buzot périrent de mort violente. Louvet seul eut le bonheur d'échapper ou au glaive de la terreur, ou à son propre désespoir. Buzot mourut à l'âge d'environ 34 ans : ses traits annonçaient à la fois la noblesse et la douceur ; son organe sombre ne manquait cependant pas d'expression; ses mœurs étaient simples et austères; son cœur susceptible de sentimens généreux et de tendres affections.

BYE (Pierre-Jacques de), né en 1778, à La Haye, étudia à l'université de Leyde, où il fit des études brillantes. Il s'appliqua ensuite à la jurisprudence, et fut reçu docteur en droit et en philosophie à la fin de 1790, après avoir soutenu publiquement deux dissertations, qui lui firent le plus grand honneur, l'une *sur le Délit de calomnie dans les jugemens publiés*, et l'autre *sur la Théorie générale des hypothèses philosophiques*. M. Bye exerça avec le plus grand succès, jusqu'en 1804, la profession d'avocat près la cour d'appel d'Utrecht, y reçut à cette époque le titre de conseiller et celui d'avocat fiscal en 1806. En 1808, il fit partie de la commission chargée de l'examen des lois et de la rédaction d'un code de finances qui ne fut point publié, par suite de l'incorporation de la Hollande à la France. Le mérite éminent de M. Bye l'appela, en 1811, à la cour suprême de cassation. Il se trouva alors à portée de rendre des services importans aux habitans de son pays, et particulièrement aux professeurs de l'ex-université d'Utrecht, dont il parvint à maintenir une grande partie du traitement. En 1813, il fit révoquer la disposition de l'administration des tabacs, qui en interdisait la plantation dans la province d'Utrecht. La même année, M. Bye obtint un congé pour la Hollande, et fut dénoncé pour avoir provoqué auprès de l'autorité des adoucissemens dans le mode d'exécution pour la levée des gardes-d'honneur. Rappelé à cet effet à Paris, M. Bye obtint la satisfaction la plus complète. Le 2 avril 1814, il adhéra au sénatus-consulte du 2 avril, donna sa démission à la cour de cassation, et retourna en Hollande. En 1816, le roi des Pays-Bas l'adjoignit à son ministre plénipotentiaire, M. le baron Faget, pour les discussions de gouvernement à gouvernement, et dans la même année il fut nommé, en qualité de commissaire, juge et arbitre, avec M. Leclerq, pour la liquidation des réclamations particulières.

BYRNE (Guillaume), excellent graveur de paysages, naquit à Cambridge en 1746. Wollet, connu pour avoir gravé les paysages admirables de Wilson, le Claude Lorrain de l'Angleterre, lui donna les premières leçons. Il vint en France en 1770, et travailla sous Wille et Alliamet. Le *Fanal exhaussé*, d'après Vernet, est de lui. Il retourna ensuite en Angleterre, et prit sa place parmi les premiers artistes de son pays. Ses principaux ouvrages sont: la *Mort du capitaine Cook*, d'après Weber; le *Départ d'Abraham*, d'après Zuccharelli, et les *Antiquités pittoresques* de la Grande-Bretagne, recueil architectural et pittoresque, exécuté avec autant de goût que de talent et d'exactitude. Hearn fut son collaborateur pour cette dernière entreprise, et Bartholozzi grava souvent les figures de ses autres ouvrages. Il mourut à Londres en 1805.

BYRON (Georges Gordon, lord), le plus singulier des poètes dont s'honore aujourd'hui l'Angleterre. Son caractère est un de ces problèmes de morale qu'il ne faut pas se hâter de résoudre. Un mystère inconcevable règne sur sa conduite; et son esprit, toujours occupé à retracer les agonies de l'âme et du corps, est également mystérieux pour qui n'a connu de la vie que les jours sereins et la langueur uniforme. Lord Byron, né en 1788, descend de Jacques II, roi d'Écosse, dont la fille, Jeanne Stuart, fut mariée au comte de Huntley, et lui donna des fils, premiers auteurs de la famille des Gordon. La première jeunesse de lord Byron n'eut rien de remarquable ; une grande dissipation, des formes aimables, une raillerie vive, et quelques aventures galantes lui avaient acquis la réputation d'un homme à bonnes fortunes, lorsque tout à coup il quitte Londres et les salons dorés où il passait sa vie, et va errer sur les plages du Péloponèse, au milieu des ruines de l'Italie, sur les roches de Candie et de Malte. Il revient à Londres où il épouse une femme riche, jeune, aimable et belle ; voit bientôt son union troublée par des dissensions domestiques ; se sépare juridiquement de cette femme qu'il adore, et quitte de nouveau l'Angleterre. Les ennemis que ses talens, déjà signalés par plusieurs ouvrages, avaient éveillés, et qu'une satire mordante avait profondément irrités, donnèrent à ce malheur domestique une publicité scandaleuse. Le gouvernement, dont lord Byron avait plus d'une fois attaqué personnellement le chef actuel, ameuta contre un seul homme la tourbe des folliculaires et des journalistes de la trésorerie. Il eut à soutenir, comme il le dit lui-même, *le combat d'un contre tous* (*the strife of one against all*). Il continua ses courses à travers l'Europe et l'Asie, resta long-temps enseveli dans une hutte des Apennins ; repassa en Grèce, où il acheta une petite île du gouvernement turc, et y fit bâtir une maison ; visita la Suisse et la Belgique, après que les désastres de Waterloo, en changeant la face de l'Europe, eurent donné tant d'intérêt aux plaines de la Flandre ; et envoya de temps en temps, en Angleterre, des poëmes empreints d'une misanthropie amère, d'un grand dégoût pour la vie, et d'un profond mépris pour la société. Ce dernier sentiment était le fruit d'une grande injustice. On avait répandu ridiculement parmi le peuple, pour ne point caractériser d'atrocité cette infamie, que le repentir d'un crime était la source de ses longues douleurs ; que le meurtre était son instinct, et toute innocence sa victime. On forgea un conte atroce, dans lequel on lui faisait tuer sa maîtresse, conserver soigneusement son squelette, et boire habituellement dans son crâne, qu'il avait fait façonner en forme de coupe. Lord Byron ne donna pas à ce déluge d'infamies un signe d'attention. Quelques traits dirigés contre les travers et les ridicules de ses compatriotes, sont la seule trace de ressentiment personnel que l'on ait pu remarquer dans ses nombreuses compositions. Le premier ouvrage de lord Byron, intitulé : *Heures de loisir*, fut vivement critiqué par les journalistes *souligneurs*; il répondit à leur critique indécente par une satire amère, qu'il appela lui-même une *Hécatombe*. Chaque vers immola sa victime ; et quatre éditions de ce petit poëme, qui se succédèrent en peu de temps, finirent par lasser sa vengeance. Lord Byron, après avoir voyagé en Europe et en Asie, publia cet étrange *Pèlerinage de Harold,* où les impressions d'un homme errant, et les passions d'une âme agitée, tiennent lieu d'action, de plan, de mouvement et d'intrigue. On peut dire de ce poëme qu'il est *idéal*, sans sortir de l'acception réelle et franche d'un mot si souvent détourné. Byron semble croire, avec Kant, que les objets extérieurs n'existent que par rapport à notre *sensorium* intérieur, et suivent les ondulations de notre pensée. On dirait qu'il imprime sa misanthropie à tout ce qui l'entoure ; qu'il pénètre les rochers et les bois de l'amertume de son âme, et que les vapeurs de son imagination enveloppent le soleil et l'azur de l'Adriatique. La publication des premiers chants de ce poëme fit époque dans la littérature anglaise. Dans ses autres ouvrages, lord Byron essaya de joindre à sa forte pensée l'intérêt des combinaisons dramatiques, dont on avait blâmé l'absence dans le *Pèlerinage d'Harold*. Il imagina quelques personnages doués de facultés énergiques, et, en les plaçant dans une scène étroite, il força leurs passions concentrées à produire les plus terribles effets. *Le Corsaire, l'Infidèle, la Fiancée d'Abydos, Lara, le Siége de Corinthe, Parisina, Mazeppa,* composés dans ce système, n'offrent que les brillantes ébauches d'un génie déréglé, presque toujours hors de la vérité et de la nature, et dont les écarts sont d'autant plus dangereux qu'ils tendent à rejeter la littérature anglaise dans le chaos d'où Pope et Addison l'avaient tirée. Dans tous les tableaux poétiques de lord Byron, une seule et même figure se montre sous les traits du *Giaour*, de *Child* et du *Corsaire;* sous des noms divers, c'est toujours un être inconcevable, né pour la vertu, enfoncé dans le crime, insouciant de lui-même; un personnage gigantesque, avide de connaître, dédaigneux de ses connaissances, nourrissant une aversion profonde pour la société; une espèce d'ange déchu, riant de l'enfer et de sa conscience; une espèce de fantôme errant parmi les hommes, et qui semble appartenir à un monde invisible. Les poésies fugitives de lord Byron appartiennent toutes au genre de l'ode. Celle qu'il adresse à Napoléon mérite une mention particulière. Malgré les préjugés de son pays, l'auteur y plane au-dessus des temps, des lieux et des hommes; il est peut-être le seul dont la pensée ait jugé d'une manière digne de lui, le plus étonnant personnage de son siècle. La figure de Byron est noble, pâle, fière et pensive. Ses habitudes sont singulières : il a dernièrement fait la fortune d'un pauvre cordonnier de Venise, ruiné par un incendie; on l'a vu vivre seul pendant des mois entiers; par simple amusement, il a traversé à la nage ce détroit d'Abydos, immortalisé par Léandre; il consacre au soulagement de littérateurs pauvres le produit de tous ses ouvrages, qui ont eu jusqu'à onze éditions; enfin il professe la plus haute estime pour les talens des Moore, Scott et Coleridge, ses rivaux : il y a de la grandeur dans ces bizarreries.

FIN DU TROISIÈME VOLUME.

www.ingramcontent.com/pod-product-compliance
Lightning Source LLC
Chambersburg PA
CBHW060408230426
43663CB00008B/1424